Como a obra pode auxiliar no seu aprendizado?

O *Curso de Processo Penal* tem o propósito expor de maneira fácil e agradável o estudo do Direito Processual Penal para que os leitores possam aprofundar seu conhecimento sobre temas específicos, contando sempre com o que há de mais atualizado dos Tribunais Superiores.

A obra auxilia na formação dos estudantes e contribui como instrumento de grande utilidade para professores e operadores do Direito, permitindo que o leitor adquira um vasto embasamento do instituto do Direito Processual Penal.

O que o livro oferece?

A grande novidade da nova edição é a proximidade que a obra proporciona entre leitor e autor. O direito sempre está em constante transformação, principalmente em uma sociedade dinâmica. Nesse contexto, o leitor encontrará em nossa plataforma, ao longo do ano, material didático acompanhando as alterações legislativas e jurisprudenciais que impactam a matéria. Dessa forma, poderá aprofundar o seu estudo de maneira mais dinâmica e interativa.

Este livro oferece materiais digitais exclusivos para você

Para isso:

• Acesse o link: https://somos.in/CPP28 ou use seu celular para ler o QRCode abaixo:

- Faça seu cadastro:
  - Clique em "não tem conta? Cadastre-se".
  - Preencha as informações – insira um *e-mail* que você costuma usar, ok?
  - Crie sua senha e finalize seu cadastro.

Pronto! Agora é só aproveitar o conteúdo digital desta obra.

OBS.: Se você já tem uma conta conosco, basta entrar com seu *login* e senha já criados.

Qualquer dúvida, entre em contato pelo *e-mail* suportedigital@saraivaconecta.com.br

FERNANDO CAPEZ

Procurador de Justiça licenciado e Diretor Executivo da Fundação PROCON-SP. Deputado Estadual por três mandatos. Presidente da Comissão de Constituição e Justiça da Assembleia Legislativa de São Paulo (2007-2010). Presidente da Assembleia Legislativa de São Paulo (2015-2017) e Presidente do Colégio de Presidentes das Assembleias Legislativas do Brasil (2015-2017). Mestre pela USP e Doutor pela PUC-SP. Professor da Escola Superior do Ministério Público e de Cursos Preparatórios para Carreiras Jurídicas. Autor de obras jurídicas.

CURSO DE PROCESSO PENAL

28ª edição

2021

saraiva jur

Av. Paulista, 901, 3º andar
Bela Vista – São Paulo – SP – CEP: 01311-100

SAC | sac.sets@somoseducacao.com.br

DADOS INTERNACIONAIS DE CATALOGAÇÃO NA PUBLICAÇÃO (CIP)
VAGNER RODOLFO DA SILVA - CRB-8/9410

C241c Capez, Fernando
Curso de processo penal / Fernando Capez. - 28. ed. – São Paulo: Saraiva Educação, 2021.
632 p.

ISBN: 978-65-5559-593-2

1. Direito. 2. Direito penal. 3. Processo penal. I. Título.

2021-40 CDD 345
CDU 343

Índices para catálogo sistemático:

1. Direito penal 345
2. Direito penal 343

Diretoria executiva Flávia Alves Bravin
Diretoria editorial Renata Pascual Müller
Gerência de projetos e produção editorial Fernando Penteado

Planejamento Josiane de Araujo Rodrigues

Novos projetos Sérgio Lopes de Carvalho
Dalila Costa de Oliveira

Edição Isabella Sánchez de Souza (coord.)
Aline Darcy Flôr de Souza

Produção editorial Daniele Debora de Souza (coord.)
Daniela Nogueira Secondo

Arte e digital Mônica Landi (coord.)
Camilla Felix Cianelli Chaves
Claudirene de Moura Santos Silva
Deborah Mattos
Guilherme H. M. Salvador
Tiago Dela Rosa

Projetos e serviços editoriais Daniela Maria Chaves Carvalho
Kelli Priscila Pinto
Laura Paraíso Buldrini Filogônio
Marília Cordeiro
Nicoly Wasconcelos Razuk

Diagramação Fabio Kato
Revisão Rita Gorgati
Capa Aero Comunicação
Produção gráfica Marli Rampim
Sergio Luiz Pereira Lopes
Impressão e acabamento Edições Loyola

Data de fechamento da edição: 13-1-2021

Dúvidas? Acesse www.editorasaraiva.com.br/direito

CL 606917 CAE 754518

À minha esposa, Valéria.

A Damásio de Jesus e Luiz Flávio Gomes, pela contribuição inestimável à Ciência Criminal.

A todos os estudantes de Direito e candidatos a concurso, com quem me solidarizo.

SOBRE O AUTOR

Fernando Capez é Mestre pela Universidade de São Paulo (USP) e Doutor pela Pontifícia Universidade Católica de São Paulo (PUC-SP). Lecionou durante dezoito anos no Complexo Jurídico Damásio de Jesus, sendo, também, Professor na Escola Superior do Ministério Público de São Paulo, Professor Concursado na Academia de Polícia do Estado de São Paulo e Professor Honorário na Universidade Presbiteriana Mackenzie, na Universidade Paulista (Unip), no Centro Universitário FAM e na Universidade Nove de Julho (Uninove).

É palestrante nacional e internacional, e autor de diversos livros, principalmente nas áreas de Direito Penal e Processual Penal, publicados pela Saraiva Educação.

Suas obras possuem como principais virtudes a objetividade, a linguagem direta, fácil e agradável, vasto embasamento decorrente da larga experiência teórica e prática do autor, organização lógica dos temas em tópicos e subtópicos, contribuindo para a sua rápida localização, além de jurisprudência atualizada, fa rta citação doutrinária e quadros sinóticos.

A utilidade dos trabalhos alcança desde estudantes que se preparam para provas, exames da OAB e concursos públicos, até experientes operadores do Direito, tais como Juízes, Desembargadores e Ministros, membros do Ministério Público Estadual e Federal, procuradores e defensores públicos, delegados de polícia e advogados.

Além de Procurador de Justiça, foi eleito em 2006, e reeleito em 2010 e 2014, para o cargo de Deputado Estadual em São Paulo e, por dois biênios, ocupou o cargo de Presidente da Comissão de Constituição, Justiça e Redação da Assembleia Legislativa. Em março de 2015, foi eleito Presidente da Assembleia Legislativa do Estado de São Paulo para exercer o cargo até março de 2017. Foi também Presidente do Colégio de Presidentes de todas as Assembleias Legislativas do Brasil. Em 2019 foi nomeado Diretor Executivo da Fundação PROCON-SP.

ABREVIATURAS

Ac.	Acórdão
AC	Apelação Cível
ACrim	Apelação Criminal
ADI	Ação Direta de Inconstitucionalidade
ADPF	Arguição de Descumprimento de Preceito Fundamental
Ag.	Agravo
AgI	Agravo de Instrumento
AgRg	Agravo Regimental
Ajuris	*Revista da Associação dos Juízes do Rio Grande do Sul*
ANPP	Acordo de não Persecução Penal
APn	Ação Penal
CC	Código Civil
CComp	Conflito de Competência
CE	Constituição Estadual
CF	Constituição Federal
CJ	Conflito de Jurisdição
CLT	Consolidação das Leis do Trabalho
CP	Código Penal
CPar	Correição Parcial
CPC	Código de Processo Civil
CPM	Código Penal Militar
CPP	Código de Processo Penal
CPPM	Código de Processo Penal Militar
DJ	*Diário da Justiça*
DJe	*Diário da Justiça eletrônico*
DJU	*Diário da Justiça da União*
DOU	*Diário Oficial da União*
ED	Embargos de Declaração

EI	Embargos Infringentes
HC	*Habeas corpus*
JECrim	Juizado Especial Criminal
JSTF	*Jurisprudência do Supremo Tribunal Federal*
JSTJ	*Jurisprudência do Superior Tribunal de Justiça*
JTACrimSP	*Julgados do Tribunal de Alçada Criminal de São Paulo*
JTARGS	*Julgados do Tribunal de Alçada do Rio Grande do Sul*
LCP	Lei das Contravenções Penais
LEP	Lei de Execução Penal
LINDB	Lei de Introdução às Normas do Direito Brasileiro
LOEMP	Lei Orgânica Estadual do Ministério Público
LOMN	Lei Orgânica da Magistratura Nacional
LONMP	Lei Orgânica Nacional do Ministério Público
Min.	Ministro
MP	Ministério Público
MS	Mandado de Segurança
m. v.	maioria de votos
OAB	Ordem dos Advogados do Brasil
ONU	Organização das Nações Unidas
RCrim	Recurso Criminal
RDA	*Revista de Direito Administrativo*
RE	Recurso Extraordinário
RECrim	Recurso Extraordinário Criminal
rel.	relator
RESE	Recurso em Sentido Estrito
REsp	Recurso Especial
RF	*Revista Forense*
RHC	Recurso de *Habeas corpus*
RISTF	Regimento Interno do Supremo Tribunal Federal
RISTJ	Regimento Interno do Superior Tribunal de Justiça
RITACrimSP	Regimento Interno do Tribunal de Alçada Criminal de São Paulo
RJ	*Revista Jurídica*
RJDTACrimSP	*Revista de Julgados e Doutrina do Tribunal de Alçada Criminal de São Paulo*
RJSTJ	*Revista de Julgados do Superior Tribunal de Justiça*

RJTJRGS	*Revista de Julgados do Tribunal de Justiça do Rio Grande do Sul*
RJTJSP	*Revista de Julgados do Tribunal de Justiça de São Paulo*
RMS	Recurso de Mandado de Segurança
RPGSP	*Revista da Procuradoria-Geral do Estado de São Paulo*
RT	*Revista dos Tribunais*
RTFR	*Revista do Tribunal Federal de Recursos*
RTJ	*Revista Trimestral de Jurisprudência*
RvCrim	Revisão Criminal
Sec.	Seção
STF	Supremo Tribunal Federal
STJ	Superior Tribunal de Justiça
T.	Turma
TACrimSP	Tribunal de Alçada Criminal de São Paulo
TFR	Tribunal Federal de Recursos (extinto pela CF de 1988)
v. u.	votação unânime
v. v.	voto vencido

ÍNDICE

PREFÁCIO

No início de 1990, o Procurador de Justiça Cássio Juvenal Faria, Professor em nosso Curso MPM, mais conhecido como "Curso do Damásio", em São Paulo, procurou-me com recado de um ex-aluno classificado em primeiro lugar em concurso de ingresso ao Ministério Público do Estado de São Paulo que queria lecionar no curso.

Resolvi dar-lhe uma chance, por conta de sua coragem, no curso de férias: uma aula sobre crimes culposos de trânsito. Aguardei a reação dos alunos. "Ele é excelente!" "Muito bom!" Convidei-o, então, para dar uma aula no curso regular, enfrentando uma classe numerosa. Sucesso absoluto!

Foi assim que eu o contratei para ser Professor do Curso do Damásio, tendo começado a lecionar Direito Penal, Direito Constitucional e Tutela de Interesses Difusos e Coletivos.

Com vontade e esforço, firmou-se como um dos nossos melhores professores.

Nome do jovem corajoso: Fernando Capez. Estudioso, competente, leal aos amigos e fiel aos ideais de Justiça.

É desse jovem que tenho a honra de apresentar à comunidade jurídica brasileira seu primeiro livro: *Curso de Processo Penal*.

É sabido que o processo penal brasileiro, com o advento da Constituição Federal de 1988, da Lei dos Juizados Especiais Criminais e o avanço das penas alternativas, pode ser encarado sob dois aspectos: o processo penal clássico, de litígio, e o processo penal de consenso. No primeiro, regido pelo Código de Processo Penal e legislação especial, faz-se a coerção indireta, pelo exercício da pretensão punitiva estatal, sob a égide do devido processo legal, no tocante aos delitos de gravidade, obedecidas as regras da Carta Magna. No segundo, com fundamento no consenso das partes, cuida-se das infrações penais de menor potencial ofensivo, dando-se oportunidade à aplicação das penas alternativas, nos moldes e regras da permissão constitucional e da Lei n. 9.099/95. Em ambos, o procedimento criminal em sentido amplo, desde a fase do inquérito policial até a execução das penas, obedece a princípios constitucionais modernos contidos na Carta Magna de 1988 e na reforma pontual.

Por isso torna-se necessário que as obras de Direito Processual Penal norteiem-se por novos princípios, com fundamento nas regras do processo penal do terceiro milênio.

Em 1996, na busca de um manual para indicar a meus alunos, solicitei ao Professor Fernando Capez que elaborasse um trabalho de processo penal adequado aos novos tempos: objetivo, claro, didático, preciso, com terminologia moderna, novas ideias e doutrinas, citando ligeiramente as posições da jurisprudência, fundamentada nos princípios da Constituição Federal, com questões e breves respostas no final dos capítulos. Sugeri que a obra fosse ágil, fácil de ser consultada. Na era da Internet, não é mais possível elaborar livros quilométricos, exigindo a leitura do capítulo inteiro para se descobrir a opinião do autor. Como me disse no começo de minha carreira o atual Deputado Federal Hélio Bicudo:

– Se possível, Damásio, exponha a sua posição na primeira linha do trabalho; se puder, no título.

Tempos depois Fernando Capez entregou-me os originais. Examinei-os. Aprovei. Disse-lhe:

– A obra é excelente. Temos dois caminhos. Editá-la pelo Curso ou publicá-la por uma editora. Profissionalmente, para o MPM, é mais vantajosa a primeira opção. Para sua carreira, a segunda. O MPM abre mão de publicar seu trabalho. Se quiser, apresento-o à Editora Saraiva e digo que o seu livro vai ser a obra-texto recomendada para estudo de processo penal no MPM.

No dia seguinte, apresentei o Professor Fernando Capez e os originais do livro ao Dr. Antonio Luiz de Toledo Pinto, então Diretor Editorial Jurídico da Saraiva, que os aprovou.

A obra é ágil e fácil de ser consultada. Os capítulos são bem divididos, tornando-se cômoda e simples a pesquisa do tema procurado. Está atualizada nos termos da reforma pontual, abordando temas modernos, como escuta telefônica, efeitos da revelia, prisão temporária, crimes hediondos, crime organizado, provas ilícitas, recurso em liberdade, Juizados Especiais Criminais, suspensão condicional do processo etc. Assim, tomando apenas dois exemplos, a aplicação temporal da lei processual penal e a suspensão do processo estão expostas magistralmente (legislação, doutrina e jurisprudência).

O livro não é só destinado a alunos e candidatos a concursos jurídicos. Certamente juízes, promotores de justiça, delegados de polícia, procuradores, advogados e tantos que militam na área jurídico-penal nele encontrarão amplo manancial de informações firmes e seguras.

É o livro de processo penal indicado pelo MPM.

Não faz muito tempo, conta-se que Sua Majestade, a Rainha Elizabeth II, fez uma visita real ao Canadá. Em seu itinerário constava conhecer uma cidadezinha muito pitoresca, que tinha acabado de eleger o mais jovem chefe político de sua história.

O jovem e novo Prefeito ficou muito apreensivo com a missão inesperada: receber tão importante visita nos primeiros dias de sua carreira política e apresentar Sua Majestade à comunidade. No dia da visita, muito nervoso, esqueceu em casa o "colar oficial de cerimônias públicas", parecido com essas faixas presidenciais cheias de brasões e medalhas.

No início da cerimônia, a Rainha, percebendo o embaraço do Prefeito, procurou deixá-lo à vontade, tentando uma conversa informal e amigável:

– Senhor Prefeito, o Senhor não possui o colar oficial de cerimônias públicas?

E ele respondeu, mais nervoso ainda:

– Oh, sim, Madame, tenho, mas só o uso em ocasiões importantes!

Hoje, se tivesse um colar oficial de cerimônias, eu o estaria usando, pois é um importante momento em minha vida: apresentar ao mundo jurídico brasileiro a primeira obra de um grande aluno.

Damásio de Jesus

1 INTRODUÇÃO

1.1. Conceito de processo penal

Conforme ensinamento de Cintra, Grinover e Dinamarco, "chama-se direito processual o conjunto de normas e princípios que regem (...) o exercício conjugado da Jurisdição pelo Estado-Juiz, da ação pelo demandante e da defesa pelo demandado"[1].

Trazendo a definição ao campo que particularmente nos interessa, podemos afirmar que: *Direito Processual Penal é o conjunto de princípios e normas que disciplinam a composição das lides penais, por meio da aplicação do Direito Penal objetivo.*

Na definição de José Frederico Marques, "é o conjunto de princípios e normas que regulam a aplicação jurisdicional do Direito Penal, bem como as atividades persecutórias da Polícia Judiciária, e a estruturação dos órgãos da função jurisdicional e respectivos auxiliares"[2].

1.2. O processo penal e o direito de punir

O Estado, única entidade dotada de poder soberano, é o titular exclusivo do direito de punir (para alguns, poder-dever de punir). Mesmo no caso da ação penal exclusivamente privada, o Estado somente delega ao ofendido a legitimidade para dar início ao processo, isto é, confere-lhe o *jus persequendi in judicio*, conservando consigo a exclusividade do *jus puniendi*.

Esse direito de punir (ou poder-dever de punir), titularizado pelo Estado, é genérico e impessoal porque não se dirige especificamente contra esta ou aquela pessoa, mas destina-se à coletividade como um todo. Seria, aliás, de todo inconstitucional a criação de uma regra, unicamente, para autorizar a punição de determinada pessoa.

Trata-se, portanto, de um poder abstrato de punir qualquer um que venha a praticar fato definido como infração penal.

No momento em que é cometida uma infração, esse poder, até então genérico, concretiza-se, transformando-se em uma pretensão individualizada, dirigida especificamente contra o transgressor. O Estado, que tinha um poder abstrato, genérico e impessoal, passa a ter uma pretensão concreta de punir determinada pessoa.

---

1. *Teoria geral do processo*, 9. ed., Malheiros, p. 41.
2. *Elementos de direito processual penal*, 2. ed., Forense, v. 1, p. 20.

Surge, então, um conflito de interesses, no qual o Estado tem a pretensão de punir o infrator, enquanto este, por imperativo constitucional, oferecerá resistência a essa pretensão, exercitando suas defesas técnica e pessoal. Esse conflito caracteriza a lide penal, que será solucionada por meio da atuação jurisdicional.

Tal atuação é a tarefa por que o Estado, substituindo as partes em litígio, através de seus órgãos jurisdicionais, põe fim ao conflito de interesses, declarando a vontade do ordenamento jurídico ao caso concreto. Assim, o Estado-Juiz, no caso da lide penal, deverá dizer se o direito de punir procede ou não, e, no primeiro caso, em que intensidade pode ser satisfeito.

É imprescindível a prestação jurisdicional para a solução do conflito de interesses na órbita penal, não se admitindo a aplicação de pena por meio da via administrativa. Até mesmo no caso das infrações penais de menor potencial ofensivo, em que se admite a transação penal (jurisdição consensual), há necessidade da homologação em juízo.

Trata-se, pois, de jurisdição necessária, já que o ordenamento jurídico não confere aos titulares dos interesses em conflito a possibilidade, outorgada pelo direito privado, de aplicar espontaneamente o direito material na solução das controvérsias oriundas das relações da vida.

Nesse ponto entra o processo penal. A jurisdição só pode atuar e resolver o conflito por meio do processo, que funciona, assim, como garantia de sua legítima atuação, isto é, como instrumento imprescindível ao seu exercício. Sem o processo, não haveria como o Estado satisfazer sua pretensão de punir, nem como o Estado-Jurisdição aplicá-la ou negá-la.

1.3. Conteúdo do processo penal

A finalidade do processo é propiciar a adequada solução jurisdicional do conflito de interesses entre o Estado-Administração e o infrator, através de uma sequência de atos que compreendam a formulação da acusação, a produção das provas, o exercício da defesa e o julgamento da lide.

Para a consecução de seus fins, o processo compreende:

(i) **a relação jurídica processual**, que se forma entre os sujeitos do processo (juiz e partes), pela qual estes titularizam inúmeras posições jurídicas, expressáveis em direitos, obrigações, faculdades, ônus e sujeições processuais.

(ii) **o procedimento**, consistente em uma sequência ordenada de atos interdependentes, direcionados à preparação de um provimento final; é a sequência de atos procedimentais até a sentença.

O procedimento é o modo pelo qual são ordenados os atos do processo, até a sentença. De acordo com o art. 394 do CPP, o procedimento será comum ou especial.

O **procedimento comum** divide-se em:

(i) **ordinário:** crime cuja sanção máxima cominada for igual ou superior a quatro anos de pena privativa de liberdade, salvo se não se submeter a procedimento especial;

(ii) **sumário:** crime cuja sanção máxima cominada seja inferior a quatro anos de pena privativa de liberdade, salvo se não se submeter a procedimento especial;

(iii) **sumaríssimo:** infrações penais de menor potencial ofensivo, na forma da Lei n. 9.099/95, ainda que haja previsão de procedimento especial. Enquadram-se nesse conceito as contravenções penais e os crimes cuja pena máxima não exceda a dois anos (*vide* art. 61 da Lei n. 9.099/95).

Dessa forma, a distinção entre os procedimentos ordinário e sumário dar-se-á em função da pena máxima cominada à infração penal e não mais em virtude de esta ser apenada com reclusão ou detenção. Na prática, como se verá mais adiante, com a reforma processual, poucas diferenças restaram entre os ritos ordinário e sumário, pois ambos passaram a primar pelo princípio da celeridade processual (cf. art. 8º da Convenção Americana sobre Direitos Humanos – Decreto n. 678, de 6-11-1992, e art. 5º, LXXVIII, da CF), bem como pelo aprimoramento da colheita da prova, de onde surgiram alguns reflexos: (i) concentração dos atos processuais em audiência única; (ii) imediatidade; (iii) identidade física do juiz. Finalmente, nos processos de competência do Tribunal do Júri, o procedimento observará as disposições especiais estabelecidas nos arts. 406 a 497 do CPP.

A relação jurídica processual é aquela que se estabelece entre os chamados sujeitos processuais, atribuindo a cada um direitos, obrigações, faculdades, ônus e sujeições.

Na relação processual aplicam-se os chamados princípios constitucionais do processo, garantindo às partes direitos como o contraditório, a publicidade, o de ser julgado pelo juiz natural da causa, a ampla defesa (no caso do acusado) etc.

Sobre processo, procedimento e relação jurídica processual, oportunamente falaremos de forma mais pormenorizada.

Questões

1. Qual é o conceito de Direito Processual Penal?
2. Existe diferença entre o processo penal e a persecução penal?

2 JURISDIÇÃO

A partir do momento em que o homem passou a conviver em sociedade, surgiu a necessidade de se estabelecer uma forma de controle, um sistema de coordenação e composição dos mais variados e antagônicos interesses que exsurgem da vida em comunidade, objetivando a solução dos conflitos desses interesses, que lhe são próprios, bem como a coordenação de todos os instrumentos disponíveis para a realização dos ideais coletivos e dos valores que persegue.

Sem tal controle não se concebe a convivência social, pois cada um dos integrantes da coletividade faria o que bem quisesse, invadindo e violando a esfera de liberdade do outro. Seria o caos.

Por essa razão, não existe sociedade sem direito (*ubi societas ibi jus*), desempenhando este função ordenadora das relações sociais (controle social). O direito que aqui se trata é o direito material, cujo objeto é a regulamentação e harmonização das faculdades naturais do ser humano, em prol da convivência social.

Ao direito cabe solucionar os inevitáveis conflitos de interesses que surgirão na realização da vida em sociedade.

2.1. Interesse, pretensão, conflitos de interesse e litígio

Interesse é a disposição de satisfazer uma necessidade.

Pretensão é a exigência de subordinação de um interesse alheio a um interesse próprio.

O conflito de interesses ocorre sempre que houver incompatibilidade entre os interesses postos em relação.

Ao conflito de interesses, qualificado pela resistência à pretensão, Carnelutti denominou lide.

Todavia, a só existência do direito material como instrumento de controle social não é suficiente para prevenir ou remediar os conflitos sociais.

Ditos conflitos, insolúveis pela aplicação pura e simples do direito substancial, caracterizam-se, na lição de Cintra, Grinover e Dinamarco, "por situações em que uma pessoa, pretendendo para si determinado bem, não pode obtê-lo – seja porque (a) aquele que poderia satisfazer sua pretensão não a satisfaz; seja porque (b) o próprio direito proíbe a satisfação voluntária da pretensão (p. ex., a pretensão punitiva do Estado não pode ser satisfeita mediante um ato de submissão do indigitado criminoso)"[3].

---

3. *Teoria geral do processo*, cit., p. 23-4.

Dessa forma, o conflito de interesses (já qualificado, a essa altura, como litígio), insolúvel voluntariamente pelas partes da relação jurídica material, pode ser eliminado mediante duas maneiras distintas:

(i) por obra de um ou de ambos os titulares dos interesses conflitantes;

(ii) por ato de terceiro.

Na primeira hipótese, ou os sujeitos consentem no sacrifício total ou parcial do próprio interesse – autocomposição – ou um deles, à força, impõe o sacrifício do interesse alheio – autodefesa ou autotutela.

Na segunda hipótese, enquadram-se a defesa de terceiro, a mediação e o processo.

2.2. Autotutela

A autotutela remonta aos primórdios da civilização e caracteriza-se, basicamente, pelo uso da força bruta para satisfação de interesses. A própria repressão aos atos criminosos se fazia ora em regime de vingança ou de justiça privada, ora pelo Estado, sem a interposição de órgãos imparciais. Os dois traços característicos da autotutela são, portanto: a ausência de juiz imparcial e a imposição da decisão por uma das partes à outra[4]. Atualmente, existe em nosso ordenamento jurídico apenas como exceção (v. g., prisão em flagrante feita por qualquer pessoa do povo – art. 301 do CPP; estado de necessidade e legítima defesa – arts. 24 e 25 do CP).

O exercício da autotutela fora das hipóteses legalmente admitidas configura ilícitos penais, tipificados no art. 345 do Código Penal (quando praticado por particular), por exemplo.

2.3. Autocomposição

A autocomposição ocorre quando uma das partes integrantes do conflito abre mão do seu interesse em favor da outra, ou quando ambas renunciam à parcela de suas pretensões para solucionar pacificamente suas divergências. São três as formas de autocomposição: desistência (renúncia à pretensão), submissão (renúncia à resistência oferecida à pretensão) e transação (concessões recíprocas)[5]. A Constituição Federal, em seu art. 98, I, nas hipóteses previstas em lei, permite a transação para infrações penais de menor potencial ofensivo.

Ao contrário das formas de autotutela, a autocomposição é, em regra, "considerada legítimo meio alternativo de solução dos conflitos, estimulado pelo direito mediante atividades consistentes na conciliação"[6], desde que não verse o litígio sobre direitos indisponíveis.

Dada a indisponibilidade dos interesses penais, a transação, forma de autocomposição, não era admitida em nosso sistema jurídico. A situação alterou-se no que

4. Cintra, Grinover e Dinamarco, *Teoria geral do processo*, cit., p. 25.

5. Cintra, Grinover e Dinamarco, *Teoria geral do processo*, cit., p. 25.

6. Cintra, Grinover e Dinamarco, *Teoria geral do processo*, cit., p. 32.

concerne às infrações de menor potencial ofensivo, esfera em que, agora, admite-se esta forma alternativa de pacificação social (CF, art. 98, I, regulamentado pelo art. 76 da Lei n. 9.099/95).

2.4. A intervenção de terceiro, a mediação e o processo

A intervenção de terceiro na solução do conflito surgiu inicialmente com a escolha, pelos próprios conflitantes, de um árbitro imparcial. Essa escolha recaía, em geral, sobre sacerdotes, que julgavam de acordo com a vontade dos deuses, ou sobre anciãos, que decidiam de acordo com os costumes e tradições locais.

Aos poucos, o Estado foi-se afirmando e conseguiu impor-se aos particulares. Os cidadãos em conflito compareciam perante o pretor, comprometendo-se a aceitar o que viesse a ser decidido. Esse compromisso, necessário diante da ainda insuficiente expressão do Estado perante a individualidade dos particulares, era chamado de *litiscontestatio*. Escolhia-se, então, um árbitro, que recebia do pretor o encargo de decidir a causa. Havia, pois, dois estágios de solução do conflito: um perante o magistrado ou pretor (*in jure*) e outro perante o árbitro (*apud judicem*)[7].

Posteriormente, o Estado passou a ter o poder de indicar o árbitro, independentemente da vontade das partes, passando-se de um sistema inicial de arbitragem facultativa (o árbitro era escolhido pelos próprios litigantes) a um sistema de arbitragem obrigatória (a escolha cabia exclusivamente ao poder estatal).

Superada essa fase individualista de solução de conflitos (*ordo judiciorum privatorum*), o pretor passou a conhecer ele próprio do mérito dos litígios entre os particulares, inclusive proferindo sentença, em vez de nomear ou aceitar a nomeação de um árbitro que o fizesse (*cognitio extra ordinem*). A justiça passou então a ser distribuída pelo Poder Público, deixando de ser privada para alcançar o *status* de pública. O Estado, já suficientemente fortalecido, impõe-se sobre os particulares e, prescindindo da voluntária submissão destes, impõe-lhes autoritariamente a sua solução para os conflitos de interesses.

Surgem os juízes estatais, que passaram a examinar as pretensões e a resolver os conflitos. Os juízes agem em substituição às partes, que não podem fazer justiça com as próprias mãos (vedada a autodefesa).

A essa nova atividade estatal convencionou-se chamar de jurisdição.

Jurisdição é uma das funções do Estado, mediante a qual este se substitui, na pessoa de um juiz, aos titulares dos interesses em conflito, para, imparcialmente, aplicar o direito ao caso concreto, a fim de fornecer uma pacífica solução ao litígio, reafirmando a autoridade da ordem jurídica e a verticalidade da relação Estado-Particular. Aqui estão os três clássicos escopos do processo: jurídico, social e político. Essa pacificação é feita mediante a atuação da vontade do direito objetivo que rege o caso apresentado em concreto para ser solucionado; e o Estado desempenha essa função sempre mediante o processo, seja expressando imperativamente o preceito (através de uma sentença de

---

7. Cintra, Grinover e Dinamarco, *Teoria geral do processo*, cit., p. 26.

mérito), seja realizando no mundo das coisas o que o preceito estabelece (através da execução forçada)[8].

Da definição, podemos extrair algumas características essenciais e exclusivas da atividade jurisdicional, as quais a distinguirão das demais funções exercidas pelo Estado (legislativa e administrativa).

2.5. Características da jurisdição

2.5.1. Substitutividade

Vedada que está a autotutela (salvo em casos expressamente autorizados em lei), é certo que, sendo impossível às partes a resolução espontânea e pacífica do conflito de interesses, só lhes resta pedir ao Estado (detentor do monopólio da solução dos litígios) que, mediante um provimento, elimine-lhes a insatisfação e a incerteza. Dessa forma, o Estado, através de pessoas físicas (juízes) previamente designadas (critérios de distribuição de competência), substitui-se, com uma atividade sua, à vontade dos litigantes, a fim de promover a justa composição da lide, pela correta aplicação das regras jurídicas genéricas e impessoais, objetivamente fixadas.

Como o Estado não vai ao processo disputar qualquer bem com as partes, nem tem com estas qualquer conflito de interesses, a sua *imparcialidade* é circunstância indispensável ao exercício jurisdicional, de modo que, se tiver qualquer interesse na solução do litígio, outro que não a pacificação social, não poderá o juiz (ou seus auxiliares) atuar no processo (CPP, arts. 95, I, 112, 252 a 255, 274 e 279 a 281).

2.5.2. Escopo de atuação do direito

Com isto, visa o Estado a garantir, por meio da substituição das partes, a realização dos objetivos da norma de direito substancial violada no caso concreto; em outras palavras, intenta fazer com que a situação prática coincida com aquela abstrata prescrita no dispositivo legal inobservado, eliminando a insatisfação e, por conseguinte, o desconforto social por ela gerado, reafirmando a autoridade do ordenamento jurídico.

Esses são os atributos inerentes à jurisdição, que lhe dão personalidade e a distinguem das demais funções do Estado (na atividade administrativa, p. ex., conquanto a lei seja o seu limite, o escopo primeiro da administração é a consecução do bem comum, não a atuação da vontade da lei; além disso, a administração, ao desempenhar uma atividade, o faz na condição de parte de uma relação jurídica e não em caráter de substituição).

Outros atributos, conquanto não essenciais, são identificáveis na atividade jurisdicional.

2.5.3. Inércia

Os órgãos jurisdicionais são, por sua própria índole, inertes (*nemo judex sine actore; ne procedat judex ex officio*), pois a experiência histórica demonstrou que o exercício espontâneo da atividade jurisdicional afeta, sobremaneira, a imparcialidade do julgador, que

8. Cintra, Grinover e Dinamarco, *Teoria geral do processo*, cit., p. 113.

se deixa influenciar pela iniciativa tomada. Há algumas exceções, como a execução penal das penas privativas de liberdade e restritivas de direito, em que cabe ao juiz determinar a expedição da carta de guia, dando prosseguimento à persecução penal (LEP, art. 105), além da possibilidade conferida ao magistrado de conceder *ex officio* a ordem de *habeas corpus* (CPP, art. 654, § 2º), ou, ainda, a produção de provas de ofício (CPP, art. 156, I).

2.5.4. Imutabilidade (ou definitividade)

Os atos jurisdicionais, ao contrário dos legislativos e dos administrativos, são os únicos passíveis de transitar em julgado, isto é, de se tornarem imutáveis, não podendo ser revistos ou modificados. Coisa julgada é a qualidade dos efeitos de uma decisão, é a imutabilidade dos mesmos. De acordo com a Constituição, "a lei não prejudicará o direito adquirido, o ato jurídico perfeito e a coisa julgada" (art. 5º, XXXVI). No processo penal a exceção fica por conta da ação de revisão criminal (CPP, arts. 621 e s.).

2.5.5. Lide

Outrora identificada como elemento indispensável à jurisdição (Carnelutti), a existência da lide é, por certo, uma situação constante na atividade jurisdicional, especialmente quando se trata de pretensões insatisfeitas que poderiam ter sido atendidas espontaneamente pelo obrigado. Todavia, haverá casos em que esta não estará presente, sem que isto importe desnaturação da função em tela (exemplo ocorre no curso do processo penal, nos casos em que a situação litigiosa cessa em virtude do pedido de absolvição feito pelo órgão da acusação; note-se que o processo continua até o provimento final, sem que lide exista mais)[9].

2.6. Princípios próprios da jurisdição

2.6.1. Investidura

A jurisdição só pode ser exercida por quem tenha sido regularmente investido na autoridade de juiz.

2.6.2. Indelegabilidade

Segue o princípio geral segundo o qual é vedado a qualquer Poder delegar atribuições. A Constituição fixa as atribuições do Poder Judiciário, de modo que nem à lei nem aos próprios membros deste é dado dispor de outra forma, delegando, por conveniência ou critérios próprios, suas funções a outro órgão. Não exercendo a jurisdição em nome próprio, não tem o juiz poder para dela dispor, invertendo os critérios previamente definidos.

À regra existem exceções, v. g., art. 102, I, *m*, da Constituição Federal. Anote-se, todavia, que a prática de atos por carta precatória não se insere dentre as exceções. Impossibilitado de praticar atos processuais fora dos limites da comarca sujeita à sua juris-

---

9. Cintra, Grinover e Dinamarco, *Teoria geral do processo*, cit., p. 115-6.

dição, o juiz deprecante nada mais faz do que solicitar a cooperação daquele realmente competente para fazê-lo, o juiz deprecado. Impossível falar em delegação de um poder que ele próprio (deprecante) não tem, por incompetência.

2.6.3. Inevitabilidade

A jurisdição impõe-se independente da vontade das partes, que a ela devem sujeitar-se. A situação das partes, quanto ao juiz, na relação processual, é de absoluta *sujeição*, sendo-lhes impossível evitar que, sobre sua esfera jurídica, se exerça a autoridade jurisdicional.

2.6.4. Inafastabilidade (ou princípio do controle jurisdicional)

A lei não pode excluir da apreciação do Poder Judiciário qualquer lesão ou ameaça a direito, nem pode o juiz, a pretexto de lacuna ou obscuridade da lei, escusar-se de proferir decisão (CF, art. 5º, XXXV; LINDB, art. 4º). É o Judiciário que profere, sobre o litígio, a última palavra.

2.6.5. Juiz natural

Um dos princípios fundamentais da função jurisdicional, eis que intimamente relacionado com a imparcialidade do juízo, a garantia do *juiz natural* foi trazida para o direito brasileiro, desde o início, em seu dúplice aspecto: (i) proibição de juízo ou tribunal de exceção (tribunal *ad hoc*), isto é, criado *ex post facto* para o julgamento de um determinado caso concreto ou pessoa (CF, art. 5º, XXXVII); (ii) garantia do juiz competente (CF, art. 5º, LIII), segundo a qual ninguém será subtraído ao seu juiz constitucionalmente competente.

Não se insere na proibição dos tribunais de exceção a criação das justiças especializadas (militar, trabalhista, eleitoral). Os tribunais *ad hoc* são criados e funcionam para um determinado caso concreto, ao passo que as justiças especializadas são previamente instituídas pela Constituição e têm por escopo a aplicação da lei a todos os casos versando sobre determinada matéria ou que envolvam certas pessoas, indistintamente. O mesmo se diga em relação aos casos de competência estabelecida pela prerrogativa de função (CPP, arts. 84 a 87). Não se cuida, aqui, de prerrogativa instituída em função da pessoa, mas de tratamento especial dispensado ao cargo, à função exercida pelo réu, relevantes na administração do país, tanto que, deixado o cargo ou cessada a função, desaparece a prerrogativa.

A Constituição Federal cuida de fixar apenas as competências ditas absolutas (de jurisdição, funcional etc.), sem preocupar-se com a competência de foro, regulada em lei federal (CPP, p. ex.). Assim, é acertado dizer que a expressão *autoridade competente*, consignada no texto constitucional do mencionado art. 5º, LIII, deve ser lida como *juiz constitucionalmente competente* para processar e julgar (aquele cujo poder de julgar derive de fontes constitucionais), de modo que não será juiz natural o *constitucionalmente incompetente*. A competência de foro é matéria estranha à Constituição, regida exclusivamente pela lei processual federal. Essas ilações têm grande significação especialmente no que concerne à interpretação da norma do art. 567 do Código de Processo Penal, assunto que será tratado junto com a *competência dos órgãos jurisdicionais*.

A Lei n. 13.964/2019, de 24 de dezembro de 2019, popularmente conhecida como "Pacote Anticrime", foi criada com o escopo de aperfeiçoar a legislação penal e processual penal. Neste sentido, trouxe, entre outras inovações significativas, a figura do "Juiz das Garantias". Caberá a ele atuar na fase investigatória, restando ao outro magistrado do processo a instrução e o julgamento.

O objetivo precípuo da lei foi tentar preservar ao máximo a imparcialidade do juiz do processo, pois, em tese, sua participação na fase persecutória poderia viciar sua formação de juízo, interferindo crucialmente em seu julgamento.

Nesse sentido, importante destacar a nova redação dada ao art. 3º do Código de Processo Penal, inserindo o art. 3º-A. Estabeleceu-se que o processo penal terá estrutura acusatória, vedando qualquer iniciativa do magistrado na fase da investigação e a substituição da atuação probatória do órgão de acusação.

O art. 3º-B determinou que será da responsabilidade do juiz das garantias o controle pela legalidade da investigação criminal e a tutela dos direitos individuais, cuja franquia tenha sido reservada à autorização prévia do Poder Judiciário, competindo-lhe, nos termos da lei, especialmente:

"I – receber a comunicação imediata da prisão, nos termos do inciso LXII do *caput* do art. 5º da Constituição Federal;

II – receber o auto da prisão em flagrante para o controle da legalidade da prisão, observado o disposto no art. 310 deste Código;

III – zelar pela observância dos direitos do preso, podendo determinar que este seja conduzido à sua presença, a qualquer tempo;

IV – ser informado sobre a instauração de qualquer investigação criminal;

V – decidir sobre o requerimento de prisão provisória ou outra medida cautelar, observado o disposto no § 1º deste artigo;

VI – prorrogar a prisão provisória ou outra medida cautelar, bem como substituí-las ou revogá-las, assegurado, no primeiro caso, o exercício do contraditório em audiência pública e oral, na forma do disposto neste Código ou em legislação especial pertinente;

VII – decidir sobre o requerimento de produção antecipada de provas consideradas urgentes e não repetíveis, assegurados o contraditório e a ampla defesa em audiência pública e oral;

VIII – prorrogar o prazo de duração do inquérito, estando o investigado preso, em vista das razões apresentadas pela autoridade policial e observado o disposto no § 2º deste artigo;

IX – determinar o trancamento do inquérito policial quando não houver fundamento razoável para sua instauração ou prosseguimento;

X – requisitar documentos, laudos e informações ao delegado de polícia sobre o andamento da investigação;

XI – decidir sobre os requerimentos de:

a) interceptação telefônica, do fluxo de comunicações em sistemas de informática e telemática ou de outras formas de comunicação;

b) afastamento dos sigilos fiscal, bancário, de dados e telefônico;

c) busca e apreensão domiciliar;

d) acesso a informações sigilosas;

e) outros meios de obtenção da prova que restrinjam direitos fundamentais do investigado;

XII – julgar o *habeas corpus* impetrado antes do oferecimento da denúncia;

XIII – determinar a instauração de incidente de insanidade mental;

XIV – decidir sobre o recebimento da denúncia ou queixa, nos termos do art. 399 deste Código;

XV – assegurar prontamente, quando se fizer necessário, o direito outorgado ao investigado e ao seu defensor de acesso a todos os elementos informativos e provas produzidos no âmbito da investigação criminal, salvo no que concerne, estritamente, às diligências em andamento;

XVI – deferir pedido de admissão de assistente técnico para acompanhar a produção da perícia;

XVII – decidir sobre a homologação de acordo de não persecução penal ou os de colaboração premiada, quando formalizados durante a investigação;

XVIII – outras matérias inerentes às atribuições definidas no caput deste artigo."

O art. 3º-C, inserido pela Lei Anticrime, tratou de definir os limites da atuação do juiz das garantias, que abrangerá todas as infrações penais, exceto as de menor potencial ofensivo, devendo cessar com o recebimento da denúncia ou da queixa, conforme estabelecido no art. 399 do CPP.

Qualquer questão pendente que sobrevir o recebimento da denúncia ou da queixa, será decidida pelo juiz de instrução e julgamento (§ 1º).

Decisões proferidas pelo juiz de garantias não possuem caráter vinculatório em relação ao juiz de instrução e julgamento. O § 2º da nova lei tratou de impor a este a necessidade de reexaminar a necessidade das medidas cautelares em curso, após o recebimento da denúncia ou queixa, pelo prazo de até, no máximo, 10 (dez) dias.

O § 3º tratou de cuidar do autos decorrentes dessa fase processual, determinando a seguinte redação: "Os autos que compõem as matérias de competência do juiz das garantias ficarão acautelados na secretaria desse juízo, à disposição do Ministério Público e da defesa, e não serão apensados aos autos do processo enviados ao juiz da instrução e julgamento, ressalvados os documentos relativos às provas irrepetíveis, medidas de obtenção de provas ou de antecipação de provas, que deverão ser remetidos para apensamento em apartado". Ainda, tratando da mesma matéria, o § 4º determina que: "Fica assegurado às partes, o amplo acesso aos autos acautelados na secretaria do juízo das garantias".

A Lei n. 13.964/2019 também alterou o Código de Processo Penal para incluir os seguintes artigos:

"Art. 3º-D. O juiz que, na fase de investigação, praticar qualquer ato incluído nas competências dos arts. 4º e 5º deste Código ficará impedido de funcionar no processo.

Parágrafo único. Nas comarcas em que funcionar apenas um juiz, os tribunais criarão um sistema de rodízio de magistrados, a fim de atender às disposições deste Capítulo.

Art. 3º-E. O juiz das garantias será designado conforme as normas de organização judiciária da União, dos Estados e do Distrito Federal, observando critérios objetivos a serem periodicamente divulgados pelo respectivo tribunal.

Art. 3º-F. O juiz das garantias deverá assegurar o cumprimento das regras para o tratamento dos presos, impedindo o acordo ou ajuste de qualquer autoridade com órgãos da imprensa para explorar a imagem da pessoa submetida à prisão, sob pena de responsabilidade civil, administrativa e penal.

Parágrafo único. Por meio de regulamento, as autoridades deverão disciplinar, em 180 (cento e oitenta) dias, o modo pelo qual as informações sobre a realização da prisão e a identidade do preso serão, de modo padronizado e respeitada a programação normativa aludida no *caput* deste artigo, transmitidas à imprensa, assegurados a efetividade da persecução penal, o direito à informação e a dignidade da pessoa submetida à prisão."

2.7. Finalidades da jurisdição

(i) Atuação da vontade da lei;

(ii) Solução de conflitos de interesse;

(iii) Aplicação de justiça a casos concretos.

2.8. Espécies de jurisdição

(i) Jurisdição penal;

(ii) Jurisdição civil.

2.9. Jurisdição necessária

Como anteriormente salientado, há conflitos que são insolúveis pela mera vontade das partes, seja porque uma delas resiste à pretensão da outra (proibição da autotutela), seja porque lhes é vedada, pelo ordenamento, a espontânea solução do conflito. Não se admite, portanto, nessa última hipótese, a autocomposição na aplicação do direito material.

Em casos como esse, a única maneira de se obter a realização do preceito contido no texto normativo substancial é o processo.

É o que ocorre em algumas situações de direito privado (v. g., anulação de casamento e outras hipóteses afetas ao direito de família) e, particularmente, no direito penal brasileiro, que tem sua aplicação voluntária vedada já pela Constituição, que afasta a possibilidade de o indigitado delinquente submeter-se espontaneamente à aplicação da pena (CF, art. 5º, LVII e LIV), a ser imposta pelo titular do *jus puniendi* (o Estado), por meio de um mero ato administrativo.

São os casos de *jurisdição necessária*, imposta sempre que o objeto da relação jurídica material for de extrema indisponibilidade.

Alguns ordenamentos, como o americano e o inglês, admitem a transação para a imposição de pena a delito de menor potencial ofensivo, bem como a submissão do acusado à pena pecuniária.

No Brasil, a exceção à regra é fornecida pelos arts. 98, I, da Constituição Federal, e 76 da Lei n. 9.099/95, os quais inseriram a transação em matéria penal no direito brasileiro.

Questões

1. O que é jurisdição?
2. Quais são os princípios próprios da jurisdição?
3. No que consiste a jurisdição necessária?

3 PROCESSO

O Estado detém o monopólio da administração da justiça. O ordenamento jurídico considera crime fazer justiça com as próprias mãos (CP, art. 345).

O processo é o meio pelo qual o Estado procede à composição da lide, aplicando o direito ao caso concreto e dirimindo os conflitos de interesse.

A jurisdição é, portanto, a função; o processo, o instrumento de sua atuação.

Sem processo não há como solucionar o litígio (ressalvados os casos em que se admitem formas alternativas de pacificação), razão por que é instrumento imprescindível para resguardo da paz social.

Antes de adentrarmos o tema dos princípios informadores do direito processual, faz-se necessário traçar algumas linhas sobre o *processo*, o *procedimento* (incluindo-se aqui as formas do procedimento) e a relação *jurídica processual*.

3.1. Processo, procedimento e relação jurídica processual

O processo, instrumento de atuação da função jurisdicional, pode ser encarado sob dois prismas distintos, mas intimamente conexos entre si: (i) dos atos que representam sua forma extrínseca (objetivo); (ii) das relações que vinculam os sujeitos processuais (subjetivo).

Analisando-o sob o aspecto objetivo, isto é, dos atos, identificamos o seu primeiro elemento constitutivo: o procedimento, entendido como cadeia de atos e fatos coordenados, juridicamente relevantes, vinculados por uma finalidade comum, qual a de preparar o ato final, ou seja, o provimento jurisdicional, que, no processo de conhecimento, é a sentença de mérito.

Sob o aspecto subjetivo, surge o segundo elemento constitutivo do processo, que lhe dá vida e dinamismo: a relação jurídica processual.

Muito se discutiu a respeito da natureza jurídica do processo, discussão cujo delineamento certamente extrapolaria as finalidades deste trabalho. Pode-se dizer apenas que as principais teorias a respeito são: (i) do processo como contrato; (ii) do processo como quase contrato; (iii) do processo como relação jurídica processual; (iv) do processo como situação jurídica e, por fim; (v) do processo como procedimento em contraditório.

De todas elas, foi a da relação jurídica processual (item "iii"), desenvolvida por Bülow, na segunda metade do século XIX, que, temperada com postulados das teorias da situação jurídica e do procedimento em contraditório, ganhou acolhida junto à doutrina.

Reside o mérito de Bülow, justamente, na sistematização da relação jurídica processual, distinguindo-a da relação jurídica material, sendo esta a que se discute no processo. Figuram ambas em clara relação *continente-conteúdo*.

É possível caracterizar a relação jurídica processual como *o nexo que une e disciplina a conduta dos sujeitos processuais em suas ligações recíprocas durante o desenrolar do procedimento*. Tendo em vista que no arco do procedimento os sujeitos passam de situação em situação, de posição em posição, ativas e passivas, podemos dizer, ainda, que a relação jurídica processual apresenta-se como a sucessão de posições jurídicas ativas (poderes, faculdades e ônus) e passivas (deveres, sujeições e ônus), *que se substituem pela ocorrência de atos e fatos procedimentais*, porquanto de um ato nasce sempre uma posição jurídica, que, por sua vez, servirá de fundamento à prática de outro ato, que ensejará nova posição dos sujeitos processuais e, assim por diante, até o provimento final.

Para Dinamarco, o processo é o "procedimento animado pela relação jurídica processual"[10].

3.2. Elementos identificadores da relação processual

Os elementos que identificam a relação processual, diferenciando-a da relação de direito material, são:

3.2.1. Sujeitos processuais

São três os principais: Estado-Juiz, autor e réu (lembre-se que o juiz não é propriamente um sujeito do processo, mas apenas órgão, por cujo intermédio o Estado-Juiz exerce o seu dever-poder, que é a função jurisdicional).

Em síntese, o que distingue a relação processual da material, sob o aspecto subjetivo, isto é, dos seus sujeitos, é não apenas a presença do Estado-Juiz, mas a sua condição de titular e de exercente de uma das manifestações do poder estatal. As partes, em pé de igualdade entre si, situam-se, quanto ao Estado-Juiz, em uma relação marcada pela verticalidade, dada a sua situação de sujeição em relação a este. Daí afirmar-se o caráter triangular da relação processual. Sobre os sujeitos processuais, falaremos mais, oportunamente.

3.2.2. Objeto da relação processual

No plano material, o bem que constitui o objeto da relação jurídica é o próprio bem da vida, sobre o qual versa o conflito de interesses. Quanto à relação processual, o objeto que lhe é peculiar é o próprio provimento jurisdicional pedido ao Estado.

É, portanto, uma relação secundária, eis que guarda estreita instrumentalidade com o bem efetivamente pretendido pelo autor: o objeto da relação jurídica material (primária), o bem da vida.

---

10. *A instrumentalidade do processo*, 1987, p. 188-90.

3.2.3. Pressupostos processuais

Fixa o Código Civil, no art. 104, os requisitos para a validade dos atos jurídicos em geral.

Logo se percebeu, todavia, com a distinção operada na teoria de Bülow, que a relação processual também exigia, para a sua válida constituição, a observância de certos requisitos peculiares aos enumerados no citado dispositivo legal. São os requisitos para a constituição de uma relação processual válida que, ao lado das condições da ação, formam os *requisitos de admissibilidade do julgamento do mérito*. São eles:

(i) **Subjetivos** (respeitantes aos sujeitos principais da relação processual):

(i.1) **quanto ao juiz:**

– investidura;

– competência (CPP, art. 95, II);

– imparcialidade (CPP, arts. 95, I, e 112).

(i.2) **quanto às partes:**

– capacidade de ser parte;

– capacidade processual;

– capacidade postulatória (CPP, art. 44).

(ii) **Objetivos:**

(ii.1) **extrínsecos:** inexistência de fatos impeditivos, v. g., litispendência, coisa julgada (CPP, art. 95, III e V) etc.;

(ii.2) **intrínsecos:** regularidade procedimental (CPP, art. 24).

3.3. Formas do procedimento

As formas dos atos processuais podem ser de três ordens: de lugar, de tempo e de modo.

(i) **Lugar.** Em regra, os atos processuais têm lugar na sede do juízo, excluídos os casos em que a lei ou a sua própria natureza exigirem a prática em local diverso, v. g., busca e apreensão, citação, inspeção judicial, oitiva de testemunha cujo comparecimento é impossível etc.

(ii) **Tempo.** Dois aspectos a serem levados em consideração:

(ii.1) a época em que os atos devem ser praticados;

(ii.2) o prazo (distância temporal entre os atos do processo) para a sua execução.

Os **prazos** podem ser:

– **ordinários ou dilatórios:** são aqueles que admitem redução ou prorrogação, por vontade das partes, por serem desprovidos de imperatividade;

– **aceleratórios:** quando ocorre a fixação de um prazo máximo, dentro do qual o ato deve ser necessariamente praticado;

– **legais:** determinados em lei;

– **judiciais:** fixados pelo magistrado;

– **convencionais:** estabelecidos por acordo das partes;

– **peremptórios:** inalteráveis, quer para mais, quer para menos; caracterizáveis pela imperatividade sobre os sujeitos processuais;

– **comuns:** quando correm para ambas as partes;

– **particulares:** relativos a somente uma das partes;

– **próprios:** aqueles cuja inobservância pode trazer sanções processuais;

– **impróprios:** não acarretam sanções processuais mas, tão somente, de caráter disciplinar.

De maneira geral, o transcurso do prazo enseja a perda da possibilidade de praticar determinado ato processual, denominada preclusão temporal.

Não há preclusão em se tratando de prazos impróprios, conferidos ao juiz, aos auxiliares da justiça e ao Ministério Público, quando este atua no processo como parte secundária. Daí que preclusivos são apenas os prazos próprios.

(iii) **Modo.** Pode ser quanto à linguagem, quanto à atividade que o move e quanto ao rito.

(iii.1) **Quanto à linguagem**

A palavra pode ser falada ou escrita e, conforme seja feita a escolha por uma ou por outra, o procedimento será oral, escrito ou misto.

Vigora, no sistema processual brasileiro, o procedimento misto, informado pelo princípio da oralidade, em maior ou menor intensidade, conforme se trate de processo penal, civil ou trabalhista.

No procedimento misto, embora ocorra o predomínio quantitativo da palavra escrita, a palavra falada se sobressai qualitativamente, porquanto é a forma eleita para expressar os atos de maior relevância na formação do convencimento do juiz.

Do **princípio da oralidade** derivam alguns princípios, distintos, mas intimamente relacionados entre si. São eles:

– **princípio da imediação ou imediatidade:** exige o contato direto do juiz com as provas e as fontes de provas, a fim de que ele colha pessoalmente o material destinado ao seu convencimento;

– **princípio da identidade física do juiz:** o mesmo magistrado que preside a instrução do feito deve julgar a causa, como forma de garantir a eficácia do princípio adrede mencionado;

– **princípio da concentração da causa:** os atos mais relevantes devem, dentro do possível, ser praticados em única audiência;

– **princípio da irrecorribilidade das decisões interlocutórias:** destinado a concretizar a oralidade e a concentração.

Com a criação dos juizados especiais criminais pela Lei n. 9.099/95, a oralidade e a flexibilidade das formas procedimentais receberam novo alento, como se infere do texto do art. 62 do citado diploma. Do mesmo modo, a reforma processual penal, operada pela Lei n. 11.719/2008, ao visar à celeridade processual e ao aperfeiçoamento na colheita da prova, primou pelo princípio da oralidade, na medida em que previu a concentração dos atos processuais em audiência única no procedimento comum (ordinário, sumário e sumaríssimo). Mencione-se que tal concentração dos atos processuais em audiência única também foi instituída no procedimento do júri.

(iii.2) Quanto à atividade

O processo inicia-se pelo impulso das partes e desenvolve-se, predominantemente, pelo impulso oficial. Cabe ao juiz, na maioria dos casos, dar andamento ao feito determinando a prática de atos processuais, haja vista a relevância do interesse do Estado na rápida e eficaz solução do litígio.

Ligado ao impulso oficial está o fenômeno da preclusão, consistente na perda de uma faculdade processual por diversas causas, às quais se ligam as variadas espécies desse instituto. É a **preclusão** um fato impeditivo, destinado a assegurar a progressividade da relação processual. São de três **espécies**:

– **temporal:** a causa da perda da faculdade processual está na omissão da prática de determinado ato no prazo assinado;

– **lógica:** decorrente da incompatibilidade de um ato processual com outro já praticado;

– **consumativa:** caracteriza-se pelo fato de a faculdade já ter sido validamente exercida.

(iii.3) Quanto ao rito

O rito do procedimento, isto é, o ritmo e a amplitude com que são praticados os atos processuais, é escolhido com vistas, em geral, à natureza da relação jurídica material (primária) levada à apreciação do Judiciário.

No processo penal, objeto dos nossos estudos, os **procedimentos, no processo de cognição**, dividem-se em:

– **comum:** divide-se em: **(i) ordinário:** crime cuja sanção máxima cominada for igual ou superior a quatro anos de pena privativa de liberdade, salvo se não se submeter a procedimento especial; **(ii) sumário:** crime cuja sanção máxima cominada seja inferior a quatro anos de pena privativa de liberdade, salvo se não se submeter a procedimento especial; **(iii) sumaríssimo:** infrações penais de menor potencial ofensivo, na forma da Lei n. 9.099/95, ainda que haja previsão de procedimento especial. Enquadram-se nesse conceito as contravenções penais e os crimes cuja pena máxima não exceda a dois anos (*vide* art. 61 da Lei n. 9.099/95). Dessa forma, a distinção entre os procedimentos ordinário e sumário dar-se-á em função da pena máxima cominada à infração penal e não mais em virtude de esta ser apenada com reclusão ou detenção;

– **especial:** é o procedimento previsto, por exemplo, nos arts. 406 a 497 do CPP, bem como aqueles instituídos em leis extravagantes, por exemplo, a Lei n. 11.343/2006.

3.4. Princípios gerais informadores do processo

3.4.1. Imparcialidade do juiz

O juiz situa-se na relação processual entre as partes e acima delas (caráter substitutivo), fato que, aliado à circunstância de que ele não vai ao processo em nome próprio, nem em conflito de interesses com as partes, torna essencial a imparcialidade do julgador. Trata-se da capacidade subjetiva do órgão jurisdicional, um dos pressupostos para a constituição de uma relação processual válida. Para assegurar essa imparcialidade, a Constituição estipula garantias (art. 95), prescreve vedações (art. 95, parágrafo único) e proíbe juízes e tribunais de exceção (art. 5º, XXXVII). Dessas regras decorre a de que ninguém pode ser julgado por órgão constituído após a ocorrência do fato.

3.4.2. Igualdade processual

Desdobramento do princípio consignado na Constituição Federal, art. 5º, *caput*, de que todas as pessoas são iguais perante a lei. Dessa forma, as partes devem ter, em juízo, as mesmas oportunidades de fazer valer suas razões, e ser tratadas igualitariamente, na medida de suas igualdades, e desigualmente, na proporção de suas desigualdades.

No processo penal, o princípio sofre alguma atenuação pelo, também constitucional, princípio do *favor rei*, postulado segundo o qual o interesse do acusado goza de alguma prevalência em contraste com a pretensão punitiva. Expressões legais de tal prevalência são os textos dos arts. 609, parágrafo único (embargos infringentes e de nulidade) e 621 e s. (revisão criminal) do Código de Processo Penal.

3.4.3. Contraditório

A bilateralidade da ação gera a bilateralidade do processo, de modo que as partes, em relação ao juiz, não são antagônicas, mas colaboradoras necessárias. O juiz coloca-se, na atividade que lhe incumbe o Estado-Juiz, equidistante das partes, só podendo dizer que o direito preexistente foi devidamente aplicado ao caso concreto se, ouvida uma parte, for dado à outra manifestar-se em seguida. Por isso, o princípio é identificado na doutrina pelo binômio *ciência e participação*.

Decorre do brocardo romano *audiatur et altera pars* e exprime a possibilidade, conferida aos contendores, de praticar todos os atos tendentes a influir no convencimento do juiz. Nessa ótica, assumem especial relevo as fases da produção probatória e da valoração das provas. As partes têm o direito não apenas de produzir suas provas e de sustentar suas razões, mas também de vê-las seriamente apreciadas e valoradas pelo órgão jurisdicional.

Compreende, ainda, o direito de serem cientificadas sobre qualquer fato processual ocorrido e a oportunidade de manifestarem-se sobre ele, antes de qualquer decisão jurisdicional (CF, art. 5º, LV). A ciência dos atos processuais é dada através da citação, intimação e notificação. Citação é a cientificação a alguém da instauração de um processo, com a consequente chamada para integrar a relação processual. Intimação é a comunicação a alguém de atos do processo, podendo conter um comando para fazer ou deixar de fazer alguma coisa. Embora nosso Código não faça distinção, doutrinariamente a intimação refere-se a atos ou despachos já proferidos no processo, enquanto a notificação consiste em uma comunicação à parte para que faça ou deixe de fazer alguma coisa. Assim, intima-se "de" e notifica-se "para" algum ato processual. A notificação não deve ser empregada como ato de comunicação processual, embora às vezes seja usada nesse sentido.

Em casos de urgência, havendo perigo de perecimento do objeto em face da demora na prestação jurisdicional, admite-se a concessão de medidas judiciais *inaudita altera parte*, permissivo que não configura exceção ao princípio, já que, antes da prolação do provimento final, deverá o magistrado, necessariamente, abrir vista à outra parte para se manifestar sobre a medida, sob pena de nulidade do ato decisório; o contraditório é apenas diferido.

A importância do contraditório foi realçada com a recente reforma do Código de Processo Penal, a qual trouxe limitação ao livre convencimento do juiz na apreciação das provas, ao vedar a fundamentação da decisão com base exclusiva nos elementos informativos colhidos na investigação, exigindo-se prova produzida em contraditório judicial, ressalvadas as provas cautelares, não repetíveis e antecipadas (cf. art. 155). O legislador manteve, dessa forma, a interpretação jurisprudencial já outrora sedimentada, no sentido de que a prova do inquérito não bastaria exclusivamente para condenação, devendo ser confirmada por outras provas produzidas em contraditório judicial. Ressalva a lei as provas cautelares, não repetíveis e antecipadas.

3.4.4. Ampla defesa

Implica o dever de o Estado proporcionar a todo acusado a mais completa defesa, seja pessoal (autodefesa), seja técnica (efetuada por defensor) (CF, art. 5º, LV), e o de prestar assistência jurídica integral e gratuita aos necessitados (CF, art. 5º, LXXIV). Desse princípio também decorre a obrigatoriedade de se observar a ordem natural do processo, de modo que a defesa se manifeste sempre em último lugar. Assim, qualquer que seja a situação que dê ensejo a que, no processo penal, o Ministério Público se manifeste depois da defesa (salvo, é óbvio, nas hipóteses de contrarrazões de recurso, de sustentação oral ou de manifestação dos procuradores de justiça, em segunda instância), obriga, sempre, seja aberta vista dos autos à defensoria do acusado, para que possa exercer seu direito de defesa na amplitude que a lei consagra. O Pacto Internacional de Direitos Civis e Políticos, em seu art. 14, 3, *d*, assegura a toda pessoa acusada de infração penal o direito de se defender pessoalmente e por meio de um defensor constituído ou nomeado pela Justiça, quando lhe faltarem recursos suficientes para contratar algum.

Interessante notar que, no procedimento do júri, após o oferecimento da defesa inicial escrita, prevista no art. 406, autoriza-se a oitiva do MP, nos termos do art. 409, não havendo previsão legal para a réplica da defesa.

3.4.5. Da ação ou demanda

Cabe à parte a atribuição de provocar a atuação da função jurisdicional, uma vez que os órgãos incumbidos de prestá-la são inertes. Decorrência dessa regra é a impossibilidade de o juiz tomar providências que superem ou sejam estranhas aos limites do pedido (*ne eat iudex ultra petita partium*). É verdade que o juiz, sem modificar a descrição do fato contida na denúncia ou queixa, poderá atribuir-lhe definição jurídica diversa, ainda que, em consequência, tenha de aplicar pena mais grave (CPP, art. 383). Nesse caso não se caracteriza julgamento *ultra petita*, e sim a livre aplicação do direito pelo juiz, em virtude do princípio *jura novit curia*.

Isso se dá porque, diferentemente do processo civil, o elemento que conforma os limites do pronunciamento jurisdicional no processo penal é o fato levado a juízo e não o pedido de condenação, sempre idêntico e genérico. O réu defende-se dos fatos a ele imputados, não da capitulação jurídica a estes atribuída, daí por que não há ofensa ao princípio em epígrafe na regra do art. 383 do Código de Processo Penal.

Quanto ao antigo art. 384 do mesmo diploma, instava ao juiz, antes de proferir decisão, a tomada das providências ali elencadas, sob pena de atuar de ofício. Assim, o juiz baixava o processo, a fim de que a defesa, no prazo de oito dias, falasse e, se quisesse, produzisse prova, ouvindo até três testemunhas. A mudança da imputação podia ser feita de ofício pelo juiz. Não havia o aditamento da denúncia pelo MP. Se houvesse a possibilidade de nova definição jurídica que importasse a aplicação de pena mais grave, o juiz baixava o processo, a fim de que o *Parquet* realizasse o aditamento. Com as alterações introduzidas pela Lei n. 11.719/2008, pouco importa o *quantum* da pena, pois o aditamento passou, agora, a ser sempre necessário, não atuando mais o juiz de ofício. Não procedendo o órgão do Ministério Público ao aditamento, aplica-se o art. 28 deste Código (CPP, art. 384, § 1º).

O princípio tem fundamento na adoção do *processo acusatório* (em contraponto ao *processo inquisitivo*), no qual há nítida separação das funções de julgar, acusar e defender.

3.4.6. Da disponibilidade e da indisponibilidade

Disponibilidade é a liberdade que as pessoas têm de exercer ou não seus direitos. No direito processual civil é quase absoluta esta disponibilidade, já que as únicas limitações decorrem da natureza indisponível de certos direitos materiais. Por razão inversa, prevalece no processo criminal o princípio da indisponibilidade ou da obrigatoriedade. O crime é uma lesão irreparável ao interesse coletivo, decorrendo daí o dever de o Estado aplicar as regras jurídico-punitivas. Desse modo, a autoridade policial não pode se recusar a proceder às investigações preliminares (CPP, art. 5º) nem arquivar inquérito policial (CPP, art. 17), do mesmo modo que o Ministério Público não pode desistir da ação penal (CPP, art. 42) nem do recurso interposto (CPP, art. 576). É a regra da *irretratabilidade*. A Constituição, contudo, admite um abrandamento dessa regra, como já falado, permitindo transação em infrações penais de diminuta potencialidade lesiva (CF, art. 98, I, c/c a Lei n. 9.099/95, art. 76).

Outros temperamentos à regra da indisponibilidade no processo penal ocorrem também: (i) nos crimes de ação penal privada, em que o *ius accusationis* fica a cargo do ofendido, que poderá ou não exercê-lo, como melhor lhe aprouver; (ii) nos crimes de ação penal pública condicionada à representação, nos quais a atividade dos órgãos oficiais fica condicionada à manifestação de vontade do ofendido; (iii) nos crimes de ação penal pública condicionada à requisição do ministro da justiça.

3.4.7. Oficialidade

Em decorrência da indisponibilidade do processo penal, os órgãos incumbidos da *persecutio criminis* não podem ser privados. Sendo eminentemente pública a função penal, a pretensão punitiva do Estado também deve ser deduzida por agentes públicos. A Constituição consagra o princípio da oficialidade ao dispor que a ação penal pública é privativa do Ministério Público (CF, art. 129, I) e que a função de polícia judiciária incumbe à polícia civil (CF, art. 144, § 4º, c/c o CPP, art. 4º). O sistema admite exceções, como, por exemplo, a *ação penal privada*, incluindo-se a privada subsidiária da pública, cabível no caso de desídia do órgão ministerial (CF, art. 5º, LIX), e a *ação penal popular*, para os casos de crimes de responsabilidade praticados pelo procurador-geral da República e por ministros do Supremo Tribunal Federal (Lei n. 1.079/50, arts. 41, 58, 65 e 66).

3.4.8. Oficiosidade

As autoridades públicas incumbidas da persecução penal devem agir de ofício, sem necessidade de provocação ou de assentimento de outrem. O abrandamento é dado, novamente, pelos casos de ação penal de iniciativa privada (CPP, art. 5º, § 5º) e de ação penal pública condicionada. A regra não impede a provocação dos órgãos públicos por qualquer do povo, conforme o Código de Processo Penal, art. 27.

3.4.9. Da verdade formal ou dispositivo

Regra de que o juiz depende, na instrução da causa, da iniciativa das partes quanto às provas e às alegações em que fundamentará sua decisão (*iudex secundum allegata et probata partium iudicare debet*). Segundo o princípio, pode o juiz dar-se por satisfeito, quanto à instrução do feito, com as provas produzidas pelas partes, rejeitando a demanda ou a defesa por falta de elementos de convicção. Este princípio é próprio do processo civil. Contudo, nota-se clara tendência publicista no processo, levando o juiz a assumir uma posição mais ativa, impulsionando o andamento da causa, determinando provas *ex officio* e reprimindo condutas abusivas ou irregulares.

3.4.10. Da verdade material ou da livre investigação das provas

Característico do processo penal, dado o caráter público do direito material *sub judice*, excludente da autonomia privada. É dever do magistrado superar a desidiosa iniciativa das partes na colheita do material probatório, esgotando todas as possibilidades para alcançar a verdade real dos fatos, como fundamento da sentença. Por óbvio, é inegável que, mesmo nos sistemas em que vigora a livre investigação das provas, a verdade alcançada será sempre formal, porquanto *o que não está nos autos, não está no mundo.*

3.4.11. Do impulso oficial

Instaurada a relação processual, compete ao juiz mover o procedimento de fase em fase, até exaurir a função jurisdicional. Em sua etimologia, a palavra processo traduz a ideia de avanço, marcha para a frente. O juiz deve movimentá-lo até o ato final, que é a sentença. Do impulso oficial, tratamos no item 3.3.

3.4.12. Da persuasão racional do juiz

O juiz só decide com base nos elementos existentes no processo, mas os avalia segundo critérios críticos e racionais, devendo observar, na sua apreciação, as regras legais porventura existentes e as máximas de experiência. É o sistema que vale como regra. Opõe-se ao sistema da prova legal, que atribui valor absoluto aos elementos probatórios, obrigando o juiz a aplicá-los mecanicamente, sem qualquer valoração subjetiva (p. ex.: depoimento de uma única testemunha não vale), e ao sistema do julgamento *secundum conscientiam*, onde a decisão é livre de qualquer critério (Júri popular).

3.4.13. Da motivação das decisões judiciais

As decisões judiciais precisam sempre ser motivadas (CF, art. 93, IX; CPP, art. 381). Outrora destinado apenas às partes e aos tribunais superiores com competência recursal, com vistas a possibilitar àquelas a impugnação das decisões e a estes o respectivo reexame, o princípio é visto hoje em seu aspecto político: garantia da sociedade, que pode aferir a imparcialidade do juiz e a legalidade e justiça das suas decisões. Por isso sua consagração constitucional. Seu conteúdo compreende: "1. O enunciado das escolhas do juiz, com relação: a) à individuação das normas aplicáveis; b) à análise dos fatos; c) à sua qualificação jurídica; d) às consequências jurídicas desta decorrentes. 2. Aos nexos de implicação e coerência entre os referidos enunciados"[11].

3.4.14. Publicidade

A publicidade é garantia de independência, imparcialidade, autoridade e responsabilidade do juiz. Encontra exceção nos casos em que o decoro ou o interesse social aconselhem que eles não sejam divulgados (CPP, arts. 485, § 1º, e 792, § 1º). Esta é a chamada *publicidade restrita*, segundo a qual os atos são públicos só para as partes e seus procuradores, ou para um reduzido número de pessoas. A restrição se baseia no art. 5º, LX, da CF, segundo o qual "a lei só poderá restringir a publicidade dos atos processuais quando a defesa da intimidade ou o interesse social o exigirem". Por seu turno, o art. 93, IX, da CF, determina que o Poder Judiciário somente poderá restringir o número de pessoas em julgamento quando o direito público à informação não for prejudicado. Sopesam-se os dois bens jurídicos: direito à intimidade e direito público à informação. Conforme assinala Pietro de Jesús Lora Alarcón, "Não é possível que seja atropelada a intimidade dos indivíduos no processo gratuitamente, sob pretexto de transmitir informações. Com a Emenda, regula-se a situação de maneira que no cotejo entre intimidade e informação vence a informação, sempre e quando para veicular a notícia essa informação sobre a intimidade, que consta no processo, seja impossível de não ser transmitida para a compreensão correta da mensagem, e que a informação seja verdadeira e útil à coletividade"[12].

---

11. Ada Pellegrini Grinover, O conteúdo da garantia do contraditório, *Novas tendências do direito processual*, 2. ed., Forense Universitária, 1990, p. 35.

12. *Reforma do Judiciário, analisada e comentada*, coords. André Ramos Tavares, Pedro Lenza, Pietro de Jesús Lora Alarcón, São Paulo, Método, p. 39.

Antes das modificações operadas pela EC n. 45/2004, a limitação à publicidade era realizada somente se o interesse público a exigisse.

A regra é a *publicidade popular*, como se infere dos arts. 5º, LX, e 93, IX, da Constituição. No caso do inquérito policial, embora seja um procedimento inquisitivo e sigiloso (CPP, art. 20), o Estatuto da Ordem dos Advogados do Brasil, denominado Estatuto da Advocacia (Lei Federal n. 8.906/94), estabelece como direito do advogado o de examinar em qualquer repartição policial, mesmo sem procuração, autos de flagrante e de inquérito, findos ou em andamento, ainda que conclusos à autoridade, podendo copiar peças e tomar apontamentos. *Vide*, com merecido destaque, a Súmula Vinculante 14[13].

Finalmente, de acordo com o art. 234-B, os processos em que se apuram crimes definidos no Título VI do Código Penal (arts. 213 a 234-A), atualmente, sob a nova nomenclatura "Dos crimes contra a dignidade sexual", correrão em segredo de justiça.

3.4.15. Lealdade processual

Consiste no dever de verdade, vedando-se o emprego de meios fraudulentos (ilícitos processuais). Sua violação acarreta sanções de ordem processual. O princípio não mereceu acolhida no Código de Processo Penal, sendo este omisso a respeito. Todavia, a fraude destinada a produzir efeitos em processo penal foi tipificada no Código Penal como crime apenado com detenção (CP, art. 347).

3.4.16. Economia processual

O processo é instrumento, não se podendo exigir um dispêndio exagerado com relação aos bens que estão em plena disputa. Exprime a procura da máxima eficiência na aplicação do direito, com o menor dispêndio de atos processuais possível. No processo penal, não se anulam atos imperfeitos quando não prejudicarem a acusação ou a defesa e quando não influírem na apuração da verdade substancial ou na decisão da causa (CPP, arts. 563 e 566). Outras situações em que se aplica o princípio são: a reunião de processos conexos ou em relação de continência (CPP, arts. 76 e 77), a reconvenção, a ação declaratória incidental, o litisconsórcio etc.

3.4.17. Celeridade processual

De acordo com o art. 8º do Pacto de São José da Costa Rica (Convenção Americana sobre Direitos Humanos, promulgada pelo Decreto n. 678, de 6-11-1992), a duração razoável do processo é garantia processual[14]. Muito embora no Brasil já acolhêssemos o prin-

---

13. Súmula Vinculante 14: "É direito do defensor, no interesse do representado, ter acesso amplo aos elementos de prova que, já documentados em procedimento investigatório realizado por órgão com competência de polícia judiciária, digam respeito ao exercício do direito de defesa".

14. Art. 8º do Pacto de São José da Costa Rica: "1. Toda pessoa tem direito a ser ouvida, com as devidas garantias e *dentro de um prazo razoável*, por um juiz ou tribunal competente, independente e imparcial, estabelecido anteriormente por lei, *na apuração de qualquer acusação penal* formulada contra ela, ou para que se determinem seus direitos ou obrigações de natureza civil, trabalhista, fiscal ou de qualquer outra natureza".

cípio da celeridade processual com base no Pacto de São José da Costa Rica (EC 45), cuidou de erigi-lo expressamente em garantia constitucional, acrescentando um novo inciso ao art. 5º, o LXXVIII, o qual prevê (i) os meios pelos quais se possam garantir; (ii) a razoabilidade da duração do processo.

Além do princípio da celeridade processual que busca a pronta e eficaz prestação jurisdicional, a reforma constitucional trouxe alguns institutos com esse mesmo escopo, bem como o de proporcionar um maior acesso à justiça[15].

Finalmente, visando atender à determinação contida no Pacto de São José da Costa Rica e no art. 5º, LXXVIII, que ordena a razoabilidade da duração do processo e os meios que garantam a sua celeridade, foram promovidas algumas reformulações no Código de Processo Penal no tocante ao procedimento (Leis n. 11.689/2008 e 11.719/2008), sobressaindo o princípio da oralidade, do qual decorrem vários desdobramentos: (i) concentração dos atos processuais em audiência una (*vide* CPP, art. 400); (ii) imediatidade; (iii) identidade física do juiz. Vale apontar o entendimento de Pietro de Jesús Lora Alarcón, para quem se da celeridade do procedimento possa advir alguma consequência que iniba o exercício pleno da ampla defesa no campo penal, aquele princípio deverá ceder diante deste.

3.4.18. Duplo grau de jurisdição

Tem previsão expressa no Pacto de San José da Costa Rica (Convenção Americana sobre Direitos Humanos, promulgada pelo Decreto n. 678, de 6-11-1992), no art. 8º, item 3º, *h*.

Trata-se da possibilidade de revisão, por via de recurso, das causas já julgadas pelo juiz de primeiro grau. O princípio em epígrafe não é tratado de forma expressa fora do Pacto de San José. Decorre ele, no plano constitucional, da própria estrutura atribuída ao Poder Judiciário, incumbindo-se a Constituição, nos arts. 102, II, 105, II, e 108, II, de outorgar competência recursal a vários órgãos da jurisdição, reportando-se expressamente aos tribunais, no art. 93, III, como órgãos do Poder Judiciário de segundo grau.

Há casos preceituados na própria Lei Maior de inexistência do duplo grau de jurisdição, como, por exemplo, as hipóteses legais de competência originária do Supremo Tribunal Federal (CF, art. 102, I).

---

15. De acordo com o art. 93, XIII, da CF, "o número de juízes na unidade jurisdicional será proporcional à efetiva demanda judicial e à respectiva população". O art. 93, XV, da CF, por sua vez, dispõe que "a distribuição dos processos será imediata, em todos os graus de jurisdição". O art. 93, XII, da CF, prevê que "a atividade jurisdicional será ininterrupta, sendo vedado férias coletivas nos juízos e tribunais de segundo grau, funcionando, nos dias em que não houver expediente forense normal, juízes em plantão permanente". O art. 107, § 2º, reza que "Os Tribunais Regionais Federais instalarão a justiça itinerante, com a realização de audiências e demais funções da atividade jurisdicional, nos limites territoriais da respectiva jurisdição, servindo-se de equipamentos públicos e comunitários". O seu § 3º, por sua vez, dispõe que "Os Tribunais Regionais Federais poderão funcionar descentralizadamente, constituindo Câmaras Regionais, a fim de assegurar o pleno acesso do jurisdicionado à justiça em todas as fases do processo". Previu, ainda: a extinção dos Tribunais de Alçada (art. 4º da EC n. 45/2004); a destinação das custas e emolumentos exclusivamente ao custeio dos serviços afetos às atividades específicas da Justiça (CF, art. 98, § 2º); a autonomia funcional e administrativa e iniciativa de proposta orçamentária das Defensorias Públicas (CF, art. 134, § 2º); as súmulas vinculantes (CF, art. 103-A); a criação do Conselho Nacional de Justiça (CF, art. 103-B); finalmente, a criação do Conselho Nacional do Ministério Público (CF, art. 130-A).

3.4.19. Juiz natural

Está previsto no art. 5º, LIII, da Constituição Federal, que dispõe que ninguém será sentenciado senão pelo juiz competente. Significa dizer que todos têm a garantia constitucional de ser submetidos a julgamento somente por órgão do Poder Judiciário, dotado de todas as garantias institucionais e pessoais previstas no Texto Constitucional. O juiz natural é investido de garantias que lhe assegurem absoluta independência e imparcialidade. Do princípio, depreende-se também, a proibição de criação de tribunais de exceção, com os quais, evidentemente, não se confundem as jurisdições especializadas, que são meras divisões de atividade jurisdicional.

3.4.20. Promotor natural

Este princípio também deflui da regra constante do art. 5º, LIII, da Constituição, e significa que ninguém será processado senão pelo órgão do Ministério Público, dotado de amplas garantias pessoais e institucionais, de absoluta independência e liberdade de convicção e com atribuições previamente fixadas e conhecidas. O Supremo, em julgamento passado, vedou a designação casuística de promotor, pela Chefia da Instituição, para promover a acusação em caso específico, uma vez que tal procedimento chancelaria a figura do chamado "promotor de exceção". Fica, portanto, afastada a possibilidade de nomeação de um promotor para exercer as funções de outro, já regularmente investido no respectivo cargo. Observe-se que, quando ainda não tiver sido criado por lei o cargo, evidentemente não se poderá cogitar de promotor natural para o mesmo, podendo o Procurador-Geral designar qualquer órgão para o exercício daquela função.

3.5. Pretensão punitiva

Ultrapassada a fase da vingança privada e da autotutela como forma de justiçamento, o Estado passou a ser o detentor exclusivo do direito de punir.

A punição do delinquente passou à esfera privativa do Estado.

O direito de punir decorre do ordenamento legal e consiste no poder genérico e impessoal de punir qualquer pessoa culpável que venha a cometer um ilícito penal. Trata-se do *jus puniendi in abstracto*.

No momento em que a infração penal é cometida, o direito abstrato de punir concretiza-se, individualizando-se na pessoa do transgressor. Surge o *jus puniendi in concreto*.

Assim, a partir do instante em que é praticada a transgressão, nasce para o Estado o direito de aplicar a punição legal ao infrator.

A pretensão punitiva estatal será obrigatoriamente resistida pelo delinquente. A Constituição determina que "Ninguém será privado da liberdade, sem o devido processo legal" (art. 5º, LIV), e que a todos os acusados será assegurada ampla defesa, com os recursos a ela inerentes (art. 5º, LV).

Temos, assim, um conflito de interesses entre a pretensão de punir do Estado e a obrigatória pretensão de se defender do acusado. Tal conflito só pode ser solucionável pela atividade jurisdicional, conforme já vimos.

Como a jurisdição só pode ser exercida por intermédio do processo, a pretensão punitiva depende deste para ser satisfeita.

Conclusão: a pretensão punitiva funda-se no direito material, mas só pode ser satisfeita através do processo.

3.6. Princípios informadores do processo penal

3.6.1. Verdade real

No processo penal, o juiz tem o dever de investigar como os fatos se passaram na realidade, não se conformando com a verdade formal constante dos autos. Para tanto, o art. 156, II, faculta ao juiz, de ofício, determinar, no curso da instrução, ou antes de proferir sentença, a realização de diligências para dirimir dúvida sobre ponto relevante. Esse princípio é próprio do processo penal, já que no cível o juiz deve conformar-se com a verdade trazida aos autos pelas partes, embora não seja um mero espectador inerte da produção de provas.

O princípio da verdade real comporta, no entanto, algumas exceções: (i) a impossibilidade de leitura de documento ou a exibição de objeto que não tiver sido juntado aos autos com a antecedência mínima de três dias úteis, dando-se ciência à outra parte (CPP, art. 479, *caput*); compreende-se nessa proibição a leitura de jornais ou de qualquer outro escrito, bem como a exibição de vídeos, gravações, fotografias, laudos, quadros, croqui ou qualquer outro meio assemelhado, cujo conteúdo versar sobre a matéria de fato submetida à apreciação e ao julgamento dos jurados (CPP, art. 479, parágrafo único); (ii) a inadmissibilidade das provas obtidas por meios ilícitos (CF, art. 5º, LVI, e CPP, art. 157); (iii) os limites para depor de pessoas que, em razão de função, ofício ou profissão, devam guardar segredo (CPP, art. 207); (iv) a recusa de depor de parentes do acusado (CPP, art. 206); (v) as restrições à prova, existentes no juízo cível, aplicáveis ao penal, quanto ao estado das pessoas (CPP, art. 155, parágrafo único).

Há doutrina que rejeita a expressão verdade real e defende a expressão verdade processual, não apenas pelo fato de ser produzida no curso do processo, mas, sobretudo, por tratar-se de uma certeza de natureza exclusivamente jurídica[16].

A Constituição Federal de 1988 vedou ao juiz a prática de atos típicos de parte, procurando preservar a sua imparcialidade e necessária equidistância. O princípio do *ne procedat iudex ex officio* preserva o juiz e, ao mesmo tempo, constitui garantia fundamental do acusado, em perfeita sintonia com o processo acusatório. Devido processo legal é aquele em que estão presentes as garantias constitucionais do processo, tais como o contraditório, a ampla defesa, a publicidade, o juiz natural, a imparcialidade do juiz e a inércia jurisdicional (*ne procedat iudex officio*). Assim, colocar o julgador na posição de parte, incumbindo-lhe atribuições investigatórias e probatórias típicas de acusador, implica vulnerar sua imparcialidade e violar o *due process of law*. A colheita da prova pelo

---

16. Eugenio Pacelli Oliveira, *Curso de processo penal*, 13. ed., Rio de Janeiro: Lumen Juris, 2010, p. 346.

juiz compromete-o psicologicamente em sua imparcialidade, transformando-o quase em integrante do polo ativo da lide penal, colidindo frontalmente com diversas normas constitucionais. À vista do exposto, o juiz que participar da colheita da prova, atuando como verdadeiro inquisidor, não estará atuando na função típica de magistrado, ficando, destarte, sujeito ao comprometimento psicológico com a tese acusatória, tão comum às partes. Por essa razão, estará impedido de proferir qualquer sentença ou decisão no processo criminal que vier a se instaurar (CPP, art. 252, II). Esse parece ser o único meio de conciliar o dispositivo em comento com o modelo acusatório brasileiro. Interessante notar que o art. 3º, *caput*, da Lei do Crime Organizado (Lei n. 9.034/95), previa a possibilidade de o juiz pessoalmente realizar diligências, porém o Supremo Tribunal Federal, na ADI 1.570, declarou a inconstitucionalidade do mencionado dispositivo legal, nessa parte, sob o argumento de que as funções de investigar e inquirir são atribuições conferidas ao Ministério Público e às Polícias Federal e Civil (CF, arts. 129, I e VIII e § 2º, e 144, §§ 1º, I e IV, e 4º). Assim, no caso, vedou a busca e apreensão de documentos relacionados ao pedido de quebra do sigilo realizadas pessoalmente pelo magistrado, por comprometimento ao princípio da imparcialidade e consequente violação do devido processo legal. O Min. Sepúlveda Pertence, ao manifestar o seu voto, fez uma ressalva: "não estamos perante um juiz absolutamente neutro, pelo menos na nossa versão do processo acusatório, que não é a do puro processo acusatório anglo-saxão, em que se tem, idealmente, o juiz totalmente passivo. De forma que não se afasta a constitucionalidade de iniciativas do juiz de aprofundamento ou complementação da prova no curso do processo, como foram os exemplos aqui citados da inspeção pessoal de pessoas e coisas". A Lei n. 9.034/95 foi expressamente revogada pela Lei n. 12.850/2013, que não trouxe a previsão da investigação direta feita pelo magistrado.

3.6.2. Legalidade

Os órgãos incumbidos da persecução penal não podem possuir poderes discricionários para apreciar a conveniência ou oportunidade da instauração do processo ou do inquérito. No caso de infrações penais insignificantes, não pode ser aplicado o princípio *minima non curat praetor*, pois este decorre do princípio da oportunidade, estranho ao processo penal. Assim, a autoridade policial, nos crimes de ação pública, é obrigada a proceder às investigações preliminares, e o órgão do Ministério Público é obrigado a apresentar a respectiva denúncia, desde que se verifique um fato aparentemente delituoso.

Pela mesma razão, o pedido de arquivamento deve sempre ser fundamentado, pois o representante ministerial, possuidor do dever de denunciar, precisa justificar por que não está dando início ao processo (cf. art. 28 do CPP: "o juiz, no caso de considerar improcedentes as razões invocadas..."). O juiz poderá rejeitar as razões invocadas pelo promotor de justiça, devendo remeter os autos ao procurador-geral. Se este ratificar o arquivamento, o juiz não terá outra alternativa senão acatar a manifestação, o que implica certa mitigação do princípio em tela, em favor, contudo, do princípio acusatório.

Como dantes salientado, exceções ao princípio são os crimes de ação penal pública condicionada e de ação penal privada, vigorando, quanto aos últimos, o princípio diametralmente oposto: o da oportunidade, segundo o qual o Estado confere ao titular da ação penal dada parcela de discricionariedade para instaurar ou não o processo penal, conforme suas conveniências e oportunidades.

3.6.3. Oficialidade

Posto que a função penal tem índole eminentemente pública, a pretensão punitiva do Estado deve se fazer valer por órgãos públicos, quais sejam, a autoridade policial, no caso do inquérito, e o Ministério Público, no caso da ação penal pública. Esse princípio, no entanto, sofre exceção no caso da ação penal privada e de ação penal popular (Lei n. 1.079/50 – crimes de responsabilidade cometidos pelo procurador-geral da República e pelos ministros do Supremo Tribunal Federal).

3.6.4. Oficiosidade

Os órgãos incumbidos da persecução penal devem proceder *ex officio*, não devendo aguardar provocação de quem quer que seja, ressalvados os casos de ação penal privada e de ação penal pública condicionada à representação do ofendido (CPP, arts. 5º, §§ 4º e 5º, e 24).

3.6.5. Autoritariedade

Os órgãos investigantes e processantes devem ser autoridades públicas (delegado de polícia e promotor ou procurador de justiça). A ação penal privada também configura exceção a esta regra.

3.6.6. Indisponibilidade

A autoridade policial não pode determinar o arquivamento do inquérito policial (CPP, art. 17) e o Ministério Público não pode desistir da ação penal pública, nem do recurso interposto (CPP, arts. 42 e 576). Exceção, mais uma vez, nos crimes de ação penal de iniciativa privada, em que se admite o perdão, a perempção e a desistência, dada a disponibilidade sobre o conteúdo do processo (a relação jurídica material).

Também nos juizados especiais criminais (Lei n. 9.099/95), o princípio da indisponibilidade apresenta-se mitigado, por força do permissivo constitucional da transação em matéria penal, versando sobre infrações de menor potencial ofensivo.

3.6.7. Publicidade

Vigora entre nós a *publicidade absoluta* (ou *publicidade popular*), pois as audiências, sessões e atos processuais são franqueados ao público em geral (CPP, art. 792). Contudo, "se da publicidade da audiência, da sessão ou do ato processual, puder resultar escândalo, inconveniente grave ou perigo de perturbação da ordem, o juiz, ou tribunal, câmara ou turma, poderá, de ofício ou a requerimento da parte ou do Ministério Público, determinar que o ato seja realizado a portas fechadas, limitando o número de pessoas que possam estar presentes" (CPP, art. 792, § 1º). A Constituição também permite ao legislador restringir a publicidade de atos processuais para defesa da intimidade ou do interesse social (art. 5º, LX); *a preservação do direito à intimidade do interessado no sigilo não deve prejudicar o interesse público à informação* (art. 93, IX). Registre-se que o art. 234-B preceitua que os processos em que se apuram os crimes definidos no Título VI do Código Penal (arts. 213 a 234-A), atualmente sob a nova rubrica "Dos crimes contra a dignidade sexual", correrão em segredo de justiça.

3.6.8. Contraditório

O réu deve conhecer a acusação que se lhe imputa para poder contrariá-la, evitando, assim, possa ser condenado sem ser ouvido (*audiatur et altera pars*). O art. 261 do Código de Processo Penal determina que: "nenhum acusado, ainda que ausente ou foragido, será processado ou julgado sem defensor". O seu parágrafo único, acrescentado pela Lei n. 10.792, de 1º de dezembro de 2003, por sua vez, prevê que "A defesa técnica, quando realizada por defensor público ou dativo, será sempre exercida através de manifestação fundamentada". Finalmente, dispõe o art. 263 (CPP) que, "se o acusado não o tiver, ser-lhe-á nomeado defensor pelo juiz, ressalvado o seu direito de, a todo tempo, nomear outro de sua confiança, ou a si mesmo defender-se, caso tenha habilitação". Como se vê, o sistema processual penal, ao contrário do processual civil, que versa direitos em sua maioria disponíveis, exige a efetiva contrariedade à acusação, como forma de atingir os escopos jurisdicionais, tarefa que só é possível com a absoluta paridade de armas conferidas às partes. É por esse motivo que ao réu não habilitado não é permitido fazer a sua defesa técnica. O contraditório é um princípio típico do processo acusatório, inexistindo no inquisitivo.

Por esses motivos, é essencial que o acusador, ao formular a denúncia ou a queixa-crime, narre claramente os fatos que está a imputar ao futuro réu, a fim de que este tenha pleno conhecimento da acusação, podendo elaborar sua defesa e produzir as provas necessárias, sob pena de inépcia da inicial, por violação ao princípio em testilha.

3.6.9. Iniciativa das partes (*ne procedat judex ex officio*)

O juiz não pode dar início ao processo sem a provocação da parte. Cabe ao Ministério Público promover privativamente a ação penal pública (CF, art. 129, I) e ao ofendido, a ação penal privada, inclusive a subsidiária da pública (CPP, arts. 29 e 30; CF, art. 5º, LIX). Com base neste princípio, alguns tribunais têm sustentado a insubsistência do recurso *ex officio*, previsto nos arts. 574 e 746 do Código de Processo Penal. O princípio é decorrência da adoção, pelo direito processual brasileiro, do sistema do processo acusatório.

— recurso de ofício contra sentença de absolvição no tribunal do júri: De acordo com a antiga redação do art. 411 do CPP: "O juiz absolverá desde logo o réu, quando se convencer da existência de circunstância que exclua o crime ou isente de pena o réu (arts. 17, 18, 19, 22 e 24, § 1º, do Código Penal), recorrendo, de ofício, da sua decisão. Este recurso terá efeito suspensivo e será sempre para o Tribunal de Apelação". Na mesma esteira, dispõe o art. 574, II, do CPP. Sucede que, com o advento da Lei n. 11.689/2008, o art. 415, que passou a tratar da absolvição sumária, nada falou a respeito do recurso de ofício, prevendo apenas no art. 416 que caberia o recurso de apelação contra essa decisão. O art.

574, II, por outro lado, manteve a sua redação preservada no tocante à previsão do recurso de ofício, o que tem levado alguns doutrinadores a sustentar a sua subsistência em face da reforma processual. Ocorre, no entanto, que o art. 574, II, refere-se apenas a duas hipóteses de absolvição sumária (circunstância que exclua o crime ou isente o réu de pena), não abrangendo as novas hipóteses autorizadoras, previstas no art. 415 do CPP. Com isso, ao prevalecer essa interpretação, o juiz deverá recorrer de ofício se houver a absolvição sumária pela presença de alguma causa excludente da ilicitude, o que poderá gerar a reforma da decisão em prejuízo do réu, mas não poderá fazê-lo se, por exemplo, a absolvição se der por força de o fato não constituir infração penal, gerando, portanto, distinto tratamento para idênticas situações.

Nosso entendimento: não foi a intenção do legislador a manutenção do recurso de ofício na hipótese de absolvição sumária, tendo ocorrido a revogação tácita do art. 574, II, do CPP.

3.6.10. *Ne eat judex ultra petita partium*

O juiz deve pronunciar-se sobre aquilo que lhe foi pedido. O que efetivamente vincula o juiz criminal, definindo a extensão do provimento jurisdicional, são os fatos submetidos à sua apreciação. Se o promotor de justiça, na denúncia, imputa ao réu um crime de furto, e, afinal, apura-se que ele cometeu outro crime completamente diverso (estupro, p. ex.), e não o de furto, não pode o juiz proferir condenação pelo estupro, que não foi pedida, e muito menos pelo furto, que não ocorreu.

Todavia, se o promotor, na denúncia, descreve um crime de tentativa de estupro, em que a vítima é maior de 14 anos, mas, ao classificá-lo, o faz como sendo tentativa de estupro de vulnerável, pode o juiz proferir a condenação pela tentativa de estupro, na forma do art. 213 do CP (*emendatio libelli* – art. 383 do CPP), haja vista que o réu se defende dos fatos que se lhe imputam, não da respectiva capitulação jurídica. O juiz deu aos fatos apenas classificação diversa, sem julgar além do que foi pedido (*jura novit curia*).

Se, contudo, o promotor descreve um fato na denúncia, e, no curso da instrução criminal, apura-se ter ocorrido de forma diversa da descrita, cumpre ao juiz proceder nos termos do art. 384 do CPP – *mutatio libelli* –, e, ainda aí, não haverá julgamento *ultra* ou *extra petita*. As hipóteses dos arts. 383 e 384 são decorrência do princípio de que o juiz conhece o direito, bastando às partes lhe narrarem o fato.

3.6.11. Identidade física do juiz

Consiste na vinculação do juiz aos processos cuja instrução acompanhou. Não vigorava no processo penal, salvo no que dissesse respeito ao júri popular, no qual os mesmos jurados que presenciassem a produção da prova testemunhal e assistissem aos debates deveriam julgar os fatos. Com o advento da reforma processual penal, o princípio da identidade física do juiz passou a ser uma imposição legal constante da redação do art. 399, § 2º, do CPP, o qual dispôs que: "O juiz que presidiu a instrução deverá proferir a sentença". Esse princípio deverá ser aplicado a todos os procedimentos. Na realidade, ele veio ao encontro da nova sistemática dos procedimentos penais que privilegiou o princípio da oralidade, do qual decorre a concentração dos atos processuais em audiência única e o imediato contato do juiz com as provas.

3.6.12. Devido processo legal

Consiste em assegurar à pessoa o direito de não ser privada de sua liberdade e de seus bens, sem a garantia de um processo desenvolvido na forma que estabelece a lei (*due process of law* – CF, art. 5º, LIV). No âmbito processual garante ao acusado a plenitude de defesa, compreendendo o direito de ser ouvido, de ser informado pessoalmente de todos os atos processuais, de ter acesso à defesa técnica, de ter a oportunidade de se manifestar sempre depois da acusação (nesse sentido, o STF entendeu que o corréu delatado deve falar sempre depois do corréu delator, que figura como uma extensão da acusação, com relação àquele – HC 166.373/PR, rel. orig. Min. Edson Fachin, red. p/ o ac. Min. Alexandre de Moraes, j. 2-10-2019) e em todas as oportunidades, à publicidade e motivação das decisões, ressalvadas as exceções legais, de ser julgado perante o juízo competente, ao duplo grau de jurisdição, à revisão criminal e à imutabilidade das decisões favoráveis transitadas em julgado. Deve ser obedecido não apenas em processos judiciais, civis e criminais, mas também em procedimentos administrativos, inclusive militares, e até nos procedimentos administrativos do Estatuto da Criança e do Adolescente. Na mesma esteira, "o Supremo Tribunal Federal fixou jurisprudência no sentido de que os princípios do contraditório e da ampla defesa, ampliados pela Constituição de 1988, incidem sobre todos os processos, judiciais ou administrativos, não se resumindo a simples direito, da parte, de manifestação e informação no processo, mas também à garantia de que seus argumentos serão analisados pelo órgão julgador, bem assim o de ser ouvido também em matéria jurídica. Precedentes" (STF, 2ª T., RE-AgR 492783/RN, rel. Min. Eros Grau, j. 3-6-2008). Seguindo esse entendimento, o Superior Tribunal de Justiça editou a Súmula 343, segundo a qual "É obrigatória a presença de advogado em todas as fases do processo administrativo disciplinar". Entretanto, contrariando a sua própria jurisprudência, o Supremo Tribunal Federal acabou se manifestando novamente sobre a matéria, gerando a Súmula Vinculante 5, segundo a qual "A falta de defesa técnica por advogado no processo administrativo disciplinar não ofende a Constituição", o que acabou por originar a proposta de cancelamento da referida súmula, apresentada pelo Conselho Federal da Ordem dos Advogados do Brasil, perante o Supremo Tribunal Federal.

3.6.13. Inadmissibilidade das provas obtidas por meios ilícitos

São inadmissíveis, no processo, as provas obtidas por meios ilícitos (CF, art. 5º, LVI). As provas obtidas por meios ilícitos constituem espécie das chamadas provas vedadas.

Prova vedada é aquela produzida em contrariedade a uma norma legal específica. A vedação pode ser imposta por norma de direito material ou processual. Conforme a natureza desta, a prova poderá ser catalogada como ilícita ou ilegítima, respectivamente.

Assim, ao considerar inadmissíveis todas as "provas obtidas por meios ilícitos", a Constituição proíbe tanto a prova ilícita quanto a ilegítima.

Provas ilícitas são aquelas produzidas com violação a regras de direito material, ou seja, mediante a prática de algum ilícito penal, civil ou administrativo. Podemos citar como exemplos: a diligência de busca e apreensão sem prévia autorização judicial ou durante a noite; a confissão obtida mediante tortura; a interceptação telefônica sem autorização judicial; o emprego do detector de mentiras; as cartas particulares interceptadas por meios criminosos (cf. art. 233 do CPP) etc. Provas ilegítimas são as produzidas com violação a regras de natureza meramente processual, tais como: o documento exibido em plenário do Júri, com desobediência ao disposto no art. 479, *caput* (CPP); o depoimento prestado com violação à regra proibitiva do art. 207 (CPP) (sigilo profissional) etc.

As provas ilícitas estão disciplinadas no art. 157 do CPP, dispondo que: "São inadmissíveis, devendo ser desentranhadas do processo, as provas ilícitas, assim entendidas as obtidas em violação a normas constitucionais ou legais". Portanto, a reforma processual penal distanciou-se da doutrina e da jurisprudência pátria, que distinguiam as provas ilícitas das ilegítimas, concebendo como prova ilícita tanto aquela que viole disposições materiais quanto processuais.

Merece especial atenção a inclusão do § 5º ao art. 157 realizada pela Lei n. 13.964/2019. A inovação impede o juiz de proferir sentença ou acórdão, quando conhecer do conteúdo da prova declarada inadmissível.

3.6.14. Estado de inocência

O princípio do estado de inocência está previsto no art. 5º, LVII, da CF, o qual dispõe: "Ninguém será considerado culpado até o trânsito em julgado da sentença penal condenatória". Considerado cláusula pétrea pelo constituinte originário (art. 60, § 4º, IV, da CF), desdobra-se em três aspectos importantes: (i) instrução (o ônus da prova incumbe à acusação); (ii) valoração (em benefício do acusado – *in dubio pro reo*); (iii) excepcionalidade da prisão.

Trata-se do estado de inocência como norma probatória de juízo e de tratamento[17]. Rodrigo Capez anota que "no campo processual penal, devem ser destacadas no art. 5º da CF, as seguintes garantias: (a) ninguém será privado da liberdade ou seus bens sem o devido processo legal (LIV); (b) ninguém será considerado culpado até o trânsito em julgado de sentença penal condenatória (LVII); (c) ninguém será preso senão em flagrante delito ou por ordem escrita e fundamentada de autoridade judiciária competente, salvo nos casos de transgressão militar ou crime propriamente militar, definidos em lei (LXI); (d) a prisão ilegal será imediatamente relaxada pela autoridade judiciária (LXV); (e) ninguém será levado à prisão ou nela mantido quando a lei admitir a liberdade provisória, com ou sem fiança (LXVI). Da conjugação desses dispositivos, que instituem um regime constitucional de garantias próprio da liberdade de locomoção, conclui-se que essa liberdade constitui a regra, a prisão cautelar sempre será excepcional e provisória"[18].

---

17. Maurício Zanoide de Moraes, *Presunção de inocência no processo penal brasileiro*: análise de sua estrutura normativa para elaboração legislativa e para a decisão judicial. Rio de Janeiro: Lumen Juris, 2010, p. 358-364; Gomes Filho, Antônio Magalhães. *Presunção de inocência e prisão cautelar*. São Paulo: Saraiva, 1991, p. 37

18. Rodrigo Capez, *A individualização da medida cautelar pessoal no processo penal brasileiro*. Dissertação (Mestrado) – Universidade de São Paulo, São Paulo, 2015.

A CF determina que o cidadão tem o direito de não ser tratado como se culpado fosse antes do esgotamento de todas as vias recursais (art. 5º, LV, *in fine*, da CF c/c art. 8º, item 2, *h*, da CADH). A valoração da prova não se esgota com o julgamento em 2º grau de jurisdição (art. 593 do CPP), cabendo ao STJ, por exemplo, avaliar se o compêndio probatório, considerado suficiente pelo órgão jurisdicional de segunda instância, foi valorado corretamente.

Nesse ponto, nossa CF é mais avançada do que muitas legislações internacionais, na medida em que a Convenção Americana Sobre Direitos Humanos (Dec. n. 678/92, art. 8º, item 2) permite que a presunção de inocência deixe de ser aplicada se já comprovada a culpa, mesmo antes do trânsito em julgado. Por outro lado, o mesmo Pacto de San José da Costa Rica prevê expressamente que os direitos nela estabelecidos não poderão ser interpretados para restringir normas mais amplas do direito doméstico dos países signatários (vide art. 29, *b*)[19]. Assim sendo, deverá sempre prevalecer a disposição mais favorável, que no caso é aquela constante do art. 5º, LVII, da CF.

Mostra-se, portanto, inadequado invocar as experiências jurídicas em outros Estados democráticos, a pretexto de reduzir as garantias constitucionais em nosso país. É importante observar o princípio de política criminal de respeito às autonomias culturais, como bem retratado por Alessandro Baratta, de modo que não se pode importar os sistemas penais dos países desenvolvidos para limitar nossa Constituição.

Todo nosso arcabouço infraconstitucional, expresso nos arts. 105, 147 e 164 da Lei n. 7.210/84 bem como no art. 50 do CP, exige o trânsito em julgado, até mesmo para a execução de penas restritivas de direitos e multa. Outrossim, o Decreto-Lei n. 1.002/69 (CPPM), nos arts. 592 e 604, também exige o trânsito em julgado da sentença penal condenatória para a execução de penas no âmbito castrense.

Nesse sentido, foi o entendimento firmado pelo plenário do Supremo Tribunal Federal, no julgamento de três Ações Declaratórias de Constitucionalidade propostas pela Ordem dos Advogados e por partidos políticos, no dia 7 de novembro de 2019, que, por maioria dos votos (6x5), derrubou a possibilidade de prisão do réu após a condenação em segunda instância.

3.6.15. Presunção de inocência e a prisão cautelar

A prisão processual (flagrante, temporária e preventiva) não viola o princípio do estado de inocência, pois a própria Constituição prevê a prisão cautelar em casos excepcionais (CF, art. 5º, LXI). Nesse sentido, convém lembrar a Súmula 9 do STJ e o art. 283 do CPP: "Ninguém poderá ser preso senão em flagrante delito ou por ordem escrita e fundamentada da autoridade judiciária competente, em decorrência de prisão cautelar ou em virtude de condenação criminal transitada em julgado".

No Brasil, a prisão provisória tem natureza cautelar e sua natureza é puramente instrumental. Sua finalidade exclusiva é evitar que a natural demora do processo ponha

19. Renato Brasileiro de Lima, *Manual de processo penal*: Salvador: JusPodivm, 2016, volume único, p. 44.

em risco a sociedade, atrapalhe a produção da prova ou inviabilize a execução da pena. A urgência e a necessidade são seus requisitos, não podendo ser desvirtuada para funcionar como execução da pena. Confundir prisão-pena com prisão processual é afrontar a Constituição Federal. A Lei n. 12.403/2011 alterou os arts. 282 a 350 do CPP para adequar as regras da prisão provisória à CF e a Lei n. 12.736/2012 regulamentou o art. 387, § 1º, do CPP, autorizando prisão preventiva somente quando necessária, de acordo com o art. 312 do CPP. Nada impede a prisão antes do trânsito em julgado, mas é imprescindível que esteja demonstrada sua necessidade e o *periculum libertatis*, inexistindo prisão antecipada obrigatória, pois o art. 637 do CPP não foi recepcionado pela Constituição Federal[20]. Em recente alteração legislativa (Lei n. 13.964/2019), o legislador incluiu o parágrafo único no art. 316 do CPP, para determinar a reavaliação da necessidade da manutenção da prisão preventiva, pelo juízo que a decretou, a cada 90 dias.

O art. 5º, LXI, trata somente da prisão cautelar, pois pela análise topográfica e lógica do art. 5º da CF, pode-se concluir que a autorização de prisão constante do inciso supracitado é referente apenas à prisão cautelar. Veja que o constituinte originário trata de pena privativa de liberdade e ele o faz nos incisos XLV, XLVI, *a*, XLVII, XLVIII, XLIX e L. No entanto, as garantias dos incisos LXI, LXII, LXIII, LXIV, LXV e LXVI são todas referentes às prisões processuais, portanto, não são direcionadas às penas privativas de liberdade.

Ademais, a prisão decorrente de sentença penal condenatória transitada em julgado autoriza a expedição de guia de execução para submeter o condenado ao cumprimento de pena, no caso do regime fechado, em penitenciária (*vide* arts. 33, § 1º, *a*, e 34 do CP, c/c arts. 87 a 90 da Lei n. 7.210/84). Entretanto, a ordem fundamentada de prisão cautelar autoriza o cumprimento de mandado de prisão para que o acusado, ainda presumidamente inocente, seja preso em centro de detenção provisória, separado dos presos condenados (*vide* art. 84, *caput*, e 102 a 104, todos da Lei n. 7.210/84), de modo que somente a prisão-pena (decorrente de sentença transitada em julgado) deve atender às funções de prevenção geral e especial, positiva ou negativa.

3.6.16. *Favor rei*

A dúvida sempre beneficia o acusado. Se houver duas interpretações, deve-se optar pela mais benéfica; na dúvida, absolve-se o réu, por insuficiência de provas; só a defesa possui certos recursos, como os embargos infringentes; só cabe ação rescisória penal em favor do réu (revisão criminal) etc.

3.6.17. Brevidade processual

Recomenda-se sejam evitadas questões demoradas e protelatórias, adotando-se a decisão mais rápida de acordo com o que normalmente acontece, em vez de se ficar aprofundando em uma polêmica de difícil solução. Por exemplo, ante a divergência fática (tráfico internacional, ou restrito ao território brasileiro) devem-se enviar os autos para a justiça estadual (em razão do que normalmente acontece). Se, no correr do processo,

---

20. Aury Lopes Jr., *Direito processual penal*. 14. ed. São Paulo: Saraiva, 2017, p. 1.084.

surgir fato novo, em razão da matéria, modificar-se-á a competência (nesse sentido: STJ, 3ª Sec., CComp 169.477/MT, rel. Min. Joel Ilan Paciornik, *DJe*, 21 fev. 2020).

Convém notar que, de acordo com o inciso LXXVIII do art. 5º, "a todos, no âmbito judicial e administrativo, são assegurados a razoável duração do processo e os meios que garantam a celeridade de sua tramitação".

3.6.18. Promotor natural

"O Promotor ou o Procurador não pode ser designado sem obediência ao critério legal, a fim de garantir julgamento imparcial, isento. Veda-se, assim, designação de Promotor ou Procurador *ad hoc* no sentido de fixar prévia orientação, como seria odioso indicação singular de magistrado para processar e julgar alguém. Importante, fundamental é prefixar o critério de designação. O Réu tem direito público, subjetivo de conhecer o órgão do Ministério Público, como ocorre com o juízo natural" (STJ, 6ª T., RMS 5.867/SP, rel. Min. Luiz Vicente Cernicchiaro, v. u., *DJ*, 16 set. 1996).

3.7. Tipos de processo penal

3.7.1. Acusatório

É contraditório, público, imparcial, assegura ampla defesa; há distribuição das funções de acusar, defender e julgar a órgãos distintos.

Como argutamente observa Gianpaolo Poggio Smanio[21], esse modelo processual não padece das mesmas críticas endereçadas aos juizados de instrução, no sentido de que o juiz, ao participar da colheita da prova preliminar, teria a sua parcialidade afetada. É que, no sistema acusatório, a fase investigatória fica a cargo da Polícia Civil, sob controle externo do Ministério Público (CF, art. 129, VII; Lei Complementar n. 734/93, art. 103, XIII, *a* a *e*), a quem, ao final, caberá propor a ação penal ou o arquivamento do caso. A autoridade judiciária não atua como sujeito ativo da produção da prova, ficando a salvo de qualquer comprometimento psicológico prévio. O sistema acusatório pressupõe as seguintes garantias constitucionais: da tutela jurisdicional (art. 5º, XXXV), do devido processo legal (art. 5º, LIV), da garantia do acesso à justiça (art. 5º, LXXIV), da garantia do juiz natural (art. 5º, XXXVII e LIII), do tratamento paritário das partes (art. 5º, *caput* e I), da ampla defesa (art. 5º, LV, LVI e LXII), da publicidade dos atos processuais e motivação dos atos decisórios (art. 93, IX) e da presunção da inocência (art. 5º, LVII)[22]. É o sistema vigente entre nós.

Convém mencionar que, com a reforma processual penal, passou também a ser possível ao juiz, de ofício, a faculdade de "ordenar, mesmo antes de iniciada a ação penal, a produção antecipada de provas consideradas urgentes e relevantes, observando a necessidade, adequação e proporcionalidade da medida" (art. 156, I).

---

21. *Criminologia e juizado especial criminal*, São Paulo, Atlas, 1997, p. 51 e 53.

22. *Criminologia*, cit., p. 31-38.

3.7.2. Inquisitivo

É sigiloso, sempre escrito, não é contraditório e reúne na mesma pessoa as funções de acusar, defender e julgar. O réu é visto nesse sistema como mero objeto da persecução, motivo pelo qual práticas como a tortura eram frequentemente admitidas como meio para se obter a prova-mãe: a confissão.

3.7.3. Misto

Há uma fase inicial inquisitiva, na qual se procede a uma investigação preliminar e a uma instrução preparatória, e uma fase final, em que se procede ao julgamento com todas as garantias do processo acusatório.

Jurisprudência

- SISTEMA ACUSATÓRIO. Penal e Processual Penal. Imparcialidade judicial e sistema acusatório. Postura ativa e abusiva do julgador no momento de interrogatório de réus colaboradores. Atuação em reforço da tese acusatória, e não limitada ao controle de homologação do acordo. As circunstâncias particulares do presente caso demonstram que o juiz se investiu na função persecutória ainda na fase pré-processual, violando o sistema acusatório. Imparcialidade judicial como base fundamental do processo. Sistema acusatório e separação das funções de investigar, acusar e julgar. Pressuposto para imparcialidade e contraditório efetivos. Precedente: ADI 4.414, plenário, rel. Min. Luiz Fux, j. 31-5-2012. Agravo regimental parcialmente provido para declarar a nulidade da sentença condenatória proferida por violação à imparcialidade do julgador (STF, AgR no RHC 144.615, rel Min. Gilmar Mendes, j. 25-8-2020).
- PRINCÍPIO DA PUBLICIDADE. "Constitui direito das partes o acesso ao conteúdo dos atos processuais pretéritos à ação penal, tendo em vista o princípio da publicidade dos atos processuais, insculpido no inciso LX do artigo 5º da Constituição Federal, só podendo ser restringido quando a defesa da intimidade ou o interesse social o exigirem" (STJ, HC 381.116/DF, 2016/0319404-5, *DJe*, 12 dez. 2016).
- PRINCÍPIO DO JUIZ NATURAL. "Processual penal. *Habeas corpus*. Roubo. Apelação julgada por Câmara composta majoritariamente por juízes convocados. Princípio do juiz natural. Ordem denegada. 1. Não viola o princípio do Juiz natural o julgamento de apelação por órgão colegiado presidido por Desembargador, sendo os demais integrantes Juízes convocados. Precedente do Plenário do STF. 2. *Habeas Corpus* extinto sem resolução de mérito" (STF, HC 101.473, rel. Min. Marco Aurélio, j. 16-2-2016).
- PRINCÍPIO DO PROMOTOR NATURAL. "(...) Embora não previsto expressamente em lei, o Princípio do Promotor Natural decorre de dispositivos constitucionais e é admitido na doutrina e na jurisprudência, ainda que comportando alguma relativização. No caso, a atuação em plenário de julgamento de um Promotor de Justiça estranho à Comarca e ao feito, sem regular designação e estando a titular da Promotoria em pleno exercício de suas funções, constitui ferimento ao referido princípio e acarreta a nulidade do julgamento". (STF, RE 638.757/RS, rel. Min. Luiz Fux, 28 fev. 2013).

- "AÇÃO DIRETA DE INCONSTITUCIONALIDADE. Provimento 6/2000 da Corregedoria Geral de Justiça do Estado de Santa Catarina. 2. Faculdade de nomeação, pelo juiz da comarca, de bacharel em direito alheio aos quadros do Ministério Público, para funcionar como órgão acusatório penal. Impossibilidade. 3. Ofende o princípio do promotor natural e a exclusividade da promoção da ação penal pública pelo Ministério Público a designação de particular como promotor *ad hoc*. Precedentes. 4. Ação direta de inconstitucionalidade julgada procedente, confirmando os termos da medida cautelar anteriormente deferida pelo Plenário" (STF, ADI 2.858, rel Min. Gilmar Mendes, j. 27-9-2019).

Questões

1. Conceitue processo.
2. Quais os elementos identificadores da relação jurídica processual?
3. Existem tipos de processo penal? Enumere-os, em caso positivo.

4

EFICÁCIA DA LEI PROCESSUAL PENAL NO TEMPO

Denomina-se "atividade" o período situado entre a entrada em vigor e a revogação de uma lei, durante o qual ela está viva, vigente, produzindo efeitos e alcançando todas as situações ocorridas sob sua égide. Na data da cessação de sua vigência, a lei se torna inativa, revogada, deixando de irradiar efeitos no mundo jurídico.

Normalmente, uma lei projeta efeitos durante seu período de atividade.

Extratividade é a incidência de uma lei fora do seu período de vigência. Se o período for anterior à sua entrada em vigor, ocorre a chamada retroatividade; se posterior, surge a ultratividade, sendo ambas espécies do gênero extratividade. Só excepcionalmente uma lei alcança um período anterior à sua vigência ou posterior à sua revogação.

Consoante o art. 1º, *caput*, da Lei de Introdução às Normas do Direito Brasileiro, "salvo disposição contrária, a lei começa a vigorar em todo o País 45 (quarenta e cinco) dias depois de oficialmente publicada". Esse período entre a publicação e a entrada em vigor denomina-se *vacatio legis*, destinando-se a permitir que as pessoas tenham tempo para tomar conhecimento da nova legislação. Durante a *vacatio legis*, a lei ainda não é eficaz, pois não entrou em atividade, não podendo produzir nenhum efeito, nem mesmo o de revogar a legislação anterior. A situação é de mera expectativa. Para o mundo jurídico, ainda não existe.

Excepcionalmente, não haverá o período de espera, uma vez que, se houver disposição expressa nesse sentido, a lei poderá entrar em vigor na data de sua publicação.

Pois bem. Entrando em vigor, as normas processuais têm sua incidência regulada pelo art. 2º do CPP, segundo o qual "a lei processual aplicar-se-á desde logo, sem prejuízo dos atos realizados sob a vigência da lei anterior". Isso significa que o legislador pátrio adotou o princípio da aplicação imediata das normas processuais: o ato processual será regulado pela lei que estiver em vigor no dia em que ele for praticado (*tempus regit actum*). Quanto aos atos anteriores, não haverá retroação, pois eles permanecem válidos, já que praticados segundo a lei da época. A lei processual só alcança os atos praticados a partir de sua vigência (dali para a frente).

A retroatividade existe, no entanto, sob outro aspecto. As normas de natureza processual aplicam-se aos processos em andamento, ainda que o fato tenha sido cometido antes de sua entrada em vigor e mesmo que sua aplicação se dê em prejuízo do agente. É que a sua aplicação no tempo não se encontra regida pelo art. 5º, XL, da CF, o qual proíbe a lei de retroagir para prejudicar o acusado. Tal dispositivo constitucional não está se referindo à lei processual, que tem incidência imediata, mas tão somente à penal. Por exemplo: a antiga proibição da concessão de fiança e de liberdade provisória para os crimes considerados hediondos aplicava-se aos processos em andamento, ainda que o delito tivesse sido cometido antes de a lei lhe dar tal qualificação. A norma retroagia para alcançar um fato praticado antes de sua entrada em vigor.

Interessante questão diz respeito ao regime disciplinar diferenciado, instituído pela Lei n. 10.792, de 1º de dezembro de 2003, o qual se aplica aos condenados definitivos e aos presos provisórios, nacionais ou estrangeiros, que cometerem crime doloso capaz de ocasionar a subversão da ordem ou disciplina internas no estabelecimento carcerário. Tal regime consistirá no recolhimento em cela individual; visitas quinzenais, de duas pessoas por vez, a serem realizadas em instalações equipadas para impedir o contato físico e a passagem de objetos, por pessoa da família ou, no caso de terceiro, autorizado judicialmente, com duração de duas horas; e outras duas horas serão destinadas ao banho de sol por dia, em grupos de até quatro presos, desde que não haja contato com presos do mesmo grupo criminoso[23].

Aplica-se também esse regime ao condenado ou preso provisório, nacionais ou estrangeiros, que apresentem alto risco para a ordem e a segurança do estabelecimento penal ou da sociedade, ou ainda, sob os quais recaiam suspeitas de envolvimento ou participação, a qualquer título, em organização criminosa, associação criminosa ou milícia privada, independentemente da prática de falta grave (cf. LEP, art. 52, § 1º, com redação alterada pela Lei n. 13.964/2019, em seu art. 4º).

Por se tratar de regra pertinente à disciplina interna dos presídios, tem caráter processual, devendo aplicar-se aos fatos cometidos antes do advento dessa lei, ainda que seja mais prejudicial ao condenado definitivo ou preso provisório.

A lei processual não se interessa pela data em que o fato foi praticado. Pouco importa se cometido antes ou depois de sua entrada em vigor, pois ela retroage e o alcança, ainda que mais severa, ou seja, mesmo que prejudique a situação do agente. Incide imediatamente sobre o processo, alcançando-o na fase em que se encontrar. O ato processual é regido pela lei processual que estiver em vigor naquele dia, ainda que seja mais gravosa do que a anterior e mesmo que o fato que deu ensejo ao processo tenha sido cometido antes de sua vigência.

Da aplicação do princípio do *tempus regit actum* derivam dois efeitos:

(i) os atos processuais realizados sob a égide da lei anterior são considerados válidos e não são atingidos pela nova lei processual, a qual só vige dali em diante;

(ii) as normas processuais têm aplicação imediata, pouco importando se o fato que deu origem ao processo é anterior à sua entrada em vigor.

Na hipótese de a lei ter conteúdo penal, o panorama torna-se completamente diverso: só interessa a data do fato. Se anterior à lei, esta só poderá retroagir em seu benefício; se posterior, a lei o alcança, seja benéfica ou prejudicial. Aplica-se, nesse caso, o disposto nos arts. 5º, XL, da CF, e 2º e parágrafo único do CP, segundo os quais a lei *penal* não pode retroagir, salvo para beneficiar o agente (destacamos).[24]

---

23. O artigo em comento foi alterado recentemente pela Lei n. 13.964, de 24 de dezembro de 2019, em seu art. 4º.

24. Nesse sentido a atual discussão sobre a retroatividade da nova redação do § 5º do art. 171 do Código Penal, que agora exige representação para o processamento. A 5ª Turma do STJ, entendeu que a retroatividade só alcança

Torna-se fundamental, à vista disso, diferenciar a norma penal da processual.

Considera-se penal toda e qualquer norma que afete, de alguma maneira, a pretensão punitiva ou executória do Estado, criando-a, extinguindo-a, aumentando-a ou reduzindo-a. Assim, uma norma que incrimina um novo fato tem caráter penal, pois está criando o direito de punir para o Estado, com relação a esse fato. Se a norma cria uma nova causa extintiva da punibilidade, está afetando o direito de punir, permitindo seu perecimento ante uma nova hipótese. Se aumenta ou diminui a pena, também estará repercutindo no *jus puniendi* estatal. Uma regra que proíbe a concessão de anistia, graça ou indulto (Lei n. 8.072/90, art. 2º, I) está fortalecendo o direito de punir, tornando-o imune à extinção por um desses motivos. O mesmo se diga da norma que trata da imprescritibilidade do racismo e das ações de grupos armados, civis ou militares, contra a ordem constitucional e o Estado Democrático (CF, art. 5º, XLII). Igualmente, ao criar nova causa interruptiva ou suspensiva da prescrição, o legislador estará dificultando a extinção da punibilidade e, com isso, tornando mais forte a pretensão punitiva. Convém ressaltar que é irrelevante se o dispositivo se encontra no Código Penal ou no processual penal, interessando apenas saber se a pretensão punitiva será afetada. É o caso do § 1º do art. 110 do CPP, o qual prevê a vedação da retroatividade da prescrição da pretensão punitiva, na modalidade retroativa, para momento anterior à data da denúncia ou queixa, ampliando a punibilidade estatal e, portanto, de retroatividade vedada. A prescrição, aparentemente, trata-se de norma processual, contudo, como a consequência é a extinção da punibilidade, a natureza passa a ser penal.

Processual é a norma que repercute apenas no processo, sem respingar na pretensão punitiva. É o caso das regras que disciplinam a prisão provisória, proibindo a concessão de fiança ou de liberdade provisória para determinados crimes, ampliando o prazo da prisão temporária ou obrigando o condenado a se recolher à prisão para poder apelar da sentença condenatória. Embora haja restrição do *jus libertatis*, o encarceramento se impõe por uma necessidade ou conveniência do processo, e não devido a um aumento na satisfação do direito de punir do Estado. Se o sujeito vai responder preso ou solto ao processo, isso não diz respeito à pretensão punitiva, até porque tal tempo será detraído da futura execução (CP, art. 42). Desse modo, se um agente comete um crime antes da entrada em vigor de uma lei, que proíbe a liberdade provisória, caso venha a ser preso, não poderá ser solto, uma vez que a norma, por ser processual, tem incidência imediata, alcançando os fatos praticados anteriormente, mesmo que prejudique o agente. Não se pode acoimar tais normas de híbridas, para o fim de submetê-las ao princípio penal da irretroatividade (CF, art. 5º, XL), pois, como não afetam o direito de punir do Estado, não têm natureza penal.

As normas que tratam do cumprimento da pena, como, por exemplo, as que proíbem a progressão de regime, dificultam a obtenção do livramento condicional ou o *sursis*, permitem a substituição da pena privativa de liberdade por restritiva de direitos ou multa e assim por diante, têm inequivocamente natureza penal, já que afetam a satisfação

---

processos em que ainda não haja a denúncia (HC 573.093-SC, rel. Min. Reynaldo Soares da Fonseca, j. 9-6-2020, *DJe* 18-6-2020). Já, em 04/08/2020 a 6ª Turma entendeu que a retroatividade alcança todos os processos ainda não transitados em julgado (HC 583.837-SC, rel. Min. Sebastião Reis Júnior, *DJe* 12-8-2020).

do direito de punir, tornando-o mais ou menos intenso. O Estado estará exercendo de forma muito mais intensa sua pretensão executória, quando submete o condenado ao regime integral fechado, do que quando substitui a pena por multa.

Encerra-se a vigência da lei com sua revogação expressa ou tácita. Uma lei só se revoga por outra que determine expressamente a cessação de sua eficácia (revogação expressa), ou, ainda, que com ela seja incompatível ou regule inteiramente a matéria anteriormente tratada (revogação tácita – art. 2º, § 1º, da LINDB). A revogação pode ser, ainda, total (ab-rogação) ou parcial (derrogação). Em hipóteses excepcionais, pode ocorrer autorrevogação da lei, pelo decurso do seu prazo de vigência (lei temporária) ou pela cessação da anormalidade (lei excepcional).

Revogada a lei processual, não mais poderá ser aplicada, uma vez que a incidência da posterior será imediata, regulando o processo daí em diante. Em se tratando de lei penal, ainda regulará todos os fatos praticados durante o seu período de vigência, mesmo após sua revogação, na hipótese da lei posterior ser mais gravosa (ultratividade *in mellius*).

Repristinação, do verbo *repristinar*, significa "restituir ao valor, caráter ou estado primitivo", e, na acepção jurídica, consiste no fenômeno pelo qual a lei revogada restabelece sua vigência em face da revogação da norma revogadora. Não ocorre naturalmente, dependendo de expressa determinação legal (LINDB, art. 2º, § 3º).

Jurisprudência

- SUSPENSÃO DO PROCESSO (ART. 366 DO CPP). IRRETROATIVIDADE: (...) suspensão do processo e do prazo prescricional, nos termos do art. 366 do CPP. Prazo prescricional que não transcorreu entre os marcos interruptivos. Prejudicial afastada (STJ-SC – APR: 00009989119998240055, Rio Negrinho 0000998-91.1999.8.24.0055, Relator: Alexandre d'Ivanenko, 13 dez. 2018, Quarta Câmara Criminal).
- *HABEAS CORPUS*. Processo penal. Produção antecipada de prova. "De acordo com a jurisprudência há muito consolidada deste Superior Tribunal de Justiça, o pedido de revisão criminal, calcado na existência de prova oral nova, pressupõe a necessidade de sujeição dos novéis elementos probatórios ao eficiente e democrático filtro do contraditório. 2. Referido entendimento foi mantido não obstante a supressão, pelo Novo Código de Processo Civil, do procedimento cautelar de justificação, sendo necessária a produção antecipada de provas (arts. 381 e 382 do referido Estatuto Processual) para ajuizamento de ação revisional fundada na existência de novas provas decorrentes de fonte pessoal. 3. Recurso especial provido (STJ, REsp: 1.720.683 MS 2018/0019317-4, rel. Min. Maria Thereza Reza de Assis Moura, *DJe*, 13 agosto 2018).

Questões

1. Conceitue atividade, para a lei processual penal.
2. Qual o momento de entrada em vigor de uma norma processual?
3. O que é repristinação?

5

EFICÁCIA DA LEI PROCESSUAL PENAL NO ESPAÇO

A lei processual penal aplica-se a todas as infrações penais cometidas em território brasileiro, sem prejuízo de convenções, tratados e regras de direito internacional. Vigora o princípio da absoluta territorialidade, que impõe a aplicação da *lex fori* ou *locus regit actum*, segundo a qual, aos processos e julgamentos realizados no território brasileiro, aplica-se a lei processual penal nacional. A exegese justifica-se por ser a função jurisdicional a manifestação de uma parcela da soberania nacional, podendo ser exercida apenas nos limites do respectivo território.

A territorialidade vem consagrada no art. 1º do Código de Processo Penal. Esse dispositivo dispõe, como regra, a regência do processo penal, pelo Código de Processo Penal vigente, em todo o território brasileiro. Entretanto, excepciona essa regra com as seguintes hipóteses: I – os tratados, as convenções e regras de direito internacional; II – as prerrogativas constitucionais do Presidente da República, dos ministros de Estado, nos crimes conexos com os do Presidente da República, e dos ministros do Supremo Tribunal Federal, nos crimes de responsabilidade; III – os processos da competência da Justiça Militar; IV – os processos da competência do tribunal especial; V – os processos por crimes de imprensa. *Apenas uma importante ressalva*: a Lei de Imprensa não foi recebida pela Constituição da República de 1988, esvaziando a última exceção trazida no art. 1º do CPP.

As ressalvas mencionadas neste artigo não são, como podem parecer, exceções à territorialidade da lei processual penal brasileira, mas apenas à territorialidade do Código de Processo Penal (Dec.-Lei n. 3.689/41). Impõem, tendo em vista as peculiaridades do direito, a aplicação de outras normas processuais positivadas na Constituição Federal e em leis extravagantes, v. g., nos casos de crimes de responsabilidade, de crimes militares, eleitorais, falimentares, de entorpecentes, na contravenção do jogo do bicho, nas infrações de menor potencial ofensivo etc. O inciso I (tratados, convenções e regras de direito internacional) contempla verdadeiras hipóteses excludentes da jurisdição criminal brasileira, isto é, os crimes serão apreciados por tribunais estrangeiros segundo suas próprias regras processuais, v. g., casos de imunidade diplomática (da qual falaremos a seguir), de crimes cometidos por estrangeiros a bordo de embarcações públicas estrangeiras em águas territoriais e espaço aéreo brasileiro etc.

Considera-se praticado em território brasileiro o crime cuja ação ou omissão, ou cujo resultado, no todo ou em parte, ocorreu em território nacional (CP, art. 6º). Foi adotada, *in casu*, a teoria da ubiquidade ou mista. Consideram-se como extensão do território nacional, para efeitos penais, as embarcações e aeronaves públicas ou a serviço do governo brasileiro, onde quer que se encontrem, e as embarcações e aeronaves particulares que se acharem em espaço aéreo ou marítimo brasileiro, ou em alto-mar ou espaço aéreo correspondente (cf. art. 5º, § 1º, do CP).

A lei penal aplica-se aos crimes cometidos fora do território nacional que estejam sujeitos à lei penal nacional (cf. art. 7º do CP). É a chamada extraterritorialidade da lei penal. Contudo, é preciso que se frise: a lei processual brasileira só vale dentro dos limites territoriais nacionais (*lex fori*). Se o processo tiver tramitação no estrangeiro, aplicar-se-á a lei do país em que os atos processuais forem praticados.

A legislação processual brasileira também se aplica aos atos referentes às relações jurisdicionais com autoridades estrangeiras que devem ser praticados em nosso país, tais como os de cumprimento de rogatória (arts. 783 e s. do CPP), homologação de sentença estrangeira (CP, art. 9º; CPP, art. 787) e procedimento de extradição (arts. 81 e s. da Lei n. 13.445 – Lei de Migração) (CPP, art. 784, § 1º).

Questões

1. Qual o âmbito geográfico de aplicação da lei processual penal brasileira?
2. A lei penal brasileira aplica-se a crimes cometidos fora do território nacional? E a lei processual penal?

6

IMUNIDADES

6.1. Imunidades diplomáticas

Os chefes de Estado e os representantes de governos estrangeiros estão excluídos da jurisdição criminal dos países em que exercem suas funções. A imunidade estende-se a todos os agentes diplomáticos, ao pessoal técnico e administrativo das representações, aos seus familiares e aos funcionários de organismos internacionais (ONU, OEA etc.).

Estão excluídos dessas imunidades os empregados particulares dos agentes diplomáticos, a não ser que o Estado acreditado as reconheça.

Admite-se a renúncia à garantia da imunidade.

As sedes diplomáticas (embaixadas, sedes de organismos internacionais etc.) não são consideradas extensão do território estrangeiro, embora sejam invioláveis como garantia aos representantes alienígenas, não podendo, desse modo, ser objeto de busca e apreensão, penhora ou qualquer outra medida constritiva. Tanto assim que a prática de crimes, na sede diplomática, por pessoa alheia à imunidade sujeita o autor à jurisdição do Estado acreditante.

6.2. Imunidades parlamentares

Com a vigência da Emenda Constitucional n. 35, de 20 de dezembro de 2001, o instituto da imunidade parlamentar sofreu importantes modificações, com intrincados e polêmicos temas, os quais serão aqui abordados.

Existem duas modalidades de imunidade parlamentar:

(i) **material**, também chamada de penal ou absoluta (CF, art. 53, *caput*);

(ii) **processual ou formal**.

A **imunidade processual** subdivide-se em:

(ii.1) garantia contra a instauração de processo (CF, art. 53, §§ 3º, 4º e 5º); (ii.2) direito de não ser preso, salvo em caso de flagrante por crime inafiançável (CF, art. 53, § 2º); (ii.3) direito ao foro privilegiado (competência originária do STF para processar deputados e senadores – CF, art. 53, § 1º); (ii.4) imunidade para servir como testemunha (CF, art. 53, § 6º).

6.3. Imunidade material

Os deputados e senadores são invioláveis, civil e penalmente, em quaisquer manifestações proferidas no exercício ou desempenho de suas funções. Essa inviolabilidade abrange qualquer forma de manifestação, escrita ou falada, exigindo-se apenas que ocorra no exercício da função, dentro ou fora da Casa respectiva. Mais do que a liberdade de expressão do parlamentar, objetiva-se tutelar o livre exercício da atividade legislativa, bem como a independência e harmonia entre os Poderes. A partir da Emenda Constitucional n. 35/2001, ampliou-se a imunidade para que, além de penal, se tornasse também civil, o que significa que o parlamentar não pode mais ser processado por perdas e danos materiais e morais em virtude de opiniões, palavras e votos no exercício de suas funções.

É necessário, contudo, que exista nexo funcional entre a manifestação reputada ofensiva e o exercício do mandato, pois a garantia somente se impõe quando imprescindível para o livre desempenho da função legislativa, não podendo ser convertida em licença para ofender pessoas desarrazoadamente. "Não é possível fixar o foro especial em razão da imunidade parlamentar, uma vez que esta é restrita às opiniões, palavras e votos manifestados na respectiva Casa Legislativa ou, acaso externados fora desse âmbito, guarde íntima relação com o exercício da função pública" (STJ, Petição n. 12.269/AL (2018/0165045-7), *DJe*, 7 ago. 2018).

O suplente não tem direito a imunidade, pois não está no exercício de suas funções.

> **Nosso entendimento:** quanto à natureza jurídica do instituto, entendemos que a imunidade material exclui a própria tipicidade, na medida em que a Constituição não pode dizer ao parlamentar que exerça livremente seu mandato, expressando suas opiniões e votos, e, ao mesmo tempo, considerar tais manifestações fatos definidos como crime.

A tipicidade pressupõe lesão ao bem jurídico, e, por conseguinte, só alcança comportamentos desviados, anormais, inadequados, contrastantes com o padrão social e jurídico vigente. O risco criado pela manifestação funcional do parlamentar é permitido e não pode ser enquadrado em nenhum modelo descritivo incriminador. A sociedade, sopesando as vantagens e ônus de conferir aos representantes populares do Legislativo liberdade de manifestação para que exerçam com independência suas funções, entendeu tal garantia como necessária para a preservação do Estado Democrático de Direito. Assim, seria contraditório considerar a manifestação essencial para a coletividade e ao mesmo tempo defini-la em lei como crime. O fato, portanto, à luz da teoria da imputação objetiva, é atípico e não se enquadra em nenhum modelo incriminador penal. Por essa razão, sendo o fato atípico, não há possibilidade de coautoria, nem participação, pois não existe nenhuma infração da qual se possa ser coautor ou partícipe. Nesse ponto, irreparável a observação de Luiz Flávio Gomes, no sentido de que "a Súmula 245 do STF ('*A imunidade parlamentar não se estende ao corréu sem essa prerrogativa*'), nesse contexto, só é válida, como se percebe, em relação à imunidade (processual) parlamentar. Não tem nenhuma pertinência no que concerne à inviolabilidade penal parlamentar"[25].

25. *Criminologia*, cit., p. 31-38.

A imunidade é irrenunciável, mas não alcança o parlamentar que se licencia para ocupar outro cargo na Administração Pública. Neste caso, embora não perca o mandato, perderá as imunidades parlamentares. Aliás, "Foi cancelada, de outro lado, a Súmula 4 do STF, que dizia: '*Não perde a imunidade parlamentar o congressista nomeado Ministro de Estado*'"[26].

6.4. Imunidade processual

Com a Emenda Constitucional n. 35/2001, ocorreram importantes mudanças na questão das imunidades processuais.

A atual redação do art. 53, § 3º, dispõe que: "Recebida a denúncia contra o Senador ou Deputado, por crime ocorrido após a diplomação, o Supremo Tribunal Federal dará ciência à Casa respectiva, que, por iniciativa de partido político nela representado e pelo voto da maioria de seus membros, poderá, até a decisão final, sustar o andamento da ação".

O § 4º do art. 53, por sua vez, estipula: "O pedido de sustação será apreciado pela Casa respectiva no prazo improrrogável de quarenta e cinco dias do seu recebimento pela Mesa Diretora".

O § 5º do mesmo dispositivo prevê que "a sustação do processo suspende a prescrição, enquanto durar o mandato". Foi, portanto, criada mais uma causa suspensiva da prescrição. Encerrado o mandato, a prescrição volta a correr pelo tempo que faltava.

O controle legislativo deixou de ser prévio, passando a ser posterior: não existe mais a possibilidade de licença prévia. Por outro lado, no que toca ao Presidente da República e ao Governador, continua vigente o instituto da licença prévia da Câmara dos Deputados ou da Assembleia Legislativa. "O instituto da licença prévia, que já não vale para os parlamentares, continua vigente para o Presidente da República e os Governadores"[27].

Quanto aos Prefeitos, não há que falar em imunidade processual nem penal, tendo direito somente ao foro por prerrogativa de função perante os Tribunais de Justiça.

"Terminada a investigação criminal, em caso de ação pública, abre-se vista ao Procurador-Geral da República, que tem quinze dias para se manifestar. Em se tratando de preso, cinco dias. Cuidando-se de ação privada, aguarda-se a manifestação do interessado (RISTF, arts. 201 e ss.). Em caso de pedido de arquivamento do feito pelo Procurador-Geral da República, só resta ao STF determinar esse arquivamento porque, por força do princípio da iniciativa das partes, *ne procedat iudex ex officio*: *RT* 672, p. 384. O tribunal competente, doravante, para receber a denúncia ou a queixa, como já se salientou, não precisa pedir licença à Casa legislativa respectiva. Necessita, isso sim, antes do recebimento, respeitar o procedimento previsto na Lei 8.038/90, que prevê defesa preliminar".

"Recebida a denúncia, em se tratando de crime cometido antes da diplomação, o processo terá seu curso normal perante o juiz natural (STF, Tribunal de Justiça etc.), e não existe a possibilidade de sua sustação pelo Parlamento. Por isso mesmo é que o STF não tem sequer a obrigação de comunicá-lo sobre a existência da ação em curso. Em se tra-

---

26. *Criminologia*, cit. p.31-8.

27. Ibidem.

tando de crime ocorrido *após a diplomação*, ao contrário, incide a nova disciplina jurídica da imunidade processual (leia-se: da suspensão parlamentar do processo). Impõe-se, nesse caso, que o Supremo Tribunal Federal dê ciência à Casa respectiva que poderá sustar o andamento da ação. De qualquer modo, essa possibilidade não alcança o coautor ou partícipe do delito. A Súmula 245 do STF é esclarecedora: '*A imunidade parlamentar não se estende ao corréu sem essa prerrogativa*'"[28].

6.5. Imunidade prisional

De acordo com o que dispõe o art. 53, § 2º, da Constituição, "desde a expedição do diploma, os membros do Congresso Nacional não poderão ser presos, salvo em flagrante de crime inafiançável. Nesse caso, os autos serão remetidos dentro de vinte e quatro horas à Casa respectiva, para que, pelo voto da maioria de seus membros, resolva sobre a prisão".

A Casa tomará sua deliberação por votação aberta, e não mais secreta. A imunidade vale a partir da expedição do diploma pela Justiça Eleitoral, e não alcança a prisão após a condenação transitada em julgado.

6.6. Do foro especial por prerrogativa de função

De acordo com o art. 53, § 1º, da Constituição Federal, "Os Deputados e Senadores, desde a expedição do diploma, serão submetidos a julgamento perante o Supremo Tribunal Federal" (CF, art. 102, I, *b*). "Se na data de diplomação havia inquérito ou ação penal em curso, imediatamente tudo deve ser encaminhado ao STF. Em se tratando de infração anterior à diplomação terá andamento normal no STF e não existe a possibilidade de suspensão do processo. Todos os atos praticados pelo juízo de origem são válidos (*tempus regit actum*). Encerrada a função parlamentar, cessa automaticamente o foro especial por prerrogativa de função. Saliente-se que foi cancelada a Súmula 394 do STF. Embora tivesse sido cancelada, em 25-8-1999, a Súmula 394 do STF (que mantinha o foro especial mesmo após o término da função), essa situação perdurou pouco. Em 26-12-2002, mesma data de sua publicação, entrou em vigor a Lei n. 10.628, de 24 de dezembro do mesmo ano, a qual conferiu a atual redação ao *caput* do art. 84 do CPP e lhe acrescentou dois novos parágrafos. Segundo o então incluído § 1º do art. 84, "a competência especial por prerrogativa de função, relativa a atos administrativos do agente, prevalece ainda que o inquérito ou a ação judicial sejam iniciados após a cessação do exercício da função pública".

Entretanto, em 15-9-2005, o Plenário do Supremo acabou declarando a inconstitucionalidade dos §§ 1º e 2º do art. 84 do CPP.

Vide mais comentários ao foro por prerrogativa de função no item 15.8.

Finalmente, por óbvio, de acordo com a Súmula 41 do STF, a competência especial por prerrogativa de função não se estende ao crime cometido após a cessação definitiva do exercício funcional.

---

28. Ibidem.

O foro especial por prerrogativa de função restringe-se, exclusivamente, às causas penais, não alcançando as de natureza civil.

Por fim, vale destacar que no julgamento de questão de ordem na APn 937, por maioria de votos, o Plenário do Supremo Tribunal Federal decidiu que o foro por prerrogativa de função conferido aos deputados federais e senadores se aplica apenas a crimes cometidos no exercício do cargo e em razão das funções a ele relacionadas.

6.7. Prerrogativa de foro de outras autoridades

Também denominada competência originária *ratione personae*. Consiste na atribuição de competência a certos órgãos superiores da jurisdição para processar e julgar originariamente determinadas pessoas, ocupantes de cargos e funções públicas de especial relevo na estrutura federativa.

O presidente e o vice-presidente da República, após autorização da Câmara dos Deputados, pelo voto de dois terços de seus membros (CF, art. 51, I), poderão ser processados perante o STF, nos crimes comuns (CF, art. 102, I, *b*), e no Senado, pelos crimes de responsabilidade (CF, art. 52, I).

Cabe, ainda, ao Senado Federal processar e julgar originariamente os Ministros do Supremo Tribunal Federal, os membros do Conselho Nacional de Justiça e do Conselho Nacional do Ministério Público, o Procurador-Geral da República e o Advogado-Geral da União nos crimes de responsabilidade (CF, art. 52, II, com os acréscimos operados pela EC n. 45/2004).

Compete ao Supremo Tribunal Federal julgar originariamente o procurador-geral da República, por crimes comuns, e, nos crimes comuns e de responsabilidade, os membros dos Tribunais Superiores, do Tribunal de Contas da União, os chefes de missão diplomática de caráter permanente e os ministros de Estado, exceto os praticados em conexão com o presidente da República (CF, art. 102, I, *b* e *c*).

Ao Superior Tribunal de Justiça incumbe o julgamento dos governadores, mediante prévia licença da respectiva Assembleia Legislativa, nos crimes comuns, e, nos crimes comuns e de responsabilidade, dos desembargadores, membros de Tribunais Federais, dos Tribunais Regionais Eleitorais e do Trabalho e os membros do Ministério Público da União que oficiem perante tribunais (CF, art. 105, I, *a*).

Aos Tribunais Regionais Federais compete o julgamento dos juízes federais da área da respectiva circunscrição, por crimes comuns e de responsabilidade, e dos membros do Ministério Público Federal (CF, art. 108, I, *a*).

Aos Tribunais de Justiça compete o julgamento dos prefeitos, dos juízes e dos membros do Ministério Público local.

As imunidades concedidas aos deputados estaduais só podem ser arguidas perante as autoridades judiciárias locais, não podendo ser invocadas em face do Poder Judiciário Federal.

A competência por prerrogativa de função concedida pela Constituição Federal prevalece sobre a competência do Júri, quanto aos crimes dolosos contra a vida, em razão da especialidade da norma dos arts. 102, 105 e 108 supracitados, em relação à do art. 5º, XXXVIII, da Constituição Federal. Contudo, quando a imunidade for concedida por qualquer outra norma, federal ou estadual, ela não prevalecerá sobre a competência do Júri. Nesse sentido é o teor da Súmula 721 do STF: "A competência constitucional do Tribunal do Júri prevalece sobre o foro por prerrogativa de função estabelecido exclusivamente pela Constituição estadual".

6.8. Imunidade para servir como testemunha

O agente diplomático não é obrigado a prestar depoimento como testemunha; só é obrigado a depor sobre fatos relacionados com o exercício de suas funções.

Os deputados e senadores não são obrigados a testemunhar sobre informações recebidas ou prestadas em razão do exercício do mandato, nem sobre as pessoas que lhes confiaram ou deles receberam informações (CF, art. 53, § 6º). Os presidentes do Senado e da Câmara poderão, inclusive, optar pelo depoimento escrito (CPP, art. 221, § 1º).

6.9. Imunidades parlamentares e estado de sítio

As imunidades de deputados e senadores subsistirão durante o estado de sítio, só podendo ser suspensas mediante o voto de dois terços dos membros da Casa respectiva, nos casos de atos praticados fora do recinto do Congresso que sejam incompatíveis com a execução da medida (CF, art. 53, § 8º).

6.10. Vigência e retroatividade da EC n. 35/2001

A imunidade parlamentar, por ser regra de natureza processual, tem vigência imediata, alcançando os crimes cometidos pelo parlamentar antes de sua entrada em vigor.

6.11. Imunidade penal temporária do presidente da República

Instituída pelo art. 86, § 4º, da CF, impede, durante a vigência do mandato presidencial, a instauração de processo-crime contra o chefe do Executivo. É necessário, no entanto, que os fatos imputados sejam estranhos ao exercício da função, uma vez que, em se tratando de atos *propter officium*, não estará impedida a persecução penal.

Jurisprudência

- *Habeas corpus*. Penal e processual penal. Ação penal originária. Competência. Perda da prerrogativa de foro por aposentadoria. Denúncia que descreve três grupos autônomos e independentes, cada qual capitaneado por desembargadores distintos. Desmembramento. Possibilidade (STF – HC: 169475/DF – rel. Min. Ricardo Lewandowski, *DJe*, 8 de abril 2019).
- *Ação penal originária*. Crimes contra a honra. Indivisibilidade da ação penal. Não incidência na hipótese. Vínculo entre as supostas ofensas proferidas e a função parlamen-

tar exercida. Imunidade parlamentar. Excludente de tipicidade. Improcedência da acusação. "1. O afastamento da imunidade material prevista no art. 53, *caput*, da Constituição da República só se mostra cabível quando claramente ausente vínculo entre o conteúdo do ato praticado e a função pública parlamentar exercida ou quando as ofensas proferidas exorbitem manifestamente os limites da crítica política. Precedentes. 2. Configurada, no caso, hipótese de manifestação protegida por imunidade material, há ausência de tipicidade da conduta, o que leva à improcedência da acusação, a teor do art. 6º da Lei 8.038/1990. 3. Acusação improcedente" (STF – Inq: 3677/RJ, rel. Min. Cármen Lúcia, *DJe*, 29 de out. 2014).

Questões

1. O que são imunidades processuais?
2. No que consiste a imunidade diplomática?
3. O que é foro especial por prerrogativa de função?

7 INTERPRETAÇÃO DA LEI PROCESSUAL PENAL

7.1. Conceito

Interpretação é a atividade que consiste em extrair da norma seu exato alcance e real significado. Deve buscar a vontade da lei, não importando a vontade de quem a fez (LINDB, art. 5º).

7.2. Espécies

(i) **Quanto ao sujeito que a elabora:**

(i.1) **Autêntica ou legislativa:** feita pelo próprio órgão encarregado da elaboração do texto. Pode ser contextual (feita pelo próprio texto interpretado) ou posterior (quando feita após a entrada em vigor da lei).

→ ATENÇÃO: a norma interpretativa tem efeito *ex tunc*, uma vez que apenas esclarece o sentido da lei.

(i.2) **Doutrinária ou científica:** feita pelos estudiosos e cultores do direito

→ ATENÇÃO: as exposições de motivos constituem forma de interpretação doutrinária, e não autêntica, uma vez que não são leis.

(i.3) **Judicial:** feita pelos órgãos jurisdicionais.

(ii) **Quanto aos meios empregados:**

(ii.1) **Gramatical, literal ou sintática:** leva-se em conta o sentido literal das palavras.

(ii.2) **Lógica ou teleológica:** busca-se a vontade da lei, atendendo-se aos seus fins e à sua posição dentro do ordenamento jurídico.

(iii) **Quanto ao resultado:**

(iii.1) **Declarativa:** há perfeita correspondência entre a palavra da lei e a sua vontade.

(iii.2) **Restritiva:** quando a letra escrita da lei foi além da sua vontade (a lei disse mais do que queria) e, por isso, a interpretação vai restringir o seu significado.

(iii.3) **Extensiva:** a letra escrita da lei ficou aquém de sua vontade (a lei disse menos do que queria) e, por isso, a interpretação vai ampliar o seu significado.

Interpretação progressiva, adaptativa ou evolutiva é aquela que, ao longo do tempo, adapta-se às mudanças político-sociais e às necessidades do presente.

7.3. Interpretação da norma processual

A lei processual admite interpretação extensiva. Por não conter dispositivos versando sobre o direito de punir, segue-se que a forma rigorosa de interpretar o direito penal não se aplica ao processo penal. A este aplicam-se as regras comuns de hermenêutica (LINDB, art. 4º). O preceito, todavia, não é absoluto, pois, tratando-se de exceções a regras gerais, de dispositivos restritivos da liberdade pessoal, e que afetem direito substancial do acusado, v. g., prisão em flagrante e prisão preventiva, o texto deverá ser rigorosamente interpretado, em seu sentido estrito. O mesmo quando se tratar de regras de natureza mista (penal e processual penal).

7.4. Formas de procedimento interpretativo

(i) **Equidade:** correspondência ética e jurídica da circunscrição – norma ao caso concreto.

(ii) **Doutrina:** estudos, investigações e reflexões teóricas dos cultores do direito.

(iii) **Jurisprudência:** repetição constante de decisões no mesmo sentido em casos semelhantes.

Questões

1. O que devemos entender por interpretar uma lei?
2. Quais as espécies de interpretação legal?
3. Existe diferença na interpretação da norma penal e da norma processual penal?

8 ANALOGIA

8.1. Conceito

É a atividade consistente em aplicar a uma hipótese não regulada por lei disposição relativa a um caso *semelhante*.

8.2. Fundamento

Ubi eadem ratio, ibi eadem jus (onde há a mesma razão, aplica-se o mesmo direito). Para que a conclusão oriunda da aplicação analógica seja válida, para podermos atribuir ao caso não regulamentado as mesmas consequências jurídicas atribuídas ao caso regulamentado semelhante, é necessário que a semelhança existente entre ambos seja não uma qualquer semelhança, mas uma *semelhança relevante*: a identidade na razão pela qual o legislador atribuiu ao caso regulamentado aquelas e não outras consequências. Podemos dizer que, em direito, tal semelhança relevante toma o nome de *ratio legis*.

8.3. Natureza jurídica

Não é interpretação, mas forma de autointegração da lei; forma de supressão de lacunas.

8.4. Distinção

Na *analogia* inexiste norma reguladora do caso concreto, devendo ser aplicada a norma que trata de hipótese semelhante. Há, para o caso não regulado, a *criação* de uma nova norma jurídica.

Na *interpretação extensiva* existe norma reguladora do caso concreto, mas esta não menciona expressamente sua eficácia. É, portanto, a própria norma do fato que a ele se aplica. Há apenas o alargamento do alcance da regra dada; faz-se a redefinição de um conceito, ampliando-o.

Na *interpretação analógica*, a norma, após uma enumeração casuística, traz uma formulação genérica que deve ser interpretada de acordo com os casos anteriormente elencados. A norma regula o caso de modo expresso, embora genericamente (v. g., CP, art. 121, § 2º, III e IV).

→ **ATENÇÃO:** não confundir *interpretação analógica* com *aplicação analógica*. Aquela é forma de interpretação; esta, de autointegração, e exprime o emprego da analogia.

8.5. Espécies

(i) ***In bonam partem***: em benefício do agente;

(ii) ***In malam partem***: em prejuízo do agente.

8.6. Norma processual

Admite o emprego da analogia. A lei processual penal admite, também, o suplemento dos princípios gerais do direito, postulados éticos de determinado povo, extraídos do ordenamento jurídico em geral. São fontes suplementares da lei processual.

Jurisprudência

- *HABEAS CORPUS*. PROCESSO PENAL. "[...] Entretanto, esta mesma Corte Superior de Justiça já decidiu que o prazo de 5 (cinco) anos para a concessão de nova transação penal, previsto no art. 76, § 2º, inciso II, da Lei n. 9.099/95, aplica-se aos demais institutos despenalizadores por analogia, estendendo-se, pois, à suspensão condicional do processo, o que ocorreu no caso concreto. (Precedentes). *Habeas corpus* não conhecido" (HC 40266426920188240000/Taió 4026642-69.2018.8.24.0000, rel. José Everaldo Silva, *DJe*, 25 out. 2018, Quarta Câmara Criminal).

Questões

1. Qual o conceito de analogia?
2. Qual é a diferença entre analogia e interpretação analógica?
3. A norma processual admite o emprego de analogia?

9
FONTES DO DIREITO PROCESSUAL PENAL

9.1. Conceito

Fonte é o local de onde provém o direito.

9.2. Espécies

(i) **Material ou de produção:** são aquelas que criam o direito;

(ii) **Formal ou de cognição:** são aquelas que revelam o direito.

9.3. Fonte de produção

É o Estado. Compete privativamente à União legislar sobre direito processual (CF, art. 22, I). Lei complementar federal pode autorizar os Estados a legislar em processo penal, sobre questões específicas de interesse local (cf. art. 22, parágrafo único, da CF). A União, os Estados e o Distrito Federal possuem competência concorrente para legislar sobre criação, funcionamento e processo do juizado de pequenas causas (arts. 24, X, e 98, I, da CF) e sobre direito penitenciário (art. 24, I, e §§ 1º e 2º, da CF). Sobre procedimento em matéria processual, a competência para legislar é concorrente entre a União, os Estados e o Distrito Federal, conforme o inciso XI do art. 24 da Constituição Federal.

9.4. Fonte formal

(i) **Imediata:** a lei;

(ii) **Mediata:** costumes e princípios gerais.

9.5. Costume

Conjunto de normas de comportamento a que as pessoas obedecem de maneira uniforme e constante, pela convicção de sua obrigatoriedade jurídica. Distingue-se do hábito porque neste não há a convicção da obrigatoriedade jurídica.

O costume pode ser:

(i) ***contra legem*** (inaplicabilidade da norma pelo seu desuso);

(ii) ***secundum legem*** (sedimenta formas de aplicação da lei);

(iii) ***praeter legem*** (preenche lacunas da lei).

O costume nunca revoga uma lei, em face do que dispõe o art. 2º, § 1º, da Lei de Introdução às Normas do Direito Brasileiro.

9.6. Princípios gerais do direito

Postulados gerais que se fundam em premissas éticas extraídas do material legislativo. São axiomas fundamentais ou generalíssimos, que conferem fisionomia, unidade e validade a todo um sistema jurídico.

9.7. Lei processual

Pode ser suplementada pelos costumes e princípios gerais do direito (LINDB, art. 4º).

Questões

1. O que é fonte do direito?
2. Quais as espécies de fonte para o Direito?
3. O costume é fonte para o Direito? Ele tem força para revogar uma lei?

10

INQUÉRITO POLICIAL

10.1. Conceito

É o conjunto de diligências realizadas pela polícia judiciária para a apuração de uma infração penal e de sua autoria, a fim de que o titular da ação penal possa ingressar em juízo (CPP, art. 4º). Trata-se de procedimento persecutório de caráter administrativo instaurado pela autoridade policial. Tem como destinatários imediatos o Ministério Público, titular exclusivo da ação penal pública (CF, art. 129, I), e o ofendido, titular da ação penal privada (CPP, art. 30); como destinatário mediato tem o juiz, que se utilizará dos elementos de informação nele constantes, para o recebimento da peça inicial e para a formação do seu convencimento quanto à necessidade de decretação de medidas cautelares.

10.2. Polícia judiciária

Conforme Julio Fabbrini Mirabete[29], "a Polícia é uma instituição de direito público destinada a manter a paz pública e a segurança individual".

Divide-se da seguinte forma:

(i) **quanto ao lugar de atividade:** terrestre, marítima ou aérea;

(ii) **quanto à exteriorização:** ostensiva e secreta;

(iii) **quanto à organização:** leiga e de carreira;

(iv) **quanto ao objeto:**

– **administrativa (ou de segurança):** caráter preventivo; objetiva impedir a prática de atos lesivos a bens individuais e coletivos; atua com grande discricionariedade, independentemente de autorização judicial;

– **judiciária:** função auxiliar à justiça (daí a designação); atua quando os atos que a polícia administrativa pretendia impedir não foram evitados. Possui a finalidade de apurar as infrações penais e suas respectivas autorias, a fim de fornecer ao titular da ação penal elementos para propô-la. Cabe a ela a consecução do primeiro momento da atividade repressiva do Estado. Atribuída no âmbito estadual às polícias civis, dirigidas por delegados de polícia de carreira, sem prejuízo de outras autoridades (CF, art. 144, § 4º); na esfera federal, as atividades de polícia judiciária cabem, com exclusividade, à polícia federal (CF,

---

29. *Código de Processo Penal interpretado*, 2. ed., Atlas, 1994, p. 35.

art. 144, § 1º, IV). A Lei n. 10.446, de 8 de maio de 2002, ampliou o rol de atribuições da polícia federal na investigação criminal, dispondo em seu art. 1º que "Na forma do inciso I do § 1º do art. 144 da Constituição, quando houver repercussão interestadual ou internacional que exija repressão uniforme, poderá o Departamento de Polícia Federal do Ministério da Justiça, sem prejuízo da responsabilidade dos órgãos de segurança pública arrolados no art. 144 da Constituição Federal, em especial das Polícias Militares e Civis dos Estados, proceder à investigação, dentre outras, das seguintes infrações penais: I – sequestro, cárcere privado e extorsão mediante sequestro (arts. 148 e 159 do CP), se o agente foi impelido por motivação política ou quando praticado em razão da função pública exercida pela vítima; II – formação de cartel (incisos I e II do art. 4º da Lei n. 8.137, de 27 de dezembro de 1990); III – relativas à violação de direitos humanos, que a República Federativa do Brasil se comprometeu a reprimir em decorrência de tratados internacionais de que seja parte; e IV – furto, roubo ou receptação de cargas, inclusive bens e valores, transportados em operação interestadual ou internacional, quando houver indícios de atuação de quadrilha ou bando em mais de um Estado da Federação".

10.3. Competência e atribuição

Ao limitar as atividades da polícia judiciária ao "território de suas respectivas jurisdições", o art. 4º, *caput*, do Código de Processo Penal cometia um equívoco: onde se lia *jurisdições*, se devia ler *circunscrições*, eis que indica o território dentro do qual as autoridades policiais têm atribuições para desempenhar suas atividades, de natureza eminentemente administrativas. O termo *jurisdição* designa a atividade por meio da qual o Estado, em substituição às partes, declara a preexistente vontade da lei ao caso concreto. Por esta razão, o legislador deu a atual redação ao *caput* do citado artigo, incluindo no lugar de jurisdição o termo *circunscrição*. A referência no parágrafo único à *competência* também não é exata; melhor se houvesse dito *atribuição*. De qualquer forma, o termo *competência* deve ser tomado em seu sentido vulgar, como poder conferido a alguém para conhecer de determinados assuntos, não se confundindo com competência jurisdicional, que é a medida concreta do Poder Jurisdicional.

Todavia, a Lei n. 9.043, de 9 de maio de 1995, corrigiu a imprecisão terminológica em que tinha incidido o legislador no *caput* do citado dispositivo legal. Assim, de acordo com a atual redação, a "polícia judiciária será exercida pelas autoridades policiais no território de suas respectivas *circunscrições* e terá por fim a apuração das infrações penais e da sua autoria". O uso incorreto do termo *competência* no parágrafo único foi mantido.

Salvo algumas exceções, a atribuição para presidir o inquérito policial é outorgada aos delegados de polícia de carreira (CF, art. 144, §§ 1º e 4º), conforme as normas de organização policial dos Estados. Essa atribuição pode ser fixada quer pelo lugar da consumação da infração (*ratione loci*), quer pela natureza desta (*ratione materiae*). No interior, a autoridade policial não poderá praticar qualquer ato fora dos limites da sua circunscrição, devendo, se assim necessitar, solicitar, por precatória, ou por rogatória, conforme o caso, a cooperação da autoridade local com atribuições para tanto. Na Capital, também dividida em circunscrições, como se fosse um pequeno Estado, a regra não é a mesma, haja vista que, "no Distrito Federal e nas comarcas em que houver mais de uma circunscrição policial, a autoridade com exercício em uma delas poderá, nos inquéritos a que esteja procedendo, *ordenar diligências em circunscrição de outra, independentemente de precatórias ou requisições*, e bem assim providenciará, até que compareça a autoridade competente, sobre qualquer fato que ocorra em sua presença, noutra circunscrição" (CPP, art. 22) (grifamos).

A atribuição para a lavratura do auto de prisão em flagrante é da autoridade do lugar em que se efetivou a prisão (CPP, arts. 290 e 308), devendo os atos subsequentes ser praticados pela autoridade do local em que o crime se consumou.

> → **ATENÇÃO:** não obstante as disposições sobre a competência das autoridades policiais, tem-se entendido que a falta de atribuição destas não invalida os seus atos, ainda que se trate de prisão em flagrante, pois, não exercendo a Polícia atividade jurisdicional, não se submete ela à competência jurisdicional *ratione loci*.

Anote-se que o art. 5º, LIII, da Constituição Federal não se aplica às autoridades policiais, porquanto não processam e nada sentenciam. Com efeito, referido dispositivo, ao estatuir que "ninguém será processado nem sentenciado senão pela autoridade competente", estabeleceu, ao mesmo tempo, dois princípios: o de que ninguém será processado senão pelo promotor de justiça previamente indicado de acordo com regras legais e objetivas (princípio do "promotor natural"), sendo vedada a designação especial de acusador, da mesma forma que seria odiosa a indicação singular de magistrado para julgar alguém; e o de que todos têm o direito de ser julgados pelo magistrado investido segundo critérios legais objetivos (princípio do "juiz natural"). A norma constitucional, contudo, não prevê, em momento algum, o direito de o suspeito ser investigado pelo delegado previamente indicado, até porque, sendo o inquérito um procedimento inquisitivo, não haveria que se falar em devido processo legal. À vista disso, não se pode falar em princípio do "delegado natural", muito menos em nulidade dos atos investigatórios realizados fora da circunscrição da autoridade policial. Ademais, é pacífico na doutrina e na jurisprudência que o inquérito policial é mera peça de informação, cujos vícios não contaminam a ação penal. Por essas razões, não há qualquer nulidade em o inquérito policial ser presidido por autoridade policial incompetente, nem possibilidade de relaxamento da prisão em flagrante por esse motivo.

Jurisprudência

- *HABEAS CORPUS*. PENAL. PROCESSO PENAL. *HABEAS CORPUS*. TENTATIVA DE HOMICÍDIO. ESTUPRO DE VULNERÁVEL. CÁRCERE PRIVADO. SEQUESTRO. AUSÊNCIA DE FUNDAMENTAÇÃO IDÔNEA DO DECRETO PRISIONAL. NÃO CONSTATAÇÃO. DECISÃO SUFICIENTEMENTE FUNDAMENTADA. INCOMPETÊNCIA MATERIAL OU TERRITORIAL DAS AUTORIDADES POLICIAIS. NÃO CONSTATAÇÃO. NULIDADE RELATIVA QUE NÃO CONTAMINA A AÇÃO PENAL. CONSTRANGIMENTO ILEGAL NÃO EVIDENCIADO. ORDEM DENEGADA. "[...] 2 – Segundo entendimento do STJ, a alegada nulidade é vista como relativa, assim não contamina a ação penal, tendo em vista que as competências das autoridades policiais não se submetem aos mesmos rigores da divisão de competência. 3 – Ordem conhecida e, no mérito, denegada" (HC 0807418-61.2019.8.02.0000/AL, rel. Des. Washington Luiz D. Freitas, *DJe*, 13 fev. 2020).

10.4. Finalidade

A finalidade do inquérito policial é a apuração de fato que configure infração penal e a respectiva autoria para servir de base à ação penal ou às providências cautelares.

10.5. Inquéritos extrapoliciais

O art. 4º, parágrafo único, do Código de Processo Penal deixa claro que o inquérito realizado pela polícia judiciária não é a única forma de investigação criminal. Há outras, como, por exemplo, o inquérito realizado pelas autoridades militares para a apuração de infrações de competência da justiça militar (IPM); as investigações efetuadas pelas Comissões Parlamentares de Inquérito (CPI), as quais terão poderes de investigação próprios das autoridades judiciais, além de outros previstos nos regimentos das respectivas Casas, e serão criadas pela Câmara dos Deputados e pelo Senado Federal, em conjunto ou separadamente, mediante requerimento de 1/3 de seus membros, para a apuração de fato determinado, com duração limitada no tempo (CF, art. 58, § 3º); o inquérito civil público, instaurado pelo Ministério Público para a proteção do patrimônio público e social, do meio ambiente e de outros interesses difusos e coletivos (CF, art. 129, III), e que, eventualmente, poderá apurar também a existência de crime conexo ao objeto da investigação; o inquérito em caso de infração penal cometida na sede ou dependência do Supremo Tribunal Federal (RISTF, art. 43); o inquérito instaurado pela Câmara dos Deputados ou Senado Federal, em caso de crime cometido nas suas dependências, hipótese em que, de acordo com o que dispuser o respectivo regimento interno, caberão à Casa a prisão em flagrante e a realização do inquérito (Súmula 397 do STF); a lavratura de auto de prisão em flagrante presidida pela autoridade judiciária, quando o crime for praticado na sua presença ou contra ela (CPP, art. 307).

Quando surgirem indícios da prática de infração penal por parte de membro da Magistratura ou do Ministério Público no curso das investigações, os autos do inquérito deverão ser remetidos, imediatamente, no primeiro caso, ao tribunal ou órgão especial competente para o julgamento e, no segundo, ao Procurador-Geral de Justiça, a quem caberá dar prosseguimento aos feitos (Lei Complementar n. 35/79 – LOMN, art. 33, parágrafo único, e Lei n. 8.625/93 – LONMP, art. 41, parágrafo único). Se o suspeito for membro integrante do Ministério Público da União, os autos do inquérito deverão ser enviados ao Procurador-Geral da República (art. 18, parágrafo único, da LC n. 75/93).

A Lei n. 13.964/2019, em seu art. 3º, destinado a alterar os inúmeros aspectos do Código de Processo Penal, trouxe à tona o art. 14-A, nos seguintes termos:

"Nos casos em que os servidores vinculados às instituições dispostas no art. 144 da Constituição Federal figurarem como investigados em inquéritos policiais, inquéritos policiais militares e demais procedimentos extrajudiciais, cujo objeto for a investigação de fatos relacionados ao uso da força letal praticados no exercício profissional, de forma consumada ou tentada, incluindo as situações dispostas no art. 23 do Decreto-Lei n. 2.848, de 7 de dezembro de 1940 (Código Penal), o indiciado poderá constituir defensor.

§ 1º Para os casos previstos no *caput* deste artigo, o investigado deverá ser citado da instauração do procedimento investigatório, podendo constituir defensor no prazo de até 48 (quarenta e oito) horas a contar do recebimento da citação.

§ 2º Esgotado o prazo disposto no § 1º deste artigo com ausência de nomeação de defensor pelo investigado, a autoridade responsável pela investigação deverá intimar a instituição a que estava vinculado o investigado à época da ocorrência dos fatos, para que essa, no prazo de 48 (quarenta e oito) horas, indique defensor para representação do investigado.

§ 6º As disposições constantes deste artigo se aplicam aos servidores militares vinculados às instituições dispostas no art. 142 da Constituição Federal, desde que os fatos investigados digam respeito a missões para a Garantia da Lei e da Ordem".

Finalmente, no tocante ao inquérito judicial presidido por juiz de direito visando à apuração de infrações falimentares, tal possibilidade não mais subsiste em nosso ordenamento jurídico. Com efeito, com o advento da atual Lei de Falências (Lei n. 11.101, de 9 de fevereiro de 2005), a qual revogou o Decreto-Lei n. 7.661/45, não há mais se falar em investigações presididas por juiz de direito nos crimes falimentares, já que o mencionado diploma legal aboliu o inquérito judicial que compunha o procedimento bifásico da antiga Lei de Falências (fase do inquérito judicial e fase processual). Com o advento da Lei n. 11.101/2005, o juiz, em qualquer fase processual, surgindo indícios da prática de crime falimentar, cientificará o Ministério Público (art. 187, § 2º).

Jurisprudência

- DIREITO PROCESSUAL PENAL. AGRAVO REGIMENTAL EM RECURSO EXTRAORDINÁRIO COM AGRAVO. PODER DE INVESTIGAÇÃO DO MINISTÉRIO PÚBLICO. POSSIBILIDADE. "1. O Supremo Tribunal Federal, após reconhecer a ausência de repercussão geral da matéria, entendeu que o Ministério Público dispõe de competência para promover investigações por autoridade própria (RE 593.727-RG). Precedentes. 2. No caso, todos os elementos de provas colhidos pelo Ministério Público foram submetidos ao crivo do contraditório no curso da ação penal. Não há, portanto, nulidade a ser declarada. 3. Agravo interno a que se nega provimento" (STF – AgR ARE: 1.139.086/RS, rel. Min. Roberto Barroso, *DJe*, 26 out. 2018).
- REPRESENTAÇÃO E INQUÉRITO CONTRA MAGISTRADO (STJ): "Se quando surge envolvimento de magistrado deve o inquérito ser remetido ao Tribunal para prosseguir, com maior razão não se deve inverter o sentido da Lei remetendo à Polícia representação do Ministério Público contra magistrado" (*JSTJ*, 17/154).

10.6. Características

10.6.1. Procedimento escrito

Tendo em vista as finalidades do inquérito (item 10.4), não se concebe a existência de uma investigação verbal. Por isso, todas as peças do inquérito policial serão, num só processo, reduzidas a escrito ou datilografadas e, neste caso, rubricadas pela autoridade (CPP, art. 9º).

10.6.2. Sigiloso

A autoridade assegurará no inquérito o sigilo necessário à elucidação do fato ou exigido pelo interesse da sociedade (CPP, art. 20). O direito genérico de obter informações dos órgãos públicos, assegurado no art. 5º, XXXIII, da Constituição Federal, pode sofrer limitações por imperativos ditados pela segurança da sociedade e do Estado, como salienta o próprio texto normativo. O sigilo não se estende ao representante do Ministério Público, nem à autoridade judiciária. No caso do advogado,[30] pode consultar os autos de inquérito, mas, caso seja decretado judicialmente o sigilo na investigação, não poderá acompanhar a realização de atos procedimentais (Lei n. 8.906/94, art. 7º, XIII a XV, e § 1º – Estatuto da OAB). Mencione-se que, nas hipóteses em que é decretado o sigilo do inquérito, o Supremo Tribunal Federal já decidiu que a sua oponibilidade ao defensor constituído esvaziaria garantia constitucional do acusado (CF, art. 5º, LXIII), que lhe assegura, quando preso, e pelo menos lhe faculta, quando solto, a assistência técnica do advogado. Segundo o aresto, o direito do indiciado "tem por objeto as informações já introduzidas nos autos do inquérito, não as relativas à decretação e às vicissitudes da execução de diligências em curso (cf. Lei n. 9.296, atinente às interceptações telefônicas, de possível extensão a outras diligências). Dessa forma, "dispõe, em consequência, a autoridade policial de meios legítimos para obviar inconvenientes que o conhecimento pelo indiciado e seu defensor dos autos do inquérito policial possa acarretar à eficácia do procedimento investigatório. *Habeas corpus* de ofício deferido, para que aos advogados constituídos pelo paciente se facultem a consulta aos autos do inquérito policial e a obtenção de cópias pertinentes, com as ressalvas mencionadas" (STF, HC 90.232/AM). Visando pôr fim a qualquer discussão sobre o tema, os Ministros da Corte Suprema, em sessão realizada em 2 de fevereiro de 2009, aprovaram, por 9 votos a 2, a Súmula Vinculante 14, restando consignado que: "É direito do defensor, no interesse do representado, ter acesso amplo aos elementos de prova que, já documentados em procedimento investigatório realizado por órgão com competência de polícia judiciária, digam respeito ao exercício do direito de defesa". Trata-se de publicidade que não se afigura plena e restrita, uma vez que se admite, apenas, a consulta a elementos já colhidos, não se permitindo o acesso às demais diligências em trâmite.

Não é demais afirmar, ainda, que o sigilo no inquérito policial deverá ser observado como forma de garantia da intimidade do investigado, resguardando-se, assim, seu estado de inocência. Tal garantia acarretou a alteração da redação do parágrafo único do art. 20 do CPP: "Nos atestados de antecedentes que lhe forem solicitados, a autoridade policial não poderá mencionar quaisquer anotações referentes a instauração de inquérito contra os requerentes".

30. Mencione-se, também, que a nova lei de abuso de autoridade, Lei n. 13.869/19, em seu art. 32 dispõe que será considerado crime de abuso de autoridade negar ao interessado ou a seu advogado o acesso aos autos de investigação preliminar, termo circunstanciado, inquérito policial ou qualquer outro procedimento investigatório, exceto nos casos em que o sigilo seja imprescindível ao andamento das diligências.

10.6.3. Oficialidade

O inquérito policial é uma atividade investigatória feita por órgãos oficiais, não podendo ficar a cargo do particular, ainda que a titularidade da ação penal seja atribuída ao ofendido.

10.6.4. Oficiosidade

Corolário do princípio da legalidade (ou obrigatoriedade) da ação penal pública. Significa que a atividade das autoridades policiais independe de qualquer espécie de provocação, sendo a instauração do inquérito obrigatória diante da notícia de uma infração penal (CPP, art. 5º, I), ressalvados os casos de ação penal pública condicionada e de ação penal privada (CPP, art. 5º, §§ 4º e 5º).

10.6.5. Autoritariedade

Exigência expressa do Texto Constitucional (CF, art. 144, § 4º); o inquérito é presidido por uma autoridade pública, no caso, a autoridade policial (delegado de polícia de carreira).

10.6.6. Indisponibilidade

É indisponível. Após sua instauração não pode ser arquivado pela autoridade policial (CPP, art. 17). Sobre isso, falaremos mais quando tratarmos do arquivamento do inquérito policial.

10.6.7. Inquisitivo

Caracteriza-se como inquisitivo o procedimento em que as atividades persecutórias concentram-se nas mãos de uma única autoridade, a qual, por isso, prescinde, para a sua atuação, da provocação de quem quer que seja, podendo e devendo agir de ofício, empreendendo, com discricionariedade, as atividades necessárias ao esclarecimento do crime e da sua autoria. É característica oriunda dos princípios da obrigatoriedade e da oficialidade da ação penal. É secreto e escrito, e não se aplicam os princípios do contraditório e da ampla defesa, pois, se não há acusação, não se fala em defesa[31]. Evidenciam a natureza inquisitiva do procedimento o art. 107 do Código de Processo Penal, proibindo arguição de suspeição das autoridades policiais, e o art. 14, que permite à autoridade policial indeferir qualquer diligência requerida pelo ofendido ou indiciado (exceto o exame de corpo de delito, à vista do disposto no art. 184). O único inquérito que admite o contraditório é o instaurado pela polícia federal, a pedido do Ministro da Justiça, visando à expulsão de estrangeiro (com a revogação do Estatuto do Estrangeiro passou a ser regulado pela Lei n. 13.445 – Lei de Migração, art. 54 e s.). O contraditório, aliás, neste

---

31. *Vide* decisão do STF, decidiu não haver obrigatoriedade de intimação do advogado para participar da oitiva de testemunhas no Inquérito por se tratar de procedimento inquisitorial e que não deve se prestar, por si só, à condenação. (Pet 7612/DF, rel. Min. Edson Fachin, j. 12-3-2019).

caso, é obrigatório. Não há mais falar em contraditório em inquérito judicial para apuração de crimes falimentares (art. 106 da antiga Lei de Falências), uma vez que a atual Lei de Falências e de Recuperação de Empresas (Lei n. 11.101/2005) aboliu o inquérito judicial falimentar e, por conseguinte, o contraditório nesse caso.

Jurisprudência

- *HABEAS CORPUS* – FURTO QUALIFICADO, ASSOCIAÇÃO CRIMINOSA E CORRUPÇÃO DE MENORES – PRISÃO PREVENTIVA DECRETADA – 1. NEGATIVA DE AUTORIA – MATÉRIA QUE EXIGE ANÁLISE FÁTICO-PROBATÓRIA – VIA ELEITA INADEQUADA – 2. PROPALADO CERCEAMENTO DE DEFESA NA FASE INQUISITIVA – INVIABILIDADE – MITIGAÇÃO DOS PRINCÍPIOS DO CONTRADITÓRIO E DA AMPLA DEFESA NA FASE DO INQUÉRITO POLICIAL – PROCEDIMENTO INQUISITORIAL E ADMINISTRATIVO CUJOS ELEMENTOS COLHIDOS TÊM VALOR PROBATÓRIO RELATIVO – 3. ALEGADA AUSÊNCIA DE FUNDAMENTAÇÃO DAS DECISÕES E INEXISTÊNCIA DOS REQUISITOS AUTORIZADORES – IMPROCEDÊNCIA DO PLEITO – MATERIALIDADE E INDÍCIOS SUFICIENTES DE AUTORIA – *MODUS OPERANDI* INDICADOR DA PERICULOSIDADE DO ACUSADO – IMPRESCINDIBILIDADE DA MEDIDA EXTREMADA PARA A GARANTIA DA ORDEM PÚBLICA – DECRETOS FUNDAMENTADOS – 4. VIOLAÇÃO AO PRINCÍPIO DA HOMOGENEIDADE – NÃO OCORRÊNCIA – 5. PREDICADOS PESSOAIS – IRRELEVÂNCIA – CONSTRANGIMENTO ILEGAL NÃO CONFIGURADO – 6. ORDEM DENEGADA. [...] "2. Os princípios do contraditório e da ampla defesa não se aplicam ao inquérito policial, que é mero procedimento administrativo de investigação inquisitorial, cujos elementos colhidos servem de base para que o Ministério Público forme a *opinio delicti*" (HC 01710356020148110000/MT, rel. Luiz Ferreira da Silva, Terceira Câmara Criminal, Data de Publicação: 12 fev. 2015).
- STF, ARE1045485/SP [...] "Quanto à apontada violação do art. 144, § 4º, da Constituição Federal, em razão de investigação realizada pela Polícia Militar, anoto que a jurisprudência desta Corte é no sentido de que eventuais nulidades no inquérito policial não repercutem na ação penal, que tem instrução probatória própria" (STF – ARE: 1.045.485/SP, rel. Min. Roberto Barroso, *DJe*, 20 junho 2017).

10.7. Valor probatório

O inquérito policial tem conteúdo informativo, tendo por finalidade fornecer ao Ministério Público ou ao ofendido, conforme a natureza da infração, os elementos necessários para a propositura da ação penal. No entanto, tem valor probatório, embora relativo, haja vista que os elementos de informação não são colhidos sob a égide do contraditório e da ampla defesa, nem tampouco na presença do juiz de direito. Assim, a confissão extrajudicial, por exemplo, terá validade como elemento de convicção do juiz apenas se confirmada por outros elementos colhidos durante a instrução processual. Esse entendimento acabou por se tornar letra expressa do art. 155 do CPP, o qual dispõe que: "O juiz formará sua convicção pela livre apreciação da prova produzida em contraditório judicial, não podendo fundamentar sua decisão exclusivamente nos elementos informativos colhidos na investigação, ressalvadas as provas cautelares, não repetíveis e antecipadas". Assim, a reforma processual penal trouxe evidente limitação ao princípio do livre convencimento do juiz, que constava de maneira ampla na antiga redação do art. 157 do CPP.

Jurisprudência

- APELAÇÃO CRIMINAL. TENTATIVA DE ROUBO. PEDIDO DE ABSOLVIÇÃO. SENTENÇA CONDENATÓRIA EMBASADA EXCLUSIVAMENTE EM ELEMENTOS INFORMATIVOS COLHIDOS DURANTE O INQUÉRITO POLICIAL. EXPRESSA DESCONFORMIDADE COM A REGRA PREVISTA NO ART. 155 DO CPP. OFENSA À GARANTIA DO DEVIDO PROCESSO LEGAL. RECURSO PROVIDO. "1. Em respeito à garantia constitucional do devido processo legal, a legitimidade do poder-dever do Estado em aplicar a sanção prevista em lei ao acusado da prática de determinada infração penal deve ser exercida por meio da ação penal, no seio da qual ser-lhe-á assegurada a ampla defesa e o contraditório; 2. Constatado que o juízo primevo utilizou-se de elementos informativos colhidos no inquérito policial, não submetidos ao contraditório em juízo, imperioso o reconhecimento da ofensa ao art. 155 do Estatuto Processual Penal, com a consequente reforma da sentença. ACÓRDÃO" (TJ-AM 00544312820028040001/AM, rel. Jomar Ricardo Saunders Fernandes, Segunda Câmara Criminal, Data de Julgamento: 08 out. 2017).
- APELAÇÃO CRIMINAL. DIRIGIR VEÍCULO AUTOMOTOR, EM VIA PÚBLICA, SEM A DEVIDA PERMISSÃO OU HABILITAÇÃO, GERANDO PERIGO DE DANO (ART. 309, DO CÓDIGO DE TRÂNSITO BRASILEIRO). SENTENÇA CONDENATÓRIA. RECURSO DA DEFESA. TESE DE INSUFICIÊNCIA DE PROVAS. ACOLHIMENTO. POLICIAIS QUE ATENDERAM A OCORRÊNCIA NÃO SE RECORDARAM DOS FATOS. PROVA EXCLUSIVAMENTE OBTIDA NA FASE INQUISITIVA. INVIABILIDADE. ART. 155, DO CÓDIGO DE PROCESSO PENAL. APLICAÇÃO DO PRINCÍPIO *IN DUBIO PRO REO*. ABSOLVIÇÃO DECRETADA (ART. 386, INCISO VII, DO CÓDIGO DE PROCESSO PENAL). APELO CONHECIDO E PROVIDO. "Da análise do conjunto probatório, não exsurgem elementos suficientes e seguros que conduzam ao juízo da certeza de que o apelante praticou a empreitada criminosa, notadamente porque não houve ratificação dos elementos de informação colhidos na fase inquisitiva em juízo. Tendo o decreto condenatório se embasado exclusivamente nos elementos informativos colhidos no inquérito policial, resta evidente a violação ao art. 155 do CPP. Diante disso, e considerando a ausência de provas produzidas em Juízo, imperiosa a aplicação do princípio do *in dubio pro reo*" (TJ-SC – APL 00022941320168240069/Sombrio, rel. Margani de Mello, Data de Julgamento: 08 jun. 2020, Segunda Turma Recursal).

10.8. Vícios

Não sendo o inquérito policial ato de manifestação do Poder Jurisdicional, mas mero procedimento informativo destinado à formação da *opinio delicti* do titular da ação penal, os vícios por acaso existentes nessa fase não acarretam nulidades processuais, isto é, não atingem a fase seguinte da persecução penal: a da ação penal. A irregularidade poderá, entretanto, gerar a invalidade e a ineficácia do ato inquinado, v. g., do auto de prisão em flagrante como peça coercitiva; do reconhecimento pessoal, da busca e apreensão etc.

Jurisprudência

- INQUÉRITO POLICIAL. NULIDADES: "A jurisprudência dos Tribunais Superiores já assentou o entendimento no sentido de que, enquanto peça meramente informativa, eventuais nulidades que estejam a gravar o inquérito policial em nada repercutem no processo do réu, momento no qual, afirme-se, será renovado todo o conjunto da prova" (STJ, 6ª T., RHC 11.600/RS, rel. Min. Hamilton Carvalhido, j. 13-11-2001, *DJ*, 1º set. 2003).
- TRANCAMENTO DE **INQUÉRITO**. OFERECIMENTO E RECEBIMENTO DE DENÚNCIA. ESVAZIAMENTO DA PRETENSÃO. NATUREZA DO **INQUÉRITO**. IRREGULARIDADES QUE NÃO CONTAMINAM A AÇÃO PENAL. PERDA DO OBJETO DO RECURSO ORDINÁRIO. INEXISTÊNCIA DE ARGUMENTOS APTOS A DESCONSTITUIR A DECISÃO IMPUGNADA. AGRAVO DESPROVIDO. "I – Esta Corte Superior de Justiça há muito firmou entendimento no sentido de que o recebimento da denúncia esvazia a pretensão de trancamento do **inquérito policial**. II – Também é sedimentada nesta Corte a jurisprudência que assevera que 'Eventual irregularidade na fase investigativa, ainda que venha a ser comprovada, não possui o condão de afetar a ação penal. Isso porque o **inquérito policial é peça meramente informativa**, que visa munir o órgão responsável pela acusação dos elementos necessários para o oferecimento da denúncia, não consistindo, portanto, em fase obrigatória da persecução penal" (RHC 87.092/RJ, Quinta Turma, rel. Min. Reynaldo Soares da Fonseca, *DJe*, 28 fev. 2018, grifei).

10.9. Juizados especiais (Lei n. 9.099/95)

A atual Carta Magna autorizou sua criação pelos Estados (art. 98, I). De acordo com o disposto nos arts. 69 e 77, § 1º, da Lei n. 9.099/95, o inquérito policial é substituído por um simples boletim de ocorrência circunstanciado, lavrado pela autoridade policial (delegado de polícia), chamado de "termo circunstanciado", no qual constará uma narração sucinta dos fatos, bem como a indicação da vítima, do autor do fato e das testemunhas, em número máximo de três, seguindo em anexo um boletim médico ou prova equivalente, quando necessário para comprovar a materialidade delitiva (dispensa-se o laudo de exame de corpo de delito). Lavrado o termo, este será imediatamente encaminhado ao Juizado de Pequenas Causas Criminais, com competência para julgamento das infrações de menor potencial ofensivo (contravenções penais e crimes apenados com no máximo dois anos, ainda que previsto procedimento especial – art. 2º, parágrafo único, da Lei n. 10.259/2001 e art. 61 da Lei n. 9.099/95). Não haverá cognição coercitiva (prisão em flagrante) quando o autor do fato assumir o compromisso de comparecer ao Juizado, ficando proibida a lavratura do auto de prisão em flagrante, independentemente do pagamento de fiança (Lei n. 9.099/95, art. 69, parágrafo único).

10.10. Dispensabilidade

O inquérito policial não é fase obrigatória da persecução penal, podendo ser dispensado caso o Ministério Público ou o ofendido já disponha de suficientes elementos para a propositura da ação penal (CPP, arts. 12, 27, 39, § 5º, e 46, § 1º).

→ **ATENÇÃO:** o titular da ação penal pode abrir mão do inquérito policial, mas não pode eximir-se de demonstrar a verossimilhança da acusação, ou seja, a justa causa da imputação, sob pena de ver rejeitada a peça inicial. Não se concebe que a acusação careça de um mínimo de elementos de convicção.

Jurisprudência

- NULIDADE – AUSÊNCIA DE INQUÉRITO POLICIAL – AFASTAMENTO – PEÇA DISPENSÁVEL E DE CARÁTER INFORMATIVO – EXORDIAL ACUSATÓRIA, ADEMAIS, OFERECIDA PELO MINISTÉRIO PÚBLICO COM BASE EM OUTROS ELEMENTOS DE CONVICÇÃO – EXEGESE DO ART. 39, § 5º, DO CPP. "O inquérito policial é peça dispensável, podendo o titular da ação penal oferecer denúncia "se com a representação forem oferecidos elementos que o habilitem a promover a ação penal" (§ 5º do art. 39 do CPP)" (TJ-SC – APR: 00075422420148240038/Joinville, rel. Luiz Antônio Zanini Fornerolli, Data de Julgamento: 04 jul. 2019, Quarta Câmara Criminal).
- RECURSO EM *HABEAS CORPUS* – PEDIDO DE TRANCAMENTO DO INQUÉRITO POLICIAL. ALEGAÇAO DE AUSÊNCIA DE JUSTA CAUSA. "[...] Frise-se, por fim, que o inquérito policial é peça dispensável para o processamento da ação penal" (STJ – RHC 114.481/AL, relator: Ministro SEBASTIÃO REIS JÚNIOR, Data de Publicação: *DJ*, 2 ago. 2019).

10.11. Incomunicabilidade

Destina-se a impedir que a comunicação do preso com terceiros venha a prejudicar a apuração dos fatos, podendo ser imposta quando o interesse da sociedade ou a conveniência da investigação o exigir. O art. 21 do Código de Processo Penal prevê que a incomunicabilidade do preso não excederá de três dias e será decretada por despacho fundamentado do juiz, a requerimento da autoridade policial ou do órgão do Ministério Público, respeitadas as prerrogativas do advogado. Para muitos doutrinadores, a incomunicabilidade do preso foi proibida pela atual ordem constitucional, que a vedou durante o estado de defesa (CF, art. 136, § 3º, IV). Ora, se não se admite a incomunicabilidade durante um estado de exceção, o que não dizer da imposta em virtude de mero inquérito policial. Também o art. 5º, LXII e LXIII, do mesmo texto teria revogado o dispositivo infraconstitucional, já que a incomunicabilidade tornaria as garantias ali consagradas inócuas. Em sentido contrário, Damásio E. de Jesus e Vicente Greco Filho.

→ **ATENÇÃO:** vale ressaltar que a incomunicabilidade, de qualquer forma, não se estende jamais ao advogado (Estatuto da OAB, art. 7º, III).

10.12. *Notitia criminis*

Dá-se o nome de *notitia criminis* (notícia do crime) ao conhecimento espontâneo ou provocado, por parte da autoridade policial, de um fato aparentemente criminoso. É com base nesse conhecimento que a autoridade dá início às investigações.

(i) ***Notitia criminis* de cognição direta ou imediata:** também chamada de *notitia criminis* espontânea ou inqualificada, ocorre quando a autoridade policial toma conhecimento direto do fato infringente da norma por meio de suas atividades rotineiras, de jornais, da investigação feita pela própria polícia judiciária, por comunicação feita pela polícia preventiva ostensiva, pela descoberta ocasional do corpo do delito, por meio de denúncia anônima etc. A delação apócrifa (anônima) é também chamada de notícia inqualificada, recebendo, portanto, a mesma designação do gênero ao qual pertence.

(ii) ***Notitia criminis* de cognição indireta ou mediata:** também chamada de *notitia criminis* provocada ou qualificada, ocorre quando a autoridade policial toma conhecimento por meio de algum ato jurídico de comunicação formal do delito, como, por exemplo, a *delatio criminis* – delação (CPP, art. 5º, II, e §§ 1º, 3º e 5º), a requisição da autoridade judiciária, do Ministério Público (CPP, art. 5º, II) ou do Ministro da Justiça (CP, arts. 7º, § 3º, *b*, e 141, I, c/c o parágrafo único do art. 145), e a representação do ofendido (CPP, art. 5º, § 4º).

(iii) ***Notitia criminis* de cognição coercitiva:** ocorre no caso de prisão em flagrante, em que a notícia do crime se dá com a apresentação do autor (cf. CPP, art. 302 e incisos). É modo de instauração comum a qualquer espécie de infração, seja de ação pública condicionada ou incondicionada, seja de ação penal reservada à iniciativa privada. Por isso, houve por bem o legislador tratar dessa espécie de cognição em dispositivo legal autônomo (CPP, art. 8º). Tratando-se de crime de ação pública condicionada, ou de iniciativa privada, o auto de prisão em flagrante somente poderá ser lavrado se forem observados os requisitos dos §§ 4º e 5º do art. 5º do Código de Processo Penal.

10.13. Início do inquérito policial

10.13.1. Crime de ação penal pública incondicionada (CPP, art. 5º, I e II, §§ 1º, 2º e 3º)

(i) **De ofício:** a autoridade tem a obrigação de instaurar o inquérito policial, independente de provocação, sempre que tomar conhecimento imediato e direto do fato, por meio de delação verbal ou por escrito feito por qualquer do povo (*delatio criminis* simples), notícia anônima (*notitia criminis* inqualificada), por meio de sua atividade rotineira (cognição imediata), ou no caso de prisão em flagrante. O ato de instauração, que é a portaria, deverá conter o esclarecimento das circunstâncias conhecidas, v. g., local, dia, hora, autor, vítima, testemunhas etc., e a capitulação legal da infração. Anote-se que a autoridade policial não poderá instaurar o inquérito se não houver justa causa (p. ex., o fato não configurar, nem em tese, ilícito penal; quando estiver extinta a punibilidade ou quando não houver sinais de existência do fato). Se o fizer, o ato será impugnável pela via do *habeas corpus* (CPP, art. 648 e incisos). Por óbvio, o desconhecimento da autoria ou a possibilidade de o sujeito ter agido sob a proteção de alguma excludente de ilicitude (CP, art. 23) não impedem a instauração do inquérito.

(ii) **Por requisição da autoridade judiciária ou do Ministério Público:** diz o art. 40 do Código de Processo Penal: "Quando, em autos ou papéis de que conhecerem, os juízes ou tribunais verificarem a existência de crime de ação pública, remeterão ao Ministério Público as cópias e os documentos necessários ao oferecimento da denúncia". Todavia, se não estiverem presentes os elementos indispensáveis ao oferecimento da denúncia, a autoridade judiciária poderá requisitar a instauração de inquérito policial para a elucidação dos acontecimentos. O mesmo quanto ao Ministério Público, quando conhecer diretamente de autos ou papéis que evidenciem a prática de ilícito penal (CF, art. 129, VIII; CPP, art. 5º, II). Para alguns, como, por exemplo, Geraldo Batista de Siqueira, a requisição, na atual ordem constitucional, tornou-se privativa do Ministério Público, por força do art. 129, I, da Constituição Federal. A autoridade policial não pode se recusar a instaurar o inquérito, pois a requisição tem natureza de determinação, de ordem, muito embora inexista subordinação hierárquica.

– ***Delatio criminis***: é a comunicação de um crime feita pela vítima ou qualquer do povo. A doutrina distingue entre a delação simples, consistente no mero aviso da ocorrência de um crime, sem qualquer solicitação (é uma simples comunicação), e a delação postulatória, em que se dá notícia do fato e se pede a instauração da persecução penal (o caso mais comum de delação postulatória é a representação do ofendido, na ação penal pública condicionada). O requerimento do ofendido ou de seu representante legal deverá conter, sempre que possível: a narração do fato com todas as circunstâncias; a individualização do suspeito ou a indicação de seus sinais característicos; a exposição dos motivos da suspeição; a indicação de testemunhas e outros meios de prova (CPP, art. 5º, II, e § 1º e alíneas). Caso a autoridade policial indefira a instauração de inquérito, caberá recurso ao Secretário de Estado dos Negócios da Segurança Pública ou ao Delegado-Geral de Polícia (CPP, art. 5º, § 2º). Se o indeferimento se der no âmbito da Polícia Federal, caberá recurso para a Superintendência desse órgão. Nos casos de ação penal pública condicionada, o requerimento assume a forma de autorização para o início da persecução penal, e recebe o nome de representação (cf. tópico 10.13.2). Na ação penal exclusivamente privada, o inquérito não pode ser iniciado sem a solicitação de quem tenha qualidade para intentá-la, de acordo com o que dispõe o art. 5º, § 5º, do CPP (cf. tópico 10.13.3). Além do ofendido, qualquer do povo, ao tomar conhecimento da prática de alguma infração penal em que caiba ação pública incondicionada, poderá comunicá-la, verbalmente ou por escrito, à autoridade policial, e esta, verificando a procedência das informações, mandará instaurar o inquérito (CPP, art. 5º, § 3º). A delação anônima (*notitia criminis* inqualificada) não deve ser repelida de plano, sendo incorreto considerá-la sempre inválida; contudo, requer cautela redobrada por parte da autoridade policial, a qual deverá, antes de tudo, investigar a verossimilhança das informações. Há entendimento minoritário sustentando a inconstitucionalidade do inquérito instaurado a partir de comunicação apócrifa, uma vez que o art. 5º, IV, da Constituição Federal veda o anonimato na manifestação do pensamento (STJ, *RSTJ*, 12/417).

Em regra, trata-se de mera faculdade conferida ao cidadão de colaborar com a atividade repressiva do Estado. Todavia, há algumas pessoas que, em razão do seu cargo ou da sua função, estão obrigadas a noticiar às autoridades a ocorrência de crimes de que tenham notícia no desempenho de suas atividades: LCP, art. 66, I e II; Lei n. 6.538/78, art. 45; Lei n. 11.101/2005 (Lei de Falências e de Recuperação de Empresas), art. 186 c/c o inciso III do *caput* do art. 22.

10.13.2. Crime de ação penal pública condicionada (CPP, art. 5º, § 4º)

(i) **Mediante representação do ofendido ou de seu representante legal:** de acordo com o art. 5º, § 4º, do Código de Processo Penal, se o crime for de ação pública, mas condicionada à representação do ofendido ou do seu representante legal (CPP, art. 24), o inquérito não poderá ser instaurado senão com o oferecimento desta. É a manifestação do princípio da oportunidade, que informa a ação penal pública condicionada até o momento do oferecimento da denúncia (CPP, art. 25). A autoridade judiciária e o Ministério Público só poderão requisitar a instauração do inquérito se fizerem encaminhar, junto com o ofício requisitório, a representação.

Trata a representação de simples manifestação de vontade da vítima, ou de quem legalmente a representa no sentido de autorizar a persecução penal. O ofendido só pode oferecer a representação se maior de dezoito anos; se menor, tal prerrogativa caberá ao seu representante legal. Com a edição do Código Civil de 2002 a situação ficou assim: quando menor de 18 anos, só o representante legal pode ofertar a representação; se maior de 18, só o ofendido poderá fazê-lo, uma vez que plenamente capaz; se, apesar de maior de 18, for deficiente mental, caberá ao representante legal autorizar o início da persecução penal. A representação poderá ser apresentada à autoridade policial, à autoridade judiciária ou ao representante do Ministério Público. Após o oferecimento da denúncia, a representação se torna irretratável.

(ii) **Mediante requisição do ministro da justiça:** no caso de crime cometido por estrangeiro contra brasileiro, fora do Brasil; no caso de crimes contra a honra, pouco importando se cometidos publicamente ou não, contra chefe de governo estrangeiro; no caso de crime contra a honra em que o ofendido for o presidente da República; em algumas hipóteses previstas no Código Penal Militar etc. A requisição deve ser encaminhada ao chefe do Ministério Público, o qual poderá, desde logo, oferecer a denúncia ou requisitar diligências à polícia.

> → **ATENÇÃO:** especificamente no caso de crime contra a honra em que o ofendido for o presidente da República, vale se atentar que o Supremo Tribunal Federal, por maioria, julgou procedente pedido formulado em arguição de descumprimento de preceito fundamental (ADPF 130) para o efeito de declarar não recepcionado pela Constituição Federal todo o conjunto de dispositivos da Lei n. 5.250/67 – Lei de Imprensa, dentre eles os arts. 20, 21 e 22.

10.13.3. Crime de ação penal privada (CPP, art. 5º, § 5º)

Conforme o disposto no art. 5º, § 5º, do Código de Processo Penal, tratando-se de crime de iniciativa privada, a instauração do inquérito policial pela autoridade pública depende de requerimento escrito ou verbal, reduzido a termo neste último caso, do ofendido ou de seu representante legal, isto é, da pessoa que detenha a titularidade da respectiva ação penal (CPP, arts. 30 e 31). Nem sequer o Ministério Público ou a autoridade judiciária poderão requisitar a instauração da investigação.

Encerrado o inquérito policial, os autos serão remetidos ao juízo competente, onde aguardarão a iniciativa do ofendido ou de seu representante legal (CPP, art. 19). O inquérito policial deve ser instaurado em um prazo que permita a sua conclusão e o oferecimento da queixa antes do prazo decadencial do art. 38 do Código de Processo Penal. Se a autoridade policial indeferir o requerimento, nada impede que o ofendido, por analogia ao § 2º do art. 5º do Código de Processo Penal, recorra ao Secretário da Segurança Pública.

10.14. Peças inaugurais do inquérito policial

(i) **Portaria:** quando instaurado *ex officio* (ação penal pública incondicionada);

(ii) **Auto de prisão em flagrante** (qualquer espécie de infração penal), exceto infrações de menor potencial ofensivo, nos termos do art. 61 da Lei n. 9.099/95);

(iii) **Requerimento do ofendido ou de seu representante** (ação penal privada e ação penal pública incondicionada. Quando se tratar de ação penal pública condicionada à representação, o inquérito não começará por requerimento do ofendido, pois tal requerimento será recebido como representação);

(iv) **Requisição do Ministério Público ou da autoridade judiciária** (ação penal pública condicionada – quando acompanhada da representação – e incondicionada);

(v) **Representação do ofendido ou de seu representante legal, ou requisição do ministro da justiça** (ação penal pública condicionada).

Jurisprudência

- *HABEAS CORPUS*. PENAL E PROCESSO PENAL. 1. IMPETRAÇÃO SUBSTITUTIVA DO RECURSO PRÓPRIO. NÃO CABIMENTO. 2. PROVA TESTEMUNHAL. OITIVA DE POLICIAL. AUTORIA DELITIVA. INFORMAÇÃO OBTIDA DE TERCEIRO QUE SE NEGOU A IDENTIFICAR. SIGILO DA FONTE. 3. FALSO TESTEMUNHO. ART. 342 DO CP. NÃO VERIFICAÇÃO. POSSIBILIDADE DE DENÚNCIA ANÔNIMA. ESTRITO CUMPRIMENTO DO DEVER LEGAL. 4. DENÚNCIA ANÔNIMA. INÍCIO DA AÇÃO PENAL. INVIABILIDADE. NECESSIDADE DE DILIGÊNCIAS PRÉVIAS. INFORMAÇÃO QUE NÃO SE REVESTE DA QUALIDADE DE PROVA. 5. PROVA TESTEMUNHAL. PERCEPÇÃO SENSORIAL DE QUEM DEPÕE. INDICAÇÃO DE TESTEMUNHA REFERIDA. NÃO OCORRÊNCIA. 6. "HEARSAY TESTIMONY". POSSIBILIDADE. AUSÊNCIA DE LEGITIMIDADE NA HIPÓTESE. POLICIAL QUE OUVIU DIZER. IMPUTAÇÃO DE AUTORIA. SUBVERSÃO DE GARANTIAS CONSTITUCIONAIS. IMPOSSIBILIDADE DE UTILIZAÇÃO. 7. *HABEAS CORPUS* NÃO CONHECIDO. ORDEM CONCEDIDA DE OFÍCIO. [...] "4. Não se pode descurar, no entanto, que a denúncia anônima não é prova apta nem sequer a dar início à ação penal, não se revelando hígida igualmente para autorizar eventual édito condenatório" (STJ – HC: 397.485/RJ, rel. Min. Reynaldo Soares da Fonseca, *DJe*, 22 ago. 2017).
- "No direito pátrio, a lei penal considera crime a denunciação caluniosa ou a comunicação falsa de crime (Código Penal, arts. 339 e 340), o que implica a exclusão do anonimato na *notitia criminis*, uma vez que é corolário dos preceitos legais citados a perfeita individualização de quem faz a comunicação de crime, a fim de que possa ser punido, no caso de atuar abusiva e ilicitamente. Parece-nos, porém, que nada impede a prática

de atos iniciais de investigação da autoridade policial, quando delação anônima lhe chega às mãos, uma vez que a comunicação apresente informes de certa gravidade e contenha dados capazes de possibilitar diligências específicas para a descoberta de alguma infração ou seu autor. Se, no dizer de G. Leone, não se deve incluir o escrito anônimo entre os atos processuais, não servindo ele de base à ação penal, e tampouco como fonte de conhecimento do juiz, nada impede que, em determinadas hipóteses, a autoridade policial, com prudência e discrição, dele se sirva para pesquisas prévias. Cumpre-lhe, porém, assumir a responsabilidade da abertura das investigações, como se o escrito anônimo não existisse, tudo se passando como se tivesse havido *notitia criminis* inqualificada" (STF, MS 24369/DF, rel. Min. Celso de Mello, j. 10-10-2002, *DJ*, 16 out. 2002, p. 24).

10.15. Providências

Embora o inquérito policial seja um procedimento de difícil ritualização, porquanto não tenha uma ordem prefixada para a prática dos atos, o art. 6º do Código de Processo Penal indica algumas providências que, de regra, deverão ser tomadas pela autoridade policial para a elucidação do crime e da sua autoria.

De início, se possível e conveniente, a autoridade policial deveria dirigir-se ao local, providenciando para que se não alterassem o estado e conservação das coisas, enquanto necessário. Com a redação do art. 6º, I, dada pela Lei n. 8.862, de 28 de março de 1994, a autoridade policial *deverá dirigir-se sempre* ao local do crime — e não somente "quando possível" — e *preservará o estado e conservação das coisas "até a chegada dos peritos"* — e não apenas "enquanto necessário". A regra tem correspondência no art. 169 do Código de Processo Penal, que prescreve: "Para o efeito de exame do local onde houver sido praticada a infração, a autoridade providenciará imediatamente para que não se altere o estado das coisas até a chegada dos peritos, que poderão instruir seus laudos com fotografias, desenhos ou esquemas elucidativos. Parágrafo único: Os peritos registrarão, no laudo, as alterações do estado das coisas e discutirão, no relatório, as consequências dessas alterações na dinâmica dos fatos".

A autoridade policial deverá colher informações sobre a existência de filhos, respectivas idades e se possuem alguma deficiência e o nome e o contato de eventual responsável pelos cuidados dos filhos, indicado pela pessoa presa. Tal novidade legislativa tem como objetivo a tutela específica de dependentes que serão efetivamente atingidos pela prisão de seu representante legal (Lei n. 13.257/2016).

Em casos de acidentes de trânsito, temos a exceção à regra: a autoridade ou o agente policial que primeiro tomar conhecimento do fato poderá autorizar, independentemente de exame do local, a imediata remoção das pessoas que tenham sofrido lesão, bem como dos veículos envolvidos, se estiverem na via pública prejudicando o tráfego (Lei n. 5.970/73, art. 1º).

Deve também apreender os instrumentos e todos os objetos que tiverem relação com o fato, "após liberados pelos peritos criminais" (cf. Lei n. 8.862/94), fazendo-os acompanhar os autos do inquérito (CPP, art. 11), e colher todas as provas que servirem para o esclarecimento do fato e suas circunstâncias. Os instrumentos empregados na prática da infração serão periciados, a fim de se lhes verificar a natureza e a eficiência (CPP, art. 175). Perder-se-ão em favor da União, respeitado o direito do lesado ou do terceiro de boa-fé, os instrumentos do crime, desde que consistam em coisas cujo fabrico, alienação, uso, porte ou detenção constitua fato ilícito (CP, art. 91, II, *a*). Após, serão inutilizados ou recolhidos a museu criminal, se houver interesse na sua conservação (CPP, art. 124).

A **busca e a apreensão**, de que fala o art. 6º, II, do Código de Processo Penal, *poderão ser efetuadas*:

(i) **no local do crime;**

(ii) **em domicílio;**

(iii) **na própria pessoa.**

A **busca domiciliar**, por força do art. 5º, XI, da Constituição Federal, só poderá ser feita se observados os seguintes pressupostos:

(i) **No período noturno:** (i) com assentimento do morador; (ii) em flagrante delito; (iii) no caso de desastre; (iv) para prestar socorro;

(ii) **Durante o dia:** (i) nos casos acima; (ii) por ordem judicial. Assim, não se verificando qualquer das hipóteses em que a Constituição permite a busca domiciliar durante a noite, esta será sempre precedida de mandado judicial, salvo se a autoridade judiciária (e somente esta) acompanhar a diligência. O Código Penal, no art. 150, define como crime a invasão de domicílio fora dos permissivos legais.

A **busca pessoal** independerá de mandado, no caso de prisão ou havendo fundada suspeita de que a pessoa esteja na posse de arma proibida ou de instrumentos que guardem relação com o crime, ou quando efetuada por ocasião da busca domiciliar (CPP, art. 244). As buscas podem ser realizadas até em domingos e feriados (CPP, art. 797), atentando-se, no caso de ser feita em domicílio, para as restrições acima mencionadas. A busca e a apreensão estão disciplinadas nos arts. 240 a 250 do Código de Processo Penal.

No tocante à **busca realizada em escritório de advocacia**, de acordo com o inciso II do art. 7º do Estatuto da OAB: "São direitos do advogado: a inviolabilidade de seu escritório ou local de trabalho, bem como de seus instrumentos de trabalho, de sua correspondência escrita, eletrônica, telefônica e telemática, desde que relativas ao exercício da advocacia". E, segundo o art. 7º, § 6º: "Presentes indícios de autoria e materialidade da prática de crime por parte de advogado, a autoridade judiciária competente poderá decretar a quebra da inviolabilidade de que trata o inciso II do *caput* deste artigo, em decisão motivada, expedindo mandado de busca e apreensão, específico e pormenorizado, a ser cumprido na presença de representante da OAB, sendo, em qualquer hipótese, vedada a utilização dos documentos, das mídias e dos objetos pertencentes a clientes do advogado averiguado, bem como dos demais instrumentos de trabalho que contenham informações sobre clientes". Finalmente, consoante o art. 7º, § 7º: "A ressalva constante do § 6º deste artigo não se estende a clientes do advogado averiguado que estejam sendo formalmente investigados como seus partícipes ou coautores pela prática do mesmo crime que deu causa à quebra da inviolabilidade".

O ofendido e as testemunhas podem ser conduzidos coercitivamente sempre que deixarem, sem justificativa, de atender a intimações da autoridade policial (CPP, arts. 201, § 1º, e 218). Quanto ao ofendido, o ordenamento autoriza, além da condução coercitiva, a sua busca e apreensão (CPP, art. 240, § 1º, *g*). De acordo com o art. 219 do Código de Processo Penal, aplicável por analogia à primeira fase da persecução, a testemunha faltosa poderá responder, ainda, por crime de desobediência.

Na hipótese de o ofendido, ou de a testemunha, vir a ser um membro do Ministério Público ou da Magistratura, a autoridade deverá, quando da oitiva, observar o disposto nos arts. 40, I, da Lei n. 8.625/93, e 33, I, da Lei Complementar n. 35/79, segundo os quais os membros dessas instituições gozam da prerrogativa de ser ouvidos, em qualquer processo ou inquérito, em dia, hora e local previamente ajustados com a autoridade competente.

Poderão ser realizadas acareações (CPP, arts. 229 e 230) e reconhecimento de pessoas e coisas (CPP, arts. 226 a 228). No que toca ao reconhecimento, deve-se atentar para as formalidades previstas no art. 226 do Código de Processo Penal: antes do reconhecimento, a pessoa que tiver de fazê-lo deverá fornecer a descrição física daquela que deva ser reconhecida; a pessoa a ser reconhecida deve ser colocada ao lado de outras com características semelhantes[32]; do reconhecimento lavrar-se-á auto pormenorizado, subscrito pela autoridade policial, pela pessoa que reconheceu e por duas testemunhas instrumentárias. Caso haja receio de intimidação, a autoridade policial providenciará para que o reconhecido não veja quem o está reconhecendo, mas, em juízo, o reconhecimento terá de ser feito frente a frente com o acusado (art. 226, parágrafo único). O reconhecimento fotográfico tem valor probatório, embora relativo[33]. A acareação é o confrontamento de depoimentos divergentes prestados, e pode ser feita entre acusados, entre acusado e testemunha, entre testemunhas, entre acusado ou testemunha e o ofendido, e entre ofendidos. Admite-se a acareação por meio de carta precatória (CPP, art. 230).

Deverá ser determinada a realização do exame de corpo de delito, sempre que a infração tiver deixado vestígios, ou de quaisquer outras perícias que se mostrarem necessárias à elucidação do ocorrido (cf. arts. 158 a 184 do CPP). Sobre isso falaremos mais adiante, quando tratarmos de prova pericial.

A reprodução simulada dos fatos (reconstituição do crime) poderá ser feita, contanto que não atente contra a moralidade ou a ordem pública (CPP, art. 7º). O indiciado poderá ser forçado a comparecer (CPP, art. 260), mas não a participar da reconstituição, prerrogativa que lhe é garantida pelo direito ao silêncio e seu corolário, o princípio de que ninguém está obrigado a fornecer prova contra si (CF, art. 5º, LXIII). Qualquer ato destinado a compeli-lo a integrar a reprodução simulada do crime configura atentado ao privilégio da não incriminação e possibilita a invalidação total dessa prova, por meio de *habeas corpus*.

---

32. A 6ª Turma do STJ entendeu, no julgamento do HC 598.886, em 27-10-2020, que não pode haver condenação baseada exclusivamente em reconhecimento por foto, em razão da não observância das formalidades legais para o reconhecimento.

33. José Frederico Marques, *Elementos de direito processual penal*, cit., v. 2, p. 334.

No caso de violência doméstica ou familiar contra a mulher, o delegado de polícia deverá adotar algumas providências específicas. Com efeito, tendo em vista o disposto no § 8º do art. 226 da Constituição Federal, na Convenção sobre a Eliminação de Todas as Formas de Violência contra a Mulher, na Convenção Interamericana para Prevenir, Punir e Erradicar a Violência contra a Mulher e em outros tratados internacionais ratificados pela República Federativa do Brasil (cf. art. 1º), foi editada a Lei n. 11.340, de 7 de agosto de 2006, a qual: (i) criou mecanismos para coibir e prevenir a violência doméstica e familiar contra a mulher; (ii) dispôs sobre a criação dos Juizados de Violência Doméstica e Familiar contra a Mulher; (iii) estabeleceu medidas de assistência e proteção às mulheres em situação de violência doméstica e familiar.

A violência doméstica ou familiar consiste em "qualquer ação ou omissão baseada no gênero que lhe cause morte, lesão, sofrimento físico, sexual ou psicológico e dano moral ou patrimonial" no âmbito da unidade doméstica, no âmbito da família, em qualquer relação íntima de afeto, na qual o agressor conviva ou tenha convivido com a ofendida, independentemente de coabitação (art. 5º da Lei n. 11.340/2006).

Em seu art. 7º, cuidou a lei de enumerar as formas de violência doméstica ou familiar contra a mulher. O conceito é bastante amplo, não se restringindo apenas à violência física (qualquer conduta que ofenda a integridade ou saúde corporal da mulher), mas também abarcando a violência psicológica, sexual, patrimonial e moral.

A lei expressamente previu que aos crimes praticados com violência doméstica e familiar contra a mulher, independentemente da pena prevista, não se aplica a Lei n. 9.099, de 26 de setembro de 1995 (art. 41).

Ao instaurar o inquérito policial, a autoridade policial deverá tomar todas as providências e procedimentos especificados na Lei n. 11.340/2006.

O Capítulo II do Título III da lei traz regras a serem observadas pela autoridade policial no atendimento da mulher vítima de violência doméstica e familiar, tais como:

(i) garantir proteção policial, quando necessário, comunicando de imediato ao Ministério Público e ao Poder Judiciário;

(ii) encaminhar a ofendida ao hospital ou posto de saúde e ao Instituto Médico Legal;

(iii) fornecer transporte para a ofendida e seus dependentes para abrigo ou local seguro, quando houver risco de vida;

(iv) se necessário, acompanhar a ofendida para assegurar a retirada de seus pertences do local da ocorrência ou do domicílio familiar;

(v) informar à ofendida os direitos a ela conferidos nesta lei e os serviços disponíveis.

E, ainda:

(i) ouvir a ofendida, lavrar o boletim de ocorrência e tomar a representação a termo, se apresentada;

(ii) colher todas as provas que servirem para o esclarecimento do fato e de suas circunstâncias;

(iii) remeter, no prazo de 48 (quarenta e oito) horas, expediente apartado ao juiz com o pedido da ofendida, para a concessão de medidas protetivas de urgência;

(iv) determinar que se proceda ao exame de corpo de delito da ofendida e requisitar outros exames periciais necessários;

(v) ouvir o agressor e as testemunhas;

(vi) ordenar a identificação do agressor e fazer juntar aos autos sua folha de antecedentes criminais, indicando a existência de mandado de prisão ou registro de outras ocorrências policiais contra ele;

(vii) remeter, no prazo legal, os autos do inquérito policial ao juiz e ao Ministério Público.

As medidas protetivas de urgência estão previstas nos arts. 22 e 23 da lei. A autoridade policial deverá anexar ao pedido de concessão de medidas protetivas de urgência o boletim de ocorrência e cópia de todos os documentos disponíveis em posse da ofendida (cf. art. 12, § 2º). Serão admitidos como meios de prova os laudos ou prontuários médicos fornecidos por hospitais e postos de saúde (cf. art. 12, § 3º).

Finalmente, além dessas modificações, a Lei n. 11.340/2006, em seu art. 16, reza que: "Nas ações penais públicas condicionadas à representação da ofendida de que trata esta Lei, só será admitida a renúncia à representação perante o juiz, em audiência especialmente designada com tal finalidade, antes do recebimento da denúncia e ouvido o Ministério Público". Mas tal ressalva não tem validade para os crimes de lesão corporal praticados contra a mulher, pois, por força da ADI 4.424, o STF entendeu que o crime de lesão corporal leve e lesão corporal culposa, quando praticado com violência doméstica e familiar contra a mulher, processa-se mediante ação penal pública incondicionada.

Em recente orientação jurisprudencial, o STJ editou a Súmula 542: "a ação penal relativa ao crime de lesão corporal resultante de violência doméstica contra a mulher é pública incondicionada".

No mais, registre-se que a Lei n. 13.505, de 8 de novembro de 2017, acrescentou à Lei Maria da Penha os dispositivos 10-A, 12-A e 12-B, os quais, em suma, asseguram, como direito da mulher em situação de violência doméstica e familiar, atendimento policial e pericial especializado, ininterrupto e prestado preferencialmente por servidores do sexo feminino, previamente capacitados para tanto. Por fim, a nova lei também trouxe diretrizes e procedimentos específicos para a inquirição da mulher em referida situação, bem como da testemunha de violência doméstica.

Sobre o tema, *vide* comentários no capítulo relativo à Lei dos Juizados Especiais Criminais, bem como à ação penal.

10.16. Indiciamento

É a imputação a alguém, no inquérito policial, da prática do ilícito penal, sempre que houver razoáveis indícios de sua autoria. De acordo com Sérgio M. de Moraes Pitombo[34], o indiciamento "contém uma *proposição*, no sentido de guardar função declarativa de

34. *Inquérito policial*: novas tendências, Cejup, 1987, p. 38.

autoria provável. Suscetível, é certo, de avaliar-se, depois, como verdadeiramente, ou logicamente falsa. Consiste, pois, em rascunho de eventual acusação; do mesmo modo que as denúncias e queixas, também se manifestam quais esboços da sentença penal".

É a declaração do, até então, mero suspeito como sendo o provável autor do fato infringente da norma penal. Deve (ou deveria) resultar da concreta convergência de sinais que atribuam a provável autoria do crime a determinado ou a determinados suspeitos. Com o indiciamento, todas as investigações passam a se concentrar sobre a pessoa do indiciado.

O indiciado deve ser interrogado pela autoridade policial[35], que poderá, para tanto, conduzi-lo coercitivamente à sua presença, no caso de descumprimento injustificado de intimação (CPP, art. 260). Deverão ser observados, no interrogatório policial, os mesmos preceitos norteadores do interrogatório a ser realizado em juízo (CPP, arts. 185 a 196), anotando-se que o indiciado não estará obrigado a responder às perguntas que lhe forem feitas, pois tem o direito constitucional de permanecer calado (CF, art. 5º, LXIII), sem que dessa opção se possa extrair qualquer presunção que o desfavoreça.

A autoridade policial não está obrigada a providenciar para o indiciado advogado legalmente habilitado com o fim de acompanhar o seu interrogatório, pois o que a Constituição Federal quis, em seu art. 5º, LXIII, foi simplesmente abrir a possibilidade para que ele, querendo, entre em contato com seu advogado. Do mesmo modo, o delegado de polícia não é obrigado a intimar o defensor técnico para assistir ao ato, inexistindo qualquer vício no interrogatório realizado sem a sua presença.

Entretanto, vale notar que, na hipótese de prisão em flagrante, a garantia de assistência do advogado passou a ter plena aplicabilidade com o advento da Lei n. 11.449, de 15 de janeiro de 2007, pois a autoridade policial estará obrigada, no prazo de 24 horas, após a prisão, caso o autuado não informe o nome de seu advogado, a encaminhar cópia integral do auto de prisão em flagrante para a Defensoria Pública (art. 306, § 1º, 2ª parte). Em homenagem ao princípio do contraditório e da ampla defesa, a Lei procurou proteger aqueles que, por ausência de recursos financeiros, não têm condições de arcar com os honorários de um advogado que lhes possibilite imediata assistência jurídica.

O termo de interrogatório deverá ser assinado pela autoridade policial, pelo escrivão, pelo interrogado e por duas testemunhas que hajam presenciado a leitura (CPP, art. 6º, V) (note-se que elas não precisarão estar presentes ao interrogatório, mas só à leitura). Se o interrogado não quiser, não puder ou não souber assinar, tal circunstância deverá ser consignada no termo (CPP, art. 195).

Se o suspeito da prática da infração penal for um membro do Ministério Público, a autoridade policial não poderá indiciá-lo. Deverá, sob pena de responsabilidade, encaminhar imediatamente os autos do inquérito ao Procurador-Geral de Justiça, a quem caberá prosseguir nas investigações (Lei n. 8.625/93, art. 41, II e parágrafo único). Se

35. Sobre interrogatório em que não foi informado ao indiciado sobre seu direito de permanecer calado, violando, portanto, o princípio da não autoincriminação, *vide* Rcl 33.711/SP). Rel. Min. Gilmar Mendes, j. 11-6-2019), tendo sido declarada a nulidade do interrogatório e das provas que dela se derivaram.

o suspeito for membro integrante do Ministério Público da União, os autos do inquérito deverão ser enviados ao Procurador-Geral da República (art. 18, parágrafo único, da LC n. 75/93).

A autoridade policial deve proceder à identificação do indiciado pelo processo datiloscópico, salvo se ele já tiver sido civilmente identificado (CF, art. 5º, LVIII). A Súmula 568 do Supremo Tribunal Federal estabeleceu que: "A identificação criminal não constitui constrangimento ilegal, ainda que o indiciado já tenha sido identificado civilmente". Contudo, a Constituição Federal, de 5 de outubro de 1988, em seu art. 5º, LVIII, assim dispôs: "O civilmente identificado não será submetido à identificação criminal, *salvo nas hipóteses previstas em lei*". Deste modo, o civilmente identificado não será submetido à identificação criminal, como regra. Excepcionalmente, e apenas nas hipóteses previstas em lei, proceder-se-á à identificação criminal do civilmente identificado. Tais hipóteses já estão estabelecidas.

Hipóteses foram estabelecidas na Lei n. 10.054/2000, a qual, por sua vez, foi revogada pela Lei n. 12.037, de 1º de outubro de 2009, que está em vigor.

O novo Diploma Legal disciplinou no art. 2º as formas em que será atestada a identificação civil: (i) carteira de identidade; (ii) carteira de trabalho; (iii) carteira profissional; (iv) passaporte; (v) carteira de identificação funcional; (vi) outro documento público que permita a identificação do indiciado. E, ainda, dispôs que, para as finalidades da Lei, equiparam-se aos documentos de identificação civis os documentos de identificação militares (cf. parágrafo único).

O art. 3º da aludida Lei previu que, embora apresentado documento de identificação, poderá ocorrer identificação criminal quando: (i) o documento apresentar rasura ou tiver indício de falsificação; (ii) o documento apresentado for insuficiente para identificar cabalmente o indiciado; (iii) o indiciado portar documentos de identidade distintos, com informações conflitantes entre si; (iv) a identificação criminal for essencial às investigações policiais, segundo despacho da autoridade judiciária competente, que decidirá de ofício ou mediante representação da autoridade policial, do Ministério Público ou da defesa; (v) constar de registros policiais o uso de outros nomes ou diferentes qualificações; (vi) o estado de conservação ou a distância temporal ou da localidade da expedição do documento apresentado impossibilite a completa identificação dos caracteres essenciais.

Na hipótese do inciso IV do art. 3º, a identificação criminal poderá incluir a coleta de material biológico para a obtenção do perfil genético, por força de autorização legislativa – Lei n. 12.654/2012 –, alteradora da Lei n. 12.037. Nessa hipótese, os dados relacionados à coleta do perfil genético deverão ser armazenados em banco de dados de perfis genéticos, gerenciado por unidade oficial de perícia criminal. As informações colhidas não poderão revelar traços somáticos ou comportamentais das pessoas, exceto determinação genética de gênero, consoante as normas constitucionais e internacionais sobre direitos humanos, genoma humano e dados genéticos. Tais informações terão caráter sigiloso, respondendo civil, penal e administrativamente aquele que permitir ou promover sua utilização para fins diversos dos previstos nesta Lei ou em decisão judicial.

A coleta de material biológico para compor banco de dados criminal pode vir a ser reconhecida como violadora do princípio da não autoincriminação pelo STF, que reconheceu a repercussão geral da temática: "Repercussão geral. Recurso extraordinário. Direitos fundamentais. Penal. Processo Penal. 2. A Lei n. 12.654/12 introduziu a coleta de material biológico para obtenção do perfil genético na execução penal por crimes violentos ou por crimes hediondos (Lei n. 7.210/84, art. 9-A). Os limites dos poderes do Estado de colher material biológico de suspeitos ou condenados por crimes, de traçar o respectivo perfil genético, de armazenar os perfis em bancos de dados e de fazer uso dessas informações são objeto de discussão nos diversos sistemas jurídicos. Possível violação a direitos da personalidade e da prerrogativa de não se incriminar – art. 1º, III, art. 5º, X, LIV e LXIII, da CF. 3. Tem repercussão geral a alegação de inconstitucionalidade do art. 9-A da Lei n. 7.210/84, introduzido pela Lei n. 12.654/12, que prevê a identificação e o armazenamento de perfis genéticos de condenados por crimes violentos ou hediondos. 4. Repercussão geral em recurso extraordinário reconhecida" (STF, RE 973.837 RG, rel. Min. Gilmar Mendes, j. 23-6-2016).

De acordo com a nova sistemática, não importa a natureza do delito que esteja sendo imputado ao agente. Presente uma das hipóteses legais, a identificação criminal será realizada independentemente do fato de o agente já estar civilmente identificado. Pelo teor da Lei, qualquer que seja o delito, a autoridade judicial pode decidir, em despacho fundamentado, acerca da essencialidade da identificação criminal, mediante representação da autoridade policial, Ministério Público, defesa ou de ofício.

E, ainda, segundo a letra da Lei: (i) as cópias dos documentos apresentados deverão ser juntadas aos autos do inquérito, ou outra forma de investigação, ainda que consideradas insuficientes para identificar o indiciado (art. 3º, parágrafo único); (ii) quando houver necessidade de identificação criminal, a autoridade encarregada tomará as providências necessárias para evitar o constrangimento do identificado (art. 4º); (iii) a identificação criminal incluirá o processo datiloscópico e o fotográfico, que serão juntados aos autos da comunicação da prisão em flagrante, ou do inquérito policial ou outra forma de investigação. Quando a identificação criminal for essencial às investigações policiais, segundo despacho da autoridade judiciária competente, que decidirá de ofício ou mediante representação da autoridade policial, do Ministério Público ou da defesa, também será admitida a identificação criminal por meio da coleta de material biológico para a obtenção do perfil genético (art. 5º, *caput* e parágrafo único); (iv) é vedado mencionar a identificação criminal do indiciado em atestados de antecedentes ou em informações não destinadas ao juízo criminal, antes do trânsito em julgado da sentença condenatória (art. 6º); (v) no caso de não oferecimento da denúncia, ou sua rejeição, ou absolvição, é facultado ao indiciado ou ao réu, após o arquivamento definitivo do inquérito, ou trânsito em julgado da sentença, requerer a retirada da identificação fotográfica do inquérito ou processo, desde que apresente provas de sua identificação civil (art. 7º).

Recusando-se à identificação, nas hipóteses legais, o indiciado será conduzido coercitivamente à presença da autoridade (CPP, art. 260), podendo, ainda, responder por crime de desobediência.

Finalmente, dentre as providências a serem tomadas pela autoridade policial quando do indiciamento, deverá, ainda, ser juntada aos autos a sua folha de antecedentes, averiguada a sua vida pregressa e, se a autoridade julgar conveniente, procedida a identificação mediante tomada fotográfica, pois, como já assinalado, a identificação criminal compreende a datiloscópica (impressões digitais) e a fotográfica (art. 5º da Lei n. 12.037/2009). As providências do inciso IX do art. 6º do Código de Processo Penal assumem especial relevância no momento da prolação da sentença, pois fornecem ao magistrado os elementos necessários à individualização da pena (CF, art. 5º, XLVI; CP, art. 59).

Jurisprudência

- "[...] 3. A ausência de norma condicionando a instauração de inquérito policial à prévia autorização do Judiciário revela a observância ao sistema acusatório, adotado pelo Brasil, o qual prima pela distribuição das funções de acusar, defender e julgar a órgãos distintos. Conforme orientação do Supremo Tribunal Federal no julgamento de MC na ADI n. 5.104/DF, condicionar a instauração de inquérito policial a uma autorização do Poder Judiciário, "institui modalidade de controle judicial prévio sobre a condução das investigações, em aparente violação ao núcleo essencial do princípio acusatório". 4. Não há razão jurídica para condicionar a investigação de autoridade com foro por prerrogativa de função a prévia autorização judicial. Note-se que a remessa dos autos ao órgão competente para o julgamento do processo não tem relação com a necessidade de prévia autorização para investigar, mas antes diz respeito ao controle judicial exercido nos termos do art. 10, § 3º, do Código de Processo Penal. De fato, o Código de Ritos prevê prazos para que a investigação se encerre, sendo possível sua prorrogação pelo Magistrado. Contudo, não se pode confundir referida formalidade com a autorização para se investigar, ainda que se cuide de pessoa com foro por prerrogativa de função. Com efeito, na hipótese, a única particularidade se deve ao fato de que o controle dos prazos do inquérito será exercido pelo foro por prerrogativa de função e não pelo Magistrado *a quo*. 5. *Habeas corpus* não conhecido" (STJ – HC 421.315 PE 2017/0272577-0, rel. Min. Reynaldo Soares da Fonseca, *DJe*, 28 ago. 2018).
- PROCESSO PENAL. CONFLITO DE COMPETÊNCIA. INDIVÍDUOS PRESOS PORTANDO SUBSTÂNCIAS ENTORPECENTES. DENÚNCIA AINDA NÃO OFERECIDA. IMPOSSIBILIDADE DO JUDICIÁRIO PROMOVER A CAPITULAÇÃO JURÍDICA DE CRIMES PREVIAMENTE AO MINISTÉRIO PÚBLICO. RISCO DE VIOLAÇÃO À INDEPENDÊNCIA FUNCIONAL. INEXISTÊNCIA DE CONFLITO DE COMPETÊNCIA PREVIAMENTE AO OFERECIMENTO DA DENÚNCIA. DIVERGÊNCIA DO ENQUADRAMENTO TÍPICO DA AÇÃO ENTRE MEMBROS DO MINISTÉRIO PÚBLICO. CONFLITO DE ATRIBUIÇÕES QUE DEVE SER DIRIMIDO PELO PROCURADOR-GERAL DE JUSTIÇA. ART. 19, XIX, DA LEI ORGÂNICA DO MINISTÉRIO PÚBLICO DO ESTADO DO PARANÁ.CONFLITO DE COMPETÊNCIA NÃO CONHECIDO (TJ-PR – CJ: 16828269 PR 1682826-9 (Acórdão), rel. Des. Paulo Roberto Vasconcelos, 3ª Câmara Criminal em Composição Integral, Data de Publicação: *DJ*, 14 mar. 2018).

10.17. Encerramento

Concluídas as investigações, a autoridade policial deve fazer minucioso relatório do que tiver sido apurado no inquérito policial (CPP, art. 10, § 1º), sem, contudo, expender opiniões, julgamentos ou qualquer juízo de valor, devendo, ainda, indicar as testemunhas que não foram ouvidas (art. 10, § 2º), bem como as diligências não realizadas. Deverá, ainda, a autoridade justificar, em despacho fundamentado, as razões que a levaram à classificação legal do fato, mencionando, concretamente, as circunstâncias, sem prejuízo de posterior alteração pelo Ministério Público, o qual não estará, evidentemente, adstrito a essa classificação. Encerrado o inquérito e feito o relatório, os autos serão remetidos ao juiz competente, acompanhados dos instrumentos do crime dos objetos que interessarem à prova (CPP, art. 11), oficiando a autoridade, ao Instituto de Identificação e Estatística, mencionando o juízo a que tiverem sido distribuídos e os dados relativos à infração e ao indiciado (CPP, art. 23). Do juízo, os autos devem ser remetidos ao órgão do Ministério Público, para que este adote as medidas cabíveis.

Convém mencionar que, de acordo com o art. 52 da Lei de Drogas, findo o prazo para a conclusão do inquérito policial, a autoridade de polícia judiciária, remetendo os autos do inquérito ao juízo: "I — relatará sumariamente as circunstâncias do fato, justificando as razões que a levaram à classificação do delito, indicando a quantidade e natureza da substância ou do produto apreendido, o local e as condições em que se desenvolveu a ação criminosa, as circunstâncias da prisão, a conduta, a qualificação e os antecedentes do agente; ou II — requererá sua devolução para a realização de diligências necessárias. Parágrafo único. A remessa dos autos far-se-á sem prejuízo de diligências complementares: I — necessárias ou úteis à plena elucidação do fato, cujo resultado deverá ser encaminhado ao juízo competente até 3 (três) dias antes da audiência de instrução e julgamento; II — necessárias ou úteis à indicação dos bens, direitos e valores de que seja titular o agente, ou que figurem em seu nome, cujo resultado deverá ser encaminhado ao juízo competente até 3 (três) dias antes da audiência de instrução e julgamento". Contudo, de acordo com o art. 48, § 1º, da referida lei, "o agente de qualquer das condutas previstas no art. 28 desta Lei, salvo se houver concurso com os crimes nos arts. 33 a 37 desta Lei, será processado e julgado na forma dos arts. 60 e seguintes da Lei n. 9.099, de 26 de setembro de 1995, que dispõe sobre os Juizados Especiais Criminais". Nesse caso, não há que falar na instauração de inquérito policial, devendo ser lavrado termo circunstanciado pela autoridade policial.

10.18. Prazo

Quando o indiciado estiver em liberdade, a autoridade policial deverá concluir as investigações no prazo de trinta dias, contados a partir do recebimento da *notitia criminis* (CPP, art. 10, *caput*). Nesta hipótese, isto é, quando o sujeito estiver solto, o § 3º do mesmo artigo permite a prorrogação do prazo pelo juiz sempre que o inquérito não estiver concluído dentro do prazo legal, desde que o caso seja de difícil elucidação. Não obstante a omissão do Código de Processo Penal, o juiz, antes de fazê-lo, deverá ouvir o titular da ação penal, o qual poderá, se concluir pela presença de suficientes elementos de convicção, exercer desde logo o direito de ação, ou, então, propor novas providências. Findo o inquérito, pode também o Ministério Público devolver os autos para novas diligências, que entender imprescindíveis (CPP, art. 16); a regra deve ser aplicada por analogia, ao ofendido, sempre que se tratar de ação de sua iniciativa.

Caso o juiz entenda que as diligências complementares são desnecessárias, não pode indeferir a volta dos autos à polícia, pois estaria incorrendo em *error in procedendo*, e ficaria sujeito ao recurso de correição parcial. O procedimento correto, neste caso, é o previsto no art. 28 do Código de Processo Penal, aplicável por analogia à espécie: o juiz deve remeter os autos ao procurador-geral de justiça, para que este insista na diligência ou nomeie, desde logo, um outro promotor para oferecer a denúncia. Obviamente, esta regra não poderá estender-se ao titular da ação privada. Aliás, não há qualquer motivo para que o juiz indefira o pedido de retorno dos autos à Delegacia de origem para novas diligências, quando a solicitação for feita pelo ofendido. Tratando-se de ação penal pública, o juiz exerce, nesse caso (art. 16) e no de pedido de arquivamento (art. 28), uma função anormal: a de fiscal do princípio da obrigatoriedade da ação penal, o qual, como já vimos, não informa a ação de iniciativa privada.

Se o indiciado estiver preso, o prazo para a conclusão do inquérito é de dez dias, contados a partir do dia seguinte à data da efetivação da prisão, dada a sua natureza processual (cf. abaixo o momento em que se considera efetivada a prisão). Tal prazo, em regra, é improrrogável, todavia não configura constrangimento ilegal a demora razoável na conclusão do procedimento investigatório, tendo em vista a necessidade de diligências imprescindíveis ou em razão do grande número de indiciados. No caso de ser decretada a prisão temporária (Leis n. 7.960/90 e 8.072/90, art. 2º, § 4º), o tempo de prisão será acrescido ao prazo de encerramento do inquérito, de modo que, além do período de prisão temporária, a autoridade policial ainda terá mais dez dias, a partir da decretação da prisão preventiva para concluir as investigações. Encerrado o prazo da prisão temporária, sem decretação da preventiva, segue o prazo normal para a conclusão do inquérito com indiciado solto (trinta dias). Terminado o inquérito policial, eventual devolução para diligências complementares (CPP, art. 16) não provocará o relaxamento da prisão, se a denúncia for oferecida dentro do prazo de cinco dias, contados da data em que o órgão do Ministério Público receber os autos do inquérito policial (CPP, art. 46, *caput*). Ultrapassado o prazo sem justificativa plausível, o constrangimento à liberdade do indiciado passa a ser ilegal, e poderá ser coibido pela via do *habeas corpus*, com fundamento no art. 648, II, do Código de Processo Penal.

Com a entrada em vigor da Lei n. 12.403/2011, poderá surgir posição no sentido de que o prazo de dez dias para a conclusão do inquérito policial no caso de indiciado preso não se conta mais a partir da lavratura do auto de prisão em flagrante, mas de sua conversão em preventiva, nos termos do art. 310, II, do Código de Processo Penal. Isto porque, agora, toda prisão em flagrante deverá ser comunicada ao juiz no prazo máximo de vinte e quatro horas após a realização da prisão, para promoção da audiência de custódia[36], promovida pelo juiz, com a presença do acusado, seu advogado constituído ou membro da Defensoria Pública e o membro do Ministério Público, e essa audiência terá a seguinte finalidade: (i) seu relaxamento, quando ilegal; (ii) concessão da liberdade provisória

36. A alteração no art. 310 do CPP foi produzida pela Lei n. 13.964/2019, art. 3º, e determina a soltura automática de presos que não passarem por uma audiência de custódia em 24 horas. Todavia, tal regra está suspensa em razão da medida cautelar concedida na ADI 6.299/DF de relatoria do Min. Luiz Fux.

com ou sem fiança; (iii) conversão do flagrante em preventiva, quando presentes os seus requisitos (CPP, arts. 282, 312 e 313). Não há mais prisão provisória decorrente exclusivamente do fato de alguém ter sido preso em flagrante. Sem urgência e necessidade, não existe segregação cautelar. Ou é caso de prisão temporária, ou o flagrante é convertido em prisão preventiva, por estar presente um dos seus requisitos, ou não existe prisão antes de a condenação transitar em julgado. A prisão em flagrante passou, assim, a ser uma mera detenção cautelar provisória por prazo sumário (vinte e quatro horas para o envio do auto de prisão em flagrante acrescido do prazo não especificado em lei para o juiz decidir), até que o juiz decida se o indiciado deve ou não responder preso à persecução penal. Desprovida do *periculum in mora* (cf. CPP, art. 312), a prisão em flagrante não será nada após o prazo de vinte e quatro horas, não podendo, portanto, ser considerada prisão provisória. A pessoa poderá "ser presa", como diz o art. 283 do Código de Processo Penal, mas não permanecer presa durante a persecução penal, exclusivamente com base na prisão em flagrante. Assim, somente há inquérito policial com indiciado preso após a conversão da prisão em flagrante em preventiva, de maneira que, a partir daí, deve iniciar a contagem dos dez dias para a conclusão das investigações, sob pena de relaxamento por excesso de prazo. Por outro lado, é perfeitamente possível haver indícios para a decretação da prisão preventiva, mas não ainda para o oferecimento da denúncia, já que existe uma progressividade na valoração do princípio *in dubio pro societate*, de acordo com as diferentes fases da persecução penal (prisão em flagrante, conversão em preventiva, denúncia, pronúncia), de modo que, à medida que o processo avança em direção à sentença, maiores são as exigências de indícios veementes, até se chegar ao momento máximo da sentença, em que, finalmente, se exige prova plena sob o influxo do *in dubio pro reo*.

O Ministério Público pode requisitar diretamente à autoridade policial as diligências faltantes, tal como lhe facultam os arts. 13, II, e 47 do Código de Processo Penal, o art. 26, IV, da Lei n. 8.625/93 (Lei Orgânica Nacional do Ministério Público – LONMP) e o art. 129, VIII, da Constituição da República.

A Lei n. 13.964/2019, em seu art. 3º, inovou ao transformar o parágrafo único do art. 310 em § 1º, determinando que:

"§ 1º Se o juiz verificar, pelo auto de prisão em flagrante, que o agente praticou o fato em qualquer das condições constantes dos incisos I, II ou III do *caput* do art. 23 do Decreto-Lei n. 2.848, de 1940 (Código Penal), poderá, fundamentadamente, conceder ao acusado liberdade provisória, mediante termo de comparecimento obrigatório a todos os atos processuais, sob pena de revogação".

A Lei do Pacote Anticrime, como é popularmente conhecida, no mesmo art. 3º supracitado, também acrescentou os §§ 2º, 3º e 4º ao art. 310 do CPP, nos seguintes termos:

"§ 2º Se o juiz verificar que o agente é reincidente ou que integra organização criminosa armada ou milícia, ou que porta arma de fogo de uso restrito, deverá denegar a liberdade provisória, com ou sem medidas cautelares.

§ 3º A autoridade que deu causa, sem motivação idônea, à não realização da audiência de custódia no prazo estabelecido no *caput* deste artigo, responderá administrativa, civil e penalmente pela omissão.

§ 4º Transcorridas 24 (vinte e quatro) horas após o decurso do prazo estabelecido no *caput* deste artigo, a não realização de audiência de custódia, sem motivação idônea, ensejará também a ilegalidade da prisão, a ser relaxada pela autoridade competente, sem prejuízo da possibilidade de imediata decretação de prisão preventiva".

Tratando-se de inquérito instaurado a requerimento do ofendido para a apuração de crime de ação privada (CPP, art. 5º, § 5º), uma vez concluídas as investigações, os autos serão remetidos ao juízo competente, onde aguardarão o impulso de quem de direito (CPP, art. 19). Não há disposição legal sobre a necessidade de intimação do ofendido. Assim, é conveniente que ele acompanhe o desenrolar das investigações, para não perder o prazo estabelecido no art. 38 do Código de Processo Penal.

10.19. Prazos especiais

A regra geral do art. 10 do Código de Processo Penal é excepcionada em algumas leis especiais, que, tendo em vista a natureza da infração, fixam prazos especiais para a conclusão do inquérito policial:

(i) **Lei n. 1.521/51:** o prazo, estando o indiciado preso ou não, é de dez dias (art. 10, § 1º). São os casos de crimes contra a economia popular.

(ii) **Lei n. 11.343/2006:** de acordo com o art. 51, *caput*, da Lei de Drogas: "o inquérito policial será concluído no prazo de 30 (trinta) dias, se o indiciado estiver preso, e de 90 (noventa) dias, quando solto". Conforme o parágrafo único, "os prazos a que se refere este artigo podem ser duplicados pelo juiz, ouvido o Ministério Público, mediante pedido justificado da autoridade de polícia judiciária". Ressalve-se que, tratando-se de conduta prevista no art. 28, não se imporá prisão.

(iii) **Lei n. 5.010/66:** o prazo, estando o indiciado preso, é de quinze dias, admitindo-se a prorrogação por mais quinze dias, a pedido, devidamente fundamentado, da autoridade policial e deferido pelo juiz (art. 66). Estando solto, o prazo será de trinta dias.

10.20. Contagem do prazo

A regra é a do art. 798, § 1º, do Código de Processo Penal, já que se trata de prazo processual. Assim, despreza-se, na contagem, o dia inicial (termo *a quo*), incluindo-se o dia final (termo *ad quem*). Não se aplica a regra segundo a qual a contagem do prazo cujo termo *a quo* cai na sexta inicia-se somente no primeiro dia útil, porquanto na polícia judiciária há expediente aos sábados, domingos e feriados, em tempo integral, graças aos plantões e rodízios[37]. O prazo para o encerramento do inquérito policial não pode ser contado de acordo com a regra do art. 10 do CP, pois não tem natureza penal, já que o seu decurso em nada afetará o direito de punir do Estado. Tal prazo só traz consequências para o processo, afinal a prisão provisória não se impõe como satisfação do *jus puniendi*, mas por conveniência processual. Integra o direito penal somente aquilo que cria, extin-

37. Julio Fabbrini Mirabete, *Código de Processo Penal interpretado*, cit., p. 50.

gue, aumenta ou diminui a pretensão punitiva estatal. Em contrapartida, será considerado prazo processual aquele que acarretar alterações somente para o processo, sem repercussão quanto ao direito material. No caso da prisão provisória, a restrição à liberdade não se dá em virtude de um aumento da pretensão punitiva, mas de mera conveniência ou necessidade para o processo, daí aplicarem-se as regras do art. 798, § 1º, do CPP.

Jurisprudência

- AGRAVO REGIMENTAL NO *HABEAS CORPUS*. PRISÃO PREVENTIVA. EXCESSO DE PRAZO. NÃO CONFIGURAÇÃO. AGRAVO REGIMENTAL IMPROVIDO. "É uníssona a jurisprudência desta Corte no sentido de que o constrangimento ilegal por excesso de prazo só pode ser reconhecido quando seja a demora injustificável, impondo-se adoção de critérios de razoabilidade no exame da ocorrência de constrangimento ilegal. 2. Não configuração pelo andamento regular do feito, em constante movimentação desde a prisão preventiva do agravante, uma vez que se trata de feito complexo, com extenso banco de dados contendo material pornográfico infantojuvenil, o que demanda criterioso trabalho de análise dos elementos apreendidos. 3. Agravo regimental improvido" (STJ – AgRg no HC: 555.061 MG 2019/0385693-4, rel. Min. Nefi Cordeiro, Sexta Turma, *DJe*. 13 maio 2020).
- AGRAVO REGIMENTAL. AGRAVO EM RECURSO ESPECIAL. TRÁFICO DE DROGAS. TIPIFICAÇÃO LEGAL INADEQUADA. INEXISTÊNCIA DE VINCULAÇÃO DO MINISTÉRIO PÚBLICO À CAPITULAÇÃO JURÍDICA DADA AOS FATOS PELA AUTORIDADE POLICIAL. "O Ministério Público não está vinculado à capitulação jurídica dada aos fatos pela autoridade policial, de modo que se o membro da acusação entende que se está diante de tráfico de drogas e não de porte ou posse para consumo próprio, não há óbices a que proceda a denúncia tipificando a conduta pelo art. 33 da Lei de Drogas. DESCLASSIFICAÇÃO DA IMPUTAÇÃO. RECEBIMENTO DA DENÚNCIA. MOMENTO INAPROPRIADO. RÉU QUE SE DEFENDE DOS FATOS. *EMENDATIO LIBELLI*. ART. 383 DO CPP. ADEQUAÇÃO NA SENTENÇA. INSURGÊNCIA IMPROVIDA. 1. Nos termos da jurisprudência assente deste Sodalício, o réu se defende dos fatos e não da capitulação legal trazida pelo órgão acusador na denúncia, de modo que o momento adequado para o ajuste da tipificação é o da prolação da sentença, porquanto o juiz, após percuciente análise dos fatos e provas carreados aos autos, poderá entender que o fato criminoso descrito na inicial acusatória merece outra definição jurídica e, valendo-se da *emendatio libelli*, conforme disposto no art. 383 do Código de Processo Penal, aplicará a correta tipificação penal para conduta analisada. 2. Agravo regimental improvido" (STJ – AgRg no AREsp 1.283.116, rel. Min. Jorge Mussi, Quinta Turma, *DJe*, 24 ago. 2018).

10.21. Arquivamento

A Lei n. 13.964/2019, alterou o art. 28 do CPP, nos seguintes moldes:

"Ordenado o arquivamento do inquérito policial ou de quaisquer elementos informativos da mesma natureza, o órgão do Ministério Público comunicará à vítima, ao investigado e à autoridade policial e encaminhará os autos para a instância de revisão ministerial para fins de homologação, na forma da lei[38].

§ 1º Se a vítima, ou seu representante legal, não concordar com o arquivamento do inquérito policial, poderá, no prazo de 30 (trinta) dias do recebimento da comunicação, submeter a matéria à revisão da instância competente do órgão ministerial, conforme dispuser a respectiva lei orgânica.

§ 2º Nas ações penais relativas a crimes praticados em detrimento da União, Estados e Municípios, a revisão do arquivamento do inquérito policial poderá ser provocada pela chefia do órgão a quem couber a sua representação judicial".

Destarte, é importante ressaltar que, conforme a alteração supracitada, não basta meramente a homologação judicial para o arquivamento de investigações criminais. Será imperiosa, também, a ratificação de tal por órgão revisional do Ministério Público. Trata-se de uma etapa dúplice, inclusive, com a possibilidade de recurso contra a decisão de arquivamento.

A autoridade policial, incumbida apenas de colher os elementos para a formação do convencimento do titular da ação penal, não pode arquivar os autos de inquérito (CPP, art. 17), pois o ato envolve, necessariamente, a valoração do que foi colhido. Faltando a justa causa, a autoridade policial pode (aliás, deve) deixar de instaurar o inquérito.

Arquivado o inquérito por falta de provas, a autoridade policial poderá, enquanto não se extinguir a punibilidade pela prescrição (CP, arts. 109 e 107, IV), proceder a novas pesquisas, desde que surjam outras provas, isto é, novas provas, que alterem o "panorama probatório dentro do qual foi concebido e acolhido o pedido de arquivamento do inquérito"[39] (Súmula 524 do STF).

Nos casos de ação penal privada, informada pelo princípio da oportunidade, não há necessidade de o ofendido solicitar o arquivamento do inquérito; se, porventura, entender que não há elementos para dar início ao processo, basta deixar que o prazo decadencial do art. 38 do Código de Processo Penal flua sem o oferecimento da queixa-crime. Caso o ofendido formule tal pedido, este será considerado renúncia tácita, e causará a extinção da punibilidade do agente (CP, art. 107, V).

> → **ATENÇÃO:** o Pacote Anticrime alterou substancialmente o art. 28 do CPP e foram ajuizadas diversas Ações Diretas de Inconstitucionalidade, dentre elas a do Conselho Nacional do Ministério Público (ADI 6.305), que levaram o Ministro Luiz Fux a determinar a suspensão, por tempo indeterminado, de vários dispositivos da Lei n. 13.964/2019, inclusive do dispositivo que alterava o referido art. 28 do CPP.

10.22. Investigações criminais presididas diretamente pelo representante do Ministério Público

O atual Código de Processo Penal francês, em seu art. 12, estabelece que "a polícia judiciária é encarregada de constatar as infrações penais, juntar as provas e buscar seus

---

38. A regra está suspensa em razão da medida cautelar concedida na ADI 6.299/DF de relatoria do Min. Luiz Fux. Segundo o Ministro, a medida desconsiderou os impactos financeiros no âmbito do Ministério Público em todo o país.

39. Julio Fabbrini Mirabete, *Processo penal*, 1991, p. 58.

autores, e que cabe ao Ministério Público o cuidado de dirigir essa tarefa, devendo a polícia agir sob suas instruções". Assim também na Itália (CPP, art. 327), Espanha (Lei Orgânica n. 2/86, art. 31.1), Portugal (Decretos-lei n. 35.042/45 e 39.351/53), Alemanha (CPP, art. 161) e México (CPP, art. 3º), apenas para citar alguns casos[40]. No Brasil, a Lei Orgânica Nacional da Magistratura, Lei Complementar n. 35/79, em seu art. 33, II e parágrafo, a Lei Orgânica Nacional do Ministério Público dos Estados, Lei n. 8.625/93, em seu art. 41, II e parágrafo, e a Lei Orgânica do Ministério Público da União, Lei Complementar n. 75/93, em seu art. 18, II, *d* e *f*, e parágrafo único, garantem às respectivas instituições e ao Poder Judiciário a presidência das investigações envolvendo os seus membros. Nas demais hipóteses, ou seja, nas infrações penais não cometidas por promotores e juízes, a questão é polêmica. A Lei Federal n. 8.625/93 (dos Ministérios Públicos estaduais), em seu art. 26, prevê a possibilidade de o *Parquet* requisitar informações, exames periciais e documentos, promover inspeções e diligências investigatórias e notificar pessoas para prestar depoimentos, podendo determinar a sua condução coercitiva. A Lei Complementar Federal n. 75/93 (do MP da União), em seu art. 8º, assegura expressamente o poder de realizar diretamente diligências investigatórias. Na jurisprudência, porém, há divergência. A 2ª Turma do Supremo Tribunal Federal posicionou-se pela impossibilidade de o Ministério Público investigar diretamente no âmbito criminal, devendo limitar-se a requisitar tais investigações da autoridade policial, de acordo com o que dispõe a Constituição Federal, em seu art. 144, §§ 1º e 4º. Autorizando a investigação ministerial, o Plenário do STF, ao julgar a Ação Direta de Inconstitucionalidade n. 1.571/97, publicada no *DJU*, 25 set. 1998 e no *Informativo do STF*, n. 64, entendeu que "... pode o Ministério Público proceder às investigações penais cabíveis, requisitando informações e documentos para instruir seus procedimentos administrativos preparatórios da ação penal (CF, art. 129, VI)...". Em maio de 2003, a 2ª Turma do Supremo Tribunal Federal, no julgamento do Recurso Ordinário em *Habeas Corpus* n. 81-326-7/DF, por unanimidade, em acórdão relatado pelo Ministro Nelson Jobim, entendeu que o Ministério Público não pode fazer investigação criminal, sob o argumento de que "... o controle externo da polícia concedido ao Ministério Público pela Constituição, foi regulamentado pela Resolução n. 52/97 do Conselho Superior do Ministério Público Federal. Esses diplomas, no entanto, não lhes deferiram poderes para instaurar inquérito policial. A Constituição Federal de 1988 dotou o Ministério Público de poder de requisitar diligências investigatórias e a instauração do inquérito policial. A norma constitucional não completou, porém, a possibilidade de ele realizar e presidir o inquérito policial. Não cabe, portanto, aos seus membros inquirir diretamente pessoas suspeitas de autoria de crime, mas sim requisitar diligências nesse sentido à autoridade competente...". A decisão acrescentou ainda que "a legitimidade histórica para a condução do inquérito policial e a realização de diligências investigatórias é de atribuição exclusiva da polícia". A questão, no entanto, ainda está longe de ser pacificada e muita polêmica está por vir. O STF estava enfrentando a questão, ao julgar o *Habeas Corpus* impetrado pelo parlamentar Remi Trinta (PL/AM), em um caso que apura desvio de verbas do Ministério da Saúde. Dois ministros, Marco Aurélio de Mello e Nelson Jobim, votaram pela impossibilidade, enquanto os Ministros Carlos Britto, Joaquim Barbosa e Eros Roberto Grau entenderam pela possibilidade. O julgamento havia sido suspenso em virtude de um

---

40. Ian Grosner, *Ministério Público e investigação criminal*, pesquisa de pós-graduação, Brasília, julho de 1999, p. 14-21.

pedido de vista do Ministro Cezar Peluso. Ocorre, contudo, que o parlamentar não foi reeleito, tendo perdido, assim, o foro por prerrogativa de função, restando prejudicado o julgamento do HC pelo Plenário do STF. A discussão, no entanto, recomeçou em duas Ações Diretas de Inconstitucionalidade propostas pela OAB (ADI 3.836) e pela Associação dos Delegados de Polícia – Adepol (ADI 3.806), nas quais se contesta a Resolução n. 13/2006 do Conselho Nacional do Ministério Público, a qual regulamentou a investigação criminal conduzida por membros do Ministério Público. Partilhamos do posicionamento favorável à investigação pelo *Parquet*, pelos seguintes motivos. O art. 1º da CF consagrou o perfil político-constitucional do Estado brasileiro como o de um Estado Democrático de Direito, no qual há um compromisso normativo com a igualdade social, material, real e não apenas formal, como no positivismo que dominou todo o século XIX. Dentre os objetivos fundamentais da Carta Magna está o da eliminação das desigualdades sociais, erradicação da pobreza e da marginalização (CF, art. 3º, III). No art. 37, *caput*, o Texto Magno garante a todos o direito a uma administração pública proba, assegurando os princípios da eficiência, legalidade, impessoalidade, moralidade, publicidade, dentre outros, dado que o rol não é taxativo. Esse mesmo artigo, em seu § 4º, determina o rigoroso combate à improbidade administrativa, a qual, não raro, vem acompanhada de crimes contra o patrimônio público. Dentro desse cenário, o Ministério Público surge como "instituição permanente, essencial à função jurisdicional do Estado, incumbindo-lhe a defesa da ordem jurídica, do regime democrático e dos interesses sociais e individuais indisponíveis" (CF, art. 127). O caráter permanente e a natureza de suas funções levam à conclusão de que se trata de um dos pilares do Estado Democrático de Direito, em cuja atuação independente repousam as esperanças de uma sociedade justa e igualitária. Desse modo, toda e qualquer interpretação relacionada ao exercício da atividade ministerial deve ter como premissa a necessidade de que tal instituição possa cumprir seu papel da maneira mais abrangente possível. A partir daí, pontualmente, podem ser lembrados alguns dispositivos constitucionais e legais. O art. 129, I, da CF confere-lhe a tarefa de promover privativamente a ação penal pública, à qual se destina a prova produzida no curso da investigação. Ora, quem pode o mais, que é oferecer a própria acusação formal em juízo, decerto que pode o menos, que é obter os dados indiciários que subsidiem tal propositura. Ademais, esse mesmo art. 129, em seu inciso VI, atribui-lhe o poder constitucional de expedir notificações nos procedimentos administrativos de sua competência, bem como o de requisitar (determinar) informações e documentos para instruí-los, na forma da lei. Tal procedimento administrativo, pela natureza das requisições e notificações, tem cunho indiscutivelmente investigatório e é presidido pelo Ministério Público. Decerto que não se está falando, aqui, de investigação civil, pois essa já é mencionada autonomamente no inciso III do mesmo art. 129, quando fala da instauração do inquérito civil público. Trata o inciso VI da investigação criminal. Continuando nesse mesmo art. 129, seu inciso VIII permite ao MP requisitar diligências investigatórias e, autonomamente, a instauração de inquérito policial. O inciso VII autoriza o controle externo da atividade policial e, finalmente, o IX deixa claro que as atribuições elencadas no art. 129 da Carta Magna são meramente exemplificativas, não esgotando o extenso rol de atribuições da instituição ministerial. Analisando o CPP, mesmo considerando que sua elaboração data de um período autoritário, o qual, nem de longe, se assemelha aos tempos atuais, observamos nos arts. 12; 27; 39, § 5º; e 46, § 1º, que o inquérito policial não é indispensável à propositura da ação penal, podendo ser substituído por outros elementos de prova. Assim, se a ação penal pode estar lastreada em outras provas, por que não naquelas colhidas pelo próprio Ministério Público, com base em seu poder constitucional de requisição e notificação para a tomada de depoimentos? O art. 47 do CPP é ainda mais enfático, ao permitir a requisição direta de documentos complementares ao inquérito policial ou peças de informação, bem como quaisquer outros elementos de convicção. O Estatuto do Idoso, Lei n. 10.741/2003, em seu art. 74, IV, *b*, confere ao MP o poder de requisitar informações, exames, perícias e documentos de autoridades municipais, estaduais e federais, da administração direta e indireta, bem como promover inspeções e diligências investigatórias (destacamos). Encontra-se aí mais um explícito argumento nesse sentido. Além disso, a atividade investigatória jamais foi exclusiva da polícia, tanto que, em nosso ordenamento, temos também exercendo tal função: (i) a ABIN (Agência Brasileira de Inteligência); (ii) a CVM (Comissão de Valores Mobiliários); (iii) o Ministério da Justiça, por meio do COAF (Conselho de Controle de Atividades Financeiras); (iv) as Corregedorias da Câmara e do Senado Federal; (v) os Tribunais de Contas da União, dos Estados e dos Municípios, onde houver; (vi) a Receita Federal; (vii) o STF, o STJ, os Tribunais Federais e os Tribunais de Justiça dos Estados. Por que razão excluir justamente o Ministério Público desse rol? Finalmente, no que toca ao argumento de que o art. 144, § 1º, IV, da CF conferiu com exclusividade as funções de polícia judiciária da União à polícia federal, convém esclarecer que tal não significa excluir o Ministério Público das atividades de investigação, pois a expressão "com exclusividade" destina-se apenas a delimitar o âmbito de atribuições das polícias estaduais, as quais não poderão exercitar a atividade de polícia judiciária na esfera federal. Isso porque o Ministério Público não poderia mesmo atuar como polícia judiciária, de maneira que a exclusividade se refere para afastar da presidência de inquéritos policiais que investiguem crimes de competência da Justiça Federal as polícias civis estaduais. Tanto é verdade que esse mesmo art. 144, agora em seu § 4º, ao tratar dessas polícias, conferiu-lhes o exercício da atividade de polícia judiciária, ressalvada a competência da União... Em outras palavras, as expressões "com exclusividade" (CF, art. 144, § 1º, IV), relacionada à polícia federal, e "ressalvada a competência da União" (CF, art. 144, § 4º) destinam-se a destacar o campo de atuação de cada polícia, na presidência de seus respectivos inquéritos. Nada tem que ver com as atribuições investigatórias do Ministério Público em seus procedimentos, distintos dos inquéritos federais e estaduais. Assim, nada autoriza, em nosso entender, o posicionamento restritivo da atuação do MP em defesa "da ordem jurídica, do regime democrático e dos interesses sociais e individuais indisponíveis" (CF, art. 127).

Jurisprudência

- CONSTITUCIONAL. MANDADO DE SEGURANÇA CONTRA ATO JUDICIAL. INEXISTÊNCIA DE ILEGALIDADE, TERATOLOGIA OU ABUSO DE PODER. DENEGAÇÃO DA ORDEM. "1. A vítima de crime de ação penal pública incondicionada não tem direito líquido e certo de impedir o arquivamento do inquérito ou peças de informação. 2. Em regra, não há ilegalidade, teratologia ou abuso de poder, passível de correção via mandado de segurança, na decisão judicial que, acolhendo promoção do Ministério Público, determina o arquivamento de inquérito policial. 3. A norma inserta no art. 28 do Código de Processo Penal concede ao Juiz a prerrogativa de, considerando os elementos trazidos nos autos de inquérito ou nas peças de informações, anuir ou discordar do pedido de arquivamento formulado pelo órgão ministerial, não sendo cabível, em caso de concordância, a prévia submissão do pedido ao Procurador-Geral. 4. Segurança denegada" (STJ – RMS: 59.940 SP, rel. Min. Felix Fischer, *DJ*, 23 abr. 2019).

- PENAL E PROCESSO PENAL. INQÚERITO. CRIME ELEITORAL. ARQUIVAMENTO REQUERIDO PELO PROCURADOR-GERAL DA REPÚBLICA. "[...] 2. O pedido de arquivamento de inquérito formulado pelo Procurador-Geral da República, via de regra, deve ser acolhido, ressalvadas as hipóteses de reconhecimento de atipicidade da conduta e prescrição. Precedentes. 3. Inquérito arquivado, ressalvada a hipótese do art. 18, do CPP (STF – Inq: 4164/BA, rel. Min. Roberto Barroso, *Dje*, 15 dez. 2015).

10.23. Investigação do crime de tráfico de pessoas

A Lei n. 13.344, de 6 de outubro de 2016, tipificou o crime de tráfico de pessoas no art. 149-A do Código Penal, inserindo em um mesmo tipo penal a tutela da liberdade do ser humano e criminalizando em uma mesma figura normativa qualquer conduta tendente a agenciar, aliciar, recrutar, transportar, transferir, comprar, alojar ou acolher pessoa, mediante grave ameaça, violência, coação, fraude ou abuso, com a finalidade de remover-lhe órgãos, tecidos ou partes do corpo; submetê-la a trabalho em condições análogas à de escravo; submetê-la a qualquer tipo de servidão; adoção ilegal; ou exploração sexual.

Além do tratamento penal, a nova lei alterou o Código de Processo Penal para dispor sobre a investigação e repressão ao crime de tráfico de pessoas, incluindo no CPP, de forma subsidiária, as disposições processuais da Lei das Organizações Criminosas – Lei n. 12.850, de 2 de agosto de 2013 (art. 9º da Lei n. 13.344/2016).

O enfrentamento ao tráfico de pessoas atende aos princípios mencionados no art. 2º da referida Lei. Há também diretrizes a serem seguidas, segundo o art. 3º, para a proteção da dignidade humana das vítimas de tráfico de pessoas.

A tutela da liberdade das pessoas vítimas de tráfico, nos termos do art. 149-A do CP, deve ser trabalhada no âmbito da prevenção e da repressão.

Sob o ponto de vista preventivo, o cuidado do Estado deve se dar por meio: (i) da implementação de medidas intersetoriais e integradas nas áreas da saúde, educação, trabalho, segurança pública, justiça, turismo, assistência social, desenvolvimento rural, esportes, comunicação, cultura e direitos humanos; (ii) de campanhas socioeducativas e de conscientização, considerando as diferentes realidades e linguagens; (iii) do incentivo à mobilização e à participação da sociedade civil; e (iv) do incentivo a projetos de prevenção ao tráfico de pessoas.

Quanto à repressão, cabe ao Estado trabalhar com a cooperação entre órgãos do sistema de justiça e segurança, nacionais e estrangeiros. Será necessário, também, integrar políticas e ações de repressão aos crimes correlatos e de responsabilização dos seus autores, inclusive por meio da formação de equipes conjuntas de investigação.

O legislador, especificamente, destacou a importância de preservar a intimidade e a identidade das vítimas do tráfico de pessoas, além do cuidado necessário em prevenir a revitimização no atendimento e nos procedimentos investigatórios e judiciais.

O Capítulo V da Lei do Tráfico de Pessoas trouxe dispositivos de ordem processual, além da inclusão de dois novos artigos no Código de Processo Penal (arts. 13-A e 13-B).

O art. 13-A trata da possibilidade de requisição, feita pela autoridade policial ou membro do Ministério Público, a quaisquer órgãos do poder público ou a empresas da iniciativa privada, de dados e informações cadastrais da vítima ou de suspeitos. Existe limitação material para essa requisição, já que o legislador deixou bem especificados os crimes que a admitirão: nos crimes previstos nos arts. 148, 149 e 149-A, no § 3º do art. 158, no art. 159 do Decreto-Lei n. 2.848, de 7 de dezembro de 1940 (Código Penal) e no art. 239 da Lei n. 8.069, de 13 de julho de 1990 (Estatuto da Criança e do Adolescente).

Tal requisição, que será atendida no prazo de 24 horas, conterá: (i) o nome da autoridade requisitante; (ii) o número do inquérito policial; e (iii) a identificação da unidade de polícia judiciária responsável pela investigação.

Em algumas situações, o mero acesso a dados e informações cadastrais da vítima ou de suspeitos pode não ser suficiente para atingir bons resultados na fase de investigação. Assim, incluiu-se no ordenamento jurídico processual o art. 13-B.

Este último dispositivo afirma que, se necessário à prevenção e à repressão dos crimes relacionados ao tráfico de pessoas, o membro do Ministério Público ou o delegado de polícia poderão requisitar, mediante autorização judicial, às empresas prestadoras de serviço de telecomunicações e/ou telemática que disponibilizem imediatamente os meios técnicos adequados – como sinais, informações e outros – que permitam a localização da vítima ou dos suspeitos do delito em curso.

Sinal, para efeitos legais, significa o posicionamento da estação de cobertura, setorização e intensidade de radiofrequência. Trata-se da utilização da tecnologia para localizar o suspeito em tempo real. Dependerá, como regra, de autorização judicial. Haverá, também, necessidade de autorização judicial específica para prazos superiores a 30 dias, renováveis uma única vez.

A lei traz perigosa autorização de requisição direta da autoridade competente, sem autorização judicial, quando esta ficar silente no prazo de 12 horas. Nesse caso, as empresas prestadoras de serviço de telecomunicações e/ou telemática estarão obrigadas a atender à requisição policial ou ministerial, mesmo sem ordem judicial, devendo o magistrado ser comunicado imediatamente da situação.

Quando houver autorização judicial para o acompanhamento do sinal de localização de suspeito, o inquérito policial deverá ser instaurado no prazo máximo de 72 horas, contado do registro da respectiva ocorrência policial.

Questões

1. Por que é correto afirmar que o inquérito policial é inquisitório?
2. Como se dá o procedimento do arquivamento do inquérito policial?
3. Quais são os prazos ordinários e especiais para a conclusão do inquérito policial?

11 AÇÃO PENAL

11.1. Conceito

É o direito de pedir ao Estado-Juiz a aplicação do direito penal objetivo a um caso concreto. É também o direito público subjetivo do Estado-Administração, único titular do poder-dever de punir, de pleitear ao Estado-Juiz a aplicação do direito penal objetivo, com a consequente satisfação da pretensão punitiva.

11.2. Características

A ação penal é:

(i) um direito autônomo, que não se confunde com o direito material que se pretende tutelar;

(ii) um direito abstrato, que independe do resultado final do processo;

(iii) um direito subjetivo, pois o titular pode exigir do Estado-Juiz a prestação jurisdicional;

(iv) um direito público, pois a atividade jurisdicional que se pretende provocar é de natureza pública.

11.3. Espécies de ação penal no direito brasileiro

A par da tradicional classificação das ações em geral, levando-se em conta a natureza do provimento jurisdicional invocado (de conhecimento, cautelar e de execução), no processo penal é corrente a divisão subjetiva das ações, isto é, em função da qualidade do sujeito que detém a sua titularidade.

Segundo esse critério, as ações penais serão públicas ou privadas, conforme sejam promovidas pelo Ministério Público ou pela vítima e seu representante legal, respectivamente. É o que diz o art. 100, *caput*, do Código Penal: "A ação penal é pública, salvo quando a lei, expressamente, a declara privativa do ofendido".

Dentro dos casos de ação penal pública (exclusiva do Ministério Público), ainda há outra subdivisão, em ação penal pública incondicionada e condicionada. No primeiro caso, o Ministério Público promoverá a ação independentemente da vontade ou interferência de quem quer que seja, bastando, para tanto, que concorram as condições da ação e os pressupostos processuais. No segundo, a sua atividade fica condicionada também à manifestação de vontade do ofendido ou do seu representante legal. É a letra do art. 100,

§ 1º, do Código Penal: "A ação pública é promovida pelo Ministério Público, dependendo, quando a lei o exige, de representação do ofendido ou de requisição do Ministro da Justiça". Semelhante ao art. 24 do Código de Processo Penal.

Essa divisão atende a razões de exclusiva política criminal. Há crimes que ofendem sobremaneira a estrutura social e, por conseguinte, o interesse geral. Por isso, são puníveis mediante *ação pública incondicionada*. Outros que, afetando imediatamente a esfera íntima do particular e apenas mediatamente o interesse geral, continuam de iniciativa pública (do Ministério Público), mas condicionada à vontade do ofendido, em respeito à sua intimidade, ou do ministro da justiça, conforme for. São as hipóteses de *ação penal pública condicionada*. Há outros que, por sua vez, atingem imediata e profundamente o interesse do sujeito passivo da infração. Na maioria desses casos, pela própria natureza do crime, a instrução probatória fica, quase que por inteiro, na dependência do concurso do ofendido. Em face disso, o Estado lhe confere o próprio direito de ação, conquanto mantenha para si o direito de punir, a fim de evitar que a intimidade, devassada pela infração, venha a sê-lo novamente (e muitas vezes com maior intensidade, dada a amplitude do debate judicial) pelo processo. São os casos de *ação penal privada*.

A ação penal pública é a regra geral, sendo a privada, a exceção (CP, art. 100, *caput*). Dentro dessa regra generalíssima, há outra exceção, que é dada pelos casos de ação pública condicionada, que também estão expressamente previstos em lei (CP, art. 100, § 1º; CPP, art. 24). Assim, não havendo expressa disposição legal sobre a forma de se proceder, a ação será pública (incondicionada); se houver, a ação será pública condicionada, ou, então, privada, conforme o caso.

11.4. As condições da ação penal

São requisitos que subordinam o exercício do direito de ação. Para se poder exigir, no caso concreto, a prestação jurisdicional, faz-se necessário, antes de tudo, o preenchimento das condições da ação. Ao lado das tradicionais condições que vinculam a ação civil, também aplicáveis ao processo penal (possibilidade jurídica do pedido, interesse de agir e legitimidade para agir), a doutrina atribui a este algumas condições específicas, ditas *condições específicas de procedibilidade*. São elas: "(a) representação do ofendido e requisição do Ministro da Justiça; (b) entrada do agente no território nacional; (c) autorização do Legislativo para a instauração de processo contra Presidente e Governadores, por crimes comuns; e (d) trânsito em julgado da sentença que, por motivo de erro ou impedimento, anule o casamento, no crime de induzimento a erro essencial ou ocultamento do impedimento"[41].

11.4.1. Possibilidade jurídica do pedido

Se no processo civil o conceito de possibilidade jurídica é negativo, isto é, ele será juridicamente admissível desde que, analisado em tese, o ordenamento não o vede, no

41. Grinover, Scarance e Magalhães, *As nulidades no processo penal*, cit., p. 59.

processo penal seu conceito é aferido positivamente: a providência pedida ao Poder Judiciário só será viável se o ordenamento, em abstrato, expressamente a admitir. Nesse passo, a denúncia deverá ser rejeitada quando o fato narrado evidentemente não constituir crime. Essa hipótese poderá, após oferecida a defesa dos arts. 396 e 396-A do CPP, dar causa à absolvição sumária do agente (CPP, art. 397, III).

A fim de não se confundir a análise dessa condição da ação com a do mérito, a apreciação da possibilidade jurídica do pedido deve ser feita sobre a causa de pedir (*causa petendi*) considerada em tese, desvinculada de qualquer prova porventura existente. Analisa-se o fato *tal como narrado na peça inicial*, sem se perquirir se essa é ou não a verdadeira realidade, a fim de se concluir se o ordenamento penal material comina-lhe, em abstrato, uma sanção. Deixa-se para o mérito a análise dos *fatos provados*; aprecia-se a *causa petendi* à luz, agora, das provas colhidas na instrução; é a aferição dos fatos em concreto, como realmente ocorreram, não como simplesmente narrados. Nesse momento, o juiz deverá dizer na sentença se o pedido é concretamente fundado ou não no direito material, ou seja, se é procedente ou improcedente.

11.4.2. Interesse de agir

Desdobra-se no trinômio **(i) necessidade** e **(ii) utilidade** do uso das vias jurisdicionais para a defesa do interesse material pretendido, e **(iii) adequação** à causa, do procedimento e do provimento, de forma a possibilitar a atuação da vontade concreta da lei segundo os parâmetros do devido processo legal.

A *necessidade* é inerente ao processo penal, tendo em vista a impossibilidade de se impor pena sem o devido processo legal. Por conseguinte, não será recebida a denúncia, quando já estiver extinta a punibilidade do acusado, já que, nesse caso, a perda do direito material de punir resultou na desnecessidade de utilização das vias processuais. Essa hipótese poderá, após oferecida a defesa dos arts. 396 e 396-A do CPP, dar causa à absolvição sumária do agente (CPP, art. 397, IV).

A *utilidade* traduz-se na eficácia da atividade jurisdicional para satisfazer o interesse do autor. Se, de plano, for possível perceber a inutilidade da persecução penal aos fins a que se presta, dir-se-á que inexiste interesse de agir. É o caso, e. g., de se oferecer denúncia quando, pela análise da pena possível de ser imposta ao final, se eventualmente comprovada a culpabilidade do réu, já se pode antever a ocorrência da prescrição retroativa. Nesse caso, toda a atividade jurisdicional será inútil; falta, portanto, interesse de agir. Esse entendimento, todavia, não é absolutamente pacífico, quer na doutrina, quer na jurisprudência.

Por fim, a *adequação* reside no processo penal condenatório e no pedido de aplicação de sanção penal.

11.4.3. Legitimação para agir

É, na clássica lição de Alfredo Buzaid, a pertinência subjetiva da ação. Cuida-se, aqui, da legitimidade *ad causam*, que é a legitimação para ocupar tanto o polo ativo da relação jurídica processual, o que é feito pelo Ministério Público, na ação penal pública, e pelo ofendido, na ação penal privada (CPP, arts. 24, 29 e 30), quanto o polo passivo, pelo provável autor do fato, e da legitimidade *ad processum*, que é a capacidade para estar no polo ativo, em nome próprio, e na defesa de interesse próprio (CPP, arts. 33 e 34).

Partes legítimas, ativa e passiva, são os titulares dos interesses materiais em conflito; em outras palavras, os titulares da relação jurídica material levada ao processo. No processo penal, os interesses em conflito são: o direito de punir, conteúdo da pretensão punitiva e o direito de liberdade. O titular do primeiro é o Estado, que é, por isso, o verdadeiro legitimado, exercendo-o por intermédio do Ministério Público. Não é por outro motivo que se diz que o ofendido, na titularidade da ação privada, é senão um substituto processual (legitimação extraordinária), visto que só possui o direito de acusar (*ius accusationis*), exercendo-o em nome próprio, mas no interesse alheio, isto é, do Estado. Legitimados passivos são os suspeitos da prática da infração, contra os quais o Estado movimenta a persecução acusatória visando a imposição de alguma pena.

As condições da ação devem ser analisadas pelo juiz quando do recebimento da queixa ou da denúncia, de ofício. Faltando qualquer uma delas, o magistrado deverá rejeitar a peça inicial, nos termos do art. 395, II, do Código de Processo Penal, declarando o autor *carecedor de ação*. Se não o fizer nesse momento, nada impede, aliás, impõe-se, que ele o faça a qualquer instante, em qualquer instância, decretando, se for o caso, a nulidade absoluta do processo (CPP, art. 564, II).

Nos procedimentos ordinário e sumário, oferecida a denúncia ou queixa, o juiz: (i) analisará se não é caso de rejeição liminar (deverá avaliar todos os requisitos do art. 395); (ii) se não for caso de rejeição liminar, recebê-la-á e ordenará a citação do acusado para responder à acusação, por escrito, no prazo de dez dias (CPP, art. 396-A). Após o cumprimento do disposto no art. 396-A, e parágrafos, deste Código, o juiz deverá absolver sumariamente o acusado quando verificar: "I – a existência manifesta de causa excludente da ilicitude do fato; II – a existência manifesta de causa excludente da culpabilidade do agente, salvo inimputabilidade; III – que o fato narrado evidentemente não constitui crime; ou IV – extinta a punibilidade do agente" (CPP, art. 397).

Importante destacar vultuosa alteração trazida pela Lei n. 13.964, de 24 de dezembro de 2019 (a lei do "Pacote Anticrime"), que inovou ao instituir a possibilidade do acordo da não persecução penal, ou *plea bargain*, como é internacionalmente conhecida. Na prática, ele já era adotado por intermédio da Resolução n. 181 do Conselho Nacional do Ministério Público, a previsão em lei tratou de formalizar sua aplicação, oferecendo maior segurança jurídica ao ordenamento vigente.

De acordo com o art. 28-A, o *Parquet* poderá firmar acordos para não proceder ao ajuizamento da ação em face dos infratores que cometem crimes sem violência ou grave ameaça, desde que ostente a condição da primariedade e que o crime não possua pena inferior a quatro anos, como podemos observar a seguir:

"Não sendo caso de arquivamento e tendo o investigado confessado formal e circunstancialmente a prática de infração penal sem violência ou grave ameaça e com pena mínima inferior a 4 (quatro) anos, o Ministério Público poderá propor acordo de não persecução penal, desde que necessário e suficiente para reprovação e prevenção do crime, mediante as seguintes condições ajustadas cumulativa e alternativamente:

I – reparar o dano ou restituir a coisa à vítima, exceto na impossibilidade de fazê-lo;

II – renunciar voluntariamente a bens e direitos indicados pelo Ministério Público como instrumentos, produto ou proveito do crime;

III – prestar serviço à comunidade ou a entidades públicas por período correspondente à pena mínima cominada ao delito diminuída de um a dois terços, em local a ser indicado pelo juízo da execução, na forma do art. 46 do Decreto-Lei nº 2.848, de 7 de dezembro de 1940 (Código Penal);

IV – pagar prestação pecuniária, a ser estipulada nos termos do art. 45 do Decreto-Lei n. 2.848, de 7 de dezembro de 1940 (Código Penal), a entidade pública ou de interesse social, a ser indicada pelo juízo da execução, que tenha, preferencialmente, como função proteger bens jurídicos iguais ou semelhantes aos aparentemente lesados pelo delito; ou

V – cumprir, por prazo determinado, outra condição indicada pelo Ministério Público, desde que proporcional e compatível com a infração penal imputada.

§ 1º Para aferição da pena mínima cominada ao delito a que se refere o *caput* deste artigo, serão consideradas as causas de aumento e diminuição aplicáveis ao caso concreto".

O § 2º da Lei, em seus incisos, contempla as hipóteses em que será vedada a aplicação do acordo da não persecução penal, nos seguintes termos:

"I – se for cabível transação penal de competência dos Juizados Especiais Criminais, nos termos da lei;

II – se o investigado for reincidente ou se houver elementos probatórios que indiquem conduta criminal habitual, reiterada ou profissional, exceto se insignificantes as infrações penais pretéritas;

III – ter sido o agente beneficiado nos 5 (cinco) anos anteriores ao cometimento da infração, em acordo de não persecução penal, transação penal ou suspensão condicional do processo; e

IV – nos crimes praticados no âmbito de violência doméstica ou familiar, ou praticados contra a mulher por razões da condição de sexo feminino, em favor do agressor".

O acordo deverá ser formalizado por escrito e firmado entre o Ministério Público, o investigado e seu advogado (§ 3º).

O Conselho Nacional de Procuradores-Gerais formou uma Comissão especial para estudar o Pacote Anticrime, estabelecendo alguns enunciados interpretativos. O Enunciado 20 afirma: "Cabe acordo de não persecução penal para fatos ocorridos antes da vigência da Lei n. 13.964/2019, desde que não recebida a denúncia". No STJ, há divergências de entendimento entre a 5ª e a 6ª Turma. No STF, há os HC 191.464/SC e o HC ARE 1.171.894/RS afetados para julgamento pelo plenário para debater sobre a retroatividade do Acordo de não Persecução Penal – ANPP.

É imprescindível que o acordo emerja por voluntariedade, incluindo-se a oitiva do investigado, na presença de seu defensor e respeitando os limites da legalidade, hipótese na qual, após verificados todos os elementos, será homologado pelo juiz (§ 4º). A contrário senso, se o magistrado constatar inadequação, insuficiência ou abusividade nas disposições acordadas, mediante a concordância do investigado e defensor, remeterá os autos ao Ministério Público para que seja reformulada a proposição da não persecução penal (§ 5º).

O § 6º imposto pela Lei n. 13.964/2019, cuidou de estabelecer o responsável pela execução do acordo homologado, como podemos depreender: "Homologado judicialmente o acordo de não persecução penal, o juiz devolverá os autos ao Ministério Público para que inicie sua execução perante o *juízo de execução penal*." (g.n.).

Caso o acordo não atenda aos requisitos legais exigidos, ou, ainda, não se adeque ao disposto no § 5º do artigo em comento, o juiz poderá recusar sua homologação (§ 7º).

No caso da recusa da homologação, o magistrado devolverá os autos ao Ministério Público, para o oferecimento da denúncia, ou, ainda, análise da necessidade de complementação das investigações (§ 8º).

A vítima tomará ciência da homologação do acordo da não persecução penal e de seu descumprimento, por meio de intimação (§ 9º).

Em caso de descumprimento de quaisquer condições firmadas no acordo, o *Parquet* deverá comunicar o feito ao juízo da execução, com o intuito de rescindir a tratativa e prosseguir ao oferecimento da denúncia (§ 10). Uma das principais consequências do descumprimento do acordo é justificar eventual não oferecimento do benefício da suspensão condicional do processo (§ 11).

A consolidação e o cumprimento do acordo não constarão de certidão de antecedentes criminais, com exceção aos fins previstos no inciso III do § 2º do artigo em estudo (§ 12).

Após o integral cumprimento do acordo, o juízo da execução decretará a extinção da punibilidade (§ 13).

Finalmente, diante da recusa por parte do Ministério Público, em propor acordo de não persecução penal, o investigado poderá requerer a remessa dos autos a órgão superior, na forma do art. 28 do Código de Processo Penal.

11.5. Ação penal pública incondicionada: titularidade e princípios

11.5.1. Titularidade

Adotando declaradamente o sistema acusatório de persecução penal, cuja principal característica é a nítida separação das funções de acusar, julgar e defender, colocando-se, assim, em franca oposição à concepção que informou as legislações processuais anteriores, a atual Constituição da República atribui ao Ministério Público, com exclusividade, a propositura da ação penal pública, seja ela incondicionada ou condicionada (CF, art. 129, I). A propósito, também os arts. 25, III, da Lei n. 8.625/93 (LONMP) e 103, VI, da Lei Complementar n. 734/93 (LOEMP).

A Constituição prevê, todavia, no art. 5º, LIX, uma única exceção: caso o Ministério Público não ofereça denúncia no prazo legal, é admitida *ação penal privada subsidiária*, proposta pelo ofendido ou seu representante legal. A ressalva está prevista, também, nos arts. 29 do Código de Processo Penal, e 100, § 3º, do Código Penal. O art. 598 do Código de Processo Penal admite, ainda, o recurso supletivo do ofendido, quando o Ministério Público não o fizer. Da mesma forma, o art. 584, § 1º, do CPP admite o recurso supletivo na hipótese do art. 581, VIII (sentença que decreta a prescrição ou julga, por outro modo, extinta a punibilidade). Mencione-se que não cabe mais, no procedimento do júri, o recurso em sentido estrito contra a sentença de impronúncia (CPP, arts. 581, IV, e 584, § 1º), mas apelação (CPP, art. 416).

11.5.2. Princípio da obrigatoriedade

Identificada a hipótese de atuação, não pode o Ministério Público recusar-se a dar início à ação penal. Há, quanto à propositura desta, dois sistemas diametralmente opostos: o da legalidade (ou obrigatoriedade), segundo o qual o titular da ação está obrigado a propô-la sempre que presentes os requisitos necessários, e o da oportunidade, que confere a quem cabe promovê-la certa parcela de liberdade para apreciar a oportunidade e a conveniência de fazê-lo.

No Brasil, quanto à ação penal pública, vigora o princípio da legalidade, ou obrigatoriedade, impondo ao órgão do Ministério Público, dada a natureza indisponível do objeto da relação jurídica material, a sua propositura, sempre que a hipótese preencher os requisitos mínimos exigidos. Não cabe a ele adotar critérios de política ou de utilidade social.

O art. 28 do Código de Processo Penal, ao exigir que o Ministério Público exponha as razões do seu convencimento sempre que pedir o arquivamento dos autos do inquérito policial, confirma a opção pelo critério da legalidade, que é implícita no sistema nacional. Em um primeiro momento, o controle do princípio é feito pelo juiz, o qual exerce, neste caso, uma função anormal, e, em um segundo, pelo procurador-geral de justiça.

Devendo denunciar e deixando de fazê-lo, o promotor poderá estar cometendo crime de prevaricação.

Atualmente, o princípio sofreu inegável mitigação com a regra do art. 98, I, da Constituição da República, que possibilita a transação penal entre Ministério Público e autor do fato, nas infrações penais de menor potencial ofensivo (crimes apenados com, no máximo, dois anos de pena privativa de liberdade e contravenções penais — cf. art. 2º, parágrafo único, da Lei n. 10.259, de 12 de julho de 2001, e art. 61 da Lei n. 9.099/95). A possibilidade de transação (proposta de aplicação de pena não privativa de liberdade) está regulamentada pelo art. 76 da Lei n. 9.099/95, substituindo, nestas infrações penais, o princípio da obrigatoriedade pelo da discricionariedade regrada (o Ministério Público passa a ter liberdade para dispor da ação penal, embora esta liberdade não seja absoluta, mas limitada às hipóteses legais).

11.5.3. Princípio da indisponibilidade

Oferecida a ação penal, o Ministério Público dela não pode desistir (CPP, art. 42). Esse princípio nada mais é que a manifestação do princípio anterior no desenvolvimento do processo penal. Seria, de fato, completamente inútil prescrever a obrigatoriedade da ação penal pública se o órgão do Ministério Público pudesse, posteriormente, desistir da ação penal, ou mesmo transigir sobre o seu objeto. A proibição é expressa no art. 42 do Código de Processo Penal, chegando a atingir, inclusive, a matéria recursal, pois "o Ministério Público não poderá desistir do recurso que haja interposto" (CPP, art. 576).

Tal princípio não vigora no caso das infrações regidas pela Lei n. 9.099/95, cujo art. 89 concede ao Ministério Público a possibilidade de, preenchidos os requisitos legais, propor ao acusado, após o oferecimento da denúncia, a *suspensão condicional do processo*, por um prazo de dois a quatro anos, cuja fluência acarretará a extinção da punibilidade do agente (art. 89, § 5º). É, sem dúvida, um ato de disposição da ação penal.

11.5.4. Princípio da oficialidade

Os órgãos encarregados da persecução penal são oficiais, isto é, públicos. Sendo o controle da criminalidade uma das funções mais típicas do Estado, assevera-se, como o faz Manzini, que a função penal é de índole eminentemente pública. O Estado é o titular exclusivo do direito de punir, que só se efetiva mediante o devido processo legal, o qual tem seu início com a propositura da ação penal. Segue-se que, em regra, cabe aos órgãos do próprio Estado a tarefa persecutória. Entre nós, atribui-se a investigação prévia à autoridade policial (polícia civil ou polícia federal, CF, art. 144, incisos e parágrafos) ou àquelas autoridades administrativas a quem a lei cometa a mesma função, qual seja, a de polícia judiciária (CPP, art. 4º e parágrafo único), ao passo que a ação penal pública fica a cargo exclusivo do Ministério Público (CF, art. 129, I). Exceção para os casos de ação privada subsidiária, de titularidade do ofendido ou do seu representante legal.

11.5.5. Princípio da autoritariedade

Corolário do princípio da oficialidade. São autoridades públicas os encarregados da persecução penal *extra* e *in judicio* (respectivamente, autoridade policial e membro do Ministério Público).

11.5.6. Princípio da oficiosidade

Os encarregados da persecução penal devem agir de ofício, independentemente de provocação, salvo nas hipóteses em que a ação penal pública for condicionada à representação ou à requisição do ministro da justiça (CP, art. 100, § 1º; CPP, art. 24).

11.5.7. Princípio da indivisibilidade

Também aplicável à ação penal privada (CPP, art. 48). A ação penal pública deve abranger todos aqueles que cometeram a infração. A regra é desdobramento do princípio da legalidade: se o Ministério Público está obrigado a propor a ação penal pública, é óbvio que não poderá escolher, dentre os indiciados, quais serão processados, pois isso implicaria necessariamente a adoção do princípio da oportunidade em relação ao "perdoado".

Para alguns doutrinadores, porém, aplica-se à ação pública o *princípio da divisibilidade*, e não o da indivisibilidade, já que o Ministério Público pode processar apenas um dos ofensores, optando por coletar maiores evidências para processar posteriormente os demais[42]. Nesse sentido também já se manifestou o STJ: "O fato de o Ministério Público deixar de oferecer denúncia contra quem não reconheceu a existência de indícios de autoria na prática do delito não ofende o princípio da indivisibilidade da ação penal, pois o princípio do art. 48 do CPP não compreende a ação penal pública, que, não obstante, é inderrogável" (*RSTJ*, 23/145). A adoção do princípio da divisibilidade para a ação penal pública é a posição amplamente majoritária na jurisprudência, permitindo-se ao Ministério Público excluir algum dos coautores ou partícipes da denúncia, desde que mediante prévia justificação (STJ – HC: 496536 MG 2019/0063036-1, rel. Min. Ribeiro Dantas, Quinta Turma, *DJe* 12 setembro 2019). No mesmo sentido (STJ – AgRg no REsp 1465912/RS, rel. Min. Maria Thereza De Assis Moura, *DJe*, 19 fev. 2018).

11.5.8. Princípio da intranscendência

A ação penal só pode ser proposta contra a pessoa a quem se imputa a prática do delito. Salienta-se esse princípio em virtude do fato de que há sistemas em que a satisfação do dano *ex delicto* faz parte da pena, devendo, por isso, ser pleiteada pelo órgão da acusação em face do responsável civil. A ação engloba, assim, além do provável sujeito ativo da infração, também o responsável pela indenização. Não é o sistema adotado no Brasil, como se vê. Entre nós vigora a intranscendência da ação penal, seja pública ou privada.

11.5.9. Princípio da suficiência da ação penal

O assunto está inserido dentro do tema "prejudicialidade". Questão prejudicial é aquela que "pré-judica", isto é, aquela que "prejulga" a ação. É toda questão cujo deslinde implica um prejulgamento do mérito. A prejudicialidade será obrigatória quando a questão prejudicial estiver relacionada ao estado de pessoas (vivo, morto, parente ou não, casado ou não). Nessa hipótese, o juiz será obrigado a suspender o processo criminal até que a polêmica seja solucionada no juízo cível. Por exemplo: crime contra o patrimônio sem violência ou grave ameaça cometido por ascendente contra descendente ou vice-versa. O parentesco terá relevância *in casu*, pois o autor ficará isento de pena, diante da escusa absolutória prevista no art. 181, II, do CP. Como a controvérsia séria e fundada versa sobre estado de pessoas, consistente no parentesco entre autor e vítima, "o curso da ação penal ficará suspenso até que no juízo cível seja a controvérsia dirimida por sentença passada em julgado" (CPP, art. 92). A prejudicialidade será facultativa quando a questão não estiver ligada ao estado de pessoas. Nesse caso, o juiz criminal não estará obrigado, mas apenas "poderá" suspender o processo, aguardando a solução no âmbito cível. Por exemplo: antes de saber se houve o furto, é necessário decidir se a coisa subtraída pertence ou não ao agente, já que não existe furto de coisa própria. O domínio da *res furtiva* é questão prejudicial ao furto, mas não ligada ao estado de pessoas. Assim, se houver uma ação civil em andamento para discutir a propriedade do bem, o juízo penal não precisará aguardar a solução da demanda na esfera extrapenal, nos termos do art.

---

42. Julio Fabbrini Mirabete, *Processo penal*, cit., p. 114.

93 do CPP. É aí que se fala em princípio da suficiência da ação penal. A ação penal é suficiente para resolver a questão prejudicial não ligada ao estado de pessoas, sendo desnecessário aguardar a solução no âmbito cível.

11.6. Ação penal pública condicionada

11.6.1. Conceito

É aquela cujo exercício se subordina a uma condição. Essa condição tanto pode ser a manifestação de vontade do ofendido ou de seu representante legal (representação) como também a requisição do Ministro da Justiça[43].

→ **ATENÇÃO:** mesmo nesses casos a ação penal continua sendo pública, exclusiva do Ministério Público, cuja atividade fica apenas subordinada a uma daquelas condições (CPP, art. 24; CP, art. 100, § 1º).

Por ser exceção à regra de que todo crime se processa mediante ação pública incondicionada, os casos sujeitos à representação ou requisição encontram-se explícitos em lei.

11.6.2. Ação penal pública condicionada à representação

O Ministério Público, titular dessa ação, só pode a ela dar início se a vítima ou seu representante legal o autorizarem, por meio de uma manifestação de vontade. Nesse caso, o crime afeta tão profundamente a esfera íntima do indivíduo, que a lei, a despeito da sua gravidade, respeita a vontade daquele, evitando, assim, que o *strepitus judicii* (escândalo do processo) se torne um mal maior para o ofendido do que a impunidade dos responsáveis. Mais ainda: sem a permissão da vítima, nem sequer poderá ser instaurado inquérito policial (CPP, art. 5º, § 4º). Todavia, uma vez iniciada a ação penal, o Ministério Público a assume incondicionalmente, a qual passa a ser informada pelo princípio da indisponibilidade do objeto do processo, sendo irrelevante qualquer tentativa de retratação.

11.6.3. Crimes cuja ação depende de representação da vítima ou de seu representante legal

Crime de lesão corporal leve (CP, art. 129, *caput*, c/c o art. 88 da Lei n. 9.099/95, exceto para os casos de violência contra a mulher – Lei n. 11.340/2006); crime de lesão corporal culposa (CP, art. 129, § 6º, c/c art. 88 da Lei n. 9.099/95; sobre o delito de lesão corporal culposa no trânsito, *vide* art. 291, § 1º, do CTB); perigo de contágio venéreo (CP, art. 130, § 2º); crime contra a honra de funcionário público, em razão de suas funções (art. 141, II, c/c o art. 145, parágrafo único); ameaça (art. 147, parágrafo único); violação de correspondência (art. 151, § 4º), correspondência comercial (art. 152, parágrafo único); furto de coisa comum (art. 156, § 1º); o estelionato (art. 171, § 5º CP com redação dada pela

43. Fernando da Costa Tourinho Filho, *Processo penal*, cit., v. 1, p. 298.

Lei n. 13.964/2019); tomar refeição em restaurante, alojar-se em hotel ou utilizar-se de transporte sem ter recursos para o pagamento (art. 176, parágrafo único). Nos crimes contra a honra de funcionário cometido *propter officium* a ação penal também é pública condicionada à representação, de acordo com o Código Penal (art. 145, parágrafo único), sendo incabível a persecução privada. Entretanto, recentemente, o STF editou a Súmula 714, na qual firmou entendimento no sentido de que "É concorrente a legitimidade do ofendido, mediante queixa, e do Ministério Público, condicionada à representação do ofendido, para a ação penal por crime contra a honra de servidor público em razão do exercício de suas funções". Sobre a ação penal nos crimes contra a dignidade sexual, *vide* item 11.6.12.

→ **ATENÇÃO:** *especificamente em relação aos* crimes contra a honra de funcionário cometidos *propter officium*, vale lembrar que o Supremo Tribunal Federal, por maioria, julgou procedente pedido formulado em arguição de descumprimento de preceito fundamental (ADPF 130) para o efeito de declarar como não recepcionado pela Constituição Federal todo o conjunto de dispositivos da Lei n. 5.250/67 – Lei de Imprensa, dentre eles os arts. 20, 21 e 22.

→ **ATENÇÃO:** a ação penal pela contravenção de vias de fato (LCP, art. 21) continua pública incondicionada, sendo inaplicável o art. 88 da Lei n. 9.099/95, prevalecendo o art. 17 da Lei das Contravenções.

11.6.4. Natureza jurídica da representação

A representação é a manifestação de vontade do ofendido ou do seu representante legal no sentido de autorizar o desencadeamento da persecução penal em juízo. Trata-se de condição objetiva de procedibilidade. Sem a representação do ofendido ou, quando for o caso, sem a requisição do ministro da justiça, não se pode dar início à persecução penal. É condição específica da ação penal pública. São requisitos especiais, exigidos por lei ao lado daqueles gerais a todas as ações, para que se possa exigir legitimamente, na espécie, a prestação jurisdicional. É um obstáculo ao legítimo exercício da ação penal, cuja remoção fica ao exclusivo critério do ofendido, ou de quem legalmente o represente, ou, ainda, do ministro da justiça.

Apesar da sua natureza eminentemente processual (condição especial da ação), aplicam-se a ela as regras de direito material intertemporal, haja vista sua influência sobre o direito de punir do Estado, de natureza inegavelmente substancial, já que o não exercício do direito de representação no prazo legal acarreta a extinção da punibilidade do agente pela decadência (CP, art. 107, IV).

11.6.5. Titular do direito de representação

Se o ofendido contar menos de 18 anos ou for mentalmente enfermo, o direito de representação cabe exclusivamente a quem tenha qualidade para representá-lo. Ao completar 18 anos, o ofendido adquire plena capacidade para ofertar a representação, deixando de existir a figura do representante legal, a não ser que, embora maior, seja doente mental. É que o Código Civil, em seu art. 5º, passou a considerar o maior de 18 anos plenamente capaz de praticar qualquer ato jurídico na esfera civil, incluídos aí os atos processuais, sem necessidade da assistência de curador ou representante legal. Assim, não pode a legislação processual penal tratar como relativamente incapaz pessoa plenamente capacitada de acordo com a legislação civil. Cessa com isso a legitimidade do representante legal a partir de zero hora do dia em que o menor completa 18 anos e, portanto, deixa de ser menor. A contar de 11 de janeiro de 2003, data do início da vigência do novo Estatuto Civil, ficam revogados todos os dispositivos do Código de Processo Penal que tratam de representante legal para o maior de 18 e menor de 21 anos. Se ainda não atingiu a maioridade, somente seu representante pode formular a representação; se, embora maior, for doente mental, *idem*; se maior de 18 anos, só o ofendido pode exercer o direito de representação.

Pode também ser exercido por procurador com poderes especiais (CPP, art. 39, *caput*). No caso de morte do ofendido ou quando declarado ausente por decisão judicial, o direito de representação passará ao cônjuge, ascendente, descendente ou irmão (CPP, art. 24, § 1º). Sustenta-se que essa enumeração é taxativa, não podendo ser ampliada[44]. Assinala-se, por isso, que o curador do ausente, nomeado no juízo cível por ocasião da declaração judicial da ausência, não pode representar, já que o § 1º do art. 24 do Código de Processo Penal, que não o contemplou, é norma especial em relação ao *caput* do mesmo artigo, bem como à lei civil[45]. No tocante aos companheiros reunidos pelo laço da união estável, tem-se que a Constituição Federal, em seu art. 226, § 3º, reconhece expressamente a união estável entre homem e mulher como entidade familiar. Assim, no conceito de cônjuge, devem ser incluídos os companheiros. Não se trata aqui de interpretação extensiva da norma penal, ou seja, de analogia *in malam partem*, mas, sim, de mera declaração do seu conteúdo de acordo com o preceito constitucional. Vale mencionar que, recentemente, o Plenário do STF reconheceu como entidade familiar a união de pessoas do mesmo sexo (ADPF n. 132, 2 a 6 de maio de 2011).

Comparecendo mais de um sucessor do direito de representação, aplica-se, por analogia, o disposto no art. 36 do Código de Processo Penal, que regula o problema nos casos de concorrência no exercício do direito de queixa.

Se o ofendido for incapaz (por razões de idade ou de enfermidade mental) e não possuir representante legal, o juiz, de ofício ou a requerimento do Ministério Público, nomeará um curador especial para analisar a conveniência de oferecer a representação. Note-se que ele não está obrigado a representar. O mesmo procedimento deverá ser adotado se os interesses do representante colidirem com os do ofendido incapaz (CPP, art. 33).

As pessoas jurídicas também poderão representar, desde que o façam por intermédio da pessoa indicada no respectivo contrato ou estatuto social, ou, no silêncio destes, pelos seus diretores ou sócios-gerentes (CPP, art. 37).

44. Julio Fabbrini Mirabete, *Processo penal*, cit., p. 116.

45. Tourinho Filho, *Processo penal*, cit., v. 1, p. 315, e Mirabete, *Processo penal*, cit., p. 116.

11.6.6. Prazo

"Salvo disposição em contrário, o ofendido, ou seu representante legal, decairá no direito de queixa ou de representação, se não o exercer dentro do prazo de 6 (seis) meses, contado do dia em que vier a saber quem é o autor do crime, ou, no caso do art. 29, do dia em que se esgotar o prazo para o oferecimento da denúncia" (CPP, art. 38). No mesmo sentido, o art. 103 do Código Penal.

Trata-se, como se vê, de prazo decadencial, que não se suspende nem se prorroga, e cuja fluência, iniciada a partir do conhecimento da autoria da infração, é causa extintiva da punibilidade do agente (CP, art. 107, IV).

Cuidando-se de menor de dezoito anos ou, se maior, de possuidor de doença mental, o prazo não fluirá para ele enquanto não cessar a incapacidade (decorrente da idade ou da enfermidade), porquanto não se pode falar em decadência de um direito que não se pode exercer. O prazo flui, todavia, para o representante legal, desde que ele saiba quem é o autor do ilícito penal.

Quanto ao menor de 21 anos, dispunham os arts. 34 e 50, parágrafo único, do CPP que o direito de queixa e, por conseguinte, o de representação podiam ser exercidos por ele ou por seu representante legal, indistintamente, e que a renúncia de um não privava o outro do exercício de tal direito. O Código Civil de 2002, porém, conferiu ao maior de 18 anos plena capacidade para a prática de qualquer ato jurídico, civil ou não, sem a assistência de curador ou representante legal, fazendo desaparecer este último para aqueles que atingirem tal idade. Com efeito, não tem mais nenhum sentido falar em representante legal para quem é plenamente capaz de exercer seus direitos sem assistência. Estão, portanto, tacitamente revogados os arts. 34 e 50, parágrafo único, do CPP. Se o ofendido for menor de 18, só o representante legal poderá exercer o direito de queixa ou de representação; se, embora maior de 18, for doente mental, *idem*; quando maior de 18 anos, só o ofendido poderá ofertar a queixa ou a representação, pouco importando se é ou não menor de 21 anos. Com isso, a Súmula 594 do STF, segundo a qual "os direitos de queixa e de representação podem ser exercidos, independentemente, pelo ofendido ou por seu representante legal", não pode mais ser aplicada a essa hipótese, em que existe um único legitimado. Referido entendimento sumular sustentava que a decadência do direito de queixa ou de representação para o ofendido não impedia o representante legal de exercer tal direito, desde que dentro do prazo decadencial. Em outras palavras: a decadência para um não afetava o direito do outro. Havia, portanto, dois prazos distintos, no caso do maior de 18 e do menor de 21 anos, já que dois os legitimados. Com o desaparecimento da figura do representante legal para os maiores de 18 anos, passou a existir um só legitimado e, por conseguinte, apenas um prazo.

Nosso entendimento: a Súmula não perdeu completamente o sentido, pois, no caso do menor de 18 anos, continuam a existir dois prazos decadenciais: o do representante legal, que se inicia a partir do respectivo conhecimento da autoria, e o do menor, que só começa a correr no dia em que completa 18 anos.

Sim, porque, se menor de 18, ele não tem como exercitar seu direito, e, sendo assim, não tem sentido o prazo começar a fluir. O termo inicial não será, assim, o dia do conhecimento da autoria pelo menor, mas a data em que atingir a maioridade (18 anos). Continuam, pois, sendo dois os prazos decadenciais. Por exemplo: uma menor, com 16 anos de idade, toma conhecimento da autoria de um crime de ação penal privada. Seu prazo decadencial não começa a partir dessa data, mas daquela em que completar 18 anos. Não interessa se decorreu o prazo decadencial para o representante legal, pois o da menor continua intacto, ante o entendimento da Súmula 594 do STF (são dois prazos, autônomos e independentes), e só começa a fluir no momento em que ela tiver capacidade para exercer o seu direito. Convém ainda ressaltar que, tão logo o menor de 18 complete essa idade, cessa a figura do representante legal e extingue-se o direito de este oferecer queixa ou representação, ainda que não se tenha encerrado o prazo decadencial.

Como o direito de representação está intimamente ligado ao direito de punir, porquanto o seu não exercício gera a extinção da punibilidade pela decadência, o prazo para o seu exercício é de direito material, computando-se o dia do começo e excluindo-se o do final, além de ser fatal e improrrogável (CP, art. 10).

No caso de morte ou ausência judicialmente declarada do ofendido, o prazo, caso a decadência ainda não tenha se operado, começa a correr da data em que o cônjuge, ascendente, descendente ou irmão tomarem conhecimento da autoria (CPP, art. 38, parágrafo único). Ainda, não podemos olvidar que estão incluídos nesse rol legal os companheiros reunidos pelo laço da união estável, em face do disposto no art. 226, § 3º, da Constituição Federal.

11.6.7. Forma

A representação não tem forma especial. O Código de Processo Penal, todavia, estabelece alguns preceitos a seu respeito (art. 39, *caput* e §§ 1º e 2º), mas a falta de um ou de outro não será, em geral, bastante para invalidá-la. Óbvio que a ausência de narração do fato a tornará inócua.

O STF e outros tribunais, por sua vez, têm declarado a desnecessidade de formalismo na representação, admitindo como tal simples manifestações de vontade da vítima, desde que evidenciadoras da intenção de que seja processado o suspeito, devendo conter, ainda, todas as informações que possam servir ao esclarecimento do fato e da autoria (CPP, art. 39, § 2º). Desse modo, a representação prescinde de rigor formal, bastando a demonstração inequívoca do interesse do ofendido ou de seu representante legal.

Dessa forma, não se exige a existência de uma peça formal, denominada "representação", bastando que dos autos se possa inferir, com clareza, aquele desígnio do ofendido. Assim, servem como representação as declarações prestadas à polícia pelo ofendido, identificando o autor da infração penal, o boletim de ocorrência etc.

No caso de vítima menor, a jurisprudência corretamente tem procurado atenuar o formalismo da lei civil, que somente considera representantes legais os pais, tutores ou curadores (CC, arts. 1.634, 1.740 e 1.781). Atualmente, para fins de oferecimento da representação, admite-se qualquer pessoa que detenha a guarda de fato do ofendido ou de quem ela dependa economicamente, pouco importando tratar-se de parente afastado, amigo da família ou até mesmo um vizinho. O excessivo rigor formal poderia levar à impunidade do infrator, com prejuízos para a apuração da verdade real.

Feita a representação contra apenas um suspeito, esta se estenderá aos demais, autorizando o Ministério Público a propor a ação em face de todos, em atenção ao princípio da indivisibilidade da ação penal, consectário do princípio da obrigatoriedade. É o que se chama de *eficácia objetiva da representação.*

11.6.8. Destinatário

Pode ser dirigida ao juiz, ao representante do Ministério Público ou à autoridade policial (cf. art. 39, *caput*, do CPP):

(i) **Ao juiz:** se houver elementos suficientes para instruir a denúncia, o juiz deverá remetê-la diretamente ao Ministério Público, para o seu oferecimento. Não havendo tais elementos, deverá o magistrado encaminhá-la à autoridade policial, com a requisição de instauração de inquérito. Se oral ou por escrito, mas sem assinatura autenticada, o juiz deverá reduzi-la a termo.

(ii) **Ao Ministério Público:** se o ofendido ou quem de direito fizer a representação por escrito e com firma reconhecida, oferecendo com ela todos os elementos indispensáveis à propositura da ação penal, o órgão do Ministério Público, dispensando o inquérito, deverá oferecer denúncia no prazo de quinze dias, contado da data em que conhecer a vontade do representante. Do contrário, deverá requisitar à autoridade policial a instauração de inquérito, fazendo a representação acompanhar a requisição, ou, então, deverá pedir o arquivamento das peças de informação. Se oral ou por escrito, mas sem firma reconhecida, deverá reduzi-la a termo, observando-se tudo o que se disse quanto à existência de elementos para a propositura da ação.

(iii) **À autoridade policial:** se por escrito e com firma reconhecida, a autoridade deverá instaurar o inquérito policial (CPP, art. 5º, § 4º) ou, sendo incompetente, deverá remetê-la à autoridade que tiver atribuição para fazê-lo (CPP, art. 39, § 3º). Se feita oralmente ou por escrito, mas sem firma reconhecida, a representação deverá ser reduzida a termo.

11.6.9. Irretratabilidade

A representação é irretratável após o oferecimento da denúncia (CPP, art. 25; CP, art. 102). A retratação só pode ser feita antes de oferecida a denúncia, pela mesma pessoa que representou. A revogação da representação após esse ato processual não gerará qualquer efeito. Essa retratação, como é óbvio, não se confunde com a do art. 107, VI, do Código Penal, feita pelo próprio agente do crime, a fim de alcançar a extinção da punibilidade.

Com relação aos crimes de violência doméstica contra a mulher, a retratação deve ser feita perante o juiz, em audiência especial para esta finalidade, segundo o art. 16 da Lei n. 11.340/2006[46].

46. Recentemente o STJ entendeu que não cabe a simples retratação da mulher perante o cartório da vara, sem que se a ouça em audiência específica (HC 138.143-MG, rel. Min. Ribeiro Dantas, j. 3-9-2019).

A retratação da retratação, ou seja, o desejo do ofendido de não mais abrir mão da representação, não pode ser admitida. No momento em que se opera a retratação, verifica-se a abdicação da vontade de ver instaurado o inquérito policial ou oferecida a denúncia, com a consequente extinção da punibilidade do infrator. Uma vez extinta, esta nunca mais renascerá, pois o Estado já terá perdido definitivamente o direito de punir o autor do fato. Como bem lembra Tourinho Filho, admitir o contrário "é entregar ao ofendido arma poderosa para fins de vingança ou outros inconfessáveis"[47]. A jurisprudência, no entanto, a nosso ver de forma equivocada, tem admitido este inconveniente procedimento.

11.6.10. Não vinculação

A representação não obriga o Ministério Público a oferecer a denúncia, devendo este analisar se é ou não caso de propor a ação penal, podendo concluir pela sua instauração, pelo arquivamento do inquérito, ou pelo retorno dos autos à polícia, para novas diligências. Não está, da mesma forma, vinculado à definição jurídica do fato constante da representação.

11.6.11. Ação penal pública condicionada à requisição do Ministro da Justiça

Neste caso, a ação é pública, porque promovida pelo Ministério Público, mas, para que possa promovê-la, é preciso que haja requisição do ministro da justiça, sem o que é impossível a instauração do processo (cf. art. 24 do CPP). A requisição é um ato político, porque "há certos crimes em que a conveniência da persecução penal está subordinada a essa conveniência política"[48].

(i) **Hipóteses de requisição:** são raras as hipóteses em que a lei subordina a persecução penal ao ato político da requisição: crime cometido por estrangeiro contra brasileiro, fora do Brasil (CP, art. 7º, § 3º, *b*); crimes contra a honra cometidos contra chefe de governo estrangeiro (CP, art. 141, I, c/c o parágrafo único do art. 145); crimes contra a honra praticados contra o presidente da República (CP, art. 141, I, c/c o art. 145, parágrafo único). Mencione-se que o Supremo Tribunal Federal, por maioria, julgou procedente pedido formulado em arguição de descumprimento de preceito fundamental (ADPF 130) para o efeito de declarar não recepcionado pela Constituição Federal todo o conjunto de dispositivos da Lei n. 5.250/67 – Lei de Imprensa, dentre eles os arts. 20, 21, 22, 23, I, e 40, I, *a*, que se referem aos crimes contra a honra.

(ii) **Prazo para o oferecimento da requisição:** o Código de Processo Penal é omisso a respeito. Entende-se, assim, que o ministro da justiça poderá oferecê-la a qualquer tempo, enquanto não estiver extinta a punibilidade do agente.

(iii) **Retratação da requisição:** não deve ser admitida. A requisição é irretratável porque a lei não contempla expressamente esta hipótese, como no caso da representação. Ademais, "um ato administrativo, como é a requisição, partindo do governo por meio do

---

47. Fernando da Costa Tourinho Filho, *Processo penal*, 1997, cit., v. 1, p. 342.

48. Tourinho Filho, *Processo penal*, cit., p. 357.

Ministro da Justiça, há de ser, necessariamente, um ato que se reveste de seriedade. Dispondo de larga margem de tempo para encaminhá-la ao Ministério Público, decerto terá a oportunidade para julgar das suas vantagens ou desvantagens, da sua conveniência ou inconveniência. A revogação ou retratação demonstraria que a prematura requisição foi fruto de uma irreflexão, de uma leviana afoiteza, o que não se concebe, não só porque o ato proveio do governo, como também pelo dilatado espaço de tempo de que dispôs para expedi-lo"[49]. Em sentido contrário, Jorge Alberto Romeiro[50].

(iv) **Vinculação da requisição:** não obriga o Ministério Público a oferecer a denúncia[51]. Sendo o Ministério Público o titular exclusivo da ação penal pública (CF, art. 129, I), seja ela condicionada ou incondicionada, só a ele cabe a valoração dos elementos de informação e a consequente formação da *opinio delicti*. A requisição não passa de autorização política para este desempenhar suas funções.

(v) **Eficácia objetiva da requisição:** aplica-se tudo quanto se disse em relação à eficácia objetiva da representação.

(vi) **Conteúdo da requisição:** o CPP silenciou a respeito. Deve, entretanto, conter a qualidade da vítima, a qualificação, se possível, do autor da infração penal e a exposição do fato.

(vii) **Destinatário da requisição:** é o Ministério Público.

11.6.12. Ação penal nos crimes contra a dignidade sexual

11.6.12.1. Regra: a ação será pública condicionada à representação do ofendido, incluído o estupro cometido com violência real

A redação do art. 225 do Código Penal, conferida pela Lei n. 12.015/2009, considera de ação penal pública condicionada à representação do ofendido ou seu representante legal todos os crimes definidos nos Capítulos I e II. Estão incluídos nesse rol: estupro, na sua forma simples e qualificada (CP, art. 213 e parágrafos); violência sexual mediante fraude (CP, art. 215); e o assédio sexual (CP, art. 216-A). Os tipos penais dos arts. 217-A, 218 e 218-A e B se referem a vítimas menores ou vulneráveis e são de ação pública incondicionada, conforme se verá abaixo.

11.6.12.2. Superação da Súmula 608 do STF

De acordo com essa súmula, o estupro cometido com emprego de violência real será de ação pública incondicionada. Tal entendimento decorre do disposto no art. 101 do Código Penal, segundo o qual, quando um dos elementos ou circunstâncias que compõem o delito complexo constituir, por si só, crime de ação penal pública incondicionada, aquele também se processará deste modo. Por exemplo, estupro qualificado pela lesão corporal de natureza grave, gravíssima ou morte. Trata-se de delito complexo, resultante da fusão do estupro + lesão grave, gravíssima ou homicídio. Como nenhum desses últimos

49. Tourinho Filho, *Processo penal*, cit., 1997, v. 1, p. 361-2.

50. Jorge Alberto Romeiro, *Da ação penal*, 1978, p. 125.

51. Tourinho Filho, *Processo penal*, cit., v. 1, p. 340.

crimes exige representação do ofendido ou de seu representante legal para a ação penal, o estupro que tiver qualquer um deles como resultado agravador também não dependerá dessa condição de procedibilidade.

A questão que se coloca é se a súmula ainda continua em vigor diante da redação do art. 225 do Código Penal, determinada pela Lei n. 12.015/2009. Isto porque o dispositivo é categórico ao prever a necessidade de representação *para todos os tipos penais* previstos nos Capítulos I e II do Título VI do CP, *alcançando por previsão expressa o estupro em todas as suas formas*, as quais se encontram definidas no mencionado Capítulo I.

Nosso entendimento: a Súmula 608 do STF se encontra superada, a não ser que sobrevenha uma interpretação contrária à letra expressa da lei, com o fito de minimizar sua falta de critério no tratamento de tão grave crime como o estupro.

Convém notar que, na hipótese do resultado agravador morte, a representação ficará a cargo de um representante legal, cuja relação de apreço pela vítima ou cujos interesses nem sempre coincidirão com a autorização para dar início à persecução penal. As dificuldades práticas serão imensas. A lei, no entanto, foi clara: a ação será condicionada à representação para os crimes definidos no art. 213, *caput* (estupro simples); 213, § 1º (estupro qualificado pelo resultado lesão corporal grave); e 213, § 2º (estupro qualificado pelo resultado morte). Neste último caso, por óbvio, a representação fica a cargo do sucessor ou representante legal da vítima morta. Lamentável sob todos os aspectos a nova regra. A lei, contudo, é dolorosamente clara, impedindo interpretações diversionistas. Dessa forma, a súmula está superada e a ação penal pública dependerá de representação, ressalvadas as exceções abaixo (vítima menor de 18 anos ou em situação de vulnerabilidade).

11.6.12.3. Casos excepcionais de ação penal pública incondicionada

São duas as exceções previstas no art. 225, parágrafo único, do Código Penal:

(i) **Ação penal pública incondicionada:** vítima menor de 18 anos. No caso de crime cometido a partir da zero hora do dia em que a vítima completa 18 anos, a ação já passa a ser pública condicionada à representação.

(ii) **Ação penal pública incondicionada:** se a vítima é pessoa vulnerável. Vulnerável é qualquer pessoa em situação de fragilidade ou perigo. A lei não se refere aqui à capacidade para consentir ou à maturidade sexual da vítima, mas ao fato de se encontrar em situação de maior fraqueza moral, social, cultural, fisiológica, biológica etc. Uma jovem menor, sexualmente experimentada e envolvida em prostituição, pode atingir, à custa desse prematuro envolvimento, um amadurecimento precoce. Não se pode afirmar que seja incapaz de compreender o que faz. No entanto, é considerada vulnerável, dada a sua condição de menor sujeita à exploração sexual. Não se confundem vulnerabilidade e a presunção de violência da legislação anterior. São vulneráveis os menores de 18 anos, mesmo que tenham maturidade prematura. Não se trata de presumir incapacidade e violência. A vulnerabilidade é um conceito novo muito mais abrangente, que leva em conta a necessidade de proteção do Estado em relação a certas pessoas ou situações. Incluem-se, no rol de vulnerabilidade, casos de doença mental, embriaguez, hipnose, enfermidade, idade avançada, pouca ou nenhuma mobilidade de membros, perda momentânea de consciência, deficiência intelectual, má formação cultural, miserabilidade social, sujeição a situação de guarda, tutela ou curatela, temor reverencial, enfim, qualquer caso de evidente fragilidade.

11.6.13. Ação penal nos crimes de violência doméstica e familiar contra a mulher – Lei n. 11.340, de 7 de agosto de 2006

A Lei n. 11.340, de 7 de agosto de 2006, que entrou em vigor no dia 22 de setembro de 2006, ao ampliar a proteção da mulher vítima de violência doméstica e familiar, vedou incidência da Lei dos Juizados Especiais Criminais em tais situações. Note-se que, a partir do advento da citada lei, o crime de lesão corporal dolosa leve qualificado pela violência doméstica, previsto no § 9º do art. 129 do Código Penal, deixou de ser considerado infração de menor potencial ofensivo, em face da majoração do limite máximo da pena, o qual passou a ser de três anos. Por conta da proibição da incidência da Lei dos Juizados Especiais Criminais em tais situações, passou-se a questionar se o crime doloso de lesão corporal leve qualificado pela violência doméstica (CP, art. 129, § 9º) continuaria a ser de ação penal condicionada à representação da ofendida, tal como determina o art. 88 da Lei dos Juizados Especiais Criminais.

O STF pacificou a questão ao julgar procedente a ação direta de inconstitucionalidade (ADI 4.424) ajuizada pelo procurador-geral da República, no sentido de que, nos crimes de lesão corporal leve, o Ministério Público agora pode propor ação penal pública sem necessidade de representação da vítima.

Convém ressalvar que mencionada lei somente se aplica à violência doméstica praticada contra a mulher. Dessa forma, se a violência for praticada, no âmbito doméstico, contra indivíduo do sexo masculino (por exemplo, menor de idade), não há vedação para a incidência da Lei n. 9.099/95 (representação e suspensão condicional do processo). Sobre o tema, *vide* Lei dos Juizados Especiais Criminais.

Em recente orientação jurisprudencial, o STJ editou a Súmula 542: "a ação penal relativa ao crime de lesão corporal resultante de violência doméstica contra a mulher é pública incondicionada".

Jurisprudência

- PENAL E PROCESSO PENAL. RECURSO EM *HABEAS CORPUS*. 1. INVESTIGAÇÃO REALIZADA PELO MINISTÉRIO PÚBLICO. POSSIBILIDADE. RE 593.727/MG. AUSÊNCIA DE CONSTRANGIMENTO ILEGAL. 2. RECURSO EM *HABEAS CORPUS* IMPROVIDO. "1. No julgamento do Recurso Extraordinário n. 593.727/MG, em 18/5/2015, ficou assentado pelo Supremo Tribunal Federal, em Repercussão Geral, que o Ministério Público pode promover, por autoridade própria e por prazo razoável, investigações criminais, desde que respeitados os direitos e garantias que assistem a qualquer pessoa sob investigação do Estado, sem prejuízo do permanente controle jurisdicional dos atos.

Consignou-se, ademais, que o poder investigatório do órgão seria extraído da Constituição, com base em cláusula que outorgaria o monopólio da ação penal pública e o controle externo sobre a atividade policial. Dessa forma, não há se falar em constrangimento ilegal. 2. Recurso em *habeas corpus* improvido" (STJ – RHC 39822/SP, rel. Min. Reynaldo Soares da Fonseca, Quinta Turma, *DJe*, 16 mar. 2016).

11.7. Ação penal privada: conceito, fundamento e princípios

11.7.1. Conceito

É aquela em que o Estado, titular exclusivo do direito de punir, transfere a legitimidade para a propositura da ação penal à vítima ou a seu representante legal. A distinção básica que se faz entre ação penal privada e ação penal pública reside na legitimidade ativa. Nesta, a tem o órgão do Ministério Público, com exclusividade (CF, art. 129, I); naquela, o ofendido ou quem por ele de direito. Mesmo na ação privada, o Estado continua sendo o único titular do direito de punir e, portanto, da pretensão punitiva. Apenas por razões de política criminal é que ele outorga ao particular o direito de ação. Trata-se, portanto, de legitimação extraordinária, ou substituição processual, pois o ofendido, ao exercer a queixa, defende um interesse alheio (do Estado na repressão dos delitos) em nome próprio.

11.7.2. Fundamento

Evitar que o *strepitus judicii* (escândalo do processo) provoque no ofendido um mal maior do que a impunidade do criminoso, decorrente da não propositura da ação penal.

11.7.3. Titular

O ofendido ou seu representante legal (CP, art. 100, § 2º; CPP, art. 30). Na técnica do Código, o autor denomina-se *querelante* e o réu, *querelado*. Se o ofendido for menor de 18 anos, ou mentalmente enfermo, ou retardado mental, e não tiver representante legal, ou seus interesses colidirem com os deste último, o direito de queixa poderá ser exercido por curador especial, nomeado para o ato (art. 33 do CPP). A partir dos 18 anos, a queixa somente poderá ser exercida pelo ofendido, pois, de acordo com o art. 5º, I, Código Civil, com essa idade se adquire plena capacidade para o exercício de qualquer direito, inclusive a prática de atos processuais, sem interferência de curador ou representante legal. Com isso, o art. 34 do CPP, segundo o qual, "se o ofendido for menor de 21 (vinte e um) e maior de 18 (dezoito) anos, o direito de queixa poderá ser exercido por ele ou por seu representante legal", está revogado. A expressão "menor de 21 anos" ficou esvaziada, pela simples razão de que, a partir dos 18, não se pode mais falar em menor. A situação, portanto, ficou assim: (i) se menor de 18, só o representante legal pode oferecer a queixa; (ii) se maior de 18, mas doente mental, *idem*; (iii) quando maior de 18, só o ofendido poderá fazer uso do direito de oferecer a queixa-crime.

Convém observar que, para o menor de 18, não se inicia o prazo decadencial a partir do conhecimento da autoria, mas da data em que completar a maioridade, pois não tem sentido começar a fluir prazo para o exercício de um direito que ainda não pode ser exercido. Haverá, nessa hipótese, dois prazos decadenciais: um para o ofendido, a partir dos 18 anos, e outro para o representante legal, a contar do conhecimento da autoria, nos termos da Súmula 594 do STF. Completando 18 anos, cessa imediatamente o direito de o representante legal ofertar a queixa, ainda que não decorrido seu prazo decadencial.

No caso de morte do ofendido, ou de declaração de ausência, o direito de queixa, ou de dar prosseguimento à acusação, passa a seu cônjuge, ascendente, descendente ou irmão (CPP, art. 31). A doutrina, seguida pela jurisprudência, tem considerado o rol como taxativo e preferencial, de modo que não pode ser ampliado (como, p. ex., para incluir o curador do ausente). No tocante aos companheiros reunidos pelo laço da união estável, tem-se que a Constituição Federal, em seu art. 226, § 3º, reconhece expressamente a união estável entre o homem e a mulher como entidade familiar. Assim, no conceito de cônjuge, devem ser incluídos os companheiros. Não se trata aqui de interpretação extensiva da norma penal, ou seja, de analogia *in malam partem*, mas, sim, de mera declaração do seu conteúdo, de acordo com o preceito constitucional. Mencione-se que, recentemente, o Plenário do STF reconheceu a união de pessoas do mesmo sexo como entidade familiar (ADPF 132 – cf. *Informativo do STF*, n. 625, Brasília, 2 a 6 de maio de 2011). Exercida a queixa pela primeira das pessoas constantes do rol do art. 32, as demais se acham impedidas de fazê-lo, só podendo assumir a ação no caso de abandono pelo querelante, desde que o façam no prazo de sessenta dias, observada a preferência do art. 36 do Código de Processo Penal, sob pena de perempção (CPP, art. 60, II).

As fundações, associações e sociedades legalmente constituídas podem promover a ação penal privada, devendo, entretanto, ser representadas por seus diretores, ou pessoas indicadas em seus estatutos (CPP, art. 37). O Ministério Público não tem legitimidade para a propositura dessa ação penal, pois o Estado a outorgou extraordinariamente à vítima, atento ao fato de que, em determinados crimes, o *strepitus judicii* (escândalo do processo) pode ser muito mais prejudicial ao seu interesse do que a própria impunidade do culpado.

11.7.4. Princípio da oportunidade ou conveniência

O ofendido tem a faculdade de propor ou não a ação de acordo com a sua conveniência, ao contrário da ação penal pública, informada que é pelo princípio da legalidade, segundo o qual não é dado ao seu titular, quando da sua propositura, ponderar qualquer critério de oportunidade e conveniência. Diante disto, se a autoridade policial se deparar com uma situação de flagrante delito de ação privada, ela só poderá prender o agente se houver expressa autorização do particular (CPP, art. 5º, § 5º).

11.7.5. Princípio da disponibilidade

Na ação privada, a decisão de prosseguir ou não até o final é do ofendido. É uma decorrência do princípio da oportunidade. O particular é o exclusivo titular dessa ação, porque o Estado assim o desejou, e, por isso, é-lhe dada a prerrogativa de exercê-la ou não, conforme suas conveniências. Mesmo o fazendo, ainda lhe é possível dispor do conteúdo do processo (a relação jurídica material) até o trânsito em julgado da sentença condenatória, por meio do perdão ou da perempção (CPP, arts. 51 e 60, respectivamente).

11.7.6. Princípio da indivisibilidade

Previsto no art. 48 do Código de Processo Penal. O ofendido pode escolher entre propor ou não a ação. Não pode, porém, optar dentre os ofensores qual irá processar. Ou processa todos, ou não processa nenhum. O Ministério Público não pode aditar a queixa para nela incluir os outros ofensores, porque estaria invadindo a legitimação do ofendido. Em sentido contrário, entendendo que o aditamento é possível, com base no art. 46, § 2º, do CPP: Tourinho Filho, *Processo penal*, cit., v. 1, p. 383. No caso, a queixa deve ser rejeitada em face da ocorrência da renúncia tácita no tocante aos não incluídos, pois esta causa extintiva da punibilidade se comunica aos querelados (CPP, art. 49). Convém notar que, na hipótese de não ser conhecida a identidade do coautor ou partícipe do crime de ação penal privada, não será possível, evidentemente, a sua inclusão na queixa. Nesse caso, não se trata de renúncia tácita, com a consequente extinção da punibilidade de todos os demandados, porque a omissão não decorreu da vontade do querelante. Tão logo se obtenham os dados identificadores necessários, o ofendido deverá promover o aditamento ou, então, conforme a fase do processo, apresentar outra queixa contra o indigitado, sob pena de, agora sim, incorrer em renúncia tácita extensiva a todos.

11.7.7. Princípio da intranscendência

Significando que a ação penal só pode ser proposta em face do autor e do partícipe da infração penal, não podendo se estender a quaisquer outras pessoas. Decorrência do princípio consagrado no art. 5º, XLV, da Constituição Federal.

11.8. Ação penal privada: espécies

11.8.1. Exclusivamente privada, ou propriamente dita

Pode ser proposta pelo ofendido, se maior de 18 anos e capaz; por seu representante legal, se o ofendido for menor de 18 anos; ou, no caso de morte do ofendido ou declaração de ausência, pelo seu cônjuge, ascendente, descendente ou irmão (CPP, art. 31).

11.8.2. Ação privada personalíssima

Sua titularidade é atribuída única e exclusivamente ao ofendido, sendo o seu exercício vedado até mesmo ao seu representante legal, inexistindo, ainda, sucessão por morte ou ausência. Assim, falecendo o ofendido, nada há que se fazer a não ser aguardar a extinção da punibilidade do agente. É, como se vê, um direito personalíssimo e intransmissível. Inaplicáveis, portanto, os arts. 31 e 34 do Código de Processo Penal. Há entre nós apenas um caso dessa espécie de ação penal: crime de induzimento a erro essencial ou ocultação de impedimento, previsto no Código Penal, no capítulo "Dos Crimes contra o Casamento", art. 236, parágrafo único. O crime de adultério, atualmente revogado pela Lei n. 11.106/2005, também estava sujeito a essa espécie de ação penal.

No caso de ofendido incapaz, seja em virtude da pouca idade (menor de 18 anos), seja em razão de enfermidade mental, a queixa não poderá ser exercida, haja vista a incapacidade processual do ofendido (incapacidade de estar em juízo) e a impossibilidade de o direito ser manejado por representante legal ou por curador especial nomeado pelo juiz. Resta ao ofendido apenas aguardar a cessação da sua incapacidade. Anote-se que a decadência não corre contra ele simplesmente porque está impedido de exercer o direito de que é titular.

11.8.3. Subsidiária da pública

Proposta nos crimes de ação pública, condicionada ou incondicionada, quando o Ministério Público deixar de fazê-lo no prazo legal. É a única exceção, prevista na própria Constituição Federal, à regra da titularidade exclusiva do Ministério Público sobre a ação penal pública (CF, arts. 5º, LIX, e 129, I).

Só tem lugar no caso de inércia do Ministério Público, jamais na hipótese de arquivamento, conforme entendimento pacífico do STF e STJ. A Constituição Federal diz que "será admitida ação privada nos crimes de ação pública, se esta não for intentada no prazo legal" (art. 5º, LIX), e o Código de Processo Penal repete essa fórmula, com alguns acréscimos. Daí se depreende o cabimento da ação privada subsidiária somente quando houver inércia do órgão ministerial, e não quando este agir, requerendo sejam os autos de inquérito policial arquivados, porque não identificada a hipótese legal de atuação. Deve-se aplicar o disposto na Súmula 524 do STF, segundo a qual: "Arquivado o inquérito policial, por despacho do juiz, a requerimento do promotor de justiça, não pode a ação penal ser iniciada sem novas provas". Assim, uma vez arquivado o inquérito, somente novas provas poderão reavivá-lo, não sendo possível ao ofendido, por meio da ação subsidiária, pretender dar seguimento à persecução penal. Em sentido contrário, o STJ chegou a manifestar-se uma única vez, ao entender cabível a ação privada também na hipótese de pedido de arquivamento. Contudo, tratou-se de decisão isolada, a qual, inclusive, foi posteriormente reformada pelo Pretório Excelso.

11.8.4. Ação penal secundária

É aquela em que a lei estabelece um titular ou uma modalidade de ação penal para determinado crime, mas, mediante o surgimento de circunstâncias especiais, prevê, secundariamente, uma nova espécie de ação para aquela mesma infração. Por exemplo: nos crimes contra a dignidade sexual, previstos nos Capítulos I e II, a ação penal contemplada é a pública condicionada à representação do ofendido (CP, art. 225, *caput*, com as modificações operadas pela Lei n. 12.015/2009). No entanto, se a vítima é menor de 18 anos, passará a ser pública incondicionada (CP, art. 225, parágrafo único).

Ainda nos crimes contra a dignidade sexual, se a vítima for vulnerável, a ação passará, secundariamente, de pública condicionada para pública incondicionada (CP, art. 225, parágrafo único).

11.9. Crimes de ação penal privada no Código Penal

(i) Calúnia, difamação e injúria (arts. 138, 139 e 140, *caput*), salvo as restrições do art. 145;

(ii) Alteração de limites, usurpação de águas e esbulho possessório, quando não houver violência e a propriedade for privada (art. 161, § 1º, I e II);

(iii) Dano, mesmo quando cometido por motivo egoístico ou com prejuízo considerável para a vítima (art. 163, *caput*, parágrafo único, IV);

(iv) Introdução ou abandono de animais em propriedade alheia (art. 164 c/c o art. 167);

(v) Fraude à execução (art. 179 e parágrafo único);

(vi) Violação de direito autoral, usurpação de nome ou pseudônimo alheio, salvo quando praticados em prejuízo de entidades de direito (arts. 184 a 186);

(vii) Induzimento a erro essencial e ocultação de impedimento para fins matrimoniais (art. 236 e seu parágrafo); e

(viii) Exercício arbitrário das próprias razões, desde que praticado sem violência (art. 345, parágrafo único).

11.10. Prazo da ação penal privada

O ofendido ou seu representante legal poderão exercer o direito de queixa dentro do prazo de seis meses, contado do dia em que vierem a saber quem foi o autor do crime (CPP, art. 38). O próprio art. 38 deixa entrever a possibilidade de haver exceções à regra, as quais de fato existem: (i) no crime de induzimento a erro essencial e ocultação de impedimento: seis meses, contados a partir do trânsito em julgado da sentença que, por motivo de erro ou impedimento, anule o casamento (CP, art. 236, parágrafo único); (ii) nos crimes de ação privada contra a propriedade imaterial que deixar vestígios, sempre que for requerida a prova pericial: trinta dias, contados da homologação do laudo pericial (CPP, art. 529, *caput*, o qual, por ser regra especial, prevalece sobre a norma geral do art. 38 do mesmo Código). Nesta última hipótese, embora o prazo decadencial seja de trinta dias a contar da homologação do laudo, não poderá também ser excedido o de seis meses do conhecimento da autoria, caso contrário o termo inicial ficaria sempre sob o controle exclusivo do ofendido, o qual decidiria quando requerer a busca e apreensão dos objetos que constituem o corpo do delito. Assim, dentro do prazo decadencial de seis meses, o interessado deverá requerer a busca e apreensão, obter a sua homologação e, trinta dias após, oferecer a queixa. Se perder esse prazo de trinta dias, poderá requerer novas diligências, daí advindo novo prazo de trinta dias para o exercício do direito de queixa, desde que não ultrapassado o limite decadencial de seis meses. Questão interessante consiste em saber se os trinta dias contam-se da decisão homologatória do laudo ou da intimação dessa sentença. Sempre que se fala genericamente em prazo de "trinta dias a contar da homologação", fica a dúvida: está-se querendo dizer trinta dias a contar da intimação ou a frase deve ser interpretada "ao pé da letra"? No processo penal moderno não podem existir prazos automáticos, não se admitindo se inicie um lapso temporal sem que a parte interessada tenha inequívoca ciência. Admitir o contrário implicaria afrontar o princípio do contraditório. Por essa razão, o trintídio somente principia a partir da intimação do ato de homologação da perícia.

O prazo é decadencial, conforme a regra do art. 10 do Código Penal, computando-se o dia do começo e excluindo-se o dia final. Do mesmo modo, não se prorroga em face de domingo, feriado e férias, sendo inaplicável o art. 798, § 3º, do Código de Processo Penal.

Assim, se o termo final do prazo cair em sábado, domingo ou feriado, o ofendido, ou quem deseje, por ele, propor a ação, deverá procurar um juiz que se encontre em plantão e submeter-lhe a queixa-crime. Nunca poderá aguardar o primeiro dia útil, como faria se o prazo fosse prescricional.

Ao completar 18 anos, salvo se doente mental, somente o ofendido poderá exercer o direito de queixa ou de representação, pouco importando se tem menos de 21 anos. É que, com o Código Civil de 2002, aos 18 anos se adquire plena capacidade para a prática de quaisquer atos da vida civil, inclusive os de natureza processual, sem assistência de curador ou representante legal. Sendo assim, as expressões "menor" e "representante legal" não podem mais ser empregadas para quem atingiu a maioridade civil (agora coincidente com a penal). Para o processo penal, portanto, só existe o absolutamente incapaz, menor de 18 anos, e o capaz, maior de 18, não se podendo mais falar na incapacidade relativa de quem está entre 18 e 21. Com isso, não há mais legitimidade do representante legal, nem duplicidade de prazo decadencial para essa hipótese, ficando, aqui, sem efeito a Súmula 594 do STF e revogados tacitamente os arts. 34 e 50, parágrafo único, do CPP.

No caso de ofendido menor de 18 anos, o prazo da decadência só começa a ser contado no dia em que ele completar esta idade, e não no dia em que ele tomou conhecimento da autoria. O art. 35 do Código de Processo Penal, que exigia autorização do marido para a mulher casada intentar a queixa, foi revogado pelo art. 226, § 5º, da Constituição da República. No caso de morte ou ausência do ofendido, o prazo decadencial de seis meses começará a correr a partir da data em que qualquer dos sucessores elencados no art. 31 do Código de Processo Penal tomar conhecimento da autoria (CPP, art. 38, parágrafo único), exceto se, quando a vítima morreu, já tinha se operado a decadência. O prazo decadencial é interrompido no momento do *oferecimento da queixa*, pouco importando a data de seu recebimento.

Tratando-se de ação penal privada subsidiária, o prazo será de seis meses a contar do encerramento do prazo para o Ministério Público oferecer a denúncia (CPP, art. 29).

Na hipótese de crime continuado, o prazo incidirá isoladamente sobre cada crime, iniciando-se a partir do conhecimento da respectiva autoria (despreza-se a continuidade delitiva para esse fim). No crime permanente, o prazo começa a partir do primeiro instante em que a vítima tomou conhecimento da autoria, e não a partir do momento em que cessou a permanência (não se aplica, portanto, a regra do prazo prescricional). Finalmente, nos crimes habituais, inicia-se a contagem do prazo a partir do último ato.

Lembre-se de que o pedido de instauração de inquérito (CPP, art. 5º, § 5º) não interrompe o prazo decadencial. Assim, o ofendido deverá ser cauteloso e requerer o início das investigações em um prazo tal que possibilite a sua conclusão e o oferecimento da queixa no prazo legal. O Código usa a palavra "queixa" em seu sentido técnico, como ato processual que dá início à ação penal.

11.11. Distinção entre prazo penal e prazo processual

Todo prazo cujo decurso levar à extinção do direito de punir será considerado penal. Assim, por exemplo: o prazo decadencial de seis meses, a contar do conhecimento da autoria pelo ofendido ou seu representante legal, para o oferecimento da queixa ou da representação: embora se trate de prazo para a realização de um ato processual, seu fluxo levará à extinção da punibilidade, pois sem a queixa ou a representação torna-se impossível a instauração do processo e, por conseguinte, a satisfação da pretensão punitiva pelo Estado. Como não é possível dar início à persecução penal, jamais será imposta qualquer sanção ao infrator, de maneira que, de forma indireta, a decadência acarreta a extinção da punibilidade, já que a inviabiliza. Só pode, portanto, ter natureza penal. Outro exemplo é o prazo de trinta dias para o querelante dar andamento à ação exclusivamente privada ou à personalíssima, sob pena de extinção da punibilidade pela perempção (CPP, art. 60, I): embora o instituto, aparentemente, tenha relação com o processo, como sua consequência afeta o *jus puniendi*, tal prazo também será contado de acordo com a regra do art. 10 do CP. É ainda a hipótese do prazo de sessenta dias para que o cônjuge, ascendente, descendente ou irmão sucedam o querelante morto na ação penal exclusivamente privada, sob pena de perempção (CPP, art. 60, II). Em contrapartida, na hipótese do prazo decadencial de seis meses para que o ofendido ou seu representante legal proponham a ação penal privada subsidiária da pública, o qual começa a correr a partir do término do prazo para o Ministério Público oferecer a denúncia (CF, art. 5º, LIX, e CPP, art. 29), tem ele natureza processual e será contado de acordo com a regra do art. 798, § 1º, do CPP, excluindo-se o dia do começo (tem início a partir do primeiro dia útil subsequente – Súmula 310 do STF), computando-se o do final e prorrogando-se quando terminar em domingo ou feriado. Isto porque o decurso do prazo decadencial não acarreta a extinção da punibilidade, já que o MP poderá, a qualquer tempo antes da prescrição, oferecer a denúncia.

Jurisprudência

- "Sendo o crime de natureza pública incondicionada, o particular só tem legitimidade para oferecer queixa-crime e interpor recurso caso o Ministério Público, titular da ação penal, se mantenha inerte, o que não restou comprovado nos autos" (TJ-MG Rec. em sentido estrito: 10362180030714001/MG, rel.Júlio Cezar Guttierrez, Data de Publicação: 29 jan. 2020).
- AÇÃO PENAL PRIVADA SUBSIDIÁRIA. DESCABIMENTO: "1. Insuficiente a instrução da representação dirigida à Chefia do Parquet, a realização de diligências imprescindíveis ao oferecimento de denúncia, em regular procedimento investigatório, obsta a propositura de ação penal privada subsidiária da pública, não consubstanciando inércia do órgão do Ministério Público. Inteligência do artigo 39 do Código de Processo Penal (STJ, 6ª T., REsp 263.328/SP, rel. Min. Hamilton Carvalhido, j. 3-4-2001, *DJ*, 27 ago. 2001, p. 423).

Questões

1. Qual o conceito do princípio da obrigatoriedade da ação penal pública?
2. Enumere os crimes de ação penal privada presentes no Código Penal.
3. Qual é a distinção entre prazo penal e prazo processual?

12 DENÚNCIA E QUEIXA

12.1. Conceito

Peça acusatória iniciadora da ação penal, consistente em uma exposição por escrito de fatos que constituem, em tese, ilícito penal, com a manifestação expressa da vontade de que se aplique a lei penal a quem é presumivelmente seu autor e a indicação das provas em que se alicerça a pretensão punitiva. A denúncia é a peça acusatória inaugural da ação penal pública (condicionada ou incondicionada) (CPP, art. 24); a queixa, peça acusatória inicial da ação penal privada.

12.2. Requisitos: art. 41 do Código de Processo Penal

(i) **Descrição do fato em todas as suas circunstâncias:** a descrição deve ser precisa, não se admitindo a imputação vaga e imprecisa, que impossibilite ou dificulte o exercício da defesa. O autor deve incluir na peça inicial todas as circunstâncias que cercaram o fato, sejam elas elementares ou acidentais, que possam, de alguma forma, influir na apreciação do crime e na fixação e individualização da pena. Se a deficiência na narrativa não impedir a compreensão da acusação, a denúncia deve ser recebida. A omissão de alguma circunstância acidental (não constitutiva do tipo penal) não invalida a queixa ou a denúncia, podendo ser suprida até a sentença (CPP, art. 569).

Na hipótese de concurso de agentes, a denúncia deve especificar a conduta de cada um. Assim, no caso de coautoria e participação, deverá ser descrita, individualmente, a conduta de cada um dos coautores e partícipes. Todavia, essa providência nem sempre é possível, o que tem levado os tribunais a admitir a narração genérica da conduta dos coautores e dos partícipes, devendo o autor apenas deixar bem clara a existência das elementares do concurso de agentes (CP, art. 29).

No caso dos crimes de autoria coletiva, o Superior Tribunal de Justiça vem entendendo que, quando a acusação não tem elementos para especificar a conduta de cada coautor e partícipe, a fim de não inviabilizar a persecução penal, é possível fazer uma narração genérica do fato, sem descrever a conduta de cada um, uma vez que a inaugural poderá ser emendada até a sentença condenatória.

Na mesma linha, o Supremo Tribunal Federal já decidiu que, desde que permitam o exercício do direito de defesa, as eventuais omissões da denúncia, quanto aos requisitos do art. 41 do CPP, não implicam necessariamente a sua inépcia, certo que podem ser supridas a todo tempo, antes da sentença final (CPP, art. 569). Assim, nos crimes de autoria coletiva, a jurisprudência da Corte não tem exigido a descrição pormenorizada da conduta de cada acusado. Convém frisar, no entanto, que a peça acusatória não pode, a pretexto de ser genérica, omitir os mais elementares requisitos que demonstrem estar presentes as indispensáveis condições para a *causa petendi*. A atenuação do rigorismo do art. 41 do Código Penal não implica admitir-se denúncia que nem de longe demonstre a ação ou omissão praticada pelos agentes, o nexo de causalidade com o resultado danoso ou qualquer elemento indiciário de culpabilidade. Nesse sentido, já decidiu anteriormente o Supremo, ao tratar dos delitos societários quando determinou que descrever genericamente a conduta do tipo ofende o princípio da ampla defesa e do contraditório. Premente se faz a individualização da conduta, bem como o apontamento do nexo de causalidade entre os dois elementos.

Discute-se na doutrina a possibilidade de ser oferecida denúncia alternativa, que é aquela que atribui ao réu mais de uma conduta penalmente relevante de forma alternada, de modo que, se uma delas não ficar comprovada, o réu poderá ser condenado subsidiariamente pela outra. Por exemplo: o agente, indiciado por roubo, nega esse crime, mas confessa ter adquirido a *res*, sabendo de sua origem ilícita. Nesse caso, a denúncia alternativa descreve o roubo, afirmando que, na hipótese de o mesmo não ficar provado, o indiciado deverá ser condenado por receptação dolosa, a qual vem narrada na petição de modo subsidiário, ficando como uma segunda opção para o juiz. Desse modo, o acolhimento de uma imputação implicará a rejeição da outra e vice-versa, abrindo-se um rol de alternativas para o magistrado, com a observação de que a coisa julgada se estenderá sobre todos os delitos imputados alternativamente, sendo impossível novo processo pelo delito no qual operou-se a absolvição.

Há duas posições a respeito: (i) Para Grinover, Scarance e Magalhães[52], a denúncia alternativa não pode ser aceita, pois torna a acusação incerta, dificultando muito, e às vezes até inviabilizando, o exercício da defesa. Nesse mesmo sentido posicionam-se a Súmula 1 das Mesas de Processo Penal da USP e a jurisprudência mais recente. (ii) Em sentido contrário, Afrânio Silva Jardim[53].

Nosso entendimento: correta a primeira posição, pois para que se realize a ampla defesa não se concebe uma pluralidade de acusações alternativas, impossibilitando o réu de saber do que está sendo acusado.

(ii) Qualificação do acusado ou fornecimento de dados que possibilitem sua identificação: qualificar é apontar o conjunto de qualidades pelas quais se possa identificar o denunciado, distinguindo-o das demais pessoas. A qualificação é prescindível, desde que seja possível obter-se a identidade física do acusado, por traços característicos ou outros dados. Veja, a propósito, o disposto no art. 259 do Código de Processo Penal.

(iii) Classificação jurídica do fato: a correta classificação do fato imputado não é requisito essencial da denúncia, pois não vincula o juiz, que poderá dar àquele definição

52. *As nulidades no processo penal*, cit., 2. ed., p. 79.

53. *Ação penal pública* – princípio da obrigatoriedade, p. 108.

jurídica diversa. O juiz só está adstrito aos fatos narrados na peça acusatória (CPP, arts. 383 e 384). O autor deverá indicar o dispositivo legal em que se subsome o fato imputado, não bastando a simples menção ao *nomen iuris* da infração. O demandado defende-se dos fatos a ele imputados, não da sua tipificação legal. Por isso, a classificação jurídica da conduta pode ser alterada até a sentença, quer por aditamento da peça inicial (CPP, art. 569), quer por ato do juiz (CPP, art. 383) ou do Ministério Público (CPP, art. 384). Se, em consequência de definição jurídica diversa, houver possibilidade de proposta de suspensão condicional do processo (art. 89 da Lei n. 9.099/95), o juiz procederá de acordo com o disposto nessa lei (CPP, art. 383, § 1º). A Lei n. 11.719/2008 apenas tornou expressa a orientação sedimentada na Súmula 337 do STJ: "É cabível a suspensão condicional do processo na desclassificação do crime e na procedência parcial da pretensão punitiva". "Tratando-se de infração da competência de outro juízo, a este serão encaminhados os autos" (CPP, art. 383, § 2º).

Dessa forma, o juiz não deve rejeitar a peça inicial por entender errada a classificação do crime. Igualmente, ele não poderá receber a denúncia ou a queixa dando aos fatos nova capitulação, pois o poder de classificá-los, neste momento processual, é dos respectivos titulares. Tal providência deverá ser adotada por ocasião dos já citados arts. 383 e 384 do Código de Processo Penal, que tratam, respectivamente, da *emendatio* e da *mutatio libelli.*

(iv) **Rol de testemunhas (se houver):** o Código deixa claro que o arrolamento de testemunhas é facultativo. Todavia, o momento adequado para arrolar testemunhas, consoante o disposto no art. 41, é o da propositura da ação, não podendo a omissão ser suprida depois, por ter incidido o fenômeno da preclusão. Em regra, as provas devem ser propostas com a peça acusatória, ou, então, ao final da audiência de instrução, quando as partes "poderão requerer diligências cuja necessidade se origine de circunstâncias ou fatos apurados na instrução" (CPP, art. 402).

(v) **Pedido de condenação:** não precisa ser expresso, bastando que esteja implícito na peça.

(vi) **O endereçamento da petição:** o endereçamento equivocado não impede o recebimento da denúncia, tratando-se de mera irregularidade sanável com a remessa ou recebimento dos autos pelo juízo competente.

(vii) **O nome, o cargo e a posição funcional do denunciante.**

(viii) **A assinatura:** a falta de assinatura não invalida a peça, se não houver dúvidas quanto à sua autenticidade.

Enfim, nada obsta, ao contrário, tudo recomenda, que se apliquem à hipótese os requisitos do art. 319 do Código de Processo Civil, por força do art. 3º do Código de Processo Penal.

Além dos requisitos acima elencados, comuns à queixa e à denúncia, aquela apresenta, ainda, pressupostos específicos, que deverão ser observados pelo querelante:

(i) O ofendido poderá exercer a queixa pessoalmente, desde que possua capacidade postulatória. Caso contrário, deverá fazê-lo por meio de procurador, dotado de poderes especiais, ou seja, que extrapolam os poderes gerais para o foro (estes, outorgados através da cláusula *ad judicia*). Da procuração deverão constar expressamente os poderes especiais do procurador, o nome do *querelado* e a menção ao fato criminoso que a ele se imputará (CPP, art. 44). As irregularidades que porventura ocorrerem na procuração considerar-se-ão sanadas se o querelante também assinar a queixa. A finalidade de a procuração outorgada pelo querelante conter o nome do querelado e a descrição do fato criminoso é a de fixar eventual responsabilidade por denunciação caluniosa no exercício do direito de queixa. A assinatura do querelante na queixa, em conjunto com seu advogado, isentará o procurador de responsabilidade por eventual imputação abusiva, não sendo, nessa hipótese, necessária procuração.

(ii) Se dependerem de diligências que devam ser requeridas em juízo, serão dispensadas as exigências quanto ao nome do querelado e à menção ao fato criminoso (CPP, art. 44, parte final).

→ **ATENÇÃO:** tratando-se de simples erro periférico, sem qualquer relevância, o juiz deverá receber, desde logo, a denúncia, até porque a incorreção, a par de não comprometer o esclarecimento da verdade, é passível de ser corrigida até a prolação da sentença, nos termos do art. 569 do Código de Processo Penal.

Jurisprudência

- APELAÇÃO CRIMINAL. CRIME DE ADULTERAÇÃO DE SINAL IDENTIFICADOR DE VEÍCULO AUTOMOTOR. (ART. 311, *CAPUT*, DO CÓDIGO PENAL). INÉPCIA PARCIAL DA DENÚNCIA RECONHECIDA NA ORIGEM. RECURSO DA ACUSAÇÃO. DESCRIÇÃO INSUFICIENTE DO DELITO IMPUTADO AO ACUSADO. DENÚNCIA GENÉRICA. CONFIGURAÇÃO. EMBARAÇO AO EXERCÍCIO DA AMPLA DEFESA E DO CONTRADITÓRIO CARACTERIZADO. ADMISSÃO EXCEPCIONAL DE DENÚNCIA GENÉRICA EM CRIMES SOCIETÁRIOS E DE AUTORIA COLETIVA QUANDO AUSENTES ELEMENTOS MÍNIMOS APTOS À INDIVIDUALIZAÇÃO DAS PRÁTICAS DELITIVAS. SITUAÇÃO NÃO VERIFICADA. PREJUÍZO À GARANTIA CONSTITUCIONAL DA AMPLA DEFESA CARACTERIZADO. SENTENÇA MANTIDA. RECURSO CONHECIDO E NÃO PROVIDO (TJ-SC – APR: 00003704520018240019/Concórdia, rel. Luiz Neri Oliveira de Souza, Data de Julgamento: 25 abr. 2019, Quinta Câmara Criminal).

12.3. Omissões

Podem ser supridas até a sentença (CPP, art. 569). O artigo em tela confere ao Ministério Público, além da prerrogativa de retificar dados acidentais da denúncia, o direito de aditá-la a qualquer momento, até a sentença, para incluir no processo novos acusados, ou para imputar aos existentes novos delitos. Em qualquer caso, providências deverão ser tomadas para assegurar a observância de todas as garantias do devido processo legal, tais como nova citação, reabertura da instrução, quando esta já estiver concluída, ou mesmo abertura de vista à parte para manifestar-se a respeito de algum documento que se tenha juntado.

As falhas e as omissões da queixa no tocante a formalidades secundárias também poderão ser sanadas a qualquer tempo, até a sentença. Há, todavia, entendimentos contrários, segundo os quais tais irregularidades só podem ser retificadas enquanto não fluir o prazo decadencial.

Quanto a eventual inépcia da denúncia, tal vício deverá ser arguido até a sentença condenatória, sob pena de preclusão.

12.4. Prazo para a denúncia (CPP, art. 46)

Em regra, quinze dias, se o indiciado estiver solto, e cinco dias, se estiver preso. O excesso de prazo não invalida a denúncia, só provocando o relaxamento da prisão, no caso de indiciado preso, bem como a imposição de sanção administrativa ao promotor desidioso, autorizando, ainda, o exercício da ação privada subsidiária, por parte do ofendido, ou por quem o represente. Será de dez dias, no caso de crime eleitoral, dois dias para crime contra a economia popular e dez dias para crime previsto na Lei de Drogas (cf. art. 54 da Lei n. 11.343/2006). Ressalve-se que esse prazo para oferecimento da denúncia não se aplica à infração prevista no art. 28 da lei, pois, nessa hipótese, o agente será processado e julgado na forma dos arts. 60 e seguintes da Lei n. 9.099/95, que dispõem sobre os Juizados Especiais Criminais, salvo se houver concurso com os crimes nos arts. 33 a 37 (cf. art. 48, § 1º). Quando o Ministério Público dispensar o inquérito, o prazo para o oferecimento da denúncia contar-se-á do recebimento das peças de informação ou da representação que contiver os elementos indispensáveis à propositura da ação penal.

12.5. Prazo para a queixa (CPP, art. 38)

Seis meses, contados do dia em que o ofendido vier a saber quem é o autor do crime. Trata-se de prazo de direito material (decadencial), computando-se o dia do começo, excluindo-se o dia do final, e não se admite prorrogação. No caso de ação privada subsidiária, o prazo será de seis meses, a contar do esgotamento do prazo para o oferecimento da denúncia (CPP, art. 38 c/c o art. 29). Para os sucessores, em caso de morte ou de ausência do ofendido, o prazo é o mesmo, conforme o art. 38, parágrafo único, do Código de Processo Penal.

12.6. Aditamento da queixa

O Ministério Público pode aditar a queixa para nela incluir circunstâncias que possam influir na caracterização do crime e na sua classificação, ou ainda na fixação da pena (dia, hora, local, meios, modos, motivos, dados pessoais do querelado etc.) (CPP, art. 45). Não poderá, entretanto, aditar a queixa para imputar aos querelados novos crimes, ou para nela incluir outros ofensores, além dos já existentes, pois desse modo estaria invadindo a legitimidade do ofendido, que optou por não processar os demais. Nesse caso, opera-se a renúncia tácita do direito de queixa, com a extinção da punibilidade dos que não foram processados (CP, art. 107, V, primeira parte), que se estende a todos os querelados, por força do princípio da indivisibilidade da ação penal (não quis processar um, não pode processar ninguém) (CPP, art. 49), desde que a exclusão de um ou de alguns dos ofensores tenha sido feita injustificadamente.

Na hipótese de não ser conhecida a identidade do coautor ou partícipe do crime de ação penal privada, não será possível, evidentemente, a sua inclusão na queixa. Nesse caso não se trata de renúncia tácita, com a consequente extinção da punibilidade de todos os demandados, porque a omissão não decorreu da vontade do querelante. Tão logo se obtenham os dados identificadores necessários, o ofendido deverá promover o aditamento ou, então, conforme a fase do processo, apresentar outra queixa contra o indigitado, sob pena de, agora sim, incorrer em renúncia tácita extensiva a todos. Omitindo-se, se o processo estiver em andamento, o juiz ou tribunal imediatamente julgará extinta a punibilidade dos querelados, nos termos do art. 107, V, primeira parte, do CP (CPP, art. 61, *caput*); se já tiver havido condenação transitada em julgado, os prejudicados poderão ingressar com revisão criminal, nos termos do art. 621, III, parte final, do CPP, porque se a lei admite a rescisão parcial do julgado ante circunstância que autorize a diminuição da pena, por óbvio também admitirá a sua extinção, quando tal circunstância beneficiar o condenado de forma mais ampla, admitindo-se interpretação extensiva em matéria processual (CPP, art. 3º). Seria clara afronta ao princípio da indivisibilidade perpetuar-se a punição de alguns querelados, ficando outros excluídos por omissão voluntária do titular do direito de ação.

O prazo para aditamento da queixa pelo Ministério Público é de três dias, a contar do recebimento dos autos pelo órgão ministerial. Aditando ou não a queixa, o MP deverá intervir em todos os termos do processo, sob pena de nulidade (CPP, arts. 46, § 2º, e 564, III, *d*, segunda parte).

Tratando-se de ação penal privada subsidiária da pública, o Ministério Público poderá, além de aditar a queixa, repudiá-la, oferecendo denúncia substitutiva (CPP, art. 29).

12.7. Rejeição da denúncia ou queixa: art. 395 do CPP

A denúncia ou queixa deverá ser rejeitada quando: "I — for manifestamente inepta; II — faltar pressuposto processual ou condição para o exercício da ação penal; ou III — faltar justa causa para o exercício da ação penal" (CPP, art. 395).

12.7.1. Inépcia da denúncia ou queixa

A inépcia da denúncia ou queixa caracteriza-se pela ausência do preenchimento dos requisitos da inicial (CPP, art. 41), quais sejam: a exposição do fato criminoso, com todas as suas circunstâncias, a qualificação do acusado ou esclarecimentos pelos quais se possa identificá-lo, a classificação do crime e, quando necessário, o rol das testemunhas. Além desses requisitos, outros são apontados pela doutrina. Diante disso, é possível afirmar a inexistência de distinção entre as hipóteses de não recebimento da denúncia ou queixa pela falta dos requisitos constantes da inicial (inépcia) e os casos de rejeição da peça inicial pela ausência das condições da ação.

12.7.2. Ausência de pressuposto processual

Sobre pressupostos processuais, *vide* comentários constantes do item respectivo no Capítulo 3.

12.7.3. Ausência de condição para o exercício da ação penal

São requisitos que subordinam o exercício do direito de ação: (i) possibilidade jurídica do pedido; (ii) interesse de agir; (iii) legitimidade para agir. Ao lado dessas condições tradicionais, há outras específicas ao processo penal, ditas condições específicas de procedibilidade.

(i) **Possibilidade jurídica do pedido:** não havendo possibilidade jurídica do pedido, a denúncia ou queixa deverão ser rejeitadas. É a hipótese, por exemplo, em que o fato narrado evidentemente não constitui crime. Caso configure fato típico e ilícito, a denúncia deverá ser recebida, pois, nessa fase, há mero juízo de prelibação. O juiz não deve efetuar um exame aprofundado de prova, deixando para enfrentar a questão por ocasião da sentença. A existência ou não de crime passará a constituir o próprio mérito da demanda, e a decisão fará, por conseguinte, coisa julgada material.

Entretanto, caso o fato narrado evidentemente não constitua crime, isto é, à primeira vista já se nota que se trata de fato atípico ou acobertado por excludente de ilicitude, sendo desnecessário aguardar-se a dilação probatória, a denúncia não poderá ser recebida, pois haverá autêntica *impossibilidade jurídica do pedido*. Nesse caso, falta uma condição da ação; o pedido não passa sequer pelo juízo sumário da prelibação. A regra é manifestação específica do princípio da reserva legal, positivado no art. 5º, XXXIX, da Constituição Federal e no art. 1º do Código Penal.

(ii) **Interesse de agir:** também haverá a rejeição da denúncia ou queixa quando faltar interesse de agir. Assim, o autor não terá qualquer razão para recorrer à tutela jurisdicional de um direito que já pereceu. É a hipótese em que, por exemplo, já estiver extinta a punibilidade pela prescrição ou outra causa. Nas situações em que for evidente a existência de circunstância autorizadora do perdão judicial, como em um homicídio culposo provocado por imprudência, no qual a vítima era filho do denunciado, o juiz deve, de plano, rejeitar a denúncia, com base no disposto no art. 395, II, do CPP. É que, de acordo com entendimento pacífico do STJ, a sentença que concede o perdão é declaratória da extinção da punibilidade (Súmula 18). Ora, se a sentença é declaratória, a punibilidade já estava extinta desde a consumação do crime, sendo apenas reconhecida por ocasião do pronunciamento jurisdicional. Assim, nada justifica fique o autor sujeito ao vexame e dissabores inerentes ao processo criminal, quando este já se encontra irremediavelmente "marcado para morrer". Ademais, sendo o perdão judicial causa extintiva da punibilidade (CP, art. 107, IX), e dispondo o CPP que "em qualquer fase do processo, o juiz, se reconhecer extinta a punibilidade, deverá declará-lo de ofício" (art. 61, *caput*), infere-se que o art. 395, II, do estatuto adjetivo penal permite a prolação dessa interlocutória mista terminativa, devendo a expressão "fase do processo" ser interpretada no sentido de "fase da persecução penal".

(iii) **Legitimidade para agir:** o Ministério Público, como órgão estatal incumbido de promover a persecução penal em juízo, detém a legitimação ordinária para a propositura da ação penal pública, enquanto o ofendido é o legitimado extraordinário para a ação penal privada, atuando como verdadeiro substituto processual (a verdadeira parte legítima é o Estado).

Nosso entendimento: caso o Ministério Público ofereça queixa, em ação privada, ou o ofendido denuncie alguém, na ação pública, a peça acusatória não será recebida, em face da impertinência subjetiva da ação. Entendemos que se trata de ilegitimidade ativa, pois a passiva (se o denunciado ou querelado foi ou não o verdadeiro autor) é questão de mérito.

Ainda na análise da **legitimidade ativa na ação privada**, há que se atentar para as diversas espécies desse tipo de ação: **(i) na ação privada exclusiva, ou propriamente dita:** legitimados serão o ofendido, o seu representante legal, conforme o caso, ou os sucessores daquele, em caso de morte ou ausência; **(ii) na ação privada subsidiária:** as mesmas pessoas, desde que haja inércia do órgão ministerial; **(iii) na ação privada personalíssima:** só pode ser promovida pelo ofendido e por ninguém mais.

Haverá também ilegitimidade quando um menor de 18 anos ingressar com a queixa, em uma ação privada. Nesse caso, opera-se a chamada ilegitimidade *ad processum* (incapacidade processual, isto é, para estar em juízo).

(iv) **Condição de procedibilidade exigida por lei:** São as *condições específicas de procedibilidade*, ao lado das tradicionais condições exigidas pela lei, sem as quais haverá a rejeição da denúncia ou queixa. São elas: a representação do ofendido ou a requisição do ministro da justiça, nos crimes de ação penal pública condicionada; a entrada do agente em território nacional, nos crimes tratados nas letras *a* e *b* do inciso II e no § 3º do art. 7º do Código Penal; o trânsito em julgado da sentença que, por motivo de erro ou impedimento, anule o casamento; a autorização da Câmara dos Deputados para instauração de processo por crime comum ou de responsabilidade do presidente da República; o exame pericial de que trata o art. 525 do Código de Processo Penal etc.

Mencione-se que o parágrafo único do art. 43 não foi reproduzido pela reforma processual. Este dispunha que, salvo no caso de a sentença declarar extinta a punibilidade ou julgar que o fato narrado não constitui crime, a decisão que negasse ao autor o direito de ação não faria coisa julgada material, porquanto não decidira o mérito. Assim, uma vez sanados os vícios, a inicial poderia ser novamente ofertada. Muito embora não tenha havido a reprodução legal de seu conteúdo, se a rejeição da denúncia ou queixa pela manifesta ilegitimidade da parte ou pela ausência de alguma condição de procedibilidade, não impedirá que seja proposta nova ação, desde que preenchidos os requisitos legais.

12.7.4. Ausência de justa causa para o exercício da ação penal

Consiste na ausência de qualquer elemento indiciário da existência do crime ou de sua autoria. É a justa causa, que a doutrina tem enquadrado como interesse de agir, significando que, para ser recebida, a inicial deve vir acompanhada de um suporte probatório que demonstre a idoneidade, a verossimilhança da acusação.

12.8. Fundamentação no recebimento

Para nós, o recebimento da denúncia ou queixa implica escolha judicial entre a aceitação e a recusa da acusação, tendo, por essa razão, conteúdo decisório, a merecer adequada fundamentação. É certo que o juiz deverá limitar-se a analisar a existência ou não de indícios suficientes do fato e sua autoria, sem incursionar pelo mérito, informado pelo princípio *in dubio pro societate*, mas não nos parece consentâneo com a atual ordem constitucional (art. 93, IX) dispensar toda e qualquer motivação. A jurisprudência, no entanto, tem entendido que a decisão que recebe a denúncia ou queixa não tem carga decisória e, portanto, não precisa ser fundamentada, até porque isso implicaria uma antecipação indevida do exame do mérito. Os principais fundamentos para a dispensa de motivação são: ausência de carga decisória e evitar indevida incursão antecipada no mérito. Interessante notar, porém, que o STJ tem considerado que o despacho de recebimento da denúncia ou queixa, proferido por juiz incompetente, é ineficaz para interromper a prescrição, nos termos do art. 567, primeira parte, do Código de Processo Penal, uma vez que, sendo um ato decisório, só poderia gerar o efeito interruptivo, se proferido por autoridade com jurisdição para o caso. Já houve julgado do STF, nos lembra Renato Brasileiro de Lima, que admitiu, inclusive, o recebimento tácito da inicial acusatória quando o juiz, sem se referir expressamente ao recebimento da denúncia, determina de imediato a citação do acusado[54].

12.9. Recurso

Da decisão que *recebe* não cabe, em regra, qualquer recurso (pode ser impetrado *habeas corpus*, que não é recurso, mas ação de impugnação). Em crimes da competência originária dos tribunais superiores, no entanto, cabe agravo (Lei n. 8.038/90, art. 39).

Da decisão que *rejeita*, em geral, cabe recurso em sentido estrito (cf. art. 581, I, do CPP). De acordo com a Súmula 709 do STF, "Salvo quando nula a decisão de primeiro grau, o acórdão que provê o recurso contra a rejeição da denúncia vale, desde logo, pelo recebimento dela". Nos crimes da competência originária dos tribunais superiores cabe agravo (art. 39 da Lei n. 8.038/90).

12.10. Absolvição sumária

Nos procedimentos ordinário e sumário, oferecida a denúncia ou queixa, o juiz: (i) analisará se não é caso de rejeição liminar (deverá avaliar todos os requisitos do art. 395); (ii) se não for caso de rejeição liminar, recebê-la-á e ordenará a citação do acusado para responder à acusação, por escrito, no prazo de dez dias (CPP, art. 396-A). Após o cumprimento do disposto no art. 396-A, e parágrafos, deste Código, o juiz deverá absolver sumariamente o acusado quando verificar: "I – a existência manifesta de causa excludente da ilicitude do fato; II – a existência manifesta de causa excludente da culpabilidade do agente, salvo inimputabilidade; III – que o fato narrado evidentemente não constitui crime; ou IV – extinta a punibilidade do agente" (CPP, art. 397).

Algumas hipóteses do art. 397 poderão, após oferecida a defesa dos arts. 396 e 396-A do CPP, dar causa à absolvição sumária do agente (CPP, art. 397, IV). São elas: (i)

54. Renato Brasileiro de Lima, *Manual de processo penal*, Rio de Janeiro, Impetus, 2011, v. I, p. 415.

existência manifesta de causa excludente da ilicitude do fato; (ii) atipicidade do fato; (iii) presença de causa extintiva da punibilidade. Desse modo, se não houver inicialmente a rejeição liminar da peça inicial pela presença de uma dessas situações, o acusado poderá ainda lograr a absolvição sumária.

Ressalve-se que a sentença que declara extinta a punibilidade não adentra no mérito da ação, pois não reconhece a inocência ou culpabilidade do agente, daí por que não se pode considerá-la uma decisão absolutória. Além do que, "em qualquer fase do processo, o juiz, se reconhecer extinta a punibilidade, deverá declará-lo de ofício" (art. 61, *caput*).

12.11. Rejeição posterior da denúncia recebida

Não é possível, pois o juiz estaria concedendo ordem de *habeas corpus* sobre si mesmo, o que não se admite. Além disso, o processo é uma marcha para a frente, operando-se a preclusão lógica da matéria, com o recebimento da exordial. Caso o juiz rejeite a denúncia após tê-la recebido, essa decisão será nula.

Jurisprudência

- "É cabível o recurso *stricto sensu* da decisão que indefere o aditamento da denúncia, por interpretação extensiva ao art. 581, I, do CPP. O prazo de cinco dias para aditamento da denúncia, previsto no art. 384 do CPP, não é peremptório, inexistindo a possibilidade de preclusão temporal. Nos termos do art. 316 do CPP, a prisão preventiva pode ser revogada pelo Juiz que detenha competência para decretá-la ou, em caso de indeferimento monocrático, a decisão pode ser revista em sede de *habeas corpus* pelo Tribunal de Justiça" (TJ-RO – RSE: 00002580220168220021/RO, rel. Des. Valdeci Castellar Citon, 2ª Câmara Criminal, Data de Publicação: 24 ago. 2016).
- DENÚNCIA INEPTA. PRECLUSÃO. 3 – A alegação de inépcia da denúncia exaure-se com a prolação da sentença condenatória (TJ-GO – APR: 48222292013809O127, rel. Des. Avelirdes Almeida Pinheiro de Lemos, 1ª Câmara Criminal, Data de Publicação: *DJ* 2109 de 13 set. 2016).

Questões

1. Qual a diferença entre denúncia e queixa-crime?
2. Quais são os requisitos que permitem o titular da ação penal pública denunciar uma pessoa?
3. É possível a rejeição posterior de denúncia recebida pelo próprio magistrado?

13

AÇÃO CIVIL *EX DELICTO*

De acordo com o disposto no art. 186 do Código Civil brasileiro, "aquele que, por ação ou omissão voluntária, negligência ou imprudência, violar direito e causar dano a outrem, ainda que exclusivamente moral, comete ato ilícito". O art. 927 do mesmo Estatuto, por sua vez, completa: "Aquele que, por ato ilícito (arts. 186 e 187), causar dano a outrem, fica obrigado a repará-lo". Daí se pode afirmar que, conquanto independentes as responsabilidades civil e criminal (CC, art. 935), quando do ilícito penal resultarem prejuízos de ordem material ou moral para a vítima, seus herdeiros ou dependentes ou para terceiros, estará caracterizado o dever de indenizar. Por essa razão, o CP prevê, em seu art. 91, I, como efeito genérico e automático (não depende de referência expressa na sentença) de toda e qualquer condenação criminal, tornar certa a obrigação de reparar o dano. Na mesma linha dispõe o art. 63 do CPP, o qual assegura à vítima, ao seu representante legal ou aos seus herdeiros o direito de executar no cível a sentença penal condenatória transitada em julgado. Assim, se a instância penal reconheceu a existência de um ato ilícito, não há mais necessidade, tampouco interesse jurídico, de rediscutir essa questão na esfera civil. Se o fato constitui infração penal, por óbvio caracteriza ilícito civil, dado que este último configura grau menor de violação da ordem jurídica. Só restará saber se houve dano e qual o seu valor.

Vê-se, portanto, que a condenação penal imutável faz coisa julgada também no cível, para efeito de reparação do dano *ex delicto*, impedindo que o autor do fato renove nessa instância a discussão do que foi decidido no crime. Por ser efeito genérico da condenação, tal circunstância não precisa ser expressamente declarada na sentença penal, ao contrário dos efeitos específicos do art. 92 do Código Penal.

A sentença penal condenatória transitada em julgado funciona como título executivo judicial no juízo cível (CPP, art. 63), possibilitando ao ofendido obter a reparação do prejuízo sem a necessidade de propor ação civil de conhecimento. Se for proposta a ação de conhecimento, no lugar da execução, o juiz deverá julgar o feito extinto sem julgamento de mérito, diante da falta de interesse de agir, pois, se já existe título executivo, não há nenhuma necessidade de rediscutir o mérito.

A lei autoriza o juiz fixar, na sentença condenatória, independentemente do pedido das partes, um valor mínimo para reparação dos danos causados pela infração, considerando os prejuízos sofridos pelo ofendido (CPP, art. 387, IV), e o art. 63, parágrafo único, passou a permitir a execução desse valor sem prejuízo da liquidação para a apuração do dano efetivamente sofrido. Com isso, pode-se afirmar que ela se tornou em parte líquida, o que possibilitou a sua execução no juízo cível, com a dispensa da liquidação para o arbitramento do valor do débito. Conforme a própria ressalva da Lei, isso, contudo, não impede que a vítima pretenda valor superior ao fixado na sentença. Nesse caso, deverá valer-se da liquidação para apuração do dano efetivamente sofrido.

Caso o réu não concorde com o valor arbitrado na sentença, deverá questioná-lo no recurso de apelação. A impugnação parcial da sentença, nesse caso, não impedirá a execução da pena. Importante notar que haverá questionamentos acerca da possibilidade de o Ministério Público impugnar a sentença no tocante à indenização fixada, sendo cabível sustentar que somente poderá fazê-lo quando legitimado a propor ação civil *ex delicto* (CPP, art. 68).

No caso de absolvição imprópria, que é aquela decisão que reconhece a prática do ilícito penal, mas impõe medida de segurança, em face da inimputabilidade do agente, não se forma o título executivo, pois a lei só fala em condenação transitada em julgado (CPP, art. 63: "*Transitada em julgado a sentença condenatória*, poderão promover-lhe a execução, no juízo cível, para o efeito da reparação do dano, o ofendido, seu representante legal ou seus herdeiros"). Na hipótese de a pena privativa de liberdade ser substituída pela pena restritiva de prestação pecuniária, mesmo antes da reforma processual penal, já não era necessária a prévia liquidação, uma vez que tal pena já implicaria a fixação do valor devido à vítima ou a seus dependentes, entre 1 e 360 salários mínimos, e tal quantia deveria ser deduzida da futura indenização *ex delicto* (CP, art. 45, § 1º).

O Código Penal, em diversas passagens, incentiva a reparação do dano, que constitui desde atenuante genérica, passando por requisito para a obtenção de determinados benefícios, até causa de extinção da punibilidade.

Consoante disposição expressa do art. 927 do Código Civil brasileiro, "aquele que, por ato ilícito (arts. 186 e 187), causar dano a outrem, fica obrigado a repará-lo". Na mesma esteira, o art. 186 do novo Estatuto Civil dispõe: "Aquele que, por ação ou omissão voluntária, negligência ou imprudência, violar direito e causar dano a outrem, ainda que exclusivamente moral, comete ato ilícito". Da conjugação de ambos os dispositivos, conclui-se que não basta o cometimento do ilícito penal para que daí resulte o dever de indenizar. É imprescindível que fique demonstrado e comprovado o efetivo dano, patrimonial ou moral (extrapatrimonial). A mera violação ao direito de outrem, por si só, sem a comprovação do prejuízo, não cria o dever de indenizar. Quanto ao dano moral, sua possibilidade de reparação se encontra prevista em nível constitucional (CF, art. 5º, V e X), e pode ser objeto de liquidação, desde que se demonstre, na ação de liquidação, a violação à honra, à intimidade, à vida privada, à imagem e ao decoro da vítima, humilhando-a ou infligindo-lhe profundo sofrimento psicológico. Importante notar a ressalva do art. 186 do Código Civil, quando permite a reparação do dano, *ainda que exclusivamente moral*.

A responsabilidade civil independe da penal, de maneira que é possível o desenvolvimento paralelo e independente de uma ação penal e uma ação civil sobre o mesmo fato (CPP, art. 64, *caput*). Assim, se o ofendido ou seus herdeiros desejarem, não necessitarão aguardar o término da ação penal, podendo ingressar, desde logo, com a ação civil reparatória (processo de conhecimento). Entretanto, torna-se prejudicado o julgamento da ação civil com o trânsito em julgado da ação penal condenatória, tendo em vista o caráter de definitividade desta em relação àquela.

Na hipótese de a ação penal e a ação civil correrem paralelamente, o juiz, para evitar decisões contraditórias, poderá suspender o curso desta, até o julgamento definitivo daquela. Trata-se de faculdade do julgador, mas que, em hipótese alguma, pode exceder o prazo de um ano (CPP, art. 64, parágrafo único).

Faz coisa julgada no juízo cível a sentença penal que reconhecer ter sido o ato praticado em estado de necessidade, em legítima defesa, em estrito cumprimento de dever legal ou no exercício regular de direito (cf. art. 65 do CPP). Esses atos são penal e civilmente lícitos (respectivamente, arts. 23 do CP e 188, I, primeira parte, e II, CC).

Há duas exceções a essa regra: (i) no estado de necessidade agressivo, onde o agente sacrifica bem de terceiro inocente, este pode acioná-lo civilmente, restando ao causador do dano a ação regressiva contra quem provocou a situação de perigo (cf. arts. 929 e 930, *caput*, do CC); (ii) na hipótese de legítima defesa, onde, por erro na execução, vem a ser atingido terceiro inocente, este terá direito à indenização contra quem o atingiu, ainda que este último estivesse em situação de legítima defesa, restando-lhe apenas a ação regressiva contra seu agressor (cf. parágrafo único do art. 930 do CC).

Se o condenado no juízo penal for incapaz (p. ex., um doente mental semi-imputável, que sofreu condenação criminal, com redução de pena), somente responderá com seus bens pessoais se os seus responsáveis (p. ex., o curador sob cuja autoridade o incapaz se encontrava ao tempo do crime) não tiverem obrigação de fazê-lo ou não dispuserem de meios suficientes (CC, art. 928, *caput*). Sua responsabilidade civil é subsidiária, portanto, e, mesmo nesse caso, o valor não poderá privá-lo, ou aos seus dependentes, do necessário à subsistência. Cumpre ainda ressaltar que, se o responsável civil não participou da relação jurídica processual penal, o título executivo não se forma contra ele, pois, nessa hipótese, haveria ofensa ao princípio do devido processo legal. É o caso do patrão, que não pode sofrer execução apenas porque seu preposto sofreu condenação penal definitiva. Mesmo em se tratando de herdeiros, os quais não respondem além das forças da herança (*ultra vires hereditaris*), não se pode simplesmente liquidar o valor devido e executá-lo. Deverá ser proposta ação de conhecimento.

Também fará coisa julgada no cível a absolvição fundada nas seguintes hipóteses: (i) estar provada a inexistência do fato (art. 386, I); (ii) estar provado que o réu não concorreu para a infração penal (art. 386, IV); (iii) existirem circunstâncias que excluam o crime. Note-se que, com a reforma processual penal, será possível o juiz absolver o réu quando presentes circunstâncias que excluam o crime, *ou quando haja fundada dúvida sobre sua existência*. No entanto, somente a primeira hipótese fará coisa julgada no cível, isto é, a certeza da existência da causa excludente da ilicitude.

De outro lado, não impedem a propositura da ação civil reparatória o despacho de arquivamento do inquérito policial ou das peças de informação, a decisão que julgar extinta a punibilidade, nem a sentença absolutória que decidir que o fato imputado não constitui crime (CPP, art. 67). Também não impede o aforamento da mencionada ação a sentença que absolver o réu com fundamento nas seguintes fórmulas, ambas do Código de Processo Penal (CPP, art. 386): (i) não haver prova da existência do fato (art. 386, II); (ii) não existir prova de ter o réu concorrido para a infração penal (art. 386, V); (iii) existirem circunstâncias que isentem o réu de pena (art. 386, VI); (iv) não existir prova suficiente para condenação (art. 386, VII).

A legitimação para a ação civil reparatória, seja a execução do título executivo penal, seja a *actio civilis ex delicto*, pertence ao ofendido, ao seu representante legal, ou aos herdeiros daquele. Contudo, se o titular do direito à reparação for pobre (CPP, art. 32, §§ 1º e 2º), a ação poderá, a seu requerimento, ser oferecida pelo Ministério Público (CPP, art. 68). Com o advento da Constituição de 1988, a legitimidade do MP prevista no art. 68 do CPP passou a ser questionada, sendo admitida pelo STF somente nos locais em que não houver Defensoria Pública instituída. Nesse contexto, vale lembrar que na época, em São Paulo, a função da Defensoria Pública vinha sendo desempenhada pela Procuradoria do Estado, por intermédio da Procuradoria de Assistência Judiciária (PAJ), e por advogados nomeados pelo juiz, ante a falta de norma infraconstitucional que criasse e regulamentasse esse Órgão. Com o advento da LC Estadual n. 988/2006, a Defensoria Pública foi organizada, tendo sido instituído o seu regime jurídico, possibilitando a sua efetivação.

A execução fundada em sentença penal condenatória processar-se-á perante o juízo cível competente. No juízo cível, embora a ação se funde em direito pessoal, o foro territorialmente competente não é o do domicílio do réu. O autor, nesse caso, tem o privilégio de escolher um dos foros especiais, previstos no art. 53, V, do CPC, que assim dispõe: "É competente o foro de domicílio do autor ou do local do fato, para a ação de reparação de dano sofrido em razão de delito ou acidente de veículos, inclusive aeronaves". O autor pode, portanto, fazer uso do privilégio de escolher o foro de seu domicílio ou o foro do local em que ocorreu a infração penal.

O dispositivo, na verdade, coloca três opções de foro à disposição da vítima de delito ou de dano sofrido em acidente de veículos: o de seu domicílio, o do local do fato e, regra geral, o do domicílio do réu. A eleição de qualquer um dos dois primeiros foros é privilégio renunciável em favor da regra geral do domicílio do réu[55].

Finalmente, dispõe o Código Civil, em seu art. 200, que o prazo prescricional para a *actio civilis ex delicto* não começa a correr enquanto não transitar em julgado a sentença penal condenatória. De acordo com o que dispõe o art. 206, § 3º, V, tal prazo será de três anos apenas e não começa a correr enquanto o titular do direito de ação não completa 16 anos e se torna, pelo menos, relativamente incapaz.

Questões

1. Conceitue ação civil *ex delicto*.
2. O valor fixado, para fins de indenização decorrente da prática de ilícito penal, pode ser ampliado na esfera cível?
3. A sentença penal faz coisa julgada no juízo cível?

---

55. Celso Agrícola Barbi, *Comentários ao Código de Processo Civil*, Forense, v. 1, t. II, 1977, p. 459; Pontes de Miranda, *Comentários ao Código de Processo Civil*, 2. ed., Forense, t. II, p. 361-3; e Hélio Tornaghi, *Comentários ao Código de Processo Civil*, RT, 1974, v. 1, p. 340/341, apud Amaro Alves de Almeida Neto, em *Ação reparatória "ex delicto"*, publicado pela Associação Paulista do Ministério Público, p. 21.

14 SUJEITOS PROCESSUAIS

Sendo o processo o instrumento de realização do direito material através da atividade jurisdicional quando as partes não querem ou encontram-se impedidas de fazê-lo de modo espontâneo, o processo pressupõe ao menos a existência de três sujeitos: ordinariamente as partes da relação material (digo ordinariamente porque no lugar delas pode estar o legitimado extraordinário) e o juiz, que, as substituindo, aplica à vida o direito substancial.

Fala-se, assim, em partes parciais – demandante e demandado – e parte imparcial – o juiz. Demandante é aquele que deduz em juízo uma pretensão, ao passo que demandado é aquele em face de quem a pretensão é deduzida.

Os sujeitos processuais subdividem-se em principais e acessórios (ou colaterais). Por principais entendem-se aqueles cuja ausência torna impossível a existência ou a complementação da relação jurídica processual; acessórios, por exclusão, são aqueles que, não sendo indispensáveis à existência da relação processual, nela intervêm de alguma forma.

Os principais são o juiz, o autor (que pode ser o Ministério Público ou o ofendido) e o acusado. Os acessórios ou colaterais são o assistente, os auxiliares da justiça e os terceiros, interessados ou não, que atuam no processo.

Dada a heterogeneidade das funções atribuídas ao Ministério Público, nem sempre ele será sujeito processual principal. Clara é a classificação de Cintra, Grinover e Dinamarco[56], cujo critério é o da finalidade: assume no processo a tutela do direito objetivo ou a defesa de uma pessoa. Em defesa de uma pessoa, estará o Ministério Público sempre que se encontrar ligado a um interesse substancial, podendo atuar como parte principal (autor ou substituto processual, e. g., titular da ação penal pública e proponente da ação civil *ex delicto* quando for pobre o ofendido, respectivamente) ou como parte secundária (assistente – art. 45 do CPP). Velando pela integridade do direito objetivo, atuará como *custos legis*, isto é, como fiscal da lei, sem se vincular aos interesses materiais contidos no processo (e. g., *habeas corpus*, mandado de segurança, direito de família, usucapião etc.).

14.1. Juiz penal

A rigor, sujeito processual não é o juiz, mas o Estado-Juiz, em nome do qual aquele atua. Como sujeito imparcial, cuja razão de estar no processo reside na realização pacífica do direito material penal, que, como se sabe, não pode ser voluntariamente aplicado pelas partes, o juiz coloca-se *super et inter partes*, isto é, substituindo a vontade destas e

56. *Teoria geral do processo*, cit., p. 253-4.

dizendo, no caso concreto, qual o direito substancial aplicável. Assim, sua maior virtude é a imparcialidade. "A qualidade de terceiro estranho ao conflito em causa é essencial à condição de juiz"[57].

O juiz, de acordo com o disposto no art. 251 do Código de Processo Penal, tem uma dupla função dentro da relação jurídica processual.

Vedadas que estão, em matéria penal, a autotutela e a autocomposição (digo em matéria penal porque no cível admite-se, em enorme número de casos, a autocomposição), exceção feita em casos restritos, o Estado assume o dever inafastável de prestar jurisdição, sempre que presentes determinadas condições, sendo defeso ao juiz, diante de um caso complexo ou incômodo, eximir-se de sentenciar (CF, art. 5º, XXXV).

Para desempenhar esse poder de interferir na esfera jurídica das pessoas, independentemente da voluntária submissão destas à decisão, a ordem jurídica confere ao juiz diversos poderes, exercidos no processo ou por ocasião dele, que nada mais são do que instrumentos para a efetiva realização da atividade jurisdicional. Podem ser:

(i) Poderes de polícia ou administrativos: exercidos por ocasião do processo, consistentes em praticar atos mantenedores da ordem e do decoro no transcorrer do processo. Para esse fim, poderá requisitar a força policial. É o que ocorre, por exemplo, nas hipóteses do art. 794 do Código de Processo Penal, que confere ao juiz poder de polícia para manter a ordem na audiência ou sessão; do art. 792, § 1º, que permite ao juiz limitar a publicidade de atos processuais, para evitar escândalo ou inconveniente grave; e do art. 497, o qual dispõe sobre as atribuições do juiz presidente do Tribunal do Júri, dentre as quais, a de regular a polícia das sessões e prender os desobedientes (inciso I); requisitar o auxílio da força pública, que ficará sob sua exclusiva autoridade (inciso II); dirigir os debates, intervindo em caso de abuso, excesso de linguagem ou mediante requerimento de uma das partes (inciso III); mandar retirar da sala o acusado que dificultar a realização do julgamento, o qual prosseguirá sem a sua presença (inciso VI); interromper a sessão por tempo razoável, para proferir sentença e para repouso ou refeição dos jurados (inciso VIII).

(ii) Poderes jurisdicionais exercidos no processo e que se subdividem em:

– **poderes-meios**, dentro dos quais se encontram os *ordinatórios*, consistentes em conduzir a sequência dos atos processuais até a sentença, sem a ocorrência de vícios que inquinem de nulidade o processo (designação de audiências, determinação do encerramento da instrução criminal, citação por edital do réu não localizado), assegurando às partes igualdade de tratamento, velando pela rápida e eficaz solução do litígio e prevenindo ou reprimindo qualquer ato contrário à dignidade da justiça, e os *instrutórios*, destinados a colher o material para a formação da sua convicção, podendo determinar, até mesmo *ex officio*, a realização de diligências (CPP, arts. 156, II, 209, 423, I etc.);

– **poderes-fins**, compreendendo os de *decisão* e os de *execução* (decretação de prisão provisória, concessão de liberdade provisória, arbitramento e concessão de fiança, extinção da punibilidade do agente, absolvição ou condenação).

57. Cintra, Grinover e Dinamarco, *Teoria geral do processo*, cit., p. 249.

O juiz penal exerce, ainda, funções anômalas, tais como fiscalizar o princípio da obrigatoriedade da ação penal (CPP, art. 28), requisitar a instauração de inquérito (CPP, art. 5º, II), bem como arquivá-lo, receber a *notitia criminis* (CPP, art. 39) e levá-la ao Ministério Público (CPP, art. 40) etc.

→ **ATENÇÃO:** em 1º grau de jurisdição, os juízos são, em regra, monocráticos. Uma exceção é representada, por exemplo, pelo Tribunal do Júri (órgão colegiado de 1º grau). Já em 2º grau de jurisdição, os órgãos julgadores são sempre colegiados e em número ímpar.

14.2. Prerrogativas e vedações

A fim de assegurar a imparcialidade do órgão judicante, atributo essencial à jurisdição, a ordem constitucional confere à magistratura as seguintes garantias:

(i) **ingresso na carreira mediante concurso público de provas e títulos,** exigindo-se do bacharel em direito, no mínimo, três anos de atividade jurídica e obedecendo-se, nas nomeações, à ordem de classificação (CF, art. 93, I);

(ii) **promoção para entrância superior, alternadamente, por antiguidade e merecimento (CF, art. 93, II);**

(iii) **vitaliciedade (CF, art. 95, I):** adquirida após dois anos de exercício do cargo, significa que a perda deste só lhe pode ser imposta por sentença judicial, proferida em ação própria, transitada em julgado (anote-se que vitaliciedade não se confunde com perpetuidade, o que se evidencia pelo fato de que o agente será compulsoriamente aposentado aos 70 anos de idade);

(iv) **inamovibilidade (CF, art. 95, II):** confere ao magistrado estabilidade no cargo do qual é titular, só podendo ser compulsoriamente removido por razões de interesse público, na forma do art. 93, VIII, da Constituição da República, que sofreu modificações operadas pela EC n. 45/2004, passando a dispor que o ato de remoção, disponibilidade e aposentadoria, por interesse público, fundar-se-á em decisão por voto da maioria absoluta do respectivo tribunal ou do Conselho Nacional de Justiça, assegurada ampla defesa. Assim, duas modificações foram operadas: (i) reduziu-se o *quorum* de votação: a decisão fundar-se-á em decisão por maioria absoluta e não mais dois terços do respectivo tribunal; (ii) quanto aos legitimados para decidir sobre a remoção, a EC n. 45/2004 conferiu essa atribuição também ao Conselho Nacional de Justiça. Convém notar que incumbe a este órgão realizar o controle da atuação administrativa e financeira do Poder Judiciário e do cumprimento dos deveres funcionais dos juízes, dentre outras atribuições (art. 103-B);

(v) **irredutibilidade de vencimentos (CF, art. 95, III):** a responsabilidade pelo pagamento de tributos não infirma o princípio.

Com o intuito de garantir a imparcialidade do órgão julgador, ainda que de forma negativa, a Constituição impõe certas vedações à pessoa física que o representa. Estão prescritas no art. 95, parágrafo único e incisos. Assim, ao juiz será vedado: "receber, a qualquer título ou pretexto, auxílios ou contribuições de pessoas físicas, entidades públicas ou privadas, ressalvadas as exceções previstas em lei" (cf. inciso IV), bem como "exercer a advocacia no juízo ou tribunal do qual se afastou, antes de decorridos três anos do afastamento do cargo por aposentadoria ou exoneração" (inciso V).

14.3. Ministério Público

O Ministério Público é instituição permanente, essencial à função jurisdicional do Estado, incumbindo-lhe a defesa da ordem jurídica, do regime democrático e dos interesses sociais e individuais indisponíveis (CF, art. 127, *caput*). Na esfera penal, o Ministério Público é a instituição de caráter público que representa o Estado-Administração, expondo ao Estado-Juiz a pretensão punitiva.

A Constituição Federal atribui-lhe, no art. 129, I, com exclusividade, a função de propor a ação penal pública, seja ela condicionada ou incondicionada, excetuando a regra apenas no art. 5º, LIX, ao conferir ao ofendido a titularidade da ação penal privada subsidiária da pública, em caso de desídia do órgão ministerial. A Lei Maior atribui ao Ministério Público, ainda, a função de exercer o controle externo da atividade policial (art. 129, VII), requisitar diligências investigatórias e a instauração de inquérito policial (art. 129, VIII).

O Ministério Público poderá praticar todos os atos que se mostrarem necessários ao desempenho da função que a lei lhe atribui, como, por exemplo, impetrar mandado de segurança, inclusive contra ato judicial.

Muito se discutiu a respeito da natureza da função do Ministério Público no processo penal, quando parte principal. Quatro posições foram sustentadas: (i) Ministério Público como sendo um quarto poder, não se encaixando na clássica divisão tripartite dos poderes estatais; (ii) Ministério Público como pertencente ao Poder Judiciário; (iii) Ministério Público como parte instrumental, isto é, sob o ângulo estrutural (garantias, vedações e finalidades), equipara-se à magistratura, ao passo que, pela ótica processual, sua atividade assemelha-se à das partes privadas; (iv) Ministério Público como parte comum.

Predominou, ao menos no sistema jurídico brasileiro, a posição assinalada na letra "iii". Impossível é negar ao Ministério Público a natureza de parte no processo penal, eis que exerce atividade postulatória, probatória e qualquer outra destinada a fazer valer a pretensão estatal em juízo. Todavia, há que se reconhecer que o mesmo não é uma parte qualquer, porquanto age animado não por interesses privados, mas por interesses públicos, coincidentes com os escopos da atividade jurisdicional (atuação do direito material, pacificação social e asseguramento da autoridade do ordenamento jurídico). Por isso se diz, com propriedade, que o Ministério Público exerce acusação pública, não mera acusação de parte. Daí algumas peculiaridades que lhe são inerentes, como a possibilidade de impetrar *habeas corpus*, recorrer em favor do réu, encontrarem-se os seus membros sujeitos à disciplina das suspeições e impedimentos dos juízes e intérpretes etc.

14.4. Prerrogativas e vedações

Para garantir a imparcialidade na atuação do Ministério Público, a ordem constitucional confere, tanto a ele como um todo quanto aos seus membros em particular, algumas garantias:

(i) **ao Ministério Público como um todo:**

– estruturação em carreira;

– relativa autonomia administrativa e orçamentária (art. 127, §§ 2º e 3º);

– limitações à liberdade do chefe do Executivo para nomeação e destituição do procurador-geral (art. 128, §§ 1º a 4º);

– vedação de promotores *ad hoc* (art. 129, § 2º);

(ii) **aos seus membros, em particular:**

– ingresso na carreira mediante concurso público de provas e títulos, exigindo-se do bacharel em direito, no mínimo, três anos de atividade jurídica e observando-se, nas nomeações, a ordem de classificação;

– vitaliciedade (art. 128, § 5º, I, *a*);

– inamovibilidade: confere ao membro do Ministério Público estabilidade no cargo do qual é titular, só podendo ser compulsoriamente removido por razões de interesse público, na forma do art. 128, § 5º, I, *b*, da Constituição da República. De acordo com a modificação legal, o membro do Ministério Público poderá ser removido por interesse público, mediante decisão do órgão colegiado competente, pelo voto da maioria absoluta de seus membros, assegurada ampla defesa. Assim, o *quorum* de votação foi reduzido de dois terços para "maioria absoluta";

– irredutibilidade de subsídio, fixado na forma do art. 39, § 4º, da CF e ressalvado o disposto nos arts. 37, X e XI, 150, II, 153, III e 153, § 2º, I.

Ainda com o mesmo fim, a Constituição Federal veda ao membro do Ministério Público a representação judicial e a consultoria jurídica de entidades públicas (CF, art. 129, IX), prescrevendo-lhe, ainda, os impedimentos constantes do art. 128, § 5º, II. Assim, ao membro do Ministério Público será vedado: "receber, a qualquer título ou pretexto, auxílios ou contribuições de pessoas físicas, entidades públicas ou privadas, ressalvadas as exceções previstas em lei" (cf. alínea *f*). Também se aplica aos membros do Ministério Público o disposto no art. 95, parágrafo único, V (cf. § 6º), o qual impede o exercício da advocacia no juízo ou tribunal do qual se afastou, antes de decorridos três anos do afastamento do cargo por aposentadoria ou exoneração.

14.5. Princípios – art. 127, § 1º, da Constituição Federal

14.5.1. Unidade e indivisibilidade

Pelo princípio da unidade, entende-se o membro do Ministério Público como parte de um todo único e indivisível. Em decorrência, apregoa-se a indivisibilidade da instituição, o que permite aos promotores e procuradores se fazerem substituir no curso do processo, haja vista que o membro funciona no processo não em nome próprio, mas no da instituição.

→ **ATENÇÃO:** grande parte da doutrina e da jurisprudência entende que, tendo os membros do Ministério Público cargos específicos, estariam proibidas as simples e discricionárias designações feitas pelo procurador-geral de justiça. Isso em função do princípio do *promotor natural* (nesse sentido: *JTARGS*, 79/128).

14.5.2. Independência

O órgão do Ministério Público, no exercício das suas funções, é independente, não se sujeitando à ordem ou ao entendimento de quem quer que seja, inclusive do procurador-geral, como se percebe claramente do disposto no art. 28 do Código de Processo Penal. Depreende-se daí que caso um representante do Ministério Público venha a substituir outro em determinado processo não estará, jamais, vinculado ao entendimento desse colega, podendo dele discordar amplamente.

Com muito mais razão, o membro do Ministério Público não se encontra subordinado quer ao Poder Judiciário, quer ao Executivo, dos quais possui total independência.

O princípio não exclui, entretanto, a subordinação administrativa do órgão à autoridade que lhe for, dentro da instituição, hierarquicamente superior, sujeitando-se a fiscalizações, correições, punições etc.

Convém mencionar que a EC n. 45/2004 passou a dispor sobre o Conselho Nacional do Ministério Público, a quem compete o controle da atuação administrativa e financeira do Ministério Público e do cumprimento dos deveres funcionais de seus membros (art. 130-A).

14.5.3. Autonomia funcional e administrativa (art. 127, § 2º, da CF/88)

A primeira expressa a capacidade da instituição de autogovernar-se, emitindo regulamentos internos, organizando serviços, criando novos cargos etc. A segunda confere-lhe capacidade para resolver questões internas de ordem administrativa, como, por exemplo, a concessão de férias, nomeações, designações, aposentadoria etc.

→ **ATENÇÃO:** em primeira instância atuam os promotores de justiça e os promotores substitutos. Em segunda instância, os procuradores de justiça. O chefe da Instituição é o procurador-geral de justiça.

14.6. Querelante

Em regra, a acusação é afeta, com exclusividade, ao órgão do Ministério Público. Excepcionalmente ela será do ofendido, desde que haja desídia daquele (CF, art. 5º, LIX; CPP, art. 29) ou que a norma penal assim o determine, como nos casos de ação penal privada (CP, art. 100).

Ofendido é o sujeito passivo da *infração penal*. Dele (*legitimatio ad processum*, *legitimatio ad causam*, morte e ausência, preferência dos sucessores, denominação etc.) tratamos nos itens referentes à ação penal privada.

14.7. Acusado

É aquele em face de quem se deduz a pretensão punitiva; é o sujeito passivo.

Para ser sujeito passivo é necessário que a pessoa a quem se imputa a prática de um crime preencha alguns requisitos, como capacidade para ser parte, que toda pessoa adquire pelo simples fato de ser sujeito de direitos e obrigações (excluem-se, portanto, os animais e os mortos), capacidade processual, ou capacidade para estar em juízo em nome próprio (*legitimatio ad processum*), que no processo penal advém com a idade de 18 anos. Até mesmo o deficiente mental (CP, art. 26) a possui, pois a ele poderá ser imposta, ao final do processo, medida de segurança (CP, art. 97; CPP, art. 386, parágrafo único, III). Não podem ser acusadas, ainda, as pessoas que gozam de imunidade parlamentar ou diplomática. Por último, impõe a ordem jurídica que o acusado possua legitimidade passiva *ad causam*, isto é, que exista coincidência entre a pessoa apontada na peça inicial como o autor do fato e o suspeito da prática do crime, indicado no inquérito ou nas peças de informação. Ilegitimidade passiva teremos, portanto, se, na denúncia ou na queixa, o autor imputa o fato à testemunha.

Tecnicamente, só pode haver acusado após a formal elaboração da acusação, momento que coincide com o oferecimento da denúncia ou da queixa-crime. Antes disso não há que se falar em réu, imputado ou acusado. Desaparece essa qualidade quer com o trânsito em julgado da sentença penal absolutória, quer com o da condenatória, sendo que, nesse último caso, o acusado passa a condenado.

Sempre se discutiu, na doutrina e na jurisprudência, a possibilidade de a pessoa jurídica vir a ser sujeito ativo de infração penal e, consequentemente, sujeito passivo na ação penal. Concluiu-se, ao menos no direito nacional, pela sua impossibilidade, afirmando os mais renomados penalistas que a intolerância da assertiva reside na ausência, por parte da pessoa jurídica, do elemento subjetivo indispensável à caracterização do fato típico (dolo ou culpa) e da culpabilidade (juízo de reprovação social da conduta). Não obstante, a Constituição Federal de 1988 assinalou com tal possibilidade nos casos de crime contra a ordem econômica e financeira e contra a economia popular (art. 173, § 5º), bem como nas condutas e atividades lesivas ao meio ambiente (art. 225, § 3º), condicionando-a, todavia, à promulgação de lei ordinária tipificando condutas e especificando penas compatíveis com a natureza das pessoas jurídicas. No caso de crimes previstos na Lei dos Crimes Ambientais, há jurisprudência consolidada no sentido de ser admissível a responsabilidade penal da pessoa jurídica "indiscutível a responsabilidade penal da pessoa jurídica por crimes ambientais, nos termos do art. 225, § 3º, da Constituição Federal. Comprovada materialidade e autoria do delito a condenação se impõe. [...]" (TJ-RO – APL: 00380888520098220008/RO 0038088-85.2009.822.0008, rel. Juiz Marcos Alberto Oldakowski, Data de Publicação: Processo publicado no *Diário Oficial* em 6 jun. 2013).

14.8. Identificação

É a individualização do acusado perante as demais pessoas, ditada pela necessidade em se certificar que aquela submetida ao processo é a mesma à qual se imputam os fatos. Não é por outro motivo que o art. 41 do Código de Processo Penal exige que da denúncia ou da queixa conste a qualificação do acusado ou os esclarecimentos pelos quais se possa identificá-lo.

São dados individualizantes da pessoa: o nome, o prenome, o estado civil, a profissão, a filiação, o apelido, a residência e a idade. Não sendo possível identificar o acusado por esses elementos, o Código de Processo Penal permite ao Ministério Público e ao querelante fazerem-no por meio de outras características, desde que idôneas a apartá-lo dos seus pares.

Eventual erro quanto à identificação nominal, desde que certa a identidade física do acusado, isto é, desde que não haja dúvida de que a pessoa submetida ao processo é aquela à qual se atribui o ilícito, não impede a propositura nem o desenvolvimento da ação penal (CPP, art. 259, primeira parte). A correção da irregularidade pode ser feita por simples termo nos autos, a qualquer tempo, inclusive após o trânsito em julgado da sentença condenatória, sem que disso resulte qualquer nulidade (CPP, art. 259, segunda parte).

Havendo erro quanto à identidade física da pessoa, o processo será nulo *ab initio*.

14.9. Presença, direito ao silêncio e revelia

"Aos litigantes, em processo judicial ou administrativo, e aos acusados em geral são assegurados o contraditório e a ampla defesa, com os meios e recursos a ela inerentes" (CF, art. 5º, LV).

"Ninguém será privado da liberdade ou de seus bens sem o devido processo legal" (CF, art. 5º, LIV).

Como será visto em seguida, ao tratarmos do defensor, a ampla defesa de que fala o Texto Constitucional desdobra-se em dois aspectos: a defesa técnica, exercida por profissional habilitado (indispensável – CPP, art. 261), e a autodefesa, desempenhada pela própria parte (dispensável a critério do acusado), e que se manifesta no interrogatório, no direito de audiência com o juiz (audiência de custódia e comparecimento em juízo), na possibilidade de interpor, por si, recurso etc.

Salienta-se, portanto, que, conquanto necessária, a presença do réu em juízo não é indispensável, ficando a critério deste comparecer ou não, conforme entender mais conveniente. Aliás, a própria ausência pode ser tida, pelo acusado, como a forma de defesa mais adequada à situação concreta. É indispensável, todavia, sob pena de nulidade absoluta, que ele seja validamente citado ou então intimado a comparecer em juízo, deixando-se a sua discricionariedade a análise da conveniência de fazê-lo ou não, pois essa é a própria essência da autodefesa.

O julgamento não será adiado pelo não comparecimento do acusado solto, do assistente ou do advogado do querelante, que tiver sido regularmente intimado (art. 457, § 1º) e, no caso da não condução do acusado preso, admite-se o adiamento do julgamento, autorizando-se, no entanto, o pedido de dispensa de comparecimento subscrito por ele e seu defensor (art. 457, § 2º). Com isso, passou-se a admitir o julgamento sem a presença do acusado preso, propiciando a ele, juntamente com o seu defensor, a discricionariedade na análise da conveniência ou não de comparecer a esse ato.

Há outros atos que reclamam a presença do acusado. Em todos esses, a ausência do sujeito passivo da ação penal autoriza o juiz a mandar conduzi-lo coercitivamente a sua presença. É a letra do art. 260 do Código de Processo Penal.

Mencione-se também o § 1º do art. 399, o qual dispõe que o acusado preso será requisitado para comparecer ao interrogatório, devendo o poder público providenciar sua apresentação.

Importantíssimo salientar que não é dado ao juiz, no caso de ausência injustificada do réu validamente cientificado, decretar-lhe a prisão preventiva, em vez de mandá-lo conduzir a sua presença, visto que o encarceramento provisório possui pressupostos próprios, de natureza cautelar.

Em juízo, como forma de manifestação da autodefesa, o réu pode optar por calar-se, tal como lhe faculta o art. 5º, LXIII, da Constituição Federal, sem que do exercício dessa prerrogativa fundamental se possa extrair qualquer presunção em seu desfavor. Não foram recepcionados, como se vê, os arts. 186, 191 e 198 do Código de Processo Penal. A partir das alterações promovidas pela Lei n. 10.792/2003, o Código de Processo Penal passou a prever expressamente que: "Art. 186. Depois de devidamente qualificado e cientificado do inteiro teor da acusação, o acusado será informado pelo juiz, antes de iniciar o interrogatório, do seu direito de permanecer calado e de não responder perguntas que lhe foram formuladas. Parágrafo único. O silêncio, que não importará em confissão, não poderá ser interpretado em prejuízo da defesa". Sobre isso, falaremos mais por ocasião do interrogatório.

Se regularmente citado ou validamente intimado a comparecer em juízo, o réu deixar de fazê-lo sem motivo, o processo seguirá à sua revelia, tornando-se desnecessário proceder a sua posterior intimação para qualquer ato do processo, salvo da sentença. O mesmo efeito verificar-se-á na hipótese de o réu, depois de citado, mudar de residência ou dela ausentar-se por mais de oito dias, sem comunicar à autoridade processante o lugar onde possa ser encontrado. O subsequente comparecimento do acusado enseja a revogação da revelia. Tendo em vista os princípios acima aduzidos (direito ao silêncio, devido processo legal), conjugados com o da presunção de inocência, fácil é notar que a revelia no processo penal não possui os mesmos efeitos do processo civil, porquanto não importa confissão ficta.

Anote-se, contudo, que em caso de citação por edital e posterior desatendimento do chamamento a juízo, sem constituição de defensor, o processo e o prazo prescricional da pretensão punitiva serão suspensos, podendo o juiz determinar a produção antecipada de provas urgentes, bem como decretar prisão preventiva, desde que presentes, neste último caso, os requisitos do art. 312 do Código de Processo Penal (cf. CPP, art. 366, o qual voltaremos oportunamente a comentar).

Finalmente, convém ressalvar que, no caso em que o réu se oculta para não ser citado, o oficial de justiça certificará a ocorrência e procederá à citação com hora certa, na forma estabelecida nos arts. 251 a 254, do CPC, não havendo mais que se falar em citação por edital, com os efeitos do art. 366 (cf. CPP, art. 362). No caso, completada a citação com hora certa, se o acusado não comparecer, ser-lhe-á nomeado defensor dativo, devendo o processo tramitar sem a sua presença (CPP, art. 362, parágrafo único), conforme será mais adiante analisado.

14.10. Outras garantias fundamentais

A Constituição Federal de 1988, pródiga em garantias à liberdade e à dignidade do ser humano, enumera no art. 5º, em favor do sujeito passivo da persecução, diversos direitos fundamentais:

(i) direito ao respeito à integridade física e moral (inciso XLIX);

(ii) às presidiárias serão asseguradas condições para que possam permanecer com seus filhos durante o período de amamentação (inciso L);

(iii) direito ao devido processo legal (inciso LIV);

(iv) direito ao contraditório e à ampla defesa, o que implica a necessidade de ser citado e intimado para todos os atos do processo, desde que não lhe seja decretada a revelia, bem como a imperatividade de ser assistido por defensor, dativo ou constituído, pois no processo penal a contrariedade, ao contrário do processo civil, há que ser real e efetiva (CF, art. 5º, LV);

(v) são inadmissíveis, no processo, as provas obtidas por meios ilícitos (inciso LVI);

(vi) direito a ser presumido inocente e de ser tratado como tal, até sentença condenatória transitada em julgado, a qual deve resultar de uma atividade processual pautada pelos ditames do devido processo legal (inciso LVII);

(vii) não ser submetido à identificação criminal quando identificado civilmente (inciso LVIII);

(viii) direito de não ser preso senão em flagrante ou por ordem escrita e fundamentada da autoridade judiciária competente, ressalvados os casos de transgressão militar ou de crimes propriamente militares, definidos em lei (inciso LXI);

(ix) direito de ter sua prisão comunicada imediatamente à autoridade judiciária competente, a sua família ou à pessoa por ele indicada, bem como o de ser assistido por um advogado (incisos LXII e LXIII);

(x) direito ao silêncio (inciso LXIII);

(xi) direito de conhecer a identidade dos responsáveis por sua prisão e por seu interrogatório policial (inciso LXIV);

(xii) direito ao relaxamento imediato da prisão ilegal, por autoridade judiciária (inciso LXV);

(xiii) ninguém será mantido na prisão quando a lei admitir liberdade provisória, com ou sem fiança (inciso LXVI);

(xiv) direito à assistência judiciária gratuita, desde que impossibilitado de prover às despesas do processo sem privar a si ou a sua família dos recursos indispensáveis à sobrevivência, na melhor esteira da ampliação do acesso à justiça (inciso LXXIV);

(xv) direito à indenização por erro judiciário ou pelo tempo que ficar preso além do fixado em sentença (inciso LXXV).

Seguindo a tradição dos textos constitucionais precedentes, a atual Carta esforça-se em fazer uma mera enumeração exemplificativa dos direitos fundamentais do indivíduo, não excluindo outros decorrentes do regime e dos princípios por ela adotados ou dos tratados internacionais em que o Brasil seja parte (art. 5º, § 2º).

14.11. Defensor

Contrário ao que ocorre no processo civil, no qual o contraditório se designa pelo binômio "ciência necessária, participação possível", no processo penal, em razão da natureza pública e em geral indisponível dos interesses materiais colocados à base do processo, o contraditório há que ser real e efetivo. Fala-se, portanto, em ciência e participação igualmente necessárias.

Como dito, a ampla defesa divide-se, no processo penal, em duas ordens: autodefesa e defesa técnica. Para Tourinho Filho[58], defesas *genérica* e *específica*, respectivamente. A primeira é facultativa e de exclusiva titularidade do réu, a qual, por sua vez, subdivide-se em dois aspectos: direito de audiência e direito de presença. Por direito de audiência entenda-se a possibilidade conferida ao acusado de influir pessoalmente no convencimento do juiz (e. g., interrogatório), ao passo que o direito de presença confere ao imputado a oportunidade de estar presente aos atos do processo, assegurando a sua imediação com o juiz e com as provas[59].

A defesa que a lei torna indispensável é a técnica, desempenhada por pessoa legalmente habilitada (advogado), posto que o contraditório nunca será efetivo se não houver equilíbrio entre os ofícios da defesa e da acusação. Não é por outro motivo que a Constituição da República, no art. 133, considera indispensável à administração da justiça o advogado, dispositivo legal que é seguido de perto pelo art. 2º da Lei n. 8.906/94 (Estatuto da Ordem dos Advogados do Brasil – OAB).

Perfeitamente recepcionados pela ordem constitucional, portanto, os arts. 261 a 263 do Código de Processo Penal.

A autodefesa do acusado, dispensável, configura apenas um ônus, cuja inobservância poderá lhe acarretar, além da perda da possibilidade de exercer pessoalmente o contraditório, também a revelia. Entretanto, é bom que se esclareça, a renunciabilidade da autodefesa não implica a sua dispensabilidade pelo magistrado; tolhida por este, haverá nulidade absoluta, já que somente o réu (seu titular exclusivo) pode dela dispor, conforme critérios pessoais de conveniência e oportunidade.

Tão importante e indisponível é a defesa técnica que pode ser exercida ainda que contra a vontade do representado, ou mesmo na sua ausência. Assim, se o acusado não constituir defensor, o juiz deverá, por injunção legal, nomear-lhe um, ressalvando-lhe a possibilidade de, a qualquer momento, constituir outro de sua inteira confiança (CF, art. 5º, LXIII; CPP, art. 263). Da mesma forma, não apresentada a defesa de que trata o art. 396 do CPP, ou se o acusado, citado, não constituir defensor, o juiz nomeará defensor para oferecê-la (CPP, art. 396-A, § 2º).

58. *Processo penal*, cit., v. 2, p. 407-8.

59. Ada Pellegrini Grinover, *Novas tendências do direito processual*, 2. ed., Forense Universitária, 1990, p. 10.

Possuindo habilitação técnica, o réu poderá defender a si e, também, os demais corréus.

O Código fala em defensor, procurador e curador. Assim, entende-se por defensor o patrono dativo do réu, isto é, nomeado pelo juiz, reservando-se para o advogado constituído a designação de procurador. No tocante à nomeação de curador para o acusado menor de idade (art. 262), tal figura tornou-se inócua com o advento do Código Civil de 2002, pois o indivíduo maior de 18 e menor de 21 anos tornou-se plenamente capaz nos termos da lei civil, prescindindo da assistência do curador. Referido dispositivo legal foi, portanto, revogado.

O defensor não poderá abandonar o processo senão por motivo imperioso, comunicado previamente o juiz, sob pena de multa de 10 a 100 salários mínimos, sem prejuízo das demais sanções cabíveis (CPP, art. 265, *caput*). A audiência poderá ser adiada se, por motivo justificado, o defensor não puder comparecer (CPP, art. 265, § 1º). "Incumbe ao defensor provar o impedimento até a abertura da audiência. Não o fazendo, o juiz não determinará o adiamento de ato algum do processo, devendo nomear defensor substituto, ainda que provisoriamente ou só para o efeito do ato" (CPP, art. 265, § 2º).

É o defensor o representante do acusado, haja vista que age em nome e no interesse deste. Entretanto, se no processo civil o defensor encontra-se plenamente vinculado à vontade daquele que lhe confia seus interesses, no processo penal, em razão da sua acentuada natureza pública, o defensor exerce representação *sui generis*, autônoma à vontade do acusado, já que pode atuar mesmo contra a vontade dele.

Isto porque o advogado atua além do interesse particular do réu; também no interesse social, que reside na justa atuação da jurisdição, que será obtida à medida que o provimento judicial constitua a síntese da atividade dialética das partes processuais.

As prerrogativas do defensor, nesta ótica, não teriam origem no mandato outorgado pelo réu ou na nomeação efetuada pelo juiz, mas na própria legislação processual penal (quer constitucional, quer infraconstitucional), que considera inafastável a defesa técnica.

Daí a afirmação de que a defesa é o exercício privado de função pública[60].

14.12. Defensor constituído

O defensor será constituído quando nomeado pelo *réu* através de procuração. Alguns tribunais têm decidido que não será conhecido pedido formulado por advogado que não ostente o instrumento de procuração outorgado pelo réu, salvo, é claro, se se tratar de defensor dativo, isto é, nomeado pelo *juiz*.

A leitura desavisada do art. 564, III, *c*, do Código de Processo Penal pode levar à conclusão de que é inútil a constituição de defensor por réu ausente, devendo ser-lhe nomeado, independentemente disso, um defensor dativo. Todavia, é desdobramento do princípio constitucional da ampla defesa a possibilidade conferida ao acusado de consti-

60. Tourinho Filho, *Processo penal*, cit., v. 2, p. 415-20.

tuir advogado de sua completa confiança, antes de ser assistido por defensor dativo. A essa vontade está vinculado o juiz. Tem-se entendido, assim, que é inadmissível a nomeação de defensor ao acusado revel que possua um constituído.

O Código de Processo Penal, no art. 266, prescreve que, se a constituição do defensor se der por ocasião do interrogatório, será dispensável a outorga do instrumento de procuração, devendo o procurador ser intimado para todos os atos subsequentes do processo.

14.13. Defensor dativo

Se o réu não possuir defensor constituído (procurador), o juiz nomear-lhe-á um, que se chamará dativo. Esta é a injunção do art. 263 do Código.

O defensor nomeado tem o dever de aceitar a função, só podendo recusá-la por motivo justificado, sob pena de infração disciplinar (Lei n. 8.906/94, art. 34, XII – OAB). Semelhante disposição é a do art. 264 do Código de Processo Penal. O art. 265, *caput*, do mesmo diploma determina que o defensor não poderá abandonar o processo senão por motivo imperioso, comunicado previamente o juiz, sob pena de multa de 10 a 100 salários mínimos, sem prejuízo das demais sanções cabíveis (CPP, art. 265, *caput*). O art. 15 da Lei n. 1.060/50, que estabelece normas para a concessão de assistência judiciária aos necessitados, por sua vez, enumera algumas circunstâncias em que se pode considerar existente o justo motivo.

A nomeação de defensor (dativo) independe da situação econômica do acusado, pois tem como pressuposto, apenas, a não constituição de procurador. Se o réu tiver como pagar, ser-lhe-ão cobrados honorários advocatícios, arbitrados pelo juiz (CPP, art. 263, parágrafo único).

A qualquer momento o acusado poderá, dispensando o defensor dativo, constituir procurador de sua confiança, como expressão do princípio da ampla defesa. Entende-se, também, que o réu pode solicitar ao juiz que lhe nomeie outro defensor dativo, desde que o atual venha se portando de modo desidioso ou incompetente.

Na hipótese de pluralidade de réus, o juiz deve nomear um defensor para cada um, a fim de evitar, na hipótese de colidência das teses de defesa, a ocorrência de prejuízo de um ou mais acusados, o que ensejaria, conforme a doutrina, nulidade absoluta. Esta não haverá, entretanto, se o advogado comum for constituído, visto que, como se disse, o direito conferido ao réu de escolher e constituir procurador de sua confiança, por ser desdobramento do princípio constitucional da ampla defesa, vincula o juiz, que não pode restringi-lo. Cabe ao acusado que se sentir prejudicado constituir outro, ou, então, pedir ao magistrado que lhe nomeie um.

Há, no Brasil, a previsão constitucional da Defensoria Pública, como "instituição essencial à função jurisdicional do Estado, incumbindo-lhe a orientação jurídica e a defesa, em todos os graus, dos necessitados, na forma do art. 5º, LXXIV" (CF, art. 134). Diante disso, haveria a distinção entre defensor público e defensor dativo, sendo aquele reservado aos necessitados, ao passo que este estaria incumbido da defesa dos que, podendo, não constituíram procurador.

O § 1º do art. 134 da Constituição Federal transfere à legislação infraconstitucional a tarefa de criar e regulamentar a Defensoria Pública. O art. 134, § 4º, previu a autonomia funcional e administrativa e a iniciativa de proposta orçamentária das Defensorias Públicas. Mencione-se, ainda, que a Lei Federal n. 12.313, de 19 de agosto de 2010, que alterou a LEP, passou a dispor sobre a assistência jurídica dentro dos presídios, além de atribuir competências à Defensoria Pública.

Finalmente, conforme o art. 267 do Código de Processo Penal, estão impedidos de funcionar como defensores os parentes do juiz.

→ **ATENÇÃO:** defensor *ad hoc* é aquele nomeado pelo juiz para a realização de determinados atos em face da ausência do defensor constituído (procurador).

14.14. Curador

Com o Código Civil de 2002 ficaram revogados todos os dispositivos do CPP que tratavam da nomeação de curador ao réu menor de 21 anos, bem como da nulidade pelo descumprimento dessa exigência. É que o Código Civil, em seu art. 5º, I, passou a considerar o maior de 18 anos plenamente capaz de praticar qualquer ato jurídico, na esfera civil, incluídos aí os atos processuais, sem necessidade da assistência de curador ou representante legal. Assim, não pode a legislação processual penal tratar como relativamente incapaz pessoa plenamente capacitada de acordo com a legislação civil. O CPP fala em nomeação de curador ao réu menor, mas é de indagar: que menor? Não existe mais menor após a maioridade, e esta agora se atinge aos 18 anos.

Curador, defensor e procurador são apenas variações terminológicas de pessoas que exercem a mesma função: a defesa técnica em processo penal, e que se alteram conforme varia a situação do acusado, o que implica a necessidade de o curador, na fase processual, ser pessoa legalmente habilitada a postular em juízo.

Assim, entende-se que ao acusado menor, já defendido por procurador ou defensor nomeado, não se dá curador, por ser desnecessário que duas pessoas exerçam a mesma função.

14.15. Assistente

Como salientado, as partes, nos processos em geral, podem ser principais ou acessórias, conforme seja necessária ou não a sua participação na relação processual, como condição de validade desta. Pode-se falar, dessa forma, em partes necessárias (à constituição válida do processo) e em partes contingentes (às quais a lei permite a participação, embora o processo possa constituir-se independentemente de sua intervenção).

No processo penal, como parte desnecessária, i. e., contingente, só há o assistente da acusação.

Já se discorreu, ao se tratar do tema da ação penal, que, conforme o bem jurídico ofendido pela infração, e em razão da extensão e intensidade dessa lesão, a lei processual penal confere ao ofendido, ou ao seu representante legal, ou então aos seus sucessores, o direito de acusar, na qualidade de substituto processual do Estado, representado pelo Ministério Público, outorgando-lhe a legitimidade ativa da ação penal (CPP, art. 30; CP, art. 100, *caput*).

Também nos casos de ação penal pública, quando desidioso o representante do Ministério Público, o ofendido, ou o seu representante legal, poderá intentar ação penal privada subsidiária da pública (CF, art. 5º, LIX; CPP, art. 29; CP, art. 100, § 3º).

Em um ou em outro caso, o ofendido ou quem o represente será parte necessária.

14.16. Ministério Público e ação penal privada

Prescreve o Código de Processo Penal que, nos casos de ação penal de iniciativa privada, deverá o Ministério Público intervir em todos os atos do processo, na qualidade de fiscal da indivisibilidade da ação penal e, posteriormente, na de fiscal da lei, tenha ou não aditado a queixa (CPP, arts. 45 e 48).

Certo que a leitura desavisada do confuso art. 45 do Código de Processo Penal deixa entrever que o Ministério Público só poderá intervir na ação de iniciativa privada se aditar a queixa. Entretanto, não é o que ocorre: ao Ministério Público, em qualquer caso de ação privada (exclusiva ou personalíssima), cabe ingerir na condição de *custos legis*, sob pena de nulidade. Sua participação se dá, com vistas à tutela do direito objetivo, sem vinculação a qualquer interesse substancial.

Se o órgão do Ministério Público, ao tomar conhecimento dos elementos de informação que instruem a queixa, notar a existência, ao menos em tese, de crime que se processe mediante ação pública, deverá, satisfeitos todos os requisitos (e. g., colheita da representação da vítima), oferecer denúncia, quando então passará a litisconsorte ativo.

Não proposta a ação pública no prazo de lei (CPP, art. 46), nem requerido o promotor o arquivamento do feito (CPP, art. 28), e também não tendo solicitado novas diligências (CPP, art. 47), poderá o ofendido, ou quem o represente, ou, ainda, seu sucessor, no prazo do art. 38 do Código de Processo Penal, oferecer queixa-crime subsidiária (CPP, art. 29). Nesta hipótese, é dever do órgão ministerial, sob pena de nulidade (CPP, art. 564, III, *d*), intervir no feito como assistente, fornecendo elementos de prova, interpondo recursos etc., assumindo-o como parte principal em caso de negligência do querelante, que será afastado do processo. Nada impede que, nesse caso (que é, em verdade, de ação pública), o ofendido afastado requeira sua ingerência como assistente da acusação (CPP, art. 268).

Não se pode confundir, entretanto, a assistência do Ministério Público na ação penal privada subsidiária com a assistência do processo civil, pois nesta o assistente fica vinculado ao convencimento da parte principal, não podendo assumir o feito em caso de desistência, transação ou reconhecimento da procedência do pedido, casos em que cessa a intervenção do assistente. Pode-se afirmar, portanto, que o Ministério Público, ao intervir na ação penal privada subsidiária, o faz como assistente *sui generis*; atua como parte subsidiária, pronta a assumir o processo como parte principal nas hipóteses previstas no art. 29 do CPP.

Lembre-se que, tratando-se de ação penal de exclusiva iniciativa privada, deixando o querelante de prosseguir no feito, ou de interpor recurso, *não poderá* o Ministério Público suprir-lhe a falta, pois de outra forma estaria violando um dos princípios conformadores dessa espécie de ação: o princípio da disponibilidade.

Excluídos esses casos, a lei processual penal concede à vítima, ou quem a represente, a possibilidade de participar do processo na qualidade de parte contingente, como assistente da acusação (CPP, art. 268).

Controverte-se, na doutrina e na jurisprudência, quanto à possibilidade da administração pública, quando sujeito passivo da infração, habilitar-se como assistente. Tourinho Filho[61] e Mirabete[62] entendem impossível, pois "se o órgão do Ministério Público atua em nome do poder público, seria uma superafetação a ingerência da Administração Pública na ação penal pública"[63].

O art. 2º, § 1º, do Decreto-Lei n. 201/67 (que dispõe sobre a responsabilidade dos prefeitos e vereadores) trata da intervenção na ação penal, como assistente da acusação, das administrações públicas federal, estaduais ou municipais, nos crimes de responsabilidade cometidos por prefeitos, desde que possuam interesse na apuração da sua responsabilidade. No mesmo sentido, o art. 26, parágrafo único, da Lei n. 7.492/86 (que define os crimes contra o sistema financeiro), cuja letra ora se transcreve: "A ação penal, nos crimes previstos nesta Lei, será promovida pelo Ministério Público Federal, perante a Justiça Federal. Parágrafo único. Sem prejuízo do disposto no art. 268 do Código de Processo Penal, (...) será admitida a assistência da Comissão de Valores Mobiliários — CVM, quando o crime tiver sido praticado no âmbito de atividade sujeita à disciplina e à fiscalização dessa Autarquia, e do Banco Central do Brasil quando, fora daquela hipótese, houver sido cometido na órbita de atividade sujeita à sua disciplina e fiscalização".

O art. 268 do Código de Processo Penal menciona expressamente as pessoas que poderão ser admitidas como assistente da acusação. São elas: o ofendido, o seu representante legal, quando ele não possuir capacidade para estar em juízo em nome próprio (*legitimatio ad processum*), ou, no caso de morte ou de ausência daquele, declarada judicialmente, o cônjuge, o ascendente, o descendente ou o irmão.

Salientam a doutrina e a jurisprudência a taxatividade do rol do art. 31 (que define os sucessores para efeito de ação penal), de modo que sua interpretação deve ser restritiva, não se admitindo quem não é vítima ou quem não está compreendido entre os parentes ali elencados. Contudo, conforme já havíamos sustentado anteriormente, no tocante aos companheiros reunidos pelo laço da união estável, devem eles ser incluídos no conceito de cônjuge, tendo em vista que a Constituição Federal, em seu art. 226, § 3º, reconhece expressamente a união estável entre homem e mulher como entidade familiar, ressalvando-se que, recentemente, o Plenário do STF reconheceu a união de pessoas do mesmo sexo também como entidade familiar (ADPF 132 — cf. *Informativo do STF*, n. 625, Brasília, 2 a 6 de maio de 2011).

---

61. *Processo penal*, cit., p. 442.

62. *Processo penal*, cit., p. 343.

63. Tourinho Filho, *Processo penal*, cit., p. 4.

Alguns julgados têm admitido, na ação penal pública, a assistência conjunta, como, por exemplo, de viúva e filha da vítima, concomitantemente. Esta, todavia, não é a melhor exegese, pois o art. 36 do Código de Processo Penal, aplicado por analogia, é expresso ao afirmar que o comparecimento de um dos sucessores exclui a habilitação dos demais, os quais só poderão intervir em caso de desistência ou abandono do primeiro.

Sendo o assistente o próprio ofendido, seu representante legal ou qualquer das pessoas arroladas no art. 31 do Código de Processo Penal, sua atuação funda-se na parcialidade, pelo que a ele não se aplicam os dispositivos legais concernentes aos impedimentos e suspeição dos juízes, membros do Ministério Público, peritos etc.

Pode ocorrer em alguns casos, como, por exemplo, nos de lesões corporais recíprocas, ou de culpa (*stricto sensu*) concorrente, que a vítima seja, concomitantemente, réu no mesmo processo que seu agressor. Nesse caso, o art. 270 do Código de Processo Penal veda a sua participação na qualidade de assistente.

Entretanto, condenado um e absolvido o outro, o primeiro (condenado) poderá apelar (se não o fizer o Ministério Público), ou arrazoar o apelo ministerial contra o segundo (absolvido), a fim de lograr decisão igualmente condenatória, que neutralize a reparação dos danos, pois no cível, como se sabe, culpas (*lato sensu*) concorrentes se compensam. Todavia, é indispensável, para que isso se torne possível, que aquela condenação transite em julgado quer para a acusação, quer para a defesa, pois só assim o primeiro deixará de ser corréu no processo, escapando à vedação do mencionado art. 270 do Código de Processo Penal.

Nosso entendimento: se a situação for inversa, isto é, se o que foi absolvido, com trânsito em julgado para ele e para a acusação, resolver recorrer da decisão que condenou o outro réu, ou arrazoar o recurso interposto pelo Ministério Público, entendemos, considerando que o assistente visa, no processo penal, à obtenção de título executório no cível, que ele carece de interesse para intervir, posto que resta assegurada a sua pretensão patrimonial.

→ **ATENÇÃO:** não confundir assistente com advogado do assistente. Assistente é qualquer das pessoas do art. 268 do Código de Processo Penal que, não possuindo capacidade postulatória, necessita constituir advogado para representá-la em juízo, outorgando-lhe os poderes especiais de que trata o art. 44 do mesmo Código.

14.17. Funções do assistente: natureza jurídica

Extremamente controvertida é a natureza jurídica do assistente da acusação. A questão, longe de ser meramente acadêmica, assume enorme importância prática, pois, conforme se adote uma ou outra posição, diversas serão as hipóteses em que se admitirá a sua habilitação, bem como mais ou menos amplos serão os seus poderes processuais.

No processo penal brasileiro é pacífico o entendimento de que o assistente é parte secundária, adesiva, eventual e desnecessária ao processo.

A controvérsia surge quando se aborda o tema da teleologia, ou da finalidade da sua participação na relação processual. Duas correntes se contrapõem:

(i) O ofendido ingressa no processo a fim de, verdadeiramente, assistir ao Ministério Público, reforçando a acusação e garantindo, apenas a título secundário, seu eventual interesse na reparação do dano. De acordo com essa corrente, esposada, dentre outros, por José Frederico Marques, Júlio Fabbrini Mirabete e Marcelo Fortes Barbosa, a admissão da vítima como assistente da acusação resta condicionada apenas à verificação de ser o requerente sujeito passivo da infração, o seu representante legal ou o seu sucessor, sendo absolutamente irrelevante a espécie da infração imputada, bem como suas consequências patrimoniais (v. g., contravenções, crimes contra a incolumidade pública etc.). Quanto aos poderes, a ele é dado propor meios de prova, inquirir testemunhas, participar dos debates orais, arrazoar quaisquer recursos interpostos pelo Ministério Público, bem como interpor recurso de apelação em quaisquer hipóteses, inclusive para agravar a pena, desde que não o tenha feito o acusador principal. No tocante ao recurso em sentido estrito, poderá interpô-lo nos casos do art. 584, § 1º, com a ressalva de que não cabe mais, no procedimento do júri, esse recurso contra a sentença de impronúncia (CPP, arts. 581, IV, e 584, § 1º), mas apelação (CPP, art. 416).

(ii) Ao habilitar-se como assistente, o ofendido não o faz com o fim de auxiliar a acusação, mas de defender um seu interesse na reparação do dano causado pelo ilícito (*ex delicto*). Para tanto, a vítima assiste ao Ministério Público no processo penal, mas apenas enquanto meio útil de lograr a satisfação do seu interesse civil, haja vista que, segundo o Código Penal, art. 91, I, constitui efeito genérico da condenação penal tornar certa a obrigação de indenizar o dano, fazendo coisa julgada no juízo cível (CC, art. 935; CPP, art. 63).

Apoiam-se os seus adeptos, ao advogar a respectiva concepção, nas hipóteses em que, expressamente, o art. 271 do Código de Processo Penal autoriza o assistente a se utilizar do recurso em sentido estrito (CPP, art. 584, § 1º), pois tem-se que, nessas situações, restará desatendido o interesse civil do assistente: (i) quando houver impronúncia; (ii) quando a sentença decretar a prescrição ou julgar, de outro modo, extinta a punibilidade.

Dessa forma, muito embora a sentença que decrete a prescrição ou julgue, de outro modo, extinta a punibilidade, não possua o condão de obstar a propositura da ação civil *ex delicto*, é inegável que, por meio do trânsito em julgado da sentença penal condenatória, o interesse do ofendido será atendido de forma mais eficiente, dada a influência da jurisdição penal sobre a civil (CP, art. 91, I; CPP, art. 63; CC, art. 935). A vítima, além de propor diretamente, no cível, ação de execução (precedida, é claro, da liquidação da sentença), evita os riscos de ver sua pretensão desacolhida por um juiz civil.

Advertem os autores que em nenhuma outra hipótese do art. 581 do Código de Processo Penal a formação da coisa julgada no cível estará prejudicada. Não se concede ao assistente a possibilidade de recorrer da decisão que rejeita a denúncia (CPP, art. 581, I) por um motivo simples: sua habilitação só pode ser deferida após o recebimento da inicial.

Nessa concepção, adotada também por Florêncio de Abreu, Joaquim Canuto Mendes de Almeida, Fernando da Costa Tourinho Filho e outros, bem como pelos direitos italiano e francês, estabelece-se como regra que a vítima não se habilitará como assistente se não sofrer danos, e, uma vez admitida, só poderá praticar os atos necessários à tutela da sua pretensão patrimonial, ainda que para isso tenha de suprir eventuais deficiências do órgão da acusação. Sobre esses poderes, falar-se-á adiante.

Arguta a lição de Tourinho Filho[64]: "Insta acentuar que, quando se afirma que o assistente não auxilia o Ministério Público, quer-se dizer com isto que o assistente não tem por função ajudá-lo a desincumbir-se da tarefa que lhe é imposta por lei. É claro que, quando o assistente produz provas, faz suas alegações, está, evidentemente, auxiliando o Ministério Público, mas, assim agindo, está ele velando pela sorte do seu direito à satisfação do dano".

Só há assistência da acusação em ação penal pública, condicionada ou incondicionada, pois em ação penal de iniciativa privada o ofendido funciona como parte principal.

Tendo em vista que os ilícitos contravencionais se processam por meio de ação penal pública (LCP, art. 17), não há, em princípio, vedação legal à admissão da vítima como assistente. Entretanto, dificilmente haverá, nesses casos, ofendido determinado, e, mesmo se houver, não é provável a ocorrência do dano, de modo que em raríssimas exceções haverá, em processo por contravenção, habilitação de ofendido nos termos do art. 268 do Código de Processo Penal.

14.18. Admissão

Conjugando-se o disposto nos arts. 268 e 269 do Código de Processo Penal, chega-se à conclusão de que a vítima pode intervir como assistente a qualquer momento, *no curso do processo* (que, para a maioria da doutrina, inicia-se com o recebimento da denúncia), enquanto não transitada em julgado a decisão judicial. Assim, não há falar-se em assistência na fase preliminar de investigações, ou mesmo antes do recebimento da peça da acusação. Dessa maneira, é descabida a previsão do art. 311 que autoriza, em *qualquer fase da investigação policial* ou do processo penal, a prisão preventiva decretada pelo juiz, a requerimento, dentre outros, do *assistente*.

> → **ATENÇÃO:** à alteração promovida pela Lei n. 13.964/2019, que, em seu art. 3º, modificou o art. 311 do CPP, retirando a possibilidade de o juiz decretar de ofício a prisão preventiva. Portanto, após a reforma, o magistrado poderá decretar a prisão apenas mediante provocação (requerimento) do Ministério Público, do querelante ou do assistente, ou, ainda, por representação da autoridade policial.

No Tribunal do Júri, para funcionar em plenário, o ofendido deve requerer a habilitação até cinco dias antes da data da sessão na qual pretenda atuar (CPP, art. 430). Em segunda instância, o pedido deve ser dirigido ao relator da causa, o qual terá competência para decidi-lo.

Antes de decidir sobre o requerimento de intervenção, o juiz deverá ouvir o Ministério Público (CPP, art. 272), devendo a manifestação deste restringir-se a aspectos

64. *Processo penal*, cit., v. 2, p. 447.

de legalidade, sendo-lhe defeso analisar a oportunidade e a conveniência da habilitação. Vigorando em nosso sistema, quanto à formação do convencimento do juiz, o princípio da persuasão racional, por óbvio a manifestação do órgão ministerial não vincula o magistrado. Já se decidiu que a inobservância do citado artigo não invalida a admissão do assistente.

Prescreve o Código de Processo Penal, art. 273, que da decisão que admitir ou denegar a intervenção não caberá recurso, devendo, entretanto, constar dos autos o pedido e a decisão, que, como se sabe, deverá ser fundamentada (CF, art. 93, IX). Não sendo decisão definitiva, tampouco decisão com força de definitiva, incabível é o recurso de apelação (CPP, art. 593, I e II); o mesmo se diga em relação ao recurso em sentido estrito, admissível apenas nas hipóteses taxativamente previstas em lei (CPP, art. 581 e incisos). A Lei do Mandado de Segurança (Lei n. 12.016/2009) prevê, em seu art. 5º, II, que "não se concederá mandado de segurança quando se tratar: de decisão judicial da qual caiba recurso com efeito suspensivo". Da que excluir o ofendido já habilitado caberá correição parcial.

Desnecessária é a oitiva do defensor do acusado.

Deferida a habilitação, o assistente receberá a causa no estado em que se achar, i. e., não se repetirá qualquer ato, devendo ser intimado de todos os termos subsequentes do processo. Todavia, sua desídia, caracterizada pela falta injustificada a qualquer termo processual, desobrigará o juízo de intimá-lo novamente (CPP, art. 271, § 2º). Não encontrado o assistente ou o seu advogado, a intimação deverá ser feita por edital, pelo prazo de dez dias, nos termos do art. 391 do Código de Processo Penal.

14.19. Atividades do assistente

Tendo em vista a parte final do art. 269 do Código de Processo Penal ("receberá a causa no estado em que se achar"), a amplitude do leque de atividades do assistente está condicionada à fase processual em que ocorrer sua intervenção.

De qualquer forma, o art. 271 do Código de Processo Penal define os seus poderes processuais, consistentes em:

(i) **Propor meios de prova:** perícias, acareações, buscas e apreensões etc., proposição que deve, antes de ser decidida pelo juiz, ser objeto de manifestação do Ministério Público (CPP, art. 271, § 1º). Mencione-se que o art. 402 dispõe no sentido de que, "produzidas as provas, ao final da audiência, o Ministério Público, o querelante e o assistente e, a seguir, o acusado poderão requerer diligências cuja necessidade se origine de circunstâncias ou fatos apurados na instrução".

Tourinho Filho[65] entende que, se o momento processual adequado para a acusação arrolar testemunhas é o do art. 41, i. e., do oferecimento da denúncia, e o ofendido só pode intervir na causa após o seu recebimento (quando se daria o início da ação penal), não se inclui dentre os poderes do assistente indicar novas testemunhas para serem ouvidas.

---

65. *Processo penal*, cit., p. 454 e s.

Pondera, todavia, que se o juiz deferir o pedido eventualmente formulado, não haverá nulidade. Poderá o magistrado, ainda, caso entenda necessário, utilizar-se de seus poderes instrutórios, determinando a oitiva da testemunha como sendo sua (CPP, art. 209).

Para Fabbrini Mirabete[66], ao contrário, nada impede que "o Juiz, por ocasião do recebimento da denúncia, possa, concomitantemente, admitir a assistência e deferir a inquirição de testemunhas arroladas pelo assistente", ressaltando que o número de testemunhas (somadas as arroladas na denúncia) deve ficar dentro do limite legal.

Nosso entendimento: concordamos com a primeira posição, pois o assistente é admitido no processo somente após o oferecimento do rol de testemunhas. Poderá, no entanto, sugerir ao juiz que ouça algumas pessoas como informantes do juízo, nos termos do art. 209, *caput*, do CPP.

(ii) **Reperguntar às testemunhas**, sempre depois do Ministério Público (CPP, art. 271).

(iii) **Participar de debates orais e aditar articulados:** as provas, no procedimento ordinário, serão produzidas numa audiência única (CPP, art. 400), momento em que serão oferecidas as alegações finais orais. Ao assistente do Ministério Público, após a manifestação deste, serão concedidos dez minutos, prorrogando-se por igual período o tempo de manifestação da defesa (CPP, art. 403, § 2º). Em duas situações, no entanto, as alegações finais serão oferecidas por escrito: (i) "O juiz poderá, considerada a complexidade do caso ou o número de acusados, conceder às partes o prazo de cinco dias sucessivamente para a apresentação de memoriais. Nesse caso, terá o prazo de dez dias para proferir a sentença" (CPP, art. 403, § 3º). (ii) Caso na audiência sejam ordenadas diligências, de ofício ou a requerimento da parte, aquela será concluída sem as alegações finais (CPP, art. 404, *caput*). "Realizada, em seguida, a diligência determinada, as partes apresentarão, no prazo sucessivo de 5 (cinco) dias, suas alegações finais, por memorial, e, no prazo de 10 (dias), o juiz proferirá a sentença" (CPP, art. 404, parágrafo único).

No júri, fase do *judicium accusationis*, as alegações serão orais, conforme disposição expressa do § 4º do art. 411. Dessa forma, ao assistente do Ministério Público, após a manifestação deste, serão concedidos dez minutos, prorrogando-se por igual período o tempo de manifestação da defesa (CPP, art. 411, § 6º). A lei não autoriza o oferecimento de alegações finais escritas pelas partes, isto é, de articulados, afastando, por conseguinte, a possibilidade de o assistente da acusação aditá-los. Tal situação gerará polêmica, pois haverá casos em que, por força da complexidade da causa, serão necessárias a cisão da audiência e, por conseguinte, a substituição das alegações finais orais por memoriais, tal como ocorre no procedimento ordinário.

(iv) **Arrazoar os recursos interpostos pelo Ministério Público:**

– **em apelação:** o prazo para o assistente arrazoar os recursos de apelação interpostos pelo Ministério Público é de três dias, conforme a letra do art. 600, § 1º, do Código de Processo Penal;

66. *Processo penal*, cit., p. 347.

– **em recurso em sentido estrito:** diante do silêncio do legislador, deve ser o mesmo prazo conferido ao Ministério Público, qual seja, de dois dias (CPP, art. 588).

O Código nada fala a respeito da possibilidade de o assistente contra-arrazoar os recursos defensivos. Como é óbvio, trata-se de um lapso do legislador, até porque estariam incluídas na designação genérica *articulados*.

(v) **Arrazoar os recursos por ele interpostos:** prescreve o Código de Processo Penal, art. 271, que o assistente só poderá recorrer nos casos previstos nos seus arts. 584, § 1º (impronúncia e extinção da punibilidade), e 598 (apelação supletiva). É preciso, no entanto, ressalvar que não cabe mais o recurso em sentido estrito contra sentença de impronúncia, mas apelação (CPP, art. 416). Contudo, temos que essas não são as únicas hipóteses em que se deverá admitir recurso do interveniente. Conquanto a lei não mencione expressamente, deflui da própria finalidade da função do assistente que o ofendido poderá interpor todos os recursos necessários a tornar eficazes as prerrogativas do art. 271, como, por exemplo, a hipótese do art. 581, XV, do Código. Se este for denegado, ou a ele for negado seguimento, poderá fazer uso da carta testemunhável (CPP, art. 639). Diga-se o mesmo quanto aos embargos de declaração.

Pelo mesmo motivo, poderá interpor recursos especial e extraordinário, conforme a Súmula 210 do Supremo Tribunal Federal, sempre visando, como já se expôs, à tutela do seu interesse na reparação do dano civil.

> → **ATENÇÃO:** não tem o assistente legitimidade para aditar a denúncia oferecida pelo Ministério Público, titular exclusivo da ação penal pública (CF, art. 129, I), não lhe sendo permitido modificar, ampliar ou corrigir a acusação, mormente por ser taxativa a enumeração de suas atividades, feita pelo art. 271 do Código de Processo Penal.

Como já visto, o art. 311 autoriza, em *qualquer fase da investigação policial* ou do processo penal, mediante provocação, a prisão preventiva decretada pelo juiz, em qualquer fase da investigação policial ou do processo penal, a requerimento, dentre outros, do *assistente*.

No que respeita ao recurso de apelação supletivo (CPP, art. 598), cabível em caso de omissão do Ministério Público, as hipóteses de sua admissão variam conforme o entendimento quanto à função do assistente no processo penal. Para Mirabete, o ofendido interveniente poderá recorrer, desde que supletivamente, de todas as decisões desfavoráveis à acusação, inclusive visando a agravar a pena imposta ao condenado. Para Tourinho Filho, só a leitura isolada do art. 598 do Código de Processo Penal poderia levar à errônea conclusão de que ao assistente é facultado interpor recurso de apelação supletivo em qualquer hipótese, mesmo quando já garantido seu interesse civil, pois considerando-se a sistemática do Código (arts. 63, 271 e 584, § 1º), que confere ao ofendido a faculdade de se habilitar no processo penal como assistente apenas para garantir seu interesse na satisfação do dano *ex delicto*, é certo que o mesmo só terá interesse em recorrer quando se tratar de sentença absolutória, posto que, nesse caso, seu interesse patrimonial estará ameaçado, ou, até mesmo, fulminado, conforme o fundamento da absolvição. Lembre-se que, em algumas hipóteses, e. g., art. 386, I, o Código impede a propositura de ação civil *ex delicto* para a cobrança do dano (CPP, arts. 65 a 67).

Assim, condenatória a decisão, estará resguardado o seu interesse pecuniário; terá o processo penal, para ele, atingido a sua finalidade, pelo que lhe fica vedado recorrer, v.

g., para aumentar a pena, ou para alterar a qualificação legal do fato, vez que do provimento do recurso nenhuma utilidade lhe advirá.

Na jurisprudência, no entanto, há alguns posicionamentos admitindo a interposição de recurso pelo assistente, quando silente o Ministério Público, com o fim de agravar a situação do réu. Ainda, no mesmo sentido, "o assistente de acusação tem legitimidade para, na inércia do *Parquet*, interpor recurso em sentido estrito contra sentença de pronúncia, objetivando o reconhecimento de qualificadoras no crime de homicídio (Precedentes do STF e do STJ)" (TJ-DF – CTM: 20150020317263, rel. Romão C. Oliveira, 1ª Turma Criminal, *DJe*, 11 abr. 2016, pág. 111).

O juiz, na sentença condenatória, independentemente do pedido das partes, pode fixar um valor mínimo para reparação dos danos causados pela infração, considerando os prejuízos sofridos pelo ofendido (CPP, art. 387, IV), e o art. 63, parágrafo único, passou a permitir a execução desse valor sem prejuízo da liquidação para a apuração do dano efetivamente sofrido. Com isso, ainda que a sentença seja condenatória, haverá quem sustente a legitimidade do assistente de acusação para recorrer supletivamente, visando à majoração do valor mínimo fixado na sentença, garantindo-se, assim, o seu interesse na satisfação do dano *ex delicto*.

14.20. Prazo para interpor recurso

Quanto aos prazos para a interposição dos recursos em sentido estrito (CPP, art. 584, § 1º, com a ressalva de que contra a sentença de impronúncia cabe recurso de apelação) e de apelação (CPP, art. 598), surgem duas questões: (i) quanto à determinação do prazo; e (ii) quanto à identificação do seu termo inicial (*dies a quo*).

Trataremos, inicialmente, da primeira delas.

Há que se distinguir, em primeiro lugar, as partes principais (acusados e acusador) e a parte secundária (assistente da acusação). Para aquelas, em sede de recurso em sentido estrito o prazo é de cinco dias, conforme expressa disposição do art. 586 do Código de Processo Penal. Para o assistente, manda o art. 584, § 1º, aplicar à espécie o art. 598 do mesmo Código, o qual, no parágrafo único, define o prazo recursal de quinze dias. O mesmo ocorre quanto à apelação: cinco dias para as partes principais (CPP, art. 593, *caput*), aplicando-se ao assistente o art. 598, parágrafo único, do Código de Processo Penal, que dispõe o prazo de quinze dias.

Entretanto, é pacífico, hoje em dia, quer na doutrina, quer na jurisprudência, que o prazo de quinze dias do mencionado parágrafo único somente se justifica para o ofendido, ou para quaisquer das pessoas do art. 31 do Código de Processo Penal que *não* se tenham habilitado como assistente. Se o fizeram, o prazo será o mesmo das partes principais, qual seja, de cinco dias, tanto para o recurso em sentido estrito quanto para o recurso de apelação.

Tal posição justifica-se pelo princípio da isonomia processual, pois aquele que não interveio no processo não pode ser qualificado como parte e, por conseguinte, não será cientificado dos termos do processo. Necessita, assim, de prazo dilargado, suficiente para conhecer da decisão, constituir procurador, estudar o caso e interpor o recurso.

Habilitado o ofendido, seu representante legal, ou um dos mencionados no citado art. 31, não há conferir-lhe tratamento privilegiado em relação às partes principais, daí se impor que os prazos serão os dos arts. 586 e 593, ambos do Código de Processo Penal.

Tratemos, pois, da segunda hipótese: o *dies a quo* do prazo recursal.

Reza o parágrafo único do art. 598 do Código de Processo Penal: "O prazo (...) correrá do dia em que terminar o do Ministério Público". No mesmo sentido, a Súmula 448 do STF.

As assertivas devem ser tomadas com as necessárias ressalvas: ao contrário do que pode parecer, sempre haverá necessidade de intimação da decisão, em respeito aos ditames do princípio constitucional do devido processo legal (CF, art. 5º, LIV), pois condição essencial à garantia do contraditório é a possibilidade, conferida a quem deva intervir no processo, de conhecer inequivocamente do termo inicial dos prazos em geral, bem como de utilizá-los em sua integralidade.

Assim, apenas se o assistente for intimado antes do término do prazo do Ministério Público é que terão aplicabilidade o parágrafo único do citado artigo e a mencionada súmula do Supremo Tribunal Federal. Do contrário, o prazo terá início com a necessária intimação.

Jurisprudência

- PRONÚNCIA – HOMICÍDIO SIMPLES – RECURSO DOS ASSISTENTES DE ACUSAÇÃO – PRETENDIDA INSERÇÃO DE CIRCUNSTÂNCIAS QUALIFICADORAS – ADITAMENTO DA DENÚNCIA – IMPOSSIBILIDADE. "Assistente de acusação não ostenta legitimidade para recorrer da decisão de pronúncia, visando alterar a definição jurídica do fato delituoso imputado na denúncia. RECURSO NÃO CONHECIDO" (TJ-PR – RSE: 1673205 PR 0167320-5, rel. Telmo Cherem, 2ª Câmara Criminal).
- "[...] Sustentam que o apelo não merece a análise do mérito por carência de pressuposto intrínseco de admissibilidade (legitimidade), na medida em que a atuação do assistente de acusação é subsidiária e, e pelas razões recursais terem sido portanto, apenas é cabível recurso quando há inércia do "Parquet"; apresentadas após o prazo legal. Entretanto, sem razão. Isso porque não há que se falar em ausência de pressuposto no apelo, pois, de acordo com a jurisprudência uníssona do Supremo Tribunal Federal e do Superior Tribunal de Justiça, o assistente de acusação detém legitimidade recursal, mesmo quando o Ministério Público (titular da ação penal) tenha se posicionado, em sede de alegações finais, pela absolvição do réu. Nesse tocante, mesmo que a atuação do assistente de acusação seja subsidiária, tal fato não impede que o mesmo apresente insurgência quando o "Parquet" não o faz, por ter o último se conformado com a sentença absolutória" (TJ-PR – APL: 00274637820158160030/PR 0027463-78.2015.8.16.0030 (Acórdão), rel. Juiz Naor R. de Macedo Neto, 1ª Câmara Criminal, Data de Publicação: 17 dez. 2018).

Questões

1. Quem são os sujeitos do processo penal?
2. O Ministério Público pode pedir a absolvição do acusado?
3. Quais são as funções do assistente de acusação?

15 COMPETÊNCIA

15.1. Conceito de jurisdição

Para Manzini, "jurisdição é a função soberana, que tem por escopo estabelecer, por provocação de quem tem o dever ou o interesse respectivo, se, no caso concreto, é aplicável uma determinada norma jurídica; função garantida, mediante a reserva do seu exercício, exclusivamente aos órgãos do Estado, instituídos com as garantias da independência e da imparcialidade (juízes) e da observância de determinadas formas (processo, coação indireta)"[67].

Na lição de Eduardo Espínola Filho, "a jurisdição envolve dois elementos constitutivos: o órgão, isto é, o juiz, que exerce o direito-dever, ou poder de solucionar o conflito de interesses, aplicando a vontade do Direito ao caso concreto; e a função, isto é, a solução da espécie de fato, com a decisão do conflito"[68].

Em resumo: jurisdição é a função estatal exercida com exclusividade pelo Poder Judiciário, consistente na aplicação de normas da ordem jurídica a um caso concreto, com a consequente solução do litígio. É o poder de julgar um caso concreto, de acordo com o ordenamento jurídico, por meio do processo.

15.2. Origem etimológica da palavra "jurisdição"

Provém do latim *juris* (direito) e *dictio* (dizer), que significa: função de dizer o direito.

15.3. Princípios da jurisdição

(i) Princípio do juiz natural: ninguém será processado nem sentenciado senão pela autoridade competente, que é aquela cujo poder jurisdicional vem fixado em regras predeterminadas (CF, art. 5º, LIII); do mesmo modo, não haverá juízo ou tribunal de exceção (CF, art. 5º, XXXVII).

(ii) Princípio da investidura: a jurisdição só pode ser exercida por quem tenha sido regularmente investido no cargo de juiz e esteja no exercício de suas funções.

(iii) Princípio do devido processo legal: ninguém será privado da liberdade ou de seus bens sem o devido processo legal (CF, art. 5º, LIV).

---

67. *Trattato di diritto processuale penale italiano secondo il nuovo Codice*, 1931, v. 2, p. 19.

68. *Código de Processo Penal anotado*, 5. ed., Ed. Rio, v. 2, p. 51.

(iv) **Princípio da indeclinabilidade da prestação jurisdicional:** nenhum juiz pode subtrair-se do exercício da função jurisdicional, nem "a lei excluirá da apreciação do Poder Judiciário, lesão ou ameaça a direito" (CF, art. 5º, XXXV).

(v) **Princípio da indelegabilidade:** nenhum juiz pode delegar sua jurisdição a outro órgão, pois estaria, por via indireta, violando a garantia do juiz natural.

(vi) **Princípio da improrrogabilidade:** um juiz não pode invadir a competência de outro, mesmo que haja concordância das partes. Excepcionalmente, admite-se a prorrogação da competência.

(vii) **Princípio da inevitabilidade ou irrecusabilidade:** as partes não podem recusar o juiz, salvo nos casos de suspeição, impedimento e incompetência.

(viii) **Princípio da correlação ou da relatividade:** a sentença deve corresponder ao pedido. Não pode haver julgamento *extra* ou *ultra petita*.

(ix) **Princípio da titularidade ou da inércia:** *ne procedat judex ex officio*. O órgão jurisdicional não pode dar início à ação, ficando subordinado, portanto, à iniciativa das partes.

15.4. Características da jurisdição

(i) **Substitutividade:** o órgão jurisdicional declara o direito ao caso concreto, substituindo-se à vontade das partes.

(ii) **Definitividade:** ao se encerrar o processo, a manifestação do juiz torna-se imutável.

15.5. Competência

Como poder soberano do Estado, a jurisdição é una. Dentre as várias funções estatais, encontra-se a de aplicar o direito ao caso concreto para a solução de litígios.

É evidente, porém, que um juiz apenas não tem condições físicas e materiais de julgar todas as causas, diante do que a lei distribui a jurisdição por vários órgãos do Poder Judiciário. Dessa forma, cada órgão jurisdicional somente poderá aplicar o direito dentro dos limites que lhe foram conferidos nessa distribuição.

A competência é, assim, a medida e o limite da jurisdição, dentro dos quais o órgão judicial poderá dizer o direito.

15.6. Conceito de competência

Para Lucchini, a competência vem a ser a medida da jurisdição, distribuída entre os vários magistrados, que compõem organicamente o Poder Judiciário do Estado[69].

Segundo Altavilla, é o poder que o juiz tem de exercer a jurisdição sobre determinado conflito de interesses, surgido entre o Estado e o indivíduo, pela execução de um crime ou contravenção penal[70].

---

69. *Elementi di procedura penale*, 3. ed., 1908, p. 209.

70. *Manuale di procedura penale*, 1935, p. 87.

Para Eduardo Espínola Filho, "a competência vem a ser a porção de capacidade jurisdicional que a organização judiciária atribui a cada órgão jurisdicional, a cada juiz"[71].

Em poucas palavras, competência é a delimitação do poder jurisdicional (fixa os limites dentro dos quais o juiz pode prestar jurisdição). Aponta quais os casos que podem ser julgados pelo órgão do Poder Judiciário. É, portanto, uma verdadeira medida da extensão do poder de julgar.

15.7. Espécies de competência

A doutrina tradicionalmente distribui a competência considerando três aspectos diferentes:

(i) ***ratione materiae***: estabelecida em razão da natureza do crime praticado;

(ii) ***ratione personae***: de acordo com a qualidade das pessoas incriminadas;

(iii) ***ratione loci***: de acordo com o local em que foi praticado ou consumou-se o crime, ou o local da residência do seu autor.

Essa classificação coincide com a do Código de Processo Penal, o qual, em seu art. 69 e incisos, dispõe que a competência se determina: (i) incisos I e II: pelo lugar da infração ou pelo domicílio do réu (*ratione loci*); (ii) inciso III: pela natureza da infração (*ratione materiae*); (iii) inciso VII: pela prerrogativa de função (*ratione personae*).

15.8. Como saber qual o juízo competente?

Em primeiro lugar, cumpre determinar qual o juízo competente em razão da matéria, isto é, em razão da natureza da infração penal.

Para a fixação dessa competência ***ratione materiae*** importa verificar se o julgamento compete à jurisdição comum ou especial (subdividida em eleitoral, militar e política).

A Constituição Federal estabelece as seguintes **jurisdições especializadas**:

(i) **Justiça Eleitoral:** para o julgamento de infrações penais dessa natureza (arts. 118 a 121).

(ii) **Justiça Militar:** para processar e julgar os crimes militares definidos em lei (art. 124). Atentar-se para a definição de crimes militares, a qual foi modificada e ampliada pela Lei n. 13.491/2017, conforme será explicitado no tópico pertinente, qual seja, 15.17.

(iii) **Competência política do Senado Federal (atividade jurisdicional atípica):** para processar e julgar o presidente e o vice-presidente da República nos crimes de responsabilidade, bem como os Ministros de Estado e os Comandantes da Marinha, do Exército e da Aeronáutica nos crimes da mesma natureza conexos com aqueles (art. 52, I); os Ministros do Supremo Tribunal Federal, *os membros do Conselho Nacional de Justiça e do Conselho Nacional do Ministério Público*, o Procurador-Geral da República e o Advogado-Geral da União nos crimes de responsabilidade (art. 52, II). A composição do Conselho

71. *Código de Processo Penal anotado*, cit., v. 2, p. 51.

Nacional de Justiça e do Conselho Nacional do Ministério Público, órgãos criados pela EC n. 45/2004, consta, respectivamente, dos arts. 103-B e 130-A da CF. Dentre os membros do Conselho Nacional de Justiça, citem-se como exemplos um juiz estadual indicado pelo STF para integrar o Conselho; um membro do Ministério Público estadual, escolhido pelo Procurador-Geral da República dentre os nomes indicados pelo órgão competente de cada instituição estadual; ou dois cidadãos, de notável saber jurídico e reputação ilibada, indicados um pela Câmara dos Deputados e outro pelo Senado Federal; ou dois advogados, indicados pelo Conselho Federal da Ordem dos Advogados do Brasil.

Ao lado dessas jurisdições especiais (típicas ou não), a Constituição prevê a **jurisdição comum estadual ou federal**:

(i) **à justiça federal** (art. 109, IV) compete processar e julgar os crimes políticos e as infrações penais praticadas em detrimento de bens, serviços ou interesse da União ou de suas entidades autárquicas ou empresas públicas, excluídas as contravenções penais de qualquer natureza (que sempre serão da competência da justiça estadual, nos exatos termos da Súmula 38 do STJ: "compete à Justiça Estadual Comum, na vigência da Constituição de 1988, o processo por contravenção penal, ainda que praticada em detrimento de bens, serviços ou interesses da União ou de suas entidades");

(ii) **à justiça comum estadual** compete tudo o que não for de competência das jurisdições especiais e federal (competência residual).

Finalmente, no que diz respeito aos **crimes dolosos contra a vida**, e outros a que o legislador infraconstitucional posteriormente vier a fazer expressa referência, a competência para o julgamento será do **(i) tribunal do Júri, (ii) da jurisdição comum estadual** ou **(iii) federal**, dependendo do caso (art. 5º, XXXVIII, *d*).

Fixada a competência em razão da matéria, cumpre verificar o grau do órgão jurisdicional competente, ou seja, se o órgão incumbido do julgamento é juiz, tribunal ou tribunal superior.

Essa delimitação de competência é feita pela Constituição Federal, de acordo com a prerrogativa de função, que é a chamada competência *ratione personae*.

De fato, confere-se a algumas pessoas, devido à relevância da função exercida, o direito de serem julgadas em foro privilegiado. Não há que se falar em ofensa ao princípio da isonomia, já que não se estabelece a preferência em razão da pessoa, mas da função.

Alguns doutrinadores fazem distinção entre as expressões "foro privilegiado" (privilégio para determinadas pessoas) e "foro por prerrogativa de função" (foro especial fixado como garantia inerente ao exercício de uma função), entendendo que somente este último não viola o princípio da isonomia: "Não se deve confundir foro pela prerrogativa de função com foro privilegiado. Aquele é homenagem à função...; a competência por prerrogativa de função não sugere foro privilegiado. O que a Constituição vedava e veda (implicitamente) é o foro para conde, barão ou duque, para Jafé, Café ou Mafé (...)"[72].

72. Tourinho Filho, *Processo penal*, cit., v. 2, p. 122-3.

Na verdade, o foro por prerrogativa visa preservar a independência do agente político, no exercício de sua função, e garantir o princípio da hierarquia, não podendo ser tratado como se fosse um simples privilégio estabelecido em razão da pessoa.

A competência ***ratione personae*** está assim distribuída:

(i) **Supremo Tribunal Federal (art. 102, I, *b* e *c*):** compete processar e julgar originariamente, nas infrações penais comuns, seus próprios ministros, o presidente da República, o vice, os membros do Congresso Nacional e o procurador-geral da República (art. 102, *b*); nas infrações penais comuns e nos crimes de responsabilidade, os Ministros de Estado e os Comandantes da Marinha, do Exército e da Aeronáutica (salvo se o crime de responsabilidade for conexo ao do presidente ou vice, caso em que a competência será do Senado Federal – art. 102, *c*), os membros dos Tribunais Superiores, os do Tribunal de Contas da União e os chefes de missão diplomática de caráter permanente.

→ ATENÇÃO: o STF já firmou o entendimento de que a expressão "infrações penais comuns" do art. 102, I, *b* e *c*, abrange todas as modalidades de infrações penais, inclusive os crimes eleitorais e as contravenções penais.

(ii) **Superior Tribunal de Justiça (art. 105, I, *a*):** compete processar e julgar originariamente, nos crimes comuns, os governadores dos Estados e do Distrito Federal; nos crimes comuns e nos de responsabilidade, os desembargadores dos Tribunais de Justiça dos Estados e do Distrito Federal, os membros dos Tribunais de Contas dos Estados e do Distrito Federal, os membros dos Tribunais Regionais Federais, Tribunais Regionais Eleitorais e do Trabalho, os membros dos Conselhos ou Tribunais de Contas dos Municípios e os membros do Ministério Público da União que oficiem perante tribunais.

(iii) **Tribunais Regionais Federais (art. 108, I, *a*):** compete processar e julgar originariamente os juízes federais, da justiça militar e do trabalho, da sua área de jurisdição, nos crimes comuns e de responsabilidade, e os membros do Ministério Público da União, ressalvada a competência da justiça eleitoral.

(iv) **Tribunal de Justiça de São Paulo (art. 74, I e II, da CE):** compete processar e julgar originariamente, nas infrações penais comuns, o vice-governador, os secretários de Estado, os deputados estaduais, o procurador-geral de justiça, o procurador-geral do Estado, o defensor público geral e os prefeitos municipais (CF, art. 29, X); nas infrações penais comuns e de responsabilidade, os juízes dos Tribunais de Alçada e de justiça militar, os juízes de Direito e os juízes auditores da justiça militar, os membros do Ministério Público, o delegado-geral de polícia e o comandante-geral da polícia militar. No tocante aos juízes dos Tribunais de Alçada, convém notar que a EC n. 45/2004, em seu art. 4º, promoveu a extinção do referido tribunal, determinando que os seus membros passem a integrar os Tribunais de Justiça dos respectivos Estados, respeitadas a antiguidade e classe de origem. Dessa forma, os juízes dos extintos Tribunais de Alçada, agora, denominados "desembargadores", passarão a ser julgados também pelo Superior Tribunal de Justiça, e não mais pelo Tribunal de Justiça estadual.

Desse modo, no que diz respeito às **autoridades com foro por prerrogativa de função**, apresenta-se o seguinte quadro:

(i) **Presidente da República:** nos crimes de responsabilidade, será julgado pelo Senado Federal (CF, art. 52, I). São considerados crimes de responsabilidade todos os atos atentatórios à Constituição Federal, especialmente os praticados contra a existência da União, o livre exercício do Poder Legislativo, Judiciário e Ministério Público, o exercício dos direitos políticos, individuais e sociais, a segurança interna do país, a probidade na administração, a lei orçamentária e o cumprimento das leis e decisões judiciais (CF, art. 85, I a VII – rol meramente exemplificativo). Estas infrações estão reguladas pela Lei n. 1.079/50. Esse processo de *impeachment* divide-se em duas fases: juízo de admissibilidade e julgamento. A primeira etapa tem início perante a Câmara dos Deputados, mediante acusação de qualquer cidadão no gozo de seus direitos políticos, que somente será admitida por dois terços dos votos, em uma única sessão. Remetidos os autos ao Senado, caso este venha a instaurar o processo, o presidente ficará automaticamente suspenso de suas funções (CF, art. 86, § 1º, II), pelo prazo máximo de cento e oitenta dias, tempo em que o processo já deverá estar encerrado (CF, art. 86, § 2º). O presidente do STF assumirá a presidência dos trabalhos, submetendo a denúncia à votação, exigindo-se dois terços dos votos para a condenação, sem prejuízo das demais sanções cabíveis. A pena consiste na perda do cargo, mais inabilitação para o exercício da função pública por oito anos (CF, art. 52, parágrafo único). A renúncia apresentada antes da sessão de julgamento não paralisa o processo, uma vez que a sanção não se limita à perda do mandato.

Nos crimes comuns, o processo também se desenvolve em duas fases. Admitida a acusação pela Câmara dos Deputados, por dois terços dos votos, o presidente será julgado pelo STF (CF, art. 102, I, *b*). Se for crime de ação penal pública, caberá ao procurador-geral da República oferecer a denúncia; sendo de iniciativa privada, o inquérito aguardará a provocação do ofendido. Recebida a denúncia ou queixa, o presidente ficará suspenso de suas funções (CF, art. 86, § 1º, I), pelo prazo máximo de 180 (cento e oitenta) dias, tempo em que o processo já deverá estar encerrado (CF, art. 86, § 2º). Enquanto não sobrevier decisão condenatória, o presidente não estará sujeito à prisão (CF, art. 86, § 3º).

(ii) Deputados federais e senadores: nos crimes comuns, a competência é do STF (CF, art. 102, I, *b*), independentemente de qualquer licença prévia da Casa respectiva (CF, art. 53, §§ 1º e 3º). Nas hipóteses de o parlamentar infringir qualquer das violações previstas no art. 54, I e II, da Constituição Federal, de praticar procedimento incompatível com o decoro parlamentar ou de sofrer condenação criminal transitada em julgado, o processo de cassação seguirá perante a Câmara ou Senado, conforme o caso, podendo ser decretada a perda do mandato mediante voto secreto da maioria absoluta correspondente (CF, art. 55, § 2º). Se o parlamentar faltar à terça parte das sessões ordinárias, salvo por licença ou missão especial autorizada, perder ou tiver suspensos seus direitos políticos, a perda do mandato será simplesmente declarada pela Mesa da Casa respectiva, assegurada ampla defesa (CF, art. 55, § 3º).

(iii) Governador do Estado: nos crimes de responsabilidade, o Governador será submetido a julgamento pelo Tribunal Especial previsto na Lei n. 1.079/50. A denúncia pode ser apresentada à Assembleia Legislativa por qualquer cidadão, e o julgamento pelo Tribunal Especial depende de prévia autorização de mais da metade de todos os componentes do Legislativo Estadual, estando suspensa a parte final do art. 49 da CE de São Paulo, pela medida cautelar concedida na ADI 2.220-2 (STF). O § 1º do art. 49 da CE de São Paulo, que estabelece ser o Tribunal Especial composto por sete Deputados Estaduais e sete Desembargadores sorteados pelo Presidente do Tribunal de Justiça, que também deverá presidi-lo (15 membros), também foi suspenso pela medida cautelar concedida pelo STF na ADI 2.220-2, j. em 1º-8-2000. Consta da ementa do julgamento: "Inscreve-se na competência legislativa da União a definição dos crimes de responsabilidade e a disciplina do respectivo processo e julgamento". Compete à União (e não ao Estado, ao Distrito Federal ou ao Município) legislar sobre processo (art. 22, I, da CF) e, de acordo com a Lei Federal n. 1.079/50, o Tribunal Especial deve ser composto por cinco Deputados Estaduais (eleitos entre os seus pares) e cinco Desembargadores (sorteados pelo Presidente do Tribunal de Justiça). O Tribunal Especial é comandado pelo Presidente do Tribunal de Justiça, que somente votará se houver empate (voto de Minerva). O Governador ficará suspenso de suas funções após o recebimento da denúncia ou queixa-crime pelo STJ (crime comum) ou após a autorização do processo pela Assembleia Legislativa (infração político-administrativa)[73]. A Constituição Federal prevê a imunidade prisional e a cláusula de irresponsabilidade relativa ao Presidente da República. "Enquanto vigente o mandato, o Presidente da República não pode ser responsabilizado por atos estranhos ao exercício de sua função (fatos praticados antes ou durante o mandato). Trata-se da cláusula de irresponsabilidade relativa, que não protege o Presidente quanto aos ilícitos praticados no exercício da função ou em razão dela, assim como não exclui sua responsabilização civil, administrativa ou tributária. Extinto ou perdido o mandato, o Presidente da República poderá ser criminalmente processado pelo fato criminoso estranho ao exercício da função, ainda que praticado antes ou durante a investidura"[74].

Com relação ao Governador de Estado, a CE procurou reproduzir essas regras no seu art. 49, §§ 5º e 6º, parágrafos esses que, no entanto, foram suspensos pelo STF (ADI 1.021-2). No caso de crime eleitoral praticado por governador, decidiu o STF que a competência é do STJ e não do TSE.

(iv) **Prefeitos municipais:** o julgamento cabe ao tribunal de justiça do respectivo Estado, independentemente de prévio pronunciamento da Câmara dos Vereadores (CF, art. 29, X), quando se tratar de crimes comuns, assim considerados aqueles tipificados no art. 1º do Decreto-Lei n. 201/67. Devido à falta de um maior detalhamento, já que a Constituição Federal limitou-se a dizer "julgamento do Prefeito perante o Tribunal de Justiça", sem especificar quais os crimes a serem submetidos a esse órgão, tem-se entendido que, na hipótese de crime praticado contra bens, serviços ou interesse da União, competente será o Tribunal Regional Federal e não o TJ. Pela mesma razão, tratando-se de crime eleitoral, a competência será do Tribunal Regional Eleitoral. Esse entendimento, atualmente, encontra-se na Súmula 702 do STF, cujo teor é o seguinte: "A competência do Tribunal de Justiça para julgar Prefeitos restringe-se aos crimes de competência da Justiça comum estadual; nos demais casos, a competência originária caberá ao respectivo tribunal de segundo grau". No caso de crime contra a Administração Pública praticado em detrimento da União, como, por exemplo, na apropriação por prefeito municipal de verba federal sujeita a prestação de contas perante o TCU, a competência também será

73. Chimenti et al., *Curso de direito constitucional*, 2005, p. 286-287.

74. Chimenti et al., 2005b, p. 286.

do Tribunal Regional Federal. Aliás, nesse sentido o STJ editou a Súmula 208, segundo a qual: "Compete à Justiça Federal processar e julgar prefeito municipal por desvio de verba sujeita a prestação de contas perante órgão federal". Em outras palavras, se a Corte de Contas Federal detém competência para fiscalizar a verba cedida ao Município, é porque ainda persiste o interesse da União, do que deriva estarem os atos do prefeito sujeitos ao controle jurisdicional do Tribunal Regional Federal. Convém ressaltar, no entanto, que se a verba federal transferida ao Município já estiver incorporada ao patrimônio municipal, a competência para julgar o prefeito será do Tribunal de Justiça local, não havendo que se falar, nesse caso, de interesse da União. Nesse sentido, a Súmula 209 do STJ, que dispõe: "Compete à Justiça Estadual processar e julgar prefeito por desvio de verba transferida e incorporada ao patrimônio municipal". Interessante também lembrar que o crime praticado pelo chefe do Poder Executivo municipal, durante o seu mandato, em violação ao art. 1º do Decreto-Lei n. 201/67, e já consumado, obviamente não desaparece com o término do mandato, devendo ser processado. É o teor da Súmula 164 do STJ: "O prefeito municipal, após a extinção do mandato, continua sujeito por crime previsto no art. 1º do Decreto-Lei n. 201, de 27 de fevereiro de 1967" (a questão sobre a manutenção do foro privilegiado, após o encerramento da gestão do alcaide, será analisada logo adiante), bem como da Súmula 703 do STF: "A extinção do mandato do Prefeito não impede a instauração de processo pela prática dos crimes previstos no art. 1º do Decreto-Lei n. 201/67". Na hipótese de crime doloso contra a vida, deve ser aplicada a Súmula 721 do STF, segundo a qual a competência do Tribunal do Júri para os crimes dolosos contra a vida não prevalece sobre a prerrogativa de foro estabelecida diretamente pela Constituição Federal. Como a competência especial do Tribunal de Justiça para o julgamento de Prefeito está prevista diretamente pela Constituição Federal (CF, art. 29, X), ela prevalecerá sobre a do júri popular. Deste modo, o Prefeito deverá ser julgado perante o Tribunal de Justiça local mesmo nos crimes dolosos contra a vida. No caso de infrações político-administrativas, que são as tipificadas no art. 4º do Decreto-Lei n. 201/67, a competência para julgamento é da Câmara Municipal. Cumpre anotar também que os crimes previstos no art. 1º do Decreto-Lei n. 201/67 configuram crimes funcionais, sujeitos a processo e julgamento pelo Poder Judiciário, independentemente de autorização do órgão legislativo municipal. Desse modo, nesse caso não existe impedimento legal para a instauração ou prosseguimento da ação penal após a extinção do mandato de prefeito. Já no caso do art. 4º do Decreto-Lei n. 201/67, que elenca as infrações político-administrativas julgadas pela Câmara Municipal, a cessação do exercício do cargo de prefeito impede a instauração ou o prosseguimento do processo político-disciplinar, regulado no art. 5º do referido decreto-lei, em face da perda do objeto. Quando a CF dispõe ser competência originária do TJ, não está se referindo ao Pleno, sendo admissível o julgamento por Câmara, Turma ou outro órgão fracionário do Tribunal.

(v) **Vice-presidente, ministros do STF e procurador-geral da República:** crimes comuns são da competência do STF e crimes de responsabilidade, do Senado Federal.

(vi) **Ministros de Estado:** crimes comuns e de responsabilidade são de competência do STF. Crimes de responsabilidade praticados em conexão com os do presidente submetem-se ao Senado Federal.

(vii) **Desembargadores:** são julgados originariamente pelo STJ (art. 105, I, *a*).

(viii) **Membros do Ministério Público e juízes estaduais:** são julgados *sempre* pelo tribunal de justiça de seu Estado, não importando a natureza do crime (se federal ou doloso contra a vida) ou o local de sua prática (em outra unidade da federação), ressalvados apenas os crimes eleitorais, caso em que o julgamento caberá ao Tribunal Regional Eleitoral (CF, art. 96, III).

(ix) **Deputados estaduais:** a Constituição do Estado-Membro pode estabelecer foro por prerrogativa de função perante o Tribunal de Justiça local para o julgamento dos crimes de competência da Justiça Comum cometidos pelo deputado dentro dos limites territoriais do Estado. Este Tribunal não poderá, porém, julgar os parlamentares estaduais por crimes praticados contra bens, serviços ou interesse da União, pelos crimes eleitorais e os comuns cometidos em outro Estado, os quais serão julgados pelos respectivos tribunais (federal, eleitoral ou estadual dotado de competência material). Se o agente vier a ser diplomado deputado estadual no curso do processo, haverá imediata cessação da competência local e seu deslocamento para o respectivo Tribunal de Justiça, mantendo-se íntegros todos os atos processuais até então praticados, sob pena de derrogação do princípio do *tempus regit actum*, uma vez que o juiz era competente à época.

Pode ocorrer que a competência originária *ratione personae* esteja em conflito com a competência em razão da matéria. Por exemplo, uma autoridade que desfruta de foro privilegiado perante um tribunal (*ratione personae*) pratica um crime doloso contra a vida (competência material). Nesse caso, como se resolve o aparente conflito entre o foro especial e o Tribunal do Júri?

Depende.

Quando a própria Constituição Federal estabelecer o foro por prerrogativa de função, esta competência é que deverá prevalecer. Assim, se, por exemplo, um deputado federal (CF, art. 102, I, *b*) ou um promotor de justiça (CF, art. 96, III) cometerem crime doloso contra a vida, o julgamento ficará, respectivamente, a cargo do Supremo Tribunal Federal ou do Tribunal de Justiça local, porque a competência originária desses tribunais, em ambos os casos, está prevista na Carta Magna. A competência do Júri, embora prevista na Lei Maior, não poderia sobrepujar-se à competência originária estabelecida pelo mesmo texto. É o que ocorre, por exemplo, com um deputado federal, um juiz estadual, um juiz federal ou um promotor de justiça que cometerem homicídio doloso. Como a Carta Magna estabelece diretamente o foro especial, este se imporá sobre a competência do Tribunal do Júri.

Quando, no entanto, o foro especial for estabelecido por Constituição Estadual, por lei processual ou de organização judiciária, o autor do crime doloso contra a vida deverá ser julgado pelo Tribunal do Júri, cuja competência é estabelecida na Constituição Federal, e por esta razão não pode ser limitada por norma de grau inferior. É o caso de um deputado estadual que venha a cometer homicídio doloso. Como o foro privilegiado não consta da Carta Federal, mas de Constituição local, não poderá prevalecer sobre a competência do júri popular, a qual tem amparo direto no Texto Federal (CF, art. 5º, XXXVIII, *d*). Nesse sentido, a Súmula 721 do STF: "A competência constitucional do Tribunal do Júri prevalece sobre o foro por prerrogativa de função estabelecido exclusivamente pela Constituição estadual".

Fica, assim, superada a posição contrária, respaldada na doutrina do paralelismo constitucional, segundo a qual, tendo a Carta Magna estabelecido foro especial para os membros do Poder Legislativo da União, os Estados, ao repetirem em suas Constituições idêntica garantia para os seus parlamentares, estariam apenas refletindo em seus textos o dispositivo da Lei Maior. Não haveria, nesse caso, qualquer tipo de inovação porque o foro por prerrogativa de função para deputados estaduais está em perfeita sincronia com a Constituição Federal. Esse paralelismo significa que o privilégio estadual consta também da Carta Federal, e, por essa razão, sobrepõe-se à competência do Júri. O STF, em antiga decisão, também chegara a afirmar a competência do Tribunal de Justiça para julgar, em crime doloso contra a vida, deputado estadual, consoante disposição da Constituição do Estado, uma vez que há paralelismo com a Constituição Federal, que estabeleceu essa garantia aos deputados federais. A previsão, pela Constituição Estadual, de foro por prerrogativa de função apenas reflete norma idêntica da Carta Magna, no tocante aos membros do Congresso Nacional. No Estado de São Paulo, por exemplo, a Constituição dispõe, em seu art. 14, § 4º, que "os deputados serão submetidos a julgamento perante o Tribunal de Justiça"; logo, segundo o raciocínio dessa corrente, esse órgão deveria ser o competente para julgar todos os crimes comuns de sua alçada, inclusive os dolosos contra a vida. Refugiriam ao seu alcance apenas os crimes cometidos contra bens, serviços ou interesse da União – caso em que o julgamento ficará afeto à Justiça Federal –, crimes eleitorais, submetidos à jurisdição eleitoral, e crimes cometidos fora de seu Estado.

Com a Súmula 721 do STF, no entanto, essa discussão encontra-se, ao menos por ora, superada. Deputado estadual que cometer crime doloso contra a vida será julgado pelo júri popular, e não pelo Tribunal de Justiça local.

Poderíamos assim resumir essa questão:

(i) se a competência especial por prerrogativa de função estiver estabelecida na Constituição Federal, prevalecerá sobre a competência constitucional do Júri, em razão da matéria;

(ii) se o foro especial estiver previsto em lei ordinária ou lei de organização judiciária, prevalecerá a competência constitucional do Júri;

(iii) se o foro especial estiver previsto em Constituição estadual, prevalecerá a competência constitucional do Júri.

Diante do exposto, o **foro por prerrogativa de função** assim se apresenta:

- Presidente da República – crime comum – STF;
- Presidente da República – crime de responsabilidade – Senado Federal;
- Vice-Presidente – crime comum – STF;
- Vice-Presidente – crime de responsabilidade – Senado Federal;
- Deputados federais e senadores – crime comum – STF;

- Deputados federais e senadores – crime de responsabilidade – Casa correspondente;
- Ministros do STF – crime comum – STF;
- Ministros do STF – crime de responsabilidade – Senado Federal;
- Procurador-Geral da República – crime comum – STF;
- Procurador-Geral da República – crime de responsabilidade – Senado Federal;
- Ministro de Estado – crime comum e de responsabilidade – STF;
- Ministro de Estado – crime de responsabilidade conexo com o de Presidente da República – Senado Federal;
- Ministros de Tribunais Superiores (STJ, TSE, STM e TST) e diplomatas – crime comum e de responsabilidade – STF;
- Governador de Estado – crime comum ou eleitoral – STJ;
- Governador de Estado – crime de responsabilidade – depende da Constituição Estadual;
- Desembargadores – crime comum e de responsabilidade – STJ;
- Procurador-Geral de Justiça – crime comum – TJ;
- Procurador-Geral de Justiça – crime de responsabilidade – Poder Legislativo Estadual;
- Membros do Ministério Público e juízes estaduais – crime comum, de responsabilidade e doloso contra a vida – TJ;
- Membros do Ministério Público e juízes estaduais – crime eleitoral – TRE;
- Membros do Ministério Público e juízes federais – crime comum, de responsabilidade e doloso contra a vida – TRF;
- Membros do Ministério Público e juízes federais – crime eleitoral – TRE;
- Deputados estaduais – crime comum – TJ;
- Deputados estaduais – crime doloso contra a vida – Tribunal do Júri;
- Deputados estaduais – crime de responsabilidade – Poder Legislativo Estadual;
- Prefeitos municipais – crime comum e doloso contra a vida – TJ;
- Prefeitos municipais – crime federal – TRF;
- Prefeitos municipais – crime eleitoral – TRE;
- Prefeitos municipais – crime de responsabilidade – Poder Legislativo Municipal

Considerações importantes a respeito da competência ***ratione personae***:

(i) Seja qual for o local em que o promotor de justiça ou o juiz de direito cometam o crime, o órgão competente para processá-los e julgá-los é o Tribunal de Justiça do Estado, onde estejam exercendo a função que lhes confere a prerrogativa do foro excepcional.

(ii) O foro por prerrogativa de função estabelecido nas Constituições estaduais e leis de organização judiciária somente é válido perante as autoridades judiciárias locais, não podendo ser invocado no caso de cometimento de crimes eleitorais ou contra bens, interesses e serviços da União. Assim, por exemplo, no caso de deputado estadual, como seu foro privilegiado não é previsto na Constituição Federal, ao invés de ser julgado pelo

Tribunal de Justiça, sê-lo-á, no primeiro caso, pelo Tribunal Regional Eleitoral, e, no segundo, pelo Tribunal Regional Federal.

(iii) Compete ao Tribunal de Justiça julgar os prefeitos municipais, tão somente no que diz respeito aos crimes comuns, sujeitos à competência da justiça local, ficando reservada à Câmara Municipal a competência para processá-los e julgá-los pelos crimes de responsabilidade e pelas infrações político-administrativas.

(iv) A competência especial por prerrogativa de função não se estende ao crime cometido após a cessação definitiva do exercício funcional (Súmula 451 do STF).

(v) O foro especial por prerrogativa de função persiste mesmo após o encerramento do mandato, desde que o crime tenha sido cometido durante o exercício funcional. A Súmula 394 do STF, editada em 1964, sempre garantiu a continuidade do foro privilegiado, mesmo após o término da função,[75] sob o argumento de que já havia ele sido fixado no momento da prática delituosa. Cessada a função, o Tribunal continua a ser competente para julgar o feito, pois, sendo o juiz natural do processo, nenhum outro órgão do Judiciário pode subtrair-lhe a competência. Tal garantia visa a resguardar a independência e liberdade da autoridade para exercer suas funções, assegurando-lhe o julgamento com os mesmos direitos vigentes ao tempo de sua atividade. De fato, a garantia seria inócua se pudesse esvair-se durante o processo, uma vez que a prestação jurisdicional definitiva, em regra, ultrapassa o período de atividade funcional, tornando letra morta a regra especial de competência. Ocorre que, no dia 25 de agosto de 1999, o STF houve por bem determinar o cancelamento da referida súmula, sustentando que as prerrogativas de foro especial comportam interpretação restritiva, na medida em que excepcionam o princípio da igualdade entre os cidadãos. Essa situação, no entanto, durou pouco. Em 26 de dezembro de 2002, mesma data de sua publicação, entrou em vigor a Lei n. 10.628, de 24 de dezembro, a qual conferiu a atual redação ao *caput* do art. 84 do CPP e lhe acrescentou dois parágrafos. Segundo o então incluído § 1º do art. 84, "a competência especial por prerrogativa de função, *relativa a atos administrativos do agente*, prevalece ainda que o inquérito ou a ação judicial sejam iniciados após a cessação do exercício da função pública". Com isso, a situação seria intermediária entre a época de vigência da Súmula 394 e a de seu posterior cancelamento. Encerrado o exercício funcional, se o crime não tiver nenhuma relação com a função, cessa o foro privilegiado, devendo o processo, se ainda não proferida a decisão final, ser remetido à jurisdição de primeiro grau. Por exemplo: homicídio doloso ou culposo, lesões corporais dolosas cometidas no âmbito doméstico, furto em supermercado, injúria durante uma altercação de ânimos no trânsito e inúmeras outras situações que não forem consideradas ato administrativo do agente. Em todos esses casos, cessada a função, cessa a competência especial, e o processo retorna à primeira instância. Contrariamente, se o comportamento ilícito consistir em um ato administrativo derivado do exercício funcional, como no caso de licitações fraudulentas, obras superfaturadas, enriquecimento ilícito no exercício do cargo etc., permanecerá a compe-

75. Reconheceu-se a incompetência do STJ para examinar o recebimento de denúncia por crime supostamente praticado durante o mandato anterior de governador, ainda que este tenha voltado a ocupar o mesmo cargo por eleição posterior (STJ, QO na APn 874/DF, rel. Min. Nancy Andrighi, j. 15-5-2019, *DJe* 3-6-2019).

tência especial por prerrogativa de função, mesmo após o término do período funcional. Mais do que isso. O § 2º do art. 84 do CPP estendeu as hipóteses de foro privilegiado por função e por ex-função no § 1º, que são próprias do âmbito criminal, para os atos de improbidade administrativa, assim definidos nos arts. 9º, 10 e 11 da Lei n. 8.429, de 2 de junho de 1992. Referido § 2º do art. 84 seria, a nosso ver, claramente inconstitucional, uma vez que a lei ordinária não pode acrescentar novos casos de foro privilegiado (aqui, os de improbidade administrativa), além dos já constantes do Texto Constitucional. Isto porque, tratando-se de restrição ao princípio da isonomia, o privilégio do foro especial só pode ser instituído mediante expressa previsão ou autorização de nossa Constituição. Sendo assim, a lei inferior não pode assumir o papel de emenda constitucional e ampliar, ao arrepio da ordem constitucional vigente, as hipóteses que diferenciam os cidadãos. Ainda que o critério tenha por fundamento a alegação de relevância pública, tal critério não compete ao legislador ordinário, mas ao Poder Constituinte derivado. Acabando com essa celeuma, em 15-9-2005, por maioria de votos (7 x 3), o Plenário do Supremo declarou a inconstitucionalidade dos §§ 1º e 2º do art. 84 do CPP. A decisão foi tomada no julgamento da ADI 2.797, proposta pela Associação Nacional dos Membros do Ministério Público (Conamp), tendo como relator o Ministro Sepúlveda Pertence, o qual afirmou que o § 1º do art. 84 constituiu evidente reação legislativa ao cancelamento da Súmula 394 pelo STF. Acompanharam o entendimento do relator, no sentido da inconstitucionalidade do dispositivo legal, os ministros Joaquim Barbosa, Carlos Ayres Britto, Cezar Peluso, Marco Aurélio, Carlos Velloso e Celso de Mello, tendo este último afirmado que o Congresso Nacional não tem legitimidade para restringir ou ampliar a competência originária do STF, do STJ, dos Tribunais Regionais Federais e dos Tribunais de Justiça dos Estados. "É uma indevida ingerência normativa do Congresso Nacional". Segundo ele, somente por emenda à Constituição se poderia modificar a competência dos tribunais. Além disso, "Nada pode autorizar o desequilíbrio entre os cidadãos, nada pode justificar a outorga de tratamento seletivo que vise a dispensar determinado privilégio, ainda que de índole funcional, a certos agentes públicos que não mais se acham no desempenho da função pública". Divergiram do voto do relator os ministros Eros Grau, Gilmar Mendes e Ellen Gracie.

A partir dessa decisão: não há mais que se falar em foro por prerrogativa de função no caso da prática de atos de improbidade administrativa; o foro por prerrogativa de função não mais se estenderá para ex-ocupante de cargo ou mandato eletivo, seja o ato praticado um ilícito penal ou um ato de improbidade administrativa.

(vi) A ação penal poderá ser proposta mesmo após a cessação do mandato, no caso de crimes cometidos durante o seu exercício, pois a condenação criminal não visa apenas a decretação de perda do cargo, mas também a imposição de pena privativa de liberdade, inabilitação para o exercício da função pública e a reparação do dano causado.

(vii) Na hipótese de o crime ser praticado por dois ou mais agentes em concurso, em que um deles tiver foro privilegiado, todos os coautores e partícipes deverão ser julgados perante esse juízo especial, reunindo-se os processos pela conexão ou continência. Nesse sentido, a Súmula 704 do STF, publicada nos dias 9, 10 e 13 de outubro de 2003, segundo a qual: "não viola as garantias do juiz natural, da ampla defesa e do devido processo legal a atração por continência ou conexão do processo do corréu ao foro por prerrogativa de função de um dos denunciados". Assim, quando somente um dos réus gozar de foro por prerrogativa de função, haverá a atração ao mesmo de todos os demais processos. Na hipótese de um dos agentes ter seu foro especial fixado diretamente pela CF e o outro, exclusivamente, pela Constituição estadual, os processos também deverão ser reunidos. Assim, se um deputado federal praticar crime em concurso com um deputado estadual, ambos serão julgados perante o STF, já que, segundo a mencionada Súmula 704, tal atração não viola as garantias do juiz natural, da ampla defesa e do devido processo legal. É que a competência estabelecida pela CF exerce força atrativa sobre qualquer outra fixada em escala normativa diversa (Constituições estaduais e leis). A questão complica-se um pouco quando ambos os agentes tiverem o foro especial fixado diretamente pela CF. É o caso, por exemplo, de um senador que comete um crime em concurso com um juiz federal. O primeiro é da competência do STF, enquanto o segundo, do TRF da sua região. Fica a questão: ambos serão julgados perante o Supremo, ou os processos se cindirão, indo um para o STF e o outro para o TRF? A dúvida se justifica na medida em que foi a própria Constituição Federal quem determinou qual seria o juiz natural de cada um dos acusados. O entendimento sumular do Pretório Excelso não faz distinção, afirmando que em qualquer caso os processos deverão ser reunidos. Não será possível alegar ofensa à ampla defesa ante eventual supressão de instância, nem violação à regra do juiz natural, uma vez que a referida súmula, enfaticamente, proclama: "não viola as garantias do juiz natural, da ampla defesa e do devido processo legal a atração...". No exemplo citado, ambos, senador e juiz federal, deverão ser julgados perante o STF. Essa posição jurisprudencial, aparentemente firmada de modo irreversível, pode ser criticada pelo fato de que uma regra meramente processual, como é a da conexão e da continência, não deveria ter o condão de afastar o juiz natural fixado pela própria CF.

(viii) Na hipótese de crime doloso contra a vida, a Súmula 721 do STF, publicada nos dias 9, 10 e 13 de outubro de 2003, dispõe que: "a competência constitucional do Tribunal do Júri prevalece sobre o foro por prerrogativa de função estabelecido exclusivamente pela Constituição estadual". Isso significa que a competência do Tribunal do Júri para o julgamento dos crimes dolosos contra a vida, estabelecida pela CF, em seu art. 5º, XXXVIII, *d*, prevalecerá sobre qualquer outra não prevista pela própria Constituição Federal. Se foi a CF quem fixou a competência especial e soberana do Júri popular, somente ela tem autoridade para excepcioná-la. Assim, se um deputado federal cometer crime doloso contra a vida, o seu julgamento não se desenvolverá perante o Júri, mas sim perante o STF. Se, no entanto, for um deputado estadual o autor de um homicídio doloso, como a competência especial do Tribunal de Justiça local foi determinada pela Constituição estadual, ela não poderá prevalecer sobre a do Júri. Sim, porque não é dado às Constituições dos Estados-membros criar exceções aos juízos naturais fixados pela Carta Federal. E quanto aos coautores e partícipes? Aplicando-se a regra contida na Súmula 704 do STF, todos deverão ser julgados perante o juízo especial, afastando-se a competência do Júri, pois "não viola as garantias do juiz natural, da ampla defesa e do devido processo legal, a atração por continência ou conexão do processo do corréu ao foro por prerrogativa de função de um dos denunciados". É também passível de críticas tal entendimento sumular, uma vez que a competência do Júri foi estabelecida constitucionalmente e não deveria ser afastada em razão de uma regra meramente processual, qual seja, a da reunião dos processos pela conexão ou continência. Assim, se um deputado estadual for, isoladamente, autor de crime doloso contra a vida, competente será o Tribunal do Júri, pois seu foro especial não foi estabelecido pela Carta Magna Federal, mas somente pela Constituição local. Entretanto, se o crime foi praticado em concurso com um deputado federal, nesse caso a reunião dos processos se dará perante o Supremo Tribunal Federal, competente para julgar o parlamentar federal e, agora, em razão da reunião dos processos, também competente para o julgamento de deputado estadual.

(ix) Nos processos por crime contra a honra, em que caiba a exceção da verdade, se esta for oposta e o querelante gozar de privilégio de foro, o foro especial é o competente para apreciar a *exceptio veritatis*.

> → ATENÇÃO: o Superior Tribunal de Justiça considerou inconstitucional dispositivo da Constituição do Estado que atribui competência por prerrogativa de função ao Tribunal de Justiça para julgamento de delegado de polícia, porque esta autoridade não é alcançada por garantia equivalente na Constituição Federal (RHC 478-RJ, 6ª T., *DJU*, 25 maio 1990, p. 4489).

Verificada a competência *ratione materiae* e *personae*, cabe, agora, fixar a competência em razão do lugar, porque é necessário saber qual o juízo eleitoral, militar, federal ou estadual dotado de competência em razão do territorial.

Para tanto, cabe trazer à colação o ensinamento de Eduardo Espínola Filho[76]. A competência de foro é estabelecida de modo geral, ***ratione loci***, em atenção ao **(i) lugar onde ocorreu o delito:** "A competência será, de regra, determinada pelo lugar em que se consumar a infração penal, ou, no caso de tentativa, pelo lugar em que for praticado o último ato de execução" (CPP, art. 70). **(ii) Essa competência é firmada subsidiariamente pelo domicílio ou residência do réu, quando desconhecido o lugar da infração:** "não sendo conhecido o lugar da infração, a competência regular-se-á pelo domicílio ou residência do réu" (CPP, art. 72, *caput*). "Nos casos de exclusiva ação privada, o querelante poderá preferir o foro de domicílio ou da residência do réu, ainda quando conhecido o lugar da infração" (CPP, art. 73).

Estabelecida a competência de foro, pelo lugar da infração ou pelo domicílio do réu, é por distribuição entre os juízes da jurisdição que se fixa a competência concreta daquele perante o qual se movimentará a ação penal (CPP, art. 75). Não se procede à distribuição, quando:

(i) em razão da matéria, pela natureza do crime, se for crime de competência do júri popular, o processo não poderá ser distribuído normalmente entre os juízes do local, pois o julgamento fica afeto a um órgão jurisdicional especial (cf. CPP, art. 74, § 1º);

(ii) em razão da conexão ou continência, as infrações devem ser apuradas em processo já afeto à autoridade judiciária prevalente (CPP, arts. 76 a 78);

76. *Código de Processo Penal brasileiro anotado*, cit., v. 2, p. 70.

(iii) em razão da prevenção, deva a ação penal ser submetida à apreciação de autoridade judiciária, que já tenha, de algum modo, tomado conhecimento do caso (CPP, art. 83).

Se incerta a jurisdição em que o delito foi cometido, por ter ocorrido em limites divisionais, ou não houver segura fixação dos limites do território jurisdicional, e quando o crime, continuado ou permanente, houver sido praticado em mais de uma jurisdição, a competência será estabelecida pela prevenção, entre os juízes, normalmente competentes, das respectivas jurisdições (CPP, arts. 70, § 3º, e 71).

Quando desconhecido o lugar onde ocorreu a infração, e o réu tiver mais de uma residência, a competência, entre os juízes das respectivas jurisdições, se estabelecerá por prevenção. Assim, "se o réu tiver mais de uma residência, a competência firmar-se-á pela prevenção" (CPP, art. 72, § 1º).

No caso de, além de desconhecido o lugar da infração, não se conhecer a residência do réu, que não é encontrado, a competência se determinará pela prevenção de qualquer juiz, que seja o primeiro a tomar conhecimento do fato: "se o réu não tiver residência certa ou for ignorado o seu paradeiro, será competente o juiz que primeiro tomar conhecimento do fato" (CPP, art. 72, § 2º).

15.9. Outros critérios para saber qual o juiz competente

Os autores Grinover, Scarance e Magalhães[77] apontam o caminho para se detectar qual o juiz competente. Devem ser formuladas as seguintes indagações:

Qual a jurisdição competente? Justiça comum ou justiça especial?

Qual o órgão jurisdicional hierarquicamente competente? O acusado tem foro privilegiado por prerrogativa de função?

Qual o foro territorialmente competente? Competência *ratione loci* (lugar da infração ou domicílio do réu?).

Qual o juízo competente? Qual a vara competente, de acordo com a natureza da infração penal? Vara comum ou vara do Júri? É a chamada competência de juízo.

Qual o juiz competente? (competência interna).

Qual o órgão competente para julgar o recurso?

Desse modo, em primeiro lugar, deve-se procurar saber se o crime deve ser julgado pela jurisdição comum ou especializada; depois, se o agente goza ou não da garantia de foro privilegiado; em seguida, qual o juízo dotado de competência territorial; por último, dentro do juízo territorialmente competente, indaga-se qual o juiz competente, de acordo com a natureza da infração penal e com o critério interno de distribuição.

15.10. Diferença entre competência material e competência funcional

A **competência material** é a delimitação de competência ditada por três aspectos:

77. *As nulidades no processo penal*, cit., p. 40.

(i) ***ratione materiae* (CPP, art. 69, III):** em razão da relação de direito, isto é, em razão da natureza da infração penal; por exemplo, o Júri popular tem competência para julgar os crimes dolosos contra a vida (CF, art. 5º, XXXVIII) e a justiça eleitoral, para o julgamento dos crimes e contravenções eleitorais;

(ii) ***ratione personae* (CPP, art. 69, VII):** em razão da qualidade da pessoa do réu, como nos casos de foro especial por prerrogativa de função;

(iii) ***ratione loci* (CPP, art. 69, I e II):** em razão do território, levando-se em conta o lugar da infração ou da residência ou domicílio do réu.

→ ATENÇÃO: nesse critério de classificação, competência material é um termo mais amplo do que competência *ratione materiae*.

A **competência funcional** é ditada por outros três aspectos:

(i) **fase do processo:** pode haver juiz do processo, juiz da execução, juiz do sumário de culpa do Júri etc.;

(ii) **objeto do juízo:** no Júri, ao juiz presidente incumbe resolver as questões de direito suscitadas no curso do julgamento (art. 497, X), proferindo sentença condenatória ou absolutória (art. 492) e fixando a pena, enquanto aos jurados compete responder aos quesitos que lhes são formulados (arts. 482 a 491);

(iii) grau de jurisdição **(competência funcional vertical):** a competência pode ser originária (como no foro por prerrogativa de função) ou em razão do recurso (princípio do duplo grau de jurisdição).

15.11. Competência absoluta e relativa

Nos casos de competência *ratione materiae* e *personae* e competência funcional, cumpre observar que é o interesse público que dita a distribuição de competência. Assim, por exemplo, no caso da jurisdição comum e especial, dos juízes superiores e inferiores (competência originária e competência recursal) e segundo a natureza da infração penal, a competência é fixada muito mais por imposição de ordem pública do que no interesse de uma das partes. Trata-se, aí, de competência absoluta, que não pode ser prorrogada nem modificada pelas partes, sob pena de implicar nulidade absoluta.

No caso de competência de foro (territorial), porém, o legislador pensa preponderantemente no interesse de uma das partes. Costuma-se falar, nesses casos, em competência relativa, prorrogável, capaz de gerar, no máximo, se comprovado prejuízo, nulidade relativa. A prorrogação de competência consiste na possibilidade de substituição da competência de um juízo por outro, sem gerar vício processual. Como já se disse, a competência inderrogável é chamada de absoluta. Ao contrário, quando a lei possibilitar às partes que se submetam a juiz originariamente incompetente, a competência é tida como relativa.

A competência territorial é relativa; não alegada no momento oportuno, ocorre a preclusão. Por conseguinte, é prorrogável (TJ-GO – Conflito de Competência: 05956819620188090000, rel. Ivo Favaro, Data de Publicação: *DJ*, 13 fev. 2019).

15.12. Prorrogação de competência necessária e voluntária

A *necessária* ocorre nas hipóteses de conexão e continência (arts. 76 e 77).

A *voluntária* ocorre nos casos de competência territorial, quando não alegada no momento processual oportuno (art. 108), ou no caso de ação penal exclusivamente privada, onde o querelante pode optar pelo foro do domicílio do réu, em vez do foro do local da infração (art. 73).

15.13. Delegação de competência

É a transferência da competência de um juízo para outro, sempre que os atos processuais não puderem ou não tiverem de se realizar no foro originalmente competente.

Podem ser das seguintes espécies:

(i) **delegação externa:** quando os atos são praticados em juízos diferentes, como no caso das cartas precatórias citatórias (art. 353) e instrutórias (oitiva de testemunhas, art. 222; acareação, arts. 229 e 230; colheita de material para perícia, art. 174, IV etc.), e das cartas de ordem, dos tribunais para juízes;

(ii) **delegação interna:** quando a delegação é feita dentro de um mesmo juízo, como no caso de juízes substitutos e juízes auxiliares.

→ ATENÇÃO: desaforamento é o deslocamento do julgamento pelo Tribunal do Júri para outra comarca, se presente uma das situações previstas nos arts. 427 e 428 do Código de Processo Penal.

→ ATENÇÃO: os juízes estaduais têm competência para cumprir cartas precatórias expedidas por juiz federal, tendo em vista a finalidade de realizar os atos processuais de forma mais simples e rápida e menos onerosa para as partes, considerando que não cabe ao juízo deprecado proferir decisões de mérito, mas tão somente realizar atos citatórios e probatórios.

→ ATENÇÃO: no processo de competência originária dos tribunais, o relator poderá delegar a realização do interrogatório ou de outro ato da instrução, nos termos do art. 9º, § 1º, da Lei n. 8.038/90, mas não poderá delegar a competência para atos decisórios.

15.14. Competência *ratione materiae* na Constituição Federal

(i) **Jurisdições especiais:** justiça do trabalho (arts. 111 a 116), justiça eleitoral (arts. 118 a 121), justiça militar (arts. 122 a 124) e a chamada jurisdição política, no caso de crimes de responsabilidade praticados por certas autoridades (julgamento pelo Poder Legislativo).

→ ATENÇÃO: a proibição da existência de tribunais de exceção não abrange a justiça especializada, na medida em que esta representa divisão da atividade jurisdicional do Estado. Este é o entendimento de Celso Bastos e Ives Gandra[78].

(ii) **Jurisdição comum ou ordinária:** justiça dos Estados (arts. 125 e 126), Justiça Federal (arts. 106 a 110).

---

78. *Comentários à Constituição do Brasil*, Saraiva, p. 204-5.

15.15. Competência pelo lugar da infração: teoria adotada e regras especiais

Existem três teorias a respeito do lugar do crime:

(i) **teoria da atividade:** lugar do crime é o da ação ou omissão, sendo irrelevante o lugar da produção do resultado;

(ii) **teoria do resultado:** lugar do crime é o lugar em que foi produzido o resultado, sendo irrelevante o local da conduta;

(iii) **teoria da ubiquidade:** lugar do crime é tanto o da conduta quanto o do resultado.

Teoria adotada:

No caso de um crime ser praticado em território nacional e o resultado ser produzido no estrangeiro (crimes a distância ou de espaço máximo), aplica-se a teoria da ubiquidade, prevista no art. 6º do Código Penal; o foro competente será tanto o do lugar da ação ou omissão quanto o do local em que se produziu ou deveria se produzir o resultado. Assim, o foro competente será o do lugar em que foi praticado o último ato de execução no Brasil (art. 70, § 1º), ou o local estrangeiro onde se produziu o resultado. Por exemplo: o agente escreve uma carta injuriosa em São Paulo e a remete para a vítima, que lê a correspondência ofensiva à sua honra em Buenos Aires. O foro competente será tanto São Paulo quanto Buenos Aires.

No caso da conduta e do resultado ocorrerem dentro do território nacional, mas em locais diferentes (delito plurilocal) aplica-se a teoria do resultado, prevista no art. 70 do Código de Processo Penal: a competência será determinada pelo lugar em que se consumar a infração, ou, no caso de tentativa, pelo lugar em que for praticado o último ato de execução. Por exemplo: o agente esfaqueia a vítima em Marília e esta vem a morrer em São Paulo. O foro competente é São Paulo.

No caso dos crimes de menor potencial ofensivo, sujeitos ao procedimento da Lei n. 9.099/95, adotou-se a teoria da atividade. Esta é a redação do art. 63 da Lei: "A competência do Juizado será determinada pelo lugar em que foi praticada a infração penal".

→ ATENÇÃO: crimes praticados no exterior – art. 88 do CPP.

→ ATENÇÃO: crimes cometidos a bordo de embarcações ou aeronaves – último ou primeiro porto ou aeroporto.

Regras especiais:

(i) Quando incerto o limite entre duas comarcas, se a infração for praticada na divisa, a competência será firmada pela prevenção (art. 70, § 3º).

(ii) No caso de crime continuado ou permanente, praticado em território de duas ou mais jurisdições, a competência será também firmada pela prevenção (art. 71).

(iii) No caso de alteração do território da comarca, por força de lei, após a instauração da ação penal, o Superior Tribunal de Justiça tem mantido a competência original.

(iv) Súmula 521 do STF: "O foro competente para o processo e o julgamento dos crimes de estelionato, sob a modalidade da emissão dolosa de cheque sem provisão de fundos, é o local onde se deu a recusa do pagamento pelo sacado". O STJ editou súmula idêntica à do STF, que foi a de número 244: "Compete ao foro do local da recusa processar e julgar o crime de estelionato mediante cheque sem provisão de fundos". Ambas as súmulas seguem a teoria do resultado, adotada pelo art. 70 do CPP. Assim, entregue o título em um lugar e recusado o pagamento em outro, o juízo desse último é o competente para ação penal.

(v) No homicídio, quando a morte é produzida em local diverso daquele em que foi realizada a conduta, a jurisprudência entende que o foro competente é o da ação ou omissão, e não o do resultado (STJ, 5ª T., RHC 793, *DJU*, 5 nov. 1990, p. 12435). Esta posição é majoritária na jurisprudência, e tem por fundamento a maior facilidade que as partes têm de produzir provas no local em que ocorreu a conduta. Contudo, ela é contrária à letra expressa da lei, que dispõe ser competente o foro do local do resultado (cf. art. 70 do CPP — teoria do resultado).

(vi) No crime de falso testemunho praticado por precatória, a jurisprudência tem entendido como competente o juízo deprecado, uma vez que foi nele que ocorreu o depoimento fraudulento.

(vii) No uso de documento falso, a competência firmada em razão da entidade ou órgão ao qual foi apresentado, segundo a Súmula 546 do STJ.

15.16. Competência pelo domicílio ou residência do réu

(i) Não sendo conhecido o lugar da infração, a competência será firmada pelo domicílio do réu (CPP, art. 72, *caput*);

(ii) Se o réu tiver mais de um domicílio, a competência será firmada pela prevenção (CPP, art. 72, § 1º);

(iii) Se o réu não tiver residência certa ou for ignorado o seu paradeiro, será competente o juiz que primeiro tomar conhecimento do fato (CPP, art. 72, § 2º);

(iv) No caso de ação penal exclusivamente privada, o querelante poderá preferir o foro do domicílio ou residência do réu, em vez do foro do local do crime, ainda que este seja conhecido (CPP, art. 73);

(v) Domicílio é o lugar onde a pessoa se estabelece com ânimo definitivo, onde exerce suas ocupações habituais (CC, arts. 70 e 71);

(vi) No caso da pessoa ter vários domicílios, qualquer um será considerado como tal (CC, art. 71).

15.17. Competência pela natureza da infração

(i) Competem ao Júri os julgamentos dos crimes dolosos contra a vida (CF, art. 5º, XXXVIII, *d*), mas o latrocínio, por ser crime contra o patrimônio, é da competência do juízo singular (Súmula 603 do STF), o mesmo ocorrendo com o crime de extorsão qualificada pelo resultado morte (STF, RE 97.556, *DJU*, 22 out. 1982, p. 10743). Competem ao Júri Federal, presidido por juiz federal, os crimes de competência da justiça federal e que devam ser julgados pelo tribunal popular, tais como: homicídio praticado a bordo de embarcação privada, de procedência estrangeira, em porto nacional, e contrabando em conexão com homicídio.

(ii) Competência da Justiça militar: a Lei n. 13.491/2017, publicada no *DOU* em 16 de outubro de 2017, trouxe mudanças significativas, as quais incidem diretamente na definição do que seja crime militar, bem como na competência da justiça militar, estadual e federal, conforme será explicitado detalhadamente a seguir.

Primeiro, a referida lei altera substancialmente o art. 9º do Código Penal Militar, dando nova definição aos crimes militares, ampliando o rol desses delitos e deslocando a competência da justiça comum para a justiça militar estadual, aumentando, portanto, sua competência. Senão, vejamos.

A antiga redação dispunha: "Art. 9º Consideram-se crimes militares, em tempo de paz: II — os crimes previstos neste Código, embora também o sejam com igual definição na lei penal comum, quando praticados: (...)", ao passo que a redação atual consigna que: "Art. 9º Consideram-se crimes militares, em tempo de paz: II — os crimes previstos neste Código *e os previstos na legislação penal*, quando praticados: (...)" (grifo nosso).

Daí se infere que, pela redação original, somente seria crime militar e, consequentemente, investigado, processado e julgado pela justiça militar a conduta que estivesse tipificada no Código Penal Militar, embora também pudesse estar prevista aquela mesma conduta na legislação penal comum. Assim, crimes praticados por militares que estavam previstos apenas na legislação penal comum e extravagante ficavam fora do alcance daquela justiça especializada, sendo apurados (via inquérito policial), processados e julgados pela justiça comum. Atualmente, crime militar, e portanto investigado, processado e julgado pela justiça militar seria não só aquele previsto na legislação específica (CPM), mas também o previsto na legislação penal comum e em lei extravagante, abarcando, por exemplo, os crimes de tortura, abuso de autoridade, associação em organização criminosa, etc. Ou seja, o art. 9º, com redação alterada pela Lei n. 13.491/2017, deu uma nova definição aos crimes militares, bem como ampliou o rol desses delitos. Registre-se que o contexto em que os crimes devem ser praticados ("quando praticados") estão elencados nas alíneas *a* a *e* do CPM, as quais não tiveram qualquer alteração com a nova lei. No mais, evidente que com a nova definição dos crimes militares, o que acabou por ampliar o rol desses delitos, conforme já mencionado, observamos, consequentemente, um deslocamento da competência desses crimes, que até então eram da justiça comum, para a justiça militar estadual, aumentando, portanto, sua competência, cabendo única e exclusivamente à autoridade da polícia judiciária militar a apuração da conduta criminosa.

Ainda, no § 1º do art. 9º, a Lei n. 13.491/2017 reafirmou a competência constitucional (art. 125, § 4º, da CF) do Tribunal do Júri para o processamento e julgamento dos crimes dolosos contra a vida cometidos por militares contra civil: "§ 1º Os crimes de que trata este artigo, quando dolosos contra a vida e cometidos por militares contra civil, serão da competência do Tribunal do Júri". Vale registrar que o dispositivo em comento reforça o disposto no art. 82, § 2º, do Código de Processo Penal Militar: "§ 2º: Nos crimes dolosos contra a vida, praticados contra civil, a Justiça Militar encaminhará os autos do inquérito policial militar à justiça comum". Dessa forma, o crime será apurado pela polícia judiciária militar, através do Inquérito Policial Militar, com o encaminhamento dos respectivos autos à justiça militar, que então fará a posterior remessa para a justiça comum.

> → **ATENÇÃO:** o termo "militares" empregado pelo dispositivo legal refere-se aos militares estaduais, ou seja, policiais e bombeiros militares.

Finalmente, no § 2º do art. 9º, temos outra mudança significativa, haja vista que o citado dispositivo legal amplia a competência da justiça militar federal, senão vejamos.

Dispõe o § 2º: "Os crimes de que trata este artigo, quando dolosos contra a vida e cometidos por militares das Forças Armadas contra civil, serão da competência da Justiça Militar da União, se praticados no contexto: (...)". Note-se que a aplicação desse dispositivo refere-se especificamente às Forças Armadas (Marinha, Exército e Força Aérea), uma vez que, no caso dos militares estaduais, a competência continua sendo do Tribunal do Júri, conforme alhures explicitado.

Nesse caso, antes da mudança promovida pela Lei n. 13.491/2017, a competência era da justiça comum (tribunal do júri), sendo que, com a atual redação, a competência passou a ser da Justiça Militar da União (ampliação da competência da Justiça Militar da União), devendo observar que a conduta deve ter sido praticada no contexto dos incisos I a III e respectivas alíneas do parágrafo em tela, pois, do contrário, a competência é do Tribunal do Júri.

Vejamos cada um dos incisos e suas alíneas:

"I – do cumprimento de atribuições que lhes forem estabelecidas pelo Presidente da República ou pelo Ministro de Estado da Defesa".

Insta consignar que uma das funções das Forças Armadas é garantir a lei e a ordem, por isso sua atuação excepcional em operações de segurança pública, com a consequente participação em operações, e, como essa modalidade de emprego das Forças Armadas depende de decisão do Presidente da República ou do Ministro do Estado de Defesa, justifica-se este inciso.

"II – de ação que envolva a segurança de instituição militar ou de missão militar, mesmo que não beligerante; ou

III – de atividade de natureza militar, de operação de paz, de garantia da lei e da ordem ou de atribuição subsidiária, realizadas em conformidade com o disposto no art. 142 da Constituição Federal e na forma dos seguintes diplomas legais:

a) Lei n. 7.565/1986 – Código Brasileiro de Aeronáutica".

Neste ponto, observe que a competência no caso desta alínea já era da Justiça Militar, no entanto, agora não se faz menção ao art. 303 do Código Brasileiro de Aeronáutica, o que significa que qualquer dispositivo daquele diploma pode ser alcançado.

"*b)* Lei Complementar 97/1999 – estabelece normas gerais para a organização, o preparo e o emprego das Forças Armadas.

c) Decreto-Lei n. 1.002/1969 – Código de Processo Penal Militar; e

d) Lei n. 4.737/1965 – Código Eleitoral".

Em suma, cada uma das leis trazidas pelos incisos e alíneas do § 2º do art. 9º do CPM trata das atribuições e ações específicas das Forças Armadas, sendo que o crime doloso por elas praticado contra civil dentro desse contexto será de competência da Justiça Militar da União, conforme já mencionado.

Observe-se que, de acordo com o art. 3º da Lei n. 13.491/2017, a sua vigência foi iniciada na data de sua publicação, qual seja, 16 de outubro de 2017. Ainda, com relação às normas de competência definidas pela nova redação, a Lei aplica-se aos inquéritos e às ações penais em curso, todavia, no que diz respeito à nova definição de crimes militares (CPM, inciso II, do art. 9º) vigora a regra da irretroatividade.

Excepcionando-se o quanto alterado pela Lei n. 13.491/2017, já exposto, temos que a justiça militar também é a competente para: (i) processar e julgar os integrantes das polícias militares nos delitos assim definidos em lei, bem *como as ações judiciais contra atos disciplinares militares, ressalvada, nos crimes dolosos contra a vida, a competência do júri quando a vítima for civil* (apenas nos casos dos militares estaduais, já que no caso das Forças Armadas a competência será da Justiça Militar da União, conforme já mencionado – alteração dada pela Lei n. 13.491/2017), cabendo ao tribunal competente decidir sobre a perda do posto e da patente dos oficiais e da graduação das praças (CF, art. 125, § 4º). Excetuados os crimes dolosos contra a vida praticados contra civil, de competência do júri popular (militares estaduais) ou da Justiça Militar da União (Forças Armadas), os demais crimes militares serão julgados pela própria Justiça Militar, observando-se que: (i.1) se cometidos contra militar (militar × militar), caberá o julgamento em primeiro grau ao Conselho de Justiça, órgão colegiado heterogêneo composto por juízes de carreira (togados) e juízes fardados; (i.2) sendo o crime militar cometido contra vítima civil, a decisão de primeira instância competirá, exclusivamente, aos juízes militares de carreira, singularmente, nos termos do § 5º do art. 125, ou seja, em decisão monocrática, afastando-se a participação do órgão colegiado e, portanto, sem a participação de militares de carreira no julgamento (apenas para militares estaduais); (ii) processar e julgar os delitos cometidos em lugares sujeitos à Administração militar; (iii) julgar os crimes de favorecimento pessoal, mas somente quando se imputa ao favorecido um crime militar.

Não compete à justiça militar, mas à comum:

(i) o crime de lesões corporais contra civil.

(ii) Os crimes dolosos contra a vida praticados por militar contra civil são de competência da justiça comum, devendo ser julgados pelo júri (desde que militares estaduais, CF, art. 125, § 4º, e Lei n. 13. 491/2017). Compete também à justiça comum processar e julgar delito decorrente de acidente de trânsito envolvendo viatura de polícia militar, salvo se autor e vítima forem policiais militares em situação de atividade (Súmula 6 do STJ).

(iii) Compete à justiça militar processar e julgar policial de corporação estadual, ainda que o delito tenha sido praticado em outra unidade federativa (Súmula 78 do STJ).

(iv) Compete também à justiça comum processar e julgar civil acusado de prática de crime contra instituições militares estaduais (Súmula 53 do STJ). Também compete à justiça comum o julgamento de crime cometido por guarda civil metropolitano.

(v) Compete à justiça federal processar e julgar os crimes cometidos contra bens, serviços ou interesse da União ou de suas entidades autárquicas ou empresas públicas (CF, art. 109, IV).

(vi) Competia à justiça federal processar e julgar os crimes praticados contra a fauna, nos termos da *Súmula 91 do STJ*. Ocorre que na sessão de 8 de novembro de 2000, a 3ª Seção do STJ deliberou pelo *cancelamento* da referida súmula, que havia sido editada em 21 de outubro de 1993, passando tais crimes para a competência, em regra, da justiça comum, excetuando-se apenas quando o fato atingir bens e interesses da União (CF, art. 109, IV), como, por exemplo, no caso de pesca ilegal no mar territorial brasileiro.

(vii) Compete à justiça federal processar e julgar os crimes praticados contra funcionário público federal, quando relacionados com o exercício da função (Súmula 147 do STJ). Do mesmo modo, a ela compete o julgamento de crime cometido por funcionário público federal, no exercício de suas funções. Tratando-se de crime doloso contra a vida, incumbirá ao juiz federal presidi-lo.

(viii) Compete à justiça comum estadual processar e julgar crime em que indígena figura como autor ou vítima (Súmula 140 do STJ). Em se tratando de crime de genocídio, como se colocam em disputa os direitos indígenas como um todo, a competência passa para a justiça federal, nos termos do art. 109, XI, da CF.

(ix) Compete à justiça comum estadual processar e julgar crime praticado contra sociedade de economia mista (Súmula 42 do STJ).

(x) Compete à justiça comum julgar crime praticado contra agência do Banco do Brasil.

(xi) Compete à justiça comum estadual processar e julgar o crime de falsa anotação de carteira de trabalho e Previdência Social, atribuído a empresa privada (Súmula 62 do STJ).

(xii) Compete ao juízo do local da obtenção da vantagem ilícita processar e julgar crime de estelionato cometido mediante falsificação de cheque (Súmula 48 do STJ).

(xiii) Compete à justiça comum estadual, na vigência da Constituição de 1988, o processo por contravenção penal, ainda que praticada em detrimento de bens, serviços ou interesse da União ou de suas entidades (Súmula 38 do STJ – inteligência do art. 109, IV, da CF).

(xiv) Compete à justiça federal processar e julgar crime de falsificação de título de eleitor. Também lhe compete processar e julgar crime de falsificação de carteira da OAB, por afetar interesse de autarquia federal.

(xv) Compete à justiça federal processar e julgar os crimes praticados contra a Empresa Brasileira de Correios e Telégrafos.

(xvi) Crime contra a organização do trabalho: depende. Se ofender a organização do trabalho como um todo, a competência será da justiça federal; se ofender o direito individual do trabalho, a competência será da Justiça comum estadual.

(xvii) Emissão de cheque sem fundos contra a Caixa Econômica Federal: competência da justiça comum.

(xviii) Contrabando e descaminho: competência da justiça federal. Considera-se competente o juízo federal do local onde foram apreendidos os objetos introduzidos ilegalmente no País, uma vez que se trata de delito permanente (nesse sentido: Súmula 151 do STJ).

(xix) Crime cometido a bordo de navio: compete à justiça federal de primeiro grau processar e julgar os crimes comuns praticados, em tese, no interior de navio de grande cabotagem, autorizado e apto a realizar viagens internacionais.

(xx) Crime cometido em área de fronteira: compete à justiça comum estadual, porque não existe ofensa a bem, serviço ou interesse da União.

(xxi) Compete à justiça comum estadual processar e julgar o crime de falsificação e uso de documento falso relativo a estabelecimento particular de ensino (Súmula 104 do STJ).

(xxii) Compete à justiça federal o processo e julgamento unificado dos crimes conexos de competência federal e estadual, não se aplicando a regra do art. 78, II, *a*, do CPP (Súmula 122 do STJ).

(xxiii) Compete à Justiça Federal o processo-crime contra bens tombados pelo Instituto do Patrimônio Histórico e Artístico Nacional, pouco importando tenha ou não havido o registro imobiliário.

(xxiv) Competem à Justiça Federal o processo e o julgamento dos crimes previstos nos arts. 33 a 37 da Lei n. 11.343/2006 (Lei de Drogas), se caracterizado ilícito transnacional. Os crimes praticados nos Municípios que não sejam sede de vara federal serão processados e julgados na vara federal da circunscrição respectiva (cf. art. 70 da lei).

(xxv) Compete à Justiça Federal o julgamento do crime de pedofilia praticado pela *internet*, tendo em vista a amplitude global do acesso ao *site*, no qual as imagens ilícitas são divulgadas, do que decorre o caráter internacional da infração. O delito em questão está tipificado na Lei n. 11.829/2008 e originou-se da Convenção sobre os Direitos da Criança, da Assembleia da ONU de 25 de maio de 2000, ratificada pelo Decreto 5.007/2004 (STF, RE n. 628.624-RJ, 2ª Turma, rel. Min. Fachin, *DJU*, 11 set. 2020).

(xxvi) Compete à Justiça Estadual o crime praticado pela internet, quando ausente o caráter de transnacionalidade: "A jurisprudência desta Corte Superior é no sentido de que, embora se trate de crime praticado por meio da rede mundial de computadores, necessária se faz a existência de indícios mínimos de extraterritorialidade para que seja determinada a competência da Justiça Federal. A mera utilização da internet não basta, por si só, para caracterizar a transnacionalidade do delito. 3. *In casu*, não há, pelo menos neste momento processual, a presença de qualquer indício de transnacionalidade dos delitos apto a justificar a competência da Justiça Federal. 4. Agravo regimental não provido (STJ, AgRg no CC 118.394/DF, rel. Min. Ribeiro Dantas, Terceira Seção, j. 10-8-2016, *DJe*, 22 ago. 2016).

15.17.1. Federalização das causas relativas a direitos humanos. Do incidente de deslocamento de competência (EC n. 45/2004)

Por força da EC n. 45, a qual acrescentou o inciso V-A ao art. 109, da CF, aos juízes federais compete julgar "as causas relativas a direitos humanos a que se refere o § 5º deste artigo". O § 5º, por sua vez, prevê que, "nas hipóteses de grave violação de direitos humanos, o Procurador-Geral da República, com a finalidade de assegurar o cumprimento de obrigações decorrentes de tratados internacionais de direitos humanos dos quais o Brasil seja parte, poderá suscitar, perante o Superior Tribunal de Justiça, em qualquer fase do inquérito ou processo, incidente de deslocamento de competência para a Justiça Federal". Diante da crescente universalização dos direitos humanos, o legislador, com o intuito de ampliar a sua proteção, por intermédio da EC n. 45/2004, concebeu a federalização dos crimes contra a humanidade, isto é, considerou a Justiça Federal como órgão competente para julgar as causas envolvendo direitos humanos. Assim, previu a reforma constitucional o chamado *"incidente de deslocamento de competência"*, por intermédio do qual o Procurador-Geral da República, verificando que, perante juízo distinto (Justiça Estadual), tramita inquérito ou processo, que tenha por objeto grave violação a direitos humanos, poderá, com a finalidade de assegurar o cumprimento de obrigações decorrentes de tratados internacionais de direitos humanos dos quais o Brasil seja parte, suscitar o mencionado incidente perante o Superior Tribunal de Justiça, a fim de que o processo ou inquérito seja remetido para a Justiça Federal, órgão competente para o seu processamento. Segundo o dispositivo, o incidente poderá ser suscitado em qualquer fase do inquérito ou do processo.

O tema em questão tem provocado muita polêmica, o que, inclusive, gerou a propositura, pela Associação dos Magistrados Brasileiros – AMB (ADI n. 3.486) e Associação Nacional dos Magistrados Estaduais – ANAMAGES (ADI n. 3.493), de duas Ações Diretas de Inconstitucionalidade, perante o Supremo Tribunal Federal, contra o art. 1º da Emenda Constitucional n. 45/2004, na parte em que inseriu o inciso V-A e o § 5º no art. 109 da Constituição Federal. Argumenta-se que os critérios são demasiadamente vagos para definir o que vem a ser a tal grave violação aos direitos humanos, levando a uma ofensa ao princípio do juiz e do promotor natural, diante de uma flexibilidade insustentável. A referida EC n. 45/2004 teria criado uma competência constitucional-penal discricionária e incerta, o que viola as garantias constitucionais do juiz natural (art. 5º, XXXVII e LIII), pois ninguém pode ser julgado por um órgão cuja competência foi estabelecida após o fato, bem como da segurança jurídica (art. 5º, XXXIX), na medida em que a qualificação jurídica de um fato depende de lei e não da interpretação dessa ou daquela autoridade.

15.17.2. Do Tribunal Penal Internacional. Competência para julgar genocídio, crimes de guerra, contra a humanidade e de agressão (EC n. 45/2004)

A EC n. 45, de 8 de dezembro de 2004, acrescentou o § 4º ao art. 5º da Carta Magna, no qual prevê o Tribunal Penal Internacional, cujo teor é o seguinte: "O Brasil se submete à jurisdição de Tribunal Penal Internacional a cuja criação tenha manifestado adesão". Referido tribunal foi criado pelo Estatuto de Roma em 17 de julho de 1998, o qual foi subscrito pelo Brasil. Trata-se de instituição permanente, com jurisdição para julgar genocídio, crimes de guerra, contra a humanidade e de agressão, e cuja sede se encontra em Haia, na Holanda. Os crimes de competência desse Tribunal são imprescritíveis, dado que atentam contra a humanidade como um todo. O tratado foi aprovado pelo Decreto

Legislativo n. 112, de 6 de junho de 2002, antes, portanto, de sua entrada em vigor, que ocorreu em 1º de julho de 2002. O Tribunal Penal Internacional somente exerce sua jurisdição sobre os Estados que tomaram parte de sua criação, ficando excluídos os países que não aderiram a ele, como, por exemplo, os Estados Unidos. A jurisdição internacional é residual e somente se instaura depois de esgotada a via procedimental interna do país vinculado. Sua criação observou os princípios da anterioridade e da irretroatividade da lei penal, pois sua competência não retroagirá para alcançar crimes cometidos antes de sua entrada em vigor (art. 11 do Estatuto de Roma). A decisão do Tribunal Internacional faz coisa julgada, não podendo ser revista pela jurisdição interna do Estado participante. O contrário também ocorrerá, salvo se ficar demonstrada fraude ou favorecimento do acusado no julgamento. Convém notar que a jurisdição do Tribunal Penal Internacional é complementar, conforme consta de seu preâmbulo, de forma que, conforme ensinamento de Valerio de Oliveira Mazzuoli, "sua jurisdição, obviamente, incidirá apenas em casos raros, quando as medidas internas dos países se mostrarem insuficientes ou omissas no que respeita ao processo e julgamento dos acusados, bem como quando desrespeitarem as legislações penal e processual internas"[79].

Finalmente, no tocante às imunidades e aos procedimentos especiais decorrentes da qualidade oficial da pessoa (parlamentares, presidente da República, diplomatas etc.), não constituirão obstáculo para que o Tribunal exerça a sua jurisdição sobre a pessoa, conforme o disposto no art. 27 do Estatuto.

15.18. Competência por distribuição

Havendo mais de um juiz competente no foro do processo, a competência será determinada pelo critério da distribuição. Nesse caso, existem dois ou mais juízes igualmente competentes, por qualquer dos critérios, para o julgamento da causa. A distribuição de inquérito policial e a decretação de prisão preventiva, a concessão de fiança ou a determinação de qualquer diligência (p. ex.: busca e apreensão), antes mesmo da distribuição do inquérito, tornam o juízo competente para a futura ação penal.

15.19. Competência por conexão

Conexão é o vínculo, o liame, o nexo que se estabelece entre dois ou mais fatos, que os torna entrelaçados por algum motivo, sugerindo a sua reunião no mesmo processo, a fim de que sejam julgados pelo mesmo juiz, diante do mesmo compêndio probatório e com isso se evitem decisões contraditórias. São efeitos da conexão: a reunião de ações penais em um mesmo processo e a prorrogação de competência.

15.19.1. Espécies de conexão

(i) **Intersubjetiva**, que se subdivide em:

79. *O direito internacional e o direito brasileiro*: homenagem a José Francisco Rezek, org. Wagner Menezes, Rio Grande do Sul, Unijuí, 2004, p. 235.

– **Conexão intersubjetiva por simultaneidade (CPP, art. 76, I, primeira parte):** quando duas ou mais infrações são praticadas, ao mesmo tempo, por várias pessoas reunidas, sem que exista liame subjetivo entre elas, ou seja, sem que estejam atuando em concurso de agentes. É o caso da autoria colateral. Por exemplo: ao final do jogo entre Corinthians e Portuguesa, em setembro de 1980, após o árbitro ter apitado um pênalti contra o Corinthians, seus torcedores, impulsivamente, sem ajuste prévio e de inopino, começaram a destruir todo o estádio do Pacaembu. O ideal é que o mesmo juiz julgue todos os infratores.

– **Conexão intersubjetiva concursal ou por concurso (CPP, art. 76, I, segunda parte):** quando duas ou mais infrações são praticadas por várias pessoas em concurso, embora diversos o tempo e o lugar. Nesse caso, os agentes estão unidos pela identidade de propósitos, resultando os crimes de um acerto de vontades visando ao mesmo fim. Ao contrário da primeira hipótese, não há reunião ocasional, mas um vínculo subjetivo unindo todos os agentes. É o caso, por exemplo, das grandes quadrilhas de sequestradores, em que um executa o sequestro, outro vigia o local, um terceiro planeja a ação, outro negocia o resgate e assim por diante. Todos devem ser julgados pelo mesmo juiz.

– **Conexão intersubjetiva por reciprocidade (CPP, art. 76, I, parte final):** quando duas ou mais infrações são praticadas por várias pessoas, umas contra as outras. É o caso das lesões corporais recíprocas, em que dois grupos rivais bem identificados se agridem. Os fatos são conexos e devem ser reunidos em um mesmo processo.

(ii) **Conexão objetiva, lógica ou material:** quando uma infração é praticada para facilitar a execução de outra (conexão objetiva teleológica) ou para ocultar, garantir vantagem ou impunidade a outra (conexão objetiva consequencial). No primeiro caso, tomemos como exemplo o traficante que mata policial para garantir a venda de entorpecentes a seus clientes. Outro exemplo é o do agente que falsifica cartão de crédito e com ele pratica inúmeros estelionatos (não há absorção porque o crime-meio não se exauriu no crime-fim, já que o documento falsificado continuou sendo usado após o primeiro golpe). Na hipótese da conexão consequencial, o sujeito, após matar a esposa, incinera o cadáver, ocultando as cinzas, ou mata a empregada, testemunha ocular do homicídio (garantindo sua impunidade).

(iii) **Instrumental ou probatória:** quando a prova de uma infração influir na outra. A questão, aqui, é de exclusiva conveniência da apuração da verdade real.

15.20. Competência por continência

Na continência não é possível a cisão em processos diferentes, porque uma causa está contida na outra.

Hipóteses de continência:

(i) **Quando duas ou mais pessoas forem acusadas pela mesma infração (CPP, art. 77, I):** nesse caso, existe um único crime (e não vários), cometido por dois ou mais agentes em concurso, isto é, em coautoria ou em participação, nos termos do art. 29, *caput*, do CP. Aqui o vínculo se estabelece entre os agentes e não entre as infrações. É o caso da rixa (crime plurissubjetivo de condutas contrapostas), em que se torna conveniente o *simultaneus processus* entre todos os acusados. Há um só crime praticado, necessariamente, por três ou mais agentes em concurso.

(ii) **No caso de concurso formal (CP, art. 70), *aberratio ictus* (CP, art. 73) e *aberratio delicti* (CP, art. 74):** aqui, existe pluralidade de infrações, mas unidade de conduta. No concurso formal, o sujeito pratica uma única conduta, dando causa a dois ou mais resultados. Por exemplo: motorista imprudente, dirigindo perigosamente (única conduta), perde o controle e atropela nove pedestres, matando-os (nove homicídios culposos). Na *aberratio ictus*, o sujeito erra na execução e atinge pessoa diversa da pretendida ou, ainda, atinge quem pretendia e, além dele, terceiro inocente. Na *aberratio delicti*, o sujeito quer praticar um crime, mas, por erro na execução, realiza outro, ou, ainda, realiza o crime pretendido e o não querido. Exemplo: irritado com o preço elevado de um terno, o sujeito joga uma pedra na vitrine, para produzir um dano na loja; quebra o vidro e, por erro, fere a vendedora (dano e lesão corporal culposa). Em todos esses casos, as causas são continentes e devem ser julgadas pelo mesmo juiz.

15.21. Foro prevalente

Ocorrendo a reunião dos processos pela conexão ou continência, poderá haver prorrogação de competência em relação a um dos crimes, gerando a dúvida: qual o juízo que fará prevalecer a sua competência sobre a do outro? O art. 78 do Código de Processo Penal dispõe a respeito.

(i) No concurso entre a competência material do Júri e a de outro órgão da jurisdição comum prevalecerá a do Júri.

(ii) No concurso entre infrações penais de competência da jurisdição comum, não havendo crime da competência do Júri, prevalecerá a do juízo competente para o julgamento da infração mais grave. Há uma corrente doutrinária sustentando, com arrimo no princípio constitucional da ampla defesa (art. 5º, LV), que deve prevalecer a competência do juízo a quem couber a infração penal com o procedimento mais amplo, seja ou não a mais grave[80]. Embora a lei não seja expressa nesse sentido, parece esta última posição estar mais de acordo com os princípios constitucionais do processo.

(iii) No concurso entre infrações penais de igual gravidade (ou de idêntico procedimento, na opinião de Greco Filho), todas da competência da jurisdição comum, e não havendo nenhuma de competência do Júri, prevalecerá a competência do juízo do lugar onde tiver sido cometido o maior número de infrações.

(iv) Não havendo diferença entre jurisdição competente, gravidade e número de infrações, a competência será determinada pela prevenção.

(v) No concurso entre a jurisdição comum e a especial, em que ambas estejam fixadas por lei, prevalecerá a especial, de modo que os processos deverão ser reunidos por força da conexão e julgados todos perante o juízo dotado de jurisdição especial. Entre-

---

80. Vicente Greco Filho, *Tóxicos*, 5. ed., Saraiva, p. 164.

tanto, quando a competência comum tiver sido estabelecida diretamente pela Constituição Federal, não haverá reunião de processos, devendo cada qual seguir perante o seu correspondente juízo. Assim, por exemplo, na hipótese de um crime de homicídio doloso ser praticado em conexão com um delito eleitoral, a justiça eleitoral será competente para julgar apenas a infração eleitoral, enquanto o Júri popular continuará competente para processar e julgar o homicídio. É que leis infraconstitucionais, como os dispositivos do Código de Processo Penal, que preveem o deslocamento da competência e consequente reunião de processos pela conexão ou continência, não podem se sobrepor às regras constitucionais de fixação de competência, como, por exemplo, as do Tribunal do Júri e as dos Tribunais de Justiça, para processar e julgar membros do Ministério Público. Outra questão é a da hipótese de conflito entre a competência constitucional do Júri e a do foro por prerrogativa de função fixado constitucionalmente (Tribunais Superiores e Tribunais de Justiça): nesse caso, a competência originária do respectivo tribunal prevalecerá sobre a do júri, por ser especial em relação a esta última. Assim, promotor de justiça acusado de homicídio doloso será julgado perante o Tribunal de Justiça do respectivo Estado, e não pelo Júri popular. Se, no entanto, a competência especial tiver sido estabelecida pela Constituição estadual, prevalecerá a competência do Júri, nos termos da Súmula 721 do STF.

(vi) No concurso entre jurisdição comum estadual e jurisdição comum federal prevalece a da justiça federal, embora não haja diferença de hierarquia entre ambas, nem se possa falar que a justiça federal é especial em relação à estadual.

(vii) Na hipótese de crime cometido por juiz de direito em concurso com outros agentes que não gozam de foro privilegiado, ao Tribunal de Justiça com competência para julgar o magistrado, nos termos do art. 98, III, da Constituição Federal, incumbirá julgar os demais acusados, tendo em vista os princípios da conexão e da continência e em razão da jurisdição de maior graduação, ante o disposto no art. 78, III, do Código de Processo Penal. Tal entendimento está consubstanciado na Súmula 704 do STF, segundo a qual: "Não viola as garantias do juiz natural, da ampla defesa e do devido processo legal a atração por continência ou conexão do processo do corréu ao foro por prerrogativa de função de um dos denunciados".

→ **ATENÇÃO:** art. 82 do Código de Processo Penal: Se, não obstante a conexão ou continência, forem instaurados processos diferentes, a autoridade de jurisdição prevalente deverá avocar os processos que corram perante os outros juízes, salvo se já estiverem com sentença definitiva. Neste caso, a unidade dos processos só se dará, ulteriormente, para o efeito de soma ou de unificação das penas.

15.22. Separação de processos

(i) Concurso entre jurisdição comum e militar: o civil é julgado pela justiça comum e o militar, pela justiça castrense (nesse sentido, Súmula 90 do STJ: "Compete à Justiça Estadual Militar processar e julgar o policial militar pela prática do crime militar, e à Comum pela prática do crime comum simultâneo àquele").

(ii) Concurso entre crime de competência da jurisdição comum e ato infracional da competência do juízo da infância: a separação dos processos é evidente, em face da inimputabilidade do menor de 18 anos (CP, art. 27), submetido apenas ao Estatuto da Criança e do Adolescente (Lei n. 8.069/90).

(iii) No caso de corréus, sobrevindo doença mental a um deles, separam-se os processos, ficando suspenso o do enfermo.

(iv) A separação de processos é facultativa no caso de infrações praticadas em circunstâncias de tempo ou de lugar diferentes ou em razão do elevado número de réus, ou por qualquer outro motivo considerado relevante pelo juiz.

(v) No caso de conexão ou continência, o juiz, mesmo após absolver o réu do crime, em razão do qual se operou a reunião dos demais no mesmo processo, continuará competente para julgar as outras infrações, por força da regra da *perpetuatio jurisdictionis*.

(vi) No Júri, se houver desclassificação da infração para outra, de competência do juiz singular, ao presidente do Tribunal do Júri caberá proferir sentença em seguida, aplicando-se, quando o delito resultante da atual tipificação for considerado pela lei como infração penal de menor potencial ofensivo, o disposto nos arts. 69 e seguintes da Lei n. 9.099, de 26 de setembro de 1995 (CPP, art. 492, § 1º). A competência para o julgamento da infração passa, portanto, para o juiz-presidente, que terá de proferir a decisão naquela mesma sessão. Caso haja crimes conexos não dolosos contra a vida, a desclassificação também desloca para o juiz-presidente a competência para seu julgamento, diante da letra expressa do art. 492, § 2º, do Código de Processo Penal. Quanto aos crimes conexos, embora este entendimento não constasse da antiga redação do art. 492 do CPP, o mesmo já era acolhido por José Frederico Marques[81], bem como pelos Tribunais Superiores, como observamos no seguinte julgado: "desclassificado o crime doloso contra a vida para delito de pequeno potencial ofensivo e remanescendo ainda crime conexo da competência da justiça comum, ao juiz presidente compete julgar ambos os delitos, nos termos dos arts. 74, § 3º, e 492, §§ 1º e 2º, do CPP e 60 da Lei 9.099/95. 2" (TJ-GO – CC: 110538720158090175, rel. Des. Edison Miguel da Silva Jr., Data de Publicação: *DJ* 2090 de 16 ago. 2016).

(vii) Entretanto, caso os jurados absolvam o réu da imputação pelo crime doloso contra a vida, continuarão competentes para o julgamento dos crimes conexos, pois, se absolveram, é porque se consideram competentes para analisar o mérito.

15.23. Competência por prevenção

Prevenção significa prevenir, antecipar.

Verificar-se-á a competência por prevenção toda vez que houver dois ou mais juízes igualmente competentes, em todos os critérios, para o julgamento da causa. Neste caso, a prevenção surge como uma solução para determinar qual o juízo competente.

Trata-se de uma prefixação da competência, que ocorre quando o juiz toma conhecimento da prática de uma infração penal antes de qualquer outro igualmente competente, sendo necessário que determine alguma medida ou pratique algum ato no processo ou inquérito.

---

81. *Estudos de direito processual penal*, 1960, p. 179.

Exemplos de prevenção: decretação da prisão preventiva, concessão da fiança, pedido de explicações em juízo, diligência de busca e apreensão no processo dos crimes contra a propriedade imaterial, distribuição de inquérito policial para concessão ou denegação de pedido de liberdade provisória etc.

Casos em que não ocorre a prevenção: pedido de *habeas corpus*, remessa de cópia de auto de prisão em flagrante, decisão do tribunal que anula processo etc.

A nulidade decorrente da não observância da regra da prevenção é relativa, considerando-se sanada, quando não alegada no momento oportuno, uma vez que não se vislumbra, aqui, ofensa direta a princípio constitucional do processo. Esse entendimento, inclusive, é objeto da Súmula 706 do STF: "É relativa a nulidade decorrente da inobservância da competência penal por prevenção".

15.24. *Perpetuatio jurisdictionis*

Segundo dispõe o art. 81 do Código de Processo Penal, "verificada a reunião dos processos por conexão ou continência, ainda que no processo da sua competência própria venha o juiz ou tribunal a proferir sentença absolutória ou que desclassifique a infração para outra que não se inclua na sua competência, continuará competente em relação aos demais processos". Assim, havendo conexão ou continência, e tendo ocorrido a união de processos, o juiz prevalente, ainda que absolva o réu ou desclassifique a infração que lhe determinou a *vis attractiva*, continuará competente para o julgamento dos demais ilícitos. Tal regra, conforme já acentuado, não se aplica à desclassificação operada pelo Júri popular. Com efeito, se os jurados, ao votarem os quesitos, desclassificam a infração para crime não doloso contra a vida (CPP, art. 483, § 4º), a competência para o julgamento dos delitos conexos não permanece com os mesmos, passando ao juiz-presidente. Não há que se falar em aplicação da regra do art. 81 do Código de Processo Penal, a qual só se refere ao juízo monocrático. O Júri, que tem procedimento escalonado, rege-se por dispositivos próprios e especiais, devendo ser aplicado à hipótese o art. 492, § 2º, do Código de Processo Penal, segundo o qual: "Em caso de desclassificação, o crime conexo que não seja doloso contra a vida será julgado pelo juiz presidente do Tribunal do Júri, aplicando-se, no que couber, o disposto no § 1º deste artigo". O parágrafo único do art. 81 do Código de Processo Penal, que dispõe: "reconhecida inicialmente ao júri a competência por conexão ou continência, o juiz, se vier a desclassificar a infração ou impronunciar ou absolver o acusado, de maneira que exclua a competência do júri, remeterá o processo ao juiz competente", refere-se ao juiz singular que, na fase dos arts. 414 e seguintes do Código de Processo Penal, impronuncia, desclassifica ou absolve sumariamente o acusado. Quando o Júri absolver o acusado da imputação por crime doloso contra a vida, continuará competente para a apreciação dos conexos, pois só pode proferir absolvição quem se julga competente para analisar o fato. Outra situação interessante é a da criação de nova Vara, quando o processo já se encontra em andamento no juízo existente, o qual era, até então, competente. Nesse caso, a não ser que o juízo anterior se torne absolutamente incompetente em razão da matéria ou prerrogativa de função, a competência não se desloca, perpetuando-se a competência inicialmente fixada. A determinação da competência ocorre no momento em que a ação é proposta, sendo irrelevantes posteriores modificações do estado de fato ou de direito, salvo quando suprimirem o órgão judiciário ou alterarem a competência em razão da matéria (se o crime fosse de competência da justiça comum e passasse à justiça federal, hipótese bem diferente da acima mencionada, haveria o deslocamento de juízo).

Jurisprudência

- PENAL E PROCESSO PENAL. CONFLITO DE COMPETÊNCIA. CRIME CONTRA A HONRA. CALÚNIA. SUPOSTAS OFENSAS PUBLICADAS EM *SITE* NA INTERNET. COMPETÊNCIA DO LOCAL ONDE AS INFORMAÇÕES SÃO ALIMENTADAS. 1. Em recente decisão desta Terceira Seção ficou consolidado que é competente para julgamento de crimes cometidos pela internet o juízo do local onde as informações são alimentadas, sendo irrelevante o local do provedor. "Esse local deve ser aquele de onde efetivamente partiu a publicação do conteúdo, o que ocorre no próprio local do domínio em que se encontra a *home page*, porquanto é ali que o titular do domínio alimenta o seu conteúdo, independentemente do local onde se hospeda o sítio eletrônico (provedor)" (CC 136.700/SP rel. Min. Rogerio Schietti, Terceira Seção, *DJe*, 1 out. 2015). 2. A jurisprudência da Corte admite a declaração de competência de terceiro juízo, estranho ao conflito. A veiculação da reportagem supostamente caluniosa partiu de sítio eletrônico cujo domínio é de empresa sediada em Fortraleza/CE, o que afasta a competência dos juízos que figuram como suscitante e suscitado neste incidente. 3. Conflito conhecido para declarar competente uma das varas criminais da comarca de Fortaleza/CE, juízo estranho ao conflito (STJ – CC: 145424/SP, rel. Min. Ribeiro Dantas, Terceira Seção, *DJe*, 26 abr. 2016).
- PROCESSUAL MILITAR. *HABEAS CORPUS*. HOMICÍDIO PRATICADO CONTRA CÔNJUGE POR MOTIVOS ALHEIOS ÀS FUNÇÕES MILITARES, FORA DE SITUAÇÃO DE ATIVIDADE E DE LOCAL SUJEITO À ADMINISTRAÇÃO MILITAR. CRIME MILITAR DESCARACTERIZADO (ART. 9º, II, "A", DO CPM). COMPETÊNCIA DO TRIBUNAL DO JÚRI. ORDEM CONCEDIDA: "1. A competência do Tribunal do Júri para o julgamento dos crimes contra a vida prevalece sobre a da Justiça Militar em se tratando de fato circunscrito ao âmbito privado, sem nexo relevante com as atividades castrenses. 2. A doutrina clássica revela a virtude da sua justeza ao asseverar que 'o fôro militar não é propriamente para os crimes dos militares, sim para os crimes militares; porque, no militar, há também o homem, o cidadão, e os factos delictuosos praticados nesta qualidade caem sob a alçada da (...) comunhão civil; o fôro especial é só para o crime que elle praticar como soldado, *ut miles*, na phrase do jurisconsulto romano. Affrontaria o princípio da egualdade o arredar-se da justiça ordinária o processo e julgamento de crimes communs para uma jurisdicção especial e de excepção' (*Constituição Federal de 1891*, comentários por João Barbalho U. C., ed. Fac-similar, Brasília: Senado Federal – Secretaria de Documentação e Informação, 1992, p. 343, nota ao art. 77). 3. Os militares, assim como as demais pessoas, têm a sua vida privada, familiar e conjugal, regidas pelas normas do Direito Comum (HC n. 58.883/RJ, rel. Min. Soares Muñoz). 4. Essa necessária congruência entre a definição legal do crime militar e as razões da existên-

cia da Justiça Militar é o critério básico, implícito na Constituição, a impedir a subtração arbitrária da Justiça comum de delitos que não tenham conexão com a vida castrense (Recurso Extraordinário n. 122.706, rel. Min. Sepúlveda Pertence). 5. *In casu*, embora a paciente e a vítima fossem militares à época, nenhum deles estava em serviço e o crime não foi praticado em lugar sujeito à administração militar, sendo certo que o móvel do crime foi a falência do casamento entre ambos, bem como o intuito da paciente de substituir pensão alimentícia cessada judicialmente por pensão por morte e de obter indenização do seguro de vida, o que é o suficiente para afastar a incidência do art. 9º, II, 'a', do CPM. 6. Parecer do Ministério Público Federal pela concessão da ordem. 7. *Habeas corpus* concedido para declarar a incompetência da Justiça Militar" (STF, 1ª T., HC 103.812/SP, rel. Min. Luiz Fux, *DJe*, 17 fev. 2012).

Questões

1. O que é jurisdição?
2. Quais as diferenças entre competência material e competência funcional?
3. O que vem a ser *perpetuatio jurisdictionis*?

16 PRISÃO

16.1. Introdução

16.1.1. Finalidade das novas regras da prisão provisória

A Lei n. 12.403 entrou em vigor no dia 4 de julho de 2011 e teve como escopo evitar o encarceramento provisório do indiciado ou acusado quando não houver necessidade da prisão. Para tanto, operou diversas modificações legais no Título IX, o qual passou a contar com a seguinte rubrica: *"Da prisão, das medidas cautelares e da liberdade provisória"*.

16.1.2. Prisão provisória: imprescindibilidade

A partir da nova Lei, a decretação da prisão provisória exige mais do que mera necessidade. Exige a imprescindibilidade da medida para a garantia do processo. A custódia cautelar tornou-se medida excepcional. Mesmo verificada sua urgência e necessidade, só será imposta se não houver nenhuma outra alternativa menos drástica capaz de tutelar a eficácia da persecução penal.

16.1.3. Hipóteses de prisão provisória: ser preso e permanecer preso

Antes do trânsito em julgado da condenação, o sujeito só poderá *ser* preso em três situações: flagrante delito, prisão preventiva e prisão temporária. No entanto, só poderá *permanecer* nessa condição em duas delas: prisão temporária e preventiva.

A prisão em flagrante perdeu seu caráter de prisão provisória. Ninguém mais responde a um processo criminal por estar preso em flagrante. Em outras palavras, o sujeito é preso em razão do estado de flagrância, mas não permanece nessa condição por mais muito tempo. Lavrado o auto, a autoridade policial deverá remetê-lo ao juiz competente no prazo máximo de vinte e quatro horas a partir da prisão. O juiz, então, não se limitará mais a analisar a regularidade formal do flagrante, devendo justificar se é caso de convertê-lo em preventiva. Não havendo fundamento para a prisão preventiva, o agente deverá ser solto e responder ao processo em liberdade. Antes, a pessoa presa em flagrante requeria a liberdade provisória e aguardava a concessão do benefício. A decisão era postergada muitas vezes até o final do processo-audiência, para só então ser analisada. Atualmente, logo após as primeiras vinte e quatro horas da prisão, o juiz já terá que fundamentar se é caso de prisão preventiva, justificando sua imprescindibilidade. Com o advento do Pacote Anticrime também se tornou necessária a provocação do juiz para a decretação da prisão preventiva (não se pode mais decretar de ofício). Quanto à conversão da prisão em flagrante em preventiva, a 2ª Turma do STF também entendeu não caber de ofício (HC 188.888/MG, rel. Min. Celso de Mello, j. 6-10-2020).

16.1.4. Caráter excepcional da prisão preventiva: restrição de hipóteses para seu cabimento e natureza subsidiária como providência cautelar

As hipóteses legais de prisão preventiva, contempladas no art. 313 do CPP, foram restringidas de modo a tornar mais difícil sua imposição. É o caso do inciso I do referido artigo, o qual somente a admite para crimes dolosos punidos com pena máxima superior a quatro anos. Imaginemos a hipótese de um sujeito preso em flagrante pelo crime de sequestro, na qual haja indícios de ameaças à vítima, pondo em risco a produção da prova. O juiz constata a necessidade de decretar a prisão preventiva, mas não pode, tendo em vista que a pena máxima para o sequestro não é superior a quatro anos.

Mesmo nas situações em que a lei a admite e ainda que demonstrada sua imprescindibilidade, a prisão preventiva tornou-se excepcional, pois somente será determinada quando não for cabível a sua substituição por outra medida cautelar (CPP, art. 282, § 6º), dentre as previstas no art. 319 do CPP, e o não cabimento da substituição por outra medida cautelar deverá ser justificado de forma fundamentada nos elementos presentes no caso concreto, de forma individualizada. Sendo possível alternativa menos invasiva, a prisão torna-se desnecessária e inadequada, carecendo de justa causa.

→ **ATENÇÃO:** a nova Lei n. 13.964/2019, em seu art. 3º, § 2º alterou a matéria para complementar que, se o investigado estiver preso preventivamente, o juiz de garantias poderá, mediante representação da autoridade policial e oitiva do *Parquet*, prorrogar, por mais uma única vez a duração do inquérito policial, pelo prazo de até no máximo 15 (quinze) dias. Após o término do referido prazo, ainda que a investigação não tenha sido concluída, a prisão deverá ser imediatamente relaxada.

16.1.5. Revisão obrigatória de todos os casos de prisão provisória

Todas as prisões provisórias decretadas deverão ser revistas a cada 90 dias. Não se trata de uma libertação automática dos presos, mas condicionada à análise individual, criteriosa e fundamentada dos requisitos legais em cada caso. Muito embora as medidas cautelares tenham tornado a prisão preventiva de difícil aplicação, haverá casos em que elas serão insuficientes para garantir o processo ou proteger a sociedade, sendo necessária a segregação cautelar para resguardo da investigação policial e da instrução criminal.

16.1.6. Modificações operadas no instituto da fiança

Ampliaram-se as hipóteses de concessão de fiança pelo delegado de polícia para crimes com penas de até quatro anos, incluídas aí a receptação e o furto nas suas formas simples, a tentativa de estelionato e o porte ilegal de arma de calibre permitido.

16.1.7. Aplicação da lei processual penal no tempo

A Lei n. 12.403/2011 é nitidamente de natureza processual, pois disciplina a prisão provisória, fiança, liberdade provisória e medidas cautelares, as quais repercutem apenas no processo. O aumento ou diminuição da restrição do *jus libertatis* se impõe por uma necessidade ou conveniência do processo, sem respingar no *jus puniendi* estatal. Por essa razão, a Lei tem incidência imediata, alcançando os fatos praticados anteriormente à sua vigência, mesmo que prejudique o agente. Não se podem acoimar tais normas de híbridas, para o fim de submetê-las ao princípio penal da irretroatividade (CF, art. 5º, XL), pois, como não afetam o direito de punir do Estado, não têm natureza penal.

Deste modo, se por um lado a nova legislação obrigará a uma revisão de todas as prisões provisórias em andamento, levando à concessão da liberdade provisória em inúmeros casos por influxo das novas regras que tornaram excepcional a prisão preventiva, por outro, haverá casos de liberdade provisória sem fiança, que poderão sofrer a imposição desse ônus, assim como qualquer outra medida restritiva alternativa prevista no art. 319 do Código de Processo Penal, contanto que o juiz vislumbre a necessidade de melhor acautelar o processo.

Norma penal é somente aquela que cria, extingue, aumenta ou reduz o direito de punir do Estado. Norma que trata de processo e traz repercussões para o processo, é processual e deve ser regulada de acordo com o disposto no art. 2º do Código de Processo Penal.

16.2. Conceito

É a privação da liberdade de locomoção em virtude de flagrante delito ou determinada por ordem escrita e fundamentada da autoridade judiciária competente, em decorrência de sentença condenatória transitada em julgado ou, no curso da investigação ou do processo, em virtude de prisão temporária ou prisão preventiva (CPP, art. 283, *caput*).

Além das hipóteses de flagrante delito e ordem escrita e fundamentada do juiz, consubstanciada em um documento denominado mandado (CF, art. 5º, LXI), a Constituição Federal permite a constrição da liberdade nos seguintes casos: (i) crime militar próprio, assim definido em lei, ou infração disciplinar militar (CF, art. 5º, LXI); (ii) em período de exceção, ou seja, durante o estado de sítio (CF, art. 139, II). Além disso, "a recaptura do réu evadido não depende de prévia ordem judicial e poderá ser efetuada por qualquer pessoa" (CPP, art. 684). Neste último caso, pressupõe-se que o sujeito esteja regularmente preso (por flagrante ou ordem escrita de juiz) e fuja. Evidentemente, o guarda penitenciário, vendo o prisioneiro em desabalada carreira, não vai, antes, solicitar uma ordem escrita para a recaptura.

16.3. Espécies de prisão

(i) **Prisão-pena ou prisão penal:** é aquela imposta em virtude de sentença condenatória transitada em julgado, ou seja, trata-se da privação da liberdade determinada com a finalidade de executar decisão judicial, após o devido processo legal, na qual se determinou o cumprimento de pena privativa de liberdade. Não tem finalidade acautelatória, nem natureza processual. Trata-se de medida penal destinada à satisfação da pretensão executória do Estado.

(ii) Prisão sem pena ou prisão processual: trata-se de prisão de natureza puramente processual, imposta com finalidade cautelar, destinada a assegurar o bom desempenho da investigação criminal, do processo penal ou da futura execução da pena, ou ainda a impedir que, solto, o sujeito continue praticando delitos. É imposta apenas para garantir que o processo atinja seus fins. Seu caráter é auxiliar e sua razão de ser é viabilizar a correta e eficaz persecução penal. Nada tem que ver com a gravidade da acusação por si só, tampouco com o clamor popular, mas com a satisfação de necessidades acautelatórias da investigação criminal e respectivo processo. Depende do preenchimento dos pressupostos do *periculum in mora* e do *fumus boni iuris*. Há casos em que não se pode aguardar o término do processo para, somente então, privar o agente de sua liberdade, pois existe o perigo de que tal demora permita que ele, solto, continue a praticar crimes, atrapalhe a produção de provas ou desapareça, impossibilitando a futura execução. Compreende três hipóteses: prisão em flagrante, prisão preventiva e prisão temporária (Lei n. 7.960/89) (CPP, art. 283, *caput*). Não existe mais prisão cautelar obrigatória, estando esta condicionada à análise dos pressupostos e requisitos da prisão preventiva. Por essa razão, foram revogados: o art. 594 do CPP (revogado pela Lei n. 11.719/2008), que mandava recolher à prisão o condenado reincidente ou portador de maus antecedentes; e os arts. 393, I a II, e 595 do CPP (revogados pela Lei n. 12.403/2011), que consideravam deserta a apelação com a fuga do réu. Desse modo, não existem mais: a prisão decorrente da pronúncia, nem a prisão em virtude de sentença condenatória recorrível.[82] A prisão processual só terá cabimento quando fundamentadamente demonstrados os requisitos de urgência autorizadores da custódia cautelar (CPP, art. 312, *caput*) e, quando não for cabível a sua substituição por outra medida cautelar (CPP, art. 282, § 6º).

(iii) Prisão civil. O Pacto de São José da Costa Rica e a EC n. 45/2004: No tocante à prisão civil do depositário infiel, vedada pelo *Pacto de San José da Costa Rica* e admitida pelo art. 5º, LXVII, da CF, havia uma discussão doutrinária e jurisprudencial acerca da hierarquia dos tratados internacionais de proteção dos direitos humanos em nosso ordenamento jurídico, tendo por fundamento o art. 5º, § 2º, da CF, o qual estabelece que os direitos e garantias expressos na Constituição não excluem outros decorrentes do regime e dos princípios por ela adotados, ou dos tratados internacionais em que a República Federativa do Brasil seja parte[83]. Acabando com essa celeuma, a EC n. 45/2004 acrescentou o § 3º ao art. 5º da CF, segundo o qual "os tratados e convenções internacionais sobre direitos humanos que forem aprovados, em cada Casa do Congresso Nacional, em dois turnos, por três quintos dos votos dos respectivos membros, serão equivalentes às emendas constitucionais". A Carta da República passou, portanto, a prever expressamente que os tratados e convenções internacionais serão *equivalentes às emendas constitucionais* somente se preenchidos dois requisitos: (i) tratem de matéria relativa a direitos humanos + (ii) sejam aprovados pelo Congresso Nacional, em dois turnos, pelo quórum

---

82. O STF entendeu em novembro de 2019, nas ADCs n. 43/DF, 44/DF e 54/DF, por maioria, assentar a constitucionalidade do art. 283 do Código de Processo Penal, não se podendo executar provisoriamente a pena antes do trânsito em julgado.

83. A respeito do tema, *vide* Flávia Piovesan, *Direitos humanos e o direito constitucional internacional*, 6. ed., São Paulo, Max Limonad, 2004.

de três quintos dos votos dos respectivos membros (duas votações em cada Casa do Parlamento, com três quintos de quórum em cada votação). Obedecidos tais pressupostos, o tratado terá índole constitucional, podendo revogar norma constitucional anterior, desde que em benefício dos direitos humanos, e tornar-se imune a supressões ou reduções futuras, diante do que dispõe o art. 60, § 4º, IV, da CF (as normas que tratam de direitos individuais não podem ser suprimidas, nem reduzidas, nem mesmo por emenda constitucional, tornando-se cláusulas pétreas). Tal situação trouxe dúvidas quanto aos tratados e convenções internacionais promulgados antes da EC n. 45/2004, isto é, sobre a necessidade ou não de submetê-los ao quórum qualificado de aprovação, como condição para tornarem-se equivalentes às emendas constitucionais. Com isso, passou-se a questionar se a prisão civil do depositário infiel, admitida expressamente pelo art. 5º, LXVII, da CF, continuaria a ser permitida em nosso ordenamento jurídico. Isso porque o *Pacto de San José da Costa Rica* (Convenção Americana sobre Direitos Humanos, aprovada no Brasil pelo Decreto Legislativo n. 27, de 25-9-1992, e promulgada pelo Decreto n. 678, de 6-11-1992), em seu art. 7º, 7, vedou a prisão civil do depositário infiel, somente permitindo-a na hipótese de dívida alimentar. Ficaria, então, a questão: o *Pacto de San José da Costa Rica*, promulgado anteriormente à EC n. 45/2004, para tornar-se equivalente às emendas constitucionais e proibir a prisão do depositário infiel, necessitaria ser aprovado pelo Congresso Nacional pelo quórum de três quintos dos votos dos respectivos membros?

Antes do advento da Emenda Constitucional n. 45/2004, a controvérsia acabou sendo submetida à apreciação do Supremo Tribunal Federal, o qual havia cristalizado interpretação no sentido de que esses tratados teriam posição subalterna no ordenamento jurídico, de modo que não poderiam prevalecer sobre norma constitucional expressa, permanecendo a possibilidade de prisão do depositário infiel. Nesse sentido: "Prisão civil de depositário infiel (CF, art. 5º, LXVII): validade da que atinge devedor fiduciante, vencido em ação de depósito, que não entregou o bem objeto de alienação fiduciária em garantia: jurisprudência reafirmada pelo Plenário do STF – mesmo na vigência do Pacto de São José da Costa Rica (HC 72.131, 22-11-1995, e RE 206.482, 27-5-1998) – à qual se rende, com ressalva, o relator, convicto da sua inconformidade com a Constituição" (STF, 1ª T., RE 345.345/SP, rel. Min. Sepúlveda Pertence, j. 25-2-2003, *DJ*, 11 abr. 2003, p. 926).

A questão voltou a ser debatida no Plenário do Supremo Tribunal Federal, no HC 87.585/TO, do qual foi relator o Ministro Marco Aurélio, na data de 3 de dezembro de 2008, concluindo-se que, com a introdução do Pacto de São José da Costa Rica, que restringe a prisão civil por dívida ao descumprimento inescusável de prestação alimentícia (art. 7º, 7), em nosso ordenamento jurídico, restaram derrogadas as normas estritamente legais definidoras da custódia do depositário infiel, prevista na Magna Carta. Prevaleceu, no julgamento, a tese do *status* de supralegalidade da referida Convenção, inicialmente defendida pelo Ministro Gilmar Mendes no julgamento do RE 466.343/SP. Note-se que, no referido julgado, restaram vencidos, no ponto, os Ministros Celso de Mello, Cezar Peluso, Ellen Gracie e Eros Grau, que a ela davam a qualificação constitucional. O Ministro Marco Aurélio, relativamente a essa questão, absteve-se de pronunciamento.

No RE 349.703/RS (rel. orig. Min. Ilmar Galvão, rel. p/ acórdão Min. Gilmar Mendes, 3-12-2008) e no RE 466.343/SP (rel. Min. Cezar Peluso, 3-12-2008), a mesma orientação acima foi seguida. Vale mencionar, no entanto, que, no RE 466.343, o Ministro Celso de Mello, embora tenha concluído pela inadmissibilidade da prisão civil do depositário infiel, defendeu a tese de que os tratados internacionais de direitos humanos subscritos pelo Brasil teriam hierarquia constitucional, e não *status* supralegal. Assim, "no ponto, destacou a existência de três distintas situações relativas a esses tratados: (i) os tratados celebrados pelo Brasil (ou aos quais ele aderiu), e regularmente incorporados à ordem interna, em momento anterior ao da promulgação da CF/88, revestir-se-iam de índole constitucional, haja vista que formalmente recebidos nessa condição pelo § 2º do art. 5º da CF; (ii) os que vierem a ser celebrados por nosso País (ou aos quais ele venha a aderir) em data posterior à da promulgação da EC 45/2004, para terem natureza constitucional, deverão observar o *iter* procedimental do § 3º do art. 5º da CF; (iii) aqueles celebrados pelo Brasil (ou aos quais nosso País aderiu) entre a promulgação da CF/88 e a superveniência da EC 45/2004 assumiriam caráter materialmente constitucional, porque essa hierarquia jurídica teria sido transmitida por efeito de sua inclusão no bloco de constitucionalidade" (RE 466.343/SP, rel. Min. Cezar Peluso, 12-3-2008; *Informativo STF*, n. 498).

De qualquer modo, independentemente do *status* que assumiriam os tratados e convenções internacionais de direitos humanos, no ordenamento jurídico brasileiro é possível concluir, segundo a decisão exarada no HC 87.585/TO, que o *Pacto de San José da Costa Rica*, subscrito pelo Brasil, torna inaplicável a legislação com ele conflitante, não havendo mais base legal para a prisão civil do depositário infiel, sendo admitida apenas na hipótese de dívida alimentar. No mesmo sentido, foram editadas a Súmula 419 do STJ: "Descabe a prisão civil do depositário infiel" e a Súmula Vinculante 25 do STF: "É ilícita a prisão civil de depositário infiel, qualquer que seja a modalidade do depósito".

(iv) **Prisão administrativa:** é aquela decretada por autoridade administrativa para compelir o devedor ao cumprimento de uma obrigação. Esta modalidade de prisão foi abolida pela atual ordem constitucional. Com efeito, o art. 319 do Código de Processo Penal não foi recepcionado pelo art. 5º, LXI e LXVII, da Constituição Federal. Note-se que a Lei n. 12.403/2011 operou a revogação dos §§ 1º a 3º do art. 319.

(v) **Prisão disciplinar:** permitida pela Constituição para o caso de transgressões militares e crimes militares (CF, art. 5º, LXI).

(vi) **Prisão para averiguação:** é a privação momentânea da liberdade, fora das hipóteses de flagrante e sem ordem escrita do juiz competente, com a finalidade de investigação.

16.4. Mandado de prisão

É o instrumento escrito que corporifica a ordem judicial de prisão. Art. 285, *caput*, do Código de Processo Penal: "A autoridade que ordenar a prisão fará expedir o respectivo mandado".

Requisitos do mandado de prisão:

(i) deve ser lavrado pelo escrivão e assinado pela autoridade competente;

(ii) deve designar a pessoa que tiver de ser presa, por seu nome, alcunha ou sinais característicos;

(iii) deve conter a infração penal que motivou a prisão (a CF exige que a ordem seja fundamentada – art. 5º, LXI);

(iv) deve indicar qual o agente encarregado de seu cumprimento (oficial de justiça ou agente da polícia judiciária).

Cumprimento do mandado:

(i) a prisão poderá ser efetuada a qualquer dia e a qualquer hora, inclusive domingos e feriados, e mesmo durante a noite, respeitada apenas a inviolabilidade do domicílio (CPP, art. 283, § 2º);

(ii) o executor entregará ao preso, logo depois da prisão, cópia do mandado, a fim de que o mesmo tome conhecimento do motivo pelo qual está sendo preso;

(iii) o preso será informado de seus direitos, entre os quais o de permanecer calado, sendo-lhe assegurada a assistência da família e de advogado (CF, art. 5º, LXIII);

(iv) o preso tem direito à identificação dos responsáveis por sua prisão ou por seu interrogatório extrajudicial (CF, art. 5º, LXIV);

(v) a prisão, excepcionalmente, pode ser efetuada sem a apresentação do mandado, desde que o preso seja imediatamente apresentado ao juiz que determinou sua expedição;

(vi) não é permitida a prisão de eleitor, desde 5 dias antes até 48 horas depois da eleição, salvo flagrante delito ou em virtude de sentença penal condenatória (art. 236, *caput*, do Código Eleitoral). Não se cumpre, portanto, mandado de prisão preventiva. Nesse sentido já decidiu o Superior Tribunal de Justiça pela legitimidade da prisão enquadrada em uma das hipóteses permissivas de segregação cautelar, mesmo durante a constância de período eleitoral.

16.5. Prisão em domicílio

A Constituição Federal dispõe que "a casa é asilo inviolável do indivíduo, ninguém nela podendo penetrar sem consentimento do morador, salvo em caso de flagrante delito ou desastre, ou para prestar socorro, ou, durante o dia, por determinação judicial" (CF, art. 5º, XI). Com isso, temos duas situações distintas – a violação do domicílio à noite e durante o dia:

(i) durante a noite, somente se pode penetrar no domicílio alheio em quatro hipóteses: com o consentimento do morador, em caso de flagrante delito, desastre ou para prestar socorro;

(ii) durante o dia, cinco são as hipóteses: consentimento do morador, flagrante delito, desastre, para prestar socorro ou mediante mandado judicial de prisão ou de busca e apreensão.

Havendo mandado de prisão, a captura, no interior do domicílio, somente pode ser efetuada durante o dia (do romper da aurora ao pôr do sol), dispensando-se, nesse caso, o consentimento do morador.

Ao anoitecer, o mandado já não poderá ser cumprido, salvo se o morador consentir, pois à noite não se realiza nenhuma diligência no interior do domicílio, nem mesmo com autorização judicial. Deve-se aguardar até o amanhecer e, então, arrombar a porta e cumprir o mandado. A violação do domicílio à noite, para cumprir o mandado, sujeita o violador a crime de abuso de autoridade (Lei n. 13.869/2019, art. 22).

16.6. Prisão em perseguição

Nesta hipótese, contanto que a perseguição não seja interrompida, o executor poderá efetuar a prisão onde quer que alcance o capturando, desde que dentro do território nacional (CPP, art. 290, primeira parte).

Se não estiver em perseguição, a captura poderá ser requisitada, à vista de mandado judicial, por qualquer meio de comunicação, tomadas pela autoridade, a quem se fizer a requisição, as precauções necessárias para averiguar a autenticidade desta (CPP, art. 299).

16.7. Prisão fora do território do juiz

Quando o acusado estiver no território nacional, em lugar estranho ao da jurisdição do juiz processante, será deprecada a sua prisão, devendo constar da precatória o inteiro teor do mandado (CPP, art. 289, *caput*).

Havendo urgência, o juiz poderá requisitar a prisão por qualquer meio de comunicação, do qual deverá constar o motivo da prisão, bem como o valor da fiança se arbitrada (art. 289, § 1º, do CPP). A autoridade a quem se fizer a requisição tomará as precauções necessárias para averiguar a autenticidade da comunicação (art. 289, § 2º, do CPP). O juiz processante deverá providenciar a remoção do preso no prazo máximo de 30 (trinta) dias, contados da efetivação da medida (CPP, art. 289, § 3º).

O art. 289-A, *caput* e § 1º, trata do registro do mandado de prisão em banco de dados mantido pelo Conselho Nacional de Justiça, de forma que qualquer agente policial poderá efetuar a prisão determinada no mandado registrado no CNJ, ainda que fora da competência territorial do juiz que o expediu. Os §§ 2º e 3º, por sua vez, disciplinam a hipótese de cumprimento de mandado não registrado no aludido órgão e as providências a serem adotadas pelo agente policial.

16.8. Custódia

Ninguém será recolhido à prisão sem que seja exibido o mandado ao respectivo diretor ou carcereiro, a quem deve ser entregue cópia assinada pelo executor ou apresentada a guia pela autoridade competente. A custódia, sem a observância dessas formalidades, constitui crime de abuso de autoridade (Lei n. 13.869/2019, arts. 12, parágrafo único, I, II e III, e 19). No caso de custódia em penitenciária, há necessidade de expedição de guia de recolhimento, nos termos dos arts. 105 e 106 da Lei de Execução Penal.

As pessoas presas provisoriamente ficarão separadas das que já estiverem definitivamente condenadas, nos termos da Lei de Execução Penal (art. 300, *caput*, do CPP).

16.9. Uso de algemas

Algema é uma palavra originária do idioma arábico, *aljamaa*, que significa pulseira.

A discussão acerca do emprego de algemas é bastante calorosa, por envolver a colisão de interesses fundamentais para a sociedade, o que dificulta a chegada a um consenso sobre o tema.

De um lado, o operador do direito depara-se com o comando constitucional que determina ser a segurança pública dever do Estado, direito e responsabilidade de todos, sendo exercida para a preservação da ordem pública e da incolumidade das pessoas e do patrimônio por meio dos órgãos policiais (CF, art. 144); de outro lado, do Texto Constitucional emanam princípios de enorme magnitude para a estrutura democrática, tais como o da dignidade humana e presunção de inocência, os quais não podem ser sobrepujados quando o Estado exerce a atividade policial.

Quando a Constituição da República preceitua ser dever do Estado a segurança pública, a este devem ser assegurados os meios que garantam tal mister, estando, portanto, os órgãos policiais legitimados a empregar os instrumentos necessários para tanto, como a arma de fogo e o uso de algemas, por exemplo.

O emprego de algemas, portanto, representa importante instrumento na atuação prática policial, uma vez que possui tríplice função: proteger a autoridade contra a reação do preso; garantir a ordem pública ao obstaculizar a fuga do preso; e até mesmo tutelar a integridade física do próprio preso, a qual poderia ser colocada em risco com a sua posterior captura pelos policiais em caso de fuga.

Muito embora essa tríplice função garanta a segurança pública e individual, tal instrumento deve ser utilizado com reservas, pois, se desviado de sua finalidade, pode constituir drástica medida, com caráter punitivo, vexatório, ou seja, nefasto meio de execração pública, configurando grave atentado ao princípio constitucional da dignidade humana.

Nisso reside o ponto nevrálgico da questão: A utilização de algemas constitui um consectário natural de toda e qualquer prisão? Caso não, em que situações a autoridade pública estaria autorizada a empregá-las? Haveria legislação regulando a matéria?

Passa-se, assim, à análise da legislação pátria.

A CF, em seu art. 5º, III (2ª parte), assegura que ninguém será submetido a tratamento degradante e, em seu inciso X, protege o direito à intimidade, à imagem e à honra. A Carta Magna também consagra, como princípio fundamental reitor, o respeito à dignidade humana (CF, art. 1º, III). As regras mínimas da ONU para tratamento de prisioneiros, na parte que versa sobre instrumentos de coação, estabelecem que o emprego de algema jamais poderá dar-se como medida de punição (n. 33). Trata-se de uma recomendação de caráter não cogente, mas que serve como base de interpretação.

A Lei de Execução Penal, em seu art. 199, reza que o emprego de algema seja regulamentado por decreto federal. Passados 27 anos desde a edição da referida Lei, que ocorreu no ano de 1984, anterior, portanto, à promulgação do próprio Texto Constitucional de 1988, nada aconteceu. Assim, as regras para sua utilização passaram a ser inferidas a partir dos institutos em vigor.

O Código de Processo Penal, em seu art. 284, embora não mencione a palavra "algema", dispõe que "não será permitido o uso de força, salvo a indispensável no caso de resistência ou de tentativa de fuga do preso", sinalizando com as hipóteses em que aquela poderá ser usada. Dessa maneira, só, excepcionalmente, quando realmente necessário o uso de força, é que a algema poderá ser utilizada, seja para impedir fuga, seja para conter os atos de violência perpetrados pela pessoa que está sendo presa. No mesmo sentido, o art. 292 do CPP, que, ao tratar da prisão em flagrante, permite o emprego dos meios necessários, em caso de resistência. Nesse contexto, vale lembrar da alteração realizada pela Lei n. 13.434/2017, a qual confere a redação do parágrafo único do art. 292 do CPP, dispondo acerca da vedação do uso de algemas em mulheres grávidas durante os atos médicos hospitalares preparatórios para a realização do parto e durante o trabalho de parto, bem como em mulheres durante o período de puerpério imediato. O § 3º do art. 474, por sua vez, preceitua no sentido de que: "Não se permitirá o uso de algemas no acusado durante o período em que permanecer no plenário do júri, salvo se absolutamente necessário à ordem dos trabalhos, à segurança das testemunhas ou à garantia da integridade física dos presentes". Da mesma forma, o art. 234, § 1º, do Código de Processo Penal Militar prevê que "o emprego de algemas deve ser evitado, desde que não haja perigo de fuga ou agressão da parte do preso". Finalmente, o art. 10 da Lei n. 9.537/97 prega que: "O Comandante, no exercício de suas funções e para garantia da segurança das pessoas, da embarcação e da carga transportada, pode: (...) III – ordenar a detenção de pessoa em camarote ou alojamento, se necessário com algemas, quando imprescindível para a manutenção da integridade física de terceiros, da embarcação ou da carga". Por derradeiro, em todos esses dispositivos legais tem-se presente um elemento comum: a utilização desse instrumento como medida extrema, portanto, excepcional, somente podendo se dar nas seguintes hipóteses: (i) impedir ou prevenir a fuga, desde que haja fundada suspeita ou receio; (ii) evitar agressão do preso contra os próprios policiais, terceiros ou contra si mesmo.

Assim, decidiu o STJ não constituir constrangimento ilegal o uso de algemas, se necessárias para a ordem dos trabalhos e a segurança dos presentes. Caracterizando-se um desses motivos, é possível utilizar algema em qualquer pessoa que esteja sendo detida. A jurisprudência já autorizou o emprego de algema até mesmo contra réu juiz de direito, quando demonstrada a necessidade (STJ, 5ª T., HC 35.540, rel. Min. José Arnaldo, j. 5-8-2005), mas sempre considerando-a excepcional e nunca admitindo seu emprego com finalidade infamante ou para expor o detido à execração pública.

Percebe-se, por conseguinte, que incumbirá à própria autoridade avaliar as condições concretas que justifiquem ou não o seu emprego, isto é, quando tal instrumento consistirá em meio necessário para impedir a fuga do preso ou conter a sua violência. Nesse processo, a razoabilidade, consagrada no art. 111 da Constituição Estadual, constitui o grande vetor do policial contra os abusos, as arbitrariedades na utilização da algema.

Sucede, no entanto, que, em algumas situações, tem-se lançado mão das algemas de forma abusiva, com nítida intenção de execrar publicamente o preso, de constranger, de expô-lo vexatoriamente, ferindo gravemente os princípios da dignidade humana, da proporcionalidade e da presunção de inocência. Desse modo, por conta desses exageros, aquilo que sempre representou um legítimo instrumento para a preservação da ordem e segurança pública tornou-se objeto de profundo questionamento pela sociedade.

O Supremo Tribunal Federal, nesse contexto, editou, no dia 7 de agosto, durante o julgamento do *Habeas corpus* (HC) n. 91.952, a Súmula Vinculante 11, segundo a qual: "Só é lícito o uso de algemas em caso de resistência e de fundado receio de fuga ou de perigo à integridade física própria ou alheia, por parte do preso ou de terceiros, justificada a excepcionalidade por escrito, sob pena de responsabilidade disciplinar civil e penal do agente ou das autoridades e de nulidade da prisão ou do ato processual a que se refere, sem prejuízo da responsabilidade civil do Estado".

Ocorre que, no intuito de pôr fim à celeuma, quanto à regulamentação do uso de algemas, o Supremo Tribunal Federal acabou criando nova polêmica.

Vale, primeiro, deixar consignado que a mencionada Súmula longe está de resolver os problemas relacionados aos critérios para o uso de algemas, na medida em que a sua primeira parte constitui mero reflexo dos dispositivos já existentes em nossa legislação, deixando apenas claro que o emprego desse instrumento não é um consectário natural obrigatório que integra o procedimento de toda e qualquer prisão, configurando, na verdade, um artefato acessório a ser utilizado quando justificado.

Diante disso, muito embora a edição da Súmula vise garantir a excepcionalidade da utilização de algemas, na prática, dificilmente, lograr-se-á a segurança jurídica almejada, pois as situações nelas descritas conferem uma certa margem de discricionariedade à autoridade policial, a fim de que esta avalie nas condições concretas a necessidade do seu emprego. Basta verificar que se admite o seu uso na hipótese de receio de fuga ou de perigo para a integridade física. Ora, a expressão "fundado receio" contém certa subjetividade, e não há como subtrair do policial essa avaliação acerca da conveniência ou oportunidade do ato. Tampouco é possível mediante lei ou súmula vinculante exaurir numa fórmula jurídica rígida e fechada todas as hipóteses em que é admissível o emprego de algemas.

Para aqueles que propugnam a proscrição desse juízo discricionário, pela insegurança jurídica causada, só há duas soluções: a vedação absoluta do uso de algemas ou a sua permissão integral em toda e qualquer hipótese como consectário natural da prisão. Já para aqueles que buscam uma situação intermediária, não há como abrir mão da discricionariedade do policial ou autoridade judiciária.

Pode-se afirmar, então, que a inovação da Súmula Vinculante 11 consistiu em exigir da autoridade policial ou judiciária a justificativa escrita dos motivos para o emprego de algemas, como forma de controlar essa discricionariedade. Além disso, passou a prever a nulidade da prisão ou ato processual realizado em discordância com os seus termos. Aí residem os problemas, pois, nesse contexto, inúmeras questões surgirão: o uso injustificado de algemas ensejará o relaxamento da prisão em flagrante? No caso da prisão preventiva, o abuso no uso de algemas poderá invalidá-la, provocando a soltura do preso? Na hipótese de o uso ser regular, a ausência de motivação ou a motivação insuficiente acarretarão a nulidade da prisão?

Dessa forma, em vez de trazer uma solução, a edição da Súmula criou mais problemas para o operador do direito e o policial, pois será fatalmente uma causa geradora de nulidade de inúmeras prisões.

Na realidade, a referida Súmula foi editada por força do *Habeas corpus* n. 91.952, do qual foi relator o Ministro Marco Aurélio, em que restou anulado o julgamento realizado pelo Júri popular, em virtude de o réu ter sido mantido algemado durante toda a sessão, influenciando no convencimento dos jurados. Perceba-se, portanto, que a Súmula acabou sendo mais abrangente do que o próprio precedente que lhe deu origem.

Conclui-se que a citada Súmula, na tentativa de corrigir os abusos ocorridos no emprego de algemas, acabou, no calor dos fatos, exagerando e, por conseguinte, provocando novos problemas.

De qualquer forma, de acordo com a Súmula, os policiais deverão fazer uma justificativa por escrito sobre os motivos da utilização da algema. Obviamente que, na dúvida do seu emprego ou não, impõe-se a incidência do brocardo *in dubio pro societate*, militando em favor do policial e da sociedade. Nessas hipóteses, não há outra fórmula a não ser o bom senso e a razoabilidade. Mencione-se, ainda, que a justificativa, nas hipóteses de prisão em flagrante, fatalmente, realizar-se-á após o ato prisional.

Por ora, vale afirmar que, consoante os termos da Súmula Vinculante 11, algema não é um consectário natural, obrigatório e permanente de toda e qualquer prisão, tendo como requisito a excepcionalidade, tal como deflui da própria legislação pátria. O juízo discricionário do agente público, ao analisar, no caso concreto, o fundado receio de fuga ou de perigo à integridade física própria ou alheia, por parte do preso ou de terceiros, deverá estar sob o crivo de um outro não mais importante vetor: o da razoabilidade, que nada mais é do que a aplicação pura e simples do que convenientemente chamamos de "bom senso".

16.10. Prisão especial

Determinadas pessoas, em razão da função que desempenham ou de uma condição especial que ostentam, têm direito à prisão provisória em quartéis ou em cela especial. Têm direito à prisão especial: os ministros de Estado, os governadores e seus secretários, os prefeitos e seus secretários, os membros do Poder Legislativo de qualquer das esferas federativas, os chefes de polícia, os cidadãos inscritos no Livro de Mérito, os oficiais, os magistrados e membros do Ministério Público, os ministros de confissão religiosa, os ministros do Tribunal de Contas, os delegados de polícia, os policiais militares, os oficiais da Marinha Mercante Nacional, os dirigentes e administradores sindicais, os servidores públicos, os pilotos de aeronaves mercantes nacionais, os funcionários da polícia civil, os portadores de diploma universitário, os professores de ensino do 1º e 2º graus e os juízes de paz. A Lei n. 12.403/2011 aboliu a prisão especial, em caso de crime comum, até o julgamento definitivo, em favor daquele que exerça a função de jurado (*vide* nova redação determinada ao art. 439 do CPP).

O Superior Tribunal de Justiça já decidiu que, na ausência de acomodações adequadas em presídio especial, o titular do benefício poderá ficar preso em estabelecimento militar.

Convém salientar que a prisão especial somente pode ser concedida durante o processo ou inquérito policial, de maneira que após a condenação transitada em julgado cessa o benefício, devendo o sujeito ser recolhido a estabelecimento comum. Os únicos privilégios do preso especial são: (i) recolhimento em estabelecimento distinto do comum ou em cela distinta dentro do mesmo estabelecimento; e (ii) não ser transportado junto com o comum. Além disso, não haverá nenhuma diferença (art. 295, §§ 1º a 5º, do CPP).

O presidente da República, durante o seu mandato, não está sujeito a nenhum tipo de prisão provisória, já que a Constituição Federal exige sentença condenatória (art. 86, § 3º).

O preso que, ao tempo do fato, era funcionário da administração penitenciária tem direito a ficar em dependência separada dos demais (Lei n. 7.210/84, art. 84, § 2º); no entanto, esse direito, ao contrário da prisão especial, perdura mesmo após o trânsito em julgado, ou seja, até o fim da execução da pena.

Dispõe o Código de Processo Penal Militar que "as pessoas sujeitas a prisão provisória deverão ficar separadas das que estiverem definitivamente condenadas" (art. 239) e que "a prisão de praças especiais e a de graduados atenderá aos respectivos graus de hierarquia" (art. 242, parágrafo único).

No tocante ao advogado, a previsão da prisão especial está contida no art. 7º, V, da Lei n. 8.906/94, tendo havido a suspensão da eficácia, até final decisão, da expressão "assim reconhecida pela OAB", no que diz respeito às instalações e comodidades condignas da sala de Estado Maior, em que deve ser recolhido preso o advogado, antes de sentença transitada em julgado.

16.11. Prisão provisória domiciliar

A respeito da prisão preventiva domiciliar (CPP, arts. 317 e 318), *vide* comentários constantes do item 16.13.10.

16.12. Prisão em flagrante

O termo flagrante provém do latim *flagrare*, que significa queimar, arder. É o crime que ainda queima, isto é, que está sendo cometido ou acabou de sê-lo. Na conhecida lição de Hélio Tornaghi, "flagrante é, portanto, o que está a queimar, e em sentido figurado, o que está a acontecer"[84].

É, portanto, medida restritiva da liberdade, de natureza cautelar e processual, consistente na prisão, independente de ordem escrita do juiz competente, de quem é surpreendido cometendo, ou logo após ter cometido, um crime ou uma contravenção. Para José Frederico Marques, "flagrante delito é o crime cuja prática é surpreendida por alguém no próprio instante em que o delinquente executa a ação penal ilícita"[85].

---

84. *Curso de processo penal*, 7. ed., Saraiva, 1990, v. 2, p. 48.

85. *Elementos de direito processual penal*, cit., 1. ed., v. 4, p. 64.

Para Júlio Fabbrini Mirabete, "*flagrante* é o ilícito patente, irrecusável, insofismável, que permite a prisão do seu autor, sem mandado, por ser considerado a 'certeza visual do crime'"[86].

16.12.1. Espécies de flagrante

(i) **Flagrante próprio (também chamado de propriamente dito, real ou verdadeiro):** é aquele em que o agente é surpreendido cometendo uma infração penal ou quando acaba de cometê-la (CPP, art. 302, I e II). Nesta última hipótese, devemos interpretar a expressão "acaba de cometê-la" de forma restritiva, no sentido de uma absoluta imediatidade, ou seja, o agente deve ser encontrado imediatamente após o cometimento da infração penal (sem qualquer intervalo de tempo).

(ii) **Flagrante impróprio (também chamado de irreal ou quase flagrante):** ocorre quando o agente é perseguido, logo após cometer o ilícito, em situação que faça presumir ser o autor da infração (CPP, art. 302, III). No caso do flagrante impróprio, a expressão "logo após" não tem o mesmo rigor do inciso precedente ("acaba de cometê-la"). Admite um intervalo de tempo maior entre a prática do delito, a apuração dos fatos e o início da perseguição. Assim, "logo após" compreende todo o espaço de tempo necessário para a polícia chegar ao local, colher as provas elucidadoras da ocorrência do delito e dar início à perseguição do autor. Não tem qualquer fundamento a regra popular de que é de vinte e quatro horas o prazo entre a hora do crime e a prisão em flagrante, pois, no caso do flagrante impróprio, a perseguição pode levar até dias, desde que ininterrupta.

(iii) **Flagrante presumido (ficto ou assimilado):** o agente é preso, logo depois de cometer a infração, com instrumentos, armas, objetos ou papéis que façam presumir ser ele o autor da infração (CPP, art. 302, IV). Não é necessário que haja perseguição, bastando que a pessoa seja encontrada logo depois da prática do ilícito em situação suspeita. Essa espécie de flagrante usa a expressão "logo depois", ao invés de "logo após" (somente empregada no flagrante impróprio). Embora ambas as expressões tenham o mesmo significado, a doutrina tem entendido que o "logo depois", do flagrante presumido, comporta um lapso temporal maior do que o "logo após", do flagrante impróprio. Nesse sentido, Magalhães Noronha: "Embora as expressões dos incisos III e IV sejam sinônimas, cremos que a situação de fato admite um elastério maior ao juiz na apreciação do último, pois não se trata de fuga e perseguição, mas de crime e encontro, sendo a conexão temporal daquelas muito mais estreita ou íntima"[87].

Temos assim que a expressão "acaba de cometê-la", empregada no flagrante próprio, significa imediatamente após o cometimento do crime; "logo após", no flagrante impróprio, compreende um lapso temporal maior; e, finalmente, o "logo depois", do flagrante presumido, engloba um espaço de tempo maior ainda.

(iv) **Flagrante compulsório ou obrigatório:** chama-se compulsório porque o agente é obrigado a efetuar a prisão em flagrante, não tendo discricionariedade sobre a

86. *Código de Processo Penal interpretado*, cit., 5. ed., 1997, p. 383.

87. *Curso de direito processual penal*, 19. ed., Saraiva, 1981, p. 160.

conveniência ou não de efetivá-la. Ocorre em qualquer das hipóteses previstas no art. 302 (flagrante próprio, impróprio e presumido), e diz respeito à autoridade policial e seus agentes, que têm o dever de efetuar a prisão em flagrante. Está previsto no art. 301, segunda parte, do Código de Processo Penal: "... as autoridades policiais e seus agentes deverão prender quem quer que seja encontrado em flagrante delito".

(v) **Flagrante facultativo:** consiste na faculdade de efetuar ou não o flagrante, de acordo com critérios de conveniência e oportunidade. Abrange todas as espécies de flagrante, previstas no art. 302, e se refere às pessoas comuns do povo. Está previsto no art. 301, primeira parte, do Código de Processo Penal: "Qualquer do povo poderá... prender quem quer que seja encontrado em flagrante delito".

(vi) **Flagrante preparado ou provocado (também chamado de delito de ensaio, delito de experiência ou delito putativo por obra do agente provocador):** na definição de Damásio de Jesus, "ocorre crime putativo por obra do agente provocador quando alguém de forma insidiosa provoca o agente à prática de um crime, ao mesmo tempo em que toma providências para que o mesmo não se consume"[88]. Trata-se de modalidade de crime impossível, pois, embora o meio empregado e o objeto material sejam idôneos, há um conjunto de circunstâncias previamente preparadas que eliminam totalmente a possibilidade da produção do resultado. Assim, podemos dizer que existe flagrante preparado ou provocado quando o agente, policial ou terceiro, conhecido como provocador, induz o autor à prática do crime, viciando a sua vontade, e, logo em seguida, o prende em flagrante. Neste caso, em face da ausência de vontade livre e espontânea do infrator e da ocorrência de crime impossível, a conduta é considerada atípica. Esta é a posição pacífica do STF, consubstanciada na Súmula 145: "Não há crime, quando a preparação do flagrante pela polícia torna impossível a sua consumação".

Também nesse sentido, a jurisprudência do Tribunal de Justiça de São Paulo: "somente na aparência é que ocorre um crime exteriormente perfeito. Na realidade, o seu autor é apenas um protagonista inconsciente de uma comédia. O elemento subjetivo do crime existe, é certo, em toda a sua plenitude, mas, sob o aspecto objetivo, não há violação da lei penal, senão uma insciente cooperação para a ardilosa averiguação da autoria de crimes anteriores, ou uma simulação, embora ignorada pelo agente, da exterioridade de um crime" (*RT*, 689/333). "Se o agente policial induz ou instiga o acusado a fornecer-lhe a droga que no momento não a possuía, porém saindo do local e retornando minutos depois com certa quantidade de entorpecente pedido pelo policial que, no ato da entrega lhe dá voz de prisão, cumpre reconhecer a ocorrência de flagrante preparado" (*RT*, 707/293).

(vii) **Flagrante esperado:** nesse caso, a atividade do policial ou do terceiro consiste em simples aguardo do momento do cometimento do crime, sem qualquer atitude de induzimento ou instigação. Considerando que nenhuma situação foi artificialmente criada, não há que se falar em fato atípico ou crime impossível. O agente comete crime e, portanto, poderá ser efetuada a prisão em flagrante. Esta é a posição do STJ: "Não há

88. *Direito penal*, 13. ed., Saraiva, 1988, v. 1, p. 176.

flagrante preparado quando a ação policial aguarda o momento da prática delituosa, valendo-se de investigação anterior, para efetivar a prisão, sem utilização de agente provocador" (*RSTJ*, 10/389).

(viii) **Flagrante prorrogado ou retardado:** está previsto no art. 8º da Lei n. 12.850/2013, chamada de Lei do Crime Organizado, e "consiste em retardar a interdição policial do que se supõe ação praticada por organizações criminosas ou a ela vinculada, desde que mantida sob observação e acompanhamento para que a medida legal se concretize no momento mais eficaz do ponto de vista da formação de provas e fornecimento de informações". Neste caso, portanto, o agente policial detém discricionariedade para deixar de efetuar a prisão em flagrante no momento em que presencia a prática da infração penal, podendo aguardar um momento mais importante do ponto de vista da investigação criminal ou da colheita de prova. Como lembra Luiz Flávio Gomes, somente é possível esta espécie de flagrante diante da ocorrência de crime organizado, ou seja, somente "em ação praticada por organizações criminosas ou a elas vinculada. Dito de outra maneira: exclusivamente no crime organizado é possível tal estratégia interventiva. Fora da organização criminosa é impossível tal medida"[89]. Difere-se do esperado, pois, neste, o agente é obrigado a efetuar a prisão em flagrante no primeiro momento em que ocorrer o delito, não podendo escolher um momento posterior que considerar mais adequado, enquanto no prorrogado, o agente policial tem a discricionariedade quanto ao momento da prisão. Convém mencionar que, com o advento da Lei n. 11.343/2006, é também possível o flagrante prorrogado ou retardado em relação aos crimes previstos na Lei de Drogas, em qualquer fase da persecução penal, mediante autorização judicial e ouvido o Ministério Público (art. 53 da lei). Assim, é possível "a não atuação policial sobre os portadores de drogas, seus precursores químicos ou outros produtos utilizados em sua produção, que não se encontrem no território brasileiro, com a finalidade de identificar e responsabilizar maior número de integrantes de operações de tráfico e distribuição, sem prejuízo da ação penal cabível" (art. 53, II). A autorização será concedida "desde que sejam conhecidos o itinerário provável e a identificação dos agentes do delito ou de colaboradores" (cf. art. 53, parágrafo único).

(ix) **Flagrante forjado (também chamado de fabricado, maquinado ou urdido):** nesta espécie, os policiais ou particulares criam provas de um crime inexistente, colocando, por exemplo, no interior de um veículo substância entorpecente. Neste caso, além de, obviamente, não existir crime, responderá o policial ou terceiro por crime de abuso de autoridade.

16.12.2. Flagrante nas várias espécies de crimes

(i) **Crime permanente:** enquanto não cessar a permanência, o agente encontra-se em situação de flagrante delito (art. 303). Por exemplo: no crime de sequestro, enquanto a vítima permanecer em poder dos sequestradores, o momento consumativo se protrai no tempo e, a todo instante, será possível efetivar o flagrante.

---

89. *Crime organizado*, 1. ed., Revista dos Tribunais, p. 94.

(ii) Crime habitual: em tese, não cabe prisão em flagrante, pois o crime só se aperfeiçoa com a reiteração da conduta, o que não é possível verificar em um ato ou momento isolado. Assim, no instante em que um dos atos componentes da cadeia da habitualidade estiver sendo praticado, não se saberá ao certo se aquele ato era de preparação, execução ou consumação. Daí a impossibilidade do flagrante. Em sentido contrário, Mirabete: "(...) não é incabível a prisão em flagrante em crime habitual se o agente é surpreendido na prática do ato e se recolhe, no ato, provas cabais da habitualidade"[90]. Para esta segunda posição, se a polícia já tiver uma prova anterior da habitualidade, a prisão em flagrante poderá ser efetuada diante da prática de qualquer novo ato.

(iii) Crime de ação penal privada: nada impede a prisão em flagrante, uma vez que o art. 301 não distingue entre crime de ação pública e privada, referindo-se genericamente a todos os sujeitos que se encontrarem em flagrante delito. No entanto, capturado o autor da infração, deverá o ofendido autorizar a lavratura do auto ou ratificá-la dentro do prazo da entrega da nota de culpa, sob pena de relaxamento. Além dessa autorização ou ratificação, deverá oferecer a queixa-crime dentro do prazo de cinco dias, após a conclusão do inquérito policial (deverá estar concluído em dez dias, a partir da lavratura do auto).

(iv) Crime continuado: existem várias ações independentes, sobre as quais incide, isoladamente, a possibilidade de se efetuar a prisão em flagrante.

16.12.3. Sujeitos do flagrante

(i) Sujeito ativo: é a pessoa que efetua a prisão. Segundo o Código de Processo Penal, "qualquer do povo poderá e as autoridades policiais e seus agentes deverão prender quem quer que seja encontrado em flagrante delito" (art. 301). Na primeira hipótese, surge um caso especial de exercício de função pública pelo particular, excepcionando a regra de que o Estado somente pode praticar atos de coerção à liberdade, por meio de seus órgãos. Denomina-se flagrante facultativo, porque o particular não está obrigado a efetuar a prisão. No segundo caso, o flagrante é compulsório, estando a autoridade policial e seus agentes obrigados a agir.

(ii) Sujeito passivo: é o indivíduo detido em situação de flagrância. Pode ser qualquer pessoa. Não podem ser sujeitos passivos de prisão em flagrante: os menores de 18 anos, que são inimputáveis (CF, art. 228; CP, art. 27); os diplomatas estrangeiros, em decorrência de tratados e convenções internacionais; o presidente da República (CF, art. 86, § 3º); o agente que socorre vítima de acidente de trânsito (Código de Trânsito Brasileiro – Lei n. 9.503/97, art. 301); todo aquele que se apresentar à autoridade, após o cometimento do delito, independentemente do folclórico prazo de vinte e quatro horas, uma vez que não existe flagrante por apresentação. Todavia, nada impede que, por ocasião da apresentação espontânea do agente, lhe seja decretada a prisão preventiva, desde que presentes os seus requisitos próprios, ou imposta, pelo juiz, outra medida cautelar alternativa à prisão (CPP, art. 282, § 6º).

---

90. *Código de Processo Penal interpretado*, cit., p. 357.

Podem ser autuados em flagrante, mas apenas nos crimes inafiançáveis: os membros do Congresso Nacional (CF, art. 53, § 2º), os deputados estaduais (CF, art. 27, § 1º), os magistrados (art. 33, II, da LOMN) e os membros do Ministério Público (art. 40, III, da LONMP). Por força do novo Estatuto da OAB, também "o advogado somente poderá ser preso em flagrante, por motivo de exercício da profissão, em caso de crime inafiançável" (Lei n. 8.906/94, art. 7º, § 3º). Mencione-se que houve a suspensão da eficácia da expressão contida no inciso IV do art. 7º da Lei n. 8.906/94, que assegurava a presença de representante da OAB no ato da lavratura da prisão em flagrante (cf. ADI 1.127-MC-QO, 6-10-1994, Brossard, *DJ*, 29 jun. 2001).

Finalmente, nos crimes de competência dos Juizados Especiais Criminais, ao autor do fato que, após a lavratura do termo circunstanciado, for imediatamente encaminhado ao Juizado ou assumir o compromisso de a ele comparecer, não se imporá prisão em flagrante, nem se exigirá fiança (Lei dos Juizados Especiais Criminais, art. 69, parágrafo único). Ressalve-se que, em se tratando de conduta prevista no art. 28 da Lei de Drogas (Lei n. 11.343/2006), jamais se imporá prisão em flagrante, ainda que o agente se recuse a assumir o compromisso de comparecer à sede dos Juizados (*vide* art. 48, § 2º, da Lei de Drogas). No tocante aos crimes de trânsito de lesão corporal *culposa*, no entanto, quando presente uma das situações do § 1º do art. 291, deverá ser instaurado inquérito policial para a investigação da infração penal, não sendo mais cabível, portanto, o termo circunstanciado, autorizando-se, inclusive, a prisão em flagrante (CTB, art. 291, § 2º).

Autoridade competente, em regra, é a autoridade policial da circunscrição onde foi efetuada a prisão, e não a do local do crime. Não havendo autoridade no local onde foi efetuada a prisão, o capturado será logo apresentado à do lugar mais próximo (CPP, art. 308). Assim, se, por exemplo, a prisão em flagrante ocorrer na circunscrição de Itaim Paulista, embora o crime tenha sido cometido em Guaianazes (caso em que houve perseguição), a autoridade competente para a lavratura do auto será a do local da prisão – Itaim Paulista –, devendo, em seguida, ser remetida a peça para a autoridade policial de Guaianazes, onde tramitará o inquérito policial e, posteriormente, a ação penal. Nesse sentido, a jurisprudência: "Se a captura do agente se dá em outra circunscrição, pode o auto de prisão em flagrante ser aí lavrado, visto que a autoridade policial não exerce ato de jurisdição, devendo, entretanto, ser dirigida a comunicação ao juiz da comarca onde o crime se consumou" (*RT*, 687/334). No entanto, deve-se frisar que o fato de o auto ser lavrado em local diverso daquele em que ocorreu a prisão não acarreta qualquer nulidade.

Se a infração penal for prevista no Código Penal Militar, a autoridade competente para lavrar o auto de prisão em flagrante será o oficial militar, presidente do inquérito policial militar, designado para esta função. O militar preso em flagrante será recolhido a quartel da instituição a que pertencer (CPP, art. 300, parágrafo único). Na hipótese de homicídio doloso cometido contra civil, o flagrante será lavrado pelo delegado de polícia. No caso de ser cometido um crime nas dependências da Câmara dos Deputados ou do Senado Federal, a autoridade competente para a lavratura do flagrante e a presidência do inquérito será a da respectiva Mesa ou a autoridade parlamentar previamente indicada de acordo com o que dispuser o regimento interno (Súmula 397 do STF). Instaurada a comissão parlamentar de inquérito, nos termos do art. 58, § 3º, da Constituição Federal, esta terá poderes de investigação próprios das autoridades judiciais e poderá também presidir lavratura de auto de prisão em flagrante.

Quando o fato for praticado em presença da autoridade, ou contra esta, no exercício de suas funções, ela mesma poderá presidir a lavratura do auto, do qual constarão: a narração do fato, a voz de prisão, as declarações que fizer o preso e os depoimentos das testemunhas, sendo tudo assinado pela autoridade, pelo preso e pelas testemunhas, e remetido imediatamente ao juiz competente, se não o for a autoridade que houver presidido o auto (CPP, art. 307). É imprescindível que o delegado de polícia ou o juiz de direito, ou, ainda, a autoridade administrativa competente estejam no exercício de suas funções.

Quanto ao prazo para lavratura do auto, a autoridade deverá, em até vinte e quatro horas após a realização da prisão (CPP, art. 306, §§ 1º e 2º): (i) apresentar a pessoa presa à autoridade judicial competente (Resolução 213 do CNJ) e encaminhar o auto de prisão em flagrante; (ii) se for o caso, encaminhar cópia integral para a Defensoria Pública; (iii) entregar a nota de culpa ao preso, de onde se infere seja este o prazo máximo para a conclusão do auto. A nota de culpa é a peça inicial do auto de prisão em flagrante e tem por finalidade comunicar ao preso o motivo de sua prisão, bem como a identidade do responsável por essa prisão. Sua falta caracteriza omissão de ato essencial e provoca a nulidade e o relaxamento da prisão; (iv) encaminhar o preso para a audiência de custódia, para que o juiz decida, de plano, a respeito da legalidade ou necessidade da prisão, nos termos do art. 310 do CPP.

16.12.4. Auto de prisão em flagrante

São as seguintes as etapas do auto de prisão em flagrante:

(i) Antes da lavratura do auto, a autoridade policial deve entrevistar as partes (condutor, testemunhas e conduzido) e, em seguida, de acordo com sua discricionária convicção, ratificar ou não a voz de prisão do condutor.

(ii) Não se trata, no caso, de relaxamento da prisão em flagrante, uma vez que, sem a ratificação, o sujeito se encontra apenas detido, aguardando a formalização por meio da ordem de prisão em flagrante determinada pela autoridade policial.

(iii) O auto somente não será lavrado se o fato for manifestamente atípico, insignificante ou se estiver presente, com clarividência, uma das hipóteses de causa de exclusão da antijuridicidade, devendo-se atentar que, nessa fase, vigora o princípio do *in dubio pro societate*, não podendo o delegado de polícia embrenhar-se em questões doutrinárias de alta indagação, sob pena de antecipar indevidamente a fase judicial de apreciação de provas; permanecendo a dúvida ou diante de fatos aparentemente criminosos, deverá ser formalizada a prisão em flagrante.

(iv) Nos termos do art. 306, *caput*, do CPP, a autoridade policial deve comunicar *imediatamente* o lugar onde a pessoa se encontre presa ao juiz competente, ao Ministério Público e à sua família ou alguém indicado (CF, art. 5º, LXIII, 2ª parte). A comunicação imediata da prisão também deve ser feita ao Ministério Público. O advérbio de tempo *imediatamente* quer dizer *logo em seguida, ato contínuo, no primeiro instante após a voz de prisão*. Em tese, isso deveria ser feito antes mesmo de se iniciar a lavratura do auto, por qualquer meio disponível no momento, desde que eficaz (telefone, fax, mensagem eletrônica etc.). Na prática, porém, tal comunicação acabará sendo feita somente ao final do prazo de conclusão do auto, que é de vinte e quatro horas. Não foi esse, no entanto, o intuito da lei, devendo o Poder Judiciário e o Ministério Público estruturarem sistema de plantão à noite e aos feriados (cf. comentário abaixo).

(v) Durante a elaboração do flagrante, será tomado o depoimento do condutor (agente público ou particular), que é a pessoa que conduziu o preso até a autoridade. Em seguida, a autoridade colherá, desde logo, sua assinatura, entregando a este cópia do termo e recibo de entrega do preso (CPP, art. 304, *caput*). O condutor não precisa aguardar a oitiva das testemunhas, o interrogatório do acusado e a consequente lavratura do auto de prisão para lançar a sua assinatura e ser liberado. Trata-se da aplicação do princípio constitucional da eficiência, previsto no art. 37, *caput*, da CF, visando à maior celeridade. O condutor, normalmente um policial militar que se viu obrigado a deixar, provisoriamente, sua atividade de policiamento preventivo ostensivo, para apresentar o preso ao delegado de polícia, poderá ser dispensado logo após ser ouvido. Assim, a autoridade policial, após colher sua oitiva, estará autorizada a entregar-lhe cópia do termo, bem como o recibo de entrega do preso, liberando-o do compromisso burocrático de aguardar a finalização do, em regra, demorado procedimento.

(vi) Não deve ser admitida, em hipótese alguma, a transferência do preso pelo condutor a terceiro, que não tomou parte na detenção, sendo vedada a chamada prisão por delegação. Somente o condutor, qualquer que seja, policial ou não, pode fazer a apresentação. Evidentemente, se o policial atendeu à ocorrência e ajudou a efetuar a prisão, pode ele assumir a condição de condutor.

(vii) Após a oitiva e dispensa do condutor, com fornecimento do recibo de entrega do preso, serão ouvidas as testemunhas, presenciais ou não, que acompanharam a condução, no número mínimo de duas, admitindo-se, porém, que o condutor funcione como primeira testemunha, o que significa a necessidade de ser ouvido, além dele, somente mais uma. No caso de crime de ação privada ou pública condicionada à representação do ofendido, deve ser procedida, quando possível, a oitiva da vítima. Após cada depoimento, serão colhidas as suas respectivas assinaturas. A testemunha lançará sua assinatura logo em seguida ao seu depoimento, em termo próprio, devendo ser imediatamente liberada.

(viii) Na falta de testemunhas presenciais da infração, deverão assinar o termo com o condutor pelo menos duas pessoas que tenham testemunhado a apresentação do preso à autoridade (as chamadas testemunhas de apresentação, instrumentais ou indiretas, cujo depoimento serve apenas para confirmar a apresentação do preso para a formalização do auto).

(ix) As partes, condutor e testemunhas, serão inquiridas separadamente, em termos próprios e separados uns dos outros, reunindo-se tudo, ao final, no momento de formação do auto de prisão em flagrante. Assim, cada uma dessas partes poderá ser dispensada tão logo encerre sua oitiva.

(x) A autoridade policial deverá zelar para que fique assegurada a incomunicabilidade entre as testemunhas, de sorte que uma não ouça o depoimento da outra, assim como não deverá ser permitido qualquer contato entre condutor ou testemunha que já tenha falado e aquelas que aguardam inquirição, preservando-se, desse modo, o correto esclarecimento dos fatos.

(xi) Em seguida à oitiva das testemunhas, proceder-se-á ao interrogatório do acusado sobre a imputação que lhe é feita (CPP, art. 304), devendo alertá-lo sobre o seu direito constitucional de permanecer calado (CF, art. 5º, LXIII). O acusado será interrogado em termo próprio, antes da lavratura do auto de prisão.

(xii) Somente após a oitiva dos condutores, testemunhas, vítima e apresentado, o auto será lavrado pelo escrivão e por ele encerrado, devendo ser assinado pela autoridade e o conduzido, observando-se que condutor, testemunhas e, eventualmente, vítima já tiveram as suas assinaturas coletadas em termo próprio. Ao redigir o auto de prisão em flagrante, a autoridade policial cuidará de reunir as peças anteriormente produzidas.

(xiii) No caso de alguma testemunha ou o ofendido recusarem-se, não souberem ou não puderem assinar o termo, a autoridade pedirá a alguém que assine em seu lugar, depois de lido o depoimento na presença do depoente (CPP, art. 216).

(xiv) Se o acusado se recusar a assinar, não souber ou não puder fazê-lo, o auto será assinado por duas testemunhas (instrumentárias) que tenham ouvido a leitura, na presença do acusado (CPP, art. 304, § 3º).

(xv) Se o acusado possuir filhos, da lavratura do auto de prisão em flagrante deverá constar a informação de cada um dos filhos com as respectivas idades e se possuem alguma deficiência, nomes e o contato de eventual responsável pelos cuidados dos filhos, indicado pela pessoa presa (CPP, art. 304, § 4º);

(xvi) Encerrada a formalização do auto, a autoridade policial deverá, no prazo máximo de vinte e quatro horas, remetê-lo à autoridade judiciária para as providências previstas no art. 310 do CPP, entre elas, em primeiro lugar, a promoção da audiência de custódia com a presença do acusado, seu advogado constituído ou membro da Defensoria Pública e o membro do Ministério Público, posteriormente, o juiz deverá analisar e fundamentar: *o relaxamento da prisão, se ilegal; a conversão do flagrante em prisão preventiva; ou a concessão de liberdade provisória com ou sem fiança*. Importante ressaltar que a lei fala em dois momentos distintos. Em primeiro lugar, deve ser feita a comunicação da prisão ao juiz, ao Ministério Público e à família do preso ou pessoa por ele indicada. Esse primeiro momento encontra-se disciplinado em dispositivo próprio, que é o art. 306, *caput*, do CPP, o qual é explícito: "a prisão de qualquer pessoa e o local onde se encontre serão comunicados *imediatamente...*". Conforme visto acima, dada a voz de prisão, logo em seguida, sem intervalo de tempo, ato contínuo, deve ser feita a sua comunicação por qualquer meio disponível, desde que eficaz. Em momento ulterior, e em dispositivo diverso, que é o § 1º do referido art. 306, deverá ser enviado o auto de flagrante concluído. Na prática, contudo, a comunicação acabará sendo feita no mesmo instante em que for enviado o auto para as providências do art. 310 do CPP, ou seja, somente vinte e quatro horas após a voz de prisão ser proferida pela autoridade policial, o que contraria a vontade da lei. A prescrição legal visa propiciar ao preso a garantia de que o magistrado terá rápido acesso ao auto de prisão em flagrante, possibilitando, com isso, a imediata realização da audiência de custódia, e, eventualmente, o imediato relaxamento da prisão, se ilegal, tal como determina o art. 5º, LXV, da CF, impedindo, com isso, que o indivíduo seja mantido no cárcere indevidamente. A finalidade do dispositivo é a de, nitidamente, proteger a pessoa presa de eventuais abusos na atuação dos agentes públicos encarregados da função persecutória.

O desrespeito à formalidade de entrega do auto de prisão em flagrante, no prazo de até vinte e quatro horas da prisão, à autoridade competente, não provoca, por si só, o relaxamento da prisão, se estiverem preenchidos os requisitos formais e materiais, embora possa caracterizar crime de abuso de autoridade (Lei n. 13.869/2019, art. 12), e infração administrativa disciplinar. Nesse sentido, inclusive, há antigo julgado do Superior Tribunal de Justiça: "A Constituição da República, dentre as garantias individuais, registra o direito de a prisão ser comunicada ao juiz competente e à família do preso ou à pessoa por ele indicada (art. 5º, LXII). A inobservância é idônea para ilícito administrativo. Por si só, entretanto, não prejudica a validade da investigação" (STJ, 6ª T., RHC 6.210/GO, rel. Min. Luiz Vicente Cernicchiaro, j. 10-3-1997, *DJ*, 12 maio 1997, p. 18843, *Lex-STJ*, 98/342).

– **Remessa dos autos à Defensoria Pública:** A lei previu que a autoridade policial estará, igualmente, obrigada, em até vinte e quatro horas após a realização da prisão, caso o autuado não informe o nome de seu advogado, a encaminhar cópia integral do auto de prisão em flagrante para a Defensoria Pública (art. 306, § 1º, 2ª parte), passando a garantia da assistência do advogado a ter plena aplicabilidade. Mencione-se que, caso o auto de prisão em flagrante não seja remetido à Defensoria Pública no prazo de vinte e quatro horas, não se imporá o relaxamento da prisão.

– **Entrega da nota de culpa ao preso:** No mesmo prazo de até vinte e quatro horas, será entregue ao preso, mediante recibo, a nota de culpa, assinada pela autoridade, com o motivo da prisão, o nome do condutor e o das testemunhas (CPP, art. 306, § 2º). Sua finalidade é comunicar ao preso o motivo da prisão, bem como a identidade de quem o prendeu (CF, art. 5º, LXIV), fornecendo-lhe um breve relato do fato criminoso de que é acusado.

– **Arbitramento de fiança:** Constatando a autoridade policial que se trata de crime afiançável, poderá conceder fiança (no valor de 1 a 100 salários mínimos), nos casos de infração cuja pena privativa de liberdade máxima não seja superior a quatro anos. Para pena máxima superior a quatro anos, só o juiz pode fixar (no valor de 10 a 200 salários mínimos). Recusando ou retardando a autoridade policial a concessão da fiança, o preso ou alguém por ele poderá prestá-la, mediante simples petição, perante o juiz competente, que decidirá em quarenta e oito horas (CPP, art. 335). Questão interessante é a do preso, cuja família só tem como prestar fiança, mediante emissão de cheque. É o caso de pessoa presa na madrugada, em momento em que o caixa eletrônico está fechado e não há como obter outro meio rápido para evitar a prisão em flagrante. A autoridade policial não está obrigada a aceitar esse tipo de garantia incerta, dado que não passível de aferição no momento em que é prestada. Excepcionalmente, porém, a autoridade policial tem discricionariedade para avaliar a situação e evitar o encarceramento, aceitando essa forma anômala de caução, mediante fundamentação circunstanciada da ocorrência, na qual se demonstre efetivamente a impossibilidade da prestação da fiança por outro meio. Diferente é o caso do preso sem condições econômicas de prestar a fiança. O delegado de polícia não poderá dispensá-

-lo com base no art. 350 do CPP, uma vez que somente o juiz pode avaliar a dispensa ou substituição da fiança por outra cautelar prevista no art. 319 do CPP. A lei é expressa nesse sentido (CPP, art. 350). Na hipótese de preso que estava em liberdade condicional, a autoridade policial deverá arbitrar a fiança, quando cabível, comunicando posteriormente o fato ao juízo da execução para eventual revogação do benefício. O valor correspondente à fiança deverá ser depositado em agência bancária, mediante guia própria e anotado no livro de fiança. Nos horários em que não houver movimento bancário, como à noite, domingos e feriados, o valor arbitrado pelo delegado ficará com o escrivão de polícia, o qual assumirá o encargo como depositário e os riscos daí decorrentes.

→ **ATENÇÃO:** o auto de prisão em flagrante é um ato administrativo, despido de conteúdo decisório, daí por que o fato de haver sido instaurada a ação penal perante magistrado incompetente não o invalida, nem torna insubsistente a prisão.

16.12.5. Modificações operadas pela Lei n. 12.403/2011: reflexos na prisão em flagrante

Após o encaminhamento do auto de prisão em flagrante lavrado, no prazo máximo de vinte e quatro horas, ao magistrado, este deverá, inicialmente, realizar a audiência de custódia, na presença do acusado, seu advogado ou membro da Defensoria Pública e o membro do *Parquet*, para então, fundamentadamente, analisar pela aplicação de três possibilidades, consoante a nova redação do art. 310, promovida pela Lei n. 12.403/2011: (i) relaxar a prisão, quando ilegal; (ii) conceder a liberdade provisória com ou sem fiança; ou (iii) converter o flagrante em prisão preventiva. Assim, ou está demonstrada a necessidade e a urgência da prisão provisória, ou a pessoa deverá ser imediatamente colocada em liberdade. Sobre a prisão preventiva autônoma; decorrente da conversão do flagrante; e substitutiva ou subsidiária, *vide* comentários ao item 16.13.9.

Como já analisado, a partir da nova redação do art. 310, em seu inciso II, a prisão em flagrante, ao que parece, perdeu seu caráter de prisão provisória. Ninguém mais responde a um processo criminal por estar preso em flagrante. Ou o juiz converte o flagrante em preventiva, ou concede a liberdade (provisória ou por relaxamento em decorrência de vício formal). A prisão em flagrante, portanto, mais se assemelha a uma detenção cautelar provisória pelo prazo máximo de vinte e quatro horas, até que a autoridade judicial decida pela sua transformação em prisão preventiva ou não.

Desse modo, antes da condenação definitiva, como já visto, o sujeito só pode ser preso em três situações: flagrante delito, prisão preventiva e prisão temporária. No entanto, cumpre ressalvar que somente poderá permanecer preso nas duas últimas, não existindo mais a prisão em flagrante como hipótese de prisão cautelar garantidora do processo. Ninguém responde mais preso a processo em virtude da prisão em flagrante, a qual deverá se converter em prisão preventiva ou convolar-se em liberdade provisória.

16.12.6. Relaxamento da prisão em flagrante pela própria autoridade policial

A autoridade policial, sendo autoridade administrativa, possui discricionariedade para decidir acerca da lavratura ou não do auto de prisão em flagrante. Sempre considerando que, nessa fase, vigora o princípio *in dubio pro societate*, e que qualquer juízo exculpatório se reveste de arrematada excepcionalidade, o delegado de polícia pode recusar-se a ratificar a voz de prisão emitida anteriormente pelo condutor, deixando de proceder à formalização do flagrante e, com isso, liberando imediatamente o apresentado.

> **Nosso entendimento:** não se trata aqui, a nosso ver, de relaxamento de prisão, uma vez que ela não chegou sequer a ser efetivada, tampouco formalizada. Melhor definir tal hipótese como recusa em iniciar a prisão, ante a ausência de requisitos indiciários mínimos da existência de tipicidade ou antijuridicidade.

Evidentemente, a autoridade policial não precisa prender em flagrante vítima de estupro ou roubo que, claramente em situação de legítima defesa, matou seu agressor. O juízo sumário de cunho administrativo pode ser efetuado, ainda que isso só possa ocorrer em situações absolutamente óbvias e claras de ausência de infração penal. Nunca é demais lembrar que a persecução penal nem sequer se iniciou, de modo a se evitar qualquer açodamento na exclusão da responsabilidade penal. A atuação do delegado de polícia nesse sentido é excepcional, apenas para evitar a prisão manifestamente desnecessária. Do mesmo modo, se, durante a lavratura do auto, surgirem elementos que desautorizem a prisão, a autoridade policial pode impedir a sua consumação, deixando de completar o procedimento para a prisão em flagrante.

> **Nosso entendimento:** em nenhuma dessas hipóteses pensamos haver relaxamento, pois o recolhimento ao cárcere nem chegou a se completar. O apresentado encontrava-se apenas detido, à espera de formalização de sua prisão. Como ele não chegou a ser preso em flagrante, não há prisão a ser relaxada. Haverá, no caso, mero juízo de valor negativo, o qual impede o ato de se aperfeiçoar.

Situação distinta é a do auto de prisão em flagrante que chegou a ser consumado, inclusive com a assinatura de todas as partes, mas, antes da comunicação imediata ao juiz, a autoridade policial toma conhecimento de um fato que tornaria a prisão abusiva. Nessa hipótese, poderá proceder ao relaxamento. Somente aí se pode falar em relaxar a prisão em flagrante, pois só nesse caso ela chegou a ser efetivada. É o caso de um crime de ação penal pública condicionada a representação, em que o ofendido se retrata após a lavratura do auto. A prisão tornou-se ilegal e, desde logo, pode ser relaxada pela própria autoridade policial, na medida em que sua comunicação ao juiz retardaria ainda mais a soltura de alguém que não mais deve permanecer preso.

16.12.7. Prisão em flagrante por apresentação espontânea

Não existe. A autoridade policial não poderá prender em flagrante a pessoa que se apresentar espontaneamente, de maneira que não se pode falar em flagrante por apresentação. Isso porque o art. 304, *caput*, do CPP dispõe que "*apresentado* o preso à autoridade competente...". Como se vê, a lei pressupõe que o sujeito seja apresentado pelo condutor, não empregando a expressão "apresentando-se". Deste modo, deixou de prever a possibilidade de prisão daquele que se apresenta à autoridade policial, não havendo óbice, porém, para que seja imposta a prisão preventiva ou temporária, quando for o caso.

16.12.8. Audiência de custódia

O direito de o preso em flagrante ser levado, pessoalmente, e sem demora, à presença da autoridade judicial competente para avaliar a legalidade ou necessidade de sua prisão, tem previsão legal em Tratados Internacionais já ratificados pelo Brasil (Pacto de San José da Costa Rica e Pacto de Direitos Civis e Políticos).

O art. 7º, 5, do Pacto de São Jose da Costa Rica ou a Convenção Americana sobre Direitos Humanos reza: "Toda pessoa presa, detida ou retida deve ser conduzida, sem demora, à presença de um juiz ou outra autoridade autorizada por lei a exercer funções judiciais e tem o direito de ser julgada em prazo razoável ou de ser posta em liberdade, sem prejuízo de que prossiga o processo. Sua liberdade pode ser condicionada a garantias que assegurem o seu comparecimento em juízo".

O art. 9º, 3, do Pacto Internacional sobre Direitos Civis e Políticos de Nova York: "Qualquer pessoa presa ou encarcerada em virtude de infração penal deverá ser conduzida, sem demora, à presença do juiz ou de outra autoridade habilitada por lei a exercer funções judiciais e terá o direito de ser julgada em prazo razoável ou de ser posta em liberdade. A prisão preventiva de pessoas que aguardam julgamento não deverá constituir a regra geral, mas a soltura poderá estar condicionada a garantias que assegurem o comparecimento da pessoa em questão à audiência, a todos os atos do processo e, se necessário for, para a execução da sentença".

Mesmo com a previsão supralegal, o sistema brasileiro de persecução penal não havia instituído condições para que esse direito pudesse ser exercido por aqueles presos em flagrante.

Trata-se de audiência em que estarão presentes o juiz, o representante do Ministério Público, a defesa (advogado ou defensor) e o preso. O juiz pode adotar uma das decisões possíveis do art. 310, I, do CPP.

A regulamentação dos dispositivos das Convenções foi feita mediante Provimento Conjunto n. 3/2015, da Corregedoria-Geral de Justiça e do Tribunal de Justiça do Estado de São Paulo.

Tal regulamentação foi questionada via ADI 5.240, elaborada pela Associação dos Delegados de Polícia do Brasil, que questionava a legalidade de regulamentação do tema por provimento. Segundo entendimento dos Ministros, o procedimento apenas disciplinou normas vigentes, não tendo havido qualquer inovação no ordenamento jurídico, já que o direito fundamental do preso de ser levado sem demora à presença do juiz está previsto na Convenção Americana dos Direitos do Homem, internalizada no Brasil desde 1992, bem como em dispositivos do Código de Processo Penal.

Por fim, destacamos recente alteração imposta pela Lei n. 13.964/2019, que, em seu art. 3º, alterou a redação do art. 287 do CPP, para incluir a imediata apresentação do preso ao juiz, para a *realização de audiência de custódia*, mesmo na hipótese de infração inafiançável. (g.n.).

16.13. Prisão preventiva

16.13.1. Conceito

Prisão processual de natureza cautelar decretada pelo juiz em qualquer fase da investigação policial ou do processo criminal, antes do trânsito em julgado da sentença, sempre que estiverem preenchidos os requisitos legais e ocorrerem os motivos autorizadores.

16.13.2. Natureza

A prisão preventiva é modalidade de prisão provisória, ao lado do flagrante (ver comentário acima) e da prisão temporária. Possui natureza cautelar e tem por objetivo garantir a eficácia do futuro provimento jurisdicional, cuja natural demora pode comprometer sua efetividade, tornando-o inútil. Trata-se de medida excepcional, imposta somente em último caso (CPP, art. 282, § 6º). Nesse sentido: "De acordo com reiteradas decisões da Sexta Turma do Superior Tribunal de Justiça, as prisões cautelares são medidas de índole excepcional, somente podendo ser decretadas ou mantidas caso demonstrada, com base em elementos concretos dos autos, a efetiva imprescindibilidade de restrição ao direito constitucional à liberdade de locomoção" (RHC 78.474/RS, 2016/0300654-4, *DJe*, 23 mar. 2017). Seus pressupostos são: necessidade, urgência e a insuficiência de qualquer outra medida coercitiva menos drástica, dentre as previstas no art. 319 do CPP.

16.13.3. Presunção da inocência e prisão cautelar

Consoante a Súmula 9 do STJ, a prisão provisória não ofende o princípio constitucional do estado de inocência (CF, art. 5º, LVII), mesmo porque a própria Constituição admite a prisão provisória nos casos de flagrante (CF, art. 5º, LXI) e crimes inafiançáveis (CF, art. 5º, XLIII). Pode, assim, ser prevista e disciplinada pelo legislador infraconstitucional, sem ofensa à presunção de inocência.

Somente poderá, no entanto, ser decretada quando preenchidos os requisitos da tutela cautelar (*fumus boni iuris* e *periculum in mora*). Nesse sentido, dispõe o art. 312 do CPP que a prisão preventiva poderá ser decretada: (i) para garantia da ordem pública, da ordem econômica, por conveniência da instrução criminal ou para assegurar a aplicação da lei penal (*periculum in mora*) + (ii) quando houver prova da existência do crime, indícios suficientes de autoria (*fumus boni iuris*) e de perigo gerado pelo estado de liberdade do imputado. Não existe prisão preventiva obrigatória, pois, nesse caso, haveria uma execução antecipada da pena privativa de liberdade, violando o princípio do estado de inocência. Se o sujeito for preso sem necessidade de se acautelar o processo, tal prisão não será processual, mas verdadeira antecipação da execução da pena, sem formação de culpa e sem julgamento definitivo.

→ **ATENÇÃO:** à alteração promovida pela Lei n. 13.964/2019, que, em seu art. 3º, modificou a redação do art. 312 do CPP, para acrescentar mais um requisito obrigatório para a decretação da prisão preventiva. Após o advento da Lei do Pacote Anticrime, passou-se a exigir melhor embasamento e consistência à fundamentação para sustentar o encarceramento provisório do acusado. A nova Lei em comento também acrescentou o § 2º ao artigo supracitado, nos seguintes termos: "A decisão que decretar a prisão preventiva deve ser motivada e fundamentada em receio de perigo e existência concreta de fatos novos ou contemporâneos que justifiquem a aplicação da medida adotada".

A prisão preventiva somente será admissível dentro de nosso panorama constitucional, quando demonstrada a presença dos requisitos da tutela cautelar.

A medida é excepcional e, mesmo justificado o *periculum in mora*, não será imposta, contanto que possível outra medida menos invasiva ao direito de liberdade, dentre as elencadas no rol do art. 319 do CPP.

16.13.4. Pressupostos para a prisão preventiva: *fumus boni iuris*

O juiz somente poderá decretar a prisão preventiva se estiver demonstrada a probabilidade de que o réu tenha sido o autor de um fato típico e ilícito.

São pressupostos para a decretação:

(i) prova da existência do crime (prova da materialidade delitiva);

(ii) indícios suficientes da autoria;

(iii) perigo gerado pelo estado de liberdade do imputado.

Trata-se da conhecida expressão *fumus boni iuris*, sendo imprescindível a demonstração da viabilidade da acusação. Não se admite a prisão preventiva quando improvável, à luz do *in dubio pro societate*, a existência do crime ou a autoria imputada ao agente.

A nova Lei do Pacote Anticrime, de n. 13.964/2019, trouxe uma alteração substancial ao incluir como pressuposto indispensável o quesito perigo gerado pelo estado de liberdade do imputado. A exigência da comprovação retirou o caráter de estado automático e presumido de perigo ou de risco para o processo, exigindo do magistrado uma fundamentação completa ao decretar a prisão temporária.

16.13.5. Requisitos para a prisão preventiva: *periculum in mora*

(i) **Garantia da ordem pública:** a prisão cautelar é decretada com a finalidade de impedir que o agente, solto, continue a delinquir, não se podendo aguardar o término do processo para, somente então, retirá-lo do convívio social. Nesse caso, a natural demora da persecução penal põe em risco a sociedade. É caso típico de *periculum in mora*.

O clamor popular não autoriza, por si só, a custódia cautelar. Sem *periculum in mora* não há prisão preventiva. O clamor popular nada mais é do que uma alteração emocional coletiva provocada pela repercussão de um crime. Sob tal pálio, muita injustiça pode ser feita, até linchamentos (físicos ou morais). Por essa razão, a gravidade da imputação, isto é, a brutalidade de um delito que provoca comoção no meio social, gerando sensação de impunidade e descrédito pela demora na prestação jurisdicional, não pode por si só justificar a prisão preventiva. Garantir a ordem pública significa impedir novos crimes durante o processo.

(ii) **Conveniência da instrução criminal:** visa a impedir que o agente perturbe ou impeça a produção de provas, ameaçando testemunhas, apagando vestígios do crime, destruindo documentos etc. Evidente aqui o *periculum in mora*, pois não se chegará à verdade real se o réu permanecer solto até o final do processo. Embora a lei utilize o termo *conveniência*, na verdade, dada a natureza excepcional com que se reveste a prisão preventiva (CPP, art. 282, § 6º), deve-se interpretá-la como *necessidade*, e não mera conveniência.

(iii) **Garantia de aplicação da lei penal:** no caso de iminente fuga do agente do distrito da culpa, inviabilizando a futura execução da pena. Se o acusado ou indiciado não tem residência fixa, ocupação lícita, nada, enfim, que o radique no distrito da culpa, há um sério risco para a eficácia da futura decisão se ele permanecer solto até o final do processo, diante da sua provável evasão.

(iv) **Garantia da ordem econômica:** o art. 86 da Lei n. 8.884/94 (Lei Antitruste), incluiu no art. 312 do CPP esta hipótese de prisão preventiva. Trata-se de uma repetição do requisito "garantia da ordem pública".

(v) **Descumprimento da medida cautelar imposta:** havendo o descumprimento de qualquer das medidas cautelares previstas no art. 319 do CPP, poderá o juiz: (i) substituí-la por outra medida; (ii) impor cumulativamente mais uma; (iii) e, em último caso, decretar a prisão preventiva (CPP, art. 312, parágrafo único).Trata-se aqui da prisão preventiva *substitutiva ou subsidiária*, a qual somente será decretada excepcionalmente, quando não cabível a substituição da medida cautelar descumprida por outra providência menos gravosa (CPP, art. 282, § 6º). Essa espécie de prisão preventiva difere da concedida autonomamente porque é aplicada depois de frustradas todas as tentativas de se garantir o processo, mediante meios menos traumáticos (sobre as modalidades de prisão preventiva, *vide* item 16.13.9). A recalcitrância do acusado ou indiciado em cumprir suas obrigações processuais acaba por tornar inevitável a medida extrema da prisão.

Importante ressaltar outra alteração efetuada pela Lei n. 13.964/2019, em seu art. 3º, com o escopo de reformular a legislação penal processual, mais precisamente o art. 315 do CPP e estabelecer as diretrizes de como o juiz deverá elaborar sua fundamentação, nos seguintes termos:

"A decisão que decretar, substituir ou denegar a prisão preventiva será sempre motivada e fundamentada.

§ 1º Na motivação da decretação da prisão preventiva ou de qualquer outra cautelar, o juiz deverá indicar concretamente a existência de fatos novos ou contemporâneos que justifiquem a aplicação da medida adotada.

§ 2º Não se considera fundamentada qualquer decisão judicial, seja ela interlocutória, sentença ou acórdão, que:

I – se limitar à indicação, à reprodução ou à paráfrase de ato normativo, sem explicar sua relação com a causa ou a questão decidida;

II – empregar conceitos jurídicos indeterminados, sem explicar o motivo concreto de sua incidência no caso;

III – invocar motivos que se prestariam a justificar qualquer outra decisão;

IV – não enfrentar todos os argumentos deduzidos no processo capazes de, em tese, infirmar a conclusão adotada pelo julgador;

V – limitar-se a invocar precedente ou enunciado de súmula, sem identificar seus fundamentos determinantes nem demonstrar que o caso sob julgamento se ajusta àqueles fundamentos;

VI – deixar de seguir enunciado de súmula, jurisprudência ou precedente invocado pela parte, sem demonstrar a existência de distinção no caso em julgamento ou a superação do entendimento".

16.13.6. Hipóteses de cabimento da prisão preventiva

Nos termos do art. 313 do CPP, a prisão preventiva somente poderá ser decretada nas seguintes hipóteses:

(i) **crimes dolosos punidos com pena privativa de liberdade máxima superior a 4 (quatro) anos:** o critério não é mais pena de reclusão ou detenção, mas quantidade de pena cominada. Ficaram excluídas infrações graves, cuja sanção máxima prevista não excede a quatro anos, como o sequestro e cárcere privado na forma simples (CP, art. 148, *caput*); furto simples (CP, art. 155, *caput*) e satisfação de lascívia mediante presença de criança ou adolescente (CP, art. 218-A), dentre outras;

(ii) **condenação por outro crime doloso, em sentença transitada em julgado, ressalvado o disposto no inciso I do *caput* do art. 64 do CP:** mesmo que a pena máxima cominada seja igual ou inferior a quatro anos, caberá a prisão preventiva. Basta a condenação por outro crime doloso, com sentença transitada em julgado, e desde que não tenha ocorrido a prescrição da reincidência (mais de cinco anos entre a extinção da pena anterior e a prática do novo crime);

(iii) **crime que envolva violência doméstica e familiar contra a mulher, criança, adolescente, idoso, enfermo ou pessoa com deficiência, para garantir a execução das medidas protetivas de urgência:** a Lei n. 11.340/2006, Lei Maria da Penha, já previa a prisão preventiva nos casos de violência doméstica e familiar contra a mulher. O Código de Processo Penal, em sua nova redação, ampliou o cabimento para as hipóteses de vítima criança, adolescente, idoso, enfermo ou pessoa com deficiência;

(iv) **quando houver dúvida sobre a identidade civil da pessoa; ou quando esta não fornecer elementos suficientes para esclarecê-la (art. 313, § 1º, CPP[91]):** pouco importa a natureza do crime ou a quantidade da pena. A Lei n. 12.037/2009 prevê as situações em que, embora apresentado o documento de identificação, a identificação criminal é autorizada e deve servir de parâmetro para configuração da presente hipóte-

91. Note alteração promovida pela Lei n. 13.964/2019, a Lei do Pacote Anticrime, que, em seu art. 3º, alterou o art. 313, parágrafo único, do CPP, transformando-o em § 1º, mas mantendo seu conteúdo na integralidade.

se. A nova redação não fala mais em réu ou indiciado vadio. Feita a identificação, o sujeito deverá ser colocado imediatamente em liberdade.

As hipóteses previstas na Lei n. 12.037/2009, em seu art. 3º, e que deverão servir de parâmetro de avaliação para a decretação da prisão preventiva são as seguintes: (i) o documento apresentar rasura ou tiver indício de falsificação; (ii) o documento apresentado for insuficiente para identificar cabalmente o indiciado; (iii) o indiciado portar documentos de identificação distintos, com informações conflitantes entre si; (iv) constar de registros policiais o uso de outros nomes ou diferentes qualificações; (v) o estado de conservação ou a distância temporal ou da localidade da expedição do documento apresentado impossibilite a completa identificação dos caracteres essenciais. Houve alteração da Lei n. 12.037/2009 pela Lei n. 12.654/2012, regulamentando a hipótese de colheita de material biológico para a obtenção do perfil genético (DNA).

> → **ATENÇÃO:** a Lei do Pacote Anticrime, n. 13.964, de 24 de dezembro de 2019, visando o aperfeiçoamento da legislação penal e processual penal, em seu art. 3º, acresceu o § 2º ao art. 313 do CPP, nos seguintes termos: "**Não** será admitida a decretação da prisão preventiva *com* a finalidade de antecipação de cumprimento de pena ou como decorrência imediata de investigação criminal ou da apresentação ou recebimento de denúncia" (g.n.).

16.13.7. Momento para a decretação da prisão preventiva

Em qualquer fase da investigação policial ou do processo penal o juiz poderá decretá-la, a requerimento do Ministério Público, do querelante ou do assistente, ou por representação da autoridade policial. Tal modalidade de prisão caberá tanto em ação penal pública quanto em ação penal privada.

16.13.8. Recurso contra a decisão que decretar a prisão preventiva

Não cabe recurso, podendo, no entanto, ser impetrado *habeas corpus*.

16.13.9. Modalidades de prisão preventiva: autônoma; transformada ou convertida; e substitutiva ou subsidiária

Na nova sistemática do Código de Processo Penal, ao receber o auto de prisão em flagrante, o juiz terá três opções, todas elas fundamentadas (CPP, art. 310 e incisos):

(i) **relaxar a prisão se esta for ilegal**, ou seja, se forem desobedecidas as formalidades exigidas pela lei para a lavratura do auto. Não se trata de concessão de liberdade provisória, mas de nulidade de um auto formalmente imperfeito. Relaxado o flagrante, nada impede que o juiz decrete a preventiva, tendo a autoridade policial ou o Ministério Público representado nesse sentido, desde que presente um dos motivos previstos no art. 312 do CPP, autorizadores da tutela cautelar, e desde que outra medida cautelar menos gravosa, dentre as elencadas no art. 319 do mesmo Código, seja insuficiente. Importante notar que, nessa hipótese, há necessidade de que a infração penal se encontre no rol do art. 313 do CPP. Estamos, aqui, diante da prisão preventiva genuína ou imposta autonomamente, que exige a somatória dos requisitos dos arts. 312 e 313 do CPP (cf. tópico abaixo: *Questão polêmica*);

(ii) converter a prisão em flagrante em preventiva, na hipótese em que não se tenha operado o seu relaxamento. A conversão se dará quando presentes os requisitos da preventiva (CPP, art. 312) e não forem suficientes outras medidas cautelares diversas da prisão (CPP, art. 319). Não se trata de decretação autônoma da prisão preventiva, mas apenas de uma conversão do flagrante em outra modalidade de prisão, razão pela qual bastam os requisitos do art. 312 do CPP, mesmo não presente uma das hipóteses do art. 313 do mesmo Código (cf. abaixo, *Questão polêmica*);

(iii) conceder liberdade provisória, com ou sem fiança: ausentes os requisitos que autorizam a decretação da prisão preventiva, o juiz deverá conceder liberdade provisória, impondo, se for o caso, as medidas cautelares previstas no art. 319 do CPP e observados os critérios constantes do art. 282. Note-se, ainda, que se ao delito não for cominada pena privativa de liberdade, ainda que alternativamente, será incabível medida cautelar (CPP, art. 319), e, com maior razão, prisão preventiva. Seria uma grande contradição prender alguém preventivamente, para, ao final, impor uma pena restritiva de direitos ou pecuniária (cf. CPP, art. 283, § 1º).

> → **ATENÇÃO:** se o juiz verificar, pelo auto de prisão em flagrante, que o agente praticou o fato em legítima defesa, estado de necessidade, exercício regular de direito ou estrito cumprimento do dever legal, poderá, fundamentadamente, conceder ao acusado liberdade provisória, mediante termo de comparecimento a todos os atos processuais, sob pena de revogação (CPP, art. 310, § 1º). Nesse caso, tendo em vista o princípio *in dubio pro societate*, a excludente de ilicitude deverá estar muito bem caracterizada, a fim de não ocorrer uma indevida antecipação do exame do mérito. Por outro lado, já entendeu o STF que o princípio *in dubio pro societate* não tem base constitucional e não pode ser invocado para fundamentar nenhuma decisão, nem mesmo a pronúncia ou a prisão cautelar. No caso, deve ser analisada a robustez do contexto probatório, sem que o juiz possa se socorrer do argumento de que, antes da sentença final, a dúvida deve militar em favor da sociedade.

— **Questão polêmica:** ao receber o auto de prisão em flagrante, o juiz verifica a existência dos requisitos autorizadores da prisão preventiva (CPP, art. 312, § 1º). Ocorre que, embora presentes tais requisitos, o crime não se encontra dentre as hipóteses permissivas dessa espécie de prisão (CPP, art. 313, §§ 1º e 2º). Com efeito, segundo a nova lei, só cabe prisão preventiva para crimes punidos com pena máxima superior a quatro anos (CPP, art. 313). Nos demais, mesmo que demonstrada a necessidade e urgência, a medida não poderá ser imposta, exceto se, por exemplo, o investigado ou acusado já tiver sido definitivamente condenado por outro crime doloso; ou se o delito envolver violência doméstica e familiar; ou houver dúvida sobre sua identidade civil (cf. CPP, art. 313, *caput* e parágrafo único).

Imaginemos a hipótese, por exemplo, de um sujeito preso em flagrante por praticar, na presença de uma criança de 9 anos, ato libidinoso a fim de satisfazer lascívia própria (CP, art. 218-A). Há indícios de ameaça à vítima e testemunhas, pondo em risco a produção da prova. O juiz constata a necessidade de decretar a prisão preventiva, mas não pode, tendo em vista que a pena máxima do crime não é superior a quatro anos. E agora?

Mesmo fora do rol dos crimes que autorizam a prisão preventiva, o juiz poderá converter o flagrante em prisão preventiva, desde que existente um dos motivos previstos na lei: (i) necessidade de garantir a ordem pública ou econômica, conveniência da instrução criminal ou assegurar a aplicação da lei penal + (ii) insuficiência de qualquer outra medida cautelar para garantia do processo. É que a lei, ao tratar da conversão do flagrante em preventiva, não menciona que o delito deva ter pena máxima superior a quatro anos, nem se refere a qualquer outra exigência prevista no art. 313 do CPP. Conforme se denota da redação do art. 310, II, do Código de Processo Penal, para que a prisão em flagrante seja convertida em preventiva, é necessária a demonstração da presença dos requisitos ensejadores do *periculum in mora* (CPP, art. 312), lembrando que, de acordo com a nova redação dada ao artigo, após a vigência da nova Lei do Pacote Anticrime (Lei n. 13.964/2019), agora se faz necessário, também, que o juiz fundamente amplamente o indício suficiente de perigo gerado pelo estado de liberdade do imputado, bem como a insuficiência de qualquer outra providência acautelatória prevista no art. 319.

Por força desse cenário, surgem três situações diversas:

(i) **prisão preventiva decretada autonomamente, no curso da investigação policial ou do processo penal (CPP, art. 311).** Essa é a prisão preventiva genuína, que exige tanto a presença de um dos requisitos da tutela cautelar de urgência, previstos no art. 312, § 1º, quanto a presença de uma das hipóteses do art. 313, sem o que o pedido se torna juridicamente impossível;

(ii) **prisão preventiva decorrente da conversão do flagrante (CPP, art. 310, II).** Trata-se da preventiva convertida, convolada ou transformada. Nesse caso, a lei só exige dois requisitos: uma das situações de urgência previstas no art. 312 do CPP + a insuficiência de outra medida cautelar em substituição à prisão (CPP, art. 319). O tratamento foi distinto, tendo em vista a diversidade das situações. Na preventiva convertida, há um agente preso em flagrante e o juiz estaria obrigado a soltá-lo, mesmo diante de uma situação de *periculum in mora*, porque o crime imputado não se encontra dentre as hipóteses autorizadoras da prisão. Seria uma liberdade provisória obrigatória a quem provavelmente frustrará os fins do processo. Já na decretação autônoma da custódia cautelar preventiva, o réu ou indiciado se encontra solto, e o seu recolhimento ao cárcere deve se cercar de outras exigências. Não se cuida de soltar quem não pode ser solto, mas de recolher ao cárcere quem vinha respondendo solto ao processo ou inquérito. Daí a diversidade do tratamento legal;

(iii) **prisão preventiva imposta em substituição à medida cautelar, que é a substitutiva ou subsidiária:** trata-se daquela prevista no art. 282, § 4º, a qual será aplicada no caso de descumprimento de qualquer das medidas cautelares contempladas no art. 319 do CPP. Aqui, também, basta a presença dos requisitos constantes do art. 312 do Estatuto Processual e que nenhuma outra medida menos gravosa seja suficiente para assegurar os fins do processo criminal ou da investigação policial.

16.13.10. Prisão preventiva domiciliar

O art. 318 do CPP prevê seis hipóteses em que o juiz poderá substituir a prisão preventiva pela domiciliar:

(i) agente maior de 80 anos;

(ii) extremamente debilitado por motivo de doença grave;

(iii) imprescindível aos cuidados de pessoa menor de 6 (seis) anos ou com deficiência;

(iv) gestante;

(v) mulher com filho de até 12 (doze) anos de idade incompletos;

(vi) homem, caso seja o único responsável pelos cuidados do filho de até 12 (doze) anos de idade incompletos.[92]

O parágrafo único do mencionado artigo exige prova idônea de qualquer dessas situações. Importante ressaltar que a terceira hipótese não se refere ao agente cuja presença seja imprescindível aos cuidados do próprio filho deficiente ou menor de 6 anos, mas aos cuidados de qualquer pessoa, abrindo bastante o leque de possibilidades e exigindo por parte do juiz cautela para coibir fraudes.

Não se deve confundir prisão domiciliar com o recolhimento domiciliar noturno previsto no art. 319, V, do CPP. Este último consiste em medida cautelar alternativa diversa da prisão preventiva e pode ser aplicado a qualquer pessoa, mesmo não enquadrada nas hipóteses do art. 318 do CPP. A prisão domiciliar, por sua vez, é prisão preventiva cumprida no domicílio do agente, ou seja, o juiz verificou que nenhuma das medidas cautelares previstas no art. 319 do Diploma Processual seria suficiente para garantir o juízo e decretou a medida excepcional da prisão preventiva. Entretanto, dadas as características peculiares e excepcionais do sujeito previstas nos quatro incisos do mencionado art. 318, a restrição da liberdade poderá ser cumprida no próprio domicílio do agente. Aqui não se trata de recolhimento somente durante o período noturno, mas em período integral, já que se cuida de prisão preventiva e não de medida cautelar alternativa. Deve-se observar que tal modalidade se encontra disciplinada no Capítulo IV do Título IX, ao passo que as cautelares previstas no art. 319 se encontram no Capítulo V do mesmo título.

A distinção é relevante porque no caso das medidas cautelares não cabe detração penal, ao passo que na prisão preventiva domiciliar ela é admissível, já que se trata de prisão provisória. Cumprida fora do estabelecimento carcerário, mas ainda prisão provisória, não se confundindo com as medidas cautelares, que são *diversas da prisão* (cf. redação do art. 319, *caput*, do CPP).

Destaque-se que a Lei n. 13.769, de 19 de dezembro de 2018, acrescentou ao Código de Processo Penal os arts. 318-A e 318-B, que dispõem que a prisão preventiva imposta à mulher gestante ou que for mãe ou responsável por crianças ou pessoas com deficiência será substituída por prisão domiciliar, desde que: (i) não tenha cometido crime com violência ou grave ameaça a pessoa; (ii) não tenha cometido o crime contra seu filho ou dependente, e que referida substituição poderá ser efetuada sem prejuízo da aplicação concomitante das medidas alternativas previstas no art. 319 do Código.

---

92. Em recente precedente em HC o STF concedeu prisão domiciliar para todos os presos (homens ou mulheres) que sejam responsáveis únicos por pessoas com deficiência e menores de 12 anos (HC 165.704-DF, rel. Min. Gilmar Mendes, j. 20-10-2020).

16.13.11. Prisão preventiva, medidas cautelares e detração penal

Nos termos do art. 42 do CP, só cabe detração penal na hipótese de prisão provisória. Assim, nos casos em que for decretada a prisão preventiva, esse tempo poderá ser descontado da futura pena privativa de liberdade pelo juízo da execução, no momento de se proceder ao cálculo de liquidação de penas. Mesmo quando a prisão preventiva for cumprida no domicílio do agente, será admissível a detração, já que se trata de prisão preventiva cumprida no domicílio do acusado, por se encontrar esse dentre as hipóteses excepcionais previstas no art. 318 do CPP (maior de 80 anos; extremamente debilitado em razão de doença grave; imprescindível aos cuidados de menor de 6 anos ou deficiente; gestante).

A questão que se coloca é: *Cabe detração penal nas medidas alternativas previstas no art. 319 do CPP, como se fossem modalidades de prisão provisória?* A resposta, a princípio, é *não*. O CP é claro: só cabe detração da prisão provisória (art. 42), não sendo possível nas providências acautelatórias de natureza diversa.

Convém notar que o *caput* do art. 319 do CPP é expresso ao dizer que tais providências são "medidas cautelares *diversas da prisão*". Ora, sendo diversas da prisão provisória, com ela não se confundem.

Do mesmo modo, o art. 321 do CPP é suficientemente claro: "*Ausentes os requisitos que autorizam a decretação da prisão preventiva...*", isto é, quando não for o caso de se decretar a prisão preventiva, "*... o juiz deverá conceder liberdade provisória, impondo, se for o caso, as medidas cautelares previstas no art. 319 deste Código*". A redação é clara ao indicar que as medidas cautelares alternativas não constituem espécie de prisão provisória, mas restrições que acompanham a liberdade provisória. Duas são as opções: prisão preventiva ou liberdade provisória (acompanhada ou não de medidas restritivas). Na primeira cabe detração, na segunda, não.

Uma das medidas previstas, por exemplo, é a fiança (CPP, art. 319, VIII). Não há como a liberdade provisória com fiança ser equiparada à prisão provisória.

Da mesma forma, a prisão preventiva em nada se parece com a liberdade provisória monitorada eletronicamente, ou acompanhada de alguma proibição (de sair da comarca, manter contato com pessoas determinadas, frequentar lugares ou exercer função pública ou atividade financeira) ou obrigação (de recolhimento domiciliar noturno ou comparecer ao juízo periodicamente). Estar solto provisoriamente não é o mesmo que estar preso provisoriamente.

Em um caso, embora pese a sofrível técnica legislativa empregada, não há como negar a detração. Estamos falando da internação provisória, prevista no art. 319, VII, do CPP.

A crítica que se faz consiste no fato de o legislador ter colocado, no mesmo dispositivo, liberdade provisória com fiança ou outra restrição, e liberdade provisória mediante internação provisória. Não há como estar em liberdade provisória internado em um hospital de custódia e tratamento psiquiátrico. A inserção da internação provisória como medida restritiva que acompanha a liberdade provisória (CPP, art. 321) constitui uma contradição em si mesma.

Daí por que, contornando essa falta de visão sistemática na elaboração do rol de medidas previstas no art. 319 do CPP, é forçoso reconhecer o direito à detração penal para o réu internado provisoriamente, uma vez que o art. 42 do CP é absolutamente claro ao admitir o benefício tanto para a prisão quanto para a internação provisória.

Assim, para efeito de contagem do prazo mínimo da medida de segurança, após o qual se realiza o exame de cessação da periculosidade (LEP, art. 175 e incisos), desconta-se o tempo em que o sujeito esteve submetido à internação provisória.

Nos demais casos, porém, não há que se falar em detração, pois está-se diante de hipótese diversa da prisão provisória, consistente na concessão de liberdade provisória com alguma restrição acautelatória.

16.13.12. Prazo para conclusão do inquérito policial no caso de indiciado preso

Consoante o disposto no art. 10 do CPP, "o inquérito deverá terminar no prazo de dez dias, se o indiciado tiver sido preso em flagrante ou estiver preso preventivamente, contado o prazo, nesta hipótese, a partir do dia em que se executar a ordem de prisão, ou no prazo de trinta dias, quando estiver solto, mediante fiança ou sem ela".

16.13.12.1. Termo inicial do prazo na hipótese de conversão do flagrante em preventiva

Com a entrada em vigor da Lei n. 12.403/2011, o prazo de dez dias para a conclusão do inquérito policial no caso de indiciado preso não se conta mais a partir da lavratura do auto de prisão em flagrante, mas da data de sua conversão em preventiva (CPP, art. 310, II).

De fato, não há mais prisão provisória decorrente exclusivamente do flagrante. Sem urgência e necessidade, não existe segregação cautelar. Ou o flagrante é convertido em prisão preventiva ou o agente responde solto ao processo. A prisão em flagrante passou a ser mera detenção cautelar provisória pelo prazo de vinte e quatro horas, até que o juiz decida se o indiciado deve ou não responder preso à persecução penal. Desprovida do *periculum in mora* que a convola em preventiva (cf. CPP, art. 312), a prisão em flagrante não será nada após o prazo de vinte e quatro horas, não podendo, portanto, ser considerada prisão provisória. A pessoa poderá *ser presa*, como diz o art. 283 do CPP, mas não poderá *permanecer* presa em flagrante durante a persecução penal.

Assim, somente haverá inquérito policial com indiciado preso, após a conversão da prisão em flagrante em preventiva, de maneira que, a partir daí é que deve iniciar-se a contagem dos dez dias para a conclusão das investigações, sob pena de relaxamento por excesso de prazo.

16.13.13. Conversão do flagrante em prisão preventiva, sem oferecimento da denúncia: possibilidade

A prisão preventiva somente poderá ser decretada quando houver prova da existência do crime e indícios suficientes de autoria (CPP, art. 312). Ora, se há prova do crime e indícios de autoria, qual a razão para não ser oferecida a denúncia? Como afirmar a existência de tais indícios para a decretação da prisão preventiva, se eles não são suficientes para lastrear o oferecimento da acusação formal?

Na verdade, está-se diante de uma autêntica gradação de prova indiciária sob o influxo do princípio *in dubio pro societate*. Os indícios para a conversão do flagrante em preventiva não são tão rigorosos quanto os exigidos para o oferecimento da denúncia, mesmo porque a prisão cautelar decretada no curso das investigações pode ser imposta inclusive para assegurar a sua eficácia e garantir novos acréscimos indiciários e indispensáveis à peça acusatória.

Do mesmo modo, tomando-se como exemplo os crimes dolosos contra a vida, os indícios necessários para a denúncia são menos aprofundados do que os da pronúncia, caso contrário, não haveria necessidade da instrução sumária da primeira fase do procedimento do júri. Há casos de denúncia recebida e réu impronunciado, o que revela que há uma diferente exigência quantitativa de prova indiciária para uma e outra fase. Tudo caminha dentro da marcha da persecução penal, em uma escala progressiva, até se chegar à exigência máxima do *in dubio pro reo* para a sentença definitiva de condenação.

Desta forma, nada impede que o Ministério Público requeira a conversão do flagrante em preventiva, diante da urgência e necessidade da medida, bem como dos indícios de autoria, mas ainda não reúna todos os elementos para dar início, no prazo máximo de dez dias, sob pena de relaxamento daquela prisão, à persecução penal em juízo.

Diferente, porém, a hipótese de inquérito policial relatado. Aqui, se o Ministério Público deixar de oferecer a denúncia e requerer a devolução dos autos para diligências complementares, o juiz não poderá decretar a prisão preventiva, pois, se concluídas as investigações ainda restarem indícios insuficientes de autoria, tanto que a denúncia deixou de ser oferecida, não seria razoável admitir a possibilidade de prisão provisória do indiciado. Cumpre observar que o art. 10 do CPP é expresso ao dizer "...o inquérito deverá terminar no prazo de 10 dias...". Fica claro, portanto, que trata da prisão preventiva do indiciado antes do término das investigações e não após o inquérito policial ter sido encerrado e relatado. A partir daí, preventiva só mesmo quando acompanhada do oferecimento da denúncia.

16.13.14. Fundamentação

A decisão que decretar, substituir ou denegar a prisão preventiva será sempre motivada, diante do princípio constitucional da motivação das decisões judiciais. Não basta ao juiz simplesmente indicar as razões do Ministério Público. Por outro lado, não tem sustentação a tese de que a Lei n. 9.271/96, ao modificar a regra contida no art. 366 do Código de Processo Penal, recriou o instituto da prisão preventiva obrigatória. Ante seu caráter excepcional, deverá sempre ser fundamentada e condicionada à comprovação do *periculum in mora*.

16.13.15. Revogação

Em matéria de revogação da prisão preventiva, a Lei n. 13.964/2019, em seu art. 3º, alterou vultuosamente o artigo que trata do assunto no Código de Processo Penal. Desse modo, o juiz poderá, *de ofício ou a pedido das partes*, revogar a prisão preventiva se, no correr *da investigação* ou do processo, verificar falta de motivo para que subsista (CPP, art. 316 – g.n.).

Ressaltamos, também, o acréscimo do parágrafo único, responsável por estabelecer que "decretada a prisão preventiva, deverá o órgão emissor da decisão revisar a necessidade de sua manutenção a cada 90 (noventa) dias, mediante decisão fundamentada, de ofício, sob pena de tornar a prisão ilegal" (CPP, art. 316, parágrafo único).

Da decisão que indeferir ou revogar a prisão preventiva, cabe recurso em sentido estrito (CPP, art. 581, V).

16.13.16. Momentos processuais em que a prisão preventiva deverá ser necessariamente revista

Embora possa ser revogada a qualquer tempo, desde que cessados os motivos que a autorizaram, há momentos em que o juiz, obrigatoriamente, deverá se manifestar fundamentadamente sobre sua subsistência. É o caso da pronúncia e da sentença definitiva de mérito. Quer para sua manutenção, quer para sua revogação, deverá existir uma manifestação expressa do juiz a respeito da prisão provisória.

16.14. Prisão temporária

(i) **Base legal:** a prisão temporária foi editada pela Medida Provisória n. 111, de 24 de novembro de 1989, posteriormente substituída pela Lei n. 7.960, de 21 de dezembro de 1989.

(ii) **Conceito:** prisão cautelar de natureza processual destinada a possibilitar as investigações a respeito de crimes graves, durante o inquérito policial.

(iii) **Decretação:** só pode ser decretada pela autoridade judiciária.

(iv) **Fundamentos:** a prisão temporária pode ser decretada nas situações previstas pelo art. 1º da Lei n. 7.960/89. São elas: imprescindibilidade da medida para as investigações do inquérito policial; indiciado não tem residência fixa ou não fornece dados necessários ao esclarecimento de sua identidade; fundadas razões da autoria ou participação do indiciado em qualquer um dos seguintes crimes: homicídio doloso, sequestro ou cárcere privado (com os acréscimos operados pela Lei n. 11.106/2005 ao art. 148 do CP), roubo, extorsão... estupro, atentado violento ao pudor; rapto violento (art. 219 do CP, revogado pela Lei n. 11.106/2005), epidemia com resultado morte, envenenamento de água potável ou substância alimentícia... crimes contra o sistema financeiro. Mencione-se que o crime de atentado violento ao pudor (antigo art. 214) foi expressamente revogado pela Lei n. 12.015/2009. Não se operou *abolitio criminis*, pois todas as suas elementares típicas foram abarcadas pelo crime de estupro, o qual passou a abranger a conjunção carnal e todos os atos libidinosos diversos desta (art. 213, *caput*, e §§ 1º e 2º). Também não há mais que falar em estupro com violência presumida (CP, art. 213 c/c o art. 224), uma vez que tal hipótese passou a constituir o crime autônomo denominado "estupro de vulnerável" (art. 217-A, *caput*, e §§ 1º, 2º, 3º e 4º). Muito embora o estupro de pessoa vulnerável não esteja previsto no aludido rol legal, é considerado expressamente hediondo pela atual redação do art. 1º, VI, da Lei n. 8.072/90 (cf. modificação promovida pela Lei n. 12.015/2009), de molde a sujeitar-se à disciplina do art. 2º, § 4º, que autoriza a prisão temporária.

Diverge Sérgio de Oliveira Médici, que aponta a existência de quatro posições a respeito da aplicação da prisão temporária[93]:

(i) para Tourinho Filho e Júlio Mirabete, é cabível a prisão temporária em qualquer das três situações previstas em lei (os requisitos são alternativos: ou um, ou outro);

(ii) Antonio Scarance Fernandes defende que a prisão temporária só pode ser decretada se estiverem presentes as três situações (os requisitos são cumulativos);

(iii) segundo Damásio E. de Jesus e Antonio Magalhães Gomes Filho, a prisão temporária só pode ser decretada naqueles crimes apontados pela lei. Nestes crimes, desde que concorra qualquer uma das duas primeiras situações, caberá a prisão temporária. Assim, se a medida for imprescindível para as investigações ou se o endereço ou identificação do indiciado forem incertos, caberá a prisão cautelar, mas desde que o crime seja um dos indicados por lei;

(iv) a prisão temporária pode ser decretada em qualquer das situações legais, desde que, com ela, concorram os motivos que autorizam a decretação da prisão preventiva (CPP, art. 312). É a posição de Vicente Greco Filho.

Nosso entendimento: a prisão temporária somente pode ser decretada nos crimes em que a lei permite a custódia. No entanto, afrontaria o princípio constitucional do estado de inocência permitir a prisão provisória de alguém apenas por estar sendo suspeito pela prática de um delito grave. Inequivocamente, haveria mera antecipação da execução da pena. Desse modo, entendemos que, para a decretação da prisão temporária, o agente deve ser apontado como suspeito ou indiciado por um dos crimes constantes da enumeração legal, e, além disso, deve estar presente pelo menos um dos outros dois requisitos, evidenciadores do *periculum in mora*. Sem a presença de um destes dois requisitos ou fora do rol taxativo da lei, não se admitirá a prisão provisória. Concordamos, portanto, com a terceira posição.

(v) **Prazo:** o prazo é de cinco dias, prorrogáveis por igual período. Não se computa este prazo naquele que deve ser respeitado para a conclusão da instrução criminal.

(vi) **Crimes hediondos:** estão definidos na Lei n. 8.072, de 25 de julho de 1990. São eles: homicídio qualificado; homicídio praticado em atividade típica de grupo de extermínio, ainda que cometido por um só agente; latrocínio; extorsão qualificada pelo resultado morte; extorsão mediante sequestro, na forma simples e qualificada; estupro (cf. atual redação do art. 1º, V, determinada pela Lei n. 12.015/2009); estupro de vulnerável (cf. inciso VI, acrescentado ao art. 1º pela Lei n. 12.015/2009); atentado violento ao pudor, na forma simples e qualificada (o art. 214 foi revogado pela Lei n. 12.015/2009, porém todos os componentes da figura típica foram abarcados pela atual redação do art. 213 do CP, não tendo ocorrido *abolitio criminis*); epidemia com resultado morte; e genocídio. Ainda, acrescentem-se as recentes inclusões da posse e porte ilegal de arma de fogo de uso restrito como crimes hediondos, por força da Lei n. 13.497/2017.

---

93. *Caderno de Doutrina e Jurisprudência*, Associação Paulista do Ministério Público, n. 29.

Além dos crimes definidos como hediondos, estão disciplinados pela Lei n. 8.072 o tráfico ilícito de entorpecentes e drogas afins, o terrorismo e a tortura (Lei n. 9.455/97 e art. 233 do ECA).

Nos termos do art. 2º, § 4º, da Lei n. 8.072 (com a alteração determinada pela Lei n. 11.464/2007), para todos esses crimes o prazo de prisão temporária será de trinta dias, prorrogáveis por mais trinta, em caso de comprovada e extrema necessidade. Também não se computa neste o prazo para encerramento da instrução.

(vii) **Procedimento:**

– a prisão temporária pode ser decretada em face da representação da autoridade policial ou de requerimento do Ministério Público;

– não pode ser decretada de ofício pelo juiz;

– no caso de representação da autoridade policial, o juiz, antes de decidir, tem de ouvir o Ministério Público;

– o juiz tem o prazo de vinte e quatro horas, a partir do recebimento da representação ou requerimento, para decidir fundamentadamente sobre a prisão;

– o mandado de prisão deve ser expedido em duas vias, uma das quais deve ser entregue ao indiciado, servindo como nota de culpa;

– efetuada a prisão, a autoridade policial deve advertir o preso do direito constitucional de permanecer calado;

– ao decretar a prisão, o juiz poderá (faculdade) determinar que o preso lhe seja apresentado, solicitar informações da autoridade policial ou submetê-lo a exame de corpo de delito;

– o mandado de prisão conterá necessariamente o período de duração da prisão temporária;

– o prazo de cinco (ou trinta) dias pode ser prorrogado uma vez em caso de comprovada e extrema necessidade;

– decorrido o prazo contido no mandado de prisão, a autoridade responsável pela custódia deverá, independentemente de nova ordem da autoridade judicial, pôr imediatamente o preso em liberdade, salvo se já tiver sido comunicada da prorrogação da prisão temporária ou da decretação da prisão preventiva, pois o atraso configura crime de abuso de autoridade (Lei n. 13.869/2019, art. 12, parágrafo único, IV);

– o preso temporário deve permanecer separado dos demais detentos;

– inclui-se o dia do cumprimento do mandado de prisão no cômputo do prazo de prisão temporária.

16.15. Medidas cautelares

16.15.1. Pressupostos constitucionais: necessidade e adequação

Nos termos do art. 282, I e II, do CPP, deverá ser observado o princípio da proporcionalidade para a decretação da prisão preventiva, sopesado por meio de dois requisitos: necessidade e adequação.

(i) **Necessidade.** Qualquer providência de natureza cautelar precisa estar sempre fundada no *periculum in mora*. Não pode ser imposta exclusivamente com base na gravidade da acusação. Maior gravidade não pode significar menor exigência de provas. Sem a demonstração de sua necessidade para garantia do processo, a prisão será ilegal.

(ii) **Adequação.** A medida deve ser a mais idônea a produzir seus efeitos garantidores do processo. Se a mesma eficácia puder ser alcançada com menor gravame, o recolhimento à prisão será abusivo. O ônus decorrente dessa grave restrição à liberdade deve ser compensado pelos benefícios causados à prestação jurisdicional. Se o gravame for mais rigoroso do que o necessário, se exceder o que era suficiente para a garantia da persecução penal eficiente, haverá violação ao princípio da proporcionalidade.

Além disso, aqui vale o destaque às colocações feitas pelo doutrinador Rodrigo Capez em seu artigo "No processo penal não existe o poder geral de cautela"[94]. Para ele, no processo civil, em face da impossibilidade de o legislador antever todas as situações de risco, outorga-se expressamente ao juiz o poder de conceder a tutela de urgência que reputar mais apropriada ao caso concreto, ainda que não prevista em lei. Ao passo que, por ser o processo penal um instrumento limitador do poder punitivo estatal, exige-se a observância da legalidade estrita e da tipicidade processual para qualquer restrição ao direito de liberdade.

Para o autor, em sede de medidas cautelares pessoais, o exercício do poder jurisdicional está estritamente vinculado ao princípio da legalidade, e a ponderação dos supostos interesses em conflito não pode levar à quebra desse princípio.

A título de exemplo, no contexto do princípio da legalidade, Rodrigo Capez faz referência à questão da condução coercitiva de investigado para prestar depoimento em inquérito policial, objeto, no Supremo Tribunal Federal, da ADPF 395, de relatoria do Ministro Gilmar Mendes. Nas palavras do autor:

"Nos termos do artigo 260 do Código de Processo Penal: se o acusado não atender a intimação para o interrogatório, reconhecimento ou qualquer outro ato que, sem ele, não possa ser realizado, a autoridade poderá mandar conduzi-lo à sua presença.

Analogamente, os artigos 201, § 1º, e 218 do Código de Processo Penal estabelecem que, se o ofendido ou a testemunha, regularmente intimados, deixarem de comparecer sem motivo justificado a ato designado para sua inquirição, o juiz poderá determinar sua condução coercitiva.

Como se observa, a *ratio* da condução coercitiva é a recalcitrância do imputado, do ofendido ou da testemunha em atender ao comando da autoridade.

Ocorre que, mesmo quando não configurada a prévia recalcitrância, tornou-se usual a determinação judicial de imediata condução coercitiva de investigado à repartição policial, a pretexto de momentâneo perigo à produção de provas, notadamente quando se cumprem simultaneamente outros mandados de prisão e de busca e apreen-

---

94. Rodrigo Capez, *No processo penal não existe o poder geral de cautela*, 2017. Disponível em: <https://www.conjur.com.br/2017-mar-06/rodrigo-capez-processo-penal-nao-existe-poder-geral-cautela>. Acesso em 5-9-2018.

são. Invoca-se ainda, a necessidade de se evitar que os vários investigados combinem versões entre si.

Essa medida não tem justificação constitucional, haja vista que o imputado tem o direito de permanecer em silêncio. Qual a razão para conduzi-lo coercitivamente para prestar depoimento, se ele goza do privilégio contra a autoincriminação?

Não bastasse isso, excluída a hipótese de recalcitrância em atender ao chamamento de autoridade, não existe previsão legal para a condução coercitiva, ainda que fundada em suposto perigo para a investigação, sendo vedada, como já exposto, a invocação do poder geral de cautela.

Dessa feita, ausentes os requisitos da custódia cautelar, não se pode impor ao investigado a condução coercitiva, ao arrepio do artigo 260 do Código de Processo Penal e do princípio da taxatividade, ao argumento de que se trataria de uma medida mais benéfica que a prisão temporária ou preventiva.

Mais uma vez, não há espaço para aplicações analógicas, ainda que a pretexto de favorecer o imputado.

Finalmente, o princípio da taxatividade (*numerus clausus*) não se resume às espécies de medidas cautelares legalmente previstas. O próprio rol de exigências cautelares também é taxativo, e não se permite ao juiz justificar a aplicação de uma medida cautelar típica com base em requisitos não previstos em lei"[95].

16.15.2. Caráter subsidiário da preventiva: preponderância das medidas cautelares alternativas

A Lei n. 12.403/2011 ofertou ao juiz um extenso rol de alternativas capazes de produzir o mesmo efeito garantidor, com a mesma eficácia. Conforme já salientado, se houver uma providência cautelar menos gravosa que seja suficiente para atingir os fins garantidores do processo, a prisão será considerada sem justa causa, caracterizando constrangimento ilegal.

A prisão preventiva tornou-se, assim, medida de natureza subsidiária, a ser aplicada somente em último caso, quando não cabível sua substituição por outra medida prevista no art. 319 do CPP.

A concessão de liberdade provisória, por sua vez, não é facultativa, mas obrigatória quando ausente o *periculum in mora* (CPP, art. 312). Se não for caso de prisão preventiva, o juiz *deverá* conceder a liberdade provisória (cf. CPP, art. 321). A liberdade provisória pode vir ou não acompanhada da imposição de algum ônus. Neste ponto, há discricionariedade para a autoridade judiciária avaliar a sua necessidade. Por isso, a lei diz que o juiz imporá, *se for o caso*, as medidas cautelares previstas no art. 319 (cf. CPP, art. 321, segunda parte). Deste modo, a liberdade provisória será concedida obrigatoriamente, mas a fiança, assim como qualquer outra medida cautelar alternativa à prisão provisória, so-

95. Rodrigo Capez, *No processo penal não existe o poder geral de cautela*, 2017. Disponível em: <https://www.conjur.com.br/2017-mar-06/rodrigo-capez-processo-penal-nao-existe-poder-geral-cautela>. Acesso em 5-9-2018.

mente será imposta se necessária para garantir o processo. Pode haver casos em que a liberdade provisória seja concedida, sem nenhuma providência que a acompanhe, nem mesmo a fiança, porque não houve demonstração de sua necessidade. Toda medida restritiva precisa ser justificada *fundamentadamente*, sob pena de padecer de justa causa.

16.15.3. Rol de medidas cautelares

Estão previstas no art. 319, I a IX, do CPP:

(i) comparecimento periódico em juízo, no prazo e nas condições fixadas pelo juiz, para informar e justificar atividades (inciso I);

(ii) proibição de acesso ou frequência a determinados lugares quando, por circunstâncias relacionadas ao fato, deva o indiciado ou acusado permanecer distante desses locais para evitar o risco de novas infrações (inciso II);

(iii) proibição de manter contato com pessoa determinada quando, por circunstâncias relacionadas ao fato, deva o indiciado ou acusado dela permanecer distante (inciso III);

(iv) proibição de ausentar-se da Comarca quando a permanência seja conveniente ou necessária para a investigação ou instrução (inciso IV);

(v) recolhimento domiciliar no período noturno e nos dias de folga quando o investigado ou acusado tenha residência e trabalho fixos (inciso V);

(vi) suspensão do exercício de função pública ou de atividade de natureza econômica ou financeira quando houver justo receio de sua utilização para a prática de infrações penais (inciso VI);

(vii) internação provisória do acusado nas hipóteses de crimes praticados com violência ou grave ameaça, quando os peritos concluírem ser inimputável ou semi-imputável (CP, art. 26) e houver risco de reiteração (inciso VII);

(viii) fiança, nas infrações que a admitem, para assegurar o comparecimento a atos do processo, evitar a obstrução do seu andamento ou em caso de resistência injustificada à ordem judicial (inciso VIII);

(ix) monitoração eletrônica (inciso IX): quanto a esta medida cautelar, mencione-se que o novo Diploma Legal constitui um grande avanço em relação à Lei n. 12.258/2010 (que trata do monitoramento eletrônico de condenado), pois possibilitou que esse sistema tecnológico fosse utilizado antes da sentença penal condenatória, isto é, no curso da investigação criminal, por representação da autoridade policial ou mediante requerimento do Ministério Público (art. 282, § 2º), não se restringindo mais às hipóteses prescritas na lei anterior.

16.15.4. Necessidade e adequação para as medidas cautelares alternativas

A necessidade da providência alternativa se apresenta nas seguintes hipóteses:

(i) **para aplicação da lei penal:** são situações em que há o risco de o indiciado ou acusado evadir-se do distrito da culpa, inviabilizando a futura execução da pena, por exemplo: ausência de residência fixa ou ocupação lícita, ou seja, quando não houver nada que o radique no distrito da culpa, havendo sério risco para a eficácia da futura sentença condenatória;

(ii) **para garantir a investigação ou instrução criminal:** a lei, ao contrário do art. 312 do CPP, corretamente substitui o termo "*conveniência da instrução criminal*" por "*necessidade*". A medida cautelar aqui objetiva impedir que o agente perturbe ou impeça a produção de provas, ameaçando testemunhas, apagando vestígios do crime, destruindo documentos etc. Sem ela, não se chegará à verdade real, sendo evidente o *periculum in mora;*

(iii) **para evitar a prática de infrações penais:** aqui a finalidade é impedir que o agente, solto, continue a praticar delitos. Assim, por exemplo, nos casos de crimes de violência doméstica ou familiar, pode ser imposta a medida obrigatória de proibir contato com os familiares ou pessoas ameaçadas, ou de impedir o sujeito de frequentar determinados lugares etc. Vale notar que a lei não emprega o termo "garantia da ordem pública", utilizada pelo art. 312 do CPP, mas uma expressão bem mais específica e clara (cf. CPP, art. 282, I, parte final).

A adequação se revela pela busca da medida mais idônea ao caso concreto, com o menor gravame possível ao indiciado ou acusado.

16.15.5. Ressalvas legais

De acordo com o § 1º do art. 282, "as medidas cautelares poderão ser aplicadas isolada ou cumulativamente". De qualquer forma, faz-se necessário ressalvar que a lei veda a incidência das sobreditas medidas à infração a que não for isolada, cumulativa ou alternativamente cominada pena privativa de liberdade (CPP, art. 283, § 1º).

16.15.6. Decretação das medidas cautelares

As medidas cautelares serão decretadas:

No curso da investigação criminal mediante: (i) representação da autoridade policial; (ii) requerimento do Ministério Público.

Durante o processo: (i) a requerimento de qualquer das partes.

A Lei n. 13.964/2019, em seu art. 3º, alterou a redação do art. 282, § 2º, do CPP, para suprimir a possibilildade de o juiz decretar de ofício medidas cautelares durante a investigação criminal e limitando o requerimento às partes ou, durante o curso da investigação, por representação da autoridade policial ou mediante requerimento do *Parquet*.

16.15.7. Contraditório

De acordo com o Pacote Anticrime, o juiz, ao receber o pedido de medida cautelar, determinará a intimação da parte contrária, para se manifestar no prazo de 5 (cinco) dias, acompanhada de cópia do requerimento e das peças necessárias, permanecendo os autos em juízo, e os casos de urgência ou de perigo deverão ser justificados e fundamentados em decisão que contenha elementos do caso concreto que justifiquem a imposição dessa medida excepcional (CPP, art. 282, § 3º).

16.15.8. Descumprimento das obrigações impostas: prisão preventiva é a *ultima ratio*

No caso de descumprimento de qualquer das obrigações impostas, o encarceramento é sempre a última opção. Assim, o juiz, mediante requerimento do Ministério Público, de seu assistente ou do querelante, poderá: (i) substituir a medida; (ii) impor outra em cumulação; ou (iii) em último caso, decretar a prisão preventiva, nos termos do parágrafo único do art. 312 do Código de Processo Penal (CPP, art. 282, § 4º).

Vale mencionar que a lei faculta a revogação da medida ou substituição quando verificar a falta de motivo para que subsista, bem como voltar a decretá-la, se sobrevierem razões que a justifiquem. Tal faculdade do juiz poderá ser exercida de ofício ou mediante pedido das partes (CPP, art. 282, § 5º).

Verifique-se que, mesmo em relação ao quebramento injustificado da fiança, este importará na perda de metade do seu valor, cabendo ao juiz decidir sobre a imposição de outras medidas cautelares ou, se for o caso, a decretação da prisão preventiva (CPP, art. 343, com a redação determinada pela Lei n. 12.403/2011), reputando-se o encarceramento provisório sempre o último recurso.

Finalmente, imperioso mencionar a alteração revelada pela Lei n. 13.964/2019, que, em seu art. 3º, alterou a redação do art. 282, § 6º ressaltando que a prisão preventiva *somente* será decretada quando não for cabível a substituição por outra medida cautelar, observado o art. 319 do CPP e desde que justificado de forma fundamentada nos elementos existentes no caso concreto e de forma individualizada (g.n.).

16.16. Liberdade provisória

16.16.1. Conceito

Instituto processual que garante ao acusado o direito de aguardar em liberdade o transcorrer do processo até o trânsito em julgado, vinculado ou não a certas obrigações, podendo ser revogado a qualquer tempo, diante do descumprimento das condições impostas.

16.16.2. Espécies

(i) **Obrigatória:** trata-se de direito incondicional do acusado, não lhe podendo ser negado e não está sujeito a nenhuma condição. É o caso das infrações penais às quais não se comina pena privativa de liberdade e das infrações de menor potencial ofensivo (desde que a parte se comprometa a comparecer espontaneamente à sede do juizado, nos termos da Lei n. 9.099/95, art. 69, parágrafo único).

(ii) **Permitida:** ocorre nas hipóteses em que não couber prisão preventiva. Assim, ausentes os requisitos que autorizam a decretação da aludida prisão, o juiz deverá conceder liberdade provisória, impondo, se for o caso, as medidas cautelares previstas no art. 319 do CPP, observados os critérios constantes do art. 282 do mesmo Diploma (art. 321 do CPP).

(iii) Vedada: não existe. É inconstitucional qualquer lei que proíba o juiz de conceder a liberdade provisória, quando ausentes os motivos autorizadores da prisão preventiva, pouco importando a gravidade ou a natureza do crime imputado. Nesse sentido, em boa hora, a Lei n. 11.464/2007 revogou a proibição de liberdade provisória para os crimes hediondos, prevista no art. 2º, II, da Lei n. 8.072/90.

Nosso entendimento: apesar de o art. 44 da Lei n. 11.343/2006 proibir expressamente a liberdade provisória para o tráfico de drogas e assemelhados, o STF declarou tal dispositivo inconstitucional, no julgamento do HC 104.339, seguindo nosso posicionamento aqui expresso. Entendemos que ele é inconstitucional, assim como fundamentado pelo Ministro Gilmar Mendes, por força de a vedação geral *ex lege* ser incompatível com o princípio constitucional da presunção de inocência e do devido processo legal.

O ministro afirmou ainda que, ao afastar a concessão de liberdade provisória de forma genérica, a norma retira do juiz competente a oportunidade de, no caso concreto, "analisar os pressupostos da necessidade do cárcere cautelar em inequívoca antecipação de pena, indo de encontro a diversos dispositivos constitucionais". Trata-se de decisão proferida pelo Pleno, mas em controle difuso de constitucionalidade, logo, válido apenas para o caso concreto no *habeas corpus* em questão.

O Plenário do Supremo Tribunal Federal já havia declarado, na data de 2-5-2007, a inconstitucionalidade de três dispositivos do Estatuto do Desarmamento (ADI 3.112). Por maioria de votos, foram anulados dois dispositivos que proibiam a concessão de liberdade, mediante o pagamento de fiança, no caso de porte ilegal de arma (parágrafo único do art. 14) e disparo de arma de fogo (parágrafo único do art. 15). Também foi considerado inconstitucional o art. 21, que negava liberdade provisória aos acusados de posse ou porte ilegal de arma de uso restrito, comércio ilegal de arma e *tráfico internacional de arma*.

16.16.3. Liberdade provisória sem a necessidade de recolhimento de fiança

Em algumas hipóteses não há necessidade de o agente prestar fiança para obter o benefício da liberdade provisória. São elas:

(i) Infrações penais às quais não se comine pena privativa de liberdade (CPP, art. 283, § 1º) e infrações de menor potencial ofensivo, quando a parte se comprometer a comparecer à sede do Juizado Especial Criminal (Lei n. 9.099/95, art. 69, parágrafo único).

(ii) No caso de o juiz verificar que, *evidentemente*, o agente praticou fato acobertado por causa de exclusão da ilicitude. A prova deve ser contundente, embora não necessite ser absoluta. Nesta fase, aplica-se o princípio *in dubio pro societate* e, havendo dúvida, não deve ser formado o juízo de convicção pela excludente em fase tão embrionária da persecução penal (CPP, art. 314). Dada a improbabilidade do decreto condenatório, não se imporá qualquer medida cautelar restritiva, mas tão somente termo de comparecimento a todos os atos do processo (CPP, art. 310, § 1º), ressalvada a hipótese de o agente vir posteriormente a frustrar de algum modo o andamento da ação penal, caso em que a autoridade judiciária poderá fazer valer o art. 319 do CPP, com base em seu poder geral de cautela.

16.16.4. Competência para a concessão

Só o juiz pode conceder a liberdade provisória sem fiança, mas sempre depois de ouvir o Ministério Público. Deve ser assinado termo de comparecimento por parte do acusado, que se compromete, assim, a se fazer presente em todos os atos do processo, sob pena de revogação.

Quando requerida a liberdade provisória, deve o juiz fundamentar o despacho, indicando a hipótese autorizada da prisão preventiva ocorrente na espécie para poder denegar o benefício. Caso contrário, haverá constrangimento ilegal à liberdade de locomoção, permitindo a concessão de *habeas corpus*.

16.16.5. Recurso

Da decisão que conceder liberdade provisória cabe recurso em sentido estrito (CPP, art. 581, V).

16.16.6. Liberdade provisória com fiança

16.16.6.1. A liberdade provisória como regra

A Constituição Federal estabeleceu o princípio de que ninguém será levado à prisão ou nela mantido quando a lei admitir a liberdade provisória com ou sem fiança (cf. art. 5º, LXVI).

16.16.6.2. Conceito de fiança criminal

Consiste na prestação de uma caução de natureza real destinada a garantir o cumprimento das obrigações processuais do réu ou indiciado. Não se admite a de natureza fidejussória, ou seja, mediante a apresentação de um fiador, devendo ser prestada por meio de dinheiro, joias ou qualquer objeto que tenha valor. O dinheiro ou objetos dados como fiança servirão ao pagamento das custas, da indenização do dano, da prestação pecuniária e da multa, se o réu for condenado (CPP, art. 336, *caput*).

16.16.6.3. Natureza cautelar

Sem necessidade e urgência, a fiança e nenhuma outra medida restritiva será imposta, devendo o juiz conceder a liberdade provisória sem a imposição de qualquer ônus.

A concessão da liberdade provisória será obrigatória quando ausentes os requisitos da prisão preventiva. Não se trata de faculdade do juiz, mas direito público subjetivo da pessoa, cuja inobservância torna a prisão provisória desprovida de justa causa. Quanto ao fato de essa liberdade provisória vir ou não acompanhada de fiança, tal depende da análise discricionária do juiz quanto à sua necessidade no caso concreto. Para tanto, deverá ser demonstrada fundamentadamente a sua necessidade cautelar.

Já a opção entre a liberdade provisória com ou sem fiança não é aleatória, mas condicionada à garantia dos atos processuais e de sua efetividade. Por isso, a lei diz que o juiz imporá, *se for o caso*, as medidas cautelares previstas no art. 319 (cf. CPP, art. 321, segunda parte). Desse modo, a liberdade provisória será concedida obrigatoriamente, mas a fiança, assim como qualquer outra medida cautelar alternativa à prisão provisória, somente será imposta, se necessária para garantir o processo. Pode haver casos em que a liberdade provisória seja concedida, sem nenhuma providência que a acompanhe, nem mesmo a fiança, porque não houve demonstração de sua necessidade. Toda medida restritiva precisa ser justificada *fundamentadamente*, sob pena de padecer de justa causa. Nas infrações inafiançáveis, a liberdade provisória só poderá ser acompanhada de outras providências cautelares previstas no art. 319 do CPP, nunca da fiança, diante da vedação legal.

16.16.6.4. *Momento para concessão da fiança*

Desde a prisão em flagrante (antes de lavrar o auto, quando a atribuição for da autoridade policial e vinte e quatro horas após a sua lavratura, quando for competência do juiz) até o trânsito em julgado da sentença condenatória.

16.16.6.5. *Modalidades de fiança*

São as seguintes:

(i) **por depósito:** consiste no depósito de dinheiro, pedras, objetos ou metais preciosos e títulos da dívida pública. No caso do pagamento em cheque, cabe à autoridade avaliar a conveniência de sua aceitação, justificando-a detalhadamente. Frise-se que esta hipótese é excepcional e somente admitida em situações extremas;

(ii) **por hipoteca:** desde que inscrita em primeiro lugar.

16.16.6.6. *Arbitramento da fiança: critérios para a concessão*

Levam-se em conta a natureza da infração, as condições pessoais de fortuna do agente, a sua vida pregressa e as circunstâncias indicativas de sua periculosidade (CPP, art. 326).

O valor da fiança será fixado pela autoridade que a conceder e poderá ser dispensada, reduzida em até dois terços ou aumentada em até mil vezes, se assim recomendar a situação econômica do agente (CPP, art. 325, § 1º).

16.16.6.7. *Dispensa do pagamento em razão da situação econômica*

Nos casos em que couber fiança, o juiz, verificando a situação econômica do preso, poderá conceder-lhe a liberdade provisória, sujeitando-o às obrigações constantes dos arts. 327 e 328 do Código e a outras medidas cautelares, se for o caso (CPP, art. 350, *caput*). A autoridade policial não poderá se valer desse dispositivo legal. Nessa situação, ainda que a infração tenha a pena igual ou inferior a quatro anos, o Delegado deverá representar ao magistrado para que este conceda a liberdade provisória, acompanhada das obrigações constantes dos arts. 327 e 328 do Código e a outras medidas cautelares, se for o caso. Na hipótese de descumprimento, sem justo motivo, das obrigações ou medidas impostas, incidirá a regra do art. 282, § 4º (CPP, art. 350, parágrafo único).

16.16.6.8. *Reforço da fiança*

Será exigido quando a fiança for tomada, por engano, em valor insuficiente, quando inovada a classificação do delito ou quando houver depreciação do valor dos bens hipotecados ou caucionados (CPP, art. 340).

16.16.6.9. *Obrigações processuais decorrentes da fiança*

O réu tem a obrigação de comparecer a todos os atos processuais para os quais for intimado, não mudar de residência sem prévia autorização judicial e não se ausentar por mais de oito dias de sua residência sem prévia autorização judicial (CPP, arts. 327 e 328).

16.16.6.10. *Momento e competência para a sua concessão*

Pode ser concedida em qualquer fase do inquérito ou do processo, até o trânsito em julgado.

De acordo com a nova redação do art. 322 do CPP, a autoridade policial pode conceder fiança nos casos de infração cuja pena privativa de liberdade máxima não seja superior a quatro anos (no valor de 1 a 100 salários mínimos). A lei não faz mais referência à infração punida com detenção ou prisão simples. Nos demais casos, cabe ao juiz a concessão (no valor de 10 a 200 salários mínimos), dentro do prazo de quarenta e oito horas (CPP, art. 322, parágrafo único). Recusando ou retardando a autoridade policial a concessão da fiança, o preso, ou alguém por ele, poderá prestá-la, mediante simples petição, perante o juiz competente, que decidirá em quarenta e oito horas (CPP, art. 335).

16.16.6.11. *Prática de mais de um crime passível de fiança*

Se um indivíduo, preso em flagrante, cometer mais de um crime na mesma ocorrência, todos com penas iguais ou inferiores a quatro anos, o delegado deverá calcular a somatória das penas, a fim de verificar o limite do art. 322. Ultrapassado o limite legal, somente o juiz poderá conceder a fiança.

16.16.6.12. *Delito afiançável e existência de motivo para decretação da prisão preventiva*

A autoridade policial poderá negar fiança ao preso em flagrante por crime cuja pena seja igual ou inferior a quatro anos? Sim, quando vislumbrar a presença dos requisitos do art. 312 do CPP, consoante autorização expressa do art. 324, I, a qual também se dirige ao delegado de polícia. É que há casos em que, para resguardar, por exemplo, a ordem pública, recomenda-se a detenção provisória do agente, até que o juiz analise a conversão do flagrante em preventiva (*vide* item 16.13.9, "modalidades de prisão preventiva"). Por exemplo: pedófilo obriga criança a vê-lo se masturbando e, ao ser preso em flagrante, afirma ao delegado que poderá repetir o ato no dia seguinte. O delegado poderá deixar de conceder a fiança e manter o acusado preso até o juiz analisar a conversão do flagrante em preventiva.

16.16.6.13. *Quebramento da fiança*

Consoante a nova redação determinada ao art. 341 do CPP, julgar-se-á quebrada a fiança quando o acusado:

(i) regularmente intimado para ato do processo, deixar de comparecer, sem motivo justo;

(ii) deliberadamente praticar ato de obstrução ao andamento do processo;

(iii) descumprir medida cautelar imposta cumulativamente com a fiança;

(iv) resistir injustificadamente a ordem judicial;

(v) praticar nova infração penal dolosa (*vide* também CPP, art. 328).

16.16.6.13.1. Efeitos do quebramento da fiança

Importará na perda de metade do valor da fiança, cabendo ao juiz decidir sobre a imposição de outras medidas cautelares e na proibição de se conceder nova fiança no mesmo processo (CPP, art. 324). Ainda, se for o caso, pode acarretar a decretação da prisão preventiva (CPP, art. 343).

16.16.6.14. Perdimento da fiança

Ocorrerá quando o acusado, se condenado, não se apresentar para dar o início do cumprimento da pena definitivamente imposta (CPP, art. 344).

16.16.6.15. Cassação da fiança

A fiança que se reconheça não ser cabível na espécie será cassada em qualquer fase do processo (CPP, art. 338). Também será cassada quando reconhecida a existência de delito inafiançável, no caso de inovação na classificação do delito (CPP, art. 339).

16.16.6.16. Infrações inafiançáveis

Não será concedida fiança (CPP, arts. 323 e 324):

(i) aos que, no mesmo processo, tiverem quebrado fiança anteriormente concedida. São cinco as hipóteses de quebramento: (i) agente que, regularmente intimado para ato do processo, deixar de comparecer, sem justo motivo; (ii) deliberadamente praticar ato de obstrução ao andamento do processo; (iii) descumprir medida cautelar imposta cumulativamente com a fiança; (iv) resistir injustificadamente a ordem judicial; (v) praticar nova infração penal dolosa (CPP, art. 341);

(ii) aos que, no mesmo processo, tiverem infringido, sem motivo justo, qualquer das obrigações a que se referem os arts. 327 (comparecimento perante a autoridade todas as vezes que for intimado para atos do inquérito e da instrução criminal e para o julgamento) e 328 (não mudar de residência, sem prévia permissão da autoridade processante, ou ausentar-se por mais de 8 (oito) dias de sua residência, sem comunicar àquela autoridade o lugar onde será encontrado) do CPP;

(iii) nos crimes de racismo (CF, art. 5º, XLII, Leis n. 7.716/89 e 9.459/97);

(iv) nos hediondos, tráfico de drogas, tortura e terrorismo (CF, art. 5º, XLIII; Lei n. 8.072/90, art. 2º, II, com a redação determinada pela Lei n. 11.464/2007);

(v) nos crimes praticados por grupos armados, civis ou militares, contra a ordem constitucional e o Estado Democrático (CF, art. 5º, XLIV);

(vi) no caso de prisão civil e militar;

(vii) quando estiver presente qualquer dos motivos que autorizam a prisão preventiva (CPP, art. 312).

Em se tratando de infrações inafiançáveis, como crimes hediondos, racismo, tráfico de drogas etc., não havendo necessidade de prisão preventiva, nem de providências cautelares alternativas, também caberá liberdade provisória. Só que aqui não existe a possibilidade de o juiz optar pela fiança, já que esta é vedada para tais crimes. Em vez de gravame, ao que parece, estamos diante de um benefício: mesmo que o juiz queira impor uma fiança de 200 mil salários mínimos para um traficante, a lei o impedirá, pois se trata de crime inafiançável. Com efeito, essa estranha figura da liberdade provisória sem fiança (criada pela Lei n. 6.416/77) torna mais vantajoso responder por um crime inafiançável, já que a liberdade provisória, quando cabível, jamais virá seguida da incômoda companhia da fiança.

Jurisprudência

- *HABEAS CORPUS*. HOMICÍDIO QUALIFICADO NA FORMA TENTADA. PRISÃO PREVENTIVA. AUSÊNCIA DE FUNDAMENTAÇÃO NA SENTENÇA DE PRONÚNCIA. RECONHECIMENTO. ORDEM CONCEDIDA. 1. Constitui dever do magistrado a manifestação fundamentada das decisões que proferir, em obediência ao disposto no art. 93, IX, da Constituição Federal. Daí se deriva a necessidade de também se manifestar acerca da manutenção, revogação ou substituição da prisão anteriormente decretada, consoante art. 387, § 1º, do CPP, quando se tratar de sentença condenatória, e art. 413, § 3º, do CPP no caso de decisão de pronúncia, o que não ocorreu na espécie. 2. O Juiz de primeiro grau, ao proferir a decisão de pronúncia, não teceu fundamentação concreta acerca da necessidade de manutenção da prisão preventiva do paciente, o que revela afronta ao disposto no art. 413, § 3º, do Código de Processo Penal. 3. *Habeas corpus* concedido (STJ – HC: 549558 SP 2019/0361983-6, rel. Min. Nefi Cordeiro, Sexta Turma, *DJe*, 14 fev. 2020).

Questões

1. Quais são os requisitos das medidas cautelares de natureza pessoal?
2. Continua sendo válida a prisão em flagrante durante a ação penal? Justifique.
3. Quais os novos patamares a serem recolhidos (mínimo e máximo) da medida cautelar da fiança? Quem pode arbitrá-los?

17 PROVA

17.1. Conceito e objetivo

Do latim *probatio*, é o conjunto de atos praticados pelas partes, pelo juiz (CPP, arts. 156, I e II, 209 e 234) e por terceiros (p. ex., peritos), destinados a levar ao magistrado a convicção acerca da existência ou inexistência de um fato, da falsidade ou veracidade de uma afirmação. Trata-se, portanto, de todo e qualquer meio de percepção empregado pelo homem com a finalidade de comprovar a verdade de uma alegação.

Por outro lado, no que toca à finalidade da prova, destina-se à formação da convicção do juiz acerca dos elementos essenciais para o deslinde da causa.

Sem dúvida alguma, o tema referente à prova é o mais importante de toda a ciência processual, já que as provas constituem os olhos do processo, o alicerce sobre o qual se ergue toda a dialética processual. Sem provas idôneas e válidas, de nada adianta desenvolverem-se aprofundados debates doutrinários e variadas vertentes jurisprudenciais sobre temas jurídicos, pois a discussão não terá objeto.

17.2. Objeto

Objeto da prova é toda circunstância, fato ou alegação referente ao litígio sobre os quais pesa incerteza, e que precisam ser demonstrados perante o juiz para o deslinde da causa. São, portanto, fatos capazes de influir na decisão do processo, na responsabilidade penal e na fixação da pena ou medida de segurança, necessitando, por essa razão, de adequada comprovação em juízo. Somente os fatos que revelem dúvida na sua configuração e que tenham alguma relevância para o julgamento da causa merecem ser alcançados pela atividade probatória, como corolário do princípio da economia processual.

17.2.1. Fatos que independem de prova

(i) Fatos axiomáticos ou intuitivos: aqueles que são evidentes. A evidência nada mais é do que um grau de certeza que se tem do conhecimento sobre algo. Nesses casos, se o fato é evidente, a convicção já está formada; logo, não carece de prova. Por exemplo, no caso de morte violenta, quando as lesões externas forem de tal monta que tornarem evidente a causa da morte, será dispensado o exame de corpo de delito interno (CPP, art. 162, parágrafo único). Exemplo: um ciclista é atropelado por uma jamanta e seu corpo é dividido em pedaços. Dispensa-se o exame cadavérico interno, pois a causa da morte é evidente.

(ii) **Fatos notórios:** aplica-se o princípio *notorium non eget probatione*, ou seja, o notório não necessita de prova. É o caso da *verdade sabida*: por exemplo, não precisamos provar que no dia 7 de setembro comemora-se a Independência, ou que a água molha e o fogo queima. Fatos notórios são aqueles cujo conhecimento faz parte da cultura de uma sociedade.

(iii) **Presunções legais:** porque são conclusões decorrentes da própria lei, ou, ainda, o conhecimento que decorre da ordem normal das coisas, podendo ser *absolutas* (*juris et de jure*) ou *relativas* (*juris tantum*). Por exemplo: a acusação não poderá provar que um menor de 18 anos tinha plena capacidade de entender o caráter criminoso do fato, pois a legislação presume sua incapacidade (inimputabilidade) de modo absoluto (*juris et de jure*), sem sequer admitir prova em contrário. Alguém que pratica um crime em estado de embriaguez completa, provocada por ingestão voluntária ou culposa de álcool ou substância entorpecente, não poderá provar que no momento da infração não sabia o que estava fazendo, pois a lei presume sua responsabilidade sem admitir prova em contrário (*actio libera in causa* – a sua ação foi livre na causa).

(iv) **Fatos inúteis:** princípio *frustra probatur quod probantum non relevat*. São os fatos, verdadeiros ou não, que não influenciam na solução da causa, na apuração da verdade real. Exemplo: a testemunha afirma que o crime se deu em momento próximo ao do jantar, e o juiz quer saber quais os pratos que foram servidos durante tal refeição. O mesmo ocorre com os fatos imorais, aqueles que, em razão de seu caráter criminoso, inescrupuloso, ofensivo à ordem pública e aos bons costumes, não podem beneficiar aquele que os pratica.

17.2.2. Fatos que dependem de prova

Todos os fatos restantes devem ser provados, inclusive o *fato admitido* ou *aceito* (também chamado *fato incontroverso*, porque admitido pelas partes). Nesse caso, diferentemente do que ocorre no processo civil, existe a necessidade da produção probatória porque o juiz pode questionar o que lhe pareça duvidoso ou suspeito, não estando obrigado à aceitação pura e simples do alegado uniformemente pelas partes.

Para a produção das provas necessita-se que a prova seja:

(i) **admissível** (permitida pela lei ou costumes judiciários). É também conhecida como prova genética, como tal entendida toda a prova admitida pelo direito;

(ii) **pertinente ou fundada** (aquela que tenha relação com o processo, contrapondo-se à prova inútil);

(iii) **concludente** (visa esclarecer uma questão controvertida); e

(iv) **possível de realização.**

Logo, forçoso é concluir que, se o fato não se inclui entre aqueles que independem de prova, mas, por outro lado, o meio pretendido seja admissível, pertinente, concludente e possível, a prova não poderá ser denegada, sob pena de manifesta ilegalidade, corrigível via correição parcial, dado o *error in procedendo*.

17.2.3. Prova do direito

O direito, em regra, não carece de prova, na medida em que o magistrado é obrigado a conhecê-lo, segundo o brocardo jurídico *iure novit curia*, ou seja, o juiz conhece o direito.

Porém, toda vez que o direito invocado for estadual, municipal, alienígena ou o consuetudinário, caberá à parte alegante a prova do mesmo.

→ **ATENÇÃO:** a previsão legal das provas (CPP, arts. 158 a 250) não é *exaustiva*, mas *exemplificativa*, uma vez que se admitem em nosso direito as chamadas *provas inominadas*, ou seja, aquelas não previstas expressamente na legislação.

17.3. Prova proibida

17.3.1. Conceito

O art. 5º, LVI, da CF dispõe que: "são inadmissíveis, no processo, as provas obtidas por meios ilícitos". Trata-se de regra inovadora, já que ausente das anteriores ordens constitucionais. Segundo o ensinamento de Uadi Lammêgo Bulos: "(...) provas obtidas por meios ilícitos são as contrárias aos requisitos de validade exigidos pelo ordenamento jurídico. Esses requisitos possuem a natureza formal e a material. A ilicitude formal ocorrerá quando a prova, no seu momento introdutório, for produzida à luz de um procedimento ilegítimo, mesmo se for lícita a sua origem. Já a ilicitude material delineia-se através da emissão de um ato antagônico ao direito e pelo qual se consegue um dado probatório, como nas hipóteses de invasão domiciliar, violação do sigilo epistolar, constrangimento físico, psíquico ou moral a fim de obter confissão ou depoimento de testemunha etc."[96]. Daí por que a expressão equivale ao termo "prova proibida, defesa ou vedada"[97], entendendo-se como tal toda aquela evidência que não pode ser admitida nem valorada no processo. Prova vedada ou proibida é, portanto, a produzida por meios ilícitos, em contrariedade a uma norma legal específica. A prova vedada comporta duas espécies:

– **Prova ilegítima.** Quando a norma afrontada tiver natureza processual, a prova vedada será chamada de ilegítima. Assim, será considerada prova ilegítima: o documento exibido em plenário do Júri, com desobediência ao disposto no art. 479, *caput* (CPP); o depoimento prestado com violação à regra proibitiva do art. 207 (CPP) (sigilo profissional) etc. Podemos ainda lembrar as provas relativas ao estado de pessoas produzidas em descompasso com a lei civil, por qualquer meio que não seja a respectiva certidão (CPP, art. 155, parágrafo único), ou a confissão feita em substituição ao exame de corpo de delito, quando a infração tiver deixado vestígios (CPP, art. 158). Nesse último caso, a título de exemplo, se houve uma lesão corporal consistente em uma fratura do antebraço, nem mesmo a radiografia, a ficha médica do paciente, o depoimento dos médicos e a confissão do acusado podem suprir a falta do exame de corpo de delito, devido à exigência processual expressa constante do art. 158 do CPP. As provas produzidas em substituição serão nulas por ofensa à norma processual e, portanto, ilegítimas, não podendo ser levadas em conta pelo juiz (CPP, art. 564, III, *b*), o que acarreta a absolvição por falta de comprovação da materialidade delitiva.

---

96. *Constituição Federal anotada*, 2. ed., São Paulo, Saraiva, 2001, p. 244.

97. Luiz Francisco Torquato Avolio, *Provas ilícitas*, São Paulo, Revista dos Tribunais, 1995, p. 38.

– **Prova ilícita.** Quando a prova for vedada, em virtude de ter sido produzida com afronta a normas de direito material, será chamada de ilícita. Desse modo, serão ilícitas todas as provas produzidas mediante a prática de crime ou contravenção, as que violem normas de Direito Civil, Comercial ou Administrativo, bem como aquelas que afrontem princípios constitucionais. Tais provas não serão admitidas no processo penal. Assim, por exemplo, uma confissão obtida com emprego de tortura (Lei n. 9.455/97), uma apreensão de documento realizada mediante violação de domicílio (CP, art. 150), a captação de uma conversa por meio do crime de interceptação telefônica (Lei n. 9.296/96, art. 10) e assim por diante.

Pode ocorrer, outrossim, que a prova não seja obtida por meio da realização de infração penal, mas considere-se ilícita por afronta a princípio constitucional, como é o caso da gravação de conversa telefônica que exponha o interlocutor a vexame insuportável, colidindo com o resguardo da imagem, da intimidade e da vida privada das pessoas (CF, art. 5º, X). Podem também ocorrer as duas coisas ao mesmo tempo: a prova ilícita caracterizar infração penal e ferir princípio da Constituição Federal. É a hipótese da violação do domicílio (art. 5º, XI), do sigilo das comunicações (art. 5º, XII), da proteção contra tortura e tratamento desumano ou degradante (art. 5º, III) e do respeito à integridade física e moral do preso (art. 5º, XLIX), dentre outros.

Finalmente, mencione-se que as provas ilícitas passaram a ser disciplinadas pela Lei n. 11.690/2008, a qual modificou a redação do art. 157 do CPP, dispondo que: "São inadmissíveis, devendo ser desentranhadas do processo, as provas ilícitas, assim entendidas as obtidas em violação a normas constitucionais ou legais". Portanto, a reforma processual penal distanciou-se da doutrina e jurisprudência pátrias que distinguiam as provas ilícitas das ilegítimas, concebendo como prova ilícita tanto aquela que viole disposições materiais como processuais.

17.3.2. Provas ilícitas por derivação e a teoria dos "frutos da árvore envenenada" (*fruits of the poisonous tree*). Princípio da proporcionalidade

A doutrina e a jurisprudência, em regra, tendem também a repelir as chamadas provas ilícitas por derivação, que são aquelas em si mesmas lícitas, mas produzidas a partir de outra ilegalmente obtida. É o caso da confissão extorquida mediante tortura, que venha a fornecer informações corretas a respeito do lugar onde se encontra o produto do crime, propiciando a sua regular apreensão. Esta última prova, a despeito de ser regular, estaria contaminada pelo vício na origem. Outro exemplo seria o da interceptação telefônica clandestina – crime punido com pena de reclusão de dois a quatro anos, além de multa (art. 10 da Lei n. 9.296/96) – por intermédio da qual o órgão policial descobre uma testemunha do fato que, em depoimento regularmente prestado, incrimina o acusado. Haveria, igualmente, ilicitude por derivação. Nesse sentido, Luiz Francisco Torquato Avolio[98]. Tais provas não poderão ser aceitas, uma vez que contaminadas pelo vício de ilicitude em sua origem, que atinge todas as provas subsequentes. Serão ilícitas as demais

98. *Provas ilícitas*, p. 67.

provas que delas se originarem. Tal conclusão decorre do disposto no art. 573, § 1º, do CPP, segundo o qual "a nulidade de um ato, uma vez declarada, causará a dos atos que dele diretamente dependam ou sejam consequência".

Essa categoria de provas ilícitas foi reconhecida pela Suprema Corte norte-americana, com base na teoria dos "frutos da árvore envenenada" – *fruits of the poisonous tree* –, segundo a qual o vício da planta se transmite a todos os seus frutos. A partir de uma decisão proferida no caso *Siverthorne Lumber Co. vs. United States*, em 1920, as cortes americanas passaram a não admitir qualquer prova, ainda que lícita em si mesma, oriunda de práticas ilegais.

No Brasil, Grinover, Scarance e Magalhães sustentam que a ilicitude da prova se transmite a tudo o que dela advier, sendo inadmissíveis as provas ilícitas por derivação, dentro do nosso sistema constitucional: "Na posição mais sensível às garantias da pessoa humana, e consequentemente mais intransigente com os princípios e normas constitucionais, a ilicitude da obtenção da prova transmite-se às provas derivadas, que são igualmente banidas do processo"[99].

Atualmente, a lei é expressa no sentido da inadmissibilidade. O CPP, em seu art. 157, § 1º, considera inadmissíveis as provas derivadas das ilícitas e determina o seu desentranhamento do processo (cf. comentários no Tópico 17.3.3).

A questão que se coloca é a de saber até que ponto as garantias constitucionais inerentes ao devido processo legal e à preservação da intimidade do acusado podem ser flexibilizadas, diante da ponderação dos valores contrastantes entre indivíduo e sociedade. Em outras palavras: como proceder diante de um eventual conflito entre as garantias constitucionais protetivas do cidadão, derivadas do devido processo legal, e o interesse da sociedade no combate à criminalidade?

Nosso entendimento: não é razoável a postura inflexível de se desprezar, sempre, toda e qualquer prova ilícita. Em alguns casos, o interesse que se quer defender é muito mais relevante do que a intimidade que se deseja preservar. Assim, surgindo conflito entre princípios fundamentais da Constituição, torna-se necessária a comparação entre eles para verificar qual deva prevalecer. Dependendo da razoabilidade do caso concreto, ditada pelo senso comum, o juiz poderá admitir uma prova ilícita ou sua derivação, para evitar um mal maior, como, por exemplo, a condenação injusta ou a impunidade de perigosos marginais. Os interesses que se colocam em posição antagônica precisam ser cotejados, para escolha de qual deva ser sacrificado.

Nesse sentido, a lição do constitucionalista J. J. Gomes Canotilho: "De um modo geral, considera-se inexistir uma colisão de direitos fundamentais quando o exercício de um direito fundamental por parte do seu titular colide com o exercício do direito funda-

99. *As nulidades no processo penal*, 3. ed., Malheiros, p. 116.

mental por parte de outro titular"[100]. Continua o autor: "(...) os direitos fundamentais não sujeitos a normas restritivas não podem converter-se em direitos com mais restrições do que os direitos restringidos pela Constituição ou com autorização dela (através de lei)"[101].

Em outras palavras, o direito à liberdade (no caso da defesa) e o direito à segurança, à proteção da vida, do patrimônio etc. (no caso da acusação) muitas vezes não podem ser restringidos pela prevalência do direito à intimidade (no caso das interceptações telefônicas e das gravações clandestinas) e pelo princípio da proibição das demais provas ilícitas.

Entra aqui o princípio da proporcionalidade, segundo o qual não existe propriamente um conflito entre as garantias fundamentais. No caso de princípios constitucionais contrastantes, o sistema faz atuar um mecanismo de harmonização que submete o princípio de menor relevância ao de maior valor social.

Foi na Alemanha, no período do pós-guerra, que se desenvolveu a chamada teoria da proporcionalidade (*Verhaltnismassigkeitsprinzip*). De acordo com essa teoria, sempre em caráter excepcional e em casos extremamente graves, tem sido admitida a prova ilícita, baseando-se no princípio do equilíbrio entre os valores contrastantes (admitir uma prova ilícita para um caso de extrema necessidade significa quebrar um princípio geral para atender a uma finalidade excepcional justificável). Para essa teoria, a proibição das provas obtidas por meios ilícitos é um princípio relativo, que, excepcionalmente, pode ser violado sempre que estiver em jogo um interesse de maior relevância ou outro direito fundamental com ele contrastante. É preciso lembrar que não existe propriamente conflito entre princípios e garantias constitucionais, já que estes devem harmonizar-se de modo que, em caso de aparente contraste, o mais importante prevaleça. Um exemplo em que seria possível a aplicação desse princípio é o de uma pessoa acusada injustamente, que tenha na interceptação telefônica ilegal o único meio de demonstrar a sua inocência. No dilema entre não se admitir a prova ilícita e privar alguém de sua liberdade injustamente, por certo o sistema se harmonizaria no sentido de excepcionar a vedação da prova, para permitir a absolvição. Um outro caso seria o de uma organização criminosa que teve ilegalmente seu sigilo telefônico violado e descoberta toda a sua trama ilícita. O que seria mais benéfico para a sociedade: o desbaratamento do grupo ou a preservação do seu "direito à intimidade"? Conforme informa Avolio: "(...) a jurisprudência alemã admite exceções à proibição geral de admissibilidade (e de utilizabilidade) das provas formadas ou obtidas inconstitucionalmente, quando se tratar de realizar exigências superiores de caráter público ou privado, merecedoras de particular tutela. Chega-se, portanto, ao princípio da *Güterund Interessenabwägung* (ou seja, o princípio do balanceamento dos interesses e dos valores)"[102]. Nos Estados Unidos, tal princípio foi chamado de "razoabilidade", expressão equivalente à proporcionalidade do Direito alemão. Se uma prova ilícita ou ilegítima for necessária para evitar uma condenação injusta, certamente deverá ser aceita, flexibilizando-se a proibição dos incisos X e XII do art. 5º da CF. Nesse contexto, vale assinalar a lição de Luiz Carlos Branco, perfeitamente aplicável às provas penais:

---

100. *Direito constitucional*, 6. ed., Coimbra, Livr. Almedina, 1993, p. 643.

101. *Direito constitucional*, cit., p. 656.

102. *Provas ilícitas*, cit., p. 62.

"No direito alemão, o princípio da proporcionalidade requer três qualidades para o ato administrativo: 1) adequação, ou seja, o meio empregado na atuação deve ser compatível com a sua finalidade; 2) exigibilidade, isto é, a conduta deve ser necessária, não havendo outro meio menos gravoso ou oneroso para atingir o fim público; 3) proporcionalidade em sentido estrito, em que as vantagens almejadas superem as desvantagens"[103].

Grinover, Scarance e Magalhães esclarecem que é praticamente unânime o entendimento que admite "a utilização no processo penal, da prova favorável ao acusado, ainda que colhida com infringência a direitos fundamentais seus ou de terceiros"[104]. No mesmo sentido, Torquato Avolio, ao lembrar que "a aplicação do princípio da proporcionalidade sob a ótica do direito de defesa, também garantido constitucionalmente, e de forma prioritária no processo penal, onde impera o princípio do *favor rei*, é de aceitação praticamente unânime pela doutrina e jurisprudência"[105]. De fato, a tendência da doutrina pátria é a de acolher essa teoria, para favorecer o acusado (a chamada prova ilícita *pro reo*), em face do princípio do *favor rei*, admitindo sejam utilizadas no processo penal as provas ilicitamente colhidas, desde que em benefício da defesa (Súmula 50 das Mesas de Processo Penal da USP).

A aceitação do princípio da proporcionalidade *pro reo* não apresenta maiores dificuldades, pois o princípio que veda as provas obtidas por meios ilícitos não pode ser usado como um escudo destinado a perpetuar condenações injustas. Entre aceitar uma prova vedada, apresentada como único meio de comprovar a inocência de um acusado, e permitir que alguém, sem nenhuma responsabilidade pelo ato imputado, seja privado injustamente de sua liberdade, a primeira opção é, sem dúvida, a mais consentânea com o Estado Democrático de Direito e a proteção da dignidade humana.

No que tange ao princípio da proporcionalidade *pro societate*, consistente na admissibilidade das provas ilícitas, quando demonstrada a prevalência do interesse público na persecução penal, a tendência atual da jurisprudência dos Tribunais Superiores é a da sua não adoção. De acordo com esse entendimento, a não admissão de mecanismos de flexibilização das garantias constitucionais tem o objetivo de preservar o núcleo irredutível de direitos individuais inerentes ao devido processo legal, mantendo a atuação do poder público dentro dos limites legais. As medidas excepcionais de constrição de direitos não podem, assim, ser transformadas em práticas comuns de investigação.

O Superior Tribunal de Justiça tem repelido tanto as provas obtidas por meios ilícitos, entendidas assim todas aquelas que ocorrem em desacordo com sua previsão legal e constitucional, quanto as que delas surgirem como consequências (as chamadas provas ilícitas por derivação). Nesse sentido: *HABEAS CORPUS*. ORGANIZAÇÃO CRIMINOSA. NULIDADE DA PROVA. AUSÊNCIA DE AUTORIZAÇÃO JUDICIAL PARA A PERÍCIA NO CELULAR. CONSTRANGIMENTO ILEGAL EVIDENCIADO. ILICITUDE DA PROVA DERIVADA. TEORIA DOS FRUTOS DA ÁRVORE ENVENENADA. DENÚNCIA OFERECIDA

103. *Equidade, proporcionalidade e razoabilidade*, São Paulo, RCS Editora, p. 136.

104. *As nulidades no processo penal*, cit., p. 116.

105. *Provas ilícitas*, Revista dos Tribunais, p. 66.

COM BASE EXCLUSIVAMENTE EM PROVA CONTAMINADA. IMPOSSIBILIDADE. TRANCAMENTO. 1. É considerado ilícito o acesso a dados mantidos em aparelho celular diretamente por autoridades policiais, sem prévia autorização judicial. Precedentes. 2. Se todas as provas que embasaram a denúncia derivaram da vistoria considerada ilegal, é de se reconhecer a imprestabilidade também destas, de acordo com a teoria dos frutos da árvore envenenada, trancando-se a ação penal instaurada. 3. Ordem concedida para determinar o trancamento da ação penal em apreço, sem prejuízo do oferecimento de nova denúncia com base em outras provas admitidas pelo ordenamento jurídico (STJ – HC: 392466 CE 2017/0058452-1, rel. Min. Sebastião Reis Júnior, Sexta Turma, *DJe* 12 mar. 2018).

17.3.3. Provas ilícitas e a Lei n. 11.690/2008

Visando regulamentar o preceito contido no art. 5º, LVI, da Carta Magna, foi editada a Lei n. 11.690/2008, que disciplinou, no art. 157 do Código de Processo Penal, a matéria relativa às provas ilícitas. Consoante o teor do mencionado dispositivo legal: "São inadmissíveis, devendo ser desentranhadas do processo, as provas ilícitas, assim entendidas as obtidas em violação a normas constitucionais ou legais. § 1º São também inadmissíveis as provas derivadas das ilícitas, salvo quando não evidenciado o nexo de causalidade entre umas e outras, ou quando as derivadas puderem ser obtidas por uma fonte independente das primeiras. § 2º Considera-se fonte independente aquela que por si só, seguindo os trâmites típicos e de praxe, próprios da investigação ou instrução criminal, seria capaz de conduzir ao fato objeto da prova. § 3º Preclusa a decisão de desentranhamento da prova declarada inadmissível, esta será inutilizada por decisão judicial, facultado às partes acompanhar o incidente".

Em primeiro lugar, a lei, respeitando o comando constitucional, deixou bem clara a inadmissibilidade das provas ilícitas, não distinguindo as provas produzidas com violação das disposições materiais daquelas realizadas em contrariedade às disposições processuais, como já anteriormente analisado. Ressalve-se, no entanto, que essa vedação legal não será apta a afastar a incidência do princípio constitucional da proporcionalidade, admitindo-se a prova ilícita sempre que estiverem em jogo interesses de extrema magnitude para o cidadão, como a vida, a liberdade ou a segurança.

Em segundo lugar, o preceito legal dispôs acerca do desentranhamento e, uma vez preclusa essa decisão, da destruição dessa prova por decisão judicial, facultando às partes acompanhar esse incidente. Note-se que a jurisprudência já vinha determinando o desentranhamento dessa prova, tendo a 1ª Turma do Supremo Tribunal Federal admitido a impetração de *habeas corpus* para impugnar a inserção de provas ilícitas em procedimento penal e postular o seu desentranhamento: sempre que, da imputação, pudesse advir condenação à pena privativa de liberdade. A autorização para a destruição da prova ilícita, por sua vez, tem suscitado diversos questionamentos, pois poderá inviabilizar a propositura de uma futura revisão criminal, isto é, a utilização dessa prova a favor do acusado, a fim de buscar a sua inocência. É importante assinalar que a matéria relativa à prova ilícita tem cunho nitidamente constitucional e, muito embora a Carta Magna e o art. 157 do CPP vedem a produção dessa prova, isto não terá o condão de afastar princípios constitucionais como o da proporcionalidade, que autorizam a utilização da prova ilícita sempre que bens de maior magnitude, como a vida e a liberdade do indivíduo, estejam em jogo. Desse modo, constitui medida bastante temerária a inutilização dessa prova, pois ela poderá constituir elemento importante a embasar futura revisão criminal, constituindo, assim, prova para a defesa.

Em terceiro lugar, em face de sedimentado entendimento doutrinário e jurisprudencial, o art. 157 do CPP albergou a teoria dos frutos da árvore envenenada e trouxe limites a ela, inspirando-se na legislação norte-americana, de forma a se saber quando uma prova é ou não derivada da ilícita, isto é, a lei procurou trazer contornos para o estabelecimento do nexo causal entre uma prova e outra.

Vejamos os limites trazidos pela nova legislação:

(i) **Limitação da fonte independente (*independent source limitation*)**: o § 1º do art. 157 prevê que são inadmissíveis as provas derivadas das ilícitas, "salvo quando não evidenciado o nexo de causalidade entre umas e outras, ou quando as derivadas puderem ser obtidas por uma fonte independente das primeiras". Trata-se de teoria que já foi adotada pelo Supremo Tribunal Federal, no qual se entendeu que se deve preservar a denúncia respaldada em prova autônoma, independente da prova ilícita impugnada por força da não observância de formalidade na execução de mandado de busca e apreensão. Portanto, a prova derivada será considerada fonte autônoma, independente da prova ilícita, "quando a conexão entre umas e outras for tênue, de modo a não se colocarem as primárias e secundárias numa relação de estrita causa e efeito"[106].

(ii) **Limitação da descoberta inevitável (*inevitable discovery limitation*)**: afirma Scarance, lançando mão do ensinamento de Barbosa Moreira, que, na jurisprudência norte-americana, tem-se afastado a tese da ilicitude derivada ou por contaminação quando o órgão judicial se convence de que, fosse como fosse, se chegaria "inevitavelmente, nas circunstâncias, a obter a prova por meio legítimo"[107]. Nesse caso, a prova que deriva da prova ilícita originária seria inevitavelmente conseguida de qualquer outro modo. Segundo o § 2º do art. 157, "Considera-se fonte independente aquela que por si só, seguindo os trâmites típicos e de praxe, próprios da investigação ou instrução criminal, seria capaz de conduzir ao fato objeto da prova". O legislador considera, assim, fonte independente a descoberta inevitável, mas tal previsão legal é por demais ampla, havendo grave perigo de se esvaziar uma garantia constitucional, que é a vedação da utilização da prova ilícita.

Finalmente, cabe aqui um comentário acerca das limitações da fonte independente e da descoberta inevitável.

No primeiro caso, se não existe nexo de causalidade entre a nova evidência e a prova anteriormente produzida, isto significa que uma não derivou da outra. Se a causa geradora da prova for absolutamente independente em relação à anterior, é porque uma

---

106. Grinover, Scarance e Magalhães, apud Antonio Scarance Fernandes, *Processo penal constitucional*, 5. ed., São Paulo, Revista dos Tribunais, 2007, p. 96-97.

107. *Apud* Antonio Scarance Fernandes, *Processo penal constitucional*, cit., p. 97, nota de rodapé n. 52.

nada tinha a ver com a outra, sendo incabível falar-se em prova ilícita por derivação. Em outras palavras, se o fruto derivou de outra árvore distinta da envenenada, não há que se falar na teoria dos frutos da árvore envenenada. A regra da limitação da fonte independente é, portanto, supérflua, desnecessária. Basta aplicar a conhecida teoria da *conditio sine qua non* e o critério da eliminação hipotética: se ao excluir a prova anterior da cadeia causal a nova prova continuar existindo, é porque não foi causada por aquela, sendo incabível a alegação de ilicitude da prova por derivação. Se, ao contrário, a prova produzida estiver arrimada ou justificada na prova ilícita anterior, não se poderá alegar independência de fonte, ante o critério da eliminação hipotética (excluída a prova ilícita, desaparece a produção da prova dela derivada, revelando-se o nexo de interdependência entre ambas). No segundo caso, qual seja, o da descoberta inevitável, a prova, a despeito de sua ilicitude, considera-se válida sob o argumento de que acabaria sendo descoberta de qualquer modo. Aqui, é necessária muita cautela para não tornar sem efeito a cláusula de garantia da proibição das provas ilícitas. Inspirada em um precedente da Suprema Corte norte-americana, qual seja, o caso Nix × Williams, julgado em junho de 1984, a regra da *inevitable discovery limitation* não se presta a um infindável juízo de probabilidades, mas se baseia em situações bastante concretas e demonstráveis de modo evidente. No caso, investigava-se o desaparecimento de uma menina de 10 anos ocorrido em Des Moines, Estado do Iowa. O suspeito fora preso no mesmo Estado, na cidade de Davenport. Seu defensor foi avisado pela polícia de que ele seria levado para o local do desaparecimento, mas que não seria interrogado no caminho. Entretanto, durante o trajeto, houve uma conversa informal, na qual se deu a admissão do crime e a indicação do local em que o corpo tinha sido enterrado. Apesar de a confissão ter sido ilicitamente obtida (por violação da sexta emenda), a localização do corpo acabou sendo admitida como válida, não sendo considerada prova ilícita por derivação, já que seu encontro seria inevitável. Na hipótese, porém, não houve um juízo aleatório de possibilidades, mas, ao contrário, no local já havia 200 voluntários, além da polícia, com toda a área cercada, sendo o encontro do corpo do delito mera questão de tempo. Não foi a confissão informal que determinou o deslocamento de todo aquele contingente ao local. Eles já lá se encontravam e iriam obter a prova de um jeito ou de outro ("A systematic search of the area that was being conducted with the AID of 200 volunteers, and that had been iniciated before the respondent made the incriminating statements, was terminated when respondent guided police to the body" – Busca sistemática foi feita com a ajuda de 200 voluntários, e iniciou-se antes dos entrevistadores elaborarem as questões incriminadoras – traduzimos e destacamos). Assim, a busca em toda a área já tinha se iniciado de modo efetivo, antes das informações colhidas junto ao incriminado, sendo que estas apenas aceleraram, mas não determinaram o encontro da prova. Convém notar que aqui também cabe a aplicação da regra da eliminação hipotética e da *conditio sine qua non*. Ainda que não houvesse a confissão, como a busca já tinha se iniciado e se encaminhava para o encontro, a prova seria inevitavelmente produzida. Não ocorreu, destarte, nexo causal, pois, eliminada a admissão tida como ilícita, ainda assim haveria o encontro do corpo. Bem diferente seria o caso de a busca ter se iniciado em virtude das informações. Aí, sim, a prova seria ilícita, pois evidente o nexo causal. Descoberta inevitável, portanto, é aquela em que todos os procedimentos válidos já estão iniciados e o encontro é mera questão de tempo, sendo a prova ilícita produzida paralelamente desnecessária. Ao contrário, se a prova autônoma nada havia produzido, quando teve início a prova ilícita, neste caso, não se aplica a regra de admissibilidade prevista na nova lei.

17.3.4. Provas ilícitas e a inviolabilidade do sigilo das comunicações. Comunicação por carta e telegráfica

No que diz respeito à preservação do segredo nas comunicações, a Constituição Federal, em seu art. 5º, XII, consagra a garantia da inviolabilidade do sigilo das comunicações: (i) por carta; (ii) telegráfica; (iii) de transmissão de dados; (iv) telefônica. Somente no último caso, ou seja, na hipótese do sigilo das comunicações telefônicas, o Texto Constitucional admitiu a quebra. Nos demais, aparentemente, o sigilo foi estabelecido de modo absoluto.

Correspondência por carta ou epistolar é a comunicação por meio de cartas ou qualquer outro instrumento de comunicação escrita. Telegráfica é a comunicação por telegrama. Apesar de a Constituição não ressalvar hipótese de restrição ao sigilo desse tipo de transmissão de mensagem, deve-se consignar que não existe garantia absoluta em nenhum ordenamento constitucional. Nesse sentido, a lição de J. J. Gomes Canotilho, para quem "considera-se inexistir uma colisão de direitos fundamentais, quando o exercício de um direito fundamental por parte do seu titular colide com o exercício do direito fundamental por parte de outro titular"[108]. "Em regra, o direito de confidenciar algo íntimo a outrem não deve ser alvo de interferência, exceto em hipóteses taxativas discriminadas na lei. De fato, não se justifica o sigilo absoluto em todos os casos. Ao invés, sua quebra é necessária para evitar a tutela oblíqua de condutas ilícitas ou práticas *contra legem*. A doutrina constitucional moderna é cediça nesse sentido, porque as garantias fundamentais do homem não podem servir de apanágio à desordem, ao caos, à subversão da ordem pública"[109]. Realmente, nenhuma liberdade individual é absoluta. Comporta exceções para preservar o ditame da legalidade. Portanto, afigura-se possível, observados os requisitos constitucionais e legais, a interceptação das correspondências e das comunicações telegráficas e de dados, sempre que as liberdades públicas estiverem sendo utilizadas como instrumento de salvaguarda de práticas ilícitas.

17.3.5. Provas ilícitas e a inviolabilidade do sigilo das comunicações. Comunicações telefônicas

Anteriormente à Lei n. 9.296, de 24 de julho de 1996, a jurisprudência do STF já *havia se orientado* no sentido de que, enquanto a matéria *não fosse* regulamentada pelo legislador ordinário, *deveria ser* considerada inconstitucional toda e qualquer prova obtida por meio de escuta telefônica, ainda que autorizada pela justiça (HC 69.912-0-RS, *DJU*, 25 mar. 1994). É que, de acordo com o art. 5º, XII, da Constituição Federal, o sigilo das comunicações telefônicas somente pode ser quebrado quando presentes três requisitos:

---

108. *Direito constitucional*, 6. ed., Coimbra, Almedina, 1993, p. 643.

109. Uadi Lammêgo Bulos, *Constituição Federal anotada*, cit., p. 115.

(i) ordem judicial autorizadora; (ii) finalidade de colheita de evidências para instruir investigação criminal ou processo penal; e (iii) existência de lei prevendo as hipóteses em que a quebra será permitida. Como não existia nenhuma lei antevendo os casos de violação do sigilo, juiz nenhum poderia autorizá-la. A interpretação de que o art. 57, II, e, da Lei n. 4.117/62 poderia funcionar como a tal lei reclamada pelo Texto Maior não vingou. Motivo: o art. 57 não previu qualquer hipótese de admissibilidade da interceptação.

Desse modo, era entendimento pacífico que a lei regulamentadora a que faz menção o Texto Constitucional não existia, e que tampouco se podia considerar o art. 57, II, e, do Código Brasileiro de Telecomunicações (Lei n. 4.117/62), que não fixa a forma, nem determina os casos em que se poderia admitir a interceptação, apto a constituir a base legal para a decretação da quebra do sigilo das comunicações telefônicas. Logo, em nenhum caso, o juiz poderia autorizar a quebra do sigilo das comunicações telefônicas.

No mesmo sentido, Grinover, Scarance e Magalhães, "não se pode dizer que o Código de Telecomunicações supra a exigência constitucional"[110]. Era também a posição pacífica do STF (cf. HC 69.912-0-RS acima mencionado). Aliás, anteriormente, o Pretório Excelso, em decisão do Min. Ilmar Galvão, já havia negado ao procurador-geral da República autorização para interceptação telefônica, em virtude da ausência de lei regulamentadora do dispositivo constitucional[111].

Com a entrada em vigor da Lei n. 9.296, de 24 de julho de 1996, cessou a discussão, pois o novo texto disciplinou a interceptação de conversas telefônicas. Agora, o juiz pode autorizar a quebra do sigilo de ofício ou a requerimento do membro do Ministério Público ou autoridade policial, mas somente quando presentes os seguintes requisitos: (i) indícios razoáveis de autoria ou participação em infração penal; (ii) não houver outro meio de se produzir a mesma prova; e (iii) o fato for punido com pena de reclusão.

– **Comunicações telefônicas.** Dispõe o art. 1º da Lei que a interceptação será de comunicações telefônicas de qualquer natureza. "Comunicação telefônica é a transmissão, emissão, receptação e decodificação de sinais linguísticos, caracteres escritos, imagens, sons, símbolos de qualquer natureza veiculados pelo telefone estático ou móvel (celular)"[112]. Nas comunicações telefônicas incluem-se as transmissões de informações e dados constantes de computadores e telemáticos, desde que feitas por meio de cabos telefônicos (e-mail, por exemplo). No mesmo sentido assinala Luiz Flávio Gomes e Raúl Cervini: "comunicações telefônicas 'de qualquer natureza', destarte, significa qualquer tipo de comunicação telefônica permitida na atualidade em razão do desenvolvimento tecnológico. Pouco importa se isso se concretiza por meio de fio, radioeletricidade (como é o caso do celular), meios ópticos ou qualquer outro processo eletromagnético. Com uso ou não da informática. É a hipótese do 'fax', por exemplo, em que se pode ou não utilizar o computador. Para efeito de interpretação da lei, o que interessa é a constatação do envolvimento da telefonia, com os recursos técnicos comunicativos que atualmente ela

110. *As nulidades no processo penal*, cit., p. 152.

111. *Folha de S. Paulo*, 18 nov. 1992, p. 1-5.

112. Uadi Lammêgo Bulos, *Constituição Federal anotada*, cit., p. 118.

permite. Ora esses recursos técnicos são combinados com o computador (comunicação *modem by modem*, por exemplo, via internet ou via direta), ora não são. Tanto faz. De se observar que a interceptação do 'fluxo de comunicações em sistema de informática' está expressamente prevista no parágrafo único do art. 1º (*v.* comentários respectivos, *infra*)"[113].

– **Comunicações em sistema de informática e telemática.** Reza o parágrafo único do art. 1º que o disposto na Lei aplica-se à interceptação de fluxo de comunicações em sistema de informática e telemática. Telemática "é a ciência que estuda a comunicação associada à informática (...)"[114], ou, mais precisamente, "é a ciência que cuida da comunicação (transmissão, manipulação) de dados, sinais, imagens, escritos e informações por meio do uso combinado da informática (do computador) com as várias formas de telecomunicação. Sucintamente, telemática é telecomunicação (qualquer uma das suas variadas formas) mais informática"[115]. Assim, a Lei n. 9.296/96 estabeleceu os requisitos para a autorização da quebra do sigilo no seu art. 2º, mas estendeu essa possibilidade também à hipótese das transmissões de dados (art. 1º, parágrafo único), tornando-a de duvidosa constitucionalidade, já que a norma do art. 5º, XII, da CF só permitiu a violação do sigilo no caso das comunicações telefônicas (convém lembrar que o mencionado dispositivo apenas admitiu a violação do sigilo "no último caso...", que é justamente o caso das comunicações telefônicas). Conforme anota Damásio de Jesus: "Inclino-me pela constitucionalidade do referido parágrafo único. A Carta Magna, quando excepciona o princípio do sigilo na hipótese de 'comunicações telefônicas', não cometeria o descuido de permitir a interceptação somente no caso de conversação verbal por esse meio, isto é, quando usados dois aparelhos telefônicos, proibindo-a, quando pretendida com finalidade de investigação criminal e prova em processo penal, nas hipóteses mais modernas. A exceção, quando menciona 'comunicações telefônicas', estende-se a qualquer forma de comunicação que empregue a via telefônica como meio, ainda que haja transferência de 'dados'. É o caso do uso do modem. Se assim não fosse, bastaria, para burlar a permissão constitucional, 'digitar' e não 'falar'. (...) A circunstância de a CF expressamente só abrir exceção no caso da comunicação telefônica não significa que o legislador ordinário não possa permitir a interceptação na hipótese de transmissão de dados. Não há garantias constitucionais absolutas. Se assim não fosse, o CP não poderia admitir a prática de homicídio em legítima defesa (arts. 23, II, e 25), uma vez que a Carta Magna garante a 'inviolabilidade do direito à vida' sem ressalva (art. 5º, *caput*). Da mesma forma, embora o art. 5º, XII, disponha sobre o sigilo da correspondência sem abrir exceção, reconhece-se a legitimidade de o art. 41, parágrafo único, da Lei de Execução Penal admitir a interceptação de carta de presidiário pela administração penitenciária, como foi decidido pelo STF. No mesmo sentido, Luiz Flávio Gomes e Raúl Cervini, os quais, ainda, admitem a interceptação por telemática independente do uso de telefonia[116]. Com efeito, se a transmissão dos dados se der por telefone, não haverá nenhuma inconstitucionalidade, uma

113. *Interceptação telefônica*, São Paulo, Revista dos Tribunais, 1997, p. 112.

114. Uadi Lammêgo Bulos, *Constituição Federal anotada*, cit., p. 121.

115. Luiz Flávio Gomes e Raúl Cervini, *Interceptação telefônica*, cit., p. 165.

116. *Interceptação telefônica*, cit., p. 171-6.

vez que comunicação telefônica é gênero que comporta as seguintes espécies: transmissão telefônica da voz, de imagem, *de dados* e de sinais. Se os dados forem transmitidos por telefone, nada impede sejam interceptados. A comunicação telemática insere-se nesse contexto, pois é a transmissão de dados de informática por meio do telefone. Em sentido contrário, entendendo que o parágrafo único é inconstitucional, já que a Carta Magna somente autoriza a interceptação de comunicação telefônica, na qual não se insere a transmissão de dados, Vicente Greco Filho: "a garantia constitucional do sigilo é a regra e a interceptação a exceção, de forma que a interpretação deve ser restritiva quanto a esta (*exceptiora non sunt amplianda*)"[117]. Assim, para o autor, a Constituição autorizaria somente a interceptação de comunicações telefônicas e não a de dados, e muito menos as telegráficas. No mesmo sentido, Antonio Magalhães Gomes Filho, para quem "a Constituição, no art. 5º, XII, traz como regra a inviolabilidade da correspondência, das comunicações telegráficas, de dados e das comunicações telefônicas, só excepcionando no último caso, ou seja, em relação às comunicações telefônicas propriamente ditas. A comunicação de dados, que constitui objeto da telemática, ainda que feita por via telefônica, está clara e amplamente coberta pela proteção constitucional. Aliás, ainda que o texto pudesse ensejar alguma dúvida, vale lembrar, ainda uma vez, que as regras que limitam os direitos e garantias individuais só podem ser interpretadas restritivamente"[118].

Vale, finalmente, mencionar um julgado do Supremo Tribunal Federal, no qual se considerou legal uma busca e apreensão domiciliar, mediante mandado judicial, de microcomputador, sob o argumento de que não haveria violação do art. 5º, XII, da Constituição, pois, no caso, não teria havido quebra de sigilo das comunicações de dados (interceptação das comunicações), "mas sim apreensão de base física na qual se encontravam os dados, mediante prévia e fundamentada decisão judicial. A proteção a que se refere o art. 5º, XII, da Constituição é da comunicação 'de dados' e não dos 'dados em si mesmos', ainda quando armazenados em computador" (STF, Tribunal Pleno, RE 418.416/SC, rel. Min. Sepúlveda Pertence, j. 10-5-2006, *DJ*, 19 dez. 2006, p. 37).

– **Interceptação telefônica.** Indaga-se qual seria o alcance do termo interceptação. Interceptação provém de interceptar – intrometer, interromper, interferir, colocar-se entre duas pessoas, alcançando a conduta de terceiro que, estranho à conversa, se intromete e toma conhecimento do assunto tratado entre os interlocutores. Para fins de considerar a prova como ilícita, a doutrina tem classificado as interceptações telefônicas do seguinte modo:

(i) **interceptação telefônica em sentido estrito:** consiste na captação da conversa telefônica por um terceiro, sem o conhecimento dos interlocutores (é o chamado "grampeamento");

(ii) **escuta telefônica:** é a captação da conversa com o consentimento de apenas um dos interlocutores (a polícia costuma fazer escuta em casos de sequestro, em que a família da vítima geralmente consente nessa prática, obviamente sem o conhecimento

117. *Interceptação telefônica*, São Paulo, Saraiva, 1996, p. 12.

118. Antonio Magalhães Gomes Filho, *Direito à prova no processo penal*, São Paulo, Revista dos Tribunais, 1997, p. 126.

do sequestrador do outro lado da linha). Para Vicente Greco Filho "a lei não disciplina a interceptação (realizada por terceiro), mas com o consentimento de um dos interlocutores"[119].

(iii) **interceptação ambiental:** é a captação da conversa entre presentes, efetuada por terceiro, dentro do ambiente em que se situam os interlocutores, sem o conhecimento por parte destes;

(iv) **escuta ambiental:** é a interceptação de conversa entre presentes, realizada por terceiro, com o conhecimento de um ou alguns;

(v) **gravação clandestina:** é a praticada pelo próprio interlocutor ao registrar sua conversa (telefônica ou não), sem o conhecimento da outra parte.

Tanto a interceptação *stricto sensu* quanto a escuta telefônica inserem-se na expressão "interceptação", prevista no art. 5º, XII, da CF; logo, submetem-se às exigências da Lei n. 9.296/96. Diferente é o caso em que o próprio interlocutor grava a conversa. Neste, não existe a figura do terceiro e, portanto, não se pode falar em interceptação. Convém notar que para Antonio Scarance Fernandes e Ada Pellegrini Grinover o procedimento da Lei n. 9.296/96 se aplica às três espécies: interceptação em sentido estrito, escuta telefônica e gravação clandestina, sob pena de a prova ser reputada ilícita. O STF, por sua vez, já aceitou como válida a gravação de conversa telefônica como prova. Segundo esse posicionamento, as gravações telefônicas, que consistem na captação da comunicação via fone feita por um dos comunicadores, sem o conhecimento do outro, estão fora da disciplina jurídica da Lei n. 9.296/96, bem como do alcance da proibição do art. 5º, XII, da Constituição, considerando-se, à vista disso, como provas lícitas, podendo ser produzidas sem necessidade de prévia autorização judicial.

No entanto, é preciso ressalvar que a gravação somente não será admitida, e será considerada ilícita, quando afrontar outra garantia, qual seja, a da inviolabilidade da intimidade (CF, art. 5º, X). Dessa forma, se, excepcionalmente, o conteúdo for muito acintoso, a prova poderá, eventualmente, ser considerada ilícita, por afronta a outra norma de índole constitucional, a da inviolabilidade da intimidade e da vida privada. A gravação não feriu a inviolabilidade da comunicação telefônica, mas seu conteúdo acintoso poderá torná-la ilícita, ante o suplício da humilhação imposto ao outro interlocutor, o qual terá sua intimidade e sua imagem protegidas. Contrariando esse entendimento, sustenta Damásio E. de Jesus[120] que, no plano da gravação clandestina (ilícita), em que um dos interlocutores sabe que a conversação está sendo registrada sem o conhecimento do outro, a prova obtida não tem sido válida, quer no Processo Civil, quer no Processo Penal. Esse autor cita Nelson Nery Junior[121]. Para Luiz Flávio Gomes, excepcionalmente, em face do princípio da proporcionalidade, será admitida a prova ilícita em benefício do acusado, para provar a sua inocência, jamais para incriminá-lo.

---

119. *Interceptação telefônica*, cit., p. 5-6.

120. Interceptação de comunicações telefônicas: notas à Lei n. 9.296/96, *RT*, 735:458.

121. *Princípios do processo civil na Constituição Federal*, 2. ed., São Paulo, Revista dos Tribunais, p. 143, e a divergência entre o STF e o STJ, no *Boletim do IBCCrim*, São Paulo, 44:6 e 7, ago. 1996; STF, Ap. 307, Plenário, rel. Min. Ilmar Galvão, *DJU*, 13 out. 1995.

Nosso entendimento: o problema assim se coloca: a gravação telefônica, em regra, será lícita, salvo quando flagrantemente atentatória à intimidade alheia. A interceptação em sentido estrito e a escuta telefônica, quando feitas fora das hipóteses legais ou sem autorização judicial, não devem ser admitidas, por afronta ao direito à privacidade. No entanto, excepcionalmente, mesmo quando colhidas ilegalmente, tais evidências poderão ser aceitas em atenção ao princípio da proporcionalidade.

Neste último caso, há duas posições: (i) o princípio da proporcionalidade deve ser aceito somente *pro reo*; (ii) deve ser aceito *pro reo* ou *pro societate*. No tocante à utilização de gravação clandestina, vale mencionar o acórdão do Superior Tribunal de Justiça: "A gravação de conversações através do telefone da vítima, com o seu conhecimento, nas quais restam evidentes extorsões cometidas pelos réus, exclui suposta ilicitude dessa prova (precedentes do Excelso Pretório)".

– Interceptação e gravação ambiental. A captação ambiental foi inserida na Lei n. 9.296/96 pela Lei n. 13.964 de 2019, que acrescentou àquela o art. 10-A.[122] Interceptação ambiental é a captação da conversa entre dois ou mais interlocutores, por um terceiro que esteja no mesmo local ou ambiente em que se desenvolve o colóquio. Escuta ambiental é essa mesma captação feita com o consentimento de um ou alguns interlocutores. A gravação é feita pelo próprio interlocutor. Se a conversa não era reservada, nem proibida a captação por meio de gravador, por exemplo, nenhum problema haverá para aquela prova. Em contrapartida, se a conversação ou palestra era reservada, sua gravação, interceptação ou escuta constituirá prova ilícita, por ofensa ao direito à intimidade (CF, art. 5º, X), devendo ser aceita ou não de acordo com a proporcionalidade dos valores que se colocarem em questão. No caso de investigação de crime praticado por organizações criminosas, desde que haja prévia, fundamentada e detalhada ordem escrita da autoridade judicial competente, toda e qualquer gravação e interceptação ambiental que estiver acobertada pela autorização constituirá prova válida, de acordo com a permissão legal contida na Lei n. 12.850/2013. Não existindo a prévia autorização judicial, a prova somente será admitida em hipóteses excepcionais, por adoção ao princípio da proporcionalidade *pro societate*. Assim, será aceita para fins de evitar uma condenação injusta ou para terminar com uma poderosa quadrilha de narcotráfico ou voltada à dilapidação dos cofres públicos. Para Vicente Greco Filho tais situações, a gravação e a interceptação ambiental, "são irregulamentáveis porque fora do âmbito do inciso XII do art. 5º da Constituição, e sua licitude, bem como a prova dela decorrente, dependerá do confronto do direito à intimidade (se existente) com a justa causa para a gravação ou a interceptação, como o

---

122. Art. 10-A. Realizar captação ambiental de sinais eletromagnéticos, ópticos ou acústicos para investigação ou instrução criminal sem autorização judicial, quando esta for exigida:

Pena – reclusão, de 2 (dois) a 4 (quatro) anos, e multa.

§ 1º Não há crime se a captação é realizada por um dos interlocutores.

§ 2º A pena será aplicada em dobro ao funcionário público que descumprir determinação de sigilo das investigações que envolvam a captação ambiental ou revelar o conteúdo das gravações enquanto mantido o sigilo judicial.

estado de necessidade e a defesa do direito, nos moldes da disciplina da exibição da correspondência pelo destinatário (art. 153 do Código Penal e art. 233 do Código de Processo Penal)"[123]. Em suma, captação ambiental de conversa não sigilosa, seja mediante interceptação, escuta ou gravação, não constituirá prova ilícita, por inexistir ofensa à intimidade. Em se tratando de conversa sigilosa, havendo autorização judicial também estaremos diante de uma prova lícita. Finalmente, na hipótese de captação de conversa sigilosa sem autorização judicial, a prova, a princípio, será ilícita, mas nada impede seu aproveitamento, dependendo da proporcionalidade dos valores em contraste.

– Sigilo de dados telefônicos. Convém aqui analisar se a quebra do sigilo de dados telefônicos está também abrangida pela Lei de Interceptação Telefônica. Sabemos que as empresas que operam na área de comunicação telefônica possuem registros das comunicações realizadas, isto é, armazenam dados correspondentes ao dia em que a chamada foi feita, horário, número do telefone, duração da chamada etc., sendo certo que a quebra de seu sigilo não pode ser confundida com a interceptação das comunicações telefônicas. Conforme bem observa Luiz Flávio Gomes, "a interceptação de uma comunicação telefônica versa sobre algo que está ocorrendo, atual; já a quebra do sigilo de dados telefônicos relaciona-se com chamadas telefônicas pretéritas, já realizadas... não alcança os registros telefônicos que são dados (relacionados com comunicações telefônicas passadas, pretéritas). Mas negar a incidência da Lei n. 9.296/96 no que concerne à quebra dos dados telefônicos não significa que eles não possam ser devassados. De outro lado, não se pode refutar a ideia de que a Lei n. 9.296/96, no que concerne aos requisitos, abrangência, limites, venha a servir de parâmetro para o Juiz (por causa do princípio da proporcionalidade) na hora de se determinar a quebra do sigilo desses dados. Mas não foi sua intenção disciplinar esse assunto. E não cabe analogia em matéria de direitos fundamentais, que estão regidos pelo princípio da legalidade estrita"[124]. Contrariamente a esse posicionamento, Vicente Greco Filho sustenta a incidência da disciplina legal da Lei n. 9.296/96 quanto aos registros existentes nas concessionárias de serviços públicos, ainda que não se cuide de "interceptação" propriamente dita[125].

> **Nosso entendimento:** a Lei em questão não se refere aos dados armazenados nas empresas telefônicas, somente cuidando da autorização para captação de conversas telefônicas em andamento. Os registros de ligações já efetuadas são documentos como outros quaisquer, os quais não necessitam de procedimento especial para serem requisitados pelo juiz.

Quanto à requisição por Comissões Parlamentares de Inquérito de dados já armazenados de comunicações telefônicas pretéritas, a possibilidade é indiscutível, seja porque a CF lhes conferiu poderes investigatórios próprios das autoridades judiciárias, seja porque não se trata de captação de conversa em andamento.

123. Vicente Greco Filho, *Interceptação telefônica*, cit., p. 5-6.

124. Luiz Flávio Gomes e Raúl Cervini, *Interceptação telefônica*, cit., p. 101.

125. *Interceptação telefônica*, cit., p. 6-7.

Nosso entendimento: no que tange à requisição direta pelo Ministério Público, entendemos ser ela possível, com base no poder requisitório assegurado pelo art. 129, VI, da CF, uma vez que se trata de meros documentos que registram fatos já ocorridos, informando apenas o tempo de duração da conversa e as linhas envolvidas.

17.3.6. Inviolabilidade do sigilo das comunicações. Comunicações telefônicas. Interceptação. Requisitos legais constantes da Lei n. 9.296/96

Dispõe o art. 5º, XII, da Constituição Federal: "é inviolável o sigilo da correspondência e das comunicações telegráficas, de dados e das comunicações telefônicas, salvo, no último caso, por ordem judicial, nas hipóteses e na forma que a lei estabelecer para fins de investigação criminal ou instrução processual penal". Pois bem. Tratando-se de norma constitucional de eficácia limitada, uma vez que dependia de interposta lei para gerar seus efeitos principais, foi editada uma lei regulamentadora, a fim de viabilizar a violação das comunicações telefônicas. Assim, como forma de dar aplicabilidade ao preceito constitucional, adveio a Lei n. 9.296, de 24 de julho de 1996, a qual traz em seu bojo normas de natureza processual e penal. No entanto, como as normas constitucionais de eficácia limitada geram alguns efeitos jurídicos negativos imediatos, na medida em que vinculam o legislador infraconstitucional aos seus comandos (efeito impeditivo de deliberação em sentido contrário ao da norma constitucional), temos que a Lei que disciplinou a interceptação telefônica ficou adstrita aos requisitos mínimos constantes da Carta Magna, quais sejam: (i) exigência de autorização judicial; (ii) que a interceptação seja realizada para fins de investigação criminal ou instrução processual penal. Convém notar que a autorização judicial somente será dispensada em hipótese expressamente prevista no próprio texto constitucional, como na hipótese de estado de defesa (CF, art. 136, § 1º, I, c) e estado de sítio (CF, art. 139, III).

Convém, antes de mais nada, assinalar que o procedimento da interceptação telefônica é de natureza cautelar, cuja medida poderá ser preparatória, se realizada antes da propositura da ação penal, ou incidental, quando realizada durante a instrução processual penal.

Requisitos legais para a concessão da quebra do sigilo telefônico:

(i) **Ordem do juiz competente para o julgamento da ação principal:** trata-se de requisito constante do art. 1º da Lei. Somente o juiz competente para o julgamento da ação principal poderá determinar a quebra do sigilo telefônico, jamais o Promotor de Justiça ou o Delegado de Polícia poderão fazê-lo. Obviamente que se trata de juiz que exerça jurisdição penal, seja esta eleitoral, militar ou comum, já que a interceptação será realizada para prova em investigação criminal e em instrução processual penal. Assim, o juiz que determinar a quebra do sigilo será o competente para a ação principal. Na hipótese em que dois ou mais juízes forem igualmente competentes, aplicar-se-á a regra de prevenção prevista no art. 83 do CPP. No caso de juízes de departamentos de inquéritos policiais, como o DIPO, em São Paulo, que atuam apenas antes do oferecimento da denúncia, com a função de relaxar ou manter prisões em flagrante, autorizar providências cautelares, como busca e apreensão domiciliar, decretação de prisão temporária ou preventiva etc., mas sem competência para julgar a causa, discute-se se poderiam conceder a autorização para a quebra do sigilo telefônico, dado que a lei usa a expressão "ordem do *juiz competente da ação principal*", ao passo que tais juízes não julgam causa nenhuma.

Nosso entendimento: nenhuma nulidade ocorrerá se a autorização provier de juiz competente para acompanhar apenas o inquérito policial, pois o que a lei pretendeu dizer foi "juízo", e não juiz, com competência territorial e material para o julgamento da causa, de modo que tal juízo pode, em alguns casos ou Comarcas, ser composto por um juiz preparador de inquéritos e outro julgador da causa. Quem estará autorizando nesse caso será o juízo com competência para a persecução penal, entendendo-se esta como toda a fase desde o inquérito policial até o final do processo criminal.

Também a favor de que nenhuma nulidade ocorrerá, Vicente Greco Filho, para quem: "(...) a expressa menção na lei de vinculação de competência do juiz da autorização como o juiz da ação principal vai suscitar a alegação de nulidade de atos praticados pelo juiz especializado, mas cremos que vai prevalecer, no caso, o entendimento da autonomia da lei estadual de organização judiciária em estabelecer a competência dos juízos no âmbito de sua justiça"[126]. Em sentido contrário, Damásio E. de Jesus, para quem "Trata-se de competência funcional e, portanto, absoluta, não se admitindo que seja determinada por outro juiz que não aquele que vai receber a denúncia ou queixa. Assim, em São Paulo (capital), não pode ser deferida pelo DIPO (Departamento de Inquéritos Policiais)"[127]. Pode suceder que o juiz que autorizou a interceptação decline de sua competência. Nessa hipótese a prova continuará sendo válida. Assim, conforme já se manifestou o Superior Tribunal de Justiça, "Não procede o argumento de ilegalidade da interceptação telefônica, se evidenciado que, durante as investigações pela Polícia Civil, quando se procedia à diligência de forma regular e em observância aos preceitos legais, foram obtidas provas suficientes para embasar a acusação contra o paciente, sendo certo que a posterior declinação de competência do Juízo Estadual para o Juízo Federal não tem o condão de, por si só, invalidar a prova até então colhida". Nesse sentido: Luiz Flávio Gomes e Raúl Cervini[128]. Nos termos do art. 3º, *caput* e incisos, a autorização poderá ser concedida de ofício ou a requerimento da autoridade policial ou do representante do Ministério Público, seja durante a investigação policial ou a instrução processual penal.

(ii) Indícios razoáveis de autoria ou participação em infração penal: consta do art. 2º, I, da Lei. Não se exige prova plena, sendo suficiente o juízo de probabilidade (*fumus boni iuris*), sob o influxo do princípio *in dubio pro societate*. Havendo indicação provável de

---

126. *Interceptação telefônica*, cit., p. 28.

127. Interceptação de comunicações telefônicas: notas à Lei n. 9.296/96, *RT*, *735*:458.

128. *Interceptação telefônica*, cit., p. 158 e Damásio E. de Jesus, Interceptação de comunicações telefônicas: notas à Lei n. 9.296/96, *RT*, *735*:458.

prática de crime, o juiz poderá autorizar. Não se exige a instauração formal de inquérito policial. Segundo Antonio Scarance Fernandes, "Para que o juiz possa avaliar a presença no caso concreto destas duas exigências, haverá necessidade de investigação iniciada ou processo instaurado (art. 3º, I), ficando, em princípio, excluída a possibilidade de interceptação para iniciar a investigação"[129].

(iii) **Que a infração penal seja crime punido com reclusão:** de acordo com o art. 2º, III, não será admitida a interceptação quando o fato investigado constituir infração penal punida, no máximo, com pena de detenção. Isto significa dizer que somente será admissível a quebra do sigilo telefônico nas hipóteses de crimes apenados com reclusão. Contudo, conforme a doutrina, tal critério trouxe duas impropriedades: (i) deixou de lado crimes apenados com detenção, como a ameaça, comumente praticado via telefone, ou mesmo contravenções, como o jogo do bicho; (ii) ao elencar genericamente todas as infrações penais apenadas com reclusão como objeto da interceptação, alargou sobremaneira o rol dos delitos passíveis de serem investigados por quebra do sigilo telefônico, crimes estes, muitas vezes, destituídos de maior gravidade, o que torna discutível, no caso concreto, o sacrifício de um direito fundamental como o sigilo das comunicações telefônicas. Deve incidir, na hipótese, o princípio da proporcionalidade dos bens jurídicos envolvidos, não se podendo sacrificar o sigilo das comunicações em prol de um bem de menor valor. Questão interessante é a do crime de ameaça, punido com detenção, e tão comum por via telefônica. Não poderá ser concedida a autorização para a quebra do sigilo da comunicação. A solução é conceder a quebra para investigar não a ameaça, mas o crime mais grave que se ameaçou praticar, por exemplo, o homicídio, no caso da ameaça de morte.

(iv) **Que não exista outro meio de se produzir a prova:** para a concessão da medida cautelar é necessário demonstrar o *periculum*, isto é, o perigo de se perder a prova sem a interceptação[130]. A quebra do sigilo telefônico, por constituir medida excepcional, somente deverá ser utilizada quando a prova não puder ser obtida por outros meios. Por se tratar de medida que restringe um direito fundamental do cidadão, qual seja, o seu direito à intimidade e liberdade de comunicação, caberá ao juiz, no caso concreto, avaliar se há outras alternativas menos invasivas, menos lesivas ao indivíduo. Se houver outros meios processuais de obtenção da prova, estes deverão ser utilizados. Deve-se, portanto, demonstrar fundamentadamente a necessidade da medida. Convém notar que se existir outro meio, mas este for de extrema dificuldade de produção, na prática, a autorização poderá ser concedida.

(v) **Que tenha por finalidade instruir investigação policial ou processo criminal:** trata-se de requisito constante da Carta Magna e que foi reproduzido pela Lei n. 9.296/96 em seu art. 1º. Assim, não se admite a quebra do sigilo para instruir processo cível, por exemplo, ação de separação por adultério, em que é comum a ação de detetives particulares "grampeando" o telefone do cônjuge suspeito, já que a autorização só é pos-

129. Antonio Scarance Fernandes, *Processo penal constitucional*, 2. ed., São Paulo, Revista dos Tribunais, 2000, p. 92.
130. Idem.

sível em questão criminal. Da mesma forma, incabível a interceptação em sede de inquérito civil ou ação civil pública.

→ **ATENÇÃO:** sobre separação judicial, *vide*, no entanto, a Emenda Constitucional n. 66, de 13 de julho de 2010, a qual modificou a redação do § 6º do art. 226 da Constituição da República, suprimindo a parte relativa à necessidade da prévia separação judicial por mais de um ano nos casos expressos em lei, ou comprovada separação de fato por mais de dois anos. Com a modificação legal, "O casamento civil pode ser dissolvido pelo divórcio".

– **Eficácia objetiva da autorização.** Exige a primeira parte do art. 2º que deve ser descrita com clareza a situação objeto da investigação. Assim, impõe a Lei que o juiz, ao conceder a autorização, descreva de forma detalhada, circunstancial, o fato, objeto da interceptação telefônica.

Nosso entendimento: embora a questão suscite divergências na doutrina, entendemos que a ordem de quebra do sigilo vale não apenas para o crime objeto do pedido, mas também para quaisquer outros que vierem a ser desvendados no curso da comunicação, pois a autoridade não poderia adivinhar tudo o que está por vir. Se a interceptação foi autorizada judicialmente, ela é lícita e, como tal, captará licitamente toda a conversa. Não há nenhum problema. Há também interpretação restritiva, no sentido de que isso somente será possível se houver conexão entre os crimes.

Para Vicente Greco Filho, é possível, "desde que a infração pudesse ser ensejadora de interceptação, ou seja, não se encontre entre as proibições do art. 2º da Lei n. 9.296/96, e desde que seja fato relacionado com o primeiro, ensejando concurso de crimes, continência ou conexão. O que não se admite é a utilização da interceptação em face de fato de conhecimento fortuito e desvinculado do fato que originou a providência"[131]. Luiz Flávio Gomes, por sua vez, sustenta que "É válida a prova se se descobre 'fato delitivo conexo com o investigado', mas desde que de responsabilidade do mesmo sujeito passivo. Logo, se o fato não é conexo ou se versa sobre outra pessoa, não vale a prova. Cuida-se de prova nula. Mas isso não significa que a descoberta não tenha nenhum valor: vale como fonte de prova, é dizer, a partir dela pode-se desenvolver nova investigação. Vale, em suma, como uma *notitia criminis*. Nada impede a abertura de uma nova investigação, até mesmo nova interceptação, mas independente"[132]. Nos Tribunais Superiores tem-se admitido a validade da prova quando descoberto fato delitivo conexo ao investigado, ainda que punido com detenção. Com efeito, o *Informativo do STF* n. 365, consta pronunciamento do Min. rel. Nelson Jobim, no sentido de que "se a escuta telefônica, executada de forma legal, acabou por trazer novos elementos probatórios de outros crimes que não geraram o pleito das gravações, especialmente quando estão conexos, podem e devem ser levados em consideração". E, mais, ressaltou ser legítima a utilização de material de

131. *Interceptação telefônica*, cit., p. 21-2.

132. Luiz Flávio Gomes e Raúl Cervini, *Interceptação telefônica*, cit., p. 193-4.

interceptação telefônica para embasar a denúncia dos crimes em que caiba pena de reclusão e os que, embora punidos com detenção, estejam conexos.

Pode suceder que, quando da realização da interceptação, seja descoberta a participação de outros agentes na prática delitiva, por exemplo, descobre-se que o homicídio foi praticado por uma quadrilha. Assim, discute-se se a autorização judicial abrangeria a participação de qualquer outro interlocutor.

Nosso entendimento: da mesma forma, a autorização de interceptação "abrange a participação de qualquer interlocutor no fato que está sendo apurado e não apenas aquele que justificou a providência. Caso contrário, a interceptação seria praticamente inútil. Pode ocorrer, até, que se verifique a inocência daquele que justificou a interceptação e o envolvimento de outros".

– **Prova emprestada.** É aquela produzida em determinado processo e a ele destinada, depois transportada, por translado, certidão ou qualquer outro meio autenticatório, para produzir efeito como prova em outro processo. Diante do princípio do contraditório, parte da doutrina sustenta que a prova emprestada não pode gerar efeito contra quem não tenha figurado como uma das partes no processo originário.

Tendo em vista que a gravação telefônica, uma vez transcrita, constitui meio de prova documental, discute-se se a prova obtida com a interceptação telefônica pode ser utilizada para instruir processo civil, administrativo etc. Sabemos que a interceptação telefônica somente pode ser autorizada para fins de investigação criminal ou instrução processual penal, constituindo, portanto, a quebra do sigilo telefônico uma exceção ao direito ao sigilo das comunicações. Sobre esse procedimento também sabemos que vigora o segredo de justiça, o qual foi assegurado pelo art. 1º da Lei. Assim, sustenta-se que, ao se admitir que a prova colhida com a medida cautelar seja utilizada em processo distinto, haveria burla às regras disciplinadoras da Lei de Interceptação Telefônica.

Nosso entendimento: discordamos desse segmento da doutrina, pois admitimos a utilização da prova colhida no procedimento de interceptação telefônica em outro processo, desde que gere efeito contra quem tenha sido parte no processo originário.

Assim, a esposa que tenha sido vítima de tentativa de homicídio, crime este perpetrado pelo seu marido, poderá utilizar a prova obtida no procedimento de interceptação telefônica, para instruir ação de separação judicial contra aquele.

→ **ATENÇÃO:** a respeito da separação judicial, *vide*, no entanto, a Emenda Constitucional n. 66, de 13 de julho de 2010, a qual alterou o conteúdo do preceito encartado no § 6º do art. 226 da Constituição da República.

Vejam que na hipótese a interceptação foi determinada com o fim de apurar a prática de uma tentativa de homicídio, consoante as disposições da Lei em estudo, não se podendo considerar a utilização posterior da prova em outro processo uma forma de burlar a Lei n. 9.296/96. Finalmente, vale aqui transcrevermos o entendimento de Antonio Scarance Fernandes, para quem "Pode-se admitir a prova produzida em outro processo criminal como prova emprestada, com a exigência de que se trate do mesmo acusado, para não haver ofensa ao princípio do contraditório e à ampla defesa. Mais discutível é o uso da prova emprestada em processo cível, pois a constituição não permite a interceptação para se obter prova fora do âmbito criminal. O transplante da prova representaria forma de se contornar a vedação constitucional quanto à interceptação para fins não criminais. Há, contudo, razoável entendimento no sentido de que a prova poderia ser aceita porque a intimidade, valor constitucionalmente protegido pela vedação das interceptações telefônicas, já teria sido violada de forma lícita. Não haveria razão, então, para se impedir a produção da prova, sob o argumento de que, por via oblíqua, seria desrespeitado o texto constitucional"[133]. Em sentido contrário: Vicente Greco Filho[134]; Luiz Flávio Gomes e Raúl Cervini[135], para quem é vedada a utilização da prova colhida com a interceptação no processo de natureza civil.

No tocante ao procedimento administrativo disciplinar, o Supremo Tribunal Federal manifestou-se no sentido de que "é firme o entendimento desta Corte que, respeitado o contraditório e a ampla defesa, é admitida a utilização no processo administrativo de 'prova emprestada' devidamente autorizada na esfera criminal" (STF – RMS: 34397/DF – Distrito Federal, rel. Min. Rosa Weber, *DJe*-091 3 maio 2019).

– **Valor da prova.** Convém aqui mencionar que, embora a prova colhida com a interceptação telefônica seja considerada lícita, isso não impede que o juiz do processo principal a analise juntamente com os demais elementos probatórios colhidos para formar a sua convicção. Com efeito, o nosso direito processual penal acolhe o sistema do livre convencimento ou da persuasão racional. Assim, o juiz tem liberdade para formar a sua convicção, não estando preso a qualquer critério legal de prefixação de valores probatórios. No entanto, essa liberdade não é absoluta, sendo necessária a devida fundamentação. Consoante, bem assinala Vicente Greco Filho, "Quanto à valoração do conteúdo da prova, passar-se-á certamente pelo sistema da persuasão racional, o confronto com as demais provas e, inclusive, a confiabilidade de quem a colheu"[136]. A prova não só está sujeita a uma valoração de seu conteúdo pelo juiz, como também a uma apreciação quanto à sua idoneidade técnica, de forma que "não fica excluída a possibilidade de perícia para a identificação de vozes e para a verificação da própria integridade e autenticidade da fita. No tocante à perícia para confronto de voz em gravação de escuta telefônica, o Supremo Tribunal Federal já se manifestou no sentido de que o investigado, em face do privilégio contra a autoincriminação, garantia constitucional, o qual permite o exercício do direito ao silêncio, não está obrigado a fornecer os padrões vocais necessários a subsidiar prova pericial que entende lhe ser desfavorável.

---

133. Antonio Scarance Fernandes, *Processo penal constitucional*, cit., p. 96-7.

134. *Interceptação telefônica*, cit., p. 24.

135. *Interceptação telefônica*, cit., p. 216.

136. *Interceptação telefônica*, cit., p. 26.

17.3.7. Provas ilícitas e a quebra do sigilo bancário e fiscal

A Lei n. 4.595/64, que dispõe sobre as instituições monetárias, bancárias e creditícias, tratava da quebra do sigilo bancário em seu art. 38, §§ 1º a 5º, ora revogado pela Lei Complementar n. 105/2001, nos seguintes termos: as informações, livros, documentos e dados do Banco Central e das instituições financeiras se revestem de caráter sigiloso, delas só tendo conhecimento seus titulares, salvo ordem emanada do Poder Judiciário, caso em que, remetidas a juízo, permitem o acesso exclusivamente das "partes legítimas na causa" (art. 38, § 1º). Além do Judiciário, podem também determinar a quebra do sigilo bancário o Poder Legislativo, desde que aprovado o pedido pelo Plenário da Câmara dos Deputados ou do Senado Federal, conforme o caso (art. 38, §§ 2º e 4º), e as Comissões Parlamentares de Inquérito, que têm "poderes de investigação próprios das autoridades judiciais" (CF, art. 58, § 3º), desde que o pedido de quebra tenha sido aprovado pela maioria absoluta de seus membros (art. 38, § 4º, parte final). A LC n. 105/2001 e o Decreto Regulamentar n. 3.724/2001 sobrevieram à Lei n. 4.595/64, tendo a primeira, em seu art. 13, determinado a revogação expressa do art. 38 da Lei n. 4.595/64. De acordo com a atual legislação, devem ser considerados instituições financeiras os bancos, as corretoras de valores, as bolsas de valores, as cooperativas de crédito, as distribuidoras de valores mobiliários e qualquer outra sociedade que venha a ser definida como tal pelo Conselho Monetário Nacional (LC n. 105/2001, art. 1º, § 1º). O art. 2º, § 1º, da referida Lei Complementar, excepcionando a regra de que a quebra do sigilo somente poderia ocorrer mediante ordem judicial, autorizou os funcionários do Banco Central, no desempenho de suas atividades de fiscalização e apuração de irregularidades, a terem acesso, independentemente de prévia autorização da autoridade judiciária, a contas, depósitos, aplicações, investimentos e quaisquer outros dados mantidos em instituições financeiras. O art. 6º, também do mencionado diploma, permitiu que agentes e fiscais tributários da União, dos Estados, do Distrito Federal e dos Municípios examinem documentos, livros, registros, contas e aplicações em quaisquer instituições financeiras, exigindo apenas a existência de processo administrativo ou fiscal em curso e que tal exame seja considerado indispensável pela autoridade administrativa. Diante disso, atualmente, podem decretar a quebra do sigilo bancário (a violação ilegal do sigilo bancário caracteriza crime punido com reclusão de um a quatro anos – art. 10 da LC n. 105/2001):

(i) O Poder Judiciário, desde que haja justa causa e o despacho seja fundamentado (art. 93, IX, da CF), sendo dispensável a prévia manifestação do titular do sigilo, quando demonstrado o *periculum in mora*.

(ii) As autoridades administrativas do Banco Central e agentes de fiscalização de quaisquer das esferas federativas, sem autorização do Poder Judiciário, mediante requisição direta ou inspeção de funcionários do Governo, quando houver procedimento administrativo em andamento ou fundada suspeita de lavagem de dinheiro, evasão de divisas para paraísos fiscais etc. (arts. 5º e 6º). O fundamento de constitucionalidade para esta disposição é o art. 145, § 1º, da CF, segundo o qual é facultado à administração tributária, nos termos da lei, "identificar o patrimônio, os rendimentos e as atividades econômicas do contribuinte".

– **Quebra do sigilo diretamente pelo Ministério Público.** Muito se discute acerca dos poderes investigatórios do Ministério Público, em especial, da sua legitimidade para realizar diretamente a quebra dos sigilos bancário e fiscal, isto é, sem necessidade de autorização judicial. No que toca aos representantes do Ministério Público Federal, a sua Lei Orgânica, qual seja, a LC n. 75, de 20 de maio de 1993, em seu art. 8º, II, IV, VIII, e § 2º, permite a quebra do sigilo bancário e fiscal, diretamente pelo Ministério Público, sem necessidade de autorização judicial. O poder de requisição direta também deflui do art. 129, VI, da CF. Por outro lado, pode-se argumentar pela impossibilidade de requisição direta, uma vez que a Constituição Federal também garante a preservação da intimidade e da vida privada das pessoas (CF, art. 5º, X). Tal questão já foi enfrentada pelo STJ e pelo STF. O STJ examinou a questão e concluiu que o Ministério Público não pode determinar diretamente a quebra do sigilo bancário. O STF, no entanto, por maioria de votos, proferiu decisão no sentido da constitucionalidade de dispositivo da Lei Orgânica do Ministério Público da União, que permite a quebra do sigilo bancário, sem necessidade de prévia autorização judicial, desde que a investigação tenha por finalidade a apuração de dano ao erário, sob o argumento de que, na hipótese, e somente nela, de a origem do dinheiro ser pública, a operação não poderá ser considerada sigilosa, a ponto de merecer a proteção da prévia autorização judicial (STF, MS 21.729/DF, rel. Min. Marco Aurélio, j. 5-10-1995). Considerando que a Lei Orgânica Nacional dos Ministérios Públicos estaduais (Lei n. 8.625, de 12-2-1993), em seu art. 80, autorizou a aplicação subsidiária da Lei Orgânica do Ministério Público da União aos Ministérios Públicos estaduais, pode-se concluir que o STF, ao permitir a quebra do sigilo bancário diretamente pelo Ministério Público Federal, conferiu também esse poder a qualquer outro Ministério Público, desde que a finalidade seja a de apurar dano ao erário. Tal entendimento vale tanto para o sigilo bancário quanto para o fiscal.

– **Quebra do sigilo diretamente pelas Comissões Parlamentares de Inquérito.** O art. 58, § 3º, da Constituição Federal, no que se refere ao sigilo telefônico, bancário e fiscal, confere às CPIs os mesmos poderes investigatórios das autoridades judiciais. No tocante ao sigilo telefônico, *vide* comentários acima à Lei de Interceptação Telefônica. A CPI foi regulamentada pelas Leis n. 1.579/52 e 10.001/2000 e pelos Regimentos Internos das Casas Legislativas.

Convém notar que a quebra do sigilo bancário e fiscal é medida excepcional. Se, por um lado, o sigilo não tem poder absoluto, principalmente quando confrontados o interesse púbico e o privado, por outro, sua violação não pode ser empregada abusivamente, para localizar, por exemplo, bens para serem penhorados, ainda que o exequente seja o Poder Público.

Finalmente, o art. 198 do Código Tributário Nacional proíbe a divulgação, para qualquer fim, por parte da Fazenda Pública ou de seus funcionários, de informação, obtida em razão do ofício, sobre a situação econômica ou financeira, negócios ou atividades do contribuinte. Ressalva-se: (i) requisição judicial no interesse da justiça; (ii) solicitações de autoridade administrativa no interesse da Administração Pública (art. 198, § 1º, I e II).

17.4. Classificação das provas

Inúmeras são as classificações da prova. Vejamos algumas delas:

Quanto ao objeto: o objeto da prova nada mais é do que o fato cuja existência carece ser demonstrada. Assim, a prova pode ser:

(i) **direta:** quando, por si, demonstra um fato, ou seja, refere-se diretamente ao fato probando;

(ii) **indireta:** quando alcança o fato principal por meio de um raciocínio lógico-dedutivo, levando-se em consideração outros fatos de natureza secundária, porém relacionados com o primeiro, como, por exemplo, no caso de um *álibi*.

Em razão de seu **efeito ou valor**, a prova pode ser:

(i) **plena:** trata-se de prova convincente ou necessária para a formação de um juízo de certeza no julgador, por exemplo, a exigida para a condenação; quando a prova não se mostrar inverossímil, prevalecerá o princípio do *in dubio pro reo*;

(ii) **não plena ou indiciária:** trata-se de prova que traz consigo um juízo de mera probabilidade, vigorando nas fases processuais em que não se exige um juízo de certeza, como na sentença de pronúncia, em que vigora o princípio do *in dubio pro societate*. Exemplo: prova para o decreto de prisão preventiva. Na legislação, aparece como "indícios veementes", "fundadas razões" etc.

Relativamente ao **sujeito ou causa**, pode ser:

(i) **real:** são as provas consistentes em uma coisa externa e distinta da pessoa, e que atestam dada afirmação (ex.: o lugar, o cadáver, a arma etc.);

(ii) **pessoal:** são aquelas que encontram a sua origem na pessoa humana, consistente em afirmações pessoais e conscientes, como as realizadas por declaração ou narração do que se sabe (o interrogatório, os depoimentos, as conclusões periciais).

Quanto à **forma ou aparência**, a prova é:

(i) **testemunhal:** resultante do depoimento prestado por sujeito estranho ao processo sobre fatos de seu conhecimento pertinentes ao litígio;

(ii) **documental:** produzida por meio de documentos;

(iii) **material:** obtida por meio químico, físico ou biológico (ex.: exames, vistorias, corpo de delito etc.).

17.5. Meios de prova

Em primeiro lugar, a título de esclarecimento, convém salientar que o meio de prova compreende tudo quanto possa servir, direta ou indiretamente, à demonstração da verdade que se busca no processo. Assim, temos: a prova documental, a pericial, a testemunhal etc.

Como é sabido, vigora no direito processual penal o princípio da verdade real, de tal sorte que não há de se cogitar qualquer espécie de limitação à prova, sob pena de se frustrar o interesse estatal na justa aplicação da lei. Tanto é verdade essa afirmação que a doutrina e a jurisprudência são unânimes em assentir que os meios de prova elencados no Código de Processo Penal são meramente exemplificativos, sendo perfeitamente possível a produção de outras provas, distintas daquelas ali enumeradas.

Ocorre, no entanto, que o princípio da liberdade probatória não é absoluto, sofre restrições. No Código de Processo Penal, vislumbram-se, dentre outras, as seguintes limitações ao princípio da liberdade dos meios de prova: o art. 155, parágrafo único, que manda observar as mesmas exigências e formalidades da lei civil para a prova quanto ao estado das pessoas (casamento, morte e parentesco são situações que somente se provam mediante as respectivas certidões); art. 158, que exige o exame de corpo de delito para as infrações que deixarem vestígios (não transeuntes), não admitindo seja suprido nem pela confissão do acusado; art. 479, *caput*, que veda, durante os debates em plenário, a leitura de documento ou a exibição de objeto que não tiver sido juntado aos autos com a antecedência mínima de três dias úteis, dando-se ciência à outra parte; e a inadmissibilidade das provas obtidas por meios ilícitos (CF, art. 5º, LVI).

De acordo com o art. 155, *caput*, "o juiz formará sua convicção pela livre apreciação da prova produzida em contraditório judicial, não podendo fundamentar sua decisão exclusivamente nos elementos informativos colhidos na investigação, ressalvadas as provas cautelares, não repetíveis e antecipadas". O princípio do livre convencimento do juiz, na realidade, era tratado no art. 157 do CPP, de forma bastante ampla; porém, vinha sofrendo restrições impostas pela jurisprudência, em especial no tocante à vedação da utilização exclusiva dos elementos colhidos em inquérito policial para embasar sentença condenatória, exigindo-se a sua confirmação por outras provas produzidas sob o crivo do contraditório. Com a reforma processual penal, tal entendimento passou a ser expressamente obrigado pelo art. 155, *caput*, o qual apenas ressalva que, na hipótese das provas cautelares, não repetíveis e antecipadas, autoriza-se a fundamentação da sentença com base exclusivamente nelas, por exemplo, arts. 225 e 366 do CPP. Finalmente, dentro desse mesmo espírito que informou a edição da Lei n. 11.690/2008, o legislador previu expressamente, no art. 157 e parágrafos do CPP, a vedação da utilização de provas ilícitas, tal como preceitua o art. 5º, LVI, da CF, bem como aquelas derivadas das ilícitas, prevendo, inclusive, a sua destruição.

17.6. Ônus da prova

Registre-se, de início, que a prova não constitui uma obrigação processual e sim um ônus, ou seja, a posição jurídica cujo exercício conduz seu titular a uma condição mais favorável.

A principal diferença entre obrigação e ônus reside na obrigatoriedade. Enquanto na obrigação a parte tem o dever de praticar o ato, sob pena de violar a lei, no ônus o adimplemento é facultativo, de modo que o seu não cumprimento não significa atuação contrária ao direito. Neste último caso, contudo, embora não tendo afrontado o ordenamento legal, a parte arcará com o prejuízo decorrente de sua inação ou deixará de obter a vantagem que adviria de sua atuação.

A prova é induvidosamente um ônus processual, na medida em que as partes provam em seu benefício, visando dar ao juiz os meios próprios e idôneos para formar a sua convicção.

Ônus da prova é, pois, o encargo que têm os litigantes de provar, pelos meios admissíveis, a verdade dos fatos.

Questão interessante refere-se ao fato de a lei penal obrigar o acusado a se defender. Contudo, em que pese essa exigência, não tem o condão de desfigurar o ônus probatório, uma vez que os atos defensórios necessários, como a presença às audiências, alegações finais etc., não se confundem com a faculdade de produzir provas, até porque é perfeitamente possível que a inércia seja a melhor estratégia de defesa. No que tange às alegações finais, destaque-se que, com o advento das Leis n. 11.689/2008 e 11.719/2008, que instituíram a concentração dos atos processuais em audiência una, as alegações finais serão orais (CPP, arts. 403, *caput*, e 411, § 4º), admitindo-se no procedimento comum, consoante o art. 403, § 3º, a apresentação de memoriais, considerada a complexidade do caso ou o número de acusados.

Portanto, cabe provar a quem tem interesse em afirmar. A quem apresenta uma pretensão cumpre provar os fatos constitutivos; a quem fornece a exceção cumpre provar os fatos extintivos ou as condições impeditivas ou modificativas.

A prova da alegação (*onus probandi*) incumbe a quem a fizer (CPP, art. 156, *caput*). Exemplo: cabe ao Ministério Público provar a existência do fato criminoso, da sua realização pelo acusado e também a prova dos elementos subjetivos do crime (dolo ou culpa); em contrapartida, cabe ao acusado provar as causas excludentes da antijuridicidade, da culpabilidade e da punibilidade, bem como circunstâncias atenuantes da pena ou concessão de benefícios legais. Caso o réu pretenda a absolvição com fulcro no art. 386, I, do Código de Processo Penal, incumbe-lhe ainda a prova da "inexistência do fato".

De se notar, porém, que a regra de o "ônus da prova incumbir a quem alega" não é absoluta, uma vez que, conforme o art. 156, II, é facultado ao juiz de ofício: "determinar, no curso da instrução, ou antes de proferir sentença, a realização de diligências para dirimir dúvidas sobre ponto relevante" (inciso II). Note-se, contudo, que, em razão de nosso Código de Processo Penal adotar o sistema *acusatório*, e não inquisitivo, tal *faculdade* de produção de provas pelo magistrado é *supletiva*, devendo, pois, ser comedida, nesse sentido, sua atuação. Somente em casos excepcionais, quando a dúvida persistir no espírito do magistrado, é que este poderá dirimi-la, determinando as diligências nesse sentido. Essa pesquisa probatória a ser efetivada pelo juiz deve restringir-se a uma área de atuação por ele delimitada, com o fito de evitar a quebra da imparcialidade. Em segunda instância, no entanto, o princípio da verdade real só prevalece desde que a prova resultante não implique violação ao princípio da proibição da *reformatio in pejus*, quando houver recurso exclusivo da acusação. Note-se, finalmente, que ao art. 156 foi acrescida uma nova hipótese, pois faculta ao juiz "ordenar, mesmo antes de iniciada a ação penal, a produção antecipada de provas consideradas urgentes e relevantes, observando a necessidade, adequação e proporcionalidade da medida" (cf. inciso I). Tal previsão legal é bastante discutível em face do processo penal acusatório, pois admite a figura de um juiz investigador e, portanto, de um processo inquisitivo.

17.6.1. Procedimento probatório

A atividade probatória importa em quatro momentos distintos.

(i) **Proposição:** refere-se ao momento ou ao instante do processo previsto para a produção da prova. Em regra, as provas devem ser propostas com a peça acusatória e com a defesa prevista nos arts. 396-A e 406, § 3º, do CPP. De acordo com a atual redação do art. 422 do CPP, ao receber os autos, o presidente do Tribunal do Júri determinará a intimação do órgão do Ministério Público ou do querelante, no caso de queixa, e do defensor para, no prazo de cinco dias, apresentarem rol de testemunhas que irão depor em plenário, até o máximo de cinco, oportunidade em que poderão juntar documentos e requerer diligência. A única prova passível de ser requerida pelas partes ou determinada de ofício pelo juiz, em qualquer fase do processo, até mesmo em grau de recurso, diz respeito ao incidente de insanidade mental do acusado.

(ii) **Admissão:** trata-se de ato processual específico e personalíssimo do juiz, que, ao examinar as provas propostas pelas partes e seu objeto, defere ou não a sua produção. Toda prova requerida pelas partes deve ser deferida, salvo quando protelatória ou impertinente. Cumpre consignar que a nova reforma processual penal introduziu a audiência una no procedimento comum, de forma que, consoante os termos do art. 400, § 1º, do CPP, as provas serão produzidas numa só audiência, podendo o juiz indeferir as consideradas irrelevantes, impertinentes ou protelatórias.

(iii) **Produção:** é o conjunto de atos processuais que devem trazer a juízo os diferentes elementos de convicção oferecidos pelas partes.

(iv) **Valoração:** nada mais é do que o juízo valorativo exercido pelo magistrado em relação às provas produzidas, emprestando-lhes a importância devida, de acordo com a sua convicção. Esse momento coincide com o próprio desfecho do processo.

17.6.2. Prova emprestada

É aquela produzida em determinado processo e a ele destinada, depois transportada, por translado, certidão ou qualquer outro meio autenticatório, para produzir efeito como prova em outro processo.

A prova emprestada, embora originariamente possa ser testemunhal ou pericial, no momento em que é transportada para o novo processo, passa a constituir mera prova documental.

Diante do princípio do contraditório, parte da doutrina sustenta que a prova emprestada não pode gerar efeito contra quem não tenha figurado como uma das partes no processo originário.

Não se admite prova emprestada quando transplantada de inquérito policial, uma vez que é pressuposto básico que ela se tenha produzido originariamente perante as mesmas partes e sob o crivo do contraditório.

17.6.3. O álibi

Etimologicamente, significa "em outra parte", "em outro local". Representa toda alegação fática feita pelo acusado visando demonstrar a impossibilidade material de ter participado do crime. Por essa razão, é chamado pela doutrina de prova negativa, no sentido de que visa a negar, desconstituir as provas em que se funda a acusação. O ônus de comprovar a veracidade do álibi é de quem o alega, nos moldes do art. 158 do Código de Processo Penal.

17.7. Sistemas de apreciação

(i) **Sistema da prova legal, da certeza moral do legislador, da verdade legal, da verdade formal ou tarifado:** a lei impõe ao juiz o rigoroso acatamento a regras preestabelecidas, as quais atribuem, de antemão, o valor de cada prova, não deixando para o julgador qualquer margem de discricionariedade para emprestar-lhe maior ou menor importância. Não existe convicção pessoal do magistrado na valoração do contexto probatório, mas obediência estrita ao sistema de pesos e valores imposto pela lei. Desse sistema se origina o absurdo brocardo *testis unus, testis nullus*, pelo qual o depoimento de uma só testemunha, por mais detalhado e verossímil que seja, não tem qualquer valor. Somente vigora como exceção, em hipóteses como, por exemplo, as dos arts. 158 (quando a infração deixar vestígios, nem a confissão do acusado supre a falta do exame de corpo de delito, estando o juiz limitado à prova pericial) e 155, parágrafo único (estado de pessoas somente se prova mediante certidão, não se admitindo a prova testemunhal), do CPP.

(ii) **Sistema da certeza moral do juiz ou da íntima convicção:** é o extremo oposto do anterior. A lei concede ao juiz ilimitada liberdade para decidir como quiser, não fixando qualquer regra de valoração das provas. Sua convicção íntima, formada não importa por quais critérios, é o que basta, não havendo critérios balizadores para o julgamento. Esse sistema vigora entre nós, como exceção, nas decisões proferidas pelo júri popular, nas quais o jurado profere seu voto, sem necessidade de fundamentação.

(iii) **Sistema da livre (e não íntima) convicção, da verdade real, do livre convencimento ou da persuasão racional:** equilibra-se entre os dois extremos acima mencionados. O juiz tem liberdade para formar a sua convicção, não estando preso a qualquer critério legal de prefixação de valores probatórios. No entanto, essa liberdade não é absoluta, sendo necessária a devida fundamentação. O juiz, portanto, decide livremente de acordo com a sua consciência, devendo, contudo, explicitar motivadamente as razões de sua opção e obedecer a certos balizamentos legais, ainda que flexíveis. É o sistema adotado pelo nosso Código de Processo Penal, cujo art. 155, *caput*, dispõe: "O juiz formará sua convicção pela livre apreciação da prova produzida em contraditório judicial, não podendo fundamentar sua decisão exclusivamente nos elementos informativos colhidos na investigação, ressalvadas as provas cautelares, não repetíveis e antecipadas". Atende às exigências da busca da verdade real, rejeitando o formalismo exacerbado, e impede o absolutismo pleno do julgador, gerador do arbítrio, na medida em que exige motivação. Não basta ao magistrado embasar a sua decisão nos elementos probatórios carreados aos autos, devendo indicá-los especificamente. Além disso, com a reforma processual penal, somente a prova produzida em contraditório judicial poderá servir de fundamento para a sentença condenatória. Não pode, igualmente, o magistrado buscar como fundamento elementos estranhos aos autos (*quod neon est in actis non est in mundo*: o que não está nos autos não está no mundo). Trata-se, na realidade, do sistema que conduz ao princípio da sociabilidade do convencimento, pois a convicção do juiz em relação aos fatos e às provas não pode ser diferente da de qualquer pessoa que, desinteressadamente, examine e analise tais elementos. Vale dizer, o convencimento do juiz deve ser tal que produza o mesmo resultado na maior parte das pessoas que, porventura, examinem o conteúdo probatório.

17.8. Princípios gerais das provas

(i) **Princípio da autorresponsabilidade das partes:** as partes assumem as consequências de sua inatividade, erro ou atos intencionais.

(ii) **Princípio da audiência contraditória:** toda prova admite a contraprova, não sendo admissível a produção de uma delas sem o conhecimento da outra parte.

(iii) **Princípio da aquisição ou comunhão da prova:** isto é, no campo penal, não há prova pertencente a uma das partes; as provas produzidas servem a ambos os litigantes e ao interesse da justiça. As provas, na realidade, pertencem ao processo, até porque são destinadas à formação da convicção do órgão julgador.

(iv) **Princípio da oralidade:** deve haver a predominância da palavra falada (depoimentos, debates, alegações); os depoimentos são orais, não podendo haver a substituição por outros meios, como as declarações particulares. Como corolário desse princípio, decorrem outros dois subprincípios, quais sejam, o da imediatidade do juiz com as partes e com as provas e o da concentração. A reforma processual penal, operada pelas Leis n. 11.689/2008 e 11.719/2008, primou pelo princípio da oralidade, conforme se verá mais adiante nos comentários aos procedimentos penais.

(v) **Princípio da concentração:** como consequência do princípio da oralidade, busca-se concentrar toda a produção da prova na audiência.

(vi) **Princípio da publicidade:** os atos judiciais (e, portanto, a produção de provas) são públicos, admitindo-se somente como exceção o segredo de justiça.

(vii) **Princípio do livre convencimento motivado:** as provas não são valoradas previamente pela legislação; logo, o julgador tem liberdade de apreciação, limitado apenas aos fatos e circunstâncias constantes nos autos.

17.9. A providência cautelar da busca e apreensão

A prova não é eterna: se for *pessoal* (CPP, art. 240, § 2º), a pessoa pode falecer ou tornar-se desconhecido seu paradeiro; se for *real*, o tempo poderá alterá-la ou destruí-la. Logo, a medida cautelar de busca e apreensão é destinada a evitar o desaparecimento das provas. A *busca* é, lógica e cronologicamente, anterior à apreensão. Pode ser realizada tanto na fase inquisitorial como no decorrer da ação penal, e até mesmo durante a execução da pena. A *apreensão* é uma consequência da busca quando esta tenha resultado positiva.

17.9.1. Natureza jurídica

Para a *lei*, é meio de prova, de natureza acautelatória e coercitiva; para a *doutrina*, é medida acautelatória, destinada a impedir o perecimento de coisas e pessoas.

17.9.2. Objeto

Vide art. 240 do Código de Processo Penal: prender criminosos, apreender armas, objetos etc. A enumeração é *taxativa*, visto ser medida de exceção aos direitos individuais. Conforme se depreende do art. 240, § 1º, *h*, o dispositivo é abrangente, permitindo-se a busca e apreensão de qualquer elemento de prova que possa interessar ao processo, observadas as limitações constitucionais. Ressalve-se, contudo, o disposto no art. 243, § 2º, do CPP, segundo o qual "não será permitida a apreensão de documento em poder do defensor do acusado, salvo quando constituir elemento do corpo de delito".

No tocante à apreensão de documentos, convém notar que documento é qualquer escrito que possa servir como meio de prova, quer tenha sido previamente elaborado com essa finalidade (instrumento), quer tenha sido feito originalmente com outro fim (papel). Compreende também: fotografias, fitas de vídeo e de áudio, gravuras, pinturas etc. No que se refere aos *dados*, conceituam-se estes como informações codificadas em computadores ou aparelhos eletrônicos modernos. Há uma discussão doutrinária acerca da possibilidade da interceptação de comunicação de dados. Tal discussão, contudo, não incide quando já encerrada a transmissão ou comunicação, ou seja, depois que a informação já constar dos computadores, hipótese em que será possível o acesso, mediante prévia autorização judicial. Cumpre observar que a apreensão de computador, com a finalidade de se obter acesso às informações nele constantes, constitui medida salutar no combate aos crimes cibernéticos, como a pedofilia e a propaganda racista, praticados por meio da rede mundial de computadores, assim como os delitos de sonegação fiscal e lavagem de dinheiro. Nesse sentido, já se manifestou o Supremo Tribunal Federal, considerando legal a busca e apreensão domiciliar, mediante mandado judicial, de microcomputador, sob o argumento de que não haveria violação ao art. 5º, XII, da Constituição, pois, no caso, não teria havido quebra de sigilo das comunicações de dados (interceptação das comunicações).

17.9.3. Busca em repartição pública

Há duas posições:

(i) **admite-se:** sempre que possível e indispensável tal diligência, incumbirá à autoridade policial ou judiciária requisitar o objeto da busca e apreensão, comunicando-se antecipadamente com o respectivo ministro ou secretário, ou até mesmo com o chefe de serviço;

(ii) **não se admite:** para os que se filiam a esta posição, vedada é a busca e apreensão a ser procedida pela autoridade policial ou judiciária, através de seus funcionários.

17.9.4. Busca domiciliar

É permitida "quando fundadas razões a autorizarem" (CPP, art. 240, § 1º). A expressão *domicílio* não tem, nem pode ter, o significado a ela atribuído pelo direito civil, não se limitando à residência do indivíduo, ou seja, o local onde o agente se estabelece com ânimo definitivo de moradia (art. 70), tampouco ao lugar que a pessoa elege para ser o centro de sua vida negocial. A interpretação deve ser a mais ampla e protetiva possível, consoante o disposto no § 4º do art. 150 do Código Penal e o art. 246 do Código de Processo Penal. Domicílio, portanto, para fins de inviolabilidade, será qualquer compartimento habitado, aposento ocupado de habitação coletiva ou qualquer compartimento não aberto ao público, no qual se exerce profissão ou atividade (p. ex., a sala interna do juiz, distinta da sala de audiências, o escritório do advogado, o consultório médico ou dentário ou, simplesmente, atrás do balcão de um bar).

Manoel Gonçalves Ferreira Filho fornece-nos o critério discriminativo para a individualização do conceito de domicílio para a garantia constitucional: "É todo local, delimitado e separado, que alguém ocupa com direito exclusivo e próprio, a qualquer título. O ponto essencial da caracterização está na *exclusividade* em relação ao público em geral. Assim, é inviolável como domicílio tanto a moradia quanto o estabelecimento de trabalho, desde que este não esteja aberto a qualquer um do povo, como um bar ou restaurante".

Para a busca domiciliar exige-se *mandado* toda vez que a autoridade judiciária não a efetuar pessoalmente.

É o art. 5º, XI, da Constituição Federal, como fundamento de validade de todo o ordenamento jurídico processual penal, que nos fornece as hipóteses em que a garantia da inviolabilidade do domicílio (garantia do indivíduo) cede passo ao interesse público na persecução penal, relativizando-se. Assim, o domicílio, em sua ampla acepção, poderá ser adentrado nos seguintes casos, que se alterarão conforme se trate do período diurno ou noturno:

(i) **durante a noite:** com consentimento do titular do direito; em caso de flagrante delito; em caso de desastre; para prestar socorro;

(ii) **durante o dia:** em todos os casos acima mencionados; por determinação *judicial*.

Fica, pois, vedada constitucionalmente a busca e apreensão domiciliares por autorização da autoridade administrativa, tal como era possível no sistema constitucional anterior, seguido de perto pelo Código de Processo Penal, art. 241.

→ **ATENÇÃO:** o art. 5º, XII, da Constituição Federal de 1988 não recepcionou a alínea *f* do § 1º do art. 240 do CPP, pois o princípio da inviolabilidade do sigilo das comunicações é inatacável, comportando apenas a exceção constitucional da interceptação telefônica, nos casos previstos na Magna Carta.

17.9.4.1. *Restrição*

Em homenagem ao sigilo profissional e ao direito de defesa não se pode apreender documento em poder do defensor do réu, a menos que constitua corpo de delito (CPP, art. 243, § 2º). A respeito da busca e apreensão de documentos (correspondência escrita, eletrônica e telemática), em escritório de advocacia, *vide* comentários à Lei n. 11.767/2008.

17.9.4.2. *Horário*

Seguimos a posição do Ministro do Supremo Tribunal Federal, José Celso de Mello Filho, segundo o qual a expressão "dia" deve ser compreendida entre a aurora e o crepúsculo.

17.9.4.3. *Requisitos*

Previstos no art. 243, observado o disposto nos arts. 245, 247 e 248, todos do Código de Processo Penal.

17.9.5. Busca pessoal

Será realizada quando "houver fundada suspeita de que alguém oculte consigo arma proibida" ou outros objetos. É realizada na pessoa (incluindo também bolsas, malas etc.) e em veículos que estejam em sua posse (automóveis, motocicletas etc.).

A busca em mulher deve ser feita por outra mulher, se tal providência não importar em retardamento das investigações ou da diligência.

17.9.5.1. Requisitos

O mandado de busca pessoal deve conter os requisitos já mencionados (busca domiciliar). Poderá, como exceção, ser realizada a busca sem ordem escrita nas hipóteses do art. 244. Contudo, não se exigirá mandado quando vier a ser realizada pela própria autoridade.

17.9.5.2. Restrições

Deve ser realizada sempre que existir fundada suspeita, bem como de maneira que não seja vexatória para o atingido, sob pena de configurar crime de abuso de autoridade.

17.9.6. Da apreensão

A apreensão consiste na detenção física do bem material desejado e que possa servir como meio de prova para a demonstração da infração penal. O ato, por sua vez, se formaliza em um auto circunstanciado, o qual contém a descrição completa de todo o acontecido, devendo ser assinado pelos executores e testemunhas presenciais.

17.10. Das perícias

17.10.1. Conceito

O termo "perícia", originário do latim *peritia* (habilidade especial), é um meio de prova que consiste em um exame elaborado por pessoa, em regra profissional, dotada de formação e conhecimentos técnicos específicos, acerca de fatos necessários ao deslinde da causa. Trata-se de um juízo de valoração científico, artístico, contábil, avaliatório ou técnico, exercido por especialista, com o propósito de prestar auxílio ao magistrado em questões fora de sua área de conhecimento profissional. Só pode recair sobre circunstâncias ou situações que tenham relevância para o processo, já que a prova não tem como objeto fatos inúteis. Tratando-se de uma prova pessoal, a perícia tem em considerável parcela de seu conteúdo certa dose de subjetividade, demandando uma apreciação pessoal que, em alguns casos, pode variar de perito para perito. Apesar de ser um trabalho opinativo, não vincula o juiz, que pode discordar das conclusões dos expertos, embora só possa fazê-lo de forma fundamentada (CPP, art. 182).

17.10.1.1. Natureza jurídica

A perícia está colocada em nossa legislação como um *meio de prova*, à qual se atribui um valor especial (está em uma posição intermediária entre a prova e a sentença). Representa um *plus* em relação à prova e um *minus* em relação à sentença. É também chamada de prova crítica.

17.10.1.2. *Requisitos*

Dispõe o art. 159, "o exame de corpo de delito e outras perícias serão realizadas por perito oficial, portador de diploma de curso superior. § 1º Na falta de perito oficial, o exame será realizado por 2 (duas) pessoas idôneas, portadoras de diploma de curso superior preferencialmente na área específica, dentre as que tiverem habilitação técnica relacionada com a natureza do exame. § 2º Os peritos não oficiais prestarão o compromisso de bem e fielmente desempenhar o encargo". Antes da reforma processual penal, exigia-se que o exame de corpo de delito e outras perícias fossem feitos por dois peritos oficiais e, na falta destes, por duas pessoas idôneas. Com isso, foi editada a Súmula 361 do STF, segundo a qual: "No processo penal, é nulo o exame realizado por um só perito, considerando-se impedido o que tiver funcionando, anteriormente, na diligência de apreensão". Dessa forma, caso apenas um perito subscrevesse o laudo desse exame, aplicava-se a referida súmula, quer se tratasse de perito oficial, quer se tratasse de perito não oficial. A nulidade seria relativa. Com as inovações operadas pela Lei n. 11.690/2008, a Súmula 361 do STF apenas terá incidência na hipótese de exame realizado por peritos não oficiais, pois, em se tratando de *perícia oficial*, bastará o exame de um só perito. Cuida-se de *nulidade relativa*, cuja impugnação há de ser feita em tempo oportuno, bem como demonstrado o efetivo prejuízo. Finalmente, cumpre consignar que, em se tratando de perícia complexa que abranja mais de uma área de conhecimento especializado, poder-se-á designar a atuação de mais de um perito oficial (§ 7º). Nessa hipótese, como se trata de faculdade conferida ao julgador, a realização do exame por um só perito oficial não enseja a nulidade da prova pericial.

Finalmente, note-se que a reforma processual penal manteve a anterior exigência do compromisso do perito louvado, contrariamente ao disposto na legislação civil, a qual, em seu art. 466, do CPC, dispõe acerca de sua dispensa.

17.10.1.3. *Determinação das perícias*

Tanto a autoridade policial (CPP, art. 6º, VII) como o juiz podem determiná-las de ofício ou a requerimento das partes. No caso de omissões ou falhas no laudo, somente o juiz pode determinar a retificação e, mesmo assim, após ouvir as partes. Se houver divergências entre os peritos, a autoridade nomeará um terceiro, e, se este também divergir, poderá ser realizado novo exame. No caso de crime de lesões corporais, se o exame visar a demonstração da qualificadora do art. 129, § 1º, I, do Código Penal, dever-se-á proceder a novo exame decorrido o prazo de 30 dias, contado da data do delito.

17.10.1.4. *Espécies de perícias*

(i) Perícia *percipiendi*: ocorre quando o perito se limita a apontar as percepções colhidas, apenas descrevendo de forma técnica o objeto examinado, sem proceder a uma análise valorativa ou conclusiva.

(ii) Perícia *deducendi*: verifica-se na situação em que o perito é chamado para interpretar ou apreciar cientificamente um fato.

(iii) **Perícia intrínseca:** assim será toda vez que tiver por objeto a materialidade da infração penal. Exemplo: necropsia.

(iv) **Perícia extrínseca:** quando tem por objeto elementos externos ao crime, que não compõem a sua materialidade, mas que servem como meio de prova. Por exemplo: exame dos móveis destruídos pelo agente, antes de matar a vítima.

(v) **Perícia vinculatória:** verifica-se nos casos em que o juiz fica adstrito à conclusão do perito, sem poder efetuar qualquer juízo de valor sobre aquilo que foi examinado.

(vi) **Perícia liberatória:** despoja o magistrado nesses casos de maior liberdade quanto à opinião exarada pelo perito, ou seja, poderá aceitar ou não a avaliação do perito. O juiz tem liberdade de aceitar ou não o laudo. É o sistema decorrente do *princípio do livre convencimento*, sendo o adotado pelo Código de Processo Penal (art. 182). A perícia somente poderá ser rejeitada pelo juiz nos casos provados de erro ou dolo.

(vii) **Perícia oficial:** é aquela elaborada por um técnico ou profissional integrante dos quadros funcionais do Estado. Em contraposição à perícia oficial, tem-se a perícia não oficial, que é aquela realizada por peritos particulares, toda vez que inexistirem no local peritos oficiais.

→ **ATENÇÃO:** os jurados, no procedimento do Tribunal do Júri, não estão vinculados ao laudo pericial, podendo, inclusive, recusá-lo. Porém, em sendo essa decisão manifestamente contrária à prova dos autos, cabível será o recurso de apelação pelo mérito, excetuando o princípio da soberania dos veredictos.

17.10.1.5. Do procedimento da perícia

(i) **Iniciativa:** será sempre da autoridade policial, em se tratando de inquérito policial, ou da autoridade judiciária, se a ação for instaurada. No caso de ser prova obrigatória, a autoridade deve agir de ofício e de imediato.

→ **ATENÇÃO:** a Lei n. 11.690/2008 trouxe significativas alterações no sistema da prova pericial, dentre elas, no art. 159, § 3º, do CPP, passou a facultar ao MP, ao assistente de acusação, ao ofendido, ao querelante e ao acusado a formulação de quesitos e indicação de assistente técnico.

O assistente técnico atuará a partir de sua admissão pelo juiz e somente após a conclusão dos exames e elaboração do laudo pelos peritos oficiais, sendo as partes intimadas dessa decisão (§ 4º). Os assistentes técnicos poderão apresentar pareceres em prazo a ser fixado pelo juiz ou ser inquiridos em audiência (§ 5º, II). Tratando-se de perícia complexa que abranja mais de uma área de conhecimento especializado, poder-se-á designar a atuação de mais de um perito oficial e a parte indicar mais de um assistente técnico (§ 7º). Dessa forma, à luz do disposto no art. 159 do Estatuto Processual Penal, consagrador do princípio da verdade real, a lei passou a autorizar expressamente a indicação pelas partes de *experts* colaboradores para exercer juízo crítico e oferecer sugestões à perícia oficial, visando a esclarecer ou complementar o laudo oficial, nos termos do art. 181 do CPP. Tal não ocorria na antiga sistemática do CPP, porém era admitido pela doutrina. Nesse sentido, era o ensinamento de Scarance Fernandes, para quem "não há, no processo penal brasileiro, direito a que as partes produzam prova pericial por meio de assistentes técnicos. Isso não impede, contudo, que a parte possa recorrer a peritos particulares para análise da prova produzida pelos peritos oficiais, emitindo pareceres técnicos"[137].

(ii) **Realização:** regra importante quanto à realização da perícia diz respeito à formulação de quesitos (perguntas a serem respondidas pelos peritos). De acordo com a redação do art. 159, § 3º, "serão facultadas ao Ministério Público, ao assistente de acusação, ao ofendido, ao querelante e ao acusado a formulação de quesitos". Além disso, autorizou-se às partes, no curso do processo judicial, requerer a oitiva dos peritos para esclarecerem a prova ou para responderem a quesitos, desde que o mandado de intimação e os quesitos ou questões a serem esclarecidas sejam encaminhados com antecedência mínima de dez dias, podendo apresentar as respostas em laudo complementar (§ 5º, I).

(iii) **Corporificação:** a perícia corporifica-se, materializa-se, por uma peça técnica denominada laudo pericial, que pode ser definida como toda a peça escrita na qual os peritos lançam o resultado do exame efetivado, mencionando o que observaram e consignando suas conclusões.

17.10.1.6. *Laudo pericial*

Nada mais é do que o documento elaborado pelos peritos, o qual deve conter: descrição minuciosa do objeto examinado; respostas aos quesitos formulados; fotografias, desenhos etc., sempre que possível.

Por outro lado, o laudo pericial pode ainda ser complementado, quando se apresentar lacunoso, deficiente e obscuro, iniciativa que caberá à autoridade policial ou judiciária, dependendo da fase em que estiver a apuração.

17.10.2. Do exame de corpo de delito

17.10.2.1. *Conceito*

É o conjunto de vestígios materiais (elementos sensíveis) deixados pela infração penal, ou seja, representa a materialidade do crime. Os elementos sensíveis são os vestígios corpóreos perceptíveis por qualquer dos sentidos humanos.

17.10.2.2. *Distinção entre corpo de delito e exame de corpo de delito*

Existem infrações que não deixam vestígios (*delicta facti transeuntis*), como nos crimes contra a honra praticados oralmente, no desacato etc. Mas, por outro lado, existem as infrações que deixam vestígios materiais (*delicta facti permanentis*), como o homicídio, o estupro, a falsificação etc. Nesse caso, é necessária a realização de um exame de corpo de delito, ou seja, a comprovação dos vestígios materiais deixados. O exame de corpo de delito é um auto em que os peritos descrevem suas observações e se destina a comprovar a existência do delito (CP, art. 13, *caput*); o corpo de delito é o próprio crime em sua tipicidade.

---

137. *Processo penal constitucional*, 2. ed., Revista dos Tribunais, p. 76.

17.10.2.3. Distinção entre exame de corpo de delito direto e indireto

(i) **Direto:** é feito sobre o próprio corpo de delito – o cadáver, a janela arrombada, a chave utilizada etc.

(ii) **Indireto:** advém de um raciocínio dedutivo sobre um fato narrado por testemunhas, sempre que impossível o exame direto.

17.10.2.4. Indispensabilidade do exame de corpo de delito

Conforme dispõe o art. 158 do Código de Processo Penal: "Quando a infração deixar vestígios, será indispensável o exame de corpo de delito, direto ou indireto, não podendo supri-lo a confissão do acusado". Nesse caso, faltante o exame, enseja-se a ocorrência de nulidade. Sendo possível o exame de corpo de delito direto, não pode supri-lo o indireto (feito, por exemplo, através de prova testemunhal).

A Lei n. 13.721, de 2 de outubro de 2018, acrescentou o parágrafo único ao art. 158 do Código de Processo Penal, dispondo que se dará prioridade à realização do exame de corpo de delito quando se tratar de crime que envolva: *a*) violência doméstica e familiar contra mulher; *b*) violência contra criança, adolescente, idoso ou pessoa com deficiência.

Importante destacar, também, o acréscimo dos arts. 158-A a 158-F ao CPP, efetuado pela Lei n. 13.964, de 24 de dezembro de 2019, a famosa Lei do Pacote Anticrime, em seu art. 3º.

Criou-se o instituto da *cadeia de custódia*, consistente, nos termos da lei, no

"Art. 158-A. Considera-se cadeia de custódia o conjunto de todos os procedimentos utilizados para manter e documentar a história cronológica do vestígio coletado em locais ou em vítimas de crimes, para rastrear sua posse e manuseio a partir de seu reconhecimento até o descarte.

§ 1º O início da cadeia de custódia dá-se com a preservação do local de crime ou com procedimentos policiais ou periciais nos quais seja detectada a existência de vestígio.

§ 2º O agente público que reconhecer um elemento como de potencial interesse para a produção da prova pericial fica responsável por sua preservação.

§ 3º Vestígio é todo objeto ou material bruto, visível ou latente, constatado ou recolhido, que se relaciona à infração penal".

O rastreamento dos vestígios é efetuado nos moldes do art. 158-B, nas seguintes etapas:

"I – reconhecimento: ato de distinguir um elemento como de potencial interesse para a produção da prova pericial;

II – isolamento: ato de evitar que se altere o estado das coisas, devendo isolar e preservar o ambiente imediato, mediato e relacionado aos vestígios e local de crime;

III – fixação: descrição detalhada do vestígio conforme se encontra no local de crime ou no corpo de delito, e a sua posição na área de exames, podendo ser ilustrada por fotografias, filmagens ou croqui, sendo indispensável a sua descrição no laudo pericial produzido pelo perito responsável pelo atendimento;

IV – coleta: ato de recolher o vestígio que será submetido à análise pericial, respeitando suas características e natureza;

V – acondicionamento: procedimento por meio do qual cada vestígio coletado é embalado de forma individualizada, de acordo com suas características físicas, químicas e biológicas, para posterior análise, com anotação da data, hora e nome de quem realizou a coleta e o acondicionamento;

VI – transporte: ato de transferir o vestígio de um local para o outro, utilizando as condições adequadas (embalagens, veículos, temperatura, entre outras), de modo a garantir a manutenção de suas características originais, bem como o controle de sua posse;

VII – recebimento: ato formal de transferência da posse do vestígio, que deve ser documentado com, no mínimo, informações referentes ao número de procedimento e unidade de polícia judiciária relacionada, local de origem, nome de quem transportou o vestígio, código de rastreamento, natureza do exame, tipo do vestígio, protocolo, assinatura e identificação de quem o recebeu;

VIII – processamento: exame pericial em si, manipulação do vestígio de acordo com a metodologia adequada às suas características biológicas, físicas e químicas, a fim de se obter o resultado desejado, que deverá ser formalizado em laudo produzido por perito;

IX – armazenamento: procedimento referente à guarda, em condições adequadas, do material a ser processado, guardado para realização de contraperícia, descartado ou transportado, com vinculação ao número do laudo correspondente;

X – descarte: procedimento referente à liberação do vestígio, respeitando a legislação vigente e, quando pertinente, mediante autorização judicial".

Será, preferencialmente, realizada por perito oficial, a coleta dos vestígios. E, ainda que seja necessária a realização de exames complementares, o mesmo dará o encaminhamento necessário para a central de custódia (art. 158-C), levando-se em consideração que:

"§ 1º Todos vestígios coletados no decurso do inquérito ou processo devem ser tratados como descrito nesta Lei, ficando órgão central de perícia oficial de natureza criminal responsável por detalhar a forma do seu cumprimento.

§ 2º É proibida a entrada em locais isolados bem como a remoção de quaisquer vestígios de locais de crime antes da liberação por parte do perito responsável, sendo tipificada como fraude processual a sua realização".

O art. 158-D determina que:

"O recipiente para acondicionamento do vestígio será determinado pela natureza do material.

§ 1º Todos os recipientes deverão ser selados com lacres, com numeração individualizada, de forma a garantir a inviolabilidade e a idoneidade do vestígio durante o transporte.

§ 2º O recipiente deverá individualizar o vestígio, preservar suas características, impedir contaminação e vazamento, ter grau de resistência adequado e espaço para registro de informações sobre seu conteúdo.

§ 3º O recipiente só poderá ser aberto pelo perito que vai proceder à análise e, motivadamente, por pessoa autorizada.

§ 4º Após cada rompimento de lacre, deve se fazer constar na ficha de acompanhamento de vestígio o nome e a matrícula do responsável, a data, o local, a finalidade, bem como as informações referentes ao novo lacre utilizado.

§ 5º O lacre rompido deverá ser acondicionado no interior do novo recipiente".

Impreterivelmente, todos os Institutos de Criminalística deverão ter uma central de custódia destinada à guarda e controle dos vestígios, e sua gestão deve ser vinculada diretamente ao órgão central de perícia oficial de natureza criminal (art. 158-E).

"§ 1º Toda central de custódia deve possuir os serviços de protocolo, com local para conferência, recepção, devolução de materiais e documentos, possibilitando a seleção, a classificação e a distribuição de materiais, devendo ser um espaço seguro e apresentar condições ambientais que não interfiram nas características do vestígio.

§ 2º Na central de custódia, a entrada e a saída de vestígio deverão ser protocoladas, consignando-se informações sobre a ocorrência no inquérito que a eles se relacionam.

§ 3º Todas as pessoas que tiverem acesso ao vestígio armazenado deverão ser identificadas e deverão ser registradas a data e a hora do acesso.

§ 4º Por ocasião da tramitação do vestígio armazenado, todas as ações deverão ser registradas, consignando-se a identificação do responsável pela tramitação, a destinação, a data e horário da ação".

Finalmente, após concretizada a perícia, o material utilizado deverá ser devolvido à central de custódia, local no qual deverá permanecer, como leciona o art. 158-F. Existindo problema na logística de armazenamento, o parágrafo único do artigo impõe que: "Caso a central de custódia não possua espaço ou condições de armazenar determinado material, deverá a autoridade policial ou judiciária determinar as condições de depósito do referido material em local diverso, mediante requerimento do diretor do órgão central de perícia oficial de natureza criminal".

17.10.2.5. Impossibilidade do exame de corpo de delito direto em infração que deixa vestígio

Dispõe o art. 167 do Código de Processo Penal que: "Não sendo possível o exame de corpo de delito, por haverem desaparecido os vestígios, a prova testemunhal poderá suprir-lhe a falta". Duas interpretações são possíveis: (i) o juiz poderá considerar suprida a falta do exame de corpo de delito pela prova testemunhal, ou seja, pelos depoimentos prestados em audiência quando, desde logo, os vestígios desapareceram; (ii) o art. 167 do Código de Processo Penal não determina que o juiz tome a prova testemunhal como substitutiva do exame de corpo de delito direto, mas que os peritos elaborem um laudo indireto, a partir das informações prestadas pelas testemunhas. Para esta última corrente, não se trata de prova testemunhal, mas de exame pericial indireto elaborado a partir de informes fornecidos pelas testemunhas.

Nosso entendimento: correta a primeira posição.

Quando a infração deixar vestígios, o art. 158 do Código de Processo Penal determina a realização do exame direto, caso estes vestígios constituam o próprio corpo do delito (ex.: um cadáver), ou o exame indireto, quando embora desaparecido o corpo do delito, ainda restarem vestígios periféricos (roupas com sangue da vítima, ao lado das cinzas do corpo incinerado). O art. 167 do Código de Processo Penal cuida de hipótese diversa, qual seja, a do desaparecimento de todos os vestígios, principais e periféricos. Neste caso, não tem sentido falar-se em perícia, podendo a prova testemunhal suprir-lhe a falta. Em reforço, o art. 564, III, *b*, do Código de Processo Penal, ao prever a nulidade ante a falta de exame de corpo de delito direto ou indireto, ressalva expressamente a hipótese do art. 167, dizendo que neste caso a ausência do exame direto ou indireto não gera nulidade.

→ **ATENÇÃO:** a lei prevê que a simples confissão do acusado não pode suprir a falta do exame de corpo de delito indireto (CPP, art. 158).

17.10.2.6. Espécies

(i) Necropsia ou autópsia: é o exame interno feito no cadáver a fim de constatar a causa da morte. Denomina-se *laudo necroscópico* ou *laudo cadavérico*.

(ii) Exumação: é o desenterramento, ao contrário da *inumação*, que é o sepultamento.

17.10.3. Perito

17.10.3.1. Conceito

É um auxiliar da justiça, devidamente compromissado, estranho às partes, portador de um conhecimento técnico altamente especializado e sem impedimentos ou incompatibilidades para atuar no processo. A sua nomeação é livre ao juiz, não se admitindo interferência das partes, nem mesmo na ação privada. No caso de perícia a ser realizada em outra comarca, por meio de carta precatória, a nomeação será feita pelo juízo deprecado, salvo no caso de ação privada, quando se admite, se houver acordo entre as partes, a nomeação pelo juiz deprecante.

17.10.3.2. Espécies

(i) Perito oficial: é aquele que presta o compromisso de bem e fielmente servir e exercer a função quando assume o cargo, ou seja, quando, após o regular concurso de provas e títulos, vem a ser nomeado e investido no cargo de perito. Daí a desnecessidade de esse perito prestar compromisso nos processos e investigações em que atua.

(ii) Perito louvado ou não oficial: trata-se daquele que não pertence aos quadros funcionais do Estado, e que, portanto, uma vez nomeado, deve prestar o aludido compromisso. A nomeação não pode ser recusada pelo perito, salvo motivo justificável (CPP, art. 277), pois, sendo auxiliar da justiça, assume ônus processual. Caso não compareça para realizar o exame, poderá ser conduzido coercitivamente (CPP, art. 278). Pode ainda cometer o crime de falsa perícia (CP, art. 342). A sua nomeação é feita pela autoridade policial na fase de inquérito e pelo juiz, no processo.

17.10.3.3. Impedimentos

A relevância da função pericial, base da decisão, exige uma confiabilidade total do juiz na pessoa do perito – repudia-se a indignidade.

O fato de alguém já ter manifestado sua opinião sobre o que constitui objeto da perícia ou então ter prestado depoimento no processo o torna incompatível para servir como louvado – *repudia-se a incompatibilidade.*

Os analfabetos e os menores de 21 anos de idade não podem atuar como peritos. Embora os últimos sejam considerados capazes, nos termos do Código Civil, não podem atuar como peritos. É que esse dispositivo não está vinculado à capacidade civil, mas tão somente a um requisito para o exercício de função pública, semelhante ao que a própria Constituição Federal estabelece em hipóteses como as do Prefeito Municipal, Ministro do STF ou do STJ, e assim por diante.

→ **ATENÇÃO:** segundo dispõe o art. 280 do Código de Processo Penal, é extensivo aos peritos, no que lhes for cabível, o disposto sobre suspeição dos juízes.

17.10.4. Perícia psiquiátrica

Trata-se daquela realizada a fim de se verificar a imputabilidade e a periculosidade.

17.10.5. Questões polêmicas

(i) A falta do exame de corpo de delito não impede a comprovação do estupro por outros meios de prova em direito admitidos.

(ii) A regra do art. 158 do CPP, tornando obrigatória a realização do exame de corpo de delito quando a infração deixar vestígios, excepciona o princípio da livre apreciação da prova pelo juiz (CPP, art. 155, *caput*), bem como o da verdade real. Trata-se de adoção excepcional do sistema da prova legal, não podendo o julgador buscar a verdade por nenhum outro meio de prova, seja pela confissão do acusado, robusta documentação ou depoimentos testemunhais idôneos, pois a lei se apega ao formalismo de exigir a prova pericial como único meio de comprovar a materialidade delitiva. Assim, quando possível a realização da perícia, a sua falta implica a nulidade de qualquer prova produzida em sua substituição (CPP, art. 564, III, *b*) e, por conseguinte, a absolvição do imputado com fundamento no art. 386, VII, do CPP. O art. 167 do CPP somente se aplica aos casos em que o exame direto já não era possível ao tempo do descobrimento do delito, em face do desaparecimento dos vestígios. Se havia possibilidade de realizar o exame de corpo de delito direto, a omissão da autoridade em determiná-lo não pode ser suprida por nenhuma outra prova, sob pena de afronta a determinação expressa da lei (CPP, art. 158). Nota-se, contudo, uma tendência da jurisprudência dos tribunais superiores a atenuar os rigores dessa regra, sob o argumento de que, não sendo ilícitas, as demais provas podem ser valoradas pelo juiz como admissíveis.

(iii) Na falta de perito oficial, o exame será realizado por duas pessoas idôneas, portadoras de diploma de curso superior preferencialmente na área específica, dentre as que tiverem habilitação técnica relacionada com a natureza do exame (CPP, art. 159, § 1º). Entretanto, a assinatura por apenas uma delas somente causará nulidade do laudo se comprovado o prejuízo e arguido o vício *opportuno tempore*, por se tratar de nulidade relativa. Essa era a interpretação que já vinha sendo dada ao antigo art. 159 do CPP.

(iv) No caso de exame complementar destinado a comprovar a classificação do delito no art. 129, § 1º, I, do Código Penal, a lei determina seja feito logo que decorra o prazo de trinta dias, contado da data da lesão (CPP, art. 168, § 2º). No entanto, sua realização após o decurso desse prazo não invalidará a análise. A falta do exame poderá ser suprida por prova testemunhal (CPP, art. 168, § 3º).

17.11. Interrogatório

17.11.1. Conceito

É o ato judicial no qual o juiz ouve o acusado sobre a imputação contra ele formulada. É ato privativo do juiz e personalíssimo do acusado, possibilitando a este último o exercício da sua defesa, da sua autodefesa.

17.11.2. Natureza

O Código de Processo Penal, ao tratar do interrogatório do acusado no capítulo concernente à prova, fez clara opção por considerá-lo verdadeiro *meio de prova*, relegando a segundo plano sua natureza de meio de autodefesa do réu[138]. Entretanto, a doutrina mais avisada, seguida pela jurisprudência mais sensível aos novos postulados ideológicos informativos do processo penal, tem reconhecido o interrogatório como *meio de defesa*, i. e., como ato de concretização de um dos momentos do direito de ampla defesa, constitucionalmente assegurado, qual seja, o direito de autodefesa, na espécie direito de audiência. Desse modo, tem prevalecido a natureza mista do interrogatório, sendo aceito como *meio de prova e de defesa*.

Tratamos o ato processual do interrogatório entre os meios de prova apenas para seguir o *iter* do Código de Processo Penal, pois, como se verá, consideramo-lo como meio de defesa do acusado.

Cabe, portanto, traçar algumas linhas a respeito das acepções do direito de defesa, acima aventadas.

No processo penal, a ampla defesa, como tratada no art. 5º, LV, da Constituição Federal, pode, ou melhor, deve ser analisada sob dois diferentes aspectos, os quais, como se verá, recebem tratamento jurídico diferenciado. São eles: a defesa técnica e a autodefesa.

A primeira, exercida por profissional legalmente habilitado (advogado), é indispensável, em razão da necessidade de ser o contraditório, em processo penal, real e efetivo, como condição de segurança da igualdade dos litigantes e da imparcialidade do juiz.

Já a segunda, i. e., a autodefesa, é ato de exclusiva titularidade do acusado, sendo, por isso, perfeitamente renunciável. Essa qualidade, no entanto, não implica a sua dispensabilidade pelo juiz; só o réu, legítimo titular do direito, é que pode dela dispor, sob pena de se cercear a ampla defesa, uma vez que restaria vedada a possibilidade, tão importante, de a defesa técnica munir-se de subsídios fornecidos pela autodefesa.

---

138. Francisco Campos, *Exposição de motivos do Código de Processo Penal*, item VII.

Como acima apontado, a defesa pessoal, ou autodefesa, subdivide-se em dois outros momentos, de singela importância: o direito de audiência e o direito de presença.

"O primeiro [direito de audiência] traduz-se na possibilidade de o acusado influir sobre a formação do convencimento do juiz mediante o interrogatório. O segundo [direito de presença] manifesta-se pela oportunidade de tomar ele posição, a todo momento, perante as alegações e as provas produzidas, pela imediação com o juiz, as razões e as provas"[139].

Ora, sendo o interrogatório o momento processual no qual, por excelência, o sujeito da defesa, i. e., o acusado, tem a possibilidade de materializar o seu direito de audiência, influenciando na formação da convicção do órgão jurisdicional através da narração dos fatos consoante a sua versão, torna-se evidente a natureza de meio de defesa do interrogatório.

É certo, entretanto, que ao contar a sua versão do ocorrido o réu poderá fornecer ao juízo elementos de instrução probatória, funcionando o ato, assim, como meio de instrução da causa. Todavia, essa não é a finalidade à qual se predispõe, constitucionalmente, o interrogatório, sendo a sua qualificação como meio de prova meramente eventual, insuficiente, portanto, para conferir-lhe a natureza vislumbrada pelo Código de Processo Penal.

Essa afirmação reveste-se de grande rigor quando se tem em conta que o réu, quando inquirido pelo juiz, pode permanecer calado, exercitando o seu direito ao silêncio, igualmente tutelado pelo Texto Constitucional (art. 5º, LXIII), sem que qualquer sanção lhe possa ser aplicada pela utilização dessa prerrogativa. Assim, o direito ao silêncio apresenta-se, na visão de Grinover, Scarance e Magalhães, como "(...) o selo que garante o enfoque do interrogatório como meio de defesa e que assegura a liberdade de consciência do acusado"[140].

Como decorrência de o interrogatório inserir-se como meio de autodefesa, decorre o princípio de que nenhuma autoridade pode obrigar o indiciado ou acusado a fornecer prova para caracterizar a sua própria culpa, não podendo ele, por exemplo, ser obrigado a fornecer à autoridade policial padrões gráficos do seu próprio punho para exames grafotécnicos ou respirar em bafômetro para aferir embriaguez ao volante. Se não pode ser obrigado a confessar, não pode ser compelido a incriminar-se.

Nosso entendimento: essa é, portanto, a posição que entendemos como a mais acertada, ou seja, o interrogatório do acusado é meio de defesa, pois consoante com opção acatada pelo Texto Constitucional.

Mesmo com as inovações introduzidas no CPP pela Lei n. 10.792, de 1º de dezembro de 2003, o interrogatório conserva sua natureza de meio de defesa, tanto que ficou garantida expressamente a possibilidade de o acusado entrevistar-se previamente com seu

139. Grinover, Scarance e Magalhães, *As nulidades no processo penal*, cit., p. 69.

140. *As nulidades no processo penal*, cit., p. 71.

advogado, a fim de estabelecer a melhor estratégia para sua autodefesa (CPP, art. 185, § 5º). Além disso, o art. 186, *caput*, do CPP, regulamentando o direito constitucional ao silêncio (CF, art. 5º, LXIII), obriga o juiz a informá-lo da prerrogativa de permanecer calado, bem como de não responder às perguntas que lhe forem formuladas. Esclarece também o parágrafo único do mencionado art. 186 do CPP que o silêncio não importará confissão, nem tampouco poderá ser interpretado em prejuízo da defesa. Ficou, portanto, reforçada a sua natureza jurídico-constitucional de autodefesa, pela qual o acusado apresenta a sua versão, fica em silêncio ou faz o que lhe for mais conveniente. Paralelamente, tal ato constitui também um meio de prova, na medida em que, ao seu final, as partes poderão perguntar. Deve-se, no entanto, ressaltar que tais indagações feitas por técnicos só podem ser em caráter complementar, ao final do ato, e não obrigam o juiz a formulá-las, podendo indeferi-las quando impertinentes ou irrelevantes (CPP, art. 188). Em suma, o interrogatório constitui meio de autodefesa, pois o acusado fala o que quiser e se quiser, e meio de prova, posto que submetido ao contraditório.

17.11.3. Alterações promovidas pela Lei n. 11.719/2008

A Lei n. 11.719 reforçou a natureza de meio de defesa do interrogatório. Isto porque a reforma processual penal instituiu, no procedimento ordinário e sumário, a audiência única (CPP, arts. 400 e 531), em que se concentram todos os atos instrutórios (tomada de declarações do ofendido, inquirição das testemunhas arroladas pela acusação e pela defesa, nesta ordem, ressalvado o disposto no art. 222, *caput*, deste Código, esclarecimentos dos peritos, acareações, reconhecimento de pessoas), passando o interrogatório a ser realizado após todos esses atos da instrução probatória. (*Vide* também CPP, art. 411, o qual alterou o procedimento do júri.)

Mencionada alteração legislativa surtiu alguns reflexos no sistema do interrogatório, na medida em que este, no procedimento ordinário e sumário (bem como na 1ª fase do procedimento do júri), era o ato inaugural da instrução criminal e, agora, deixou de sê-lo. Além disso, o mesmo era realizado em audiência isolada, seguida da audiência para oitiva da testemunha de acusação, e, posteriormente, da defesa; agora, se insere dentro de uma audiência única, em que são produzidas todas as provas do processo. Importante notar que em alguns procedimentos especiais o interrogatório continua a constituir o primeiro ato da instrução (Leis n. 8.038/90 e 11.343/2006, por exemplo). Entretanto, em face do disposto no art. 394, § 5º, que prevê a aplicação subsidiária do procedimento ordinário ao rito especial (CPP, art. 394, § 5º), fatalmente haverá quem sustente que nos procedimentos especiais o interrogatório deverá também ser posterior à instrução probatória. No entanto, é importante considerar que as regras do procedimento ordinário somente terão incidência subsidiária, isto é, quando não houver disciplinamento legal da matéria, destinando-se, portanto, a suprir lacunas do procedimento especial.

Importante destacar que tal discussão não se encontra pacificada no Supremo Tribunal Federal. Isto é, sob o argumento de que o interrogatório é, por excelência, meio de defesa do acusado e que a sua realização é mais efetiva após a regular instrução, o referido Tribunal Supremo já decidiu que as alterações promovidas pela Lei n. 11.719/2008 também se aplicam aos procedimentos previstos em legislação especial (neste sentido

HC 127.900/AM, Plenário, rel. Min. Dias Toffoli, julgado em 3-3-2016, Informativo de Jurisprudência n. 816; e AP 1.027/DF, 1ª Turma, rel. Min. Marco Aurélio, red. p/ o ac. Min. Luís Roberto Barroso, julgado em 2-10-2018, Informativo de Jurisprudência nº 918). De outra banda, contudo, em recente decisão relatada pelo Min. Marco Aurélio, restou decidido que não se deve aplicar a regra geral do art. 400 do CPP nos procedimentos regidos pela Lei n. 8.038/90 (HC 178.252/ES, 1ª Turma, julgado em 2-6-2020, Informativo de Jurisprudência n. 980).

Importante notar que, em algumas situações, o interrogatório poderá constituir um ato processual isolado: (i) na hipótese em que o acusado, citado pessoalmente (CPP, art. 367) ou por hora certa (CPP, art. 362), torna-se revel. Nesse caso, poderá o juiz, uma vez comparecendo o acusado, proceder ao seu interrogatório (CPP, art. 185); (ii) na hipótese de o juiz realizar novo interrogatório de ofício ou a pedido fundamentado de qualquer das partes (CPP, art. 196). O art. 384, § 2º, prevê a possibilidade, no caso de *mutatio libelli*, de o juiz proceder a novo interrogatório. Da mesma forma, será possível um novo interrogatório após a audiência única, quando for concedido prazo para a apresentação de memoriais por força da complexidade do caso ou número de acusados (CPP, art. 403, § 3º) ou quando ordenada diligência considerada imprescindível (CPP, art. 404). Assim, em tais situações, é admissível um novo interrogatório; (iii) nos procedimentos especiais, por exemplo, o art. 7º da Lei n. 8.038/90 (processos de competência originária dos tribunais) prevê que, recebida a denúncia ou a queixa, o relator designará dia e hora para o interrogatório.

17.11.4. Características

(i) **Ato processual personalíssimo:** só o réu pode ser interrogado. Todavia, sendo público o ato, entende-se que qualquer pessoa pode assistir-lhe.

(ii) **Ato privativo do juiz:** somente o juiz poderá interrogar o acusado, sendo vedado ao defensor e ao Ministério Público interferirem no ato. O art. 188 do CPP, no entanto, possibilita-lhes a formulação de reperguntas ao final do interrogatório, pois nesse momento caberá ao juiz indagar das partes "se restou algum fato para ser esclarecido". Convém ressaltar que tais perguntas são feitas em caráter meramente complementar e não obrigam o juiz a repassá-las ao acusado, podendo indeferi-las quando considerá-las impertinentes ou irrelevantes. Diante disso, fica mantida a característica de ser o interrogatório um ato privativo do juiz, mesmo com a possibilidade de as partes sugerirem uma ou outra indagação ao seu final, dado ser esta uma atuação complementar e de caráter excepcional. O que não se admite é que o acusado seja tratado como testemunha, submetido a uma bateria de perguntas da acusação, capazes de comprometer sua autodefesa. O juiz deverá estar atento para não desnaturar o ato, impedindo que ganhe contornos de quase inquisitorialidade. Na hipótese de o processo ser de competência do Tribunal do Júri e, portanto, seguir o procedimento dos arts. 406 a 497 do CPP, o interrogatório, na fase da instrução em Plenário (CPP, arts. 473 a 475), terá um diferencial: o Ministério Público, o assistente, o querelante e o defensor, nessa ordem, poderão formular, diretamente, as perguntas ao acusado (CPP, art. 474, § 1º), ao contrário dos demais procedimentos, os quais exigem a intermediação do juiz. Desse modo, o interrogatório em plenário seguirá a sistemática geral do Código de Processo Penal, porém com esse diferencial.

A presença do defensor durante o interrogatório, do início ao fim, é obrigatória, sob pena de nulidade, nos termos do art. 185, *caput* e § 1º, do CPP. Ressalve-se que essa disposição legal somente continua a fazer sentido nas hipóteses em que o interrogatório constitui um ato isolado, pois quando realizado, no contexto da audiência única dos arts. 400, 411 e 531 do CPP, esse comando legal torna-se dispensável, na medida em que a presença de defensor não é reputada uma exigência apenas para efetivação do interrogatório em si, mas para a realização de toda a audiência em que se concentram todos os atos instrutórios.

Cumpre consignar que o *caput* do art. 185 não se refere à presença obrigatória do Ministério Público, o qual teria a mera prerrogativa de fazer-se ou não presente, a fim de formular perguntas complementares; porém, no caso da audiência única, o *parquet* obrigatoriamente deverá presenciar a realização de todos os atos processuais.

No tocante ao interrogatório do réu preso, realizado em estabelecimento prisional, a nova redação do § 1º, determinada pela Lei n. 11.900/2009, prevê que será ele realizado, em sala própria, no estabelecimento em que estiver recolhido, desde que estejam garantidas a segurança do juiz, do membro do Ministério Público e dos auxiliares, bem como a presença do defensor e a publicidade do ato.

(iii) Ato oral: admitem-se, como exceção, as perguntas escritas ao surdo e as respostas igualmente escritas do mudo. Já em se tratando de réu estrangeiro, se o idioma não for o castelhano, deverá ser nomeado um intérprete. Se o réu for surdo-mudo e analfabeto, será nomeado intérprete que funcionará também como curador.

(iv) Ato não preclusivo: o interrogatório não preclui, podendo ser realizado a qualquer momento, dada a sua natureza de meio de defesa. Com efeito, o art. 196 do CPP dispõe que "a todo tempo o juiz poderá proceder a novo interrogatório de ofício ou a pedido fundamentado de qualquer das partes". Entretanto, o momento processual para a realização de novo interrogatório acabou por sofrer influxos da reforma processual penal. Com efeito, conforme já visto anteriormente, o interrogatório, no procedimento ordinário, sumário e no júri (1ª fase do rito escalonado), passou a ser realizado após toda a instrução probatória, na audiência concentrada dos arts. 400, 411 e 531 do CPP, não constituindo mais o primeiro ato instrutório e isolado. Com isso, indaga-se em que ocasião o juiz poderá proceder a novo interrogatório de ofício ou a pedido fundamentado de qualquer das partes. Uma das hipóteses está prevista no art. 384, § 2º, o qual prevê a possibilidade, no caso de *mutatio libelli*, de o juiz proceder a novo interrogatório. Da mesma forma, será autorizado um novo interrogatório após a audiência única, quando for concedido prazo para a apresentação de memoriais por força da complexidade do caso ou número de acusados (CPP, art. 403, § 3º) ou quando ordenada diligência considerada imprescindível (CPP, art. 404). Mencione-se, ainda, que poderá o juiz, uma vez comparecendo o acusado, proceder ao seu interrogatório (CPP, art. 185), nas hipóteses em que o acusado, citado pessoalmente (CPP, art. 367) ou por hora certa (CPP, art. 362), torna-se revel.

Não devemos nos esquecer de que o interrogatório concretiza o direito do réu a ser ouvido (direito à audiência), pressuposto básico da ampla defesa e assegurado no art. 8º, n. 1, da Convenção Americana sobre Direitos Humanos de 1969 (Pacto de San José da Costa Rica), compromisso do qual o Brasil é signatário.

17.11.5. Ausência de interrogatório no curso da ação

Há duas posições: (i) os que são pela *nulidade relativa* e (ii) os que defendem a *nulidade absoluta*. Prevalece a tese de que a ausência de interrogatório no curso da ação constitui nulidade absoluta, cujo prejuízo é presumido, uma vez que violado preceito de ordem constitucional, qual seja, o princípio da ampla defesa.

17.11.6. Princípio da identidade física do juiz

O princípio da identidade física do juiz está expresso no Código de Processo Penal (CPP, art. 399, § 2º), o qual preceitua que "o juiz que presidiu a instrução deverá proferir a sentença", constituindo verdadeiro corolário do princípio da oralidade, do qual decorrem outros dois subprincípios, quais sejam, o da imediatidade do juiz com as partes e com as provas e o da concentração. Desse modo, a atual previsão legal fatalmente suscitará dúvidas quanto à legalidade do interrogatório realizado via carta precatória, até porque, nesse contexto, com a reforma processual penal, que passou a contemplar, no procedimento ordinário e sumário, a audiência única (CPP, arts. 400 e 531), na qual se insere o interrogatório, "o acusado preso será requisitado para comparecer ao interrogatório, devendo o poder público providenciar sua apresentação" (CPP, art. 399, § 1º). O mencionado dispositivo legal não faz menção à requisição do réu preso para acompanhar a instrução probatória; contudo, como o interrogatório, no novo procedimento ordinário e sumário, é realizado após a instrução, obrigatoriamente o réu deverá ser requisitado não só para ser interrogado, mas para acompanhar toda audiência de instrução e julgamento. Isto porque a presença do réu da qual decorre o contato imediato com as provas produzidas em audiência passou a ser de suma importância para o exercício do direito a autodefesa.

Se de um lado o Código prescreve o princípio da identidade física do juiz e a requisição do réu preso para o interrogatório, por outro lado, o art. 473, § 3º, do CPP prevê expressamente, no procedimento do júri, a utilização da carta precatória: "as partes e os jurados poderão requerer acareações, reconhecimento de pessoas e coisas e esclarecimento dos peritos, bem como a leitura de peças que se refiram, exclusivamente, às provas colhidas por carta precatória e às provas cautelares, antecipadas ou não repetíveis". Haveria, ainda, outros argumentos a favor do interrogatório realizado por carta precatória: deparamo-nos com o grande obstáculo, que é a extensão territorial de nosso país, a qual impossibilita o transporte de presos de uma comarca para outra. Além disso, incidiria, no caso, o princípio da celeridade processual, de magnitude constitucional, o qual prima pela eficiência do processo, não constituindo o princípio da identidade física do juiz um direito absoluto.

Interessante também lembrar que pode a realização do interrogatório, a teor da letra do § 1º do art. 9º da Lei n. 8.038/90, ser delegada a juiz ou membro de tribunal com competência territorial no local de cumprimento da carta de ordem, dispondo, em idêntico sentido, o Regimento Interno do STF – art. 239, § 1º – e, também, o Regimento Interno do STJ – art. 225, § 1º.

17.11.7. Interrogatório por videoconferência

Tendo em vista a necessidade de o Poder Público lançar mão de um mecanismo eficaz que evitasse os transtornos provocados pelo transporte de presos das unidades prisionais aos fóruns, foi editada a Lei n. 11.900, de 8 de janeiro de 2009, publicada no *Diário Oficial da União* no dia 9 de janeiro, que permite a utilização do sistema de videoconferência ou outro recurso tecnológico de transmissão de sons e imagens em tempo real, em interrogatório de presos e outros atos processuais, como acareação, reconhecimento de pessoas e coisas, inquirição de testemunha ou tomada de declarações do ofendido.

Muito embora a regra continue a ser a realização do interrogatório do réu preso em sala própria, no estabelecimento em que estiver recolhido, na presença física do juiz (CPP, art. 185, § 1º), a Lei editada passou a autorizar, em situações excepcionais, que o magistrado, por decisão fundamentada, de ofício ou a requerimento das partes, realize a oitiva do réu preso pelo sistema de videoconferência, desde que para atender a uma das finalidades previstas no § 2º do art. 185: "I – prevenir risco à segurança pública, quando exista fundada suspeita de que o preso integre organização criminosa ou de que, por outra razão, possa fugir durante o deslocamento; II – viabilizar a participação do réu no referido ato processual, quando haja relevante dificuldade para seu comparecimento em juízo, por enfermidade ou outra circunstância pessoal; III – impedir a influência do réu no ânimo de testemunha ou da vítima, desde que não seja possível colher o depoimento destas por videoconferência, nos termos do art. 217 deste Código; IV – responder à gravíssima questão de ordem pública". São situações, portanto, excepcionais, devendo a motivação da decisão estar a elas vinculada. Note-se que exige a Lei indícios fundados de que possa vir a ocorrer a evasão do preso, não sendo qualquer risco de fuga apto a justificar o uso desse aparato, pois, do contrário, sempre será autorizado o interrogatório por videoconferência, já que o perigo de evasão é inerente ao ato de deslocamento do réu e essa não é a intenção da Lei.

Da decisão que determinar a realização do interrogatório por videoconferência, as partes serão intimadas com 10 (dez) dias de antecedência.

Verifique-se que, em virtude das Leis n. 11.689/2008 e 11.719/2008, que instituíram a audiência única de instrução e julgamento (CPP, arts. 400, 411 e 531), em que se concentram todos os atos instrutórios (tomada de declarações do ofendido, inquirição das testemunhas arroladas pela acusação e pela defesa, nesta ordem, ressalvado o disposto no art. 222 do Código de Processo Penal, esclarecimentos dos peritos, acareações, reconhecimento de pessoas), o interrogatório passou a ser realizado após todos esses atos, autorizando, assim, a Lei n. 11.900/2009, que o preso acompanhe, pelo mesmo sistema tecnológico, a realização dessa audiência única, imprimindo maior agilidade ao processo penal, em consonância com o princípio da celeridade processual, expressamente acolhido pelo Pacto de São José da Costa Rica (Convenção Americana sobre Direitos Humanos) e a própria Magna Carta, em seu art. 5º, LXXVIII.

Em qualquer caso, antes da realização do interrogatório, o juiz assegurará o direito de entrevista reservada do acusado com seu defensor. A sala reservada no estabelecimento prisional para a realização dos atos processuais a distância será fiscalizada pelos corregedores e pelo juiz de cada causa, como também pelo Ministério Público e pela Ordem dos Advogados do Brasil.

Será também assegurado o acesso a canais telefônicos reservados para comunicação entre o defensor que esteja no presídio e o advogado presente na sala de audiência do Fórum, e entre este e o preso.

Na hipótese de o interrogatório não ser realizado no estabelecimento carcerário na presença do juiz ou pelo sistema de videoconferência, será requisitada sua apresentação em juízo (CPP, art. 185, § 7º), tal como também preceitua o art. 399, § 1º.

Interessante notar que a Lei n. 11.900/2009 não se limitou a autorizar o emprego desse recurso tecnológico apenas no ato do interrogatório, pois abarcou todos os atos processuais que dependam da participação de pessoa que esteja presa, como acareação, reconhecimento de pessoas e coisas, e inquirição de testemunha ou tomada de declarações do ofendido (CPP, art. 185, § 8º). Em tais hipóteses, fica garantido o acompanhamento do ato processual pelo acusado e seu defensor.

Da mesma forma, de acordo com o novo § 3º do art. 222 do Código de Processo Penal, na hipótese em que a testemunha morar fora da jurisdição, a sua oitiva poderá ser por meio de videoconferência, permitida a presença do defensor e podendo ser realizada, inclusive, durante a audiência de instrução e julgamento. Em tais situações, portanto, a carta precatória poderá ser substituída pela inquirição por videoconferência. Cumpre consignar que o art. 217 do Código de Processo Penal já previa a possibilidade da oitiva de testemunha por intermédio desse aparato tecnológico: na hipótese de o juiz verificar que a presença do réu possa causar humilhação, temor ou sério constrangimento à testemunha ou ao ofendido, de modo que prejudique a verdade do depoimento.

Finalmente, o art. 222-A, acrescentado pela Lei n. 11.900/2009, dispõe que as cartas rogatórias só serão expedidas se demonstrada previamente a sua imprescindibilidade, arcando a parte requerente com os custos de envio.

Dentre as teses contrárias à tecnologia de videoconferência em sede processual penal, afirma-se que o seu emprego reduziria a garantia da autodefesa, pois não proporcionaria ao acusado a serenidade e segurança necessárias para delatar seus comparsas; e de que não haveria a garantia de proteção do acusado contra toda forma de coação ou tortura física ou psicológica. Na realidade, percebe-se que a Lei procurou justamente resguardar os direitos e garantias constitucionais do acusado ao prever o direito à entrevista prévia e reservada com o seu defensor; a presença de um defensor no presídio e um advogado na sala da audiência do fórum, os quais poderão comunicar-se por intermédio de um canal telefônico reservado; da mesma forma, o preso poderá comunicar-se pelo canal com o advogado presente no fórum, na medida em que é possível que este faça reperguntas ao réu. Além do que, assegurou-se sala reservada no estabelecimento prisional para a realização do ato, a qual será fiscalizada pelo Ministério Público, Ordem dos Advogados do Brasil, pelos corregedores e pelo juiz da causa, de forma a garantir a lisura do procedimento, bem como a publicidade do ato.

Portanto, na essência, nada mudou, já que o réu poderá valer-se de todos os seus direitos constitucionalmente assegurados, afastando-se qualquer posicionamento contrário à videoconferência.

Afirma-se, também, que esse recurso tecnológico agrediria o direito de o acusado estar perante o juiz, isto é, o de sua presença real no interrogatório, pois estatui o art. 185, *caput*, do CPP que o acusado comparecerá perante a autoridade judiciária. No mesmo sentido, prescreve a Convenção Americana sobre Direitos Humanos (Pacto de São José da Costa Rica) no sentido de que toda pessoa detida deve ser conduzida à presença de um juiz. Ora, a expressão "presença da autoridade" merece uma interpretação consentânea com a evolução tecnológica que se vem processando nos últimos tempos. Quando tais diplomas foram editados, respectivamente, nos idos de 1941 e 1969, nem sequer se cogitava da existência do sistema de videoconferência. É certo que, quando a Lei afirma que o réu tem direito de estar perante um juiz, o ideal é que isso ocorra no plano concreto, mas o Direito não se encontra apenas no plano do ideal, forjado na mente humana, sob ele há um pano de fundo concreto, que exige soluções concretas, viáveis. Estar perante o juiz, dadas as condições da realidade, pode, uma vez garantidos os direitos dos acusados, como o fez a Lei, significar ser interrogado pelo sistema de videoconferência, sem que isso implique o aniquilamento desses direitos. Além do que o avanço da tecnologia é tamanho que não haverá prejuízo aos presos, dada a qualidade do som e da imagem do sistema de videoconferência, trazendo ao juiz os mesmos subsídios que a presença física proporcionaria para a formação de sua convicção; e, o mais importante, as garantias individuais deles serão resguardadas por membros do Ministério Público, da Magistratura, pela Ordem dos Advogados do Brasil e demais pessoas envolvidas nessa operação, que deverão estar no mesmo ambiente do preso à época da realização da audiência judicial por videoconferência.

> → **ATENÇÃO:** a nova lei do Pacote Anticrime, promulgada em dezembro de 2019, em seu art. 4º, alterou a Lei de Execução Penal, adicionando o inciso VII ao art. 52, que garantiu a presença do defensor nas audiências por videoconferência.

Aliado a isso, há inúmeros argumentos de política criminal que favorecem o interrogatório *on-line*, pois deve-se pontuar que constitui um avanço incomparável na prática forense, impedindo que milhões de reais mensais com despesas de transporte sejam gastos, além da necessidade de um contingente significativo de policiais militares para a realização da escolta. Sem falar no risco que sofrem os policiais e a população em geral com o perigo de fuga dos presos no trajeto até o fórum ou retorno ao presídio. Há mais um ponto positivo: a utilização da videoconferência imprimirá maior agilidade ao processo penal, em consonância com o princípio da celeridade processual, expressamente acolhido pelo Pacto de São José da Costa Rica (Convenção Americana sobre Direitos Humanos) e a própria Magna Carta, em seu art. 5º, LXXVIII.

Nesse contexto, a edição da Lei não importou em flexibilização dos direitos e garantias individuais, mas em mera adaptação de um ato processual a um novo procedimento, o qual atende aos novos postulados da sociedade e do Poder Judiciário.

17.11.8. Silêncio e mentira do réu

A lei processual estabelece ao acusado a possibilidade de confessar, negar, silenciar ou mentir, conforme a redação do art. 186, poderá também mentir, uma vez que não presta compromisso, logo, não há sanção prevista para sua mentira. Assim, o juiz não pode mais advertir o réu de que o seu silêncio poderá ser interpretado em prejuízo de sua defesa. Aliás, foi a Constituição Federal, em seu art. 5º, LXIII, quem consagrou o direito ao silêncio. Desse modo, deve o juiz informar ao acusado do seu direito de permanecer calado, sem que do exercício legítimo dessa prerrogativa constitucional possam advir restrições de ordem jurídica em desfavor dos interesses processuais do indiciado ou do acusado. Caso o magistrado venha a fazer a advertência vedada pelo Texto Constitucional, haverá nulidade do ato, embora relativa, ao teor da Súmula 523 do Supremo Tribunal Federal, já que ocorre mera deficiência do direito de defesa.

Claro que, como manifestação do direito de defesa, ao réu é dado silenciar-se apenas em relação ao interrogatório de mérito (art. 187, § 2º). A prerrogativa do direito ao silêncio não se aplica sobre a primeira parte do interrogatório (art. 187, § 1º), que cuida da identificação do réu, já que nesse momento não há espaço para qualquer atividade de cunho defensivo.

→ **ATENÇÃO:** a negativa do acusado em responder às perguntas de identificação caracteriza contravenção penal (LCP, art. 68).

17.11.9. Espécies de interrogatório

Existem interrogatórios que, tendo em vista as peculiaridades daquele a ser questionado, devem ser realizados de modo diverso. É o caso do:

(i) **interrogatório do analfabeto com deficiência de se comunicar**, no qual "intervirá no ato, como intérprete e sob compromisso, pessoa habilitada a entendê-lo" (CPP, art. 192, parágrafo único);

(ii) **do estrangeiro** desconhecedor da língua portuguesa, que será realizado com o auxílio de um intérprete (CPP, art. 193);

(iii) **do mudo, do surdo e do surdo-mudo:** ao surdo endereçam-se as perguntas por escrito e ele responde oralmente; ao mudo as perguntas são orais e ele responde por escrito; no caso de surdo-mudo as perguntas e respostas são escritas (CPP, art. 192, I a III).

17.11.10. Revel

Na hipótese de revelia (CPP, arts. 362 e 267), poderá o juiz, uma vez comparecendo o acusado, proceder ao seu interrogatório (CPP, art. 185).

Interessante notar que, nos casos de citação por edital, em que o processo fica suspenso, comparecendo o acusado, observar-se-á o disposto nos arts. 394 e seguintes do Código de Processo Penal (CPP, art. 363, §§ 1º e 4º), o que significa dizer que o interrogatório deverá ser realizado dentro da audiência concentrada dos arts. 400 e 531 no CPP.

17.11.11. O conteúdo do interrogatório

O Código de Processo Penal, em seu art. 187, divide o interrogatório em duas partes: (i) interrogatório de identificação (relativo à pessoa do acusado) e (ii) interrogatório de mérito (relativo aos fatos imputados ao acusado).

O interrogatório de identificação diz respeito à pessoa do acusado, buscando a sua identificação, bem como a individualização de sua personalidade. Nesse primeiro momento do ato, as perguntas têm por finalidade individualizar perfeitamente a pessoa do acusado, evitando possível confusão com algum homônimo, e garantir a coincidência de identidades entre a pessoa do denunciado e aquela que está sendo interrogada. Por essa razão, determina a lei seja o réu indagado sobre os seus dados familiares e sociais, seu endereço residencial, seus meios de vida ou profissão, bem como o lugar onde exerce a sua atividade. As perguntas objetivam também a individualização de sua personalidade, por meio de esclarecimentos acerca das oportunidades de vida que lhe foram ofertadas, seus antecedentes criminais, se já esteve preso ou foi processado alguma vez e, em caso afirmativo, qual o juiz do processo, se houve suspensão condicional ou condenação, qual a pena imposta, se a cumpriu (cf. redação do § 1º do art. 187). Nessa primeira parte, não se indaga acerca da acusação, mas de meros aspectos que cercam a vida do imputado. Assim, se não existe acusação, não há que se falar ainda em autodefesa, razão pela qual não vigora o direito constitucional ao silêncio.

A seguir, isto é, vencida a fase da identificação, deve o juiz, antes de proceder à oitiva sobre a imputação propriamente dita, cientificar o réu da acusação que lhe é dirigida, o que, em outras palavras, significa dar-lhe conta dos elementos probatórios até então coligidos, possibilitando-lhe, assim, o correto desempenho da sua autodefesa. Inicia-se, pois, o interrogatório de mérito, em que o magistrado deve, adaptando-se às peculiaridades do caso concreto, formular, entre outras, as perguntas consignadas nos incisos I a VIII do § 2º do art. 187 do CPP. A partir desse momento, inicia-se a autodefesa, podendo o acusado responder o que bem entender ou permanecer em silêncio, sem que isso possa ser levado em prejuízo de sua defesa. De acordo com o art. 187, § 2º, do CPP, ele será indagado sobre: "I – ser verdadeira a acusação que lhe é feita; II – não sendo verdadeira a acusação, se tem algum motivo particular a que atribuí-la, se conhece a pessoa ou pessoas a quem deva ser imputada a prática do crime, e quais sejam, e se com elas esteve antes da prática da infração ou depois dela; III – onde estava ao tempo em que foi cometida a infração e se teve notícia desta; IV – as provas já apuradas; V – se conhece as vítimas e testemunhas já inquiridas ou por inquirir, e desde quando, e se tem o que alegar contra elas; VI – se conhece o instrumento com que foi praticada a infração, ou qualquer objeto que com esta se relacione e tenha sido apreendido; VII – todos os demais fatos e pormenores que conduzam à elucidação dos antecedentes e circunstâncias da infração; VIII – se tem algo mais a alegar em sua defesa".

17.12. Confissão. Conceito. Fatores determinantes

É a aceitação pelo réu da acusação que lhe é dirigida em um processo penal. É a declaração voluntária, feita por um imputável, a respeito de fato pessoal e próprio, desfavorável e suscetível de renúncia.

Quanto aos fatores determinantes, destacam-se o remorso, a possibilidade de abrandar o castigo, a religião, a vaidade, a obtenção de certa vantagem, o altruísmo (representado pelo amor fraterno, paterno etc.), o medo físico, o prazer da recordação etc.

17.12.1. Espécies de confissão

(i) **Simples:** quando o confitente reconhece pura e simplesmente a prática criminosa, limitando-se a atribuir a si a prática da infração penal.

(ii) **Qualificada:** quando confirma o fato a ele atribuído, mas a ele opõe um fato impeditivo ou modificativo, procurando uma excludente de antijuridicidade, culpabilidade ou eximentes de pena (ex.: confessa ter emitido um cheque sem fundos, mas a "vítima" sabia que era para descontá-lo *a posteriori*).

(iii) **Complexa:** quando o confitente reconhece, de forma simples, várias imputações.

(iv) **Judicial:** é aquela prestada no próprio processo, perante juiz competente, mediante forma prevista e não atingida por nulidade. Quando se fala que a confissão judicial é aquela prestada no próprio processo, é porque se busca refutar de plano a confissão efetivada nos autos de outra ação, constituindo, nesses casos, mera prova emprestada. Pode ser efetivada no interrogatório ou por termo nos autos.

(v) **Extrajudicial:** designa aquelas produzidas no inquérito ou fora dos autos da ação penal, ou melhor, todas aquelas que não se incluem entre as judiciais. Quando um terceiro vem a depor num processo, e afirma ter ouvido o acusado confessar o fato, na verdade está prestando um testemunho, o que não implica confissão. Ao contrário do processo civil, o processo penal não conhece a confissão ficta.

(vi) **Explícita:** quando o confitente reconhece, espontânea e expressamente, ser o autor da infração.

(vii) **Implícita:** quando o pretenso autor da infração procura ressarcir o ofendido dos prejuízos causados pela infração.

17.12.2. Valor probante da confissão

Hoje não é mais a "rainha das provas", visto a própria exposição de motivos do Código aduzir que a *confissão* do acusado não constitui, obrigatoriamente, uma *prova plena* de sua culpabilidade. Havendo confissão judicial, esta só se pode presumir livremente feita, desde que não demonstrada a sua eventual falsidade mediante prova idônea, cujo ônus passa a ser do confitente, a qual já autoriza e serve como supedâneo para uma decisão condenatória. Porém, é por demais razoável que ao magistrado caberá apreciar a confissão efetivada em consonância com as demais provas produzidas, de sorte a buscar a formação de um juízo de certeza.

Cumpre consignar que a recente reforma do Código de Processo Penal trouxe limitação ao livre convencimento do juiz na apreciação das provas, ao vedar a fundamentação da decisão com base exclusiva nos elementos informativos colhidos na investigação, exigindo-se prova produzida em contraditório judicial, ressalvadas as provas cautelares, não repetíveis e antecipadas (cf. art. 155).

17.12.3. Características da confissão (CPP, art. 200)

(i) **Retratabilidade:** o acusado pode retratar-se, ou seja, desdizer a confissão ofertada. A confissão não produzirá efeitos se a vontade do agente ao confessar estiver viciada a ponto de não poder produzir seus efeitos como ato jurídico.

→ **ATENÇÃO:** a simples negação do fato praticado não equivale à retratação, pois esta pressupõe o conhecimento de confissão anterior.

(ii) **Divisibilidade ou cindibilidade:** a confissão pode-se dar no todo ou em parte, com relação ao crime atribuído ao confitente. Se o acusado confessa haver praticado um homicídio, e, ao mesmo tempo, alega que o perpetrou em legítima defesa, é óbvio que, se outros elementos existentes nos autos realçarem a veracidade da palavra do confitente, no sentido de ter sido ele o autor do homicídio, o magistrado aceitará a confissão, por sincera.

17.12.4. Confissão ficta

A confissão ficta ou presumida, contumaz no processo civil, não se verifica no âmbito do processo penal, por falta de amparo legal. Ainda que o acusado deixe o processo correr à sua revelia, tal fato não importa na presunção de veracidade acerca daquilo que foi alegado pela acusação.

A confissão, caso ocorra por ensejo do interrogatório, muda a sua natureza jurídica de ato de defesa para, exclusivamente, meio de prova.

17.12.5. Delação

Delação ou chamamento de corréu é a atribuição da prática do crime a terceiro, feita pelo acusado, em seu interrogatório, e pressupõe que o delator também confesse a sua participação. Tem o valor de prova testemunhal na parte referente à imputação e admite reperguntas por parte do delatado (Súmula 65 das Mesas de Processo Penal da USP).

Jurisprudência

- AGRAVO REGIMENTAL NO RECURSO ESPECIAL. NULIDADE. INTERROGATÓRIO DO ACUSADO. AUSÊNCIA DE ADVOGADO OU DEFENSOR PÚBLICO. CONDENAÇÃO. PREJUÍZO. NULIDADE. OCORRÊNCIA. RECURSO ESPECIAL PROVIDO. AGRAVO REGIMENTAL DO MINISTÉRIO PÚBLICO FEDERAL DESPROVIDO. I – "O interrogatório, no período anterior à Lei n. 10.792/2003, era entendido como ato personalíssimo do magistrado, não se submetendo ao princípio do contraditório, o que inviabilizava a intervenção da acusação ou da defesa, motivo pelo qual a ausência de defensor não implica qualquer nulidade" (HC n. 301.272/SP, Quinta Turma, rel. Min. Jorge Mussi, *DJe*, 13 nov. 2014). II – O advento da Lei n. 10.792/2003 tornou indispensável, no interrogatório judicial, a presença do defensor, constituído ou nomeado, sendo, inclusive, assegurado ao acusado o direito de prévia entrevista reservada. A inobservância das formalidades legais previstas nos arts. 185 a 188 do CPP constitui nulidade absoluta uma vez que fere os princípios da ampla defesa e devido processo legal. Precedentes. Agravo regimental desprovido (STJ – AgRg no REsp: 1458725 PA 2014/0137651-0, rel. Min. Felix Fischer, Quinta Turma, *DJe*, 26 out. 2016).
- SURDO-MUDO ALFABETIZADO.INTERROGATÓRIO.VALIDADE. "[...] Veja que o simples fato de ter sido constatada a dificuldade da comunicação do apelante não é suficiente para eivar seu interrogatório de nulidade, porque claramente ausente a alegada incapacidade de compreensão. Portanto, não há se falar em nulidade do interrogatório do

apelante, porque demonstrada sua capacidade de compreensão, sendo despicienda a repetição do ato processual após perícia ou com acompanhamento de intérprete [...]" (TJ-SP – APL: 00013053120168260431 SP 0001305-31.2016.8.26.0431, rel. Fernando Simão, 7ª Câmara de Direito Criminal, Data de Publicação: 9 jun. 2017).

17.13. Prova testemunhal ou testemunha

A palavra "*testemunhar*" origina-se do latim *testari*, que significa confirmar, mostrar.

17.13.1. Conceito

Em sentido lato, toda prova é uma testemunha, uma vez que atesta a existência do fato. Já em sentido estrito, testemunha é todo homem, estranho ao feito e equidistante das partes, chamado ao processo para falar sobre fatos perceptíveis a seus sentidos e relativos ao objeto do litígio. É a pessoa idônea, diferente das partes, capaz de depor, convocada pelo juiz, por iniciativa própria ou a pedido das partes, para depor em juízo sobre fatos sabidos e concernentes à causa.

17.13.2. Características da prova testemunhal

(i) **Judicialidade:** tecnicamente, só é prova testemunhal aquela produzida em juízo.

(ii) **Oralidade:** a prova testemunhal deve ser colhida por meio de uma narrativa verbal prestada em contato direto com o juiz e as partes e seus representantes. O depoimento será oral (CPP, art. 204), salvo o caso do mudo, do surdo e do surdo-mudo (cf. art. 192 c/c o art. 233, parágrafo único, do CPP).

A lei veda que a testemunha traga o depoimento por escrito porque falta a este espontaneidade necessária revelada em depoimento oral. Além disso, o depoimento por escrito não permitiria perguntas, violando-se o princípio do contraditório.

De acordo com o art. 405 do CPP, "§ 1º Sempre que possível, o registro dos depoimentos do investigado, indiciado, ofendido e testemunhas será feito pelos meios ou recursos de gravação magnética, estenotipia, digital ou técnica similar, inclusive audiovisual, destinada a obter maior fidelidade das informações. § 2º No caso de registro por meio audiovisual, será encaminhado às partes cópia do registro original, sem necessidade de transcrição" (*vide* também art. 475).

(iii) **Objetividade:** a testemunha deve depor sobre os fatos sem externar opiniões ou emitir juízos valorativos. A exceção é admitida quando a reprodução exigir necessariamente um juízo de valor.

Por exemplo: a testemunha afirma que o causador do acidente automobilístico dirigia em velocidade incompatível com o local, comportando-se de forma perigosa. Tal apreciação subjetiva é indestacável da narrativa, devendo, portanto, ser mantida pelo juiz. Outra exceção é a dos peritos, cujo depoimento, por sua natureza, tem caráter opinativo.

(iv) **Retrospectividade:** o testemunho dá-se sobre fatos passados. Testemunha depõe sobre o que assistiu, e não sobre o que acha que vai acontecer.

(v) **Imediação:** a testemunha deve dizer aquilo que captou imediatamente através dos sentidos.

(vi) **Individualidade:** cada testemunha presta o seu depoimento isolada da outra.

17.13.3. Características das testemunhas

A testemunha é pessoa desinteressada que narra fatos pertinentes do processo. São características das testemunhas:

(i) somente a pessoa humana pode servir como testemunha, já que testemunhar é narrar fatos conhecidos através dos sentidos;

(ii) pode ser testemunha somente a pessoa estranha ao processo e equidistante às partes, para não se tornar impedida ou suspeita;

(iii) a pessoa deve ter capacidade jurídica e mental para depor;

(iv) a pessoa deve ter sido convocada pelo juiz ou partes;

(v) a testemunha não emite opinião, mas apenas relata objetivamente fatos apreendidos pelos sentidos;

(vi) a testemunha só fala sobre fatos no processo, não se manifestando sobre ocorrências inúteis para a solução do litígio.

17.13.4. Dispensas e proibições

Como regra geral, as pessoas têm o *dever de testemunhar* (*vide* arts. 342 do CP e 206 do CPP). Se, intimada, a testemunha não comparece sem *justificável motivo*, o art. 218 autoriza a sua *condução coercitiva* por determinação do juiz, a par de sujeitar-se a um processo-crime por *desobediência*.

(i) **Estão dispensados de depor:** o cônjuge, o ascendente, o descendente ou o irmão, e os afins em linha reta do acusado. No conceito de cônjuge devem ser incluídos os companheiros reunidos pelo laço da união estável, em face do art. 226, § 3º, da CF, que reconhece a união estável entre homem e mulher como entidade familiar. Trata-se aqui de mera declaração do conteúdo da norma penal, de acordo com o preceito constitucional. Ademais, acrescente-se que, no tocante à relação homoafetiva e entidade familiar, o Plenário do STF já decidiu que nada obsta que a união de pessoas do mesmo sexo possa ser reconhecida como entidade familiar apta a merecer a proteção estatal (ADPF 132 – conforme *Informativo do STF* n. 625, Brasília, 2 a 6 de maio de 2011). Como é dispensa, se o depoente quiser, poderá prestar o depoimento. Quando não for possível, por outro meio, obter-se a prova, a testemunha nesses casos estará obrigada a depor. Contudo, seja por vontade ou por dever, não se lhe dará compromisso. Denominam-se tais testemunhas (que não prestam compromisso) *declarantes*. Também não se defere o *compromisso* aos "doentes e deficientes mentais e aos menores de 14 anos" (CPP, art. 208). São considerados *informantes* do juízo.

(ii) **São proibidas de depor, contudo, as pessoas apontadas no art. 207 do CPP:** as pessoas que devam guardar sigilo em razão de função, ministério, ofício ou profissão. (i) *Função* é o exercício de atividade de natureza pública ou assemelhada (juiz, delegado, promotor, jurado, comissário de menores, escrivão de cartório, diretor escolar). (ii) *Ministério* é o encargo de natureza religiosa ou social (sacerdotes e assistentes sociais). (iii) *Ofício* é a atividade manual (marceneiro, costureiro etc.). (iv) *Profissão* é a atividade predominantemente intelectual (médicos, advogados e os profissionais liberais, de um modo geral). Quase todos os códigos de ética relativos a uma profissão impedem a revelação do sigilo profissional. O Cânone 1.550, § 2º, inciso II, do *Codex Iuris Canonici* considera o sacerdote como testemunha incapaz em relação ao que ficou sabendo em função de seu ministério. A parte final permite o depoimento se o interessado dispensar o sigilo (interessado aqui não é só quem passou a informação, ou acusado, mas também o órgão de classe ao qual pertence o profissional). Os deputados e senadores também não estão obrigados a testemunhar sobre informações recebidas ou prestadas em razão do exercício do mandato, nem sobre as pessoas que lhes confiaram ou delas receberam informações (art. 53, § 6º, da CF – em regra extensível aos deputados estaduais, se assim dispuser a Carta Estadual). Também não podem depor como testemunha o membro do Ministério Público e o juiz que oficiaram no inquérito policial ou na própria ação penal.

O advogado, mesmo com o consentimento do titular do segredo, está sempre impedido de depor a respeito do segredo profissional, pois o cliente não tem suficientes conhecimentos técnicos para avaliar as consequências gravosas que lhe podem advir da quebra do sigilo.

17.13.5. Testemunha suspeita. Conceito e distinções

Testemunha inidônea, defeituosa ou suspeita é aquela que, por motivos psíquicos ou morais, não pode ou não quer dizer a verdade.

Testemunha incapaz é aquela que, por condições pessoais e fundada na ordem pública, está proibida de depor, ao passo que a suspeita é a que, por vários motivos, tem a sua credibilidade afetada.

O Código de Processo Penal não contém um rol taxativo de causas de suspeição, tanto que o art. 214 diz que as testemunhas podem ser contraditadas, devendo o juiz indagar a causa, tomar o depoimento e, depois, valorá-lo.

17.13.6. Causas de suspeição

(i) Antecedentes criminais ou conduta antissocial, como meretrizes, vadios, ébrio, jogador contumaz;

(ii) Laços de amizade íntima, inimizade profunda ou relação de dependência, afetando a imparcialidade do depoente;

(iii) Suspeita de suborno;

(iv) Exageros ou defeitos encontrados nos depoimentos.

17.13.7. Contradita

É a forma processual adequada para arguir a suspeição ou inidoneidade da testemunha.

A contradita diz respeito à testemunha, à sua pessoa, e não à narrativa, ao depoimento, o que seria contestação e não contradita, hipótese não prevista em nossa legislação.

Feita a contradita, o juiz tem quatro opções: consultará a testemunha, se deseja ou não ser ouvida, na hipótese do art. 206 (dispensa); excluirá a testemunha, na hipótese do art. 207 (proibição); ouvirá sem compromisso, na hipótese do art. 208; e tomará o depoimento, valorando-o posteriormente.

17.13.8. Número de testemunhas

O número de testemunhas varia com o tipo de procedimento. Vejamos:

(i) **procedimento ordinário:** cada uma das partes pode arrolar no máximo até oito testemunhas (CPP, art. 401);

(ii) **procedimento sumário:** admite o máximo de cinco testemunhas (CPP, art. 532);

(iii) **procedimento sumaríssimo (Lei n. 9.099/95):** máximo de três testemunhas;

(iv) **procedimento do Tribunal do Júri (plenário do Júri):** o máximo de cinco (CPP, art. 422).

→ ATENÇÃO: não são computadas como testemunhas para integrar o máximo fixado em lei o ofendido, o informante e a testemunha referida (considerada testemunha do juízo) (CPP, art. 401, § 1º).

→ ATENÇÃO: a parte poderá desistir da inquirição de qualquer das testemunhas arroladas, ressalvado o disposto no art. 209 do CPP (CPP, art. 401, § 2º).

17.13.9. Classificação das testemunhas

(i) **Numerárias:** são as testemunhas arroladas pelas partes de acordo com o número máximo previsto em lei, e que são compromissadas.

(ii) **Extranumerárias:** ouvidas por iniciativa do juiz, também compromissadas, as quais foram arroladas além do número permitido em lei. O juiz não é obrigado a ouvi-las.

(iii) **Informantes:** não prestam compromisso e são também *extranumerárias*. Caso o informante preste o compromisso, haverá mera irregularidade.

(iv) **Referidas:** ouvidas pelo juiz (CPP, art. 209, § 1º), quando "referidas" por outras que já depuseram.

(v) **Próprias:** depõem sobre o *thema probandum*, ou seja, o fato objeto do litígio.

(vi) **Impróprias:** prestam depoimento sobre um ato do processo, como a instrumentária do interrogatório, do flagrante etc.

(vii) **Diretas:** são aquelas que falam sobre um fato que presenciaram, reproduzindo uma sensação obtida de ciência própria.

(viii) **Indiretas:** são aquelas que depõem sobre conhecimentos adquiridos por terceiros (são as testemunhas de "ouvir dizer").

(ix) **De antecedentes:** são aquelas que depõem a respeito das informações relevantes por ocasião da aplicação e dosagem da pena (CP, art. 59).

17.13.10. Deveres da testemunha

(i) **Comparecer ao local determinado, no dia e hora designados.** A violação a este dever importa em condução coercitiva, nos termos do art. 218 do CPP; além disso, o juiz poderá aplicar a multa de 1 a 10 salários mínimos, prevista no art. 458 c/c o art. 436, § 2º, do CPP. A previsão legal dessa multa encontrava-se no antigo art. 453 do CPP, daí o porquê de o art. 219 fazer a ele remissão. A testemunha faltosa também deverá ser responsabilizada por crime de desobediência, além do pagamento das custas da diligência por força de sua condução coercitiva (CPP, art. 219).

(ii) **Identificar-se:** a testemunha tem a obrigação de, ao início de seu depoimento, qualificar-se, indicando seu nome, idade, estado civil, residência, profissão, local onde exerce sua atividade e relação de parentesco com qualquer das partes.

(iii) **Prestar o depoimento:** o silêncio pode configurar uma das modalidades do crime de falso testemunho, previsto no art. 342 do Código Penal.

(iv) **Dizer a verdade,** sob pena de falso testemunho; a testemunha deve relatar aquilo que de fato sabe ou tomou conhecimento.

17.13.11. Procedimento

(i) Na audiência de instrução e julgamento, serão tomadas as declarações da vítima, das testemunhas de acusação e de defesa, nessa ordem, ressalvado o disposto no art. 222 do Código de Processo Penal. Quando necessário, poderão ser realizadas acareações, reconhecimento de pessoas e coisas, interrogando-se, em seguida, o acusado (CPP, arts. 400, 411 e 531). Todos os atos instrutórios serão realizados em uma só audiência, salvo quando não for possível por motivo de força maior.

(ii) Identificada, a testemunha deverá prestar o compromisso de dizer a verdade e ser advertida das penas do falso testemunho. A não advertência constitui mera irregularidade e não vicia o ato, nem exime da responsabilidade por falso testemunho.

(iii) Antes de iniciar o depoimento, a testemunha poderá ser contraditada pela parte interessada, devendo decidir o juiz se será ouvida ou não.

(iv) O sistema presidencialista, em que as perguntas das partes eram formuladas por intermédio de um magistrado, restou superado com a reforma processual penal. Assim, tal como ocorre com o interrogatório no Plenário do Júri, as partes formularão as perguntas diretamente à testemunha, não admitindo o juiz aquelas que puderem induzir a resposta, não tiverem relação com a causa ou importarem na repetição de outra já respondida (CPP, art. 212, *caput*). Trata-se do sistema de inquirição direta, chamado de *cross-examination*, de inspiração norte-americana, conservando o juiz, no entanto, seu poder de fiscalização, podendo, de ofício ou a requerimento das partes, impedir as indagações desnecessárias ou contrárias à lei processual. Poderá o magistrado complementar a inquirição sobre pontos não esclarecidos (CPP, art. 212, parágrafo único). A inobservância pelo juiz da prerrogativa das partes de inquirir diretamente as testemunhas, somente causará nulidade, se comprovado o efeito prejuízo.

(v) No plenário do júri, de acordo com o art. 473 do CPP, o juiz-presidente, o Ministério Público, o assistente, o querelante e o defensor do acusado formularão suas perguntas diretamente às testemunhas e ao ofendido. De acordo com o § 2º desse artigo, os jurados também poderão formular perguntas, mas sempre por intermédio do juiz-presidente, dada sua falta de preparo técnico, mantendo-se, aqui, o sistema presidencialista.

(vi) Quando a testemunha não conhecer a língua nacional, será nomeado intérprete para traduzir as perguntas e respostas (CPP, art. 193).

(vii) Se for surdo, mudo ou surdo-mudo, procede-se na forma do art. 192 do CPP.

(viii) A recusa em prestar o depoimento caracteriza crime de desobediência.

→ **ATENÇÃO:** a testemunha não pode reiterar pura e simplesmente o depoimento prestado perante a autoridade policial, sob pena de afronta ao princípio do contraditório.

→ **ATENÇÃO:** na hipótese de temor causado à testemunha pela presença do réu, na sistemática anterior, este poderia ser retirado da sala de audiência, cabendo ao defensor acompanhar o depoimento. Agora, o art. 217 traz uma nova alternativa. "Se o juiz verificar que a presença do réu poderá causar humilhação, temor, ou sério constrangimento à testemunha ou ao ofendido, de modo que prejudique a verdade do depoimento, fará a inquirição por videoconferência e, somente na impossibilidade dessa forma, determinará a retirada do réu, prosseguindo na inquirição, com a presença do seu defensor. A adoção de qualquer dessas medidas deverá constar do termo, assim como os motivos que a determinaram" (CPP, art. 217, *caput* e parágrafo único).

Interessante notar que se trata do primeiro dispositivo legal a disciplinar expressamente esse aparato tecnológico em nossa legislação pátria.

No tocante ao réu preso, o art. 185 do CP, disciplinando o interrogatório pelo sistema de videoconferência, autorizou a utilização desse aparato tecnológico para a realização de outros atos processuais que dependam da participação de pessoa que esteja presa, como acareação, reconhecimento de pessoas e coisas, e inquirição de testemunha ou tomada de declarações do ofendido, incidindo, no caso, o disposto nos §§ 2º, 3º, 4º e 5º, no que couber (cf. CPP, art. 185, § 8º).

17.13.12. Termo

O depoimento será reduzido em um documento formal denominado "termo", o qual será assinado pela testemunha, juiz, partes e seus representantes (CPP, art. 216), devendo o magistrado ser fiel às expressões usadas pelo depoente, quando da narrativa (CPP, art. 215).

17.13.13. Sistema de exame judicial

Antes da reforma processual penal de 2008, as perguntas das partes eram requeridas ao juiz, que as formulava à testemunha. Tratava-se aqui do sistema presidencialista, em que havia a intermediação do magistrado na inquirição da testemunha. Esse sistema restou superado. Assim, tal como sempre sucedeu no interrogatório realizado no Plenário do Júri, as partes formularão as perguntas diretamente à testemunha, não admitindo o juiz aquelas que puderem induzir a resposta, não tiverem relação com a causa ou importarem na repetição de outra já respondida (CPP, art. 212, *caput*).

Como já visto, o juiz continua com duas atribuições: (i) terá o poder de fiscalização, podendo, de ofício ou a requerimento das partes, impedir que as indagações com aquelas características sejam respondidas pela testemunha; (ii) poderá complementar a inquirição sobre pontos não esclarecidos (CPP, art. 212, parágrafo único).

No entanto, desse poder fiscalizador pode decorrer o indeferimento de pergunta relevante ao deslinde de causa, e o remédio jurídico aplicável é o protesto em ata, para posterior arguição de nulidade, em sede de apelação.

17.13.14. Depoimento infantil

É perfeitamente admitido como prova; porém, ao menor de 14 anos de idade não será tomado o compromisso. Desfruta de valor probatório relativo, tendo em vista a imaturidade moral e psicológica, a imaginação etc.

É mero informante do juízo.

17.13.15. Testemunho de policiais

Há três posições:

(i) são suspeitos, porque participaram da investigação; logo, não tem validade alguma;

(ii) não é possível a afirmação de suspeita, pela mera condição funcional; ademais, os policiais, por serem agentes públicos, também gozam da presunção de legitimidade, atributo dos atos praticados pela Administração Pública;

(iii) o depoimento tem valor relativo, dado o interesse quanto à diligência que realizou.

Os policiais não estão impedidos de depor, pois não podem ser considerados testemunhas inidôneas ou suspeitas, pela mera condição funcional. Contudo, embora não suspeitos, têm eles todo o interesse em demonstrar a legitimidade do trabalho realizado, o que torna bem relativo o valor de suas palavras. Por mais honesto e correto que seja o policial, se participou da diligência, servindo de testemunha, no fundo estará sempre procurando legitimar a sua própria conduta, o que juridicamente não é admissível. Necessário, portanto, que seus depoimentos sejam corroborados por testemunhas estranhas aos quadros policiais. Assim, em regra, trata-se de uma prova a ser recebida com reservas, ressalvando-se sempre a liberdade de o juiz, dependendo do caso concreto, conferir-lhe valor de acordo com sua liberdade de convicção.

17.13.16. Incomunicabilidade

As testemunhas devem ser ouvidas de modo que umas não saibam nem ouçam os depoimentos das outras. O parágrafo único do art. 210 passou a prever que, antes do início da audiência e durante a sua realização, serão reservados espaços separados para a garantia da incomunicabilidade das testemunhas. Trata-se de previsão legal bastante distante da realidade, pois, dificilmente, poderá haver um controle efetivo que impeça esse contato, além do que, qual a garantia de que tais testemunhas não se comunicaram antes de sua entrada no recinto do fórum ou mesmo nos seus corredores? Desse modo, é improvável que esse comando legal consiga ser cumprido, de forma que, constatado que as testemunhas não ficaram incomunicáveis, deverá haver mera irregularidade.

17.13.17. Falso testemunho (art. 342 do CP)

Se o juiz, ao prolatar a sentença final, reconhecer que alguma testemunha fez afirmação falsa, calou ou negou a verdade, determina o art. 211, *caput*, do CPP que seja encaminhada uma cópia do depoimento à polícia para instauração de inquérito. O reconhecimento da falsidade é, portanto, feito na *sentença* pelo magistrado. Se o depoimento falso for prestado em *plenário de julgamento*, o juiz, no caso de proferir a sentença em audiência, desde que reconheça a falsidade, poderá apresentar a testemunha à autoridade policial (CPP, art. 211, parágrafo único). O dispositivo refere-se aos procedimentos em que, após produzida a prova testemunhal, seja lavrada a sentença ao final da audiência. São eles: (i) procedimento sumário (CPP, antigo art. 538, § 2º, e atual arts. 531 e s.); (ii) procedimento originário dos tribunais: o art. 211, parágrafo único, do CPP faz remissão ao art. 561 do CPP, o qual, no entanto, encontra-se revogado pela Lei n. 8.658/93, constituindo a matéria, atualmente, objeto da Lei n. 8.038/90; (iii) procedimento do júri: o Conselho de Sentença, após a votação dos quesitos, poderá fazer apresentar imediatamente a testemunha à autoridade policial.

Cumpre consignar que inúmeros outros dispositivos legais preveem prolação da sentença ao final da audiência em que se deu a inquirição das testemunhas: (i) no procedimento ordinário, quando for possível proferir a sentença em audiência (CPP, art. 403); (ii) no procedimento sumaríssimo (Lei n. 9.099/95, art. 81); (iii) no procedimento especial da Lei de Drogas (Lei n. 11.343/2006, arts. 57 e 58).

No caso de o falso ser prestado no *plenário do Júri*, existem duas posições doutrinárias:

(i) a testemunha é apresentada à polícia para que seja indiciada em inquérito, não se tratando de prisão em flagrante[141];

(ii) a testemunha é apresentada e lavrado o auto de prisão em flagrante delito[142].

→ **ATENÇÃO:** a falta de advertência do juiz não impede a sua ocorrência.

17.13.18. Lugar do depoimento

A *regra geral* diz que o lugar do depoimento é o do foro da causa.

São abertas *exceções* no caso de pessoas impossibilitadas de comparecer para depor por enfermidade ou velhice (CPP, art. 220). Nesse caso, o juiz deve ouvi-las no lugar onde elas se encontram (hospital, residência etc.).

Outras exceções estão elencadas no art. 221 do CPP.

---

141. Adriano Marrey, *Júri*, 3. ed., Revista dos Tribunais, p. 166.

142. Julio Fabbrini Mirabete, *Processo penal*, cit., p. 284.

É o caso do presidente da República, vice-presidente, senadores, deputados federais etc., que serão inquiridos em local, dia e hora previamente ajustados entre eles e o juiz.

17.13.19. Precatórias

Quando a testemunha arrolada reside em lugar diverso do juízo, prevê a lei uma exceção ao princípio da indeclinabilidade da jurisdição. Ela será ouvida por *precatória*, pelo juiz do lugar de sua residência (CPP, art. 222). As partes devem ser intimadas da expedição da carta precatória (CPP, art. 222, *in fine*); faltante a *intimação* das partes, acarreta-se *nulidade processual*.

Não há dispositivo obrigando que as partes sejam intimadas pelo juízo deprecado, quanto à data e horário da realização da audiência. O que a lei exige é a intimação das partes da expedição de cartas precatórias para oitiva de testemunhas, não da data em que se realizarão as audiências no juízo deprecado.

A lei processual não exige expressamente a requisição do réu preso para o ato de inquirição de testemunha por precatória, e, portanto, a omissão não constitui nulidade.

Na realidade, a não requisição do réu preso constitui nulidade relativa, nos termos da Súmula 523 do Supremo Tribunal Federal, tendo em vista operar-se mera deficiência e não ausência absoluta de defesa, exigindo-se, portanto, arguição *oportuno tempore* e comprovação do efetivo prejuízo, por aplicação do disposto no art. 563 do Código de Processo Penal, que consagrou o princípio *pas de nullité sans grief*. Como bem lembra Orlando de Souza, "poderia faltar ao próprio réu interesse em comparecer a uma simples inquirição de testemunha arrolada apenas para depor sobre seus antecedentes"[143]. O art. 367 do Código de Processo Penal veio a confirmar esse entendimento.

A precatória deve ser expedida com prazo para seu cumprimento no juízo deprecado, mas não suspenderá o andamento do processo. Ao ser cumprida a precatória, deve ela ser juntada aos autos, ainda que após a sentença. Nesse caso, como o depoimento somente foi juntado após a decisão, se ficar demonstrado o prejuízo, poderá ser declarada a nulidade da sentença. Não se trata de nulidade absoluta, devendo ser avaliada a relevância da prova, de acordo com seu conteúdo.

Cumpre consignar que as Leis n. 11.689/2008 e 11.719/2008, que alteraram os procedimentos do Código de Processo Penal (arts. 400, 411 e 531), instituíram a audiência única, na qual se concentra toda a instrução probatória. Dessa forma, na audiência de instrução e julgamento proceder-se-á à tomada de declarações do ofendido, à inquirição das testemunhas arroladas pela acusação e pela defesa, nessa ordem, ressalvado o disposto no art. 222, o qual se refere à inquirição por meio de carta precatória. Com isso, autoriza-se a inversão da ordem da oitiva das testemunhas por força da precatória expedida.

Vale mencionar que, de acordo com o novo § 3º do art. 222, introduzido pela Lei n. 11.900/2009, na hipótese prevista no *caput* do aludido dispositivo – inquirição de teste-

143. *Manual das audiências*, Saraiva, 1986, p. 172.

munha via carta precatória –, a oitiva da mesma poderá ser realizada por meio de videoconferência ou outro recurso tecnológico de transmissão de sons e imagens em tempo real, permitida a presença do defensor e podendo ser realizada, inclusive, durante a audiência de instrução e julgamento.

No tocante às cartas rogatórias, por força do art. 222-A, *caput*, acrescentado pela Lei n. 11.900/2009, "só serão expedidas se demonstrada previamente a sua imprescindibilidade, arcando a parte requerente com os custos de envio. E, consoante, o seu parágrafo único, aplica-se às cartas rogatórias o disposto nos §§ 1º e 2º do art. 222 do Código Penal.

17.13.20. Militares e funcionários

(i) Os *militares* devem ser *requisitados* ao correspondente superior hierárquico para que sejam ouvidos como testemunhas (CPP, art. 221, § 2º).

(ii) Os *funcionários públicos* não necessitam de requisição, equiparam-se a qualquer outra testemunha e sujeitam-se, inclusive, à condução coercitiva, no caso de ausência injustificada à audiência para a qual estavam intimados. Por cautela, contudo, da expedição do mandado de intimação, deve ser imediatamente comunicado ao chefe da repartição em que servir o funcionário (CPP, art. 221, § 3º).

17.13.21. Ofendido

É o sujeito passivo da infração. Na nossa legislação, ofendido não é testemunha. Contudo, embora não prestando o compromisso de dizer a verdade, pode falseá-la, sem praticar o crime de falso testemunho, respondendo, porém, por denunciação caluniosa se der causa a investigação policial ou processo judicial, imputando a alguém crime de que o sabe inocente. Seu valor probatório é relativo, devendo ser aceito com reservas, salvo em crimes praticados às ocultas, como são os crimes contra os costumes, ou no caso de crimes praticados por pessoas desconhecidas da vítima, como, em regra, nos crimes contra o patrimônio, praticados com violência ou grave ameaça contra a pessoa, onde o único interesse é apontar os verdadeiros culpados.

O ofendido não precisa ser arrolado pelas partes para ser ouvido, devendo o juiz determinar, de ofício, a sua oitiva (dever jurídico). Se, intimado para esse fim, deixar de comparecer sem motivo justo, o ofendido poderá ser conduzido à presença da autoridade (CPP, art. 201, § 1º). Sua falta, porém, não importa em nulidade (posição do STF). De acordo com a redação do art. 473 do CPP, "Prestado o compromisso pelos jurados, será iniciada a instrução plenária quando o juiz presidente, o Ministério Público, o assistente, o querelante e o defensor do acusado tomarão, sucessiva e diretamente, as declarações do ofendido, se possível, e inquirirão as testemunhas arroladas pela acusação". Passou-se, portanto, a permitir, expressamente, no procedimento do júri, a formulação de perguntas ao ofendido pelas partes. Similarmente ao que sucede com o procedimento de inquirição das testemunhas (CPP, art. 212), as perguntas poderão ser formuladas diretamente ao ofendido, sem a intermediação do juiz. Resta saber se tal modificação incidirá sobre o procedimento comum (CPP, art. 394, § 1º).

Nosso entendimento: em homenagem ao princípio do contraditório, entendemos que não há como não sustentar a extensão dessa previsão legal aos crimes que seguem o procedimento comum, podendo as partes formular diretamente perguntas ao ofendido, tal como sucede no Plenário do Tribunal do Júri e na inquirição de testemunhas (CPP, art. 212).

A figura do ofendido recebe especial tratamento, sendo-lhe outorgadas algumas prerrogativas: (i) Será comunicado dos atos processuais relativos ao ingresso e à saída do acusado da prisão, à designação de data para audiência e à sentença e respectivos acórdãos que a mantenham ou modifiquem (CPP, art. 201, § 2º). As comunicações ao ofendido deverão ser feitas no endereço por ele indicado, admitindo-se, por opção do ofendido, o uso de meio eletrônico (CPP, art. 201, § 3º). (ii) Antes do início da audiência e durante a sua realização, será reservado espaço separado para o ofendido (CPP, art. 201, § 4º). (iii) Se o juiz entender necessário, poderá encaminhar o ofendido para atendimento multidisciplinar, especialmente nas áreas psicossocial, de assistência jurídica e de saúde, a expensas do ofensor ou do Estado (CPP, art. 201, § 5º). Obviamente que o ofensor somente poderá arcar com tais despesas após o trânsito em julgado da sentença condenatória, sob pena de ofensa ao princípio da presunção de inocência. (iv) O juiz tomará as providências necessárias à preservação da intimidade, vida privada, honra e imagem do ofendido, podendo, inclusive, determinar o segredo de justiça em relação aos dados, depoimentos e outras informações constantes dos autos a seu respeito para evitar sua exposição aos meios de comunicação (CPP, art. 201, § 6º). (v) Se o juiz verificar que a presença do réu poderá causar humilhação, temor, ou sério constrangimento à testemunha ou ao ofendido, de modo que prejudique a verdade do depoimento, fará a inquirição por videoconferência e, somente na impossibilidade dessa forma, determinará a retirada do réu, prosseguindo na inquirição, com a presença do seu defensor (CPP, art. 217). Vale mencionar que, no tocante ao réu preso, o art. 185 do CPP, disciplinando o interrogatório pelo sistema de videoconferência, autorizou a utilização desse aparato tecnológico para a realização de outros atos processuais que dependam da participação de pessoa que esteja presa, como acareação, reconhecimento de pessoas e coisas, e inquirição de testemunha ou tomada de declarações do ofendido, incidindo, no caso, o disposto nos §§ 2º, 3º, 4º e 5º, no que couber (cf. CPP, art. 185, § 8º).

17.13.22. Questões polêmicas

(i) A prova testemunhal obtida por depoimento de agente policial não se desqualifica tão só pela sua condição profissional, na suposição de que tende a demonstrar a validade do trabalho realizado; é preciso evidenciar que ele tenha interesse particular na investigação.

(ii) A simples imputação feita por corréu não é suficiente para lastrear um decreto condenatório, devendo ser confrontada pelos demais elementos existentes nos autos.

(iii) Testemunha acobertada pelo sigilo profissional não pode recusar-se a comparecer em juízo, pois somente após atendida a intimação judicial a testemunha, na presença do juiz, esclarecerá a sua prerrogativa.

(iv) Nada impede que, na ação penal exclusivamente privada, o juiz determine, no interesse de esclarecer a verdade dos fatos, a oitiva de testemunhas não arroladas pelas partes, na qualidade de informantes do juízo, pois o fato de o Estado ter delegado a iniciativa da ação penal ao ofendido não lhe retirou a atribuição exclusiva de prestar jurisdição da maneira mais correta possível.

17.14. Reconhecimento de pessoas e coisas (arts. 226 a 228)

17.14.1. Definição e elementos

É o meio processual de prova, eminentemente formal, pelo qual alguém é chamado para verificar e confirmar a identidade de uma pessoa ou coisa que lhe é apresentada com outra que viu no passado.

Identificam-se na prática seis espécies de reconhecimento:

(i) **imediato:** quando não há por parte do reconhecedor qualquer necessidade de exame ou análise;

(ii) **mediato:** o reconhecedor sente a necessidade de um esforço evocativo para chegar ao resultado final;

(iii) **analítico:** as duas fases separam-se nitidamente – depois da reminiscência (recordação, aquilo que se conserva na memória), o reconhecedor começa a examinar detalhes para através de partes chegar ao resultado objetivado;

(iv) **mediante recordação mental:** há apenas uma impressão de reminiscência ("acho que conheço"), cujo resultado final, com a certeza e a localização, somente será obtido dias depois;

(v) **direto:** visual e auditivo;

(vi) **indireto:** através de fotografia, filme, vídeo, gravação sonora etc.

17.14.2. Natureza jurídica

É *meio de prova*, conforme referido no item VII da Exposição de Motivos do Código de Processo Penal.

17.14.3. Reconhecimento de pessoas

O procedimento para a realização do reconhecimento pessoal encontra-se previsto no art. 226 do CPP e sua inobservância causa nulidade pois constitui garantia mínima para o acusado ou suspeito. O reconhecimento pessoal falho é de alto risco e não serve para lastrear um decreto condenatório. O reconhecimento fotográfico não está previsto em lei e integra o rol das provas inominadas, podendo ser considerado pelo juiz com base no princípio da livre apreciação das provas. O STJ tem entendido que, tanto o reconhecimento pessoal feito em desacordo com as formalidades legais, quanto o reconhecimento por fotografias configuram prova insuficiente para a condenação, sendo imprescindível sua confirmação por outras provas (STJ, HC 598.886).

Com o fim de se evitar o arbítrio, a má-fé, a indução ou mesmo o engano daquele que vai efetuar o reconhecimento, o Código de Processo Penal exigiu as seguintes cautelas: (i) descrição prévia do suspeito; (ii) sua colocação ao lado de pessoas com características físicas assemelhadas; (iii) lavratura de um auto relatando todo o procedimento, o qual será subscrito pela autoridade, por quem reconheceu e, ainda, por duas testemunhas instrumentárias. O CPP procurou também resguardar a lisura e eficiência do ato, colocando a pessoa chamada para reconhecer a salvo de qualquer constrangimento, influência ou intimidação, ao permitir, no seu art. 226, III, que o reconhecimento seja feito sem que aquela seja vista pelo reconhecido. Por outro lado, atenta aos princípios do contraditório e da ampla defesa, e ciente da natureza acusatória do processo criminal brasileiro, pela qual o acusado tem o direito de conhecer todas as provas contra si produzidas, a lei proibiu aplicação do mencionado inciso III em juízo, quer em plenário de julgamento, quer na fase de instrução criminal (CPP, art. 226, parágrafo único). Assim, a vítima ou testemunha terá de efetuar o reconhecimento frente a frente com o acusado, o que pode afetar o alcance da verdade real. Na prática, principalmente em processos por crime de roubo, onde a palavra do ofendido tem valor preponderante, já que não conhece o réu nem tem interesse em prejudicá-lo, o inciso III do art. 226 do CPP tem sido largamente utilizado em audiência, sem que até hoje se tenha determinado a nulidade.

Nosso entendimento: de acordo com os princípios da verdade real e livre apreciação das provas, nada impede seja admitido como idôneo o reconhecimento pessoal fora das formalidades legais, ou mesmo o reconhecimento fotográfico, devendo seu valor ser mensurado em cada caso concreto e demonstrado fundamentadamente na sentença condenatória. O STJ, no entanto, conforme mencionado acima, não tem sido tolerante com reconhecimentos pessoais em desacordo com o art. 226 do CPP ou com o reconhecimento fotográfico, salvo se confirmados por outros elementos de prova.

Reforça este entendimento o disposto no art. 217, *caput*, do CPP, o qual dispõe que: "Se o juiz verificar que a presença do réu poderá causar humilhação, temor, ou sério constrangimento à testemunha ou ao ofendido, de modo que prejudique a verdade do depoimento, fará a inquirição por videoconferência e, somente na impossibilidade dessa forma, determinará a retirada do réu, prosseguindo na inquirição, com a presença de seu defensor". Assim, autoriza-se a retirada do réu da sala de audiência, sempre que estiver incutindo fundado temor na testemunha ou vítima.

Nosso entendimento: o procedimento previsto no art. 226 somente se aplica para a fase extrajudicial, sendo desnecessário ao juiz lavrar auto pormenorizado, subscrito por duas testemunhas, bastando constar o ocorrido do termo em audiência, tampouco colocar o acusado ao lado de pessoas parecidas.

Finalmente, cumpre consignar que, no que se refere ao réu preso, a Lei n. 11.900/2009, ao modificar a redação do art. 185 do CPP, disciplinando o interrogatório pelo sistema de videoconferência, autorizou a utilização desse aparato tecnológico para a realização de outros atos processuais que dependam da participação de pessoa que esteja presa, como acareação, reconhecimento de pessoas e coisas, e inquirição de testemunha ou tomada de declarações do ofendido, incidindo, no caso, o disposto nos §§ 2º, 3º, 4º e 5º, no que couber (cf. CPP, art. 185, § 8º).

17.14.4. Reconhecimento de coisas

O reconhecimento de coisas é feito em armas, instrumentos e objetos do crime, ou em quaisquer outros objetos que, por alguma razão, relacionem-se com o delito. *Vide* arts. 226 e 227 do Código de Processo Penal.

17.15. Acareação. Pressupostos

Ato processual consistente na colocação face a face de duas ou mais pessoas que fizeram declarações substancialmente distintas acerca de um mesmo fato (pode ser entre testemunha e testemunha, acusado e acusado, testemunha e vítima etc.), destinando-se a ofertar ao juiz o convencimento sobre a verdade fática, reduzindo-se a termo o ato de acareação (art. 229, parágrafo único). A acareação poderá ser feita a requerimento de qualquer das partes ou *ex officio*, por determinação da autoridade judiciária ou da polícia.

São pressupostos da acareação:

(i) que as pessoas a serem acareadas já tenham sido previamente ouvidas (depoimento, declaração ou interrogatório);

(ii) que exista uma *vexata quaestio*, ou seja, um ponto divergente, controvertido entre referidas pessoas, a fim de justificar a execução do ato.

→ **ATENÇÃO:** há a possibilidade de a acareação ser procedida mediante precatória, nos termos do art. 230 do Código de Processo Penal.

Consigne-se que, em relação ao réu preso, a Lei n. 11.900/2009, ao alterar a redação do art. 185 do CPP, dispondo sobre o interrogatório pelo sistema de videoconferência, autorizou a utilização desse aparato tecnológico para a realização de outros atos processuais que dependam da participação de pessoa que esteja presa, como acareação, reconhecimento de pessoas e coisas, e inquirição de testemunha ou tomada de declarações do ofendido, incidindo, no caso, o disposto nos §§ 2º, 3º, 4º e 5º, no que couber (cf. CPP, art. 185, § 8º).

17.16. Documentos

17.16.1. Conceito legal

Consideram-se documentos "quaisquer escritos, instrumentos ou papéis, públicos ou particulares" (CPP, art. 232). Documento é a coisa que representa um fato, destinada a fixá-lo de modo permanente e idôneo, reproduzindo-o em juízo.

Instrumentos são os escritos confeccionados já com a finalidade de provar determinados fatos, enquanto papéis são os escritos não produzidos com o fim determinado de provar um fato, mas que, eventualmente, podem servir como prova.

Em sentido estrito, documento é o escrito que condensa graficamente o pensamento de alguém, podendo provar um fato ou a realização de algum ato de relevância jurídica. É a coisa ou papel sobre o qual o homem insere, mediante qualquer expressão gráfica, um pensamento.

Atualmente, lança-se mão de um conceito mais amplo, segundo o qual os documentos compreendem não só os escritos, mas também qualquer forma corporificada de expressão do sentimento ou pensamento humano, tais como a fotografia, a filmagem, a gravação, a pintura, o desenho, o *e-mail* etc.

17.16.2. Função do documento

Possui tríplice aspecto:

(i) **dispositivo:** quando necessário e indispensável para a existência do ato jurídico;

(ii) **constitutivo:** quando elemento essencial para a formação e validade do ato, considerado como integrante deste;

(iii) **probatório:** quando a sua função é de natureza processual.

17.16.3. Produção

A produção do documento pode ser:

(i) **espontânea:** com a exibição, juntada ou leitura pela parte;

(ii) **provocada (ou coacta):** que se faz na forma do art. 234.

17.16.4. Limitação da produção de prova documental

O juiz não pode admitir a juntada de cartas particulares, interceptadas ou obtidas por meios criminosos (CPP, art. 233, *caput*), nem de qualquer outra prova obtida por meio ilícito, nos termos do art. 5º, LVI, da CF. Nessa linha, o art. 157, §§ 1º a 3º, do CPP estabeleceu a inadmissibilidade das provas ilícitas e derivadas, salvo quando não evidenciado o nexo de causalidade entre umas e outras, ou quando as derivadas puderem ser obtidas por uma fonte independente das primeiras, prevendo, inclusive, o seu desentranhamento do processo e inutilização por decisão judicial, facultando às partes acompanhar o incidente.

17.16.5. Autor do documento

É a pessoa a quem se atribui a sua formação, isto é, o responsável pela sua paternidade. No sentido estrito, é o tabelião; no sentido amplo, também o interessado, ou interessados, na representação do fato, ou ato, a que o documento se destina.

Reputa-se autor do documento:

(i) aquele que o fez e assinou;

(ii) aquele para quem se elaborou o documento estando assinado;

(iii) aquele que manda que se elabore o documento, mas que pelo costume não se lhe impõe a assinatura para a validade (documentos domésticos).

Quanto ao autor, o documento pode ser:

(i) **público:** se formado por quem esteja no exercício de uma função pública que o autorize a tal (ex.: tabelião nos limites de sua competência);

(ii) **privado:** se formado por um particular, ou mesmo por um oficial público, mas que não aja nesta qualidade;

(iii) **autógrafo:** quando se dá a coincidência entre o autor do documento e o autor do fato documentado (ex.: escritos particulares);

(iv) **heterógrafo:** quando o autor do documento é terceiro em relação ao autor do fato documentado (ex.: documento público).

17.16.6. Meio de formação do documento

Os documentos apresentam-se materialmente sob certas maneiras ou por certos meios. Podem ser:

(i) **escritos:** são os documentos normais, particularmente regulados por lei (ex.: escritura);

(ii) **gráficos:** quando a ideia ou o fato são representados por sinais gráficos diversos da escrita (ex.: pinturas e desenhos);

(iii) **diretos:** quando o fato representado transmite-se diretamente para a coisa representativa (ex.: fotografia);

(iv) **indiretos:** o fato representado se transmite para a coisa representativa não diretamente, mas por meio do sujeito (p. ex., o escrito, porque a pessoa humana serve como intermediária entre o fato e a sua inserção no documento).

17.16.7. Conteúdo do documento

Geralmente, o ato ou o fato são representados por meio de declarações:

(i) a declaração é um ato e o documento, uma coisa;

(ii) as declarações assumem uma dada forma. Ou o ato reclama uma determinada forma, preestabelecida por lei – o casamento –, sem a qual a declaração de vontade não tem eficácia jurídica, ou não reclama forma especial. Fala-se então em atos *formais*, ou *solenes*, e atos *não formais*. Os documentos *formais* têm eficácia como prova do ato. Os documentos *não formais*, por sua vez, em que a forma é livre para sua constituição, o ato que encerram pode ser provado pelos meios admissíveis em direito.

17.16.8. Autenticidade

É a certeza de que o documento provém do autor nele indicado. A autenticidade consiste, portanto, na coincidência entre o autor aparente e o real.

Dizem-se *autênticos* os documentos públicos. Como os documentos privados não têm a mesma eficácia dos públicos, sua autenticidade, quando reclamada ou se contestada, exigirá prova, que é admitida seja feita por todos os meios de direito. Provada a autenticidade, fala-se em documento *autenticado*.

→ **ATENÇÃO:** os documentos públicos possuem presunção *juris tantum* de autenticidade.

17.16.9. Classificação geral dos documentos

Quanto ao autor:

(i) **públicos ou privados;**

(ii) **autógrafos e heterógrafos;**

(iii) **assinados ou não assinados**, segundo sejam ou não subscritos ou assinados pelo seu autor;

(iv) **autênticos, autenticados ou sem autenticidade:** os primeiros, quando contêm a prova da coincidência entre o seu autor aparente e o seu autor real; os segundos, quando essa prova se dá fora dos próprios documentos; os últimos, quando essa prova não é feita.

Quanto ao meio, maneira ou material usado na sua formação:

(i) **indiretos ou diretos;**

(ii) **escritos, gráficos, plásticos ou estampados.**

Quanto ao seu conteúdo:

(i) **narrativos:** encerram declarações de ciência ou de verdade, que podem ser testemunhais ou confessórias;

(ii) **constitutivos ou dispositivos:** contêm declarações de vontade, constitutivas, modificativas ou extintivas.

Quanto a sua finalidade:

(i) **pré-constituídos:** formados com o objetivo de servir de prova do ato ou fato neles representados;

(ii) **causais:** formados sem a intenção de servir de prova.

Quanto a sua **forma**, em **relação à prova que produzem**:

(i) **solenes:** reclamam a forma prevista em lei;

(ii) **não solenes:** não reclamam a forma prevista em lei.

Quanto à forma:

(i) **originais:** são o próprio documento em que se representa o ato ou fato, e, em certas hipóteses, a primeira cópia do original;

(ii) **cópias:** são as reproduções, textuais ou não, dos documentos originais.

17.16.10. Documento e instrumento

(i) **Documento, em sentido amplo:** é qualquer coisa representativa de um ato ou fato, seja um escrito, uma fotografia, uma pintura, uma escultura, uma fita etc. Em sentido mais restrito, trata-se somente do escrito, no qual se insere uma expressão do pensamento, subdividindo-se em instrumento e documento *stricto sensu*.

(ii) **Documento, em sentido estrito:** é o escrito não elaborado previamente para servir como prova, mas que, eventualmente, pode ser utilizado com esta finalidade. É, portanto, uma evidência casual do fato (p. ex., uma carta).

(ii.1) **Documento público:** formado por oficial público no exercício de sua função. Ex.: mensagens do Presidente da República ao Congresso.

(ii.2) **Documento particular:** são os documentos formados por particulares, ou por quem age nesta qualidade. Ex.: notícia pela imprensa de um acontecimento.

(iii) **Instrumento** é o documento feito com o propósito de servir, no futuro, de prova do ato nele representado: é documento pré-constituído, com a eficácia de prova pré-constituída do ato. Sua formação reclama forma especial, que exige solenidades estabelecidas em lei.

(iii.1) **Instrumento público:** os formados por oficial público no exercício de suas funções. Ex.: instrumento público de mandato, escritura de compra e venda de imóvel etc.

(iii.2) **Instrumento particular:** os formados por particulares ou por quem age na qualidade de particular. Ex.: letra de câmbio.

→ **ATENÇÃO:** os instrumentos podem converter-se em simples documentos quando usados como prova casual de outro ato que não o nele representado.

17.16.11. Instrumento público. Classificação. Eficácia

Consiste no escrito, de forma especial, lavrado por oficial público competente, destinado a dar existência e representar um ato ou fato jurídico, servindo-lhe de prova. Classifica-se em três tipos:

(i) **Administrativo:** o que provém de autoridades, funcionários e empregados da administração pública, autenticando atos do poder público ou assento das repartições (ex.: títulos de nomeação e posse de funcionários).

(ii) **Judicial:** o que, provindo de órgãos jurisdicionais, refere-se a atos praticados em juízo. Divide-se em:

– os atos judiciais propriamente ditos – são os atos processados em juízo, praticados pelas partes, juiz, escrivão e funcionários do juízo (ex.: sentença, termos);

– as certidões dos escrivães e outros serventuários da justiça (certidões são cópias autênticas do original e que fazem a mesma prova).

(iii) **Instrumento extrajudicial:** aquele que reflete relações da vida privada e geralmente representa contratos e declarações de vontade. Exemplos:

– escrituras públicas: as lavradas pelos tabeliães ou escrivães de paz com funções de tabelião;

– os translados autênticos e certidões;

– as reproduções de documentos públicos, desde que autenticadas por oficial público ou conferidas em cartório, com os respectivos originais;

– os atos, notas ou assentamentos constantes dos registros públicos.

Do fato de o instrumento público ser formado por oficial público competente se diz autêntico. Faz prova suficiente não somente entre as partes, mas também em relação a terceiros, quanto à existência do ato ou fato jurídico e aos fatos certificados pelo oficial público.

A autenticidade conferida ao instrumento público faz emergir a presunção de que prova suficientemente o ato ou fato documentado, querido pelas partes e lavrado conforme sua vontade.

Assim, o oficial afirma fatos do seu conhecimento próprio ou de outros, pelo que viu ou ouviu. Com relação à declaração das partes, certifica ele apenas que as ouviu ou viu, e não que sejam verdadeiras.

O instrumento público faz prova:

(i) dos fatos ocorridos em presença do oficial público que o lavrou, até que se demonstre a sua falsidade;

(ii) da formação da declaração das partes, sendo certo que o oficial certifica o que ouviu das partes e não que estas lhe houvessem feito declarações verdadeiras; em suma, o instrumento prova afirmação das declarações das partes e não a sua eficácia;

(iii) do ato ou fato jurídico nele documentado, de tal modo, porém, que se admite prova em contrário nos casos de vícios de consentimento.

Certos atos exigem forma especial e substancial, como a escritura pública. Se feitos de outra forma são nulos.

17.16.12. Instrumento particular

Instrumento particular é todo o escrito que, emanado da parte, sem intervenção do oficial público, respeitada certa forma, destina-se a constituir, extinguir ou modificar um ato jurídico.

Contudo, existem certos instrumentos particulares que exigem certa forma especial.

Podem ser:

(i) escritos e assinados pela parte;

(ii) escritos por outrem e assinados pela parte;

(iii) escritos pela parte, mas por ela não assinados;

(iv) nem escritos nem assinados pelas partes.

17.16.13. Força probante dos documentos particulares assinados

Em princípio, as declarações assinadas pelas partes presumem-se verdadeiras com relação a estas. Já com relação ao signatário do documento, as declarações deste são havidas como verdadeiras, se o documento tiver o caráter de autêntico, ou seja, aquele que completou sua formação perante o tabelião.

As declarações que se presumem verdadeiras são as dispositivas e enunciativas diretas. As enunciativas indiretas, somente quando relativas à ciência de determinado fato, valem como simples declarações, e, como tais, são havidas como provadas. O fato declarado deve ser provado pelos meios regulares.

O instrumento particular, feito e assinado pelas partes, ou somente por elas assinado, sendo subscrito por duas testemunhas, faz prova das obrigações convencionais de qualquer valor. Essa eficácia é só com relação às partes, e não a terceiros, pois, nesse caso, carece de transcrito no registro público.

17.16.13.1. *Da autenticidade dos documentos particulares e seus efeitos*

Autenticidade é a certeza de que o documento provém do autor nele indicado. Trata-se de reconhecimento autêntico no qual o tabelião reconhece a firma do signatário, declarando que foi aposta em sua presença.

Desde que não haja dúvida quanto à autenticidade do documento, faz ele prova de que o autor fez as declarações que lhe são atribuídas, salvo quando o documento haja sido impugnado como tendo sido obtido por erro, dolo ou coação.

A admissão expressa ou tácita trata-se de documento autêntico, ou autenticado em juízo, induzindo à veracidade do mesmo, que constitui uma unidade.

Eventual impugnação de documento, posteriormente ao reconhecimento, só será admitida quando ficar devidamente provado por aquele que alega que os fatos ali declarados não se verificaram.

17.16.13.2. *Prova da data dos documentos particulares*

A data dos documentos particulares que ali estiver declarada prevalecerá, em princípio, como certa e provada entre as partes. Se houver dúvidas, poderá ser provada por todos os meios de direito. Com relação a terceiros, a data será havida em face da prática de certos atos ou da ocorrência de certos fatos, que a tornam indubitável.

17.16.14. Força probante do telegrama, radiograma e outros meios de transmissão

Desde que o original ou despacho, entregue na estação expedidora, esteja assinado pelo remetente, o telegrama, o radiograma, ou qualquer outro meio de transmissão, é considerado documento particular assinado, e, portanto, possuidor de força probatória.

Fortalece-se esta presunção caso a firma do remetente, no original, tenha sido reconhecida pelo tabelião e essa circunstância conste do telegrama etc. (presunção *iuris tantum* – admite prova em contrário).

17.16.15. Força probante das reproduções mecânicas

Ouvida a parte contra quem foi oferecida a reprodução mecânica, e ela impugnando a sua conformidade com o original, proceder-se-á a exame pericial, em confronto com o original.

As reproduções fotográficas, quando autenticadas pelo oficial público, valem como certidões do original.

Se desprovidas de autenticação pelo oficial público, constituem documentos comuns. Não impugnadas, terão eficácia probatória equivalente à do original.

17.16.16. Força probante dos documentos não assinados

Os registros domésticos – livros ou folhas soltas, nos quais uma pessoa escritura sucessivamente atos de sua administração doméstica, suas receitas e despesas, ou mesmo fixa lembranças de fatos ou quaisquer acontecimentos – fazem prova contra quem os escreveu.

As anotações à margem, ao pé ou no verso de documentos representativos de obrigações, sendo liberatórias do devedor, ainda quando não assinadas, fazem prova em benefício deste, esteja o documento em poder do devedor ou do credor. A nota escrita pelo credor em qualquer parte do documento representativo da obrigação, ainda que não assinada, faz prova em benefício do devedor.

Os livros, mesmo irregulares, fazem prova contra seu proprietário, originariamente ou por sucessão. Contudo, podem ser contrariados, desde que os lançamentos que ali constem tenham sido feitos por erro de fato ou dolo. A escrituração contábil é indivisível, pois os lançamentos deverão ser considerados em conjunto. Os livros devem atender às formalidades legais.

17.16.17. Originais e cópias

(i) **Original** é o documento em sua forma genuína, o escrito em que, de origem, se lançou o ato. Exemplo: a sentença lavrada no processo.

(ii) **Cópia** é a reprodução do documento original. É a coisa representativa do original.

São espécies de cópias:

(ii.1) translado: é a cópia textual e autêntica, feita por oficial público competente, do que está escrito no livro de notas; é a reprodução textual do instrumento público;

(ii.2) certidões: são cópias autênticas dos livros de notas ou outros, ou de atos judiciais, extraídas pelos tabeliães ou escrivães. São integrais, quando transcrevem todo o texto; parciais, quando repetem apenas uma parte; e, em breve relato, quando sintetizam o conteúdo do original.

Os *translados* e as *certidões*, porque extraídos por oficial público, são cópias autênticas, e fazem a mesma prova que os originais.

Também farão a mesma prova que os originais as *cópias de documentos públicos*, desde que autenticadas por oficial público ou conferidas em cartório.

Os *registros públicos* são cópias de documentos, ou instrumentos, lançados em livros de notas públicas, especialmente destinados para este fim.

Cópia de papel avulso, a pública-forma é extraída por oficial público. Tanto a pública-forma, o extrato e a cópia comum de documento, uma vez impugnados pela pessoa contra quem é produzida a prova, deverão ser conferidos em juízo com o original. Com relação à fotografia, a conferência será feita com o respectivo negativo.

17.16.18. Admissão de documento

Cabe ao juiz indagar acerca de um documento juntado:

(i) se o momento da proposição é tardio ou não; em caso afirmativo, recusará, salvo se houver razões que justifiquem o atraso;

(ii) em regra, cabe às partes oferecer os documentos, salvo:

– o juiz poderá ordenar, de ofício, que terceiro exiba documento que interesse à causa;

– referindo-se uma testemunha a documento, em seu poder, ou exibindo-o para confirmar seu depoimento, ao juiz é lícito tomar a referência ou a exibição como oferta do documento e determinar sua juntada aos autos;

– os peritos poderão trazer aos autos documentos que esclareçam os seus pareceres;

(iii) todo documento oferecido sem a finalidade de provar fatos e circunstâncias da causa deverá ser repelido;

(iv) impõe-se, no ato da admissão, a verificação das condições exteriores do documento (os escritos em língua estrangeira, para que tenham validade, devem vir acompanhados de tradução oficial, feita por tradutor juramentado);

(v) oferecido um documento, sobre ele deverá ouvir-se a parte adversária do proponente; esta deverá, no prazo legal, contestar ou não a veracidade do contexto do documento ou a autenticidade da assinatura – uma vez impugnado, cumpre ao juiz resolver o impasse.

17.16.19. Desentranhamento de documentos

Documento produzido, estando em curso o processo, não será extraído dos autos sem que a parte contrária consinta e o juiz determine. Havendo evidente interesse na permanência do documento nos autos, não será permitida a retirada. No entanto, finda a causa, e não havendo interesse na sua conservação, então autoriza-se o desentranhamento.

Uma vez feito, não poderão os autos ficar sem translado do documento, ou cópia autêntica, com a certidão do desentranhamento, acompanhado de recibo da parte a quem o mesmo foi restituído.

Mencione-se que, na hipótese de provas ilícitas ou derivadas das ilícitas, o art. 157, §§ 1º a 3º, do CPP prevê o seu desentranhamento do processo e inutilização por decisão judicial, facultando às partes acompanhar o incidente.

17.16.20. Vícios dos documentos

(i) **Extrínsecos:** dizem respeito ao documento como coisa e consistem no desrespeito a formalidades exteriores impostas aos documentos.

(ii) **Intrínsecos:** dizem respeito à essência do documento ou à substância do ato ou fato nele representado.

É relevante ressaltar alguns aspectos relativos à falsidade.

Por falsidade entende-se a alteração da verdade, consciente ou inconscientemente praticada, em detrimento do direito alheio. Declarada judicialmente a falsidade, cessa a fé do documento, seja ele público ou particular. Pode ser:

(i) **falsidade material:** opera-se pela criação de documento falso, ou pela adulteração/alteração de documento existente, seja transformando-o materialmente, ou adicionando-lhe, suprimindo-lhe ou substituindo-lhe palavras ou cifras;

(ii) **falsidade ideológica:** diz respeito à substância do ato ou fato representado no documento.

Contestada a assinatura do documento particular, cessa a sua fé, enquanto não comprovada a sua veracidade. É o que se chama de *verificação de assinatura*.

Pressupõe a *assinatura em branco* a existência de uma convenção de preenchimento entre o subscritor e aquele que deverá, em momento sucessivo e adequado, preencher o papel ou os vazios do papel, com as declarações concertadas.

Porém, quando o documento for abusivamente assinado, e quanto a isso houver impugnação da parte interessada, então cessa a fé do documento.

→ **ATENÇÃO:** ônus da prova – quem arguir a falsidade deve provar; se se tratar de contestação de assinatura, incumbe à parte que produziu o documento.

17.16.21. Falsidade e incidente

Arguida a falsidade documental, o juiz ou relator determinará a autuação em apartado, com suspensão do processo principal e prazo de quarenta e oito horas para o oferecimento de resposta da parte contrária.

Logo em seguida, abre-se o prazo de três dias para as partes produzirem provas, após o que o juiz ordenará as diligências necessárias, normalmente perícia, e depois sentenciará sobre a falsidade arguida.

A falsidade pode ser levantada de ofício pelo juiz, porém depende de poderes especiais quando feita por procurador.

A sentença que encerra o incidente de falsidade desafia recurso em sentido estrito, na forma do art. 581, XVIII, do Código de Processo Penal.

17.17. Indícios e presunções

17.17.1. Definições

(i) **Indício:** é toda circunstância conhecida e provada, a partir da qual, mediante raciocínio lógico, pelo método indutivo, obtém-se a conclusão sobre um outro fato. A indução parte do particular e chega ao geral.

Assim, nos indícios, a partir de um fato conhecido, deflui-se a existência do que se pretende provar.

Indício é o sinal demonstrativo do crime: *signum demonstrativum delicti*.

(ii) **Presunção:** é um conhecimento fundado sobre a ordem normal das coisas, e que dura até prova em contrário (presunções relativas). As presunções legais ou absolutas não admitem prova em contrário.

17.17.2. Natureza jurídica

Os indícios e as presunções são provas, pois o legislador os colocou no Título VII (Das provas). Trata-se de provas *indiretas*, uma vez que obtidas através de raciocínio lógico.

17.17.3. Valor probante

A prova indiciária é tão válida como qualquer outra – tem tanto valor como as provas diretas –, como se vê na exposição de motivos, que afirma inexistir *hierarquia de provas*, isto porque, como referido, o Código de Processo Penal adotou o sistema da *livre convicção do juiz*, desde que tais indícios sejam sérios e fundados.

Ocorre, no entanto, que a prova indiciária somente se mostra capaz de embasar os atos decisórios do juiz toda vez que este estiver diante de uma fase processual em que vigora o princípio do *in dubio pro societate*, por ensejar mero juízo de probabilidade.

Há julgados que sustentam a possibilidade de condenação por prova indiciária. De fato, uma sucessão de pequenos indícios ou a ausência de um álibi consistente do acusado para infirmá-los pode, excepcionalmente, autorizar um decreto condenatório, pois qualquer vedação absoluta ao seu valor probante colidiria com o sistema da livre apreciação das provas, consagrado no atual art. 155 do Código de Processo Penal.

Importante consignar a limitação do art. 155 do CPP, segundo a qual o juiz somente formará sua convicção pela livre apreciação da prova produzida em contraditório judicial, não podendo fundamentar sua decisão exclusivamente nos elementos informativos colhidos na investigação, ressalvadas as provas cautelares, não repetíveis e antecipadas.

17.18. Prova de fora da terra

É a que deve ser produzida em território sob jurisdição diversa da do juiz da causa. A prova que se achar em território fora da jurisdição competente para o julgamento da demanda deverá ser produzida no local em que se encontrar.

São condições de existência da prova de fora da terra:

(i) que o sujeito da prova se encontre em território fora da jurisdição do juiz da causa;

(ii) que a prova seja admissível e não possua caráter protelatório.

17.19. Prova antecipada

É aquela produzida antes do momento destinado à instrução processual. Pode ser feita: preventivamente, como simples medida assecuratória de um direito, objetivando preveni-lo de consequências futuras; cautelarmente, como providência preparatória, quando se demonstrar o perigo do desaparecimento da evidência, em face da demora natural do processo principal; e, finalmente, como medida cautelar incidental a uma ação já em andamento, mas que ainda não atingiu a fase instrutória.

17.20. Prova emprestada

É a prova transladada de um processo para outro, por meio de certidão extraída daquele. Embora atenda aos reclamos da economia processual, deve ser encarada com reserva pelo juiz, pois não foi produzida sob o crivo do contraditório do processo que a tomou por empréstimo.

Regras:

(i) a prova emprestada, de natureza oral, guarda a eficácia do processo em que foi colhida, na conformidade do poder de convencimento que trouxer consigo;

(ii) a eficácia e a aproveitabilidade da prova emprestada, de natureza oral, estão na razão inversa da possibilidade de sua reprodução;

(iii) a eficácia da prova emprestada, de natureza oral, equivale à da produzida mediante precatória.

A remissão à prova emprestada, segundo parte da doutrina, não pode gerar efeitos contra quem não tenha figurado como uma das partes no processo originário, em obediência ao princípio do contraditório.

17.21. Delação. Definição, natureza e valor

Consiste na afirmativa feita por um acusado, ao ser interrogado em juízo ou ouvido na polícia. Além de confessar a autoria de um fato criminoso, igualmente atribui a um terceiro a participação como seu comparsa. O delator, no caso, preenchidos os requisitos legais, é contemplado com o benefício da redução obrigatória de pena, conforme Leis n. 8.072/90 (Lei dos Crimes Hediondos), 12.850/2013 (Lei do Crime Organizado), 9.807/99 (Lei de Proteção a Testemunhas) e 11.343/2006 (Lei de Drogas).

A delação, a despeito de se encontrar disciplinada nos diversos diplomas mencionados, não foi regulamentada pelo nosso CPP. Desse modo, o único ato processual em que pode ser feita é o interrogatório judicial, sendo esta a sua única oportunidade de se manifestar a respeito dos fatos a ele imputados. Nada impede, contudo, que a delação seja feita após a fase do interrogatório, sempre que o réu resolver fazê-lo mais adiante. Isso porque, nos termos do art. 196 do CPP, o juiz pode, a qualquer momento, de ofício ou mediante pedido fundamentado de qualquer das partes, determinar a realização de novo interrogatório. Quanto ao seu valor probatório, nada impede seja a delação levada em conta para fundamentar a sentença condenatória, mesmo à míngua de outros elementos probatórios, tendo em vista que o CPP lastreia-se no princípio da verdade real, pois seu art. 155 estatui que o juiz formará a sua convicção pela livre apreciação da prova. Deve-se ressaltar, no entanto, que o juízo de certeza exigido para a prolação do decreto condenatório desaconselha que a delação vazia e carente de detalhamento possa autorizar, por si só, a procedência da imputação. Não é por outra razão que Adalberto José Q. T. de

Camargo Aranha entende temerária a formação da convicção do magistrado calcada exclusivamente na delação: "(...) a chamada do corréu, como elemento único da prova acusatória, jamais poderia servir de base a uma condenação, simplesmente porque violaria o princípio constitucional do contraditório". Ensina ainda o mestre: "Diz o art. 153, § 16, da Constituição Federal de 1969, que 'a instrução criminal será contraditória'[144].

Ora, se ao atingido pela delação não é possível interferir no interrogatório do acusador, fazendo perguntas ou reperguntas que poderão levar à verdade ou ao desmascaramento, onde obedecido o princípio do contraditório? Se as partes, o acusado com o seu defensor, obrigatoriamente devem estar presentes nos depoimentos prestados pelo ofendido e pelas testemunhas, podendo perguntar e reperguntar, sob pena de nulidade por violar o princípio constitucional do contraditório, como dar valor pleno à delação, quando no interrogatório e na ouvida só o juiz ou a autoridade policial podem perguntar?" (atualmente o princípio está contido no art. 5º, LV, da CF).

Nesse contexto, sustentávamos que, quando houvesse a delação feita por corréu, o juiz deveria tomá-la, nessa parte, como prova testemunhal, facultando reperguntas ao outro acusado, em atenção à ampla defesa e ao contraditório. Entretanto, com o advento da Lei n. 10.792/2003, a qual alterou o art. 188 do CPP, possibilitou-se a formulação de reperguntas ao final do interrogatório; do mesmo modo, a Lei n. 11.689/2008 autorizou, na fase da instrução em Plenário do Tribunal do Júri (CPP, arts. 473 a 475), que o Ministério Público, o assistente, o querelante e o defensor, nessa ordem, formulem, diretamente, as perguntas ao acusado (CPP, art. 474, § 1º), possibilitando-se, assim, o contraditório.

Convém mencionar que o Supremo Tribunal Federal não tem admitido a condenação fundada exclusivamente em delação levada a efeito por corréu. Bem como, cumpre destacar que, a atividade do delator possui carga acusatória contra o delatado, casos estes sejam réus no mesmo processo, cabe a este se manifestar posteriormente àquele em sede de alegações finais (STF HC 157.627 AgR/PR, rel. orig. Min. Edson Fachin, red. p/ o ac. Min. Ricardo Lewandowski, j. 27-8-2019).

Questões

1. Indique os meios de prova que podem ser produzidos em audiência criminal.
2. É possível prova emprestada no processo penal? No que consiste?
3. Quais as consequências jurídicas da delação?

---

144. *Da prova no processo penal*. 7. ed. São Paulo: Saraiva, 2006.

18

DAS QUESTÕES E PROCESSOS INCIDENTES

18.1. Compreensão do tema

Após tratar da ação e da competência, o Código de Processo Penal cuida das questões *incidentes*, ou seja, que podem *incidir*: circunstâncias acidentais, episódicas ou eventuais. Em sentido jurídico, as questões e os processos incidentes são soluções dadas pela lei processual para as variadas eventualidades que podem ocorrer no processo e que devem ser resolvidas pelo juiz antes da solução da causa principal.

(i) **Incidente:** aquilo que sobrevém, que é acessório.

(ii) **Questão:** é toda controvérsia ou discussão.

(iii) **Questão incidental:** é toda aquela controvérsia que sobrevém no curso do processo e que deve ser decidida pelo juiz antes da causa ou questão principal.

Espécies:

(i) questões prejudiciais – arts. 92 a 94;

(ii) exceções – arts. 95 a 111;

(iii) incompatibilidades e impedimentos – art. 112;

(iv) conflito de jurisdição – arts. 113 a 117;

(v) restituição de coisa apreendida – arts. 118 a 124;

(vi) medidas assecuratórias – arts. 125 a 144-A;

(vii) incidente de falsidade – arts. 145 a 148;

(viii) incidente de insanidade mental do acusado – arts. 149 a 154.

A primeira que o Código aponta é a *questão prejudicial*, que é um verdadeiro empecilho, um impedimento ao desenvolvimento normal e regular do processo.

18.1.1. Definição de prejudicialidade

Segundo Magalhães Noronha, "Podemos defini-la como sendo a questão jurídica, que se apresenta no curso da ação penal, versando elemento integrante do crime e cuja solução, escapando à competência do juiz criminal, provoca a suspensão daquela ação"[145].

145. *Curso de direito processual penal*, cit., p. 57.

→ **ATENÇÃO:** a questão prejudicial condiciona a solução da demanda, diante da dependência lógica existente entre ambas. Trata-se, portanto, de valoração jurídica ligada ao *meritum causae*, a qual, necessariamente, deverá ser enfrentada previamente pelo juiz, sinalizando a provável decisão da causa.

18.1.2. Elementos essenciais da prejudicialidade

Para a doutrina são quatro os elementos essenciais da prejudicialidade.

(i) **Anterioridade lógica:** a questão prejudicada depende, logicamente, da prejudicial; ela condiciona o julgamento do mérito da questão principal. Influi diretamente no mérito.

(ii) **Necessariedade:** esta dependência não é apenas lógica, mas também essencial. Trata-se de um antecedente necessário do mérito. Ex.: crime de bigamia. Se o réu alegar que o seu casamento anterior era nulo, esta questão é prejudicial, uma vez que condiciona a questão principal. Comprovando-se através de uma sentença transitada em julgado que o casamento anterior de fato era nulo, não haverá crime de bigamia.

(iii) **Autonomia:** a possibilidade de a questão prejudicial ser objeto de processo autônomo, distinto daquele em que figura a questão prejudicada[146].

(iv) **Competência na apreciação:** são julgadas pelo próprio juízo penal, geralmente, mas poderão ser julgadas excepcionalmente pelo juízo cível.

18.1.3. Classificação

Quanto ao mérito ou natureza da questão:

(i) **homogênea (comum ou imperfeita):** quando pertence ao mesmo ramo do direito da questão principal ou prejudicada; ex.: a exceção da verdade no crime de calúnia (CP, art. 138, § 3º), eis que as duas matérias pertencem ao direito penal;

(ii) **heterogênea (perfeita ou jurisdicional):** quando referente a ramos diversos do direito, não estando compreendida na mesma área jurisdicional; ex.: de direito civil e de direito penal (anulação de casamento e crime de bigamia);

(iii) **total:** consoante o grau de influência incidente sobre a questão prejudicada, isto é, se interferir sobre a existência do próprio delito;

(iv) **parcial:** quando diz respeito apenas a uma circunstância (atenuante, qualificadora, agravante etc.).

Quanto ao efeito:

(i) **obrigatória ou necessária (prejudiciais em sentido estrito):** acarreta necessariamente a suspensão do processo, bastando para tanto que o juiz a considere séria e fundada. O juiz criminal não tem competência para apreciá-la e, por essa razão, está obrigado a determinar a paralisação do procedimento, até que o juízo cível se manifeste. Incumbe-lhe tão somente dizer se a questão tem ou não relevância para o deslinde da

---

146. Antonio Scarance Fernandes, *Prejudicialidade*, Revista dos Tribunais, p. 37-47.

causa. Em caso afirmativo, a suspensão é imperiosa. É o caso das controvérsias relativas ao estado civil das pessoas, cuja solução importará na atipicidade ou tipicidade do fato incriminado (CPP, art. 92). Exemplo: anulação do primeiro casamento no cível e crime de bigamia;

(ii) **facultativa (prejudiciais em sentido amplo):** quando o juiz tiver a faculdade de suspender ou não o processo, independentemente de reconhecer a questão como importante para a solução da lide. São as questões cíveis de natureza diversa das anteriores (CPP, art. 93). Exemplo: discussão sobre a propriedade do bem no juízo cível e processo por crime de furto.

Quanto ao juízo competente para resolver a questão prejudicial:

(i) **questões prejudiciais não devolutivas:** referem-se às questões homogêneas, e será sempre o juízo penal o competente; ex.: exceção da verdade no crime de calúnia;

(ii) **questões prejudiciais devolutivas absolutas:** referem-se às questões prejudiciais heterogêneas cuja solução deverá ser dada obrigatoriamente pelo juízo cível.

Requisitos:

(i) versar a questão sobre o estado civil das pessoas (casado, solteiro, vivo, morto, parente ou não);

(ii) constituir elementar ou circunstância do fato imputado;

(iii) que a controvérsia seja séria, fundada e relevante.

→ **ATENÇÃO:** a suspensão será por tempo indeterminado, até o trânsito em julgado da decisão cível; durante esse prazo, fica suspensa a prescrição (CP, art. 116); poderão ser produzidas as provas urgentes, durante o período de suspensão; o Ministério Público poderá intentar a ação cível, se as partes não o tiverem feito ou dar-lhe prosseguimento se estas desistirem do processo.

(iii) **questões prejudiciais devolutivas relativas:** a questão prejudicial poderá ou não ser julgada no juízo cível, a critério do juízo criminal.

Requisitos:

(i) não versar sobre o estado civil das pessoas;

(ii) que seja da competência do juízo cível;

(iii) seja de difícil solução;

(iv) não sofra restrições da lei civil quanto à sua prova;

(v) já existir ação cível em andamento, quando do momento da suspensão do processo criminal.

Observações:

(i) poderá o juiz remeter o julgamento, desde que a questão seja de difícil solução e não verse sobre direito cuja prova a lei limite; o fundamento reside no fato de que certos assuntos somente podem ser provados na forma prescrita em lei; no entanto, esta exigência não prospera no juízo penal de forma absoluta, por força do princípio da verdade real;

(ii) a suspensão é por prazo determinado, perfeitamente prorrogável, desde que a parte não tenha dado causa ao atraso; findo o prazo, o juiz retoma o processo e decide todas as questões relativas, inclusive a prejudicial;

(iii) sendo a ação penal pública, o Ministério Público poderá intervir na ação civil, porém, não terá legitimidade para propor a ação, uma vez que é pressuposto da suspensão do processo que ela já tenha sido instaurada.

18.1.4. Sistemas de solução

(i) **Do predomínio da jurisdição penal (ou sistema de cognição incidental):** quem conhece a ação deve também conhecer da exceção. Por tal sistema, o juiz penal seria o competente para resolver a prejudicial (atinente a matéria cível). *Crítica*: tal sistema não respeitaria a orientação de leis de organização judiciária em separar a competência cível e criminal.

(ii) **Da separação jurisdicional absoluta (ou da prejudicialidade obrigatória):** o juiz criminal deve se valer da decisão do juiz cível, especializado na matéria a ser decidida. *Crítica*: afronta o princípio do livre convencimento do juiz criminal.

(iii) **Da prejudicialidade facultativa (ou da remessa facultativa ao juiz especializado).**

(iv) **Sistema eclético (ou misto):** as soluções são dadas tanto pelo juiz penal como pelo juiz extrapenal. Na legislação brasileira, pelo art. 92 do CPP, suspende-se o processo criminal (ex.: nos delitos como de bigamia para averiguar anterior casamento, no registro de nascimento inexistente, no abandono material, respectivamente arts. 235, 241 e 244 do CP). A hipótese é de *prejudicialidade obrigatória* (regra não absoluta); contudo, no art. 93, trata-se de *prejudicialidade facultativa*.

18.1.5. Prejudicial e prescrição

Suspenso o curso da ação penal, ocorre uma causa impeditiva da prescrição da pretensão punitiva (CP, art. 116, I). A suspensão, por outro lado, não impede a inquirição de testemunhas e a realização de provas consideradas urgentes, como o exame pericial, a busca e apreensão etc.

18.1.6. Efeito

A decisão proferida no juízo cível que conclui pela inexistência de uma infração penal tem força *vinculante* para o juízo criminal.

18.1.7. Recurso contra despacho que suspende a ação

Do despacho que determinar a suspensão cabe recurso *em sentido estrito*, na forma do art. 581, XVI, do CPP. Da decisão que nega a suspensão do processo, não cabe recurso. Neste caso, a solução será levantar a questão em preliminar de apelação. Se a questão for devolutiva absoluta, o tribunal anula a sentença e ordena a remessa do julgamento da questão prejudicial ao cível. Se for devolutiva relativa, o tribunal não pode anular a sentença, mas absolve o réu.

→ **ATENÇÃO:** do despacho que indeferir pedido da parte pleiteando a suspensão do feito por questão prejudicial, cabe *correição parcial* porquanto alega-se tumulto na tramitação do feito.

→ **ATENÇÃO:** a suspensão da ação pode ser provocada pelo Ministério Público, pelo acusado ou decretada *ex officio* pelo juiz.

→ **ATENÇÃO:** no inquérito policial não há questão prejudicial, pois um dos pressupostos é a existência de ação penal.

→ **ATENÇÃO:** a decisão no cível faz coisa julgada no crime, no que diz respeito à questão prejudicial ali decidida.

→ **ATENÇÃO:** sentença condenatória transitada em julgado no crime e sentença no cível favorável ao réu, tratando-se de questão devolutiva relativa. Qual a solução? *Habeas corpus* ou revisão criminal.

18.1.8. Diferença entre questão prejudicial e questão preliminar

Assemelham-se, porque ambas devem ser julgadas antes da questão principal. Porém:

(i) quando o juiz acolhe a questão prejudicial, ele vai decidir o mérito; no entanto, quando acolhe a questão preliminar, não julga o mérito da causa;

(ii) a questão prejudicial é autônoma, enquanto a questão preliminar somente existe em relação à questão principal;

(iii) a questão preliminar sempre será decidida no juízo criminal, enquanto a questão prejudicial nem sempre, dependendo da sua natureza.

18.2. As exceções

18.2.1. Conceito

A *"exceção"* (do latim *exceptio*), em sentido amplo, compreende o direito público subjetivo do acusado em se defender, ora combatendo diretamente a pretensão do autor, ora deduzindo matéria que impede o conhecimento do mérito, ou ao menos enseja a prorrogação do curso do processo.

Já em sentido estrito, a exceção pode ser conceituada como o meio pelo qual o acusado busca a extinção do processo sem o conhecimento do mérito, ou tampouco um atraso no seu andamento.

18.2.2. Compreensão do tema

Todo réu de processo penal pode defender-se de duas distintas formas:

(i) **diretamente:** toda vez que o acusado se volta contra a imputação que lhe foi formulada, seja quando nega a ocorrência do fato (o fato não teria ocorrido), ou a autoria delitiva, ou diz faltar *tipicidade* (o fato não seria *crime*), ou opõe uma ausência de *antijuridicidade* (p. ex., legítima defesa), ou, ainda, quando se defende aduzindo ausência de *culpabilidade* (nega o dolo ou a culpa);

(ii) indiretamente: verifica-se nas hipóteses em que o denunciado ou querelado opõe à pretensão do autor um direito que pode extinguir, modificar ou impedir tal pretensão, ou simplesmente prorrogá-la, dilatá-la, protelá-la ou adiá-la. Neste caso, vale-se o acusado das denominadas *exceções*, em sentido estrito.

18.2.3. Espécies

As exceções podem ser:

(i) peremptórias (do latim *perimere*): são aquelas que, quando acolhidas, põem termo à causa, extinguindo o processo; dentre elas, destacam-se as exceções de *coisa julgada* e *litispendência*;

(ii) dilatórias: são aquelas que, quando acolhidas, acarretam única e exclusivamente a prorrogação no curso do processo, procrastinando-o, retardando-o ou transferindo o seu exercício: *suspeição* e *incompetência*.

18.2.4. Classificação tradicional

Dividem-se as exceções em três categorias:

(i) *ratione loci* (em razão do lugar): por exemplo, o crime do qual se acusa o réu foi cometido em outro país;

(ii) *ratione personae* (em razão da pessoa): como exemplo, temos a *suspeição* do magistrado, que é inimigo capital do acusado;

(iii) *ratione materiae* (em razão da matéria): os crimes previstos nos arts. 33 e 37 da Lei n. 11.343/2006, se caracterizado ilícito transnacional, são da competência da Justiça Federal. Os delitos praticados nos Municípios que não sejam sede de vara federal são processados e julgados na vara federal da circunscrição respectiva (art. 70 da Lei).

> → **ATENÇÃO:** questiona-se sobre ser absolutamente nula a denúncia ofertada por promotor e recebida por juiz, ambos incompetentes *ratione materiae*. Não, pois podem ser ratificadas pelo juízo competente.

18.2.5. Suspeição

Destina-se a rejeitar o juiz, do qual a parte arguente alegue falta de imparcialidade ou quando existam outros motivos relevantes que ensejam suspeita de sua isenção em razão de interesses ou sentimentos pessoais (negócios, amor, ódio, cobiça etc.). Tal *exceção dilatória* vem prevista nos arts. 96 a 107 do CPP. Os *motivos* ensejadores de *suspeição* constam do art. 254 (amigo íntimo ou inimigo capital de qualquer das partes, se ele, seu cônjuge, ascendente ou descendente estiver respondendo processo por fato análogo etc.).

Observações quanto às causas de suspeição: por amizade íntima deve ser entendida aquela que uma pessoa nutre por outra, como se fosse um parente próximo, tornando-a capaz de suportar toda a sorte de sacrifícios pelo outro. Somente esse tipo de amizade pode ser classificada como causa de suspeição. No caso de relações de simples cortesia e apreço profissional por advogado, não autorizam presumir a quebra da imparcialidade que deve presidir os atos do magistrado. Inimigo capital é aquele que possuir tamanho grau de aversão, ao adversário, que pode ser traduzido em ódio, rancor ou qualquer outro sentimento apto a despertar desejo de vingança. A possível inimizade com o advogado da parte não induz suspeição, pois esta diz respeito à parte e não ao seu procurador. Outra causa geradora da suspeição é o fato de o juiz ou seu cônjuge, ascendente ou descendente, estar respondendo a processo-crime por fato análogo, desde que sobre o fato haja controvérsia, ou se ele, seu cônjuge ou parente (consanguíneo ou afim, até terceiro grau), sustentar demanda ou responder a processo que tenha de ser julgado por qualquer das partes. No conceito de cônjuge devem ser incluídos os companheiros, atendendo o preceito constitucional que equiparou a união estável ao casamento (CF, art. 226, §§ 3º e 4º), para fins de considerar existente a sociedade familiar. No tocante à relação homoafetiva, o Plenário do STF já decidiu que "não obsta que a união de pessoas do mesmo sexo possa ser reconhecida como entidade familiar apta a merecer proteção estatal" (ADPF n. 132 – cf. *Informativo do STF*, n. 625, Brasília, 2 a 6 de maio de 2011).

Se o juiz tiver se aconselhado ou se for credor, devedor, tutor ou curador de qualquer das partes também será suspeito. Importa mencionar que o art. 156 faculta ao juiz de ofício ordenar, mesmo antes de iniciada a ação penal, a produção de provas consideradas urgentes e relevantes, bem como determinar, no curso da instrução, ou antes de proferir sentença, a realização de diligências para dirimir dúvidas sobre ponto relevante). São extensivas aos peritos, no que lhes forem aplicáveis, as regras de suspeição dos juízes (CPP, art. 280). No tocante aos membros do Ministério Público, de acordo com o teor da Súmula 234 do STJ: "A participação de membro do Ministério Público na fase investigatória criminal não acarreta o seu impedimento ou suspeição para o oferecimento da denúncia". Os membros do Ministério Público também estão sujeitos aos mesmos impedimentos e suspeições dos magistrados, e não funcionarão nos processos em que o juiz ou qualquer das partes forem seu cônjuge ou parente, consanguíneo ou afim, em linha reta ou colateral, até o terceiro grau (CPP, art. 258). O fato de o juiz haver atuado em primeira instância somente implica a impossibilidade de fazê-lo em segunda, quando haja formalizado nos autos ato decisório. Despacho de simples expediente não gera impedimento.

18.2.5.1. *Processamento*

Se o juiz não se der por suspeito *ex officio* (CPP, arts. 97 e 254, primeira parte), sem provocação, pode ele ser recusado pela parte via da referida exceção (CPP, arts. 98 e 254, *caput, in fine*). No primeiro caso (o juiz espontaneamente se dá por suspeito), ele fundamenta sua decisão e remete o processo ao seu substituto legal (CPP, art. 99). No segundo caso, se o juiz não declara a sua suspeição de ofício, qualquer das partes poderá fazê-lo, interpondo a já aludida exceção de suspeição.

Oportuno mencionar que o Conselho Nacional de Justiça editou a Resolução 82, que regulamenta as declarações de suspeição por foro íntimo, impondo aos magistrados a obrigação de declinar, em separado, perante a Corregedoria os motivos que o levaram a fazer uso do sobredito instrumento. Irresignadas, algumas das associações representativas da categoria ajuizaram, no Supremo Tribunal Federal, ação direta de inconstitucionalidade (ADI 4.260), aduzindo que a inovação constitui, em verdade, nítida e odiosa transgressão aos princípios e garantias constitucionais dos magistrados, além de usurpar competência legislativa privativa da União.

→ **ATENÇÃO:** a exceção de suspeição deve preceder as demais, salvo quando fundada em motivo superveniente (CPP, art. 96). Isto porque as demais exceções pressupõem um juiz isento.

→ **ATENÇÃO:** nos procedimentos ordinário e sumário, oferecida a denúncia ou queixa, o juiz: (i) analisará se não é caso de rejeição liminar (deverá avaliar todos os requisitos do art. 395: condição da ação, possibilidade jurídica do pedido etc.); (ii) se não for caso de rejeição liminar, recebê-la-á e ordenará a citação do acusado para responder à acusação, por escrito, no prazo de dez dias (CPP, art. 396). E, consoante o art. 396-A, na resposta, o acusado poderá: (i) arguir preliminares; (ii) alegar tudo o que interesse à sua defesa; (iii) oferecer documentos e justificações; (iv) especificar as provas pretendidas e arrolar testemunhas, qualificando-as e requerendo sua intimação quando necessário. Desse modo, dentre as matérias que poderão ser ventiladas, encontra-se, por exemplo, a alegação de suspeição do juiz, incompetência relativa, litispendência, coisa julgada etc. Cumpre notar que a exceção será processada nos termos dos arts. 95 a 112 do CPP. No caso do procedimento do júri, há também a previsão legal dessa defesa em seus arts. 406 e seguintes.

18.2.5.2. *Requisitos da exceção*

Deve ser interposta por petição assinada pela própria parte ou por procurador com poderes especiais. O defensor dativo não possui procuração, já que é nomeado pelo juiz para defender réus pobres e revéis. Assim, não poderia arguir a exceção de suspeição, salvo se a petição por ele elaborada for também assinada pelo réu.

A petição deve ser fundamentada e estar acompanhada de prova documental e do rol de testemunhas, caso necessário.

Aquele que alega a exceção é denominado *excipiente*. A exceção pode ser arguida pelas partes, pelo Ministério Público e pelo assistente de acusação, de acordo com a posição de Tourinho Filho, segundo o qual aquele tem interesse em ver a ação julgada por um juiz insuspeito. Mirabete, no entanto, insiste na impossibilidade de o assistente da acusação arguir tal exceção, vez que tal faculdade não consta do rol taxativo do art. 271 do CPP, o qual não admite interpretação extensiva. Aquele contra quem se argui a exceção denomina-se *excepto*.

18.2.5.3. *Procedimento perante o juiz suspeito*

Interposta a petição com a exceção junto ao próprio juiz do processo, este poderá adotar as seguintes posturas:

(i) reconhecer que é suspeito: neste caso, remeterá os autos do processo principal ao seu substituto legal; desta decisão não cabe qualquer recurso, nem mesmo o recurso em sentido estrito do art. 581, III, do CPP;

(ii) declarar que não é suspeito. Nesta hipótese tomará as seguintes providências: determinará a autuação da exceção em separado; apresentará a sua resposta por escrito em um prazo de três dias, anexando documentos e arrolando testemunhas, se necessário; remeterá os autos ao tribunal de justiça em vinte e quatro horas.

18.2.5.4. Procedimento perante o tribunal

Ao chegar no tribunal, a exceção será distribuída a um dos componentes da Câmara Especial (composta pelos quatro vice-presidentes e pelo decano) (órgão competente para a apreciação da suspeição), o qual atuará como relator. Este por sua vez poderá:

(i) rejeitar liminarmente a exceção, se entender absolutamente infundada a sua oposição;

(ii) mandar processar a exceção, tomando as seguintes cautelas: determinar a citação das partes no processo principal; designar data para ouvir as testemunhas arroladas; no julgamento, se julgar improcedente a exceção, os autos serão devolvidos ao juiz, e, caso fique evidenciada a má-fé do excipiente, o tribunal aplicar-lhe-á uma multa. Se julgar procedente a exceção, o processo será encaminhado ao substituto legal do juiz, e serão declarados nulos os atos processuais praticados até aquele momento. Se ficar evidenciado erro inescusável do juiz, o tribunal determinará que ele pague as custas referentes à exceção.

> → **ATENÇÃO:** como regra, a exceção não suspende o andamento do processo principal. Todavia, ressalva o art. 102 do CPP que haverá a suspensão toda vez que a parte contrária for ouvida e concordar com a exceção, requerendo, inclusive, o sobrestamento do feito.

> → **ATENÇÃO:** conforme dispõe o art. 256 do CPP: "A suspeição não poderá ser declarada nem reconhecida, quando a parte injuriar o juiz ou de propósito der motivo para criá-la".

18.2.5.5. Contra quem pode ser alegada a suspeição?

A suspeição pode ser alegada contra os juízes de qualquer instância (da 1ª ao Ministro do STF, *v.* art. 103 do CPP), também os membros do Ministério Público (CPP, art. 104) e outras pessoas que intervêm no processo: intérpretes, peritos, funcionários da justiça, serventuários (CPP, art. 105) e jurados.

A exceção contra o membro do Ministério Público é oposta ao juiz junto do qual o promotor atue. O juiz deve ouvir o promotor, colher as provas requeridas e julgar num prazo de três dias. Se julgar procedente, atuará no processo o substituto legal do promotor.

No que toca à exceção formulada em face de perito, intérprete e funcionários da justiça, a mesma processar-se-á perante o juiz com que atue o sujeito. O juiz deve decidir de plano à vista do que foi alegado, bem como dos documentos juntados. Julgada procedente, o juiz determina o afastamento do sujeito.

A *suspeição* do jurado é arguida oralmente, no momento indicado pelos arts. 468 e 470, isto é, imediatamente após a leitura que o juiz faz da correspondente cédula sorteada (no Júri as cédulas com os nomes dos jurados ficam em uma urna que, uma a uma, são sorteadas pelo magistrado).

18.2.5.6. Cabe exceção de suspeição contra autoridades policiais?

Não. Os delegados de polícia não ensejam suspeição em razão da natureza do inquérito por eles presidido (peça inquisitorial) como procedimento preparatório da ação penal. Contudo, o Código impõe-lhes a obrigação de se declararem suspeitos, restando ainda à parte recorrer ao superior hierárquico da citada autoridade.

18.2.5.7. Efeitos da suspeição

Além de afastar o magistrado da presidência do processo, julgada procedente a suspeição, "ficam nulos os atos processuais do processo principal" (CPP, arts. 101, 1ª parte, e 564, I). Logo, retroage seu efeito para anular os atos processuais anteriormente praticados pelo juiz. Se a suspeição teve origem desde o início do processo, este deve ser totalmente anulado. Se originou-se em motivo superveniente, então, só a partir daí é que se anula o processo.

18.2.5.8. Existe recurso contra reconhecimento espontâneo de suspeição?

Não, afirma a unanimidade dos nossos doutrinadores. Somente é passível de correição parcial, por tumultuar a tramitação do feito.

18.2.6. Incompetência de juízo. Procedimento

É a segunda *exceção* referida pelo art. 95 do CPP e fundamenta-se na ausência de *capacidade funcional* do juiz. Tal *exceção* – denominada *declinatoria fori* – é regulada pelos arts. 108 e 109, podendo ser oposta por escrito ou oralmente no prazo de defesa.

O pressuposto de sua propositura é que uma ação penal esteja em andamento, em foro incompetente, de acordo com as regras dos arts. 69 e s. do CPP.

Se o juiz verifica-se incompetente, ele deve, de ofício, declarar sua incompetência e remeter o processo ao juízo correto. Ao contrário do que ocorre no processo civil, é possível que se decrete de ofício até mesmo a incompetência relativa (em sentido contrário: Súmula 33 do STJ). Dessa decisão cabe recurso em sentido estrito (CPP, art. 581, II).

Caso o juiz não reconheça de ofício a sua incompetência, poderá ser arguida a exceção respectiva.

A exceção pode ser oposta pelo réu, querelado e Ministério Público, quando este atue como fiscal da lei. Todavia, segundo a doutrina, não pode ser arguida pelo autor da ação.

Tratando-se de incompetência relativa (territorial), a exceção deve ser arguida no prazo da defesa inicial prevista nos arts. 396 e 396-A, e nos arts. 406 e seguintes, sob pena de preclusão e prorrogação da competência. Antigamente, a exceção deveria ser arguida na chamada defesa prévia.

Porém, cuidando-se de incompetência absoluta, ela poderá ser arguida a qualquer tempo. Ex.: incompetência em razão da matéria.

O procedimento é o seguinte:

(i) deve ser oposta junto ao próprio juiz da causa;

(ii) pode ser arguida verbalmente (reduzida a termo) ou por escrito;

(iii) o juiz mandará autuar em apartado;

(iv) o Ministério Público deve ser ouvido a respeito da exceção, desde que não seja ele o proponente;

(v) o juiz então julga a exceção. Hipóteses:

– o juiz poderá julgar a exceção improcedente, hipótese em que continuará com o processo; desta decisão não cabe recurso específico, porém têm-se admitido a impetração de *habeas corpus* e a alegação do assunto em preliminar de futura e eventual apelação;

– o juiz julga procedente a exceção, hipótese em que se declara incompetente, remetendo os autos ao juiz que entender competente. Desta decisão cabe recurso em sentido estrito.

→ **ATENÇÃO:** se o juiz que recebe o processo entender que o juiz precedente é que era o competente, deverá suscitar o conflito de jurisdição.

→ **ATENÇÃO:** julgada procedente a exceção, ficam nulos os atos decisórios, mas os atos instrutórios podem ser ratificados no juízo que receber o processo (CPP, arts. 108, § 1º, e 567).

→ **ATENÇÃO:** não há suspensão do processo.

→ **ATENÇÃO:** a Súmula 33 do STJ já assentou que "a incompetência relativa não pode ser declarada de ofício", pacificando tal entendimento. Entendemos que tal vício poderia ser reconhecido *ex officio*, desde que antes de operada a preclusão.

→ **ATENÇÃO:** não alegada a tempo a exceção de incompetência *ratione loci*, ocorre a preclusão.

18.2.7. Litispendência

Há litispendência quando uma ação repete outra em curso. No processo penal isso se verifica sempre que a imputação atribuir ao acusado, mais de uma vez, em processos diferentes, a mesma conduta delituosa. Fundamenta-se no princípio de que ninguém pode ser julgado duas vezes pelo mesmo fato: princípio do *non bis in idem*. Nesse caso, prevê a lei a *exceção de litispendência*, evitando-se o trâmite em paralelo de dois processos idênticos.

18.2.7.1. Elementos que identificam a demanda, impedindo a litispendência

São elementos que identificam a demanda:

(i) **o pedido (*petitum*):** na ação penal é, em regra, a aplicação da sanção;

(ii) **as partes (*personae*) em litígio;**

(iii) **a causa de pedir (*causa petendi*):** é a razão do fato pela qual o autor postula a condenação, ou seja, o fato criminoso.

→ **ATENÇÃO:** faltante qualquer um dos elementos analisados entre dois processos, não existe identidade de demanda; logo, inexiste *litispendência*.

18.2.7.2. Recursos

Acolhendo-se a exceção da litispendência, cabe recurso em sentido estrito (CPP, art. 581, III). Se o juiz não acolher a exceção, inexiste um recurso específico, porém, como ninguém pode ser processado duas vezes pelo mesmo fato (*non bis in idem*), a litispendência significa um constrangimento ilegal sanável por meio do *habeas corpus*. Por outro lado, se a litispendência foi afirmada *ex officio* pelo juiz, o recurso possível é a apelação (CPP, art. 593, II).

Comentários:

(i) o rito é o mesmo da incompetência;

(ii) não há prazo para a interposição;

(iii) deve ser arguida no segundo processo; se houver instauração de novo inquérito policial, e não de outra ação, o remédio adequado será o *habeas corpus*;

(iv) não importa se no segundo processo foi dada qualificação jurídica diversa; se o fato é o mesmo, haverá litispendência;

(v) não importa também quem figura no polo ativo da ação penal; tratando-se do mesmo réu e do mesmo fato, é cabível a exceção;

(vi) não há suspensão do processo.

18.2.8. Ilegitimidade de parte

Tal *exceção* abrange não só a *titularidade* do direito de ação, como também a *capacidade* de exercício, isto é, a necessária para a prática dos atos processuais (posição majoritária na doutrina, *vide* item seguinte).

Assim, pode-se arguir a exceção quando a queixa é oferecida em caso de ação pública; quando a denúncia é oferecida em hipótese de ação privada; quando o querelante é incapaz, não podendo estar em juízo; quando o querelante não é o representante legal do ofendido; quando, na ação privada personalíssima, a queixa é oferecida pelo sucessor da vítima etc.

18.2.8.1. Ilegitimidade ad processum ou ad causam

Existem duas posições a respeito:

(i) Hélio Tornaghi entende que a *exceção* se refere apenas à legitimidade *ad processum* e não à legitimidade *ad causam*, afirmando que "as exceções de que fala o art. 95, sem qualquer sombra de dúvida, são pressupostos processuais"[147];

(ii) a *exceção* inclui a legitimidade *ad processum* (capacidade processual) e também a legitimidade *ad causam* (titularidade da ação): é o entendimento predominante (Magalhães Noronha, Tourinho Filho, Paulo Lúcio Nogueira, Mirabete e outros).

18.2.8.2. Efeitos do reconhecimento

Uma vez reconhecida a ilegitimidade *ad causam*, o processo é anulado *ab initio*. Reconhecida a ilegitimidade *ad processum*, a nulidade pode ser sanada a qualquer tempo, mediante ratificação dos atos processuais já praticados (CPP, art. 568).

18.2.8.3. Recursos

Reconhecida a exceção de ilegitimidade de parte, o recurso cabível para tal decisão é em sentido estrito (CPP, art. 581, III). Da decisão que a julgar improcedente inexiste um

---

147. *Curso de processo penal*, cit., p. 174.

recurso específico. Pode-se arguir, todavia, o fato através de uma preliminar de apelação, ou impetrar *habeas corpus* para o reconhecimento de constrangimento ilegal decorrente da ilegitimidade da parte. Mesmo quando ocorre o reconhecimento da ilegitimidade da parte espontaneamente pelo juiz, também é cabível o recurso em sentido estrito, agora com fundamento no art. 581, I, do CPP, já que tal despacho equivale ao de não reconhecimento da denúncia ou queixa, embora proferido em ocasião posterior à fase própria.

18.2.8.4. *Procedimento*

Nos termos do art. 110 do Código de Processo Penal, a exceção de ilegitimidade de parte é processada como a de incompetência do juízo.

18.2.9. Coisa julgada

A *exceção de coisa julgada* (CPP, art. 95, V) funda-se também no princípio *non bis in idem*. Transitada em julgado uma decisão, impossível novo processo pelo mesmo fato. Nesse caso, argui-se a *exceptio rei judicatae*.

A coisa julgada nada mais é do que uma qualidade dos efeitos da decisão final, marcada pela imutabilidade e irrecorribilidade.

18.2.9.1. *Distinção entre coisa julgada formal e coisa julgada material*

A coisa julgada formal reflete a imutabilidade da sentença no processo onde foi proferida; tem efeito preclusivo, impedindo nova discussão sobre o fato no mesmo processo; na coisa julgada material existe a imutabilidade da sentença que se projeta fora do processo, obrigando o juiz de outro processo a acatar tal decisão, ou seja, veda-se a discussão dentro e fora do processo em que foi proferida a decisão.

→ **ATENÇÃO:** no nosso direito, a imutabilidade da sentença condenatória não é *absoluta*, pois cabente em várias hipóteses a *revisão criminal* (CPP, art. 621); também nos casos de anistia, indulto, unificação de penas etc.

18.2.9.2. *História*

A coisa julgada (*res in judicium deducta*) tinha, para os romanos, uma finalidade eminentemente prática. Visava proporcionar segurança às decisões tomadas, solucionando definitivamente o conflito de interesses e evitando sua perpetuação. Apesar de tratar-se de uma exigência básica da vida urbana, nem todas as decisões tinham essa característica de imutabilidade. As resoluções interlocutórias, por exemplo, não produziam o efeito da coisa julgada.

Questão interessante que se travou no Direito romano foi saber se a coisa julgada produzia efeito *ex officio*. Podia o magistrado deixar de admitir *motu proprio* uma ação sobre a qual anteriormente já se havia proferido sentença? Era necessária a alegação de exceção? A faculdade de indeferimento do juiz romano trazia implícita a afirmação de que se tratava de algo que ia de encontro aos interesses públicos? A questão, bastante discutida, costuma ser resolvida no sentido de que é necessária a alegação de exceção, sem que o juiz pudesse conhecê-la de ofício, apesar de não se considerar a sentença coisa que afetasse exclusivamente às partes.

Outro problema é o que diz respeito ao momento em que a *exceptio rei judicati* pode ser oposta com êxito. Regia em Roma o princípio de que *res inter alios judicata alis non praejudicare*, ou seja, que deveria existir identidade de pessoas em ambos os casos, exceto nos processos que versavam sobre o estado civil das pessoas.

A ideia de coisa julgada romana foi se perdendo com o correr do tempo, convertendo-se na Idade Média em uma presunção de verdade *jure et de jure*, sob a influência do processo germânico antigo, que surge como meio de pacificação social, e no qual a sentença não exprimia a livre convicção do juiz, mas sim o resultado de experiências solenes, nas quais o povo vê a intervenção de entidades superiores e imparciais. Graças a tais influências, a coisa julgada, que no conceito romano tinha por fim exclusivamente garantir a segurança e o exercício dos direitos e o gozo dos bens, se transformou em uma aparência de verdade para todos os pronunciamentos do juiz, determinando a confusão entre coisa julgada e preclusão.

Em nosso Direito histórico a coisa julgada é considerada uma verdade, segundo resulta da regra 32 do Título XXXIV da Partida III; concretizando-se, porém, sua eficácia somente entre contendores e seus herdeiros, e sem que a decisão que tivesse sido proferida contra um tivesse efeito contra o outro.

18.2.9.3. Teorias

(i) Teoria do contrato ou quase contrato judicial

Para os autores que seguem esta corrente, as partes, ao submeterem-se voluntariamente ao resultado do litígio, sujeitam-se à decisão do juiz. Obrigam-se, em virtude de um contrato judicial, aperfeiçoado por meio da *litis contestatio*, em consequência dos que de antemão se submetem à sentença; e a autoridade da coisa julgada repousa sobre tal vínculo contratual.

(ii) Teoria de Pagenstecher

Para este autor o elemento constitutivo deve acompanhar todas as sentenças, e é um efeito que corresponde ao fim proposto pelas partes. As sentenças, segundo esta tese, mesmo as meramente declaratórias, devem ser sempre constitutivas de Direito; quer dizer, produzem uma mudança jurídica, criando ou modificando a relação jurídica, e ocasionam, portanto, uma consequência nova que não tinha existência anteriormente a esta decisão.

(iii) Teoria de Hellwig

Segundo o ponto de vista deste autor, o conteúdo de uma sentença não influi sobre as relações jurídicas substanciais, as quais, em caso de erro na declaração judicial, ficam como são. O único efeito que se produz com a sentença é de caráter processual, e em face dos órgãos jurisdicionais que tenham de observar o julgado, respeitando aquilo que foi objeto de uma resolução já assentada. Em outros termos, a autoridade da coisa julgada cria um Direito processual das partes para pretender dos órgãos jurisdicionais o respeito ao julgado e uma correspondente obrigação processual dos Tribunais de não julgar quando a função jurisdicional se desenvolveu plenamente. Além disso, a coisa julgada não tem influência sobre as relações jurídicas substanciais.

(iv) Teoria da vontade autoritária do Estado

Opinião dominante na Alemanha afirma que o fundamento da coisa julgada não está no elemento lógico da sentença, mas sim na vontade do juiz, considerado representante da autoridade do Estado. A sentença, segundo esta direção científica, não tem tanto valor por constituir um juízo lógico, um silogismo, no qual a premissa maior é a norma geral; a menor, o caso concreto e particular, e a conclusão, a aplicação de uma a outra. Este elemento lógico, no sentir dos que sustentam esta tendência, carece de importância ou, pelo menos, de importância decisiva, de vez que a motivação, se bem que perfeita, não basta para dar à decisão sua segurança imutável, que é precisamente o que constitui o aspecto que a caracteriza e o que verdadeiramente tem valor, sem que aquele elemento lógico tenha outro interesse que o de ser a formulação do ato de vontade.

(v) Teoria de Rocco

Como todo o direito subjetivo de obrigação, a ação encontra no cumprimento da obrigação sua natureza e fim. O direito de ação, como direito à prestação de uma atividade jurisdicional, deve, necessariamente, encontrar no cumprimento da prestação sua causa natural e fisiológica de extinção. Em nosso sistema positivo o cumprimento da prestação jurisdicional assinala-se pela autoridade da coisa julgada da sentença final de mérito, e, por isso, esta instituição, quando assinala o momento do cumprimento da prestação jurisdicional de conhecimento, é a extinção natural do direito de ação civil. A sentença que passa a possuir a autoridade de coisa julgada esgotou o direito de ação, extinguiu-o e, por isso, não é possível juridicamente fazê-lo valer de novo.

(vi) Teoria de Goldschmidt

Para Goldschmidt a coisa julgada é força judicial, a validez judicial de uma pretensão como fundada ou infundada, e é, sobretudo, uma forma de exteriorização de uma dupla ordenação jurídica. Este ponto de vista é certamente interessante. A força judicial é derivada de um procedimento do juiz. A validez da sentença repousa no poder do juiz, por absorção da situação concreta de fato à norma jurídica. A coisa julgada é metajurídica, porque a aplicação do direito pelos juízes se mantém fora da ordenação jurídica, o que não implica que a coisa julgada seja consequência do direito, já que este outorga à sentença a eficácia de que aquilo que o juiz reconhece como direito seja como tal considerado. Goldschmidt deduz esta consequência da teoria chamada da dupla ordenação jurídica, que foi reconhecida pelo próprio Kohler, quando afirmava: "Lei e Tribunal são duas criações da ciência, e, cada uma em sua esfera, regulam a vida jurídica". Existe uma ordenação jurídica formada pelo direito objetivo, e outra pela aplicação do direito pelo juiz tal como ele o compreende, o que não obsta a que esta norma, desenvolvida através da aplicação feita pelo juiz, se encontre na própria essência do direito, que tem de ser considerado sob um duplo ponto de vista: estático e dinâmico; o primeiro, direito material, e o segundo, direito processual.

18.2.9.4. Função

Visa à paz jurídica, obstando que os litígios se eternizem, envenenando as paixões e tornando instáveis as relações jurídicas.

18.2.9.5. Natureza jurídica

A coisa julgada não é efeito da decisão, mas qualidade atribuída a esses efeitos capaz de lhes conferir imutabilidade.

18.2.9.6. Cabimento da exceção de coisa julgada

Deve ser proposta quando verificar-se a identidade de demanda entre a ação proposta e uma outra já decidida por sentença transitada em julgado. Para que se acolha a exceção de coisa julgada, é necessário que a mesma coisa (*eadem res*) seja novamente pedida pelo mesmo autor contra o mesmo réu (*eadem personae*) e sob o mesmo fundamento jurídico do fato (*eadem causa petendi*).

Se for proposta uma segunda ação, esta não poderá ter seguimento, e, assim, abre-se a possibilidade para várias soluções:

(i) O juiz pode rejeitar a denúncia, caso reconheça a existência da coisa julgada. Desta decisão cabe recurso em sentido estrito.

(ii) Por outro lado, se o juiz percebe a existência de coisa julgada após o recebimento da denúncia, e em qualquer fase do processo, ele pode declará-la de ofício e extinguir o processo sem julgamento do mérito.

(iii) Se o juiz não declara de ofício a exceção de coisa julgada, o réu ou o Ministério Público poderão argui-la. Para que a exceção seja cabível, devem coexistir três requisitos:

– existência de uma decisão anterior com trânsito em julgado;

– propositura de uma segunda ação penal referente ao mesmo fato, pois se trata de uma questão incidental processual. Logo, necessário se faz que tenha ocorrido o recebimento da denúncia ou da queixa. Se for instaurado um segundo inquérito policial, ele pode ser trancado por *habeas corpus*. Não é possível neste caso a arguição da exceção, pois ainda não existe ação penal em andamento.

Em se tratando do mesmo fato, não se admite em qualquer hipótese a propositura de uma segunda ação, mesmo que seja dada uma nova definição jurídica ao fato ou que seja inserida alguma elementar.

No concurso formal, o agente com uma só ação provoca dois ou mais resultados. Pergunta-se: se no primeiro processo a denúncia referiu-se a apenas um dos resultados, e a decisão transitou em julgado, seria possível uma segunda ação com relação ao segundo resultado? Resposta: se a primeira sentença foi condenatória, sim, pois posteriormente será feita a unificação de penas no juízo das Execuções Criminais. Se foi absolutória, não, o fato originário é o mesmo, e poderia haver incompatibilidade com a segunda decisão;

– a segunda ação penal deve ser proposta contra o mesmo réu. Não importa quem seja o autor da segunda ação penal. O ofendido não pode propor ação penal privada subsidiária da pública, se já houve anteriormente sentença transitada em julgado em ação proposta pelo Ministério Público.

Havendo condenação de um dos autores do crime, nada obsta a que outro não incluído na primeira ação seja processado, exceto se houver alguma incompatibilidade no plano fático.

18.2.9.7. Rito

De acordo com o art. 110 do Código de Processo Penal, o rito é o mesmo da exceção de incompetência.

18.2.9.8. Fases

(i) Pode ser arguida verbalmente ou por escrito, em qualquer fase do processo e em qualquer instância.

(ii) O juiz deve ouvir a outra parte e o Ministério Público, caso este não tenha sido o autor da alegação.

(iii) A exceção deve ser autuada em separado.

(iv) Julgamento: se o juiz julga procedente, a ação principal será extinta, e desta decisão cabe recurso em sentido estrito. Se o juiz julga improcedente, a ação principal continua, e desta decisão não cabe nenhum recurso específico, mas o interessado poderá impetrar *habeas corpus*. O trânsito em julgado da segunda sentença pode ser quebrado via *habeas corpus* ou revisão criminal.

18.2.9.9. A coisa julgada no crime continuado e no concurso de agentes

No crime continuado os primeiros delitos já foram julgados. Nesse caso, processa-se normalmente o último crime e, após o trânsito em julgado, pode-se promover a unificação das penas.

No caso de *concurso de agentes* o STF decidiu que, absolvido o réu da acusação de *autor* de homicídio, nada impede que seja processado como *partícipe* do mesmo fato, inexistindo o impedimento da coisa julgada.

18.2.10. Impedimentos do Ministério Público e órgãos auxiliares

Aplicam-se aos membros do Ministério Público as mesmas prescrições relativas a suspeição e aos impedimentos dos juízes (art. 258). Existindo o *impedimento* ou a incompatibilidade, o órgão do Ministério Público deve espontaneamente afastar-se do processo, declinando nos autos o motivo. Os serventuários e funcionários judiciários e os peritos devem comunicar o fato ao juiz, enquanto o jurado deve fazê-lo quando do sorteio (CPP, art. 466).

Não se dando o afastamento *sponte propria*, pode a parte arguir a incompatibilidade ou impedimento, cujo processo é aquele estabelecido para a *suspeição* (art. 112, *in fine*).

18.2.11. Conflito de jurisdição

18.2.11.1. Conceito e espécies

Tem-se o denominado conflito de jurisdição toda vez que, em qualquer fase do processo, um ou mais juízes, contemporaneamente, tomam ou recusam tomar conhecimento do mesmo fato delituoso.

Daí temos:

(i) **conflito positivo de jurisdição:** quando dois ou mais juízes se julgam *competentes* para o conhecimento e julgamento do mesmo fato delituoso;

(ii) conflito negativo de jurisdição: quando dois ou mais juízes se julgam *incompetentes* para o conhecimento e julgamento do mesmo fato delituoso.

Verifica-se, ainda, o conflito de jurisdição toda vez que houver controvérsia sobre unidade de juízo, junção ou separação de processos.

Porém, não há que se falar no aludido conflito quando um dos processos já se encontra com sentença transitada em julgado (nesse sentido: Súmula 59 do STJ).

18.2.11.2. Conflito de atribuições

Trata-se do conflito que se estabelece entre o órgão do Poder Judiciário e o órgão de outros Poderes (Executivo e Legislativo), dirimido por aquele, ou entre órgão dos poderes não jurisdicionais, resolvidos, ao menos de início, sem a intervenção da autoridade judiciária.

Os conflitos de atribuições entre promotores de justiça devem ser resolvidos pelo procurador-geral de justiça. Meras manifestações divergentes entre o juiz e o promotor de justiça não ensejam falar em conflito de atribuições.

Na hipótese de conflito de atribuição entre membros do Ministério Público, a solução pode ser diversa a depender das peculiaridades do caso concreto, a saber: se o conflito se dá entre Promotores de Justiça do Ministério Público de um mesmo Estado, será resolvido pelo Procurador-Geral de Justiça; se o conflito se dá entre Procuradores da República, será resolvido pela Câmara de Coordenação e Revisão (órgão colegiado do MPF); se o conflito se dá entre integrantes de ramos diferentes do Ministério Público da União, será resolvido pelo Procurador-Geral da República; e, por fim, se o conflito se dá entre Promotores de Justiça de Estados diferentes ou entre um Promotor de Justiça e um Procurador da República, será resolvido via CNMP (STF. Plenário. ACO 843/SP, rel. para acórdão Min. Alexandre de Moraes, j. 5-6-2020).

18.2.11.3. Processamento

Ao Superior Tribunal de Justiça competem os conflitos de competência entre quaisquer tribunais (ressalvada a regra do art. 102, I, o, da Constituição Federal), entre tribunal e juiz a ele não vinculado, bem como entre juízes vinculados a tribunais diversos. É de sua competência, portanto, dirimir conflito de competência entre juiz de direito e auditor militar (CF, art. 105, I, *d*).

Ao Supremo Tribunal Federal competem os conflitos de competência entre o STJ e qualquer outro tribunal, entre Tribunais Superiores e qualquer outro tribunal ou entre Tribunais Superiores entre si (CF, art. 102, I, *o*).

Aos Tribunais Regionais Federais cabe solucionar os conflitos entre juízes federais a eles vinculados, bem como entre juiz federal e juiz estadual investido na jurisdição federal (Súmula 3 do STJ).

No campo da Justiça Comum estadual convém notar que a EC n. 45/2004, em seu art. 4º, no tocante aos juízes dos Tribunais de Alçada, promoveu a extinção do referido tribunal, determinando que os seus membros passem a integrar os Tribunais de Justiça dos respectivos Estados, respeitadas a antiguidade e classe de origem. Tendo em vista essa disposição constitucional, perdeu o sentido o teor da Súmula 22 do STJ, que dispõe inexistir conflito entre Tribunal de Justiça e Tribunal de Alçada.

Na Justiça Militar, os conflitos devem ser suscitados perante o Superior Tribunal Militar (Código de Processo Penal Militar, art. 114).

Os conflitos entre Tribunais Regionais Eleitorais ou juízes eleitorais de Estados diferentes são julgados pelo Tribunal Superior Eleitoral (Código Eleitoral, art. 22, I, *d*). Se o conflito for entre juízes eleitorais do mesmo Estado, o competente é o Tribunal Regional Eleitoral (Código Eleitoral, art. 29, I, *b*).

No Estado de São Paulo, por força do disposto no art. 11, II, da Lei Complementar n. 225/79, a competência para conhecer e dirimir conflito negativo de jurisdição estabelecido entre juízes de primeira instância é da Câmara Especial do Tribunal de Justiça.

18.2.11.4. Competência para julgar

A competência é estabelecida na Constituição Federal, nas Constituições dos Estados, nas leis processuais e de organização judiciária e nos regimentos internos dos tribunais.

No Estado de São Paulo, por força do disposto no art. 11, II, da Lei Complementar n. 225/79, tem-se entendido que a competência para conhecer e dirimir conflito negativo de jurisdição estabelecido entre juízes de primeira instância é da Câmara Especial do Tribunal de Justiça. Porém, em se tratando de conflito anômalo às hipóteses do art. 114 do Código de Processo Penal, a competência é do Pleno do Tribunal de Justiça.

18.2.12. Restituição de coisas apreendidas

Durante o inquérito policial, a autoridade policial, ao ensejo das investigações, pode determinar a apreensão dos *instrumenta sceleris* e dos objetos que tiverem relação com o fato criminoso (art. 6º, II).

A apreensão pode ocorrer quando forem encontrados instrumentos ou meios de prova utilizados na prática do fato criminoso que possam auxiliar no levantamento da autoria. Nesse caso, lavra-se um auto de apreensão e os instrumentos e demais objetos ficam sob custódia na polícia.

Outras vezes, a apreensão se dá mediante a realização de buscas pessoais e domiciliares procedidas pela própria autoridade ou por pessoas a ela subordinadas.

Busca é a diligência em que se procura alguma pessoa ou objeto de interesse ou relevância para o processo ou inquérito. Os objetos sobre os quais pode incidir a diligência de busca estão enumerados no art. 240, § 1º, *a*, *b*, *c*, *d*, *e*, *f*, *g* e *h*.

Uma vez encontrado o que se procura, procede-se à apreensão da pessoa ou coisa visada, de modo que os instrumentos e, enfim, todos os objetos que tiverem relação com o fato acompanharão os autos de inquérito tal como determina o art. 11 do CPP.

O art. 240, § 1º, *b*, *c*, *d*, *e*, *f* e *h*, cuida dos objetos sobre os quais pode incidir a diligência de busca e apreensão; portanto, estes objetos podem ser *apreendidos*. São eles: coisas achadas ou obtidas por meios criminosos, instrumentos de falsificação ou de contrafação e objetos falsificados ou contrafeitos; armas e munições, instrumentos utilizados na prática de crime ou destinados a fim delituoso; objetos destinados à prova da infração ou à defesa do réu; cartas, abertas ou não, destinadas ao acusado ou em seu poder, quando haja suspeita de que o conhecimento do conteúdo possa ser útil à elucidação do fato; qualquer elemento de convicção.

As coisas obtidas por meios criminosos a que se refere a alínea *b* do § 1º do art. 240 do CPP são os produtos diretos, ou imediatos, do crime.

Não podem ser apreendidos as coisas ou os valores que constituam proveito auferido pelo agente com a prática do fato criminoso, mediante sucessiva especificação (joias feitas com ouro roubado) ou conseguidos mediante alienação (dinheiro da venda do objeto furtado).

Também não podem ser apreendidos o bem ou o valor dado ao criminoso como pagamento ou recompensa pela prática do crime (*pretium sceleris*).

Os objetos que não são suscetíveis de apreensão podem, todavia, ser sequestrados (CPP, art. 132).

Não obstante a apreensão e o sequestro visarem à segurança do bem móvel, ambos se sujeitam a disciplinamentos diversos. Para o sequestro a autoridade policial representa ao juiz (CPP, art. 127), ao passo que, na apreensão, age de ofício.

18.2.12.1. *Restituição: objetos restituíveis, oportunidade, procedimento*

Em princípio, todos os objetos apreendidos podem ser restituídos, principalmente os produtos do crime.

Do art. 118 do Código de Processo Penal exsurge o princípio de que os objetos, antes do trânsito em julgado de sentença condenatória, não serão restituídos se interessarem ao processo.

Entretanto, mesmo após o trânsito em julgado de sentença condenatória, casos haverá em que não será permitida a restituição do objeto. Se as coisas apreendidas estiverem contidas no rol do art. 91, II, *a*, do Código Penal (instrumento do crime, desde que consistam em coisas cujo fabrico, alienação, porte, uso ou detenção constitua fato ilícito), havendo trânsito em julgado de sentença condenatória, elas passarão para a União. Somente excepcionalmente o lesado ou terceiro de boa-fé poderá reclamá-las.

Da mesma forma se procede com relação aos produtos do crime, ou seja, caso o fabrico, uso, porte, alienação ou detenção do produto do crime constituam fato ilícito, após a condenação transitada em julgado, como efeito genérico desta, reverterão em favor da União, ressalvado o direito do lesado e do terceiro de boa-fé.

No caso de a sentença ser absolutória, os instrumentos ou produtos do crime cujo uso, porte, alienação, detenção ou fabrico constituam fato ilícito também reverterão em favor da União, respeitado o direito de terceiro de boa-fé e do lesado. No entanto, deverá o juiz declarar a perda, porquanto esta não se dá automaticamente. Aplica-se o art. 779 do Código de Processo Penal, que continua vigendo pelo fenômeno da repristinação.

18.2.12.2. *Coisas restituíveis e não restituíveis. Instrumentos do crime*

Como já visto, os instrumentos do crime a que se refere o art. 91, II, *a*, do Código Penal, passam para o domínio da União automaticamente, como efeito da sentença condenatória transitada em julgado. Assim, os instrumentos do crime cujo porte, detenção, uso, fabrico, detenção ou alienação constituam fato ilícito não poderão ser restituídos, respeitando-se o direito de terceiro de boa-fé ou do lesado.

Da mesma forma ocorre quando houver arquivamento do inquérito, decisão que julga extinta a punibilidade, impronúncia ou absolvição. No entanto, o perdimento para a União deverá ser declarado pelo juiz, aplicando-se a hipótese, como já visto, do art. 779 do Código de Processo Penal. Então, nesses casos, também não poderão os instrumentos do crime ser restituídos, desde que constantes do rol do art. 91, II, *a*, do Código Penal, respeitando-se, eventualmente, o direito de terceiros de boa-fé e do lesado.

Se os instrumentos do crime não se amoldarem à alínea *a* do inciso II do art. 91 do Código Penal, ou seja, se não forem confiscáveis, poderão ser restituídos ao criminoso e ao lesado ou ao terceiro de boa-fé, pouco importando haja sentença condenatória transitada em julgado.

Na hipótese de se tratar de arquivamento, extinção da punibilidade, impronúncia ou absolvição, proceder-se-á da mesma maneira, até com maior razão. Dessa forma, também será restituído ao acusado, ao terceiro de boa-fé ou ao lesado o instrumento do crime.

18.2.12.3. *Apreensão na hipótese do art. 19 da LCP*

Em primeiro lugar, deve ficar registrado que o porte ilegal de arma de fogo é crime, nos termos dos arts. 14 e 16 da Lei n. 10.826, de 22 de dezembro de 2003, e seu confisco sujeita-se à disposição contida no art. 25 do novo Estatuto do Desarmamento. Quanto às armas brancas e de arremesso, ficaria a dúvida: pelo fato de seu porte ilegal constituir contravenção penal, admitiria ou não a perda dos instrumentos utilizados em seu cometimento? A favor da possibilidade pode-se argumentar que o fato de o art. 91, II, *a*, do Código Penal ter falado apenas em crime se explica pela singela razão de que esse diploma somente trata dessa modalidade de infração penal, não cuidando, evidentemente, das contravenções, justificando-se, desse modo, a ausência de referência expressa naquele artigo. Por outro lado, tendo a Lei das Contravenções Penais dito, logo em seu art. 1º, que a ela se aplicam todas as regras gerais do Código Penal, que, por sua vez, dispõe de maneira semelhante em seu art. 12, configura-se possível a perda em favor da União dos instrumentos empregados na prática do delito anão. Em sentido contrário, pode-se afirmar que, em primeiro lugar, "instrumento do crime" é uma expressão que compreende as coisas utilizadas pelo agente para desenvolver atos de execução, como, por exemplo, o revólver para matar ou a gazua para romper obstáculo e furtar. Não se confunde com o objeto material, que é o elemento sobre o qual recai a conduta do autor. No caso do art. 19 da Lei das Contravenções Penais, a arma é objeto material e não instrumento do crime. Ademais, o art. 91, I, *a*, do Código Penal fala em instrumento de crime, ou seja, instrumento utilizado para a prática criminosa. Não fala em contravenção, mas somente em crime.

A Lei das Contravenções Penais, em seu art. 1º, permite que sejam aplicadas às contravenções as regras gerais do CP. No entanto, não se concebe a aplicação desse artigo na espécie. Isto porque a lei penal permite o confisco do instrumento do *crime*, ou seja, aquele empregado para sua prática. O art. 1º da LCP somente teria aplicação, na hipótese, se alguém fizesse uso de um instrumento cujo porte, detenção, fabrico, uso ou alienação constitua fato ilícito, para praticar uma *contravenção*.

O art. 1º da LCP refere-se às regras gerais do CP, ou seja, o princípio da reserva legal, aplicação da pena, os direitos dos presos, remição, detração, concurso material, formal, continuação delitiva, interrupção da prescrição, suspensão do prazo prescricional etc. Entretanto, nenhuma aplicação poderão ter, por exemplo, os arts. 91, II, *a*, e 92 (CP) por total incompatibilidade, porquanto o Código Penal fala em instrumento de crime, vale dizer, utilizado para a prática de um crime. Somente poderia aplicar-se analogicamente o art. 91, II, *a*, no caso de alguém utilizar-se de instrumento confiscável para a prática de uma contravenção.

18.2.12.4. Produtos diretos e indiretos do crime

Tratando-se de coisas cujo fabrico, uso, porte, detenção ou alienação constituam fato ilícito, obviamente a restituição é proibida, ressalvado o direito de terceiro de boa-fé e do lesado, dentro dos limites legais.

Quando se restitui instrumento de crime, produto direto ou indireto, é indispensável que o lesado ou o terceiro de boa-fé faça jus, em razão de sua função ou qualidade, ao porte, uso, fabrico, alienação ou detenção da coisa que normalmente é tida como ilícita. Assim, por exemplo, furto de substância entorpecente de um laboratório que possui autorização para seu fabrico e alienação.

Quando se trata de produto direto de crime (a coisa furtada ou roubada, por exemplo) e desde que seu uso, porte, fabrico ou detenção não constituam fato ilícito, nada impede sua restituição ao lesado ou terceiro de boa-fé.

Entretanto, se se cuidar de bem ou valor que constitua proveito auferido pelo agente com a prática de um ato criminoso, é impossível a sua restituição, porquanto não se trate de produto direto, mas, sim, de produto indireto do crime, ou seja, do dinheiro e não do rádio roubado, por exemplo. Nesse caso, o dinheiro foi auferido pela alienação do rádio roubado, de forma que não será possível a restituição por tratar-se de coisa diversa. Se o rádio é que foi roubado, como restituir o dinheiro (coisa diversa)?

Quanto ao terceiro de boa-fé, é possível a restituição. Por exemplo, bem poderá alguém, mediante fraude, obter de outrem R$ 5.000,00 e, com esse valor, adquirir um relógio e vendê-lo por preço justo a um terceiro, que será de boa-fé. Nesse caso, nada impede a restituição.

Apreendido o objeto, respeitar-se-á o direito de terceiro. Se este não o reclamar, aplicar-se-á o disposto no art. 133 do CPP.

Vale lembrar que os produtos indiretos de crime não são suscetíveis de ser apreendidos. Esses bens não sujeitos à busca e apreensão são objeto de sequestro, nos termos do art. 132 do CPP.

Os arts. 6º, II e III, e 240, § 1º, *b*, *c*, *d* e *e*, do CPP fazem referência a outros objetos, que não produtos ou instrumentos de crime, que podem ser apreendidos ou sequestrados. Quanto a estes, nenhuma novidade aplica-se à regra geral. Não se tratando de objetos confiscáveis, ficam guardados até sentença final (absolutória ou condenatória);

contudo, se não mais interessarem ao processo, poderão ser restituídos até mesmo em fase de inquérito.

18.2.12.5. Restituição feita pela autoridade policial

Na fase de inquérito policial, a pessoa interessada poderá pedir à autoridade policial a devolução do objeto apreendido. A autoridade policial é quem decide a respeito da devolução ouvindo-se, por força do art. 120, § 3º, do CPP, o representante do Ministério Público. Caso o MP não seja ouvido, a autoridade policial deve alertar o requerente para não dispor da coisa até segunda ordem.

Decidida a devolução, dar-se-á por despacho nos autos, lavrando-se, então, um termo de restituição assinado pelo interessado ou representante legal e por duas testemunhas, como medida de cautela.

Poderá ser restituído pela autoridade policial se:

(i) tratar-se de objeto restituível e não houver nenhum interesse na sua retenção;

(ii) não houver dúvida quanto ao direito do reclamante;

(iii) a apreensão não tiver sido feita em poder de terceiro de boa-fé.

18.2.12.6. Restituição feita pelo juiz criminal

A restituição somente será possível em se tratando de coisa restituível, cuja retenção, pela Justiça, seja absolutamente desnecessária.

Na hipótese de dúvida quanto ao direito do reclamante, o requerimento deverá ser autuado à parte, formando-se um incidente. O juiz deverá, então, abrir vista ao reclamante para em 5 dias fazer prova de seu direito. Uma vez ouvido o MP, proferirá o juiz sua decisão. Caso o juiz penal entenda muito complexa a questão, determinará que o interessado ingresse com ação própria no juízo cível, de acordo com o § 4º do art. 120 do CPP, por não ser possível a solução dentro do processo incidental.

Na hipótese de objeto apreendido em poder de terceiro, forma-se o incidente, concedendo o juiz prazo de 5 dias ao reclamante, a fim de produzir prova, e igual será concedido, sucessivamente, ao terceiro de boa-fé para o mesmo fim. Esgotados os prazos de um e de outro, disporão eles de 2 dias para arrazoar. Este último prazo é comum. Apresentadas as razões e ouvido o Ministério Público, o juiz proferirá sua decisão. Entendendo o caso muito complexo, remeterá as partes ao juízo cível, consoante o § 4º do art. 120 do CPP.

18.2.12.7. Direito de terceiro de boa-fé

O art. 521 do Código Civil de 1916 (revogado e sem correspondência no Código Civil de 2002) dispunha que se a coisa apreendida foi simplesmente achada ou furtada, e quem a achou ou furtou a transferiu a terceiro de boa-fé, concede ao lesado a restituição, restando ao terceiro de boa-fé promover ação regressiva contra quem lhe vendeu. Todavia, se a coisa foi adquirida em leilão público, feira ou mercado, o dono, que pretender a restituição, é obrigado a pagar ao possuidor o valor pago na compra, nos termos do parágrafo único do citado artigo.

Há divergências jurisprudenciais e doutrinárias a respeito da significação e da amplitude da palavra *furtado*: Tornaghi a entende em sentido amplo, como *tirado*; Washington de Barros empresta-lhe sentido estrito; para Tourinho Filho, furtada é a coisa produto de furto ou roubo.

18.2.12.8. *Restituição de coisas facilmente deterioráveis*

Tratando-se de coisas facilmente deterioráveis, a restituição pode se dar tanto na polícia quanto em juízo, desde que obedeça aos requisitos legais.

Nos casos em que a questão a respeito da dúvida do direito do reclamante é complexa e o juiz demorar para decidir o incidente ou, principalmente, se ordenar que o interessado ingresse com ação própria no cível, duas soluções se entreabrem ao juiz penal:

(i) ordenará sua guarda em mãos de depositário ou do próprio terceiro que a detinha, desde que pessoa idônea;

(ii) determinará a avaliação e venda em leilão público, e o *quantum* apurado será depositado, de preferência, em agências do Banco do Brasil ou da Caixa Econômica Estadual ou Federal. Após a solução do incidente, será levantado o depósito e entregue a quem de direito.

Deve o juiz, como medida de cautela, nesta hipótese de objeto facilmente deteriorável, determinar as medidas do art. 120, § 5º, do CPP, para ressalvar direito de terceiro.

18.2.12.9. *Coisas adquiridas com os proventos do crime*

A coisa adquirida com os proventos do crime, ressalvado o direito de terceiro, será objeto de sequestro, nos termos do art. 132 do CPP; após avaliação, será levada a leilão, nos termos do art. 133 do mesmo estatuto.

Se com os proventos do crime adquirem-se coisas achadas, por força do art. 240, § 1º, *b*, do CPP, poderão elas ser apreendidas. Diga-se o mesmo se com os proventos do crime o agente venha a adquirir objetos falsificados (CPP, art. 240, § 1º, *c*).

É possível que, no texto legal, a palavra apreensão esteja se referindo também às coisas sequestráveis, porém, não obstante o interesse prático da distinção entre sequestro e apreensão, no fundo, tanto uma quanto outra implica detenção da coisa. O destino dos bens será o previsto pelo art. 122, que teve seu parágrafo único revogado pela Lei n. 13.964/2019, combinado com o art. 133 do CPP, nos seguintes termos:

"Art. 122. Sem prejuízo do disposto no art. 120, as coisas apreendidas serão alienadas nos termos do disposto no art. 133 deste Código.

Art. 133. Transitada em julgado a sentença condenatória, o juiz, de ofício ou a requerimento do interessado ou do Ministério Público, determinará a avaliação e a venda dos bens em leilão público cujo perdimento tenha sido decretado.

§ 1º Do dinheiro apurado, será recolhido aos cofres públicos o que não couber ao lesado ou a terceiro de boa-fé.

§ 2º O valor apurado, deverá ser recolhido ao Fundo Penitenciário Nacional, exceto se houver previsão diversa em lei especial".

Discutia-se se era o juiz penal ou o juiz civil quem deveria tomar essas providências.

Com o advento da Lei n. 11.435, de 28 de dezembro de 2006, a qual determinou a atual redação ao art. 143 do CPP, passando a substituir a palavra "sequestro" por "arresto", deve prevalecer o entendimento (Tourinho) no sentido de que o juiz penal é o competente para determinar a avaliação e venda dos bens apreendidos, nos termos do art. 121 do CPP, e dos bens sequestrados, nos termos do art. 132.

Mencione-se que, nos termos do art. 91, II, *b*, do CP, a perda em favor da União, ressalvando-se o direito de lesado e de terceiro de boa-fé, dos *producta sceleris* é efeito da condenação.

Ainda, o produto do leilão a ser entregue ao lesado ou terceiro de boa-fé serve apenas e tão somente para facilitar a efetivação, no juízo civil, da responsabilidade de reparação do dano. Portanto, não é propriamente um ressarcimento de dano.

Se houver sentença absolutória, arquivamento, extinção da punibilidade ou impronúncia, as soluções dependerão dos casos concretos:

(i) restituição à pessoa em poder de quem foram aquelas coisas apreendidas, aplicando-se por analogia o disposto no art. 141 do CPP;

(ii) os bens poderão ficar com a União, nos termos do art. 779 do CPP;

(iii) aplicação do disposto no art. 123 do CPP (solução mais correta para Tourinho Filho).

Nada impede que no bojo de ação civil *ex delicto* proposta pelo ofendido, representante legal ou herdeiro, seja requerida no juízo civil a apreensão das mesmas coisas, ou outras medidas precautórias, tais como arresto, sequestro, especialização em hipoteca legal etc.

18.2.12.10. Destino dos objetos apreendidos

Cuidando-se de objetos confiscáveis (aqueles cujo uso, fabrico, alienação, porte ou detenção constituam fato ilícito), não tendo havido devolução ao lesado ou ao terceiro de boa-fé, havendo sentença condenatória transitada em julgado, o juiz deverá aguardar noventa dias para eventual restituição, se for o caso. Não havendo pedido e decorrido o prazo, o juiz criminal terá três opções:

(i) Tratando-se de peça valiosa, poderá o juiz determinar sua avaliação e leilão. Mesmo em caso de objeto cuja venda é proibida, nada impede, em princípio, sua alienação, nos termos do art. 122 combinado com o art. 133 do CPP.

(ii) Se houver interesse na sua conservação, o juiz fará recolher o instrumento do crime a museu criminal, nos termos do art. 124 do CPP.

(iii) Se o instrumento do crime, confiscável, for de inexpressivo valor ou estiver com defeito, deverá o juiz, nos termos do art. 124 do CPP, determinar sua destruição.

→ **ATENÇÃO:** a Lei n. 13.964/2019, em seu art. 3º, inseriu novos artigos no Código de Processo Penal, referentes a essa matéria, nos seguintes termos:

"Art. 124-A. Na hipótese de decretação de perdimento de obras de arte ou de outros bens de relevante valor cultural ou artístico, se o crime não tiver vítima determinada, poderá haver destinação dos bens a museus públicos;

Art. 133-A. O juiz poderá autorizar, constatado o interesse público, a utilização de bem sequestrado, apreendido ou sujeito a qualquer medida assecuratória pelos órgãos de segurança pública previstos no art. 144 da Constituição Federal, do sistema prisional, do sistema socioeducativo, da Força Nacional de Segurança Pública e do Instituto Geral de Perícia, para o desempenho de suas atividades.

§ 1º O órgão de segurança pública participante das ações de investigação ou repressão da infração penal que ensejou a constrição do bem terá prioridade na sua utilização.

§ 2º Fora das hipóteses anteriores, demonstrado o interesse público, o juiz poderá autorizar o uso do bem pelos demais órgãos públicos.

§ 3º Se o bem a que se refere o *caput* deste artigo for veículo, embarcação ou aeronave, o juiz ordenará à autoridade de trânsito ou ao órgão de registro e controle a expedição de certificado provisório de registro e licenciamento em favor do órgão público beneficiário, o qual estará isento do pagamento de multas, encargos e tributos anteriores à disponibilização do bem para a sua utilização, que deverão ser cobrados de seu responsável.

§ 4º Transitada em julgado a sentença penal condenatória com a decretação de perdimento dos bens, ressalvado o direito do lesado ou terceiro de boa-fé, o juiz poderá determinar a transferência definitiva da propriedade ao órgão público beneficiário ao qual foi custodiado o bem".

Tratando-se de coisa adquirida diretamente com a prática criminosa:

(i) Poderá haver restituição, obedecidas as regras dos arts. 118 a 120 do CPP.

(ii) Se não houver pedido de restituição, advindo sentença absolutória, arquivamento ou extinção da punibilidade, observar-se-á o disposto no art. 123 do CPP.

(iii) Sendo condenatória, a regra aplicável é aquela prevista no art. 122 e seu parágrafo do CPP.

(iv) Sendo o objeto de valor inexpressivo, nada obsta que se aplique, por analogia, a regra do art. 124 do CPP.

Em caso de bens que não se incluem no rol do art. 91 do Código Penal:

(i) Caso não interessem mais ao processo, devolve-se a quem de direito.

(ii) Se após 90 dias do trânsito em julgado da decisão final ninguém os reclamar, aplicar-se-á a regra do art. 123 do CPP, depositando-se o saldo em favor do juízo de ausentes.

(iii) Se pertencerem ao réu, ser-lhe-ão devolvidos. Se, entretanto, o réu desaparecer, nada obsta que se aplique a regra do art. 123 do CPP.

Para preservar o valor dos bens durante o tempo de duração da ação penal, o recente art. 144-A, do Código de Processo Penal, incluído pela Lei n. 12.694/2012, traz previsão expressa da denominada *alienação antecipada*.

O novo dispositivo legal apresenta as hipóteses em que o magistrado competente para a ação penal poderá determinar a alienação antecipada de bens apreendidos pelo Estado:

(i) para preservar o valor do bem sujeito a qualquer grau de deterioração;

(ii) quando for difícil a sua manutenção pelo Estado.

Nessas hipóteses, mostra-se estrategicamente mais razoável vender o bem de forma antecipada, antes mesmo de formado o juízo da culpa, e resguardar o valor da alienação em conta judicial sujeita à correção monetária oficial.

Seguindo a moderna tendência do processo eletrônico, o § 1º do art. 144-A reza que o leilão para a alienação antecipada do bem será feito preferencialmente por meio eletrônico.

O procedimento da alienação antecipada também veio expresso na novidade legislativa do art. 144-A.

Os bens serão vendidos pelo valor fixado na avaliação judicial ou por valor maior. Não alcançado o valor estipulado, será realizado novo leilão, em até 10 dias contados da realização do primeiro, podendo os bens ser alienados por valor não inferior a 80% do estipulado na avaliação judicial. Trata-se de limite mínimo legal para o valor dos lances ofertados. Valores oferecidos abaixo desse limite percentual não serão aceitos e, consequentemente, a alienação antecipada não será concretizada.

Há regras especiais para a alienação antecipada de títulos e de veículos, embarcações ou aeronaves:

(i) Quando a indisponibilidade recair sobre dinheiro, inclusive moeda estrangeira, títulos, valores mobiliários ou cheques emitidos como ordem de pagamento, o juízo determinará a conversão do numerário apreendido em moeda nacional corrente e o depósito das correspondentes quantias em conta judicial.

(ii) No caso da alienação de veículos, embarcações ou aeronaves, o juiz ordenará à autoridade de trânsito ou ao equivalente órgão de registro e controle a expedição de certificado de registro e licenciamento em favor do arrematante, ficando este livre do pagamento de multas, encargos e tributos anteriores, sem prejuízo de execução fiscal em relação ao antigo proprietário.

Após a alienação, como já explicado, o valor obtido ficará depositado em conta judicial, até o trânsito em julgado da decisão final. A depender da solução do litígio criminal, o valor depositado judicialmente poderá ter as seguintes destinações: (i) em caso de condenação, converter-se-á o valor em renda para a União, o Estado ou o Distrito Federal; (ii) em caso de absolvição, a quantia será devolvida ao acusado.

18.2.12.11. *Coisas apreendidas em face de descaminho ou contrabando*

Até o advento da Constituição Federal de 1988, as normas aplicáveis às coisas apreendidas em face de contrabando ou descaminho eram as previstas no Decreto-Lei n. 37/66, com as alterações do Decreto-Lei n. 1.455/76.

Esses diplomas referem-se não só às mercadorias, mas também aos veículos utilizados no respectivo transporte.

O responsável pelo contrabando ou descaminho, se proprietário do veículo utilizado para a introdução de mercadoria proibida ou sujeita a pagamento de impostos, no território nacional, ou para saída do nosso território para o exterior, deve perdê-lo. Trata-se de efeito secundário da natureza penal de uma sentença condenatória.

O art. 5º, XLV e XLVI, da Constituição Federal de 1988 deixa entrever que o perdimento de bens é ato exclusivo do Poder Judiciário.

18.2.12.12. E quando o instrumento do crime for arma de fogo?

A Lei n. 10.826/2003, em seu art. 25, passou a determinar: "Armas de fogo, acessórios ou munições apreendidas serão, após a elaboração do laudo pericial e sua juntada aos autos, encaminhados pelo juiz competente, quando não mais interessarem à persecução penal, ao Comando do Exército, para destruição, no prazo máximo de 48 (quarenta e oito) horas".

Nesse contexto, vale a leitura do Decreto n. 9.847, de 25 de junho, de 2019, que dispõe sobre o regulamento do Sistema Nacional de Armas e o Sistema de Gerenciamento Militar de Armas.

Cumpre notar as seguintes distinções:

(i) A lei em nenhum momento emprega a expressão *"instrumento do crime"*, ao contrário do art. 91, II, *a*, do CP, dando a entender que a apreensão abrange tanto o objeto material como o instrumento do crime. Com a atual redação, o art. 25 do Estatuto do Desarmamento trata a questão de modo distinto do CP, pois não fala em perda de instrumento do crime, mas das armas de fogo, deixando bem clara a sua incidência para essa hipótese. Convém ressalvar que o art. 25 não tem a sua abrangência restrita aos crimes previstos na Lei n. 10.826/2003, devendo incidir sobre qualquer delito que venha a ser praticado mediante o emprego de arma de fogo. Assim, no delito de homicídio ou roubo praticados mediante o emprego desse artefato, o mesmo deverá ser apreendido e destruído. Deve-se rechaçar o argumento no sentido de que o art. 91, II, *a*, do CP continua a disciplinar as situações em que a arma de fogo constitua instrumento material do crime, como no exemplo do homicídio, e que o art. 25 deva se restringir aos crimes previstos na Lei n. 10.826/2003, em que a arma de fogo é, em regra, objeto material do delito, como no porte ilegal. É que tal interpretação feriria a real finalidade da lei, qual seja, a de diminuir o número de armamentos. Com efeito, se o legislador quis o menos: a apreensão e destruição de armas objeto de posse, porte ou comércio ilegal etc., obviamente quis o mais: a apreensão e destruição de armas que sejam efetivamente utilizadas para a prática de crimes (roubo, homicídio, estupro etc.). Deve-se ressaltar que a Lei n. 10.826/2003 é posterior e especial em relação ao CP.

(ii) A lei também não exige qualquer condição, ao contrário do art. 91, II, *a*, do CP, ao determinar que o artefato consista em coisa cujo fabrico, alienação, uso, porte ou detenção constitua fato ilícito. Assim, poderá ser apreendida e destruída arma de fogo cujo porte seja lícito. É o caso, por exemplo, do crime de homicídio perpetrado mediante o emprego de arma de fogo cujo porte seja legal. A arma, na hipótese, poderá ser apreendida e destruída.

(iii) O juiz tem o prazo de 48 horas, após a elaboração do laudo pericial e sua juntada aos autos, para encaminhar o artefato ao Comando do Exército para destruição ou doação aos órgãos de segurança pública ou às Forças Armadas, na forma do regulamento da Lei, desde que a sua manutenção não mais interesse à persecução penal. Assim, a perda da arma de fogo não ocorre mais como efeito da condenação criminal definitiva, podendo ser feita a destruição da arma de fogo em momento bem anterior, desde que já tenha sido juntado o laudo pericial aos autos.

(iv) As armas de fogo, ao contrário do que determina o art. 91, II, *a*, do CP, não são mais perdidas em favor da União, mas destruídas pelo Exército. A Lei n. 11.706/2008, no entanto, passou a autorizar que o artefato também possa ser doado aos órgãos de segurança pública ou às Forças Armadas, na forma do regulamento da Lei. De acordo com o novo § 1º acrescentado ao art. 25, "As armas de fogo encaminhadas ao Comando do Exército que receberem parecer favorável à doação, obedecidos o padrão e a dotação de cada Força Armada ou órgão de segurança pública, atendidos os critérios de prioridade estabelecidos pelo Ministério da Justiça e ouvido o Comando do Exército, serão arroladas em relatório reservado trimestral a ser encaminhado àquelas instituições, abrindo-se-lhes prazo para manifestação de interesse". E, consoante o novo § 2º: "O Comando do Exército encaminhará a relação das armas a serem doadas ao juiz competente, que determinará seu perdimento em favor da instituição beneficiada". Conforme, ainda, o § 3º, "O transporte das armas de fogo doadas será de responsabilidade da instituição beneficiada, que procederá ao seu cadastramento no Sinarm ou no Sigma". Finalmente, reza o § 5º que "O Poder Judiciário instituirá instrumentos para o encaminhamento ao Sinarm ou ao Sigma, conforme se trate de arma de uso permitido ou de uso restrito, semestralmente, da relação de armas acauteladas em juízo, mencionando suas características e o local onde se encontram".

Nesse contexto, vale a mesma observação feita no item 18.2.12.12 quanto ao decreto assinado pelo Presidente Michel Temer em 9 de maio de 2017 referente ao porte de arma.

(v) O art. 91, II, *a*, do CP ressalva o direito do lesado ou terceiro de boa-fé, o que também é feito pelo regulamento, ao dispor que as armas apreendidas deverão ser restituídas aos seus legítimos proprietários, desde que preenchidos os requisitos do art. 4º da Lei do Desarmamento (cf. Regulamento, art. 65, § 3º).

O parágrafo único do referido art. 25 dispunha que "as armas de fogo apreendidas ou encontradas e que não constituam prova em inquérito policial ou criminal deverão ser encaminhadas, no mesmo prazo, sob pena de responsabilidade, pela autoridade competente para destruição, vedada a cessão para qualquer pessoa ou instituição". Não interessando mais ao inquérito policial, extrapolicial ou procedimento investigatório do Ministério Público, a autoridade competente deveria encaminhá-lo no prazo de 48 horas ao comando do exército, para destruição, sob pena de responsabilidade pela omissão. Tal disposição legal restou revogada pela Lei n. 11.706/2008.

18.2.12.13. *Lei de Drogas (Lei n. 11.343/2006)*

A disciplina da apreensão, arrecadação e destinação dos bens do acusado, no caso de crimes de tóxicos, encontra-se, atualmente, prevista nos arts. 60 a 64 da Lei n. 11.343/2006, com a atual redação dada pela Lei 13.840, de 2019.

Três são os tipos de bens que podem ser apreendidos: (i) produtos do crime: é a vantagem direta obtida com a prática criminosa. Por exemplo: o dinheiro recebido com a venda da droga; (ii) proveito auferido: é a vantagem indireta, conseguida a partir do produto, por exemplo, um carro comprado com a venda da droga; (iii) veículos, embarcações, aeronaves, os maquinários, instrumentos e objetos de qualquer natureza, utilizados para a prática de crimes previstos na lei.

O art. 60 da lei autoriza, desde que haja indícios suficientes da origem ilícita do bem, a apreensão cautelar ou outras medidas assecuratórias relacionadas a bens móveis e imóveis ou valores consistentes em produtos dos crimes previstos na lei ou que constituam proveito auferido com a sua prática. A apreensão será determinada pelo juiz: (i) a requerimento do Ministério Público; ou (ii) mediante representação.

Hoje vigora o art. 131, I, do CPP para regulamentar a questão. Assim, se as medidas forem decretadas no curso do inquérito policial, exige o dispositivo que a ação penal seja proposta no prazo de sessenta dias, contados da data em que ficar concluída a diligência, sob pena de se operar o levantamento das mesmas.

Na hipótese de suspensão do processo nos termos do art. 366 do CPP, o juiz poderá determinar a prática de atos necessários à conservação dos bens, direitos ou valores.

Ademais, a ordem de apreensão ou sequestro de bens, direitos ou valores poderá ser suspensa pelo juiz, ouvido o Ministério Público, quando a sua execução imediata puder comprometer as investigações.

Se as medidas assecuratórias supramencionadas recaírem sobre moeda estrangeira, títulos, valores mobiliários ou cheques emitidos como ordem de pagamento, será determinada, imediatamente, a sua conversão em moeda nacional, devendo a moeda estrangeira apreendida em espécie ser encaminhada a instituição financeira, ou equiparada, para alienação na forma prevista pelo Conselho Monetário Nacional.

Na hipótese de impossibilidade da alienação, a moeda estrangeira será custodiada pela instituição financeira até decisão sobre o seu destino.

Após a decisão sobre o destino da moeda estrangeira, caso seja verificada a inexistência de valor de mercado, seus espécimes poderão ser destruídos ou doados à representação diplomática do país de origem.

No caso de veículos, embarcações, aeronaves e quaisquer outros meios de transporte, os maquinários, utensílios, instrumentos e objetos de qualquer natureza, utilizados para a prática dos crimes definidos na Lei de Drogas, após a sua regular apreensão, ficarão sob custódia da autoridade de polícia judiciária, excetuadas as armas, que serão recolhidas na forma da legislação específica. Tal como na revogada Lei n. 10.409/2002, o legislador imprimiu maior rigor do que o previsto no art. 92, II, *a*, do CP. Com efeito, a regra geral do CP condiciona o confisco, no sentido de que ele somente ocorrerá quando o seu fabrico, alienação, uso e porte ou detenção constituírem fato ilícito. No caso da Lei de Drogas, ao contrário, todos os veículos, maquinismos e instrumentos em geral, empregados na prática de tráfico ilícito de drogas, no caso de condenação do agente, serão sempre confiscados pela União, ainda que seu porte não constitua fato ilícito. Note-se que o legislador não impôs nenhuma condição para a perda, contrariamente à regra geral do Código Penal. A interpretação do dispositivo, porém, merece cuidados, de modo que a utilização casual ou episódica não pode autorizar o decreto de perda. "A excessiva amplitude do texto legal exige uma interpretação restritiva, sob pena de chegarmos ao absurdo de, por exemplo, vermos a perda de um automóvel só porque nele foram encontrados 'pacaus' de maconha"[148].

---

148. Vicente Greco Filho, *Tóxicos*, 11. ed., São Paulo, Saraiva, 1996, p. 163.

O art. 62 prevê que, comprovado o interesse público na utilização de quaisquer dos bens anteriormente descritos, os órgãos de polícia judiciária, militar e rodoviária poderão deles fazer uso, sob sua responsabilidade e com o objetivo de sua conservação, mediante autorização judicial, ouvido o Ministério Público e garantida a prévia avaliação dos respectivos bens.

Ao proferir a sentença, o juiz decidirá sobre o perdimento do produto, bem, direito ou valor apreendido ou objeto de medidas assecuratórias; e o levantamento dos valores depositados em conta remunerada e a liberação dos bens utilizados. O efeito automático de perdimento de bens somente ocorre em relação àqueles cujo fabrico, alienação, porte ou detenção constituam fato ilícito.

Os valores apreendidos em decorrência dos crimes tipificados nessa lei e que não forem objeto de tutela cautelar, após decretado o seu perdimento em favor da União, serão revertidos diretamente ao Funad (art. 63, § 1º). Compete à Senad a alienação dos bens apreendidos e não leiloados em caráter cautelar, cujo perdimento já tenha sido decretado em favor da União (§ 3º).

Convém, finalmente, mencionar que um dos fundamentos para a perda de bens na Lei de Drogas encontra-se na Constituição Federal, em seu art. 243, parágrafo único, onde há previsão expressa do confisco de bens de valor econômico apreendido em decorrência do narcotráfico. O *caput* desse artigo, por sua vez, prevê a expropriação, sem indenização (confisco), de glebas onde forem localizadas culturas ilegais de plantas psicotrópicas. Ambos devem respeitar a regra do devido processo legal (art. 5º, LIV).

18.2.13. Medidas assecuratórias

18.2.13.1. *Considerações iniciais*

18.2.13.1.1. O papel da vítima

No processo penal, podem ser detectadas três fases bem distintas quanto ao papel desempenhado pela vítima. A primeira, chamada de fase do protagonismo, tinha a vítima como detentora de plenos poderes sobre o autor do fato, podendo sobre ele exercer livremente a sua vindita, estendendo-a, inclusive, contra os familiares (tribo) do agressor. Era o tempo da vingança privada. A segunda, denominada fase da neutralização, surgiu a partir do fortalecimento dos Estados e consistia em deslocar todo e qualquer poder punitivo para o organismo estatal, como forma de afirmar seu domínio sobre a coletividade. Teve seu esplendor durante a Idade Média e a fase de absolutismo monárquico da Europa continental, passando o Estado à condição de titular exclusivo do *jus puniendi*. De principal protagonista, a vítima passou a ocupar a insignificante posição de mera colaboradora da justiça, relegada a um desprezo quase total. Sobreveio, então, a derradeira etapa, apelidada de redescobrimento, tendo como seu ponto mais alto a Declaração dos Direitos Fundamentais da Vítima, na Assembleia Geral da ONU, em 29 de novembro de 1985. O Estado volta novamente as suas atenções para o ofendido, vendo em sua figura alguém estigmatizado pelo trauma decorrente do crime. O processo penal começa a deixar de ser um simples meio para o Poder Público satisfazer sua pretensão punitiva e passa a ser visto também como um mecanismo reparatório do dano *ex delicto* da vítima (titular do bem jurídico violado) e demais prejudicados (terceiros que suportam os efeitos maléficos do crime, tais como familiares, herdeiros etc.).

18.2.13.1.2. O processo reparatório

Uma das principais funções do processo penal é a de assegurar uma proteção a todos os direitos da vítima, dentre os quais o de ver realizada a justiça penal e o de ter reparados todos os seus prejuízos decorrentes da infração penal. Há determinados crimes de escassa lesividade (lesão leve e lesão culposa de ínfima gravidade) em que o interesse na recomposição patrimonial do dano é muito maior do que o da efetividade da aplicação da lei penal. Com efeito, em um acidente de carro com lesões leves, o sujeito passivo está muito mais preocupado em receber a reparação do dano patrimonial sofrido do que em ver o agente condenado criminalmente. À vista disso, marcando o início da fase de redescobrimento, nosso ordenamento jurídico recebeu, em boa hora, a Lei n. 9.099/95, possibilitando, em infrações consideradas de menor potencial ofensivo (contravenções penais e crimes com pena máxima de dois anos, cf. art. 2º, parágrafo único, da Lei n. 10.259, de 12-6-2001, art. 61 da Lei n. 9.099/95), a extinção da punibilidade mediante a composição civil entre lesado e autor do fato, objetivando a total reparação dos prejuízos suportados pelo primeiro (Lei n. 9.099/95, art. 74, parágrafo único). Nos crimes de trânsito, mais especificamente no homicídio culposo e na lesão culposa praticados na direção de automóvel, pode ser imposta multa reparatória na sentença condenatória, nos termos do art. 297 do Código de Trânsito Brasileiro, consistente na prefixação de um valor líquido e certo, que funciona como antecipação de parte da indenização *ex delicto*. A Lei n. 9.714/98, ao ampliar as penas alternativas para crimes punidos com até quatro anos de pena privativa de liberdade (desde que cometidos sem violência ou grave ameaça, além do preenchimento de certos requisitos subjetivos), criou novas modalidades de penas com finalidade reparatória, tais como a prestação pecuniária (1 a 360 salários mínimos, como prefixação de perdas e danos) e perda de bens e valores (ações, títulos ao portador etc.) em favor do Fundo Penitenciário Nacional – FUNPEN. A Lei n. 9.605/98, dos crimes ambientais, em seu art. 20, possibilitou ao juiz, na sentença condenatória, fixar um valor mínimo para reparação dos danos causados ao meio ambiente ou ao lesado, como prefixação de perdas e danos, com possibilidade de postular-se mais em ação cível própria. Finalmente, de acordo com o art. 387, IV, do CPP, o juiz, na sentença condenatória, fixará um valor mínimo para a reparação dos danos causados pela infração, considerando os prejuízos sofridos pelo ofendido; e, de acordo com o novo parágrafo único do art. 63 do CPP, transitada em julgado a sentença condenatória, a execução poderá ser efetuada pelo valor fixado nos termos do inciso IV do *caput* do art. 387 do Código, sem prejuízo da liquidação para a apuração do dano efetivamente sofrido. À vista disso, cresce muito em importância o estudo das chamadas medidas assecuratórias.

18.2.13.2. Medidas assecuratórias

São providências cautelares de natureza processual, urgentes e provisórias, determinadas com o fim de assegurar a eficácia de uma futura decisão judicial, seja quanto à reparação do dano decorrente do crime, seja para a efetiva execução da pena a ser imposta. Ex.: hipoteca legal, sequestro, arresto, fiança, busca e apreensão e, relativamente às pessoas, prisão provisória. No caso de sentença absolutória ou declaratória da extinção da punibilidade, as medidas assecuratórias se desfazem, de acordo com o disposto no art. 141 do CPP, restando ao prejudicado, dependendo do fundamento da absolvição, ingressar com ação civil indenizatória, nos termos do art. 64 do CPP. Há tratamento normativo dado aos crimes de tráfico de pessoas (art. 149-A do CP) em relação às medidas assecuratórias. O art. 8º da Lei n. 13.344/2016 (Lei do Tráfico de Pessoas) dispõe que o juiz, de ofício, a requerimento do Ministério Público ou mediante representação do delegado de polícia, ouvido o Ministério Público, havendo indícios suficientes de infração penal, poderá decretar medidas assecuratórias relacionadas a bens, direitos ou valores pertencentes ao investigado ou acusado, ou existentes em nome de interpostas pessoas, que sejam instrumento, produto ou proveito do crime de tráfico de pessoas, procedendo-se na forma dos arts. 125 a 144-A do Código de Processo Penal. A lei permite ao juiz a alienação antecipada para preservação do valor dos bens sempre que estiverem sujeitos a qualquer grau de deterioração ou depreciação, ou quando houver dificuldade para a manutenção dos bens apreendidos. Assim como nas demais situações, o juiz determinará a liberação total ou parcial dos bens, direitos e valores quando comprovada a licitude de sua origem, mantendo-se a constrição dos bens, direitos e valores necessários e suficientes à reparação dos danos e ao pagamento de prestações pecuniárias, multas e custas decorrentes da infração penal. Houve, ainda, a preocupação com o comparecimento pessoal do acusado ou investigado, ou de interposta pessoa, para que os bens sejam liberados, mesmo comprovada a sua origem lícita. Cabe ao magistrado ao proferir a sentença de mérito, decidir sobre o perdimento do produto, bem ou valor apreendido, sequestrado ou declarado indisponível.

Importante mencionar brevemente a criação, pela Lei n. 13.964/2019, do instituto do confisco alargado.

Nos termos do art. 91-A do Código Penal, na hipótese de condenação por infrações às quais a lei comine pena máxima superior a 6 (seis) anos de reclusão, poderá ser decretada a perda, como produto ou proveito do crime, dos bens correspondentes à diferença entre o valor do patrimônio do condenado e aquele que seja compatível com o seu rendimento lícito, sendo considerado como patrimônio todos os bens de sua titularidade, ou em relação aos quais ele tenha o domínio e o benefício direto ou indireto, na data da infração penal ou recebidos posteriormente; e transferidos a terceiros a título gratuito ou mediante contraprestação irrisória, a partir do início da atividade criminal. (Incluído pela Lei n. 13.964, de 2019)

Importante destacar que o condenado poderá demonstrar a inexistência da incompatibilidade ou a procedência lícita do patrimônio.

Nos termos do § 3º, o confisco alargado deverá ser requerido expressamente pelo Ministério Público, por ocasião do oferecimento da denúncia, com indicação da diferença apurada, devendo o julgado, na sentença condenatória, declarar o valor da diferença apurada e especificar os bens cuja perda for decretada.

18.2.13.2.1. O sequestro previsto nos arts. 125 e 132 do CPP

Trata-se de medida destinada a efetuar a constrição dos bens imóveis (CPP, art. 125) ou móveis (CPP, art. 132) adquiridos com os proventos da infração penal, ou seja, o proveito do crime. O Código Penal prevê, em seu art. 91, II, *b*, como efeito de toda e qualquer condenação criminal, independentemente de menção expressa na sentença, a perda do produto (vantagem diretamente obtida) ou proveito (bens adquiridos indiretamente com o produto) da infração penal. O art. 243, parágrafo único, da Constituição Federal dispõe sobre o confisco de todo e qualquer bem de valor econômico obtido em decorrência do tráfico ilícito de entorpecentes. O sequestro cautelar destina-se a evitar que o acusado, aproveitando-se da natural demora na prestação jurisdicional, dissipe esses bens durante o processo criminal, tornando impossível o futuro confisco. Tecnicamente, sequestro é a retenção de um objeto específico, cuja propriedade se discute, recaindo sobre bem determinado. O arresto, ao contrário, é medida acautelatório-constritiva que incide sobre a generalidade do patrimônio do indiciado ou réu, com o fim de assegurar uma futura indenização pelo dano *ex delicto*. Quem sequestra pesca com uma vara; quem arresta joga a tarrafa. Ao que parece, os arts. 125 e 132 referem-se a "sequestro" de maneira não totalmente apropriada. É que, se por um lado a medida recai sobre bens específicos, quais sejam, os que integram o proveito do crime, por outro não deixa de ter certa generalidade, já que esses bens não são predeterminados (não é possível saber de antemão quais são especificamente os bens adquiridos com os proventos da infração). Por essa razão, parece-nos tratar-se aqui de um misto de sequestro e arresto.

→ **ATENÇÃO:** a lei não prevê o sequestro do produto do crime (vantagem direta, como por exemplo o próprio dinheiro ou relógio roubado), uma vez que para esse fim já prevê a busca e apreensão (CPP, art. 240, § 1º, *b*). Não pode ser sequestrado o bem em poder do terceiro de boa-fé.

18.2.13.2.2. Requisitos para o sequestro

Não se exige prova plena, sendo suficiente a demonstração de indícios veementes da proveniência ilícita dos bens. A expressão "indícios veementes" significa mais do que meros indícios, mas menos do que prova plena, já que nessa fase vigora o princípio do *in dubio pro societate*. Podemos entender como tal a probabilidade séria de que o bem tenha proveniência ilícita.

18.2.13.2.3. Competência

Somente o juiz é quem pode decretar o sequestro.

Podem *requerer* o sequestro:

(i) o Ministério Público, mesmo em fase de inquérito, obedecidas as regras de competência;

(ii) a vítima do crime; se for incapaz, seus representantes legais; se estiver morta, seus herdeiros;

(iii) a autoridade policial, mediante representação ao juiz;

(iv) o juiz pode também determinar de ofício, independentemente de provocação.

18.2.13.2.4. Recurso

De tal decisão cabe recurso de apelação.

18.2.13.2.5. Procedimento

Sendo processo incidente, o pedido de sequestro é autuado em apartado (CPP, art. 129). Decretado o sequestro, determina o juiz seja expedido o referido mandado. O sequestro do imóvel deve ser inscrito no registro de imóveis.

18.2.13.2.6. Embargos ao sequestro

Trata-se, tecnicamente, de contestação, pois, sendo em relação à medida cautelar, não há que se falar em embargo. Será somente embargo quando o sequestro se der sobre bens de terceiro absolutamente estranho ao delito (embargos de terceiro).

Podem *opor* embargos ao sequestro:

(i) indiciado ou réu;

(ii) terceiro de boa-fé;

(iii) terceiro senhor e possuidor.

18.2.13.2.7. Competência para julgar os embargos

É o juiz penal o competente para o julgamento dos embargos, pois o art. 133 do CPP diz que o juiz penal deverá proceder à avaliação e venda dos bens em leilão público, cujo perdimento tenha sido decretado. O julgamento dos embargos só se dará após o trânsito em julgado da sentença condenatória, a fim de evitar as decisões contraditórias (do processo incidente e processo principal).

Como não há efeito suspensivo nos embargos, tem-se admitido o cabimento de mandado de segurança, quando o impetrante traz a prova da origem dos bens sequestrados, de maneira a justificar a pretensão de transferência para o juízo cível; sem essa prova, o direito líquido e certo não resulta demonstrado. Concedido ou não o sequestro, cabe da decisão o recurso de apelação. Desta forma, tendo em vista a hipótese do art. 122 do CPP, não há razão que justifique o deslocamento de competência para o civil.

18.2.13.2.8. Levantamento do sequestro

É a perda da eficácia do sequestro quando ocorre a incidência de uma das seguintes hipóteses:

(i) Se a ação penal não for intentada no prazo de sessenta dias a contar da efetivação da medida. Superado esse prazo, o sequestro será tornado ineficaz, com a liberação dos bens indisponíveis. Mencione-se que o art. 131, I, do CPP passou a incidir sobre os crimes previstos na Lei de Drogas.

(ii) Se o terceiro, a quem tiverem sido transferidos os bens, prestar caução que assegure a aplicação do disposto no art. 91, II, *b*, segunda parte, do CP; trata-se, nesta hipótese, do terceiro de boa-fé.

(iii) Se for julgada extinta a punibilidade ou absolvido o réu por sentença transitada em julgado. Por ser uma decisão definitiva, a decisão que autoriza o levantamento está sujeita à apelação.

→ **ATENÇÃO:** o sequestro, por ser uma medida cautelar, pode ser revogado ou substituído a qualquer tempo.

18.2.13.2.9. Leilão e depósito

Tendo havido sequestro de bens imóveis ou móveis e transitado em julgado a sentença condenatória sem que tenham sido levantados, o juiz, de ofício ou a requerimento do interessado, ainda que estranho à ação penal, determinará a avaliação e a venda dos bens em leilão público. Descontadas as despesas, será o produto que couber ao lesado ou a terceiro de boa-fé a ele entregue, recolhido o saldo, se houver, ao Tesouro Nacional. A competência para tais diligências é do juízo criminal. Não havendo licitante, o bem pode ser adjudicado à vítima. O dispositivo do art. 133, por analogia, aplica-se aos bens apreendidos (CPP, art. 133).

18.2.13.3. *Hipoteca legal*

Hipoteca legal é o direito real de garantia em virtude do qual um bem imóvel, que continua em poder do devedor, assegura ao credor, precipuamente, o pagamento da dívida[149]. Essa medida assecuratória tem finalidade diversa do sequestro anteriormente estudado. Aqui não se busca a constrição cautelar de bens de origem ilícita; ao contrário, a medida recai sobre o patrimônio lícito do réu ou indiciado, visando à futura reparação do dano *ex delicto*. Conforme preceitua o Código Penal, em seu art. 91, I, é efeito automático e genérico de toda e qualquer condenação criminal tornar certa a obrigação de reparar o dano cível resultante da infração penal. Do mesmo modo, a perda de bens e valores prevista na Lei n. 9.714/98 também diz respeito a bens de origem lícita do condenado, de maneira que a hipoteca legal tem por objeto imóveis que possam garantir uma futura execução civil de cunho indenizatório. A hipoteca legal é prevista também no Código Civil brasileiro em favor do ofendido ou seus herdeiros sobre os imóveis do delinquente necessários para garantir a satisfação do dano causado pelo delito e o pagamento de custas (CC, art. 1.489, III). Para efetivá-la, a parte fará um requerimento especificando qual a estimativa do valor da responsabilidade civil e os imóveis que deseja ver registrados no Cartório de Registro de Imóveis com esse ônus real. Tal requerimento é chamado de “especialização da hipoteca legal” e está previsto no art. 135 e parágrafos do Código de Processo Penal. Deve ser autuado em apartado para não tumultuar o processo, já que o juiz deverá determinar a avaliação dos imóveis que se quer especificar e o valor provável da futura indenização. Como medida preparatória da especialização da hipoteca legal, o CPP prevê ainda um arresto prévio cautelar, diante da possibilidade de haver demora na especificação dos imóveis e respectiva inscrição no Cartório de Registro de Imóveis (CPP, art. 136). Trata-se, aqui, de típico arresto, pois visa à generalidade dos bens pertencentes ao patrimônio do acusado. Essa medida cautelar será revogada se, em quinze dias, não for promovida a especialização da hipoteca.

18.2.13.3.1. Classificação

Legal, convencional e judicial.

A hipoteca tratada no Código de Processo Penal é obviamente a hipoteca legal, ou seja, aquela que é instituída por lei, como medida cautelar, para reparação do dano causado pelo crime, em favor de certas pessoas.

---

149. Orlando Gomes, *Direitos reais*, Forense, p. 493, n. 298.

18.2.13.3.2. Oportunidade

A hipoteca pode ser requerida em qualquer fase do processo.

O requerimento de inscrição da hipoteca, em que a parte deve mencionar o valor da responsabilidade civil e designar e estimar o imóvel ou imóveis que terão de ficar hipotecados, deve ser instruído com as provas ou indicações de provas em que se funda o pedido, com a relação dos imóveis que o responsável possuir, além dos que tenham sido indicados para a inscrição, com os documentos comprobatórios do domínio. A avaliação do imóvel ou imóveis deve ser feita pelo avaliador judicial ou, na falta deste, pelos peritos nomeados pelo juiz. Após este procedimento, o juiz concede às partes o prazo, que corre em Cartório, de dois dias para se manifestarem. O requerente, o réu e o Ministério Público devem ser ouvidos, pois a medida cautelar se destina a garantir o pagamento das sanções penais pecuniárias e das despesas processuais. Não se determinará a inscrição se o réu oferecer caução na forma descrita pelo art. 135 do Código de Processo Penal.

Da decisão que manda inscrever, ou não, a hipoteca legal cabe recurso de apelação.

18.2.13.3.3. Pressupostos

É necessária, para o requerimento da hipoteca, a coexistência de dois pressupostos:

(i) prova inequívoca da materialidade do crime (fato delituoso);

(ii) indícios suficientes de autoria.

A especialização da hipoteca legal pode ser requerida pelo ofendido, pelo seu representante legal ou pelos seus herdeiros. O Ministério Público também pode requerer, desde que:

(i) o ofendido seja pobre e a requeira;

(ii) se houver interesse da Fazenda Pública (CPP, art. 142).

18.2.13.3.4. Finalidades

(i) Satisfação do dano *ex delicto*;

(ii) Pagamento de eventuais penas pecuniárias e despesas processuais.

Pode o réu prestar caução equivalente à responsabilidade civil, despesas processuais e eventuais penas pecuniárias, em dinheiro ou títulos da dívida pública, federal ou estadual (art. 135, § 6º, do CPP).

O juiz pode ou não aceitar a caução.

18.2.13.3.5. Liquidação

Havendo sentença condenatória transitada em julgado, os autos serão encaminhados ao juízo civil.

Se houver sentença absolutória transitada em julgado, proceder-se-á, de acordo com o art. 141 do CPP, ao cancelamento da hipoteca.

18.2.13.4. O arresto previsto no art. 137 do CPP

Trata-se de medida semelhante à hipoteca legal, com as mesmas características e finalidades, apenas com uma diferença: recai sobre bens móveis. Não se confunde com o sequestro previsto nos arts. 125 e 132 porque nestes a medida constritiva recai sobre bens de origem ilícita, os quais serão, ao final, perdidos em favor da União, nos termos do art. 91, II, *b*, do Código Penal. A medida contemplada no art. 137 do Código de Processo Penal tem por objeto bens móveis de origem lícita, para futura reparação do dano, de acordo com o art. 91, I, do Código Penal ou demais dispositivos que prefixam o valor das perdas e danos (ex.: CTB, art. 297). Diferencia-se do arresto previsto no art. 136 do Código de Processo Penal, uma vez que, embora este último também vise a garantir a futura indenização pelo dano *ex delicto*, seu objeto são bens imóveis, a serem, dentro do prazo subsequente de quinze dias, inscritos em hipoteca legal.

As coisas arrestadas saem do poder do proprietário e são entregues a terceiro estranho à demanda, a quem cabem, consequentemente, o depósito e a administração. Determina-se, porém, que das rendas dos bens móveis deverão ser fornecidos recursos arbitrados pelo juiz para manutenção do indiciado ou réu e de sua família.

18.2.13.4.1. Oportunidade

Durante a ação penal, nos termos em que é facultada a hipoteca legal.

18.2.13.4.2. Pressupostos

São pressupostos do arresto:

(i) prova da materialidade do crime;

(ii) indícios suficientes de autoria.

Caso os bens arrestados sejam fungíveis e facilmente deterioráveis, manda o art. 137, § 1º, que sejam eles levados a leilão público, depositando-se o *quantum* apurado.

Os pedidos de inscrição de hipoteca legal e de arresto não suspendem o andamento de processo, devendo ser autuados e processados em separado dos autos da ação penal, ficando em apenso a estes (CPP, art. 138).

Havendo sentença condenatória transitada em julgado, remetem-se os autos ao juízo civil; se, por sentença irrecorrível, o réu for absolvido ou julgada extinta a punibilidade, levanta-se o arresto, e os objetos são devolvidos ao acusado (CPP, art. 141).

18.2.13.5. *Relação das medidas confiscatórias no processo penal e dispositivos correlatos do direito penal*

(i) **CPP, art. 240, § 1º, *b*:** medida cautelar de busca e apreensão domiciliar do produto do crime, determinada no inquérito policial ou no processo penal pelo juiz;

(ii) **CPP, art. 240, § 1º, *d*:** busca e apreensão de armas e instrumentos do crime;

(iii) **CPP, art. 125:** medida cautelar de sequestro de bens imóveis adquiridos como proveito do crime;

(iv) **CPP, art. 132:** medida cautelar de sequestro de bens móveis adquiridos como proveito do crime;

(Ambos são misto de arresto e sequestro.)

(v) **CPP, art. 133:** transitada em julgado a condenação, juiz criminal manda avaliar e leiloar os bens – o dinheiro apurado vai para o lesado e para a União;

(vi) **CPP, art. 134:** pedido de inscrição da hipoteca legal de bens imóveis de origem lícita (não são proveito do crime) visando à futura reparação do dano;

(vii) **CPP, art. 137 (com a redação modificada pela Lei n. 11.435/2006):** pedido de arresto de bens móveis de origem lícita, visando à futura reparação do dano;

(viii) **CP, art. 91, I:** tornar certa a obrigação de reparar o dano;

(ix) **CP, art. 91, II, *a*:** perda para a União dos instrumentos do crime cujo fabrico, alienação, uso, porte ou detenção constitua fato ilícito;

(x) **CP, art. 91, II, *b*:** perda do produto ou proveito do crime para a União, após ressarcimento do lesado;

(xi) **art. 243 e parágrafo único da CF e Lei n. 11.343/2006 (*vide* Capítulo IV da lei);**

(xii) **Lei n. 9.099/95, art. 74, parágrafo único;**

(xiii) **Lei n. 9.714/98 (CP, art. 43, I e II);**

(xiv) **Lei n. 9.605/98 (art. 20);**

(xv) **Lei n. 9.503/97 (Código de Trânsito Brasileiro, art. 297);**

(xvi) **art. 25 da Lei n. 10.826/2003 (Estatuto do Desarmamento);**

(xvii) **art. 91-A do Código Penal ("confisco alargado").**

18.2.14. Incidente de falsidade

18.2.14.1. Processamento

Arguida a falsidade documental, o juiz ou relator determinará a autuação em apartado, com suspensão do processo principal e prazo de quarenta e oito horas para o oferecimento de resposta da parte contrária.

Logo em seguida, abre-se o prazo sucessivo de três dias para as partes produzirem provas, após o que o juiz ordenará as diligências necessárias, normalmente perícia, e depois sentenciará sobre a falsidade arguida. O Ministério Público é sempre ouvido, ainda que atue como fiscal da lei.

A falsidade pode ser levantada de ofício pelo juiz ou a requerimento das partes. Quando feita por procurador, depende de poderes especiais.

Caberá ao juiz declarar, na sentença que julgar o incidente de falsidade, se o documento é falso ou verdadeiro. Caso declare a falsidade do documento, esta decisão somente fará coisa julgada no próprio processo, não vinculando o juiz no processo-crime pelo crime de falso.

Qualquer que seja a decisão, dela caberá recurso em sentido estrito, nos termos do art. 581, XVIII, do Código de Processo Penal, sem efeito suspensivo, subindo os próprios autos do incidente para julgamento na superior instância.

18.2.14.2. Efeitos

Reconhecida a falsidade por decisão irrecorrível, o juiz deve mandar desentranhar o documento e remetê-lo, com os autos do processo incidente, ao Ministério Público. Desentranha-se o documento porque não pode servir de prova no processo principal.

A decisão que reconhecer a falsidade documental não fará coisa julgada em prejuízo de ulterior processo penal ou civil. Desta forma, o único efeito do incidente é manter ou não o documento nos autos da ação principal. Por conseguinte, um documento pode ser reconhecido falso em incidente de falsidade, e o réu restar absolvido no processo que se instaurar em razão do crime de falsidade material ou ideológica.

18.2.15. Incidente de insanidade mental do acusado. Procedimento

O incidente é instaurado quando há dúvidas acerca da integridade mental do autor de um crime. Pode ser instaurado em qualquer fase da persecução penal, seja durante a ação penal, seja no inquérito policial.

Porém, é sempre o juiz quem determina a instauração do incidente, inclusive na fase inquisitorial, seja de ofício, por requerimento do Ministério Público, defensor, curador, cônjuge, ascendente, descendente ou irmão, ou ainda por representação da autoridade policial.

O procedimento é o seguinte:

(i) O juiz determina a instauração do incidente através de uma portaria, oportunidade em que nomeará um curador ao réu ou indiciado.

(ii) Na forma do art. 149, § 2º, do Código de Processo Penal, o juiz ordenará a suspensão da ação principal, ressalvada a possibilidade de realização de atos processuais que possam ser eventualmente prejudicados. Durante esta suspensão, o prazo prescricional flui normalmente. Se o incidente é instaurado durante o inquérito policial, em face da ausência de previsão legal, o mesmo não terá o seu curso suspenso.

(iii) As partes serão obrigatoriamente intimadas para que apresentem quesitos; porém, o seu oferecimento é facultativo.

(iv) Os peritos médicos realizam os exames. O prazo para a realização destes é de 45 dias, prorrogável pelo juiz a pedido dos peritos (CPP, art. 150, § 1º).

(v) Juntada do laudo com as conclusões dos peritos: se os peritos concluírem que o réu era inimputável ou semi-imputável em razão de doença mental, ao tempo da ação ou omissão, o processo principal retomará o seu curso normal, só que com a presença do curador.

Se os peritos concluírem que o réu adquiriu a doença mental após a prática do crime, o processo ficará suspenso, retomando a sua marcha caso o réu ou indiciado se restabeleça antes do prazo prescricional.

Determina o art. 153 do Código de Processo Penal que o incidente seja processado em separado, e que, após a juntada do laudo conclusivo dos peritos, seja apensado aos autos principais.

> → **ATENÇÃO:** não cabe a alegação de inimputabilidade durante a fase recursal, quando inexistam indícios de que o acusado sofra de moléstia mental, nos autos da ação.

Questões

1. O que é questão incidental para o processo penal?
2. A medida cautelar de sequestro incide sobre quaisquer bens do réu?
3. Qual é o procedimento do incidente de insanidade mental do acusado?

SENTENÇA

19

19.1. Breve histórico

(i) A sentença no direito romano

O direito romano distinguia entre sentença definitiva – nome encontrável nas próprias fontes – e sentença interlocutória. Admitia-se, desde que num processo se discutissem diversas questões, separáveis logicamente, que se proferissem várias sentenças, cada uma delas destinada a resolver uma questão, isto é, resolviam-se verdadeiros capítulos, originando-se daí o provérbio *tot capita tot sententiae*, embora hoje com sentido algo diverso. As interlocutórias resolviam incidentes extrínsecos ao processo.

A sentença era proferida quando terminava a instrução do processo, sendo que para cada capítulo havia uma sentença. A forma da sentença era a escrita, tendo em vista a solenidade de que se revestia tal ato, sendo proscrita a sentença oral.

No direito romano desconheciam-se os variados tipos de ação. Na realidade, falava-se exclusivamente em condenação ou absolvição.

A fonte da sentença, segundo muitos juristas, residiria no contrato que anteriormente se teria formado entre as partes por ocasião da *litis contestatio*. No entanto, segundo pensamos, a sentença era, em grande parte, também um ato de autoridade, recebida pelo juiz (*index*) do pretor, que julgava *in iure*.

(ii) A sentença no direito canônico, no processo comum e no direito português

O processo canônico caracterizou-se pelo grande número de decisões interlocutórias, ao lado da sentença, sendo que de todas elas cabia recurso de apelação. Também a decisão interlocutória, desde que não objeto de recurso, transitava em julgado.

No processo comum, autêntico instrumento destinado a resolver questões, encontramos as *sententiae interlocutoriae*, em lugar das interlocutórias, contrapostas àquelas, sendo que a estas se acrescentou um novo adjetivo, o da "definitiva" e *quaestiones principales*.

Quanto ao direito português, admitiam-se duas espécies de sentença: a definitiva e a interlocutória. Nas Ordenações Afonsinas encontramos as sentenças definitivas e as interlocutórias. Nas Manuelinas, as sentenças definitivas e as interlocutórias, as quais, por sua vez, eram mistas e simples. Com as Ordenações Filipinas encontramos ainda três categorias, a saber: sentenças definitivas, mistas e interlocutórias. Nessa sistemática, sentença definitiva era aquela que determinava a causa principal, condenando ou absolvendo, denegando ou concedendo aquilo a respeito de que principalmente se litiga.

19.2. Natureza jurídica

A sentença é uma manifestação intelectual lógica e formal emitida pelo Estado, por meio de seus órgãos jurisdicionais, com a finalidade de encerrar um conflito de interesses, qualificado por uma pretensão resistida, mediante a aplicação do ordenamento legal ao caso concreto.

Na sentença consuma-se a função jurisdicional, aplicando-se a lei ao caso concreto controvertido, com a finalidade de extinguir juridicamente a controvérsia.

Desde que haja uma relação jurídica processual e respectiva litispendência, entendidas ambas como representativas de um processo na plenitude de seus efeitos, já nasceu para o Estado-Juiz o poder-dever de prestar a tutela jurídica.

19.3. Classificação das decisões

As sentenças em sentido amplo (decisões) dividem-se em:

(i) **interlocutórias simples**, são as que solucionam questões relativas à regularidade ou marcha processual, sem que penetrem no mérito da causa (ex.: o recebimento da denúncia, a decretação de prisão preventiva etc.);

(ii) **interlocutórias mistas**, também chamadas de decisões com força de definitivas, são aquelas que têm força de decisão definitiva, encerrando uma etapa do procedimento processual ou a própria relação do processo, sem o julgamento do mérito da causa. Tais decisões subdividem-se em:

(iii) **interlocutórias mistas não terminativas:** são aquelas que encerram uma etapa procedimental (ex.: decisão de *pronúncia* nos processos do júri popular);

(iv) **interlocutórias mistas terminativas:** são aquelas que culminam com a extinção do processo sem julgamento de mérito (ex.: nos casos de rejeição da denúncia, pois encerram o processo sem a solução da lide penal).

Há ainda o sentido geral que abarca as sentenças e os acórdãos, que são as decisões dos tribunais (de 2º grau), quando nas situações equivalentes, como defende Denílson Feitoza[150].

19.4. Conceito de sentença em sentido estrito

Sentença em *sentido estrito* (ou em sentido próprio) é a decisão definitiva que o juiz profere solucionando a causa. Melhor dizendo, é o ato pelo qual o juiz encerra o processo no primeiro grau de jurisdição, bem como o seu respectivo ofício.

19.4.1. Classificação das sentenças em sentido estrito

As sentenças em sentido estrito dividem-se em:

150. Denílson Feitoza, *Direito processual penal*: teoria, crítica e práxis, 7. ed., Rio de Janeiro, Impetus, 2012, p. 1012.

(i) **condenatórias:** quando julgam procedente, total ou parcialmente, a pretensão punitiva;

(ii) **absolutórias:** quando não acolhem o pedido de condenação. Subdividem-se em:

– **próprias**, quando não acolhem a pretensão punitiva, não impondo qualquer sanção ao acusado;

– **impróprias**, quando não acolhem a pretensão punitiva, mas reconhecem a prática da infração penal e impõem ao réu medida de segurança;

(iii) **terminativas de mérito (também chamadas de definitivas em sentido estrito):** quando julgam o mérito, mas não condenam nem absolvem o acusado, como, por exemplo, ocorre na sentença de declaração da extinção de punibilidade.

A doutrina tem variadas classificações. A mais utilizada é essa que lecionamos.

Vale ainda observar que, quanto ao órgão que prolata as sentenças, podemos ainda classificá-las em:

(i) **subjetivamente simples:** quando proferidas por uma pessoa apenas (juízo singular ou monocrático);

(ii) **subjetivamente plúrimas:** são as decisões dos órgãos colegiados homogêneos (ex.: as proferidas pelas câmaras dos tribunais);

(iii) **subjetivamente complexas:** resultam da decisão de mais de um órgão, como no caso dos julgamentos pelo Tribunal do Júri em que os jurados decidem sobre o crime e a autoria, e o juiz, sobre a pena a ser aplicada.

19.4.2. Requisitos formais da sentença

Os requisitos formais, chamados por Hélio Tornaghi de *parte intrínseca* da sentença[151], desdobram-se em:

(i) **Relatório (ou exposição ou histórico).** É requisito do art. 381, I e II, do CPP. É um resumo histórico do que ocorreu nos autos, de sua marcha processual. Pontes de Miranda o denominou "história relevante do processo", compreendendo-se assim que inexiste a necessidade de o magistrado expor fatos periféricos ou irrelevantes em seu relatório. Todavia, deve aludir expressamente aos incidentes e à solução dada às questões intercorrentes.

> → **ATENÇÃO:** a Lei n. 9.099/95, que dispõe sobre os Juizados Especiais Criminais, prevê que é dispensável o relatório nos casos de sua competência (art. 81, § 3º). Representa uma exceção ao art. 381, II, do Código de Processo Penal.

(ii) **Motivação (ou fundamentação)**, requisito pelo qual o juiz está obrigado a indicar os motivos de fato e de direito que o levaram a tomar a decisão (art. 381, III). É também garantia constitucional de que os julgamentos dos órgãos do Poder Judiciário são públicos e "fundamentadas todas as decisões, sob pena de nulidade" (art. 93, IX, da CF). Além do mais, deve o magistrado apreciar toda a matéria levantada tanto pela acusação como pela

---

151. *Curso de processo penal*, cit., 6. ed., 1989, v. 2, p. 154.

defesa, sob pena de nulidade. Desse modo, reveste-se de nulidade o ato decisório que, descumprindo o mandamento constitucional que impõe a qualquer juiz ou tribunal o dever de motivar a sentença ou o acórdão, deixa de examinar fundamento relevante em que se apoia a acusação ou a defesa técnica do acusado. É bom que se frise, no entanto, não ser necessário que o juiz sentenciante transcreva toda a argumentação das partes, mas apenas que, sucintamente, exponha os fatos para não causar prejuízo a estas.

→ **ATENÇÃO:** denomina-se *fundamentação "per relazione"* aquela em que o juiz ou Tribunal adota como suas as razões de decidir ou de argumentar de outra decisão judicial ou de alguma manifestação da parte ou do Ministério Público, enquanto *custos legis*. Embora deva ser evitada, tal prática não nulifica a sentença ou acórdão, uma vez que, feita a menção, é como se a fundamentação referida estivesse sendo incorporada à decisão, ou seja, como se estivesse sendo citada entre aspas, não podendo ser acoimada de carente de motivação. Ex.: "O Tribunal de Justiça de São Paulo nega provimento ao apelo do réu, mantendo a r. sentença condenatória, pelos seus próprios e judiciosos fundamentos, os quais são adotados neste acórdão como razão de decidir, sem necessidade de qualquer acréscimo".

(iii) **Conclusão (ou parte dispositiva)** é a decisão propriamente dita, em que o juiz julga o acusado após a fundamentação da sentença. Conforme o art. 381, o magistrado deve mencionar "a indicação dos artigos de lei aplicados" (inciso IV) e o "dispositivo" (inciso V). É a parte do *decisum* em que o magistrado presta a tutela jurisdicional, viabilizando o *jus puniendi* do Estado.

→ **ATENÇÃO:** nula é a sentença em que o juiz não indica os artigos de lei (CPP, arts. 381, V, e 564, III, *m*). Da mesma forma, na sentença o juiz deve examinar *toda* a matéria articulada pela acusação e pela defesa, sendo *nula* a sentença que deixa de considerar todos os fatos articulados na inicial acusatória.

19.4.3. Sentença suicida

Denominação dada por alguns autores italianos à sentença cujo dispositivo (parte dispositiva) contraria as razões invocadas na fundamentação. Tais sentenças, ou são nulas, ou sujeitas a *embargos de declaração* (art. 382) para a correção de erros materiais.

19.4.4. Embargos declaratórios

Previsão do art. 382 do Código de Processo Penal: "qualquer das partes poderá, no prazo de 2 (dois) dias, pedir ao juiz que declare a sentença, sempre que nela houver obscuridade, ambiguidade, contradição ou omissão".

19.4.4.1. Requisitos para a oposição dos embarguinhos

(i) **Obscuridade:** quando faltar clareza na redação da sentença;

(ii) **Ambiguidade:** quando a decisão, em qualquer ponto, permitir duas ou mais interpretações;

(iii) **Contradição:** quando conceitos e afirmações da decisão acabam por colidir ou opor-se entre si (p. ex., o juiz reconhece a ilicitude do fato e decide pela absolvição por excludente da antijuridicidade);

(iv) **Omissão:** quando a sentença deixa de dizer o que era indispensável fazê-lo, como, por exemplo, não fixa o regime inicial de cumprimento da pena.

Súmula 152 das Mesas de Processo Penal da Faculdade de Direito da Universidade de São Paulo: "Embora a lei preveja embargos de declaração apenas contra sentença ou acórdão, qualquer decisão judicial pode ser embargada, enquanto não ocorrer preclusão".

→ **ATENÇÃO:** o prazo para o pedido de declaração será de 2 dias, contados da intimação da sentença. Embora o Código de Processo Penal não tenha disposto expressamente, os embargos declaratórios interrompem o prazo do recurso, aplicando-se por analogia o disposto no art. 1026 do Código de Processo Civil. Nas infrações de competência dos Juizados Especiais Criminais, caberão embargos declaratórios em caso de obscuridade, contradição, omissão ou dúvida. O prazo, contudo, será de 5, e não de 2 dias. Os efeitos também diferem: os embargos suspenderão (ao invés de interromperem) o prazo para o recurso, quando interpostos da sentença, e não terão qualquer efeito, suspensivo ou interruptivo, quando opostos contra acórdão, nos termos do art. 83 e parágrafos da Lei n. 9.099/95. É importante mencionar, também, a alteração que a nova Lei n. 13.964/2019 trouxe para a matéria. Em seu art. 2º estabeleceu que na pendência de embargos de declaração não correrá a prescrição.

19.4.5. Efeitos da sentença

Esgota-se com a sentença o poder jurisdicional do magistrado que a prolatou, não podendo mais este praticar qualquer ato jurisdicional, a não ser a correção de erros materiais (art. 382).

A saída do juiz da relação processual é obrigatória porquanto, transitando a sentença em julgado, a relação se extingue; caso haja recurso, o sujeito da relação processual que entra como órgão do Estado é o tribunal *ad quem*.

Uma vez prolatada, a sentença cria impedimento ao magistrado que a prolatou, impedindo-o de oficiar no processo quando em instância recursal (art. 252, II). Ou seja, caso tenha sido nomeado juiz de superior instância e o recurso seja encaminhado para a câmara onde ele se encontra, o impedimento é automático.

A doutrina ressalta ainda a existência do chamado "efeito autofágico da sentença". Tal ocorre quando a decisão, estatuindo uma pena que permite a decretação da prescrição retroativa, traz em seu interior um elemento que conduzirá à sua própria destruição, ficando, desde logo, com todos os seus efeitos afetados pela causa extintiva da punibilidade, já que *tempus omnia solvit*.

19.4.6. Princípio da correlação

É princípio garantidor do direito de defesa do acusado, cuja inobservância acarreta a nulidade da decisão. Por *princípio da correlação* entende-se que deve haver uma *correlação* entre o fato descrito na denúncia ou queixa e o fato pelo qual o réu é condenado. O juiz não pode julgar o acusado *extra petita*, *ultra petita* ou *citra petita*; vale dizer, não pode desvincular-se o magistrado da inicial acusatória julgando o réu por fato do qual ele não foi acusado.

→ **ATENÇÃO:** no processo penal vigora o princípio do *jura novit curia* (princípio da livre dicção do direito), pelo qual se entende que o juiz conhece o direito, chancelando-se o princípio *narra mihi factum dabo tibi jus* (narra-me o fato e te darei o direito). Aplica-se tal princípio no processo para explicar que o acusado não se defende da *capitulação* dada ao crime na denúncia, mas sim dos fatos narrados na referida peça acusatória.

19.4.7. *Emendatio libelli*

No processo penal, o réu se defende de fatos, sendo irrelevante a classificação jurídica constante da denúncia ou queixa. Segundo o princípio da correlação, a sentença está limitada apenas à narrativa feita na peça inaugural, pouco importando a tipificação legal dada pelo acusador. Desse modo, o juiz poderá dar aos eventos delituosos descritos explícita ou implicitamente na denúncia ou queixa a classificação jurídica que bem entender, ainda que, em consequência, venha a aplicar pena mais grave, sem necessidade de prévia vista à defesa, a qual não poderá alegar surpresa, uma vez que não se defendia da classificação legal, mas da descrição fática da infração penal. Por exemplo: a denúncia narra que fulano empurrou a vítima e arrebatou-lhe a corrente do pescoço, qualificando como furto tal episódio. Nada impede seja proferida sentença condenatória por roubo, sem ofensa ao contraditório, já que o acusado não se defendia de uma imputação por furto, mas da acusação de ter empurrado a vítima e arrebatado sua corrente. Nesse caso, diz-se que houve uma simples emenda na acusação (*emendatio libelli*), consistente em mera alteração na sua classificação legal. Trata-se de aplicação pura do brocardo *jura novit curia*, pois, se o juiz conhece o direito, basta narrar-lhe os fatos (*narra mihi factum dabo tibi jus*).

Nesse sentido, dispõe o art. 383, *caput*, do CPP: "O juiz, sem modificar a descrição do fato contida na denúncia ou queixa, poderá atribuir-lhe definição jurídica diversa, ainda que, em consequência, tenha de aplicar pena mais grave". Na realidade, mencionado diploma legal procurou deixar mais clara a redação do *caput* do citado dispositivo legal, não tendo promovido qualquer mudança substancial, nesse aspecto.

Bem se vê que o importante é a correta descrição do fato, podendo o juiz emendar (*emendatio*) a acusação (*libelli*) para dar-lhe a classificação que julgar a mais adequada, mesmo que impondo pena mais severa.

Não existe qualquer limitação para a aplicação dessa regra em segunda instância, pois não há que se falar em surpresa para as partes; entretanto, se a *emendatio libelli* importar em aplicação de pena mais grave, o tribunal não poderá dar a nova definição jurídica que implique prejuízo do réu, no caso de recurso exclusivo da defesa, sob pena de afronta ao princípio que veda a *reformatio in pejus*.

O § 1º prevê que: "Se, em consequência de definição jurídica diversa, houver possibilidade de proposta de suspensão condicional do processo, o juiz procederá de acordo com o disposto na lei". Tornou, portanto, expressa a orientação contida na Súmula 337 do STJ: "É cabível a suspensão condicional do processo na desclassificação do crime e na procedência parcial da pretensão punitiva". Desse modo, deverá o juiz, em tais casos, proceder de acordo com a Lei n. 9.099/95, a fim de que se possibilite a proposta da suspensão condicional do processo pelo Ministério Público, nas hipóteses em que esta seja possível (art. 89 da Lei).

De acordo com o § 2º, se, em consequência da nova definição jurídica, o crime passar a ser de competência de outro juízo, os autos deverão a este ser remetidos; por exemplo, delito cuja competência seja dos Juizados Especiais Criminais, no qual será possível a realização da transação penal (art. 72 da Lei).

19.4.8. *Mutatio libelli*

Hipótese totalmente diferente é a da *mutatio libelli*. Se no processo penal a acusação consiste nos fatos narrados pela denúncia ou queixa, quando se fala em mudança (*mutatio*) na acusação (*libelli*) está-se falando, necessariamente, em modificação da descrição fática constante da inaugural. Aqui não ocorre simples emenda na acusação, mediante correção na tipificação legal, mas verdadeira mudança, com alteração da narrativa acusatória. Assim, a *mutatio libelli* implica o surgimento de uma prova nova, desconhecida ao tempo do oferecimento da ação penal, levando a uma readequação dos episódios delituosos relatados na denúncia ou queixa. Por exemplo: uma mulher é denunciada por homicídio doloso, acusada de matar um recém-nascido qualquer. Durante a instrução, descobre-se que a vítima era seu filho e que a imputada atuara sob influência do estado puerperal, elementos não constantes explícita ou implicitamente da denúncia. Por certo, não se cuida de mera alteração na classificação do fato, havendo verdadeira modificação do contexto fático. A acusação mudou, não sendo caso de apenas corrigir a qualificação jurídica.

19.4.8.1. Mutatio libelli *após a Lei n. 11.719/2008*

Significativas modificações foram operadas no procedimento da *mutatio libelli*.

Com efeito. De acordo com a atual redação do art. 384, *caput*, do CPP: "Encerrada a instrução probatória, se entender cabível nova definição jurídica do fato, em consequência de prova existente nos autos de elemento ou circunstância da infração penal não contida na acusação, o Ministério Público deverá aditar a denúncia ou queixa, no prazo de 5 (cinco) dias, se em virtude desta houver sido instaurado o processo em crime de ação pública, reduzindo-se a termo o aditamento, quando feito oralmente". Podemos, assim, descrever as seguintes alterações:

(i) Caberá ao Ministério Público, uma vez encerrada a instrução probatória, se entender cabível nova definição jurídica do fato, aditar denúncia ou queixa, no prazo de cinco dias. Dessa forma, ao contrário do sistema anterior, pouco importa o *quantum* da pena. O aditamento passou, agora, a ser sempre necessário, não atuando mais o juiz de ofício, o que violava o sistema acusatório.

(ii) A lei não mais fala em circunstância elementar, mas empregou corretamente os termos circunstância e elementar do crime.

(iii) A lei não mais se refere à circunstância elementar explícita ou implicitamente contida na denúncia.

Quanto ao procedimento a ser seguido também foram substanciosas as modificações:

(i) A reforma processual penal instituiu a audiência única (CPP, arts. 400 e 531), em que se concentram todos os atos instrutórios (v. também CPP, art. 411). Nessa audiência única, em regra, será, após as alegações finais, proferida a sentença. No entanto, em determinadas situações (v. CPP, arts. 403, § 3º, e 404), a audiência poderá ser cindida, dentre elas, quando ocorrer a hipótese de *mutatio libelli*.

(ii) Dessa forma, uma vez encerrada a instrução probatória, se entender cabível nova definição jurídica do fato, caberá ao Ministério Público aditar oralmente ou por escrito a denúncia ou queixa, no prazo de cinco dias.

(iii) Não procedendo o órgão do Ministério Público ao aditamento, aplica-se o art. 28 deste Código (§ 1º).

(iv) Ouvido o defensor do acusado no prazo de cinco dias e admitido o aditamento, o juiz, a requerimento de qualquer das partes, designará dia e hora para continuação da audiência, com inquirição de testemunhas, novo interrogatório do acusado, realização de debates e julgamento (§ 2º).

(v) Cada parte poderá arrolar até três testemunhas, no prazo de cinco dias (§ 4º, 1ª parte).

(vi) O juiz ficará adstrito aos termos do aditamento, pois o MP é o *dominus litis*, definindo os termos da acusação (§ 4º, 2ª parte).

(vii) Se, em consequência do aditamento, houver possibilidade de proposta de suspensão condicional do processo, o juiz procederá de acordo com o disposto na lei. Tratando-se de infração da competência de outro juízo, a este serão encaminhados os autos (§ 3º).

(viii) Não recebido o aditamento, o processo prosseguirá (§ 5º).

Desse modo, não pode o juiz condenar o acusado por qualquer crime por conduta diversa daquela apontada na denúncia ou na queixa sem a providência determinada pelo art. 384, sob pena de nulidade. Já se decidiu que não é possível o juiz condenar o acusado de crime doloso por infração culposa, que exige a descrição da modalidade da culpa em sentido estrito.

A providência prevista no citado dispositivo processual é obrigatória, independentemente do *quantum* da pena, *ainda que deva ser aplicada ao acusado pena menos grave*. Logo, caso verifique o magistrado que os fatos criminosos comprovados são diversos daqueles descritos na inicial, não pode ele absolver de imediato o réu, mas agir na forma do art. 384. Caso o condene sem a adoção da providência prescrita, em regra é *nula* a decisão, pois o acusado tem o direito de saber qual é a nova acusação para que dela possa defender-se.

Convém trazer à baila a Súmula 453 do STF: "Não se aplicam à segunda instância o art. 384 e parágrafo único do Código de Processo Penal, que possibilitam dar nova definição jurídica ao fato delituoso, em virtude de circunstância elementar não contida explícita ou implicitamente na denúncia ou queixa". Embora se refira aos antigos art. 384 e parágrafo único do CPP, mencionada Súmula continua perfeitamente aplicável à nova sistemática do Código de Processo Penal, pois visa-se impedir a supressão de instância.

De relembrar-se, finalmente, que o art. 384 não admite que a acusação seja ampliada a novos fatos por meio do *aditamento* à denúncia (no caso, somente seria possível uma nova ação penal), uma vez que a *mutatio accusationis* se limita à "nova definição jurídica *do fato*" constante da imputação inicial. É bom lembrar que o procedimento do art. 384 do Código de Processo Penal somente se aplica na hipótese de ação penal pública e ação penal privada subsidiária da pública, sendo inadmissível o juiz determinar abertura de vista para o Ministério Público aditar a queixa e ampliar a imputação, na ação penal exclusivamente privada, conforme clara redação do dispositivo ("... o Ministério Público deverá aditar a denúncia ou queixa, ... *se em virtude desta houver sido instaurado o processo em crime de ação pública...*").

Finalmente, nos crimes de ação pública, o juiz poderá proferir sentença condenatória, ainda que o Ministério Público tenha opinado pela absolvição, bem como reconhecer agravantes, embora nenhuma tenha sido alegada (CPP, art. 385), ressaltando-se que, tratando-se de agravante de natureza objetiva, isto é, relativa aos fatos, torna-se imprescindível esteja descrita, ainda que implicitamente, na denúncia ou queixa subsidiária, sob pena de quebra do princípio da correlação. Em sentido contrário, há posicionamento doutrinário que defende a vertente de que se o Ministério Público é o titular da ação penal pública, não pode, em tese, o juiz condenar quando a parte requerer a absolvição (esta seria a *ratio* da alteração promovida pelo Pacote Anticrime no que concerne ao arquivamento do inquérito policial sem a necessidade de homologação por juiz).

19.5. Sentença absolutória

O Código de Processo Penal, em seu art. 386, prevê sete hipóteses de absolvição.

Os incisos II, V e VII tratam de hipóteses de falta de provas. Dão ensejo ao ajuizamento, na esfera cível, de ação de reparação de dano. Não possibilitam a ação de regresso ao trabalho do funcionário público.

O inciso I (inexistência do fato) possui importante repercussão na esfera cível, na medida em que impossibilita o ajuizamento de ação civil *ex delicto* para reparação do dano (CPP, art. 66). A mesma repercussão possui o inciso IV (estar provado que o réu não concorreu para a infração penal). No inciso III (fato não constitui crime), nada impede a discussão sobre eventual indenização por perdas e danos no juízo cível, nos termos expressos do art. 67, III, do Código de Processo Penal, pois um fato pode não ser considerado criminoso, mas constituir ilícito civil. No inciso VI, 1ª parte (circunstância que exclua o crime ou isente o réu de pena: arts. 20, 21, 22, 23, 26 e § 1º do art. 28), muito embora o reconhecimento de que o réu agiu sob o manto justificador de uma causa excludente da ilicitude (legítima defesa, estado de necessidade etc.) faça coisa julgada no juízo cível (CPP, art. 65), subsiste a responsabilidade do autor em indenizar o prejudicado, quando este não for o culpado pela situação de perigo ou pelo ataque injustificado (é o chamado terceiro inocente), cabendo ao primeiro apenas a ação regressiva contra o criador do perigo. Por exemplo: para desviar de um pedestre imprudente, o motorista destrói um carro que estava regularmente estacionado. Apesar de beneficiar-se do estado de necessidade na esfera criminal, o motorista deverá indenizar o dono do veículo destruído (terceiro inocente), para depois voltar-se regressivamente contra o pedestre criador da situação de perigo. Não está livre, portanto, de responder por uma demanda cível. Finalmente, no inciso VI, 2ª parte: quando houver *fundada dúvida* sobre a existência de circunstâncias que excluam o crime ou isentem o réu de pena. Nesse caso, o ofendido não estará impedido de discutir eventual indenização por perdas e danos no juízo cível.

→ **ATENÇÃO:** o réu pode apelar da própria sentença absolutória para que se mude o *fundamento* legal de sua absolvição. Exemplo: é absolvido por insuficiência de prova onde se aplicou o princípio *in dubio pro reo* (art. 386, VII) e pretende que seja reconhecida a inexistência do fato (art. 386, I).

19.5.1. Efeitos da sentença absolutória

Os efeitos da sentença absolutória são os previstos no art. 386, parágrafo único ("I – mandará, se for o caso, pôr o réu em liberdade; II – ordenará a cessação das medidas cautelares e provisoriamente aplicadas; III – aplicará medida de segurança, se cabível"; *vide* Súmula 422 do STF). A lei, portanto, aboliu a referência à cessação das penas acessórias provisoriamente aplicadas, anteriormente previstas no inciso II.

Transitada em julgado a sentença, deve ser levantada a medida assecuratória consistente no sequestro (art. 125) e na hipoteca legal (art. 141). A fiança deve ser restituída (art. 337).

A decisão impede que se argua a exceção da verdade nos crimes contra a honra (CP, art. 138, § 3º, III; CPP, art. 523).

19.6. Sentença condenatória

O juiz, ao proferir decisão condenatória, deverá observar o disposto no art. 387 do CPP: (i) Mencionará as circunstâncias agravantes ou atenuantes definidas no Código Penal e cuja existência reconhecer (inciso I). (ii) Mencionará as outras circunstâncias apuradas e tudo o mais que deva ser levado em conta na aplicação da pena, de acordo com o disposto nos arts. 59 e 60 do Código Penal (inciso II): a lei aqui substituiu a referência a antigos artigos do Código Penal (42 e 43). (iii) Aplicará as penas de acordo com essas conclusões (inciso III): o legislador cuidou de abolir a referência às penas acessórias, as quais já haviam sido rechaçadas pela parte geral do Código Penal. (iv) Fixará valor mínimo para reparação dos danos causados pela infração, considerando os prejuízos sofridos pelo ofendido (inciso IV): o inciso IV deve ser conjugado com a atual redação do art. 63, parágrafo único, o qual dispõe que, "Transitada em julgado a sentença condenatória, a execução poderá ser efetuada pelo valor fixado nos termos do inciso IV do *caput* do art. 387 deste Código sem prejuízo da liquidação para a apuração do dano efetivamente sofrido". Sobre o tema, *vide* comentários no capítulo 13 (Ação civil *ex delicto*). (v) O juiz decidirá, fundamentadamente, sobre a manutenção ou, se for o caso, imposição de prisão preventiva ou de outra medida cautelar, sem prejuízo do conhecimento da apelação que vier a ser interposta (parágrafo único): sobre o tema, *vide* comentários no item abaixo.

→ **ATENÇÃO:** os incisos V e VI estão revogados.

19.6.1. Efeitos da sentença condenatória

São efeitos da sentença condenatória:

(i) **certeza da obrigação de reparar o dano resultante da infração:** nesse ponto a sentença é meramente declaratória, uma vez que a obrigação de reparar o dano surge com o crime, e não com a sentença (CPP, art. 63);

(ii) **perda de instrumentos ou do produto do crime:** conforme art. 91, II, do Código Penal;

(iii) **outros efeitos previstos no art. 92 do Código Penal** (*vide* incisos: a perda do cargo, função pública...);

(iv) **prisão do réu:** no tocante à prisão decorrente de sentença condenatória recorrível, na atual sistemática do Código de Processo Penal, "o juiz decidirá, fundamentadamente, sobre a manutenção ou, se for o caso, imposição de prisão preventiva ou de outra medida cautelar, sem prejuízo do conhecimento da apelação que vier a ser interposta" (CPP, art. 387, § 1º). Assim, o réu somente será preso se estiverem presentes os requisitos da prisão preventiva e a sua segregação cautelar deixou de ser condição para o conhecimento do recurso. Finalmente, o art. 413, § 3º, dispõe que o juiz decida motivadamente no caso de manutenção, revogação ou substituição da prisão ou medida restritiva de liberdade anteriormente decretada e, tratando-se de acusado solto, sobre a necessidade da decretação da prisão.

Agora, antes da condenação definitiva, o sujeito só pode ser preso em três situações: flagrante delito, prisão preventiva e prisão temporária (CPP, art. 283). Em momento anterior à sentença final, só haverá prisão se demonstradas a sua necessidade e urgência. Mesmo assim, se couberem outras medidas coercitivas menos drásticas, como, por exemplo, obrigação de comparecer ao fórum mensalmente, proibição de se ausentar da comarca, submeter-se ao monitoramento eletrônico etc., não se imporá a prisão preventiva (CPP, art. 319);

(v) **lançamento do nome no rol dos culpados (art. 393, II):** Por força do art. 5º, LVII, da CF, o lançamento do réu no rol dos culpados jamais poderia ocorrer antes do trânsito em julgado da decisão final. De qualquer modo, a Lei n. 12.403/2011, em seu art. 4º, cuidou de revogar expressamente aludido dispositivo legal.

19.6.2. Publicação

Para que produza efeitos com relação às partes e terceiros é necessário que a sentença seja *publicada* (art. 389, 1ª parte). A *publicação da sentença* dá-se no momento em que ela é recebida no cartório pelo escrivão. É a data de entrega em cartório, e não da assinatura da sentença. Em outros casos, quando esta é proferida em audiência, ter-se-á por publicada no instante da sua leitura pelo juiz.

→ **ATENÇÃO:** a *publicação* da sentença é obrigatória mesmo nos processos em que determinados atos são sigilosos.

19.6.3. Inalterabilidade ou retificação da sentença

Com a *publicação*, o juiz não pode mais alterar a sentença por ele prolatada. Torna-se *irretratável* (cabível somente nas hipóteses de embargos declaratórios).

→ **ATENÇÃO:** quanto aos *erros materiais* a legislação é omissa, sendo aceito que a qualquer tempo proceda-se à correção dos pequenos erros materiais a requerimento das partes, permitindo-se a correção inclusive *ex officio* pelo juiz.

19.6.4. Intimação da sentença (arts. 390 a 392 do CPP)

A intimação da sentença deverá ser feita ao réu pessoalmente, esteja solto ou preso, por adoção do princípio da ampla defesa, bem como a seu defensor, fluindo o prazo recursal a partir da última intimação efetuada. O defensor público deve sempre ser intimado pessoalmente da sentença, por exigência do art. 5º, § 5º, da Lei n. 1.060/50, e imposição do princípio da ampla defesa. O defensor constituído também deve ser intimado pessoalmente da sentença, não sendo possível invocar-se a norma genérica do art. 370, §§ 1º e 2º, do Código de Processo Penal, que prevê a intimação por meio de simples publicação dos atos processuais no órgão oficial, ante a incidência de norma específica do art. 392 do Estatuto Processual Penal. O defensor dativo também deve ser intimado pessoalmente da defesa, com igual ou até maior razão. O réu revel deve ser intimado por edital da sentença. O Ministério Público será sempre intimado pessoalmente da sentença (CPP, art. 390), sendo firme a jurisprudência no sentido de que a intimação se efetiva com o recebimento dos autos no setor administrativo da instituição, pouco importando a data que os autos efetivamente chegam ao representante do Ministério Público.

19.6.5. Taxa judiciária

De acordo com a redação do art. 4º, § 9º, *a*, da Lei Estadual Paulista n. 11.608, de 29 de dezembro de 2003, nas ações penais, salvo aquelas de competência do Juizado Especial Criminal – JECrim, em primeiro grau de jurisdição, o recolhimento da taxa judiciária será feito da seguinte forma: nas ações penais, em geral, o valor equivalente a 100 UFESPs será pago, a final, pelo réu, se condenado. Dessa forma, seja na ação penal pública (condicionada a representação do ofendido ou incondicionada), seja na ação penal de iniciativa privada, o réu, tendo sido condenado em primeiro grau de jurisdição, estará obrigado a recolher taxa judiciária equivalente a 100 UFESPs.

19.6.6. Detração penal na sentença penal condenatória

De acordo com o art. 387, §§ 1º e 2º, do CPP: "§ 1º O juiz decidirá, fundamentadamente, sobre a manutenção ou, se for o caso, a imposição de prisão preventiva ou de outra medida cautelar, sem prejuízo do conhecimento de apelação que vier a ser interposta. § 2º O tempo de prisão provisória, de prisão administrativa ou de internação, no Brasil ou no estrangeiro, será computado para fins de determinação do regime inicial de pena privativa de liberdade".

Dessa redação podemos concluir que o tempo de prisão provisória será computado para fins de determinação do regime inicial de pena privativa de liberdade.

O acusado poderá, por força da detração, iniciar o cumprimento de sua pena em regime menos rigoroso.

Exemplificando: réu primário condenado a 8 anos e 6 meses de reclusão; ficou 1 ano preso preventivamente durante o processo, antes de sua condenação; o juiz, após fixar a pena do réu (8 anos e 6 meses), leva em consideração o tempo de prisão processual (1 ano) e o abate da pena, resultando na pena definitiva de 7 anos e 6 meses de reclusão. Por força do art. 33, § 2º, *b*, do Código Penal, réu primário com pena inferior a 8 anos pode iniciar o cumprimento de sua pena em regime semiaberto.

19.7. Crise da instância

Crise da instância, crise processual ou crise do procedimento consiste no estancamento da marcha processual, em face de alguma ocorrência que o impede de prosseguir até a sentença final. Ex.: surgimento de questão prejudicial que implique a suspensão da demanda (CPP, arts. 92 e 93).

Questões

1. Diferencie sentença de despacho ordinatório.
2. No que consiste o princípio da correlação?
3. Permite-se a retificação da sentença após a sua publicação? Em que hipóteses?

20

DOS PROCESSOS EM ESPÉCIE

20.1. Processo e procedimento

20.1.1. Definição de processo

Processo é uma série ou sequência de atos conjugados que se realizam e se desenvolvem no tempo, destinando-se à aplicação da lei penal no caso concreto. O processo nada mais é do que o meio pelo qual a atividade jurisdicional se viabiliza, ao passo que o procedimento constitui o instrumento viabilizador do processo.

20.1.2. Sistemas processuais

(i) **Inquisitivo:** quando um só órgão – o juiz – desempenha as funções de acusador, defensor e julgador.

(ii) **Acusatório:** no qual as funções são separadas: um órgão acusa, outro defende e outro julga. Em tal sistema, o acusador e o defensor são partes e estão situados no mesmo plano de igualdade, mantendo-se o juiz equidistante das partes.

(iii) **Misto:** compõe-se de duas fases: uma *inquisitiva* e outra *acusatória*.

Importante destacar que os sistemas processuais em comento também se caracterizam de acordo com a divisão da gestão da prova, isto é, além da divisão de tarefas de acusar, defender e julgar, para a caracterização de um sistema efetivamente acusatório, seria necessário atribuir a iniciativa probatória tão somente às partes.

→ **ATENÇÃO:** o Código de Processo Penal adotou o sistema acusatório.

20.1.3. Características do sistema acusatório

Os seguintes princípios caracterizam o referido sistema: do contraditório (CF, art. 5º, LV), da oralidade, da verdade real, do estado de inocência (CF, art. 5º, LVII), da oficialidade, da indisponibilidade do processo, da publicidade (CPP, art. 792; tal princípio não é absoluto, sofrendo restrições como as do § 1º do referido art. 792), do juiz natural e da iniciativa das partes.

20.1.4. Pressupostos de existência da relação processual

(i) Um órgão jurisdicional legitimamente constituído e que possua jurisdição penal *in genere* (pode ser incompetente no caso em concreto).

(ii) Uma causa penal ou uma relação concreta jurídico-penal como objeto do processo.

(iii) A presença de um órgão regular de acusação e do defensor, independente ou não da presença do acusado.

20.1.5. Pressupostos de validade da relação processual

São as circunstâncias indispensáveis para que o processo se desenvolva legitimamente, de forma regular. Sem elas, a sentença é nula. Logo, por exclusão, os pressupostos estarão presentes quando não tiver ocorrido nulidade.

20.1.6. Distinção entre processo e procedimento

Procedimento é a sequência ordenada de atos judiciais até o momento da prolação da sentença. Processo é mais do que isso. Além de procedimento, constitui-se de relação jurídica processual entre autor, juiz e réu, mais os princípios constitucionais do devido processo legal. Na feliz lembrança de Frederico Marques, "(...) o processo é a soma e conjunto dos atos processuais interligados pelos vínculos da relação jurídico-processual, o procedimento consiste na ordem, forma e sucessão desses atos", conforme expõe Carnellutti[152]. Ou, como mais sucintamente lecionou João Mendes: "processo é o *movimento* em sua forma *intrínseca*, e procedimento o é em sua forma *extrínseca*"[153].

20.1.7. Da reformulação dos procedimentos operada pelas Leis n. 11.689/2008 e 11.719/2008

20.1.7.1. Noções introdutórias

Os arts. 394 a 405 e 531 a 538 do Código de Processo Penal sofreram significativas modificações operadas pela Lei n. 11.719/2008. E, nos processos de competência do Tribunal do Júri, o procedimento observará as disposições especiais estabelecidas nos arts. 406 a 497 do CPP.

O art. 394 do CPP reza que o procedimento será comum ou especial. Mencione-se, primeiro, que foi corrigida uma impropriedade técnica, pois o Código não mais se refere ao *processo* comum e especial, mas ao *procedimento* ou rito procedimental, pois este é que configura corretamente a sucessão ou o ordenamento dos atos processuais. O procedimento comum divide-se em: **(i) ordinário:** crime cuja sanção máxima cominada for igual ou superior a quatro anos de pena privativa de liberdade, salvo se não se submeter a procedimento especial; **(ii) sumário:** crime cuja sanção máxima cominada seja inferior a quatro anos de pena privativa de liberdade, salvo se não se submeter a procedimento especial; **(iii) sumaríssimo:** infrações penais de menor potencial ofensivo, na forma da Lei n. 9.099/95, ainda que haja previsão de procedimento especial. Enquadram-se nesse conceito as contravenções penais e os crimes cuja pena máxima não exceda a dois anos (de acordo com o novo conceito de infração de menor potencial ofensivo trazido pela Lei

---

152. *Tratado de direito processual penal*, Saraiva, 1980, p. 195.

153. Apud Magalhães Noronha, *Curso de direito processual penal*, cit., p. 231.

n. 10.259/2001 e pelo art. 61 da Lei n. 9.099/95). Dessa forma, a distinção entre os procedimentos ordinário e sumário dar-se-á em função da pena máxima cominada à infração penal e não mais em virtude de esta ser apenada com reclusão ou detenção. O procedimento especial, por sua vez, abarcará todos os procedimentos com regramento específico, tal como o do tribunal do júri (arts. 406 a 497 do CPP) e outros previstos na legislação extravagante, por exemplo, Leis n. 11.343/2006 e 8.038/90, Código Eleitoral e leis eleitorais, Código de Processo Penal Militar etc.

Além dessas alterações substanciais, procurou-se, com a reforma processual penal (Leis n. 11.689/2008 e 11.719/2008), dar efetiva concreção ao princípio da celeridade processual, consagrado em nosso Texto Magno e em Convenções Internacionais, concedendo-se especial importância ao princípio da oralidade, do qual decorrem vários desdobramentos: (i) concentração dos atos processuais em audiência única (*v.* CPP, art. 400); (ii) imediatidade; (iii) identidade física do juiz.

Com efeito, de acordo com o art. 8º do Pacto de São José da Costa Rica (Convenção Americana sobre Direitos Humanos, aprovada no Brasil pelo Decreto Legislativo n. 27, de 25-9-1992, e promulgada pelo Decreto n. 678, de 6-11-1992), são garantias judiciais: "1. Toda pessoa tem direito a ser ouvida, com as devidas garantias e *dentro de um prazo razoável*, por um juiz ou tribunal competente, independente e imparcial, estabelecido anteriormente por lei, *na apuração de qualquer acusação penal* formulada contra ela, ou para que se determinem seus direitos ou obrigações de natureza civil, trabalhista, fiscal ou de qualquer outra natureza". Muito embora no Brasil já acolhêssemos o princípio da celeridade processual, com base no Pacto de São José da Costa Rica, a EC n. 45/2004 cuidou de erigi-lo expressamente em garantia constitucional, acrescentando um novo inciso ao art. 5º, o LXXVIII, o qual prevê que "a todos, no âmbito judicial e administrativo, são assegurados a razoável duração do processo e os meios que garantam a celeridade de sua tramitação".

Na prática, como se verá mais adiante, com a reforma processual, poucas diferenças restaram entre os ritos ordinário e sumário, pois ambos passaram a primar pelo princípio da celeridade processual, bem como pelo aprimoramento da colheita da prova.

20.1.7.2. *Procedimento comum. Âmbito de incidência*

Como já analisado, o âmbito de aplicação do procedimento comum é o seguinte:

(i) **Ordinário:** pena máxima igual ou superior a quatro anos de pena privativa de liberdade, por exemplo, os crimes de roubo, furto, extorsão, estupro.

(ii) **Sumário:** sanção máxima cominada seja inferior a quatro anos de pena privativa de liberdade, por exemplo, mediação para servir a lascívia de outrem.

Em se tratando de infrações de médio potencial ofensivo, interessante notar que, ao contrário dos arts. 44, I, e 33, § 2º, *c*, do Código Penal, os quais tratam, respectivamente, da substituição da pena privativa de liberdade por restritivas de direitos e regime de cumprimento de pena, dos crimes cuja pena seja *igual ou inferior* a quatro anos, o Código de Processo Penal, para efeitos de incidência do procedimento sumário, considerou apenas as infrações cuja pena seja *inferior* a quatro anos. Se *igual* a quatro anos, o procedimento será o ordinário, por exemplo, o crime de rufianismo.

(iii) **Sumaríssimo:** para as infrações penais de menor potencial ofensivo, na forma da Lei n. 9.099/95, por exemplo, crime de assédio sexual, cuja pena máxima cominada (dois anos) se enquadra nesse conceito.

– **Influência das qualificadoras:** interferem no procedimento, pois alteram os limites mínimo e/ou máximo das penas, por exemplo, o crime de dano na forma simples (CP, art. 163, *caput*: Pena: detenção, de um a seis meses, ou multa) sujeita-se ao procedimento sumaríssimo da Lei n. 9.099/95; porém, se qualificado (CP, art. 163, parágrafo único: Pena: detenção de seis meses a três anos, e multa, além da pena correspondente à violência), submeter-se-á ao procedimento sumário.

– **Influência das causas de aumento e de diminuição:** não interessa se estão previstas na Parte Geral ou na Parte Especial. Essas causas, levadas em consideração na última fase da fixação da pena, interferem no procedimento a ser seguido, pois modificam os limites mínimo e/ou máximo das penas. Exemplos de causa de diminuição: tentativa (CP, art. 14, parágrafo único); arrependimento posterior (CP, art. 16); erro de proibição evitável (CP, art. 21, *caput*, 2ª parte) etc. Exemplos de causa de aumento: concurso formal (CP, art. 70); crime continuado (CP, art. 71) etc.

– **Agravantes e atenuantes:** não interferem no procedimento, pois não alteram os limites das penas. Nesse sentido, é o teor da Súmula 231 do STJ: "A incidência da circunstância atenuante não pode conduzir a redução da pena abaixo do mínimo legal".

– **Conexão entre infrações com procedimentos distintos:** caso ocorra a conexão entre infrações penais, uma que siga o procedimento comum e outra o rito especial (p. ex.: Lei de Drogas), indaga-se qual deveria prevalecer. Não havendo crime de competência do Júri, prevalecerá a do julgamento da infração mais grave, consoante o disposto no art. 78 do CP. No entanto, há uma corrente doutrinária, sustentando, com arrimo no princípio constitucional da ampla defesa (art. 5º, LV), que deve prevalecer a competência do juízo a quem couber a infração penal com o procedimento mais amplo, seja ou não a mais grave[154]. Embora a lei não seja expressa nesse sentido, parece esta última posição estar mais de acordo com os princípios constitucionais do processo.

– **Lei n. 9.099/95 e o procedimento sumário:** não será aplicado o procedimento sumaríssimo da Lei dos Juizados Especiais Criminais em duas situações: (i) Não localização do autor do fato para citação pessoal (art. 66, parágrafo único). Nessa hipótese, será necessária a citação por edital, o que é incompatível com a celeridade do procedimento sumaríssimo. Também deverá ser considerado incompatível com o rito da Lei n. 9.099/95 a realização de citação por hora certa (CPP, art. 363) (ii) Complexidade da causa ou circunstância diversa que não permita o imediato oferecimento da denúncia (art. 77, § 2º). Em tais casos, o juiz deverá encaminhar os autos ao juiz comum, devendo ser adotado o procedimento previsto nos arts. 531 e s. do CPP (sumário) (CPP, art. 538).

– **Incidência geral do procedimento comum:** como regra geral, vale mencionar que se aplica a todos os processos o procedimento comum, salvo disposições em contrário do Código ou de lei especial (CPP, art. 394, § 2º). Na realidade, o dispositivo legal

154. Vicente Greco Filho, *Tóxicos*, 5. ed., Saraiva, p. 164.

apenas procurou deixar claro que o procedimento comum (ordinário, sumário ou sumaríssimo) não terá incidência quando previsto rito especial para o crime. Assim, pouco importa a sanção aplicável ao delito, pois, se houver a previsão de procedimento específico, este deverá incidir, por exemplo, em crimes de competência do Tribunal do Júri ou crimes de competência dos tribunais. Não havendo a previsão legal de rito específico, a regra é a incidência do procedimento comum, devendo ser levada em conta a pena prevista em abstrato para a infração.

– **Aplicação subsidiária do procedimento ordinário:** subsidiariamente, as disposições referentes ao procedimento ordinário deverão incidir sobre os procedimentos especial, sumário e sumaríssimo (CPP, art. 394, § 5º). Dessa forma, eventuais omissões, lacunas existentes nos demais procedimentos, poderão requerer a incidência das disposições do procedimento ordinário. O Código, ainda, menciona a aplicação dos arts. 395 a 398 (a menção ao art. 398 é incorreta, pois este foi revogado) a todos os procedimentos penais de primeiro grau, ainda que por ele não regulados (CPP, art. 394, § 4º). Referidos dispositivos legais referem-se à rejeição da denúncia, à defesa inicial e às hipóteses de absolvição sumária. Contudo, como se verá mais adiante, os procedimentos específicos, por exemplo, dos crimes previstos na Lei n. 11.343/2006 e dos crimes praticados por funcionários públicos (CPP, arts. 513 a 518) contemplam a defesa preliminar, cuja função é impedir o próprio recebimento da denúncia ou queixa, ao contrário da defesa prevista no art. 396, a qual é posterior a este ato e visa à absolvição sumária, fato este que suscitará inúmeros questionamentos quanto à incidência do art. 394, § 4º. De qualquer modo, mencione-se que tais dispositivos legais (arts. 395 a 397) somente incidirão nos procedimentos penais de primeiro grau, excluindo-se, portanto, por exemplo, os procedimentos dos crimes de competência originária dos tribunais.

20.2. Procedimento ordinário

Os processos da competência do juiz singular são *monofásicos*, porque constituídos de uma única fase formada pela *instrução contraditória* e pelo julgamento.

Instruere é um verbo latino que significa preparar, construir, erigir. Com referência à expressão "contraditório", significa que acusador e acusado devem ser ouvidos: *audiatur et altera pars*. Contudo, de se notar que o contraditório, como é sabido, não impede as iniciativas processuais do juiz.

Nesse sentido, *instrução criminal* é o conjunto de atos praticados (atos probatórios e periciais) com o fim de ofertar elementos ao juiz para julgar.

20.2.1. Início da instrução

Em razão de a instrução ser contraditória, ela inicia-se com o oferecimento da defesa inicial escrita (CPP, arts. 396 e 396-A). Na antiga sistemática do Código de Processo Penal, a instrução iniciava-se com o interrogatório do acusado, ato que se realizava após a citação do réu (CPP, antigo art. 394). Seguidamente, havia o prazo de três dias para o oferecimento da defesa prévia. Atualmente, no entanto, como se verá mais adiante, o interrogatório, no procedimento ordinário e sumário, passou a integrar a audiência única do atual art. 400 do CPP, não constituindo, portanto, mais o primeiro ato da instrução.

20.2.1.1. Defesa inicial e absolvição sumária

Antiga sistemática do CPP: (i) O juiz, ao receber a queixa ou denúncia, designava dia e hora para o interrogatório, ordenando a citação do réu e a notificação do Ministério Público e, se fosse o caso, do querelante ou do assistente (CPP, art. 394). (ii) O réu ou seu defensor poderia, logo após o interrogatório ou no prazo de três dias, oferecer alegações escritas e arrolar testemunhas (CPP, art. 395). (iii) Apresentada ou não a defesa, era realizada inquirição das testemunhas, devendo as da acusação ser ouvidas em primeiro lugar. Discutia-se se a defesa prévia seria uma faculdade, sendo peça dispensável ao critério do defensor, não ensejando, por isso mesmo, nulidade processual ante sua falta. Na realidade, o que anulava o processo era a falta de concessão do prazo para o defensor apresentar a defesa prévia, em razão do disposto no art. 564, III, *e*, última parte. O que podia ou deveria ser arguido na defesa prévia? Sob pena de preclusão, deveria ser arguida na defesa prévia a nulidade por incompetência do juízo. Essa incompetência, todavia, referia-se à relativa, uma vez que, quanto à absoluta, ela podia ser arguida em qualquer tempo e grau de jurisdição, e até mesmo após o trânsito em julgado; as exceções, consoante disposto nos arts. 108 e 109 do CPP; podia a defesa requerer as diligências que entendesse convenientes (antigo art. 399); requerer a juntada de documentos (antigo art. 400); no prazo da defesa prévia – nela ou em separado –, a defesa podia arrolar até oito testemunhas.

– Fase da defesa inicial escrita: Nos procedimentos ordinário e sumário, oferecida a denúncia ou queixa, o juiz: (i) analisará se não é caso de rejeição liminar (deverá avaliar todos os requisitos do art. 395: condição da ação, possibilidade jurídica do pedido etc.); (ii) se não for caso de rejeição liminar, recebê-la-á e ordenará a citação do acusado para responder à acusação, por escrito, no prazo de dez dias (*v.* também CPP, art. 406).

– Conteúdo da defesa inicial: Nessa defesa inicial poderá o defensor: (i) Arguir preliminares e alegar tudo o que interesse à sua defesa, por exemplo, matérias que levem à absolvição sumária, as quais se encontram descritas no atual art. 397 do CPP (causas excludentes da ilicitude, atipicidade do fato etc.). Sob pena de preclusão, *deverá* ser arguida na defesa inicial a nulidade por incompetência relativa do juízo, pois a absoluta pode ser arguida em qualquer tempo e grau de jurisdição. Além da exceção de incompetência do juízo, este será o momento para arguir a litispendência, coisa julgada, ilegitimidade de parte, suspeição do juízo, consoante o disposto nos arts. 108 e 109 do CPP. Cumpre consignar que, na antiga defesa prévia, o defensor, geralmente, limitava-se à negativa geral dos fatos articulados, a qual não autorizava o juiz a absolver sumariamente o agente. Na atual sistemática, por intermédio da atual defesa inicial, ainda que ocorra o recebimento da denúncia ou queixa, poderá ser feita uma nova análise das matérias preliminares ou de tudo que interesse à defesa do acusado, autorizando-se a sua absolvição sumária, colocando-se, por conseguinte, imediato fim ao processo. (ii) Oferecer documentos e justificações. (iii) Especificar as provas pretendidas. (iv) Arrolar testemunhas, qualificando-as e requerendo sua intimação, quando necessário. A exceção será processada em apartado, nos termos dos arts. 95 a 112 do Código.

Dessa forma, a resposta é uma peça processual consistente, com abordagem de questões preliminares, arguição de exceções dilatórias ou peremptórias, matéria de mérito e amplo requerimento de provas, devendo também ser arroladas testemunhas. Contrariamente à antiga defesa prévia, poderá levar à absolvição sumária do agente.

– **Obrigatoriedade da defesa inicial:** Não apresentada a resposta no prazo legal, ou se o acusado, citado, não constituir defensor, o juiz nomeará defensor para oferecê-la, concedendo-lhe vista dos autos por dez dias. A não nomeação de defensor pelo juiz para oferecimento da defesa gerará nulidade absoluta. Na antiga defesa prévia havia uma discussão se, expirado o prazo para o seu oferecimento, operava-se a preclusão temporal. Com nova sistemática do Código, não há mais qualquer discussão a respeito do tema, pois a nova defesa inicial passou a ser condição obrigatória da ação, de forma que, passado o prazo de dez dias para o seu oferecimento, o juiz obrigatoriamente nomeará um defensor para realizar o ato.

– **Oitiva do Ministério Público:** A lei não contempla a oitiva do MP após o oferecimento da defesa inicial, tal como ocorria com o oferecimento da defesa prévia. Entretanto, é bom ressalvar que esse novo ato processual poderá, ao contrário da defesa prévia, levar à absolvição sumária do agente. Justamente, por essa razão, no procedimento do júri, há a previsão legal da oitiva do MP após o oferecimento da defesa, nos termos do art. 409, o qual prevê que, "apresentada a defesa, o juiz ouvirá o Ministério Público ou o querelante sobre preliminares e documentos, em 5 (cinco) dias". A ausência de previsão legal fatalmente gerará discussões, podendo surgir posicionamento no sentido de que o art. 409 do CPP deve ser aplicado analogicamente ao procedimento ordinário, tendo em vista que a ausência de oitiva do Ministério Público violaria o princípio da paridade de armas. Assim, havendo a juntada de documentos novos ou alegação de fatos novos, impor-se-ia a abertura de vista ao *Parquet*. No entanto, cumpre mencionar que, se o juiz abre vista para a acusação se manifestar sobre documento juntado pela defesa, não poderá sentenciar logo em seguida, pois a prerrogativa de falar por último constitui, para a defesa, manifestação natural da amplitude garantida pela Constituição, razão pela qual o seu desatendimento importa em nulidade absoluta do feito.

– **Momento do recebimento da denúncia ou queixa:** O art. 396 do CPP prevê que "nos procedimentos ordinário e sumário, oferecida a denúncia ou queixa, o juiz, se não a rejeitar liminarmente, recebê-la-á e ordenará a citação do acusado para responder à acusação, por escrito, no prazo de 10 (dez) dias". Sucede que, após o oferecimento da defesa inicial, não sendo caso de absolvição sumária, dispôs o art. 399 que, "recebida a denúncia ou queixa, o juiz designará dia e hora para a audiência, ordenando a intimação do acusado, de seu defensor, do Ministério Público e, se for o caso, do querelante e do assistente". Portanto, mencionado dispositivo legal nos dá a entender que o recebimento da denúncia ou queixa ocorreria após o oferecimento da defesa inicial e não antes, como se infere da leitura do art. 396 do CPP. Disso decorre a seguinte questão: Qual o momento do recebimento da denúncia ou queixa? Após ou antes da apresentação da defesa inicial? De acordo com o art. 363 do CPP, "o processo terá completada a sua formação quando realizada a citação do acusado". Desse modo, com a citação para responder a acusação por escrito, triangulariza-se a relação processual. Ora, não é possível cogitar a formação completa do processo com a citação sem que haja anterior recebimento da denúncia ou queixa, nem mesmo seria possível absolver sumariamente o acusado se não houvesse esse juízo anterior de admissibilidade da peça inaugural do processo.

Interessante notar que na Lei de Drogas há a previsão de uma defesa preliminar que antecede o recebimento da denúncia ou queixa. Assim, prevê esse diploma legal a notificação do denunciado para oferecimento da resposta preliminar; no entanto, havendo o recebimento da denúncia ou queixa, o juiz ordenará a citação pessoal do acusado. Percebe-se aqui que, quando a lei quis tratar do oferecimento da defesa antes do juízo de admissibilidade de denúncia ou queixa, previu a notificação do acusado e não sua citação pessoal. Somente após o recebimento da inicial acusatória é que a Lei se refere à citação pessoal.

Conclui-se, desse modo, que o recebimento da denúncia ou queixa ocorre antes da citação pessoal do acusado. Nesse contexto, se não for caso de rejeição liminar, o juiz recebê-la-á e ordenará a citação do acusado para responder à acusação, por escrito, no prazo de dez dias.

— **Citação:** No caso de citação por edital, o prazo para a defesa começará a fluir a partir do comparecimento pessoal do acusado ou do defensor constituído (CPP, art. 363, § 4º). Na hipótese em que o réu se oculta para não ser citado, o oficial de justiça certificará a ocorrência e procederá à citação com hora certa, na forma estabelecida nos arts. 251 a 254, do CPC, não havendo mais que falar em citação por edital, com os efeitos do art. 366 (cf. CPP, art. 362). Completada a citação com hora certa, se o acusado não comparecer, ser-lhe-á nomeado defensor dativo, devendo o processo tramitar sem a sua presença (CPP, art. 362, parágrafo único).

— **Defesa preliminar (procedimento da Lei de Drogas e dos crimes praticados por funcionário público):** O Código menciona a aplicação dos arts. 395 a 398 (a referência ao art. 398 é incorreta, pois este foi revogado) a todos os procedimentos penais de primeiro grau, ainda que por ele não regulados (CPP, art. 394, § 4º). Referidos dispositivos legais referem-se à rejeição da denúncia, à defesa inicial e às hipóteses de absolvição sumária. Contudo, é preciso mencionar que os procedimentos específicos dos crimes previstos na Lei n. 11.343/2006 e dos crimes praticados por funcionários públicos (CPP, arts. 513 a 518) contemplam a defesa preliminar, cuja função é impedir o próprio recebimento da denúncia ou queixa, ao contrário da defesa prevista no art. 396, a qual é posterior a este ato e visa à absolvição sumária do agente.

Importante destacar que o STJ, no que concerne aos crimes praticados por funcionários públicos, possui entendimento sumulado no sentido de ser desnecessária a resposta preliminar quando a denúncia vier acompanhada de inquérito policial (Súmula 330).

— **Defesa inicial e suspensão condicional do processo:** Na hipótese em que o magistrado recebe a denúncia ou queixa, na qual foi formulada proposta de suspensão condicional do processo pelo Ministério Público (art. 89 da Lei n. 9.099/95), questiona-se se ele, de acordo com a atual redação do art. 396 do CPP, deverá determinar a citação do acusado para o oferecimento da defesa inicial ou então designar audiência para que o acusado aceite ou não o benefício da suspensão condicional do processo.

Nosso entendimento: primeiro deverá ser realizada a audiência para a aceitação ou não do benefício do *sursis* processual e, caso este não seja aceito, será oferecida a defesa escrita para a discussão do mérito da ação.

Isto porque a suspensão condicional do processo antecede qualquer análise do mérito, constituindo verdadeira transação processual, de forma a suspender a ação penal.

– **Defesa inicial escrita e hipóteses de absolvição própria:** O juiz estará autorizado a julgar antecipadamente a lide penal quando: (i) Estiver comprovada a existência *manifesta* de causa excludente da ilicitude do fato: no caso, a dúvida acerca da existência da excludente milita em favor da sociedade (*in dubio pro societate*). (ii) Estiver comprovada a existência *manifesta* de causa excludente da culpabilidade do agente, *salvo inimputabilidade*. Na hipótese em que a inimputabilidade se encontra comprovada por exame de insanidade mental, o CPP não autoriza a absolvição imprópria do agente, pois esta implicará a imposição de medida de segurança, o que poderá ser prejudicial ao réu, já que lhe será possível comprovar por outras teses defensivas a sua inocência, sem a imposição de qualquer medida restritiva. Importante notar que, no procedimento do júri, o art. 415 prevê que não haverá a absolvição pela inimputabilidade do agente (CP, art. 26), salvo quando esta for a única tese defensiva. (iii) O fato narrado evidentemente não constituir crime. (iv) Estiver extinta a punibilidade do agente. Note-se que o art. 61 do CPP prevê que "Em qualquer fase do processo, o juiz, se reconhecer extinta a punibilidade, deverá declará-lo de ofício". E, segundo a Súmula 18 do STJ: "A sentença concessiva de perdão judicial é declaratória da extinção da punibilidade, não subsistindo qualquer efeito condenatório". Desse modo, consoante o entendimento majoritário, a sentença que declara a extinção da punibilidade não é absolutória, pois não realiza qualquer análise quanto à inocência ou culpabilidade do agente, à procedência ou improcedência do pedido.

– **Recurso da absolvição sumária:** Da decisão que absolve sumariamente o agente cabe o recurso de apelação, com exceção da hipótese prevista no inciso IV (decisão que decreta a extinção da punibilidade), da qual cabe o recurso em sentido estrito (CPP, art. 581, VIII).

20.2.2. Audiência de instrução e julgamento

Princípio da oralidade: A reforma processual penal instituída pelas Leis n. 11.690/2008 e 11.719/2008, ao visar a maior celeridade e o aprimoramento na colheita da prova, primou pelo princípio da oralidade, do qual decorrem vários desdobramentos: (i) concentração dos atos processuais em audiência única; (ii) imediatidade; (iii) identidade física do juiz.

A Lei procurou concentrar toda a instrução em uma única audiência, permitindo-se a cisão apenas em hipóteses excepcionais. Vejamos:

(i) remessa do inquérito policial;

(ii) distribuição e vista ao promotor;

(iii) oferecimento da denúncia ou queixa;

(iv) o juiz analisará se não é caso de rejeição liminar (deverá avaliar todos os requisitos do art. 395: condição da ação, possibilidade jurídica do pedido etc.);

(v) se não for caso de rejeição liminar, recebê-la-á e ordenará a citação do acusado para responder à acusação, por escrito, no prazo de dez dias;

(vi) com a resposta do acusado, analisará o juiz a possibilidade de absolvição sumária. Como já afirmado, trata-se de resposta obrigatória; passado o prazo de dez dias para o seu oferecimento, o juiz obrigatoriamente nomeará um defensor para realizar o ato;

(vii) não sendo hipótese de absolvição sumária, o juiz designará dia e hora para a audiência de instrução e julgamento, a ser realizada no prazo máximo de sessenta dias, ordenando a intimação do acusado, de seu defensor, do Ministério Público e, se for o caso, do querelante e do assistente. A audiência será única, por força do princípio da concentração dos atos processuais;

(viii) na audiência de instrução e julgamento, a ser realizada no prazo máximo de sessenta dias:

(i) tomada de declarações do ofendido.

(ii) inquirição das testemunhas arroladas pela acusação (8). Nesse número não se compreendem as que não prestem compromisso e as referidas (art. 401, § 1º). A parte poderá desistir da inquirição de qualquer das testemunhas arroladas, ressalvado o disposto no art. 209 do Código (art. 401, § 2º). Cumpre consignar que caberá primeiro à parte que arrolou a testemunha e não ao juiz realizar as perguntas. O sistema presidencialista, em que as perguntas das partes eram formuladas por intermédio de um magistrado, restou superado com a nova reforma processual penal. Assim, tal como sempre sucedeu no interrogatório realizado no Plenário do Júri, as partes formularão as perguntas diretamente à testemunha, não admitindo o juiz aquelas que puderem induzir a resposta, não tiverem relação com a causa ou importarem na repetição de outra já respondida (CPP, art. 212, *caput*). Trata-se do sistema de inquirição direta, chamado de *cross-examination*, de inspiração norte-americana. Caberá, ainda, ao magistrado, complementar a inquirição sobre pontos não esclarecidos (CPP, art. 212, parágrafo único).

Importante destacar que no julgamento do HC 177530 AgR, pela 1ª Turma do STF, rel. Alexandre de Moraes, em 20-12-2019, decidiu-se que o desrespeito ao art. 212 do CPP, com o julgador realizando perguntas às testemunhas e depois abrindo oportunidade às partes, desrespeita o modelo de *cross-examination* sendo causa de nulidade relativa.

(iii) inquirição das testemunhas arroladas pela defesa (8), ressalvado o disposto no art. 222 deste Código. Aplicam-se os comentários constantes do item (ii).

(iv) esclarecimentos dos peritos.

(v) acareações.

(vi) reconhecimento de pessoas e coisas.

(vii) interrogatório, em seguida, do acusado.

(viii) requerimento de diligências. Cisão da audiência com a consequente apresentação de alegações finais, por memorial: o requerimento de diligência, antes previsto no art. 499, agora, será realizado na própria audiência de instrução, após a produção das provas. Dessa forma, ao final da audiência, o Ministério Público, o querelante e o assistente e, a seguir, o acusado poderão requerer diligências cuja necessidade se origine de circunstâncias ou fatos apurados na instrução. Ordenada diligência considerada imprescindível, de ofício ou a requerimento da parte, a audiência será concluída sem as alegações finais. Realizada, em seguida, a diligência determinada, as partes apresentarão, no prazo sucessivo de cinco dias, suas alegações finais, por memorial, e, no prazo de dez dias, o juiz proferirá a sentença. Trata-se, portanto, de hipótese em que será autorizada a cisão da audiência única.

(ix) ausência de requerimento de diligência. Alegações orais e sentença: Não havendo requerimento de diligências, ou sendo indeferido, serão oferecidas alegações finais orais por vinte minutos, respectivamente, pela acusação e pela defesa, prorrogáveis por mais dez, proferindo o juiz, a seguir, sentença. Havendo mais de um acusado, o tempo previsto para a defesa de cada um será individual. Ao assistente do Ministério Público, após a manifestação deste, serão concedidos dez minutos, prorrogando-se por igual período o tempo de manifestação da defesa.

(x) complexidade da causa. Cisão da audiência com a consequente apresentação de alegações finais, por memorial: O juiz poderá, considerada a complexidade do caso ou o número de acusados, conceder às partes o prazo de cinco dias sucessivamente para a apresentação de memoriais. Nesse caso, terá o prazo de dez dias para proferir a sentença. Cuida-se, aqui, de mais uma hipótese em que se admitirá a cisão da audiência única. Quando do oferecimento das alegações finais, a parte deve arguir as nulidades eventualmente ocorridas no curso da instrução criminal (art. 571, II). Deve também produzir todas as suas alegações quanto ao mérito e às preliminares, sob pena de preclusão.

(xi) do ocorrido em audiência será lavrado termo em livro próprio, assinado pelo juiz e pelas partes, contendo breve resumo dos fatos relevantes nela ocorridos. Sempre que possível, o registro dos depoimentos do investigado, indiciado, ofendido e testemunhas será feito pelos meios ou recursos de gravação magnética, estenotipia, digital ou técnica similar, inclusive audiovisual, destinada a obter maior fidelidade das informações. No caso de registro por meio audiovisual, será encaminhada às partes cópia do registro original, sem necessidade de transcrição.

– ***Mutatio libelli* e cisão da audiência:** De acordo com a atual redação do art. 384, *caput*, do CPP: "Encerrada a instrução probatória, se entender cabível nova definição jurídica do fato, em consequência de prova existente nos autos de elemento ou circunstância da infração penal não contida na acusação, o Ministério Público deverá aditar a denúncia ou queixa, no prazo de 5 (cinco) dias, se em virtude desta houver sido instaurado o processo em crime de ação pública, reduzindo-se a termo o aditamento, quando feito oralmente". Trata-se de mais uma hipótese em que ocorrerá a cisão da audiência única do art. 400 do CPP.

– **Ausência de memoriais e nulidade:** Indaga-se: na hipótese de ser concedido prazo de cinco dias para o MP e a defesa apresentarem memoriais, em substituição às alegações finais orais, a ausência daqueles acarretará nulidade processual? Quando da vigência do antigo art. 500 já se questionava se o oferecimento das alegações finais seria obrigatório ou não. No que diz respeito à defesa, havia duas posições: a primeira sustentava que o não oferecimento de alegações finais não ensejava a decretação de qualquer nulidade, pois somente ocorreria o vício se o defensor não fosse intimado para a sua apresentação ou quando não lhe fosse concedido prazo para tanto. Para a segunda corrente, as alegações finais constituiriam peça essencial do processo, cuja falta acarretaria a sua nulidade absoluta, por ofensa à ampla defesa. Entendíamos correta essa última posição. Somente no procedimento escalonado do Júri a defesa teria a faculdade de apresentar ou não as suas alegações escritas, na fase do revogado art. 406 do CPP, uma vez que estas antecederiam mera decisão interlocutória, que não poria fim ao processo. Nos demais casos, a apresentação seria obrigatória. O Ministério Público também não poderia deixar de oferecer as alegações finais, vez que sua atuação seria pautada segundo o princípio da indisponibilidade da ação penal. Por outro lado, em se tratando de ação penal privada subsidiária, a falta de alegações finais por parte do querelante não induziria perempção, ocorrendo nesse caso a retomada do processo pelo órgão do *parquet*. Já em caso de ação penal exclusivamente privada, o não oferecimento de alegações finais acarretaria não só a perempção, mas também ensejaria a extinção da punibilidade.

– **Provas. Indeferimento:** As provas serão produzidas numa só audiência, podendo o juiz indeferir as consideradas irrelevantes, impertinentes ou protelatórias.

– **Inversão na ordem da oitiva das testemunhas:** As testemunhas de acusação são ouvidas em primeiro lugar. A inversão dessa ordem acarreta tumulto processual, cabendo, no caso, *correição parcial*, embora não enseje nulidade se não restar demonstrado o prejuízo. Contudo, toda vez que a oitiva de testemunhas não se referir ao fato probando, ou ainda quando se tratar de audiência no juízo deprecado, tal inversão não implica nulidade. Dessa forma, no caso de testemunha deprecada, não é necessário aguardar o retorno da carga precatória para a realização da audiência (CPP, art. 222). Nessa hipótese, no entanto, não será possível ao juiz proferir sentença em audiência, constituindo mais um caso em que se autorizará a cisão da audiência única do art. 400 do CPP, a fim de se esperar o regresso da precatória.

Convém, finalmente, mencionar que a inversão na ordem da oitiva das testemunhas poderá ocorrer nos casos de produção antecipada de provas (CPP, art. 156, I).

– **Ausência da testemunha. Condução coercitiva:** De acordo com o art. 218, "Se regularmente intimada, a testemunha deixar de comparecer sem motivo justificado, o juiz poderá requisitar à autoridade policial a sua apresentação ou determinar seja conduzida por oficial de justiça, que poderá requisitar auxílio da força pública". Em face da audiência única, tal dispositivo legal gerará inúmeros questionamentos, pois, muitas vezes, será inviável a condução coercitiva da testemunha, por morar em localidade distante, o que acabará provocando, constantemente, a sua cisão, em contrariedade ao princípio da celeridade e economia processual. No procedimento do júri há previsão expressa no sentido da possibilidade de cisão da audiência única. Vejamos o art. 461 do CPP: "O julgamento não será adiado se a testemunha deixar de comparecer, salvo se uma das partes tiver requerido a sua intimação por mandado, na oportunidade de que trata o art. 422 deste Código, declarando não prescindir do depoimento e indicando sua localização. § 1º Se intimada, a testemunha não comparecer, o juiz presidente suspenderá os trabalhos e mandará conduzi-la ou adiará o julgamento para o primeiro dia desimpedido, ordenando a sua condução. § 2º O julgamento será realizado mesmo na hipótese de a testemunha não ser encontrada no local indicado, se assim for certificado por oficial de justiça". É possível sustentar a aplicação analógica desse dispositivo legal ao procedimento ordinário, de forma que as partes, se quiserem a condução coercitiva da testemunha e a suspensão da audiência, deverão requerer a sua intimação por mandado por ocasião do oferecimento da denúncia ou queixa, ou quando da apresentação da defesa inicial.

– **Substituição de testemunha:** O antigo art. 397 previa que: "Se não for encontrada qualquer das testemunhas, o juiz poderá deferir o pedido de substituição, se esse pedido não tiver por fim frustrar o disposto nos arts. 41, *in fine*, e 395". O art. 405, por sua vez, previa que: "se as testemunhas de defesa não forem encontradas e o acusado, dentro em três dias, não indicar outras em substituição, prosseguir-se-á nos demais termos do processo". As inovações legais não se referem à substituição de testemunhas, porém, como o deferimento pelo juiz constituía uma faculdade, nada impede que, mediante requerimento justificado da parte, o juiz defira a substituição.

– **Acusado preso e interrogatório:** O acusado preso será requisitado para comparecer ao interrogatório, devendo o poder público providenciar sua apresentação.

– **Princípio da identidade física do juiz:** Trata-se de inovação introduzida no CPP. O juiz que colheu a prova em audiência fica obrigado a julgar a causa. Esse princípio deverá ser aplicado a todos os procedimentos.

→ ATENÇÃO: de acordo com o art. 19-A, *caput*, da Lei n. 9.807/99, terão prioridade na tramitação o inquérito e o processo criminal em que figure indiciado, acusado, vítima ou réu colaboradores, vítima ou testemunha protegidas pelos programas de que trata a referida Lei.

O mesmo Diploma Legal determina, em seu parágrafo único, que "qualquer que seja o rito processual criminal, o juiz, após a citação, tomará antecipadamente o depoimento das pessoas incluídas nos programas de proteção previstos nesta Lei, devendo justificar a eventual impossibilidade de fazê-lo no caso concreto ou o possível prejuízo que a oitiva antecipada traria para a instrução criminal".

20.3. Procedimento sumário

20.3.1. Introdução

É regulado no Capítulo V, do Título II, do Livro II (arts. 531 a 538). É um procedimento variante do "procedimento comum", mas que foi inserido por incorreta técnica (a crítica é da doutrina) no capítulo dos "processos especiais".

Tal rito era relativo única e tão somente aos crimes apenados com detenção, e cujo máximo da pena privativa de liberdade fosse superior a dois anos, pois, no que diz respeito às contravenções penais, e aos delitos cuja pena máxima fosse igual ou inferior a dois anos de detenção ou reclusão, aplicava-se o denominado "procedimento sumaríssimo", criado pela Lei n. 9.099/95.

A Lei n. 11.719/2008, entretanto, passou a optar por critério distinto para a determinação do procedimento a ser seguido. Com efeito, de acordo com o novo art. 394 do CPP, o procedimento será comum ou especial. O procedimento comum se divide em: **(i) ordinário:** crime cuja sanção máxima cominada for igual ou superior a 4 (quatro) anos de pena privativa de liberdade, salvo se não se submeter a procedimento especial; **(ii) sumário:** crime cuja sanção máxima cominada seja inferior a 4 (quatro) anos de pena privativa de liberdade, salvo se não se submeter a procedimento especial; **(iii) sumaríssimo:** infrações penais de menor potencial ofensivo, na forma da Lei n. 9.099/95, ainda que haja previsão de procedimento especial. Dessa forma, a distinção entre os procedimentos ordinário e sumário dar-se-á em função da pena máxima cominada à infração penal e não mais em virtude de esta ser apenada com reclusão ou detenção.

Na prática, como se verá mais adiante, com a reforma processual, poucas diferenças restaram entre os ritos ordinário e sumário, pois ambos passaram a primar pelo princípio da celeridade processual (cf. art. 8º da Convenção Americana sobre Direitos Humanos, aprovada no Brasil pelo Decreto Legislativo n. 27, de 25-9-1992, e promulgada pelo Decreto n. 678, de 6-11-1992, e art. 5º, LXXVIII, da CF), bem como pelo aprimoramento da colheita da prova, de onde surgiram alguns reflexos: (i) concentração dos atos processuais em audiência única; (ii) imediatidade; (iii) identidade física do juiz.

20.3.1.1. *Procedimento judicialiforme foi revogado*

O antigo procedimento judicialiforme que se aplicava à espécie não é mais permitido em nosso ordenamento jurídico (Lei n. 4.611, de 2-4-1965). Até o advento da Constituição Federal de 1988 o procedimento sumário previa que, além do MP, a iniciativa da ação penal podia se dar *ex officio* pela autoridade policial ou judiciária, através de portaria, no caso das contravenções penais, e nos crimes de lesão corporal culposa e homicídio culposo. Com o art. 129, I, da CF, revogaram-se os anteriores dispositivos, prevendo-se que cabe ao Ministério Público promover privativamente a ação penal pública, na forma da lei, não cabendo, por isso mesmo, outro titular nessa espécie de processo. No mesmo sentido é o teor do art. 257 do CPP.

20.3.1.2. *Procedimentos* ex officio *instaurados antes da Constituição Federal de 1988*

Os procedimentos de ofício em andamento nas delegacias de polícia devem ser remetidos a juízo para que o Ministério Público assuma a promoção da ação, respeitando-se os atos praticados antes da atual Constituição Federal.

20.3.1.3. *Rito procedimental*

Oferecida a denúncia, proceder-se-á de acordo com o rito previsto nos arts. 531 a 538.

Os atos instrutórios estão concentrados numa única audiência e o interrogatório passou a ser realizado ao final desta. Vejamos o antigo procedimento sumário:

(i) remessa do inquérito policial;

(ii) distribuição e abertura de vista ao promotor;

(iii) o promotor tem três caminhos: oferece a denúncia; requer novas diligências; requer o arquivamento;

(iv) com o recebimento da denúncia, cita-se o réu;

(v) interrogatório do acusado;

(vi) defesa prévia: três dias;

(vii) audiência das testemunhas de acusação: até cinco testemunhas;

(viii) despacho saneador (em desuso). Nesse momento, determinava o magistrado, em caso de necessidade, que se procedessem às diligências necessárias ao esclarecimento da verdade – independentemente do requerimento das partes –, sanava eventuais irregularidades e marcava para um dos oito dias seguintes a audiência de instrução, debates e julgamento, cientificados o Ministério Público, o réu e seu defensor (art. 538, *caput*);

(ix) audiência de julgamento:

– **testemunhas de defesa.** Na audiência, eram inquiridas as testemunhas de defesa, e, se o juiz entendesse necessária a realização de qualquer diligência, marcava para um dos cinco dias seguintes a continuação do julgamento (se fosse impossível a solução da diligência na mesma audiência), determinando as providências necessárias ao caso (art. 538, § 4º). Inexistindo diligências ou no caso de já terem sido realizadas, passavam-se aos debates orais;

– **debates orais** (vinte minutos para cada parte, prorrogáveis a critério do juiz por mais dez). Admitia-se (a jurisprudência não era pacífica) a substituição da manifestação oral por *memoriais*, sem que isso implicasse eventual nulidade, até porque constituiria uma forma de ampliar o direito de defesa;

– **findos os debates**, o juiz, em seguida, proferia a sentença (art. 538, § 3º, *in fine*). Se não se julgasse habilitado para proferir a decisão na audiência, ordenava que os autos lhe fossem imediatamente conclusos e, no prazo de cinco dias, sentenciava (art. 538, § 3º). Tal prazo, por força do art. 800, § 3º, do CPP, não era fatal e podia ser prorrogado.

– **Inovações legislativas:** A Lei procurou concentrar toda a instrução em uma única audiência, permitindo-se a cisão apenas em hipóteses excepcionais. Vejamos:

(i) remessa do inquérito policial;

(ii) distribuição e vista ao promotor;

(iii) oferecimento da denúncia ou queixa;

(iv) o juiz analisará se não é caso de rejeição liminar (deverá avaliar todos os requisitos do art. 395: condição da ação, possibilidade jurídica do pedido etc.);

(v) se não for caso de rejeição liminar, recebê-la-á e ordenará a citação do acusado para responder à acusação, por escrito, no prazo de dez dias (CPP, art. 396);

(vi) com a resposta do acusado, analisará o juiz a possibilidade de absolvição sumária (CPP, art. 397). Como já afirmado, trata-se de resposta obrigatória; passado o prazo de dez dias para o seu oferecimento, o juiz obrigatoriamente nomeará um defensor para realizar o ato;

(vii) não sendo hipótese de absolvição sumária, o juiz designará dia e hora para a audiência de instrução e julgamento, ordenamento a intimação do acusado, de seu defensor, do Ministério Público e, se for o caso, do querelante e do assistente (CPP, art. 399). A audiência será única, por força do princípio da concentração dos atos processuais;

(viii) audiência de instrução e julgamento, a ser realizada no prazo máximo de trinta dias (CPP, art. 531):

– tomada de declarações do ofendido;

– inquirição das testemunhas arroladas pela acusação (5) (CPP, art. 532). Importante consignar que, como já analisado, anteriormente, caberá primeiro à parte que arrolou a testemunha e não ao juiz realizar as perguntas. Trata-se do sistema de inquirição direta, chamado *cross-examination*, de inspiração norte-americana. Caberá, ainda, ao magistrado complementar a inquirição sobre pontos não esclarecidos (CPP, art. 212, parágrafo único;

– inquirição das testemunhas arroladas pela defesa (5), ressalvado o disposto no art. 222 deste Código. Aplicam-se os comentários constantes do item (ii). A testemunha que comparecer será inquirida, independentemente da suspensão da audiência, observada em qualquer caso a ordem estabelecida no art. 531 deste Código (CPP, art. 536);

– esclarecimentos dos peritos;

– acareações;

– reconhecimento de pessoas e coisas;

– interrogatório, em seguida, do acusado;

– as alegações finais serão orais, concedendo-se a palavra, respectivamente, à acusação e à defesa, pelo prazo de vinte minutos, prorrogáveis por mais dez, proferindo o juiz, a seguir, sentença (CPP, art. 534, *caput*). Havendo mais de um acusado, o tempo previsto para a defesa de cada um será individual (CPP, art. 534, § 1º). Ao assistente do Ministério Público, após a manifestação deste, serão concedidos dez minutos, prorrogando-se por igual período o tempo de manifestação da defesa (CPP, art. 534, § 2º);

– **adiamento de ato processual:** Nenhum ato será adiado, salvo quando imprescindível a prova faltante, determinando o juiz a condução coercitiva de quem deva comparecer (CPP, art. 535). Dessa forma, sendo necessária a realização de diligência imprescindível, autoriza-se a cisão da audiência, e, por conseguinte, deverá ser admitida a apresentação de alegações finais, por memorial.

– Lei n. 9.099/95 e o procedimento sumário: Não será aplicado o procedimento sumaríssimo da Lei dos Juizados Especiais Criminais em duas situações: (i) não localização do autor do fato para citação pessoal (art. 66, parágrafo único). Nessa hipótese, será necessária a citação por edital, o que é incompatível com a celeridade do procedimento sumaríssimo. Também deverá ser considerado incompatível com o rito da Lei n. 9.099/95 a realização de citação por hora certa (CPP, art. 362); (ii) complexidade da causa ou circunstância diversa que não permita o imediato oferecimento da denúncia (art. 77, § 2º). Em tais casos, o juiz deverá encaminhar os autos ao juiz comum, devendo ser adotado o procedimento previsto nos arts. 531 e s. do CPP (sumário) (CPP, art. 538).

– **Aplicação subsidiária do procedimento ordinário:** Subsidiariamente, as disposições referentes ao procedimento ordinário deverão incidir sobre os procedimentos especial, sumário e sumaríssimo (CPP, art. 394, § 5º). Dessa forma, eventuais omissões, lacunas existentes no procedimento sumário poderão requerer a aplicação das disposições do procedimento ordinário. Cite-se como exemplo o art. 405 do CPP, o qual dispõe que: "do ocorrido em audiência será lavrado termo em livro próprio, assinado pelo juiz e pelas partes, contendo breve resumo dos fatos relevantes nela ocorridos. Sempre que possível, o registro dos depoimentos do investigado, indiciado, ofendido e testemunhas será feito pelos meios ou recursos de gravação magnética, estenotipia, digital ou técnica similar, inclusive audiovisual, destinada a obter maior fidelidade das informações. No caso de registro por meio audiovisual, será encaminhado às partes cópia do registro original, sem necessidade de transcrição". De igual forma deverá incidir o disposto no § 1º do art. 399, o qual dispõe que: "O acusado preso será requisitado para comparecer ao interrogatório, devendo o poder público providenciar sua apresentação". Finalmente, será aplicável o princípio da identidade física do juiz (CPP, art. 399, § 2º), dentre outros exemplos.

20.4. Da citação

20.4.1. Conceito

É o ato oficial pelo qual, ao início da ação, dá-se ciência ao acusado de que, contra ele, se movimenta esta ação, chamando-o a vir a juízo, para se ver processar e fazer a sua defesa. Compõe-se a citação de dois elementos básicos: a cientificação do inteiro teor da acusação e o chamamento do acusado para vir apresentar a sua defesa. Toda vez que uma destas finalidades não for atingida, haverá vício no ato citatório. Assim, a citação que apenas chamar o réu sem inteirar-lhe previamente do conteúdo da denúncia ou queixa será irremediavelmente nula, por ofensa ao princípio constitucional da ampla defesa (CF, art. 5º, LV). No Processo Penal, a citação é feita apenas uma vez, pois o processo de execução configura simples prosseguimento da relação processual já instaurada.

> → **ATENÇÃO:** somente o acusado, por ser o único sujeito passivo da pretensão punitiva, pode ser citado.

Mesmo nos casos do insano mental, a citação não poderá ser feita na pessoa do representante legal. Evidentemente, se já houver sido instaurado o incidente de insanidade mental (CPP, art. 149, § 1º, primeira parte) e a perturbação já for conhecida do juízo, a citação deverá ser feita ao curador nomeado. Por outro lado, ainda que desconhecido do juízo, se o estado de perturbação for aparente e o oficial de justiça constatá-lo, sem qualquer dúvida, esta condição deverá ser certificada no verso do mandado, a fim de que o juiz possa determinar a instauração do respectivo incidente e nomear-lhe curador. Finalmente, na hipótese de responsabilidade penal de pessoas jurídicas (CF, arts. 225, § 3º, e 173, § 5º; Lei n. 9.605/98), não resta dúvida de que a citação será efetuada na pessoa do representante legal.

20.4.2. Quem determina a citação

Somente cabe ao juiz determiná-la e, normalmente, a oficial de justiça cumpri-la. Tratando-se de infrações da alçada do Juizado Especial, a citação pode ser feita de viva voz, na própria Secretaria, por qualquer dos funcionários com atribuições para tanto, nos termos do art. 66 da Lei n. 9.099/95.

20.4.3. Falta de citação

A citação do acusado no processo penal é indispensável, mesmo que tenha ele conhecimento do processo por outro motivo (interpelação, defesa preliminar etc.) e sua falta é causa de nulidade absoluta do processo (CPP, art. 564, III, *e*), porque afronta os princípios constitucionais do contraditório e da ampla defesa. O acusado ver-se-ia processado sem ao menos ter a possibilidade de contrariar as imputações que lhe foram lançadas.

→ **ATENÇÃO:** diz a lei (CPP, art. 570) que a falta ou nulidade da citação "estará sanada, desde que o interessado compareça, antes de o ato consumar-se, embora declare que o faz para o único fim de argui-la". Com base nisso, o Supremo Tribunal Federal já decidiu que fica afastada a falta ou defeito da citação, quando o réu comparece em juízo e é interrogado.

Esta regra, no entanto, deve ser entendida em termos. Como já foi dito, a citação tem dupla finalidade: cientificar o acusado do inteiro teor da acusação e chamá-lo para vir a juízo apresentar a sua defesa. O comparecimento de quem não foi citado atende a esta última finalidade, mas não impede a ausência de conhecimento prévio da imputação. Não se pode conceber que o réu fique sabendo do conteúdo da denúncia ou queixa no exato instante em que é interrogado pelo juiz. Haveria clara violação do direito à ampla defesa e do direito à informação. Assim, o comparecimento espontâneo do acusado supre a falta da citação, na medida em que se lhe garanta tudo o que a citação válida lhe traria, ou seja, conhecimento antecipado da imputação, tempo mínimo de vinte e quatro horas entre esta ciência e o interrogatório, e possibilidade de entrevistar-se previamente com seu advogado. Importante observar que, com o advento das Leis n. 11.689/2008 e 11.719/2008, o interrogatório deixou de ser o primeiro ato da instrução, passando a integrar a audiência concentrada dos arts. 400, 531 e 411 do CPP. Desse modo, o acusado não é citado para comparecer ao interrogatório, mas para oferecer a defesa inicial, consoante a atual redação dos arts. 396 e 406 do CPP.

20.4.4. Hipóteses de conhecimento da imputação antes mesmo da citação

Há casos em que, antes do recebimento da denúncia ou queixa, o réu é notificado da propositura da ação penal para que a conteste. É o que se dá nos processos da competência originária dos tribunais (Lei n. 8.038/90 c/c o art. 1º da Lei n. 8.658/93); nos processos por crimes previstos na Lei de Drogas (Lei n. 11.343/2006); assim como nos crimes de responsabilidade de funcionários públicos da competência do juiz singular (CPP, arts. 514 e seguintes, pouco importando tenha sido a denúncia respaldada naquelas peças a que se refere o art. 513 ou num simples inquérito policial). Nestas hipóteses, o acusado é notificado a apresentar resposta escrita (ou defesa preliminar), antes mesmo do recebimento da inicial acusatória.

20.4.5. Efeitos da citação válida

A citação válida não torna prevento o juízo, o que ocorre somente na hipótese do art. 83 do Código de Processo Penal. Não interrompe a prescrição, uma vez que isto se dá com o recebimento da denúncia ou queixa (CP, art. 117, I). Não induz também litispendência, pois a lide reputa-se pendente com a propositura da demanda. Assim, o único efeito da citação será o de completar a relação jurídica processual, triangularizando-a. Com a citação válida instaura-se o processo e passam a vigorar em sua integralidade os direitos, deveres e ônus processuais, bem como todos os princípios derivados do *due process of law*.

20.4.6. Consequências do não atendimento à citação

Uma vez citado, fica o réu vinculado à instância, com todos os ônus daí decorrentes. Em decorrência desta vinculação, o acusado deverá comparecer quando citado, bem como toda vez em que for intimado. Sua inércia em atender ao chamado denomina-se contumácia, que significa ausência injustificada. O efeito imediato da contumácia é a revelia, ou seja, "o processo seguirá sem a presença do acusado que, citado ou intimado pessoalmente para qualquer ato, deixar de comparecer sem motivo justificado, ou, no caso de mudança de residência, não comunicar o novo endereço ao juízo" (CPP, art. 367). Com a revelia, deixará de ser comunicado dos atos processuais posteriores, porém, contra ele não recairá a presunção de veracidade quanto aos fatos que lhe foram imputados, ante o princípio da verdade real, que norteia o processo penal. Mesmo revel, o réu poderá, em qualquer fase do processo, retomar o seu curso, restabelecendo-se o contraditório. O fenômeno da revelia somente se verificará nas hipóteses de contumácia de réu citado pessoalmente ou por edital, quando, neste último caso, tiver defensor constituído.

O prosseguimento do processo sem a presença do acusado se verifica também quando o réu, notificado para qualquer ato do processo, não acudir à notificação ou intimação nem der qualquer justificativa. Também seguirá o processo sem a sua presença se ele mudar de residência sem fazer a devida comunicação ao juízo, ou seja, sem indicar onde poderá ser encontrado. Estando o réu sob fiança, esta será havida como quebrada, perdendo ele a metade do valor, cabendo ao juiz decidir sobre a imposição de outras medidas cautelares ou, se for o caso, a decretação da prisão preventiva (CPP, arts. 328 e 343).

20.4.7. Classificação

A citação, no processo penal, pode ser:

(i) **real, pessoal ou *in faciem***: é a feita efetivamente na própria pessoa do acusado, gerando a certeza de sua realização. Procede-se mediante mandado (CPP, art. 351), carta precatória (CPP, art. 353) ou de ordem (determinada por órgão de jurisdição superior), requisição (CPP, art. 358) e carta rogatória (CPP, arts. 368 e 369);

(ii) **ficta ou presumida:** é a realizada por meio da publicação ou afixação em local determinado, de editais contendo a ordem de citação (CPP, arts. 361 e s.). Não existia no processo penal a chamada "citação por hora certa", tão comum no âmbito do processo civil. No entanto, passou a ser expressamente admitida, consoante o teor do art. 362 do CPP: "Verificando que o réu se oculta para não ser citado, o oficial de justiça certificará a ocorrência e procederá à citação com hora certa, na forma estabelecida nos arts. 251 a 254, do CPC".

20.4.8. Da citação por mandado

Mandado é a ordem escrita, corporificada em um instrumento e emitida pela autoridade competente para o cumprimento de determinado ato. Quando a ordem for proveniente do juiz, denominar-se-á mandado judicial, que, conforme sua finalidade, apresenta várias designações: mandado de citação, mandado de busca e apreensão etc.

Destina-se à citação do réu em local certo e sabido, dentro do território do juízo processante. Lugar certo diz respeito ao país, estado e cidade; lugar sabido refere-se ao bairro, rua e número.

O mandado de citação é cumprido pelo oficial de justiça.

20.4.8.1. Requisitos intrínsecos da citação por mandado

Trata-se das formalidades que fazem parte do instrumento do mandado. Estão previstas no art. 352 do Código de Processo Penal:

(i) o nome do juiz e a indicação do juízo;

(ii) se a ação for iniciada por meio de queixa, o nome do querelante;

(iii) o nome do réu ou, se desconhecido, os seus sinais identificadores;

(iv) os endereços do acusado, se conhecidos;

(v) o fim para que é feita a citação;

(vi) o juízo, o lugar, a data e a hora em que o réu deverá comparecer;

(vii) a subscrição pelo escrivão e a rubrica do juiz.

→ **ATENÇÃO:** não se exige a menção ao membro do Ministério Público na hipótese de ação pública. Sem as assinaturas do escrivão e do juiz o mandado é tido como apócrifo, não podendo ter qualquer valor. A inexistência de qualquer requisito que impeça o regular conhecimento da citação gera a nulidade desta e, consequentemente, do processo (CPP, art. 564, IV).

20.4.8.2. Requisitos extrínsecos da citação por mandado

São as formalidades externas ao mandado, que devem cercar a realização do ato de citação:

(i) leitura do mandado ao citando;

(ii) entrega da contrafé (cópia de inteiro teor do mandado e da acusação) ao citando;

(iii) certificação no verso ou ao pé do mandado, pelo oficial, acerca do cumprimento das duas formalidades anteriores.

Somente o descumprimento do segundo requisito implica nulidade. Nos demais casos, mera irregularidade.

20.4.8.3. Dia e hora da citação

A citação pode ser realizada a qualquer tempo, dia e hora, inclusive domingos e feriados, durante o dia ou à noite. Se o oficial de justiça não encontrar o citando no endereço constante do mandado, mas obtiver informações quanto ao seu paradeiro, deverá procurá-lo nos limites territoriais da circunscrição do juízo processante.

Não se deve proceder à citação dos doentes enquanto grave o seu estado; dos noivos, nos três primeiros dias de bodas; a quem estiver assistindo ao ato de culto religioso; ao cônjuge ou a outro parente do morto, consanguíneo ou afim, em linha reta ou colateral em segundo grau, no dia do falecimento e nos sete dias seguintes. No conceito de cônjuge devem ser incluídos os companheiros reunidos pelo laço da união estável, em face do art. 226, § 3º, da CF, que reconhece a união estável entre homem e mulher como entidade familiar. No que se refere à relação homoafetiva, o Plenário do STF já decidiu que "não obsta que a união de pessoas do mesmo sexo possa ser reconhecida como entidade familiar apta a merecer proteção estatal" (cf. *Informativo do STF*, n. 625, Brasília, 2 a 6 de maio de 2011).

20.4.9. Citação por carta precatória

Destina-se à citação do acusado que estiver no território nacional, em lugar certo e sabido, porém fora da comarca do juízo processante (CPP, art. 353). Constitui na realidade um pedido formulado pelo juízo processante ao juízo da localidade em que se encontra o réu, no sentido de que este último proceda ao ato citatório. Pressupõe que os juízos sejam da mesma instância (grau de jurisdição), pois se trata de mera solicitação, e não de determinação. Tal pedido é remetido por meio de uma carta, daí o nome de "carta precatória" (de *precatoriu*, isto é, uma carta na qual se pede algo): carta, porque tem forma de carta; precatória, porque contém um pedido.

O juiz solicitante (onde corre o processo) denomina-se deprecante, enquanto o solicitado, deprecado (onde está o citando). O primeiro pede que o segundo mande citar o acusado, não importando se o juízo deprecado encontra-se sediado na mesma ou em outra unidade da Federação.

20.4.9.1. Requisitos intrínsecos da citação por carta precatória

Estão previstos no art. 354. Além dos requisitos exigidos na citação por mandado, a carta precatória deverá conter a indicação do juiz deprecante (o que depreca, o que pede) e a do juiz deprecado (aquele a quem se pede), bem como a sede de um e de outro.

20.4.9.2. Caráter itinerante da carta precatória

Na hipótese de o citando se encontrar em outra comarca, distinta da do juízo deprecado, este encaminhará a carta precatória diretamente ao novo local (CPP, art. 355, § 1º). É a chamada "precatória itinerante".

A precatória itinerante é muito útil no caso de réu que muda constantemente de endereço, como, por exemplo, empregado de circo. Em hipóteses como essa, é possível também a expedição de carta precatória por telegrama, telex, fax ou até mesmo telefone, desde que preenchidos os requisitos do art. 354 do Código de Processo Penal. A despeito da redação do art. 356, a falta de reconhecimento de firma do juiz não invalida a carta, se não houver dúvida sobre a autenticidade do pedido. Entendimento contrário levaria a um excessivo apego ao formalismo.

20.4.9.3. Interrogatório por carta precatória

Vide comentários constantes do item 17.13.19.

20.4.10. Citação do militar

Faz-se mediante a expedição de ofício pelo juízo processante, denominado ofício requisitório, o qual será remetido ao chefe do serviço onde se encontra o militar, cabendo a este, e não ao oficial de justiça, a citação do acusado (CPP, art. 358). A requisição deverá obedecer aos mesmos requisitos intrínsecos (CPP, art. 352) e extrínsecos do mandado (CPP, art. 357), não se admitindo tenha o militar menos garantias de defesa do que o civil. Se por acaso o militar residir ou estiver prestando serviço em outra comarca, cumpre ao juiz processante expedir precatória, cabendo ao juiz deprecado a expedição do ofício requisitório.

> **Nosso entendimento:** não deve haver expedição de mandado para cumprimento pelo oficial de justiça, pois a lei criou uma regra especial, que derroga a geral, prevista no art. 351 do Código de Processo Penal.

20.4.11. Citação do preso

Todos os réus, não importando a sua condição, deverão ser pessoalmente citados por mandado. A redação do art. 360 do CPP não deixa dúvidas quanto a isso: "Se o réu estiver preso, será pessoalmente citado". Assim, o oficial de justiça deverá se dirigir ao estabelecimento carcerário em que o réu se encontrar e citá-lo pessoalmente, devendo atender às seguintes exigências, sob pena de nulidade: (i) leitura do mandado ao citando (preso ou não) pelo oficial; (ii) entrega da contrafé, na qual se mencionarão dia e hora da citação; (iii) declaração do oficial, na certidão, da entrega da contrafé e sua aceitação ou recusa (cf. CPP, art. 357).

Se o preso encontrar-se em outra comarca, far-se-á a citação por meio de carta precatória. Não tem mais sentido a Súmula 351 do STF, segundo a qual "é nula a citação por edital de réu preso na mesma unidade da Federação em que o juiz exerce a sua jurisdição". Isto porque referido entendimento sumular sugere a possibilidade de citação editalícia dos réus presos em outras unidades da Federação, que não aquela do juízo processante, o que é inadmissível e não se coaduna com o espírito da atual Lei, a qual exige, sempre que possível, a citação pessoal.

20.4.12. Citação do funcionário público

Se o acusado for funcionário público da ativa será citado por mandado. Mas exige a lei que o chefe da repartição onde o citando exerce suas funções seja devidamente notificado de que, em tal dia, hora e lugar, aquele funcionário deverá comparecer para ser interrogado. Essa exigência é necessária e se justifica a fim de que o chefe da repartição disponha de tempo para substituir, naquele dia, àquela hora, o funcionário cuja presença é reclamada pelo juiz. Não há necessidade, portanto, dessa comunicação se o funcionário estiver afastado do serviço (licença, férias etc.). Tratando-se de magistrado, a comunicação deve ser feita ao presidente do tribunal, que deverá autorizar a licença para que possa afastar-se dos serviços e de sua comarca. Quanto ao membro do Ministério Público, a comunicação deve ser feita ao procurador-geral. Se o funcionário exercer suas funções fora da comarca do juiz processante, expedir-se-á precatória, cabendo ao juiz deprecado tomar as providências apontadas neste artigo.

20.4.13. Réu no estrangeiro

O art. 368 uniformizou o tratamento para infrações afiançáveis e inafiançáveis.

Encontrando-se o acusado no estrangeiro, em local certo e sabido, será sempre citado por carta rogatória, mesmo que a infração seja afiançável. Por outro lado, a fim de se evitar a prescrição, a Lei determina a suspensão do prazo prescricional até o cumprimento da carta rogatória.

> **Nosso entendimento:** a prescrição ficará suspensa até que a carta seja juntada aos autos, devidamente cumprida.

Quando o acusado estiver em local incerto e não sabido, aplica-se a regra geral e a citação será por edital com prazo de quinze dias (CPP, art. 361).

No caso de citação em legações estrangeiras (sede das embaixadas ou consulados), será expedida a carta rogatória e remetida ao Ministério da Justiça, conforme os arts. 783 e seguintes, para o seu cumprimento via Ministério das Relações Exteriores (CPP, art. 369). Esta regra somente se aplica aos funcionários da embaixada ou consulado. No caso dos empregados particulares dos representantes diplomáticos, a citação será por mandado ou precatória, conforme o caso.

Finalmente, de acordo com o art. 222-A: "As cartas rogatórias só serão expedidas se demonstrada previamente a sua imprescindibilidade, arcando a parte requerente com os custos de envio".

20.4.14. Citação por carta de ordem

São as citações determinadas pelos tribunais nos processos de sua competência originária, vale dizer, o tribunal determina ao magistrado de primeira instância que cite o acusado residente em sua comarca e que goze de prerrogativa de foro. São também as determinações de tribunais superiores para tribunais de segundo grau.

20.4.15. Citação por edital

Consiste na citação por meio da publicação ou afixação na entrada do fórum da ordem judicial de citação.

20.4.15.1. *Pressuposto da citação por edital*

A citação editalícia é providência excepcional que reclama redobrada prudência, só podendo ser adotada depois de esgotados todos os meios para localizar o acusado.

20.4.15.2. *Hipóteses legais de citação por edital*

(i) **Réu em local incerto e não sabido:** de acordo com o art. 363, § 1º, não sendo encontrado o acusado, será procedida a citação por edital. Neste caso, não se sabe o país, estado ou cidade (incerto), tampouco o endereço (não sabido) onde se encontra o acusado. A prova de que o réu não foi encontrado é a certidão lavrada pelo oficial de justiça encarregado da execução do mandado de citação pessoal que o considera "em lugar incerto e não sabido". É nula, pois, a citação quando não for exarada tal certidão. Conforme dito acima, o citando deve ser procurado em todos os endereços constantes dos autos, sob pena de nulidade, mas o juízo não tem a obrigação de expedir ofícios ao Tribunal Regional Eleitoral, ao Serviço de Proteção ao Crédito ou à Polícia, para diligenciar acerca do paradeiro do acusado. De acordo com a interpretação da Súmula 351 do STF, é válida a citação por edital, se o citando está preso em outra unidade da Federação, sendo este fato desconhecido da autoridade processante.

> **Nosso entendimento:** a partir da inovação trazida pela Lei n. 10.792/2003, essa Súmula não tem mais sentido. O prazo do edital será de quinze dias (CPP, art. 361).

(ii) **Réu que se encontra em local inacessível:** por motivo de guerra, epidemia, calamidade pública ou qualquer outro derivado de caso fortuito ou força maior.

20.4.15.3. *Prazo do edital*

Temos um prazo previsto na hipótese de o réu não ser encontrado, o prazo será de quinze dias (CPP, art. 361).

De acordo com o disposto no art. 365, V, do Código de Processo Penal, o prazo do edital deve ser contado do dia da publicação na imprensa do mesmo, ou, quando não houver, do dia da sua afixação na entrada da sede onde funcionar o juízo. É perfeitamente possível o entendimento de que foi criada uma regra especial, pela qual o primeiro dia do prazo será o da publicação ou da afixação, excepcionando a regra geral dos prazos processuais constante do art. 798, § 1º, do Código de Processo Penal. Isto porque a norma fala em contagem do prazo a partir do dia da publicação, devendo este ser incluído como o primeiro dia no cômputo do lapso temporal editalício. Nesse sentido, Tourinho Filho[155].

> **Nosso entendimento:** a lei não criou regra especial, mas apenas apontou o dia da publicação como o dia do começo. Sendo assim, incide a regra geral do art. 798, § 1º, c/c a Súmula 310 do STF, considerando-se como primeiro dia do prazo o primeiro dia útil seguinte à publicação ou à afixação.

155. *Processo penal*, cit., v. 4, p. 208-209.

O prazo é de vital importância, pois se o interrogatório for marcado para antes do seu transcurso, haverá nulidade insanável do processo. Por exemplo: edital publicado em 9 de março, com prazo de quinze dias; o interrogatório somente poderá ser marcado a partir de 24 do mesmo mês (exclui-se o dia do começo, incluindo-se o do final). Se, por acaso, o dia 9 cair em uma sexta-feira, o prazo terminará em 26 de março (contagem começaria na segunda, dia 12).

Importante mencionar que não basta a publicação do edital e o decurso do prazo nele constante para que se repute completa a citação, exigindo-se o art. 363, § 4º, do CPP, o comparecimento do acusado em juízo, pois "Comparecendo o acusado citado por edital, em qualquer tempo, o processo observará o disposto nos arts. 394 e seguintes deste Código". Da mesma forma, a atual redação do art. 396, parágrafo único, do CPP, ao tratar da defesa inicial no procedimento ordinário e sumário, prevê que, "No caso de citação por edital, o prazo para a defesa começará a fluir a partir do comparecimento pessoal do acusado ou do defensor constituído".

→ **ATENÇÃO:** no tocante aos feitos de competência originária dos tribunais, o Plenário do Supremo Tribunal Federal já decidiu pela incidência da Lei n. 11.719/2008, passando o interrogatório a ser realizado após a instrução probatória (Plenário, AP 528 AgR/DF, rel. Min. Ricardo Lewandowski, 24-3-2011. Brasília, 21 a 25 de março de 2011, *Informativo do STF*, n. 620).

20.4.15.4. Requisitos da citação por edital

Estão previstos no art. 365 do Código de Processo Penal:

(i) o nome do juiz e o juízo que a determinar;

(ii) o nome do réu ou, se não for conhecido, os seus sinais característicos, bem como a residência e profissão, se constarem do processo;

(iii) o fim para que é feita a citação;

(iv) o juízo, o dia, a hora e o lugar em que deverá o réu comparecer;

(v) o prazo, que será contado do dia da publicação do édito na imprensa, se houver, ou da sua afixação.

→ **ATENÇÃO:** embora uma das finalidades da citação seja a comunicação do integral teor da acusação, o Supremo Tribunal Federal entende que não há necessidade de transcrição ou resumo da denúncia ou queixa no edital, sendo suficiente a indicação do dispositivo legal em que o réu se achar incurso.

É o que dispõe a Súmula 366 do STF: "Não é nula a citação por edital que indica o dispositivo da lei penal, embora não transcreva a denúncia ou queixa, ou não resuma os fatos em que se baseia".

20.4.15.5. Formalidades extrínsecas à citação por edital

De acordo com o disposto no art. 365, parágrafo único, do Código de Processo Penal, são as seguintes:

(i) **publicação do edital na imprensa, onde houver:** somente será obrigatória nas comarcas onde circule diário oficial. Não havendo diário oficial, se inexistir verba para a publicação em jornal local, o requisito da publicação fica dispensado. O Plenário do Supremo Tribunal Federal reafirmou sua jurisprudência no sentido da inexigibilidade da publicação na imprensa particular do edital de citação onde não haja imprensa oficial;

(ii) **afixação na porta do edifício onde funcionar o juízo:** seu descumprimento acarretará nulidade relativa do ato, dependendo sua decretação da efetiva demonstração do prejuízo. Nesse sentido têm se orientado nossos tribunais;

(iii) **certificação pelo oficial de que publicou o edital, ou juntada do exemplar aos autos do processo, e de que o afixou:** seu descumprimento somente causa nulidade se persistir a dúvida sobre a efetiva publicação e afixação. O termo "oficial" está no sentido de agente público, e não no de oficial de justiça, admitindo-se a certificação pelo escrivão ou escrevente.

20.4.16. "Citação circunduta"

A falta ou defeito da citação é causa de nulidade absoluta, que não pode ser convalidada e, assim, independe de alegação da prova de prejuízo, que é presumido. Nula é qualquer citação que contém vício insanável por haver induzido o citando a erro que culmina em sua revelia. O ato pelo qual se julga nula ou de nenhuma eficácia a citação é chamado de "circundução"; quando anulada diz-se que há *"citação circunduta"*.

20.4.17. Inovações introduzidas pela Lei n. 9.271/96

Com o advento da Lei n. 9.271/96, grandes inovações foram introduzidas no âmbito da citação editalícia, alterando-se todas as regras antes aplicadas.

Prescreve a atual redação do art. 366, *caput*, do CPP, que todas as vezes em que o acusado vier a ser citado por edital, seja lá qual for a circunstância ensejadora, uma vez não comparecendo para responder aos termos da ação, ou se ao menos não constituir advogado, o processo será suspenso, bem como o curso do prazo prescricional.

Isso significa dizer que se o réu não for encontrado, procedida a citação editalícia, não comparecendo em juízo nem nomeando defensor, o juiz determinará a suspensão do processo e do lapso temporal prescricional.

Institui-se dessa forma não só uma causa suspensiva do processo, mas também uma nova causa suspensiva da prescrição da pretensão punitiva. Trata-se na realidade de uma norma híbrida, na medida em que contém disposições de caráter processual e penal.

O fundamento de tal inovação reside no direito à informação. Derivado dos princípios constitucionais da ampla defesa e do contraditório, tal direito encontra-se previsto na Convenção Americana de Direitos Humanos (1969), conhecida como Pacto de San José da Costa Rica, a qual foi assinada em 22 de novembro de 1969 e ratificada pelo Brasil em 25 de setembro de 1992, passando a ter força de lei. Referida Convenção, em seu art. 8º, *b*, assegura a todo acusado o direito à comunicação prévia e pormenorizada da acusação formulada. Assim, não mais se admite o prosseguimento do feito, sem que o réu seja informado efetivamente, sem sombra de dúvida, da sua existência.

Na hipótese de crime de lavagem ou ocultação de bens, direitos e valores, previsto no art. 1º da Lei n. 9.613, de 3 de março de 1998 – Lei de Lavagem de Dinheiro –, não se aplica o disposto no art. 366 do Código de Processo Penal, não incidindo nenhuma das inovações introduzidas pela Lei n. 9.271/96 (Lei n. 9.613/98, art. 2º, § 2º). Sendo o réu citado por edital, o processo seguirá à sua revelia, não havendo que se falar também em suspensão da prescrição.

20.4.17.1. Principais questões decorrentes da atual lei

(i) **Período de suspensão da prescrição:** para os crimes cometidos após 17 de junho de 1996, há um novo problema. Poderia a prescrição ficar suspensa indefinidamente por trinta, quarenta, cinquenta anos, até que o acusado seja localizado? Não nos parece razoável este entendimento. As hipóteses de imprescritibilidade encontram-se elencadas taxativamente no Texto Constitucional no art. 5º, XLII (racismo) e XLIV (ações de grupos armados civis ou militares contra a ordem constitucional e o estado democrático), de modo que não se admitem sejam ampliadas pela legislação infraconstitucional. É necessário buscar-se um período máximo, após o qual o processo continuaria suspenso, mas a prescrição voltaria a correr pelo tempo restante (estava apenas suspensa). Este período máximo não pode ser o mesmo para todos os crimes, pois haveria ofensa ao princípio da proporcionalidade. Imaginemos um mesmo prazo de suspensão para uma contravenção e um latrocínio... não seria razoável. Dessa forma, o período máximo de suspensão deve ser o da prescrição calculada com base no máximo cominado abstratamente para a espécie. Por exemplo: um delito, cuja pena variasse de seis meses a dois anos de detenção; suspensos o processo e a prescrição, esta última voltaria a correr pelo tempo faltante após quatro anos a contar do despacho que determinou a sua suspensão, período correspondente à prescrição calculada com base na pena máxima de dois anos. Assim, o juiz, ao determinar a suspensão do processo e da prescrição, no mesmo despacho deverá esclarecer a data em que esta última voltará a correr. Neste sentido, Damásio E. de Jesus: "O prazo da suspensão da prescrição não pode ser eterno. Caso contrário, estaríamos criando uma causa de imprescritibilidade. As hipóteses que não admitem a prescrição estão enumeradas na CF, não podendo ser alargadas pela lei ordinária. Ora, permitindo-se a suspensão da prescrição sem limite temporal, esta, não comparecendo o réu em juízo, jamais ocorreria, encerrando-se o processo somente com sua morte, causa extintiva da punibilidade (CP, art. 107, I). Se, em face do crime, o Estado perde, pelo decurso do tempo, a pretensão punitiva, não é lógico que, diante da revelia, pudesse exercê-la indefinidamente.

Nosso entendimento: em razão do supramencionado, entendemos que o limite da suspensão do curso prescricional corresponde aos prazos do art. 109 do CP, considerando-se o máximo da pena privativa de liberdade imposta abstratamente.

Nesse sentido, é o teor da Súmula 415 do STJ: "O período de suspensão do prazo prescricional é regulado pelo máximo da pena cominada". Assim, p. ex., suspensa a ação penal por crime de lesão corporal leve (CP, art. 129, *caput*), o impedimento do curso prescricional tem o termo máximo de quatro anos (CP, art. 109, V), i. e., o prazo prescricional da pretensão punitiva só pode ficar suspenso por quatro anos. Nesse limite, recomeça a ser contado o lapso extintivo, que é de quatro anos, considerada a pena máxima abstrata, computando-se o tempo anterior à suspensão. Cremos constituir um critério justo. Se, para permitir a perda da punibilidade pela prescrição o legislador entendeu adequados os prazos do art. 109, da mesma forma devem ser apreciados como justos na disciplina da suspensão do prazo extintivo da pretensão punitiva" (*Boletim IBCCrim*, n. 42, p. 3).

(ii) **Produção antecipada de provas:** suspenso o processo, permite o *caput* do art. 366 a produção antecipada de provas consideradas urgentes, como perícias (antes que desapareçam os vestígios) e depoimentos *ad perpetuam rei memoriam*. Depoimentos urgentes são os das testemunhas velhas ou enfermas, nos moldes traçados pelo art. 225 do Código de Processo Penal. Entretanto, o juiz poderá considerar qualquer prova testemunhal como desta natureza, uma vez que o passar do tempo tende a fragilizá-la, apagando o fato da memória da testemunha. O deferimento da realização cautelar de prova depende de análise do caso concreto diante de elementos que indiquem sua necessidade e o risco de não ser possível produzi-la no futuro (*periculum in mora*). A produção da prova pode ser determinada de ofício ou a requerimento do acusador, e somente pode ser produzida na presença do Ministério Público e do defensor dativo nomeado pelo juiz, ou do defensor público. Quanto ao conceito de prova urgente, convém ressaltar a existência de duas posições: (1ª) a prova testemunhal é sempre urgente, dada a sua natureza, pois o decurso do tempo pode redundar na perda da memória da testemunha e, por conseguinte, na redução de seu aspecto qualitativo; (2ª) a urgência não decorre da natureza, mas das circunstâncias peculiares a serem analisadas caso a caso, inexistindo direito público subjetivo da acusação à sua produção, nesse sentido encontra-se a jurisprudência sumulado do STJ, a saber: Súmula 455: "A decisão que determina a produção antecipada de provas com base no art. 366 do CPP deve ser concretamente fundamentada, não a justificando unicamente o mero decurso do tempo".

Nosso entendimento: correta a primeira posição. À medida que o tempo passa, a importância da prova testemunhal vai desaparecendo, devendo, portanto, ser sempre produzida enquanto não se localiza o acusado.

(iii) **Decretação da prisão preventiva:** dispõe expressamente na lei atual que, apesar de suspenso o processo, pode o juiz decretar a prisão preventiva nos termos do art. 312. Não se trata de medida obrigatória, mas que somente deverá ser imposta quando presente um dos motivos que autorizam a sua decretação, como, por exemplo, evidências de que o réu se ocultou para não ser citado, que desapareceu logo em seguida à prática do crime ou que não possui residência fixa ou emprego.

(iv) **Recurso contra a decisão que determina a suspensão do processo e da prescrição, nos termos do art. 366:** cabe recurso em sentido estrito, com fundamento no art. 581, XVI, do Código de Processo Penal, aplicável por analogia à espécie.

20.5. Intimação

20.5.1. Definição

Intimação é a ciência dada à parte, no processo, da prática de um ato, despacho ou sentença. Portanto, refere-se à *intimação* a um ato já passado, já praticado.

20.5.2. Distinção entre intimação e notificação

A *notificação* é a comunicação à parte, ou outra pessoa, do dia, lugar e hora de um ato processual a que deva comparecer ou praticar. Diferencia-se, por conseguinte, da *intimação*, porquanto refere-se a um ato futuro, enquanto esta alude a ato já praticado, ato passado.

→ **ATENÇÃO:** embora a doutrina as distinga, por inúmeras vezes o CPP as confunde, referindo-se a uma quando deveria aludir à outra (ex.: o art. 367, *in fine*, refere-se a "intimação", quando deveria denominar o referido ato "notificação").

20.5.3. Regra geral

Aplicam-se às intimações e notificações as regras previstas para as citações, em razão do que dispõe o art. 370. De ver, todavia, que no campo das intimações judiciais exige-se a dupla intimação do réu e de seu defensor (dativo ou constituído), notando-se que através de lei promulgada ainda recentemente (cf. tópico seguinte) permite-se a intimação dos advogados através da imprensa oficial.

Inadmissível é a realização dos atos da instrução sem que, antecipadamente, tenha havido a "notificação" (ou intimação) do defensor e a intimação pessoal do réu, além da intimação pessoal do membro do Ministério Público (se for o caso, também do assistente ou do querelante), dispensando-se somente a intimação do acusado revel.

20.5.4. Publicação

A Lei n. 9.271/96 instituiu nova redação aos §§ 1º e 2º do art. 370 do CPP:

"§ 1º A intimação do defensor constituído, do advogado do querelante e do assistente far-se-á por publicação no órgão incumbido da publicidade dos atos judiciais na comarca, incluindo, sob pena de nulidade, o nome do acusado.

§ 2º Caso não haja órgão de publicação dos atos judiciais na comarca, a intimação far-se-á diretamente pelo escrivão, por mandado, ou via postal com comprovante de recebimento, ou por qualquer outro meio idôneo".

→ **ATENÇÃO:** essa intimação só pode ser realizada por meio de publicação no *Diário da Justiça* (órgão oficial) e somente diz respeito aos advogados que atuam no processo, não cabendo para réus e testemunhas, para os quais persiste a obrigatoriedade da intimação pessoal. Da mesma forma, o órgão do Ministério Público e o defensor nomeado, os quais também deverão ser intimados pessoalmente.

O defensor público será sempre intimado pessoalmente, por força da Lei n. 1.060/50, art. 5º, § 5º, sob pena de nulidade da intimação, sendo inadmissível a substituição por publicação na imprensa oficial.

No caso de intimação do defensor constituído pela imprensa, é obrigatória a inclusão do nome das partes e de seus advogados, sob pena de nulidade, ante o disposto no art. 370, § 1º, do Código de Processo Penal.

20.5.5. Regras especiais

De maneira geral, estando o réu na comarca, será intimado por mandado (CPP, art. 351); por precatória, quando fora do território do juízo processante, mas dentro do território nacional (CPP, art. 353); por rogatória, quando no exterior, em local certo e sabido, ou em legações e embaixadas estrangeiras (CPP, arts. 368 e 369).

Se as publicações das intimações dos atos judiciais das Comarcas não forem efetivadas pela Imprensa Oficial da Capital, nem pela imprensa local, aí, sim, elas serão feitas diretamente pelo escrivão, por mandado ou via postal com aviso de recebimento (AR) ou por qualquer outro meio idôneo (telex, fax, telefone, desde que o escrivão disponha de meios para assegurar-se de que o ato foi realizado).

Por determinação expressa da lei, a intimação do Ministério Público e do defensor nomeado deve ser pessoal, não se permitindo, pois, seja realizada pela imprensa ou por correspondência. Quanto ao Ministério Público, aliás, exige-se a intimação pessoal em qualquer processo e grau de jurisdição, através de entrega dos atos com vista, tal como dispõe o art. 41, IV, da Lei n. 8.625/93 (LONMP). Na jurisprudência, aliás, há divergência quanto ao momento exato em que o Ministério Público se reputa intimado para efeitos da contagem dos prazos processuais. Sempre se considerou como termo inicial da contagem dos prazos a data em que o *Parquet* apõe o seu ciente e não a do recebimento do processo atestada pelo livro de carga; no entanto, o Supremo Tribunal Federal, revisando a jurisprudência predominante, passou a decidir que a entrega de processo em setor administrativo do Ministério Público, formalizada a carga pelo servidor, configura intimação direta, pessoal, cabendo tomar a data em que ocorrida como a da ciência da decisão judicial.

Não é possível intimação pela imprensa do defensor nomeado, ante a regra especial determinando que o defensor público ou equivalente seja intimado pessoalmente (art. 5º, § 5º, da Lei n. 1.060/50). A referência ao "defensor nomeado" alcança o defensor público, o procurador de assistência judiciária e o defensor dativo, pois todos só podem oficiar nos processos quando nomeados pelo juiz.

Pode a notificação ou intimação ser realizada por despacho do juiz na própria petição em que for requerida. O oficial ou escrivão, ao invés do mandado, lerá a petição a pessoa a ser notificada ou intimada, bem como o despacho proferido, entregando-lhe contrafé e lançando certidão no verso da petição do cumprimento da diligência e da recusa, ou não, da contrafé pelo cientificado, devendo colher a rubrica da pessoa interessada.

Quando vários advogados constam da mesma procuração, basta a intimação de um deles para validade dos atos e termos do processo, salvo se houver requerimento para que as intimações se façam em nome de determinado advogado.

No Código de Processo Penal não existe a intimação por carta com AR. Na forma do que dispõem os arts. 353 e 370, deve ser expedida carta precatória se residir o acusado, ou o seu defensor, em outra comarca. No entanto, não existe nulidade pela intimação do defensor e do réu via AR, quando revestido das formalidades legais, no endereço declinado pelo próprio advogado, e desde que fique inequivocamente comprovado que o intimado teve ciência antecipada do ato.

Não há que se falar em nulidade por falta de intimação pessoal do réu da sentença, se o seu defensor foi intimado regularmente, uma vez que prevalece sempre a vontade deste último, quanto a eventual recurso (*vide* teor da Súmula 705 do STF).

A intimação da decisão de pronúncia e a da sentença obedecem às regras dos arts. 390, 391, 392 e 420. A intimação de acórdãos é feita através da imprensa oficial, salvo quanto ao Ministério Público, cuja intimação do órgão é sempre pessoal.

Também se exige a intimação da expedição da carta precatória (art. 222, *caput*), sob pena de nulidade relativa, mas não da data marcada pelo juízo deprecado para a realização do ato. Nesse sentido é o teor da Súmula 273 do STJ: "Intimada a defesa da expedição da carta precatória, torna-se desnecessária a intimação da data da audiência no juízo deprecado".

No caso de carta precatória, o prazo se conta a partir da juntada da carta aos autos do processo. O Superior Tribunal de Justiça também adotou esse entendimento, sustentando que é correta a orientação pretoriana prevalente no sentido de se iniciar o prazo recursal na data da juntada da precatória, no juízo deprecante, apontando, inclusive, precedentes do Supremo Tribunal Federal e do próprio Superior Tribunal de Justiça. Contudo, contrariamente, a 1ª Turma do Supremo Tribunal Federal entendeu que, havendo expressa disposição do Código de Processo Penal (art. 798, § 5º, *a*), quanto ao termo inicial dos prazos penais em geral, torna-se incabível o emprego da analogia ao art. 231, VI, do CPC, segundo o qual o prazo começa a correr, quando realizado o ato mediante carta precatória, da data da sua juntada aos autos, devidamente cumprida. Essa orientação é a que prevalece atualmente no Supremo Tribunal Federal, tendo este inclusive editado a Súmula 710: "No processo penal, contam-se os prazos da data da intimação, e não da juntada aos autos do mandado ou da carta precatória ou de ordem".

Tratando-se de réu preso, a notificação, da mesma forma que a citação, será pessoal, isto é, através de mandado judicial cumprido por oficial de justiça. Não há nulidade quando o réu não é apresentado em audiência sem qualquer objeção ou com pedido de dispensa da própria defesa. Não há necessidade da presença do réu preso em prova colhida por precatória. Entretanto, a 2ª Turma do STF deferiu, de ofício, *habeas corpus* para assegurar ao paciente, que se encontra preso, o direito de presença em todos os atos de instrução a serem realizados no âmbito do processo-crime contra ele instaurado, sob pena de nulidade absoluta daqueles aos quais se negar o comparecimento pessoal.

Nada obsta que as notificações e intimações sejam feitas no curso das férias forenses. Em geral, os prazos correm da data da intimação no processo penal.

Súmula 310 do STF: "Quando a intimação tiver lugar na sexta-feira, ou a publicação com efeito de intimação for feita nesse dia, o prazo judicial terá início na segunda-feira imediata, salvo se não houver expediente, caso em que começará no primeiro dia útil que se seguir".

20.6. Procedimento sumaríssimo (Leis n. 9.099/95 e 10.259/2001)

20.6.1. Introdução

A CF de 1988, em seu art. 98, I, permitiu a criação de Juizados Especiais Criminais para o julgamento de infrações penais de menor potencial ofensivo, mediante a preponderância dos procedimentos oral e sumaríssimo, possibilidade de transação entre as partes e julgamento de recursos por turmas de juízes de primeiro grau. A tradicional jurisdição de conflito, que obriga ao processo contencioso entre acusação e defesa, e torna esta última obrigatória, cede espaço para a jurisdição de consenso, na qual se estimula o acordo entre os litigantes, a reparação amigável do dano e se procura evitar a instauração do processo. Esse novo espaço de consenso, substitutivo do espaço de conflito, não fere a Constituição, pois ela mesma o autoriza para as infrações de menor potencial ofensivo. Não há falar, assim, em violação ao devido processo legal e à ampla defesa, os quais são substituídos pela busca incessante da conciliação. Tais juizados são criados por lei federal, à qual incumbe dispor sobre as regras gerais de funcionamento e do processo, cabendo aos Estados e ao Distrito Federal legislar sobre regras suplementares de acordo com as características locais.

O referido art. 98, I, foi regulamentado pela Lei n. 9.099/95. Essa lei instituiu um novo modelo de justiça criminal, na qual passam a ser adotados os seguintes institutos: acordo civil, transação penal e suspensão condicional do processo.

No âmbito processual, dentre as modificações impostas, destaca-se a introdução do procedimento sumaríssimo, aplicável somente às infrações que a lei definiu como de menor potencial ofensivo. De acordo com seu art. 61, consideram-se infrações penais de menor potencial ofensivo, para os efeitos desta Lei, as contravenções penais e os crimes a que a lei comine pena máxima não superior a 2 (dois) anos, cumulada ou não com multa. Vale lembrar que a Lei n. 10.259/2001 instituiu o Juizado Especial Criminal da União, com competência para julgar as infrações de menor potencial ofensivo de competência da Justiça Federal, e considerou como tais os crimes a que a lei comine pena máxima de até 2 (dois) anos ou multa.

Com relação aos crimes, a competência dos juizados será fixada de acordo com dois critérios: natureza da infração penal (menor potencial ofensivo) e inexistência de circunstância especial que desloque a causa para o juízo comum, como, por exemplo, o foro por prerrogativa de função, a impossibilidade de citação pessoal do autuado e a complexidade da causa.

Os crimes de competência da justiça militar, dada a sua natureza especial, não se submetem à disciplina da Lei n. 9.099/95. Quanto à justiça federal, o art. 98, I, da CF só permite à União instalar juizados criminais no âmbito do Distrito Federal e dos Territórios, razão pela qual os crimes federais (de competência da União) igualmente refogem ao seu âmbito de incidência ("a União, *no Distrito Federal e nos Territórios*, e os Estados criarão juizados especiais..." – destacamos).

O critério informativo dos juizados especiais criminais reside na busca da reparação dos danos à vítima, da conciliação civil e penal, da não aplicação de pena privativa de liberdade e na observância dos seguintes princípios:

(i) **Oralidade:** significa dizer que os atos processuais serão praticados oralmente. Os atos essenciais serão reduzidos a termo ou transcritos por quaisquer meios. Os demais atos processuais praticados serão gravados, se necessário.

(ii) **Informalidade:** isso significa dizer que os atos processuais a serem praticados não serão cercados de rigor formal, de tal sorte que, atingida a finalidade do ato, não há que se cogitar da ocorrência de qualquer nulidade. Exemplo: o art. 81, § 3º, da lei dispensa o relatório da sentença.

(iii) **Economia processual:** corolário da informalidade, significa dizer que os atos processuais devem ser praticados no maior número possível, no menor espaço de tempo e da maneira menos onerosa.

(iv) **Celeridade:** visa à rapidez na execução dos atos processuais, quebrando as regras formais observáveis nos procedimentos regulados segundo a sistemática do Código de Processo Penal.

(v) **Finalidade e prejuízo:** para que os atos processuais sejam invalidados, necessária se faz a prova do prejuízo. Isso significa dizer que não vigora no âmbito dos juizados criminais o sistema de nulidades absolutas do Código de Processo Penal, segundo o qual nessas circunstâncias o prejuízo é presumido. Atingida a finalidade a que se destinava o ato, bem como não demonstrada qualquer espécie de prejuízo, não há que se falar em nulidade.

20.6.2. Âmbito de incidência: alteração do conceito de menor potencial ofensivo

Foi editada a Lei n. 11.313, de 28 de junho de 2006, que alterou o art. 61 da Lei n. 9.099/95, o qual passou a vigorar com a seguinte redação: "Consideram-se infrações penais de menor potencial ofensivo, para os efeitos desta Lei, as contravenções penais e os crimes a que a lei comine pena máxima não superior a 2 (dois) anos, cumulada ou não com multa". Assim, não resta mais qualquer dúvida: (i) quanto ao conceito de infração de menor potencial ofensivo; (ii) quanto à incidência da Lei dos Juizados Criminais às infrações sujeitas ao procedimento especial, dado que a lei exclui expressamente essa vedação; (iii) quanto à incidência da Lei n. 9.099/95 às contravenções penais.

20.6.3. Regras especiais

(i) **Conexão ou continência:** Dispõe o art. 60 da Lei dos Juizados Especiais Criminais que o Juizado Especial Criminal, provido por juízes togados ou togados e leigos, tem competência para a conciliação, o julgamento e a execução das infrações penais de menor potencial ofensivo. Em duas situações a Lei dos Juizados Especiais Criminais exclui as infrações de menor potencial ofensivo do seu procedimento sumaríssimo: (i) "quando não encontrado o acusado para ser citado, o juiz encaminhará as peças existentes ao Juízo comum para adoção do procedimento previsto em lei" (art. 66, parágrafo único); (ii) "se a complexidade ou circunstâncias do caso não permitirem a formulação da denúncia, o Ministério Público poderá requerer ao Juiz o encaminhamento das peças existentes, na forma do parágrafo único do art. 66 desta Lei" (art. 77, § 2º). Na hipótese de conexão ou continência, surgiu uma dúvida: Quando houver a prática de uma infração de menor potencial ofensivo em conexão ou continência com outro crime que não seja de competência dos Juizados Especiais Criminais, qual competência prevalecerá? Assim, por exemplo, o agente mata o seu vizinho para assegurar a impunidade do crime de maus-tratos praticado contra seu pai. O crime de homicídio é de competência do tribunal do júri, ao passo que o crime de maus-tratos, por ser de menor potencial ofensivo, está sujeito à competência dos Juizados Especiais Criminais. Discutia-se, assim, se haveria cisão dos processos em face do comando constitucional contido no art. 98, I, da CF que determina a competência dos Juizados para processar e julgar as infrações de menor potencial ofensivo ou se incidiriam as regras de conexão ou continência previstas no art. 78 do CPP. Sustentávamos que deveria haver a separação dos processos, uma vez que a regra da conexão e da continência é de ordem legal, e a sujeição da infração de menor potencial ofensivo ao procedimento sumaríssimo dos Juizados Especiais é norma de índole constitucional (CF, art. 98, I). Assim, cada infração deveria seguir um curso diferente, operando-se a cisão entre os processos. No mesmo sentido, Sidney Bloy Dalabrida[156], p. 6, e Ada Pellegrini Grinover et al.[157]. Em sentido contrário, Damásio E. de Jesus[158].

Para afastar quaisquer dúvidas sobre a incidência da regra do art. 78 do CPP, na hipótese de conexão ou continência, adveio a Lei n. 11.313, de 28 de junho de 2006 — que entrou em vigor na mesma data, portanto, na data de sua publicação — e que promoveu significativas alterações no art. 60 da Lei n. 9.099/95 e art. 2º da Lei n. 10.259/2001.

Com efeito, o art. 60 da Lei n. 9.099/95 passou a vigorar com as seguintes alterações: "O Juizado Especial Criminal, provido por juízes togados ou togados e leigos, tem competência para a conciliação, o julgamento e a execução das infrações penais de menor potencial ofensivo, respeitadas as regras de conexão e continência. Parágrafo único. Na reunião de processos, perante o juízo comum ou o tribunal do júri, decorrentes da aplicação das regras de conexão e continência, observar-se-ão os institutos da transação penal e da composição dos danos civis".

Com as modificações mencionadas, passamos a ter o seguinte panorama processual: (i) uma vez praticada uma infração de menor potencial ofensivo, a competência será do Juizado Especial Criminal. Se, no entanto, com a infração de menor potencial ofensivo houverem sido praticados outros crimes, em conexão ou continência, deverão ser observadas as regras do art. 78 do CPP, para saber qual o juízo competente; (ii) caso, em vir-

---

156. Sidney Bloy Dalabrida, Conexão e continência na Lei n. 9.099/95, *Revista Brasileira de Ciências Criminais*, São Paulo, Revista dos Tribunais, abr./jun. 1988, 22:140 — apud Damásio E. de Jesus, *Lei dos Juizados Especiais Criminais anotada*, cit., p. 6.

157. Ada Pellegrini Grinover et al., *Juizados Especiais Criminais*, 5. ed., São Paulo: Revista dos Tribunais, 2005, p. 71.

158. Op. cit.

tude da aplicação das regras do art. 78 do CPP, venha a ser estabelecida a competência do juízo comum ou do tribunal do júri para julgar também a infração de menor potencial ofensivo, afastando, portanto, o procedimento sumaríssimo da Lei n. 9.099/95, isso não impedirá a aplicação dos institutos da transação penal e da composição dos danos civis. Tal ressalva da lei visou garantir os institutos assegurados constitucionalmente ao acusado, contidos no art. 98, I, da CF.

A atual lei, ao mesmo tempo que promoveu alterações na Lei n. 9.099/95, operou as mesmas modificações no art. 2º da Lei n. 10.259, de 12 de julho de 2001, o qual passou a vigorar com a seguinte redação: "Compete ao Juizado Especial Federal Criminal processar e julgar os feitos de competência da Justiça Federal relativos às infrações de menor potencial ofensivo, respeitadas as regras de conexão e continência. Parágrafo único. Na reunião de processos, perante o juízo comum ou o tribunal do júri, decorrente da aplicação das regras de conexão e continência, observar-se-ão os institutos da transação penal e da composição dos danos civis". Incidem, aqui, dessa forma, os comentários acima esposados.

– **Aplicação da lei processual no tempo:** Por se tratar de regra de caráter processual aplica-se imediatamente aos processos em andamento. Para Luiz Flávio Gomes há uma exceção a essa regra: se o processo já conta com decisão de primeira instância, nesse caso, não se altera a competência recursal[159].

– **Audiência de conciliação:** O juízo com força atrativa para processar e julgar a infração de menor potencial ofensivo deve marcar uma audiência de conciliação. Sem esta prévia fase consensual, o Ministério Público não poderá oferecer a denúncia quanto à infração de menor potencial ofensivo. Poderá, no entanto, denunciar o acusado quanto ao crime de maior gravidade e formular a proposta de transação penal quanto à infração de menor potencial ofensivo. Uma vez realizada a audiência de conciliação, não tendo sido aceita a proposta de transação, poderá o Ministério Público aditar a denúncia para incluir o crime de menor potencial ofensivo. Após isso, em razão da regra de conexão ou continência, o processo deverá seguir o rito de maior amplitude e não o procedimento sumaríssimo dos Juizados Especiais Criminais. Como bem ressalva Luiz Flávio Gomes, "não é possível fazer transação penal em torno de sanção alternativa incompatível com a prisão (se o réu está preso pelo delito maior, não pode, por exemplo, cumprir prestação de serviços à comunidade"[160].

– **Transação penal e a Súmula 243 do STJ:** De acordo com a Súmula 243 do STJ, "o benefício da suspensão do processo não é aplicável em relação às infrações penais cometidas em concurso material, concurso formal ou continuidade delitiva, quando a pena mínima cominada, seja pelo somatório, seja pela incidência da majorante, ultrapassar o limite de 1 (um) ano". Tal entendimento também vinha sendo aplicado pelos tribunais ao instituto da transação penal, quando a pena, pelo somatório, ultrapassasse o limite de dois anos. Contudo, com as modificações operadas pela Lei n. 11.313/2006, essa interpre-

159. Lei n. 11.313: novas alterações nos juizados criminais. www.editoraconsulex.com.br.

160. Idem.

tação, em relação à transação penal, tende a ser alterada. É que a própria lei passou a aceitar que as penas da infração de menor potencial ofensivo e do delito conexo, para efeito de incidência da conciliação penal, não serão somadas. Ainda que conexos os crimes, deverão estes ser analisados isoladamente para efeito da incidência da transação penal, tal como ocorre com a prescrição (CP, art. 119). Conforme mais uma vez assinala Luiz Flávio Gomes, "o novo art. 60 manda 'observar' o instituto da transação, mesmo depois da reunião dos processos (que retrata uma situação de concurso material, em regra). Ora, se no concurso material vale o art. 60 c/c o art. 119, solução distinta não será possível sugerir em relação ao concurso formal e ao crime continuado"[161]. Considera-se, portanto, isoladamente cada infração penal, sem os acréscimos decorrentes do concurso de crimes.

(ii) **Impossibilidade de citação pessoal do autuado:** Não encontrado o acusado para ser citado, o juiz encaminhará as peças existentes ao Juízo comum para adoção do procedimento previsto em lei (Lei n. 9.099/95, art. 66, parágrafo único). Dessa forma, nas hipóteses em que há necessidade da citação por edital, dada a celeridade do procedimento sumaríssimo, os autos deverão ser remetidos ao Juízo comum. O mesmo ocorrerá se o réu se ocultar, a fim de não ser citado, pois a citação por hora certa é, da mesma forma, incompatível com o rito célere dos Juizados Especiais Criminais (conforme atual redação do art. 362 do CPP). Em tais situações, deverá ser adotado o procedimento previsto nos arts. 531 e seguintes do CPP (sumário) (CPP, art. 538).

(iii) **Complexidade da causa:** "Se a complexidade ou circunstâncias do caso não permitirem a formulação da denúncia, o Ministério Público poderá requerer ao juiz o encaminhamento das peças existentes, na forma do parágrafo único do art. 66 desta Lei" (Lei n. 9.099/95, art. 77, § 2º). Haverá, portanto, remessa dos autos ao juízo comum, impondo-se, no caso, a adoção do rito previsto nos arts. 531 e seguintes do CPP (sumário) (CPP, art. 538).

(iv) **Concurso material, formal ou crime continuado:** *vide* sobre o tema comentários no item conexão ou continência.

(v) **Reincidente:** pode ser processado perante os Juizados Especiais, embora não tenha direito à transação penal nem à suspensão condicional do processo. Nesse sentido, Damásio E. de Jesus[162].

(vi) **Crimes militares:** o art. 90-A da Lei n. 9.099/95, acrescentado pela Lei n. 9.839, de 27-9-1999, expressamente excluiu os delitos militares da incidência dos Juizados Especiais Criminais, ficando também afastada a aplicação dos institutos da transação penal e da suspensão condicional do processo.

(vii) **Porte de drogas para uso próprio:** a conduta passou a ser objeto do art. 28 da Lei n. 11.343/2006, a qual vedou a imposição de pena privativa de liberdade ao usuário, impondo-lhe, no entanto, medidas educativas (advertência sobre os efeitos da droga; prestação de serviços à comunidade; medida educativa de comparecimento a programa ou curso educativo). De acordo com a lei vigente, o agente de qualquer das condutas

---

161. Lei n. 11.313: novas alterações nos juizados criminais. www.editoraconsulex.com.br.

162. *Lei dos Juizados Especiais Criminais anotada*, cit., p. 19.

previstas no art. 28 da Lei n. 11.343/2006, salvo se houver concurso com os crimes previstos nos arts. 33 a 37 dessa Lei, será processado e julgado na forma dos arts. 60 e seguintes da Lei n. 9.099/95 (art. 48, § 1º). A ele não se imporá prisão em flagrante, devendo ser imediatamente encaminhado ao juízo competente ou, na falta deste, assumir o compromisso de a ele comparecer, lavrando-se termo circunstanciado e providenciando-se as requisições dos exames e perícias necessários (art. 48, § 2º). Se ausente a autoridade judicial, as providências previstas no § 2º desse artigo serão tomadas de imediato pela autoridade policial, no local em que se encontrar, vedada a detenção do agente (art. 48, § 3º). Concluídos os procedimentos de que trata o § 2º do art. 48, o agente será submetido a exame de corpo de delito, se o requerer ou se a autoridade de polícia judiciária entender conveniente, e em seguida liberado (§ 4º). Para os fins do disposto no art. 76 da Lei n. 9.099/95, o Ministério Público poderá propor a aplicação imediata de pena prevista no art. 28 da Lei de Drogas, a ser especificada na proposta. No tocante às medidas educativas previstas na lei, mencione-se que, de acordo com o art. 28, as medidas de prestação de serviços à comunidade e de comparecimento a programa ou curso educativo somente poderão ser aplicadas no prazo máximo de cinco meses (§ 3º). Em caso de reincidência, as mesmas poderão ser aplicadas no prazo máximo de 10 (dez) meses (§ 4º). Para a garantia do cumprimento das medidas educativas a que se refere o *caput* do art. 28, nos incisos I, II e III, a que injustificadamente se recuse o agente, poderá o agente submetê-lo sucessivamente a: I — admoestação verbal; II — multa (§ 6º). O juiz determinará ao Poder Público que coloque à disposição do infrator, gratuitamente, estabelecimento de saúde, preferencialmente ambulatorial, para tratamento especializado (§ 7º). *Vide* também os arts. 29 e 30 da lei.

(viii) **Crime praticado com violência doméstica ou familiar contra a mulher:** há expressa vedação legal à aplicação da Lei n. 9.099/95 para qualquer infração penal decorrente de violência doméstica e familiar contra a mulher (art. 41 da Lei n. 11.340/2006).

(ix) **Crimes praticados contra idosos:** de acordo com o art. 94 da Lei n. 10.741, de 1º de outubro de 2003 (Estatuto do Idoso), aos crimes previstos nesta Lei, cuja pena máxima privativa de liberdade não ultrapasse quatro anos, aplica-se o procedimento previsto na Lei n. 9.099/95. Ao contrário do que parece, o Estatuto do Idoso não determinou a incidência do instituto despenalizador da transação penal (Lei n. 9.099/95, art. 76), mas tão somente que o procedimento para a apuração de tais crimes seja mais célere, aplicando-se o rito sumaríssimo previsto nos arts. 77 a 83 da Lei n. 9.099/95. Com efeito, o intuito da lei foi o de agravar a situação dos que praticarem crime contra idoso. Foi por essa razão que determinou a incidência do procedimento sumaríssimo da Lei n. 9.099/95. Apenas isso. Não autorizou qualquer alteração no conceito de infração de menor potencial ofensivo, pois não mandou incidir todos os dispositivos dos Juizados Especiais Criminais, mas apenas os relativos ao rito processual. Entendimento contrário levaria à conclusão de que uma lei que surgiu para ampliar a proteção ao idoso estaria abrandando, nesse aspecto, a situação dos agressores. No mesmo sentido posicionou-se Damásio E. de Jesus, argumentando que "o art. 61 da Lei n. 9.099/95 contém a conceituação de crimes de menor potencial ofensivo para efeito da competência dos Juizados Especiais Criminais. O art. 94 do Estatuto do Idoso disciplina a espécie de procedimento aplicável ao processo, não cuidando de infrações de menor potencial ofensivo. Temos, pois, disposições sobre temas diversos, cada um impondo regras sobre institutos diferentes, sendo incabível a invocação do princípio da proporcionalidade"[163].

(x) **Crimes eleitorais:** compete à Justiça Eleitoral o processo e julgamento dos crimes eleitorais, cuja pena máxima cominada para infração penal seja inferior a dois anos, dada a sua natureza especial, e não aos Juizados Especiais Criminais. Isso não impede, contudo, a incidência dos institutos despenalizadores da Lei n. 9.099/95.

(xi) **Crimes de competência originária dos Tribunais:** incidem os institutos despenalizadores (*sursis* processual e transação penal), desde que preenchidos os requisitos legais, bem como a exigência de representação para a lesão corporal de natureza leve e a lesão corporal culposa.

(xii) **Crimes de trânsito de lesão corporal culposa:** de acordo com o art. 291, § 1º: "Aplica-se aos crimes de trânsito de lesão corporal culposa o disposto nos arts. 74, 76 e 88 da Lei n. 9.099, de 26 de setembro de 1995, exceto se o agente estiver: I – sob a influência de álcool ou qualquer outra substância psicoativa que determine dependência; II – participando, em via pública, de corrida, disputa ou competição automobilística, de exibição ou demonstração de perícia em manobra de veículo automotor, não autorizada pela autoridade competente; III – transitando em velocidade superior à máxima permitida para a via em 50 km/h (cinquenta quilômetros por hora). § 2º Nas hipóteses previstas no § 1º deste artigo, deverá ser instaurado inquérito policial para a investigação da infração penal". Em tais situações, serão vedados os aludidos benefícios da Lei dos Juizados Especiais Criminais e deverá ser instaurado inquérito policial, não cabendo mais o termo circunstanciado, sendo, ainda, possível a prisão em flagrante.

20.6.4. Procedimento sumaríssimo

20.6.4.1. Fase preliminar e transação penal

(i) **Discricionariedade regrada:** no lugar do tradicional e inflexível princípio da legalidade, segundo o qual o representante do Ministério Público tem o dever de propor a ação penal pública, só podendo deixar de fazê-lo quando não verificada a hipótese de atuação, caso em que promoverá o arquivamento de modo fundamentado (CPP, art. 28), o procedimento sumaríssimo dos Juizados Especiais é informado pela discricionariedade acusatória do órgão ministerial. Com efeito, preenchidos os pressupostos legais, o representante do Ministério Público pode, movido por critérios de conveniência e oportunidade, deixar de oferecer a denúncia e propor um acordo penal com o autor do fato, ainda não acusado. Tal discricionariedade, contudo, não é plena, ilimitada, absoluta, pois depende de estarem preenchidos os requisitos legais, daí ser chamada pela doutrina de discricionariedade regrada.

(ii) **Termo circunstanciado:** no Juizado não há necessidade de inquérito policial. "A autoridade policial que tomar conhecimento da ocorrência lavrará termo circunstan-

---

163. Juizados Especiais Criminais, Ampliação do rol dos crimes de menor potencial ofensivo e Estatuto do Idoso, artigo publicado no *Phoenix*, órgão informativo do Complexo Jurídico Damásio de Jesus, n. 35, nov. 2003.

ciado e o encaminhará imediatamente ao Juizado, com o autor do fato e a vítima, providenciando as requisições dos exames periciais necessários" (art. 60, *caput*, da Lei n. 9.099/95). No lugar do inquérito, elabora-se um relatório sumário, contendo a identificação das partes envolvidas, a menção à infração praticada, bem como todos os dados básicos e fundamentais que possibilitem a perfeita individualização dos fatos, a indicação das provas, com o rol de testemunhas, quando houver, e, se possível, um croqui, na hipótese de acidente de trânsito. Tal documento é denominado termo circunstanciado, uma espécie de boletim ou talão de ocorrência. O termo circunstanciado é tão informal que pode ser lavrado até mesmo pelo policial militar que atendeu a ocorrência, dispensando-o do deslocamento até a delegacia (nesse sentido: Provimento n. 758, de 14-7-2001, do Conselho Superior da Magistratura do Estado de São Paulo, arts. 1º e 2º, que permite ao policial militar que atendeu a ocorrência elaborar o termo circunstanciado e encaminhar, em caso de urgência, a vítima para realização de exame pericial). Na expressão "autoridade policial", contida no art. 69 da Lei n. 9.099/95, estão compreendidos todos os órgãos encarregados da segurança pública, na forma do art. 144 da Constituição Federal. Essa é a interpretação que melhor se ajusta aos princípios da celeridade e da informalidade, pois não teria sentido o policial militar ser obrigado a se deslocar até o distrito policial apenas para que o delegado de polícia subscrevesse o termo ou lavrasse outro idêntico, até porque se trata de peça meramente informativa, cujos eventuais vícios em nada anulam o procedimento judicial. Nesse sentido, Damásio E. de Jesus[164]. Uma vez lavrado o termo, este será encaminhado para o Juizado Especial Criminal e, sempre que possível, com o autor do fato e a vítima. Outrossim, a autoridade que o lavrar deverá fornecer os antecedentes do autor do fato, se houver, uma vez que, em caso afirmativo, atuarão como óbice à transação penal. Sobre a possibilidade de se instaurar inquérito policial nos crimes de trânsito de lesão corporal culposa, *vide* art. 291, § 1º, do CTB.

(iii) **Prisão em flagrante:** quanto à prisão em flagrante, não será mais formalizada, nem será imposta fiança, desde que o autor do fato seja encaminhado, ato contínuo, à lavratura do termo circunstanciado, ao Juizado Especial Criminal ou ao menos assuma o compromisso de ali comparecer no dia e hora designados. Com efeito, "ao autor do fato que, após a lavratura do termo, for imediatamente encaminhado ao Juizado ou assumir o compromisso de a ele comparecer, não se imporá prisão em flagrante, nem se exigirá fiança" (art. 69, parágrafo único). No entanto, deverá ser autuado em flagrante o autor da infração quando impossível sua condução imediata ao Juizado ou quando negar-se a comparecer. Por outro lado, se conduzido de imediato o autor de fato ao Juizado, juntamente com o termo circunstanciado, verificando o promotor que o fato não caracteriza infração de menor potencial ofensivo, deve-se voltar à delegacia de polícia para a lavratura do auto de prisão em flagrante e, se for o caso, a imposição de fiança. Se o autor não comparece efetivamente ao Juizado, após ter-se compromissado para tanto, deve o juiz remeter a questão ao juízo comum, onde será dada vista ao Ministério Público, que poderá pedir o arquivamento, determinar a instauração de inquérito policial ou denunciar.

---

164. *Lei dos Juizados Especiais Criminais anotada*, p. 32-7.

(iv) **Comparecimento à sede do Juizado:** lavrado o termo, vítima e autor do fato são informados da data em que deverão comparecer à sede do Juizado Especial. O procedimento sumaríssimo tem por fundamento o senso de responsabilidade e a confiança no comparecimento das partes, pressupondo-se que ambas são igualmente interessadas na busca do consenso. Estando autor e vítima presentes na secretaria do Juizado, e verificada a possibilidade de uma audiência, chamada de audiência preliminar, esta será realizada, observado o disposto no art. 68, que exige a presença obrigatória do advogado no ato. O não comparecimento no momento da entrega do termo resultará na intimação do autor do fato e, se for o caso, do responsável civil.

(v) **Audiência preliminar – composição civil dos danos e transação penal:** "Comparecendo o autor do fato e a vítima, e não sendo possível a realização imediata da audiência preliminar, será designada data próxima, da qual ambos sairão cientes. Na audiência preliminar, presente o representante do Ministério Público, o autor do fato e a vítima e, se possível, o responsável civil, acompanhados por seus advogados, o juiz esclarecerá sobre a possibilidade da composição dos danos e da aceitação imediata de pena não privativa de liberdade" (arts. 70 e 72). A audiência preliminar precede ao procedimento sumaríssimo, cuja instauração depende do que nela for decidido. Destina-se à conciliação tanto cível como penal, estando presentes Ministério Público, autor, vítima e juiz. A conciliação é gênero, do qual são espécies a composição e a transação. A composição refere-se aos danos de natureza civil e integra a primeira fase do procedimento; a segunda fase compreende a transação penal, isto é, o acordo penal entre Ministério Público e autor do fato, pelo qual é proposta a este uma pena não privativa de liberdade, ficando este dispensado dos riscos de uma pena de reclusão ou detenção, que poderia ser imposta em futura sentença, e, o que é mais importante, do vexame de ter de se submeter a um processo criminal.

(vi) **Composição dos danos civis (1ª fase):** o Ministério Público não entra nessa fase, a não ser que o ofendido seja incapaz. A composição dos danos civis somente é possível nas infrações que acarretem prejuízos morais ou materiais à vítima. A conciliação será conduzida pelo juiz ou por conciliador sob sua orientação (art. 73, *caput*). Obtida a conciliação, será homologada pelo juiz togado, em sentença irrecorrível, e terá eficácia de título executivo a ser executado no juízo cível competente (art. 74, *caput*); sendo o valor até quarenta vezes o salário mínimo, executa-se no próprio Juizado Especial Cível. "Tratando-se de ação penal de iniciativa privada ou pública condicionada à representação, o acordo homologado acarreta a renúncia ao direito de queixa ou representação" (art. 74, parágrafo único), extinguindo-se, por conseguinte, a punibilidade do agente. Os crimes de lesão corporal culposa e leve, segundo o art. 88 desta lei, dependem de representação, de sorte que se submetem a essa regra. "Não obtida a composição dos danos civis, será dada imediatamente ao ofendido a oportunidade de exercer o direito de representação verbal, que será reduzida a termo" (art. 75, *caput*). Não o fazendo, não há falar em decadência, devendo-se aguardar o decurso do prazo decadencial de que trata o art. 38 do Código de Processo Penal (seis meses a contar do conhecimento da autoria), de modo que o direito de representação não se esgota na audiência (art. 75, parágrafo único). No tocante aos crimes de trânsito de lesão corporal culposa, *vide* art. 291, § 1º, do CTB.

(vii) **Da transação penal (2ª fase):** "Havendo representação ou tratando-se de crime de ação penal pública incondicionada, não sendo caso de arquivamento, o Ministério Público poderá propor a aplicação imediata de pena restritiva de direitos ou multa, a ser especificada na proposta" (art. 76, *caput*). Superada a fase da composição civil do dano, segue-se a da transação penal. Consiste ela em um acordo celebrado entre o representante do Ministério Público e o autor do fato, pelo qual o primeiro propõe ao segundo uma pena alternativa (não privativa de liberdade), dispensando-se a instauração do processo. Amparada pelo princípio da oportunidade ou discricionariedade, consiste na faculdade de o órgão acusatório dispor da ação penal, isto é, de não promovê-la sob certas condições, atenuando o princípio da obrigatoriedade, que, assim, deixa de ter valor absoluto. Com relação à incidência do mencionado instituto nos crimes de trânsito de lesão corporal culposa, *vide* art. 291, § 1º, do CTB.

(viii) **Pressupostos para a transação penal:** o Ministério Público não tem discricionariedade absoluta, mas limitada, uma vez que a proposta de pena alternativa somente poderá ser formulada se satisfeitas as exigências legais. Por essa razão, tal faculdade do órgão ministerial é denominada "discricionariedade regrada ou limitada". Os pressupostos para a celebração do acordo penal são:

– tratar-se de crime de ação penal pública incondicionada ou condicionada à representação do ofendido (caso em que ela deverá ser oferecida). Assim, não é cabível em crime de ação penal de iniciativa privada. No mesmo sentido, Damásio E. de Jesus[165]. Em sentido contrário, sustentando ser cabível a transação penal em ação penal privada, há o posicionamento de Ada Pellegrini Grinover et al.[166].

– não ter sido o agente beneficiado anteriormente no prazo de cinco anos pela transação;

– não ter sido o autor da infração condenado por sentença definitiva a pena privativa de liberdade (reclusão, detenção e prisão simples);

– não ser caso de arquivamento do termo circunstanciado;

– não indicarem os antecedentes, a conduta social e a personalidade do agente, bem como os motivos e as circunstâncias, ser necessária e suficiente a adoção da medida;

– e aceitação da proposta por parte do autor da infração e de seu defensor (constituído, dativo e público).

(ix) **Procedimento para a proposta de transação:**

– Se a ação for condicionada à representação do ofendido, a existência da composição civil do dano, na fase anterior da audiência preliminar, impede a transação penal, visto que haverá extinção da punibilidade (art. 74, parágrafo único); em se tratando de ação penal incondicionada, pouco importa tenha ou não ocorrido o acordo civil, pois este não será considerado causa extintiva; se a ação penal for privada, não cabe transação, pois, como vigora o princípio da disponibilidade, a todo tempo o ofendido poderá, por

165. *Lei dos Juizados Especiais Criminais anotada*, cit., p. 62.

166. *Juizados Especiais Criminais*, São Paulo, Revista dos Tribunais, 1999, p. 259.

outros meios (perdão e perempção), desistir do processo; entretanto, não tem autoridade para oferecer nenhuma pena, limitando-se a legitimidade que recebeu do Estado à mera propositura da ação. Há, no entanto, como já vimos, vários julgados do Superior Tribunal de Justiça admitindo a transação penal em ação penal privada.

— O ofendido não participa da proposta de transação penal, mesmo porque a ação é pública; não existe também assistente do Ministério Público, porque ainda não há ação instaurada[167].

— O Ministério Público efetua oralmente ou por escrito a proposta, consistente na aplicação imediata da pena restritiva de direitos ou multa, devendo especificá-la, inclusive quanto às condições ou o valor, conforme o caso.

— Em seguida, o defensor e o autor poderão aceitá-la ou não. Há necessidade da aceitação dos dois para a garantia do princípio da ampla defesa. No mesmo sentido, Luiz Flávio Gomes[168]; havendo discordância, deverá prevalecer a vontade do autor, pois, se ele pode o mais, que é desconstituir seu defensor, pode o menos, que é discordar de sua posição; Edilson Mougenot Bonfim, para quem prevalecerá o desejo do autor da infração, pois cabe a ele dispor livremente de seus direitos[169]; e Cezar Roberto Bitencourt, o qual argumenta que, por analogia, deve-se aplicar a previsão a respeito da suspensão condicional do processo: prevalece a vontade do acusado (art. 89, § 7º)[170]. Há, contudo, posicionamento no sentido de que se deve aqui aplicar a mesma orientação que a jurisprudência predominante firmou na hipótese de oferecimento do recurso de apelação pelo advogado quando o réu manifesta o seu desejo de não recorrer. No caso, tem-se entendido que prevalece a vontade do defensor, uma vez que o réu, sendo leigo, não tem condições de avaliar da necessidade do apelo, devendo sempre prevalecer a vontade do profissional habilitado.

— A aceitação da proposta não implica reconhecimento da culpabilidade. Em sentido contrário, Luiz Flávio Gomes[171].

— O juiz não está obrigado a homologar o acordo penal, devendo analisar preliminarmente a legalidade da proposta e da aceitação.

— Nas hipóteses de ser a pena de multa a única aplicável, o juiz poderá reduzi-la até a metade.

— Se o Ministério Público não oferecer a proposta ou se o juiz discordar de seu conteúdo, deverá, por analogia ao art. 28 do Código de Processo Penal, remeter os autos ao Procurador-Geral de Justiça, o qual terá como opções designar outro promotor para formular a proposta, alterar o conteúdo daquela que tiver sido formulada ou ratificar a postura do órgão ministerial de primeiro grau, caso em que a autoridade judiciária estará obrigada a homologar a transação.

---

167. Damásio E. de Jesus, *Lei dos Juizados Especiais Criminais anotada*, p. 65.

168. *Suspensão condicional do processo penal*, São Paulo, Revista dos Tribunais, 1995, p. 139.

169. Coleção Curso & Concurso — *Processo Penal 2: Dos procedimentos aos recursos*, São Paulo, Saraiva, 2005, p. 60.

170. *Juizados Especiais Criminais e alternativas à pena de prisão*, cit., p. 106.

171. *Suspensão condicional do processo criminal*, cit., p. 140.

– Dessa forma, o juiz somente pode deixar de homologar o acordo que estiver em desacordo com as exigências legais (aspectos formais); se discordar do conteúdo ou da falta de proposta, deverá aplicar o art. 28 do CPP.

Finalmente, convém notar que não se admite transação penal extrajudicial.

(x) **Recurso:**

– O juiz não pode modificar o teor da transação penal; discordando quanto ao mérito, como já visto, somente lhe restará aplicar, por analogia, o art. 28 do CPP.

– Da decisão homologatória caberá apelação no prazo de dez dias. Embora a Lei n. 9.099/95 nada diga, da sentença não homologatória.

Nosso entendimento: também caberá apelação, pois se trata de decisão que encerra uma fase do procedimento sem julgamento de mérito, devendo ser considerada interlocutória mista não terminativa, também chamada de sentença com força de definitiva, da qual cabe apelação (CPP, art. 593, II).

– Não se admite imposição da transação penal *ex officio* pelo juiz; transação é acordo, e acordo se faz entre partes, sem interferência da autoridade judiciária, à qual compete tão somente homologá-lo ou não; cabe, portanto, ao acusador e ao autor do fato, livremente, decidir pelo consenso, de acordo com critérios de conveniência e oportunidade.

– A natureza jurídica da sentença homologatória é condenatória, fazendo coisa julgada formal.

– Trata-se, no entanto, de condenação imprópria, que mais se assemelha a decisão meramente homologatória, uma vez que não implica admissão de culpabilidade por parte do autor que aceita a proposta, mas decisão tomada com base em critérios de pura conveniência pessoal.

(xi) **Descumprimento da proposta:** em caso de descumprimento da pena restritiva de direitos imposta em virtude de transação penal, não cabe falar em conversão em pena privativa de liberdade, já que, se assim ocorresse, haveria ofensa ao princípio de que ninguém será privado de sua liberdade sem o devido processo legal (CF, art. 5º, LIV). No lugar da conversão, deve o juiz determinar a abertura de vista ao Ministério Público para oferecimento da denúncia e instauração do processo-crime. Esse posicionamento foi confirmado após a edição da súmula vinculante n. 35: "A homologação da transação penal prevista no artigo 76 da Lei 9.099/1995 não faz coisa julgada material e, descumpridas suas cláusulas, retoma-se a situação anterior, possibilitando-se ao Ministério Público a continuidade da persecução penal mediante oferecimento de denúncia ou requisição de inquérito policial". Por se tratar de enunciado com efeitos vinculantes, todo o Poder Judiciário deve respeitar o conteúdo da súmula, desaparecendo qualquer discussão prática sobre a questão do desrespeito ao acordo homologado judicialmente e os limites da coisa julgada da decisão homologatória da transação penal (art. 76 da Lei n. 9.099/95).

(xii) **Requisitos da sentença homologatória:** (i) descrição dos fatos tratados; (ii) identificação das partes envolvidas; (iii) disposição sobre a pena a ser aplicada ao autor do fato; (iv) data e assinatura do juiz.

(xiii) Efeitos da sentença homologatória da transação:

— não gera reincidência;

— não gera efeitos civis, não podendo, portanto, servir de título executivo no juízo cível;

— não gera maus antecedentes, nem constará da certidão criminal;

— esgota o poder jurisdicional do magistrado, não podendo mais este decidir sobre o mérito, a não ser em embargos declaratórios, oponíveis em cinco dias, ressalvada a hipótese de descumprimento posterior da prestação pactuada, quando será instaurado o processo, devolvendo-se ao magistrado o poder jurisdicional sobre aquele fato (a jurisdição consensual cede lugar para a conflituosa);

— os efeitos retroagem à data do fato;

— na hipótese de concurso de agentes, a transação efetuada com um dos coautores ou partícipes não se estende nem se comunica aos demais.

20.6.4.2. Fase processual

(i) Oferecimento da denúncia: frustrada a transação penal, o representante do MP poderá requerer: (i) o arquivamento; (ii) a devolução dos autos à polícia para a realização de diligências complementares, imprescindíveis ao esclarecimento dos fatos; e (iii) o encaminhamento do termo circunstanciado ao juízo comum "se a complexidade ou circunstâncias do caso não permitirem a formulação da denúncia" (art. 77, § 2º). Não ocorrendo nenhuma dessas hipóteses, será oferecida a denúncia oral (ou a queixa, no caso de ação penal privada). Os requisitos para a denúncia oral são os seguintes:

— descrição sucinta do tipo penal, como tempo, lugar, prática e consumação do delito:

— qualificação do autor;

— classificação do crime;

— rol de testemunhas, até o máximo de cinco, por analogia ao art. 532 do CPP, aplicado subsidiariamente por força do disposto no art. 92 da Lei n. 9.099/95. No mesmo sentido, Marino Pazzaglini Filho et al.[172];

— comprovação da materialidade, podendo a ausência do exame de corpo de delito ser suprida pelo boletim médico ou prova equivalente (art. 77, § 1º). Dessa forma, não é imprescindível para o oferecimento da denúncia a existência do exame de corpo de delito.

(ii) Citação: "Oferecida a denúncia ou queixa, será reduzida a termo, entregando-se cópia ao acusado, que com ela ficará citado e imediatamente cientificado da designação de dia e hora para a audiência de instrução e julgamento" (art. 78, *caput*). A citação, portanto, será pessoal, afastada a citação por edital, hipótese em que os autos serão remetidos ao juízo comum (art. 66, parágrafo único). Da mesma forma, será afastada a citação com hora certa, nas hipóteses em que o réu se oculta, dada a sua incompatibilidade com o rito célere dos Juizados Especiais Criminais (conforme atual redação do art. 362 do CPP). Em tais situações, como já frisado, deverá ser adotado procedimento previsto nos arts. 531 e seguintes do CPP (sumário) (CPP, art. 538).

---

172. *Juizado Especial Criminal*, São Paulo, Atlas, 1995, p. 65.

(iii) **Testemunhas:** a defesa deve apresentar o rol na secretaria dentro do prazo de cinco dias antes da realização da audiência de instrução e julgamento, sob pena de o Juizado ficar dispensado de intimá-las para o comparecimento e de a audiência não precisar ser adiada em virtude das ausências (art. 78, § 1º).

(iv) **Audiência:** será sempre rápida e direta (princípio da oralidade atrelado ao da concentração):

– Aberta a audiência de instrução e julgamento, será dada a palavra ao defensor para responder à acusação, devendo manifestar-se quanto a seu recebimento ou rejeição, bem como em relação às questões preliminares, prejudiciais e ao mérito.

– Recebimento ou não da denúncia ou queixa. Da rejeição caberá recurso de apelação no prazo de dez dias, mas do recebimento não caberá recurso algum, prosseguindo-se o processo. Recebida a denúncia ou queixa, passa-se, de imediato, ao início da instrução.

– Oitiva da vítima.

– Oitiva das testemunhas de acusação.

– Oitiva das testemunhas de defesa.

– Interrogatório do acusado.

– Debates orais por vinte minutos cada parte.

– Sentença.

(v) **Observações e comentários:**

– O recebimento da denúncia ou queixa interrompe a prescrição, nos termos do art. 117, I, do CP, c/c o art. 92 da Lei n. 9.099/95.

– Defesa preliminar e aplicação subsidiária do procedimento ordinário: o Código prevê expressamente a incidência dos arts. 395 a 398 (a menção ao art. 398 é incorreta, pois o mesmo foi revogado) a todos os procedimentos penais de primeiro grau, ainda que por ele não regulados (CPP, art. 394, § 4º). Referidos dispositivos legais referem-se à rejeição da denúncia, à defesa inicial e às hipóteses de absolvição sumária, os quais foram introduzidos pela reforma processual penal. Contudo, os procedimentos específicos, dentre os quais se destaca a Lei dos Juizados Especiais Criminais, contemplam a defesa preliminar, cuja função é impedir o próprio recebimento da denúncia ou queixa, ao contrário da defesa no art. 396, que é posterior a este ato e visa à absolvição sumária, fato este que suscitará inúmeros questionamentos quanto a incidência do art. 394, § 4º.

– Após o recebimento da denúncia, admite-se a figura do assistente do Ministério Público.

– As provas serão produzidas em audiência, podendo o juiz limitar ou excluir as que considerar excessivas, impertinentes ou protelatórias (art. 81, § 1º).

– A sentença não precisará ter relatório (art. 81, § 3º), mas a motivação é imprescindível, sob pena de nulidade.

(vi) **Sistema recursal:**

(i) **Juízo *ad quem*:** os recursos poderão ser enviados a turmas recursais (art. 82, *caput*).

(ii) **Turmas recursais:** são compostas por três juízes togados em exercício no primeiro grau de jurisdição, sendo vedada a participação no julgamento do magistrado prolator da decisão em exame. "Não se trata de um Tribunal de segundo grau, uma vez que os recursos são julgados pelos próprios juízes de primeira instância, reunidos em colegiado na própria sede do Juizado"[173]. O Ministério Público de primeiro grau, ou seja, o promotor e não o procurador de justiça, atuará como *custos legis*.

(iii) **Apelação:** nos Juizados Especiais Criminais a apelação poderá ser dirigida às turmas recursais, desde que criadas, ou ao tribunal competente, enquanto se aguarda a instalação das turmas. O recurso deverá ser interposto mediante petição escrita, acompanhada necessariamente das respectivas razões, sob pena de não conhecimento. Se acaso for interposta a apelação sem as razões, estas deverão ser oferecidas antes do término do prazo de dez dias, independentemente de nova intimação (nesse sentido: STF, 2ª T., HC 79.843-MG, rel. Min. Celso de Mello, *Informativo do STF*, n. 191). Considerar-se-á interposta a apelação com a entrega na secretaria da petição e razões. O prazo para a interposição será de dez dias; em seguida, o recorrido será intimado a oferecer sua resposta (contrarrazões), também no prazo de dez dias. Na hipótese de a sentença ser confirmada por seus próprios fundamentos, não há necessidade de acórdão, mas de simples ementa dizendo isso ("denega-se provimento à apelação, confirmando-se a r. sentença, por seus próprios e jurídicos fundamentos").

A apelação terá cabimento nas seguintes hipóteses:

– rejeição da denúncia ou queixa (art. 82, *caput*);

– sentença homologatória da transação (art. 76, § 5º);

– sentença de mérito (art. 82, *caput*).

(iv) **Embargos declaratórios:** são recursos destinados a integrar, completar e corrigir a sentença ou o acórdão, sempre que neles houver obscuridade, contradição, omissão ou dúvida. Obscuridade é falta de clareza em uma palavra ou expressão, impossibilitando que dela se extraia algum significado; contradição é o conflito entre duas ou mais afirmações, de modo que uma venha a desdizer o que a outra afirmou; dúvida é a falta de certeza sobre o exato significado de uma colocação, da qual pode ser extraído mais de um sentido; a omissão ocorre quando falta uma parte, palavra, frase ou período na sentença ou acórdão. Se houver simples erro material, não há sequer necessidade dos embargos, podendo o próprio juiz corrigir o erro de ofício (art. 83, § 3º). O recurso poderá ser interposto oralmente ou por escrito, dentro do prazo de cinco dias a contar da ciência da decisão. Não há contrarrazões, pois se trata de simples forma de integração da sentença ou acórdão, sem caráter infringente, isto é, sem possibilidade de modificação do mérito. "Quando opostos contra sentença, os embargos de declaração suspenderão o prazo para o recurso" (art. 83, § 2º), de maneira que, julgados os embargos, o prazo para eventual apelação continua a correr pelo tempo que faltava.

(v) **Rol não taxativo de recursos:** além desses, todos os demais recursos previstos no CPP, bem como os remédios constitucionais, podem ser utilizados, desde que compa-

173. Damásio E. de Jesus, *Lei dos Juizados Especiais Criminais anotada*, p. 89.

tíveis com as previsões e requisitos explícitos da lei. É o caso do recurso em sentido estrito. Embora a Lei n. 9.099, de 26-9-1995, não o preveja, referindo-se apenas à apelação e aos embargos declaratórios, tendo em vista que seu art. 92 determina a aplicação subsidiária das disposições dos Códigos Penal e de Processo Penal, é possível sua interposição, com base no art. 581, VIII, do CPP, na hipótese de sentença que decretar extinta a punibilidade do acusado.

(vi) **Recurso extraordinário:** cabe recurso extraordinário contra decisão das turmas recursais, uma vez que a Constituição Federal, em seu art. 102, III, ao tratar desse recurso, não o limita, permitindo o seu cabimento contra qualquer decisão de última instância.

(vii) **Recurso especial:** ao contrário do extraordinário, o recurso especial não é admitido, uma vez que o art. 105, III, "só o permite nas hipóteses de decisões de 'tribunais', sendo que a turma julgadora não é tribunal. Nesse sentido, a Súmula 203 do STJ: 'Não cabe recurso especial contra decisão proferida, nos limites de sua competência, por órgão de segundo grau dos juizados especiais'"[174].

(viii) ***Habeas corpus* contra decisão de turma recursal:** consta do *Informativo do STF*, n. 437, que a Corte Suprema, por maioria, declinou de sua competência para os tribunais de justiça estaduais, a fim de que julguem *habeas corpus* impetrado contra ato da Turma Recursal do Juizado Criminal. "Entendeu-se que, em razão de competir aos tribunais de justiça o processo e julgamento dos juízes estaduais nos crimes comuns e de responsabilidade, ressalvada a competência da Justiça Eleitoral (CF, art. 96, III), a eles deve caber o julgamento de *habeas corpus* impetrado contra ato de turma recursal de juizado especial criminal. Asseverou-se que, em reforço a esse entendimento, tem-se que a competência originária e recursal do STF está prevista na própria Constituição, inexistindo preceito que delas trate que leve à conclusão de competir ao Supremo a apreciação de *habeas* ajuizados contra atos de turmas recursais criminais. Considerou-se que a EC n. 22/99 explicitou, relativamente à alínea *i* do inciso I do art. 102 da CF, que cumpre ao Supremo julgar os *habeas* quando o coator for tribunal superior, constituindo paradoxo admitir-se também sua competência quando se tratar de ato de turma recursal criminal, cujos integrantes sequer compõem tribunal. Vencidos os Ministros Sepúlveda Pertence, Cármen Lúcia e Celso de Mello, que reconheciam a competência originária do STF para julgar o feito, reafirmando a orientação fixada pela Corte em uma série de precedentes, no sentido de que, na determinação da competência dos tribunais para conhecer de *habeas corpus* contra coação imputada a órgãos do Poder Judiciário, quando silente a Constituição, o critério decisivo não é o da superposição administrativa ou o da competência penal originária para julgar o magistrado coator ou integrante do colegiado respectivo, mas sim o da hierarquia jurisdicional. HC 86.834/SP, rel. Min. Marco Aurélio, 23.8.2006 (HC 86.834)." Com isso, a Súmula 690 do STF, que previa a competência do Supremo Tribunal Federal, perdeu o seu objeto (STF, HC AgR 90.905). Mencione-se que, conforme já decidiu o próprio STF, os processos que estiverem perante ele tramitando deverão ser imediata-

---

174. Damásio E. de Jesus, *Lei dos Juizados Especiais Criminais anotada*, p. 90.

mente remetidos para o Tribunal de Justiça dos respectivos Estados para reinício do julgamento, ficando sem efeitos os votos proferidos.

(ix) ***Habeas corpus* contra decisão do Juizado Especial:** de acordo com o posicionamento do Superior Tribunal de Justiça, a competência para apreciar *habeas corpus* impetrado contra ato de magistrado vinculado aos Juizados Especiais Criminais é da Turma Recursal dos Juizados.

(x) **Mandado de segurança contra decisão do Juizado Especial:** consoante posicionamento do STJ, "a competência para analisar recursos, inclusive mandado de segurança, de decisões provenientes de Juizados Especiais é do órgão colegiado do Juizado Especial, conforme previsão constante no art. 41, § 1º, da Lei n. 9.099/95".

20.6.4.3. *Suspensão condicional do processo*

Trata-se de instituto despenalizador, criado como alternativa à pena privativa de liberdade, pelo qual se permite a suspensão do processo, por determinado período e mediante certas condições. Decorrido esse período sem que o réu tenha dado causa à revogação do benefício, o processo será extinto, sem que tenha sido proferida nenhuma sentença. Está previsto no art. 89 da Lei n. 9.099/95, pelo qual se admite a possibilidade de o Ministério Público, ao oferecer a denúncia, propor a suspensão condicional do processo, pelo prazo de dois a quatro anos, em crimes cuja pena mínima cominada seja igual ou inferior a um ano, abrangidos ou não por esta lei, desde que o acusado preencha as seguintes exigências legais: não estar sendo processado ou não ter sido condenado por outro crime + estarem presentes os demais requisitos que autorizariam a suspensão condicional da pena (art. 77 do CP).

A iniciativa para propor a suspensão condicional do processo é faculdade exclusiva do Ministério Público, a quem cabe promover privativamente a ação penal pública (CF, art. 129, I), não podendo o juiz da causa substituir-se a este, aplicando o benefício *ex officio*. A proposta é um ato discricionário da parte, a quem incumbe avaliar, por critérios de conveniência e oportunidade, e inspirado por motivos de política criminal, se, estrategicamente, sua formulação satisfaz o interesse social. A imposição de ofício pelo juiz implicaria ofensa ao princípio da inércia jurisdicional, colocando-o na posição de parte. Não se trata, portanto, de direito subjetivo do réu, mas de ato discricionário do *Parquet*. Na hipótese de o promotor de justiça recusar-se a fazer a proposta, o juiz, verificando presentes os requisitos objetivos para a suspensão do processo, deverá aplicar, por analogia, o art. 28 do CPP, encaminhando os autos ao Procurador-Geral de Justiça a fim de que este se pronuncie sobre o oferecimento ou não da proposta. Aliás, esse é o teor da Súmula 696, editada pelo STF.

No caso de expedição de carta precatória para os efeitos do art. 89 da Lei n. 9.099/95, compete ao juízo deprecante fixar as condições pessoais a serem propostas ao acusado, antes, é evidente, sob formulação do Ministério Público.

Sendo explícita a denúncia quanto à classificação do crime, de modo a tornar sua pena mínima cominada fora do alcance do benefício, o juiz não poderá aplicar a suspensão, a menos que, fundamentadamente, discorde da imputação feita na inicial. Por outro lado, se o Ministério Público propõe a suspensão do processo, em ação penal em que, pela narrativa dos fatos constantes da exordial, se possa dar tipificação jurídica diversa e que não permitiria a suspensão, o juiz não está obrigado a homologá-la. O magistrado deve, portanto, antes de denegar ou homologar a transação processual, fazer um juízo prelibatório da classificação jurídica do fato imputado.

"O benefício da suspensão condicional do processo não é aplicável em relação às infrações penais cometidas em concurso material, concurso formal ou continuidade delitiva, quando a pena mínima cominada, seja pelo somatório, seja pela incidência da majorante, ultrapassar o limite de um (1) ano" (Súmula 243 do STJ). As infrações, portanto, não serão consideradas isoladamente, mas de acordo com o total de pena resultante da aplicação da regra do concurso de crimes.

No que toca ao recurso cabível da decisão que homologa a transação processual, a questão é polêmica. Há três posições a respeito: (i) cabe recurso em sentido estrito, por analogia à suspensão condicional da pena; (ii) cabe apelação; (iii) não cabe qualquer recurso. Adotamos a terceira posição.

(i) **1ª posição:** O STJ já se pronunciou no seguinte sentido: "1. Na letra do artigo 581, inciso XI, do Código de Processo Penal, cabe recurso em sentido estrito da decisão que conceder, negar ou revogar a suspensão condicional da pena, havendo firme entendimento, não unânime, de que se cuida de enumeração exaustiva, a inibir hipótese de cabimento outra que não as expressamente elencadas na lei. 2. Tal disposição, contudo, por força da impugnabilidade recursal da decisão denegatória do *sursis*, prevista no artigo 197 da Lei de Execuções Penais, deve ter sua compreensão dilargada, de maneira a abranger também a hipótese de suspensão condicional do processo, admitida a não revogação parcial da norma inserta no Código de Processo Penal. 3. Desse modo, cabe a aplicação analógica do inciso XI do artigo 581 do Código de Processo Penal aos casos de suspensão condicional do processo, viabilizada, aliás, pela subsidiariedade que o artigo 92 da Lei n. 9.099/95 lhe atribui" (STJ, 6ª T., REsp 263.544/CE, rel. Min. Hamilton Carvalhido, j. 12-3-2002, *DJ*, 19 dez. 2002, p. 457).

(ii) **2ª posição:** O mesmo STJ também já se posicionou no sentido de que o recurso cabível seria a apelação, sob o argumento de que "tendo natureza de interlocutória mista com força de definitiva (não terminativa), a decisão que suspende o processo, nos termos do artigo 89 da Lei n. 9.099/95, impugnável é, por via de recurso de apelação (artigo 593, inciso II, do Código de Processo Penal)" (STJ, 6ª T., HC 16.377/SP, rel. Min. Hamilton Carvalhido, j. 20-9-2001, *DJ*, 4 fev. 2002, p. 561).

(iii) **3ª posição:**

> **Nosso entendimento:** não cabe qualquer recurso. A suspensão condicional do processo (art. 89 da Lei n. 9.099/95) não possui a mesma natureza jurídica do instituto da suspensão condicional da pena, de forma que não cabe aqui falar em aplicação analógica do inciso XI do art. 581 do Código de Processo Penal.

Em primeiro lugar, porque tal dispositivo é inaplicável, na medida em que o momento processual em que a suspensão condicional da pena é concedida ou não é o da sentença final, de modo que o recurso cabível contra a sentença condenatória que denega o *sursis* não será o recurso em sentido estrito, mas a apelação, nos termos do art. 593, I, do CPP. O inciso XI do art. 581 do CPP é inócuo, portanto. Em segundo lugar, a suspensão condicional da pena concedida na sentença condenatória nada tem de semelhante com a suspensão condicional do prosseguimento do processo. Ao contrário, são institutos bem diversos, os quais não comportam o emprego da analogia, pois enquanto um pressupõe a sentença condenatória, o outro impede o prosseguimento do processo. Também não cabe aqui sustentar o cabimento do recurso de apelação, pois a decisão que determina a suspensão do processo tem a natureza de uma decisão interlocutória simples, na medida em que não põe fim ao processo (apenas o suspende), nem tampouco a uma fase do procedimento. Além disso, a Lei n. 9.099/95, ao regular os casos de recurso, mesmo conhecendo o instituto da transação processual, por ela criado, nada falou sobre o seu cabimento. A decisão, assim, é irrecorrível. Em havendo ofensa a direito líquido e certo, como, por exemplo, no caso de o juiz fixar *ex officio* o benefício, procedendo ao acordo contra a vontade de uma das partes ou de serem impostas condições claramente atentatórias à dignidade humana, poderá ser impetrado mandado de segurança (pelo MP) ou *habeas corpus* (condições abusivas), dependendo da hipótese. Se o juiz se recusar a homologar a transação processual e determinar o prosseguimento do processo, caberá também correição parcial, dado que se trata de um erro *in procedendo*, pois deveria o magistrado aplicar, por analogia, o art. 28 do CPP. Em outras palavras: o juiz pode se recusar a homologar a transação processual, mas, nesse caso, deve aplicar o art. 28 do CPP e não determinar o prosseguimento do processo, pois aí incorrerá em erro capaz de tumultuar o processo.

Não cabe também suspensão condicional do processo em ação penal exclusivamente privada, pois nesta já vigora o princípio da disponibilidade, existindo outros mecanismos de disposição do processo.

20.6.5. Questões finais

20.6.5.1. Suspensão condicional do processo

(i) No cálculo da pena mínima para fins de suspensão do processo (art. 89 da Lei n. 9.099/95) leva-se em conta a causa de aumento decorrente do concurso formal ou do crime continuado, ou, no caso de concurso material, a soma de todas as penas mínimas abstratas, não havendo que calcular o benefício sobre a pena de cada crime isoladamente, como se não houvesse concurso. Esse entendimento, inclusive, encontra-se na Súmula 243 do STJ. Referido Tribunal vem também estendendo essa interpretação ao instituto da transação penal. O limite da pena, na realidade, não pode ultrapassar o limite de dois anos. Sucede que, com as modificações operadas pela Lei n. 11.313/2006, essa interpretação, em relação à transação penal, tende a ser alterada. É que a própria lei passou a aceitar que as penas da infração de menor potencial ofensivo e do delito conexo, para efeito de incidência do instituto da transação penal, não serão somadas. Ainda que conexos os crimes, deverão eles ser analisados isoladamente para efeito da incidência da transação penal, tal como ocorre com a prescrição (CP, art. 119). Com igual razão, tal interpretação deverá ser estendida para o concurso formal de crimes e para a continuidade delitiva. Considera-se, portanto, isoladamente cada infração penal, sem os acréscimos decorrentes do concurso de crimes.

(ii) Do mesmo modo se procede com qualquer causa especial de aumento de pena. Se, com o aumento, a pena mínima ultrapassar o limite legal, torna-se inadmissível a medida.

(iii) Na compreensão da pena mínima não superior a um ano, para efeito de admissibilidade da suspensão do processo, devem ser consideradas as causas especiais de diminuição de pena em seu percentual maior, desde que já reconhecidas na peça de acusação.

(iv) A exigência da reparação dos danos não é requisito para concessão da suspensão condicional do processo, mas sim condição da extinção da punibilidade. Vale dizer, não há que se falar, no que toca à suspensão condicional do processo, em reparação dos danos antes do período de prova, ao qual o acusado será submetido.

(v) Uma vez aceita a proposta de suspensão condicional do processo formulada pelo MP, esta se torna irretratável, salvo em caso de comprovado vício de consentimento, tais como erro ou coação.

(vi) *Emendatio libelli*: A Lei n. 11.719/2008 acrescentou dois parágrafos ao art. 383 do CPP, que tratam da *emendatio libelli*. O § 1º passou a prever que: "Se, em consequência de definição jurídica diversa, houver possibilidade de proposta de suspensão condicional do processo, o juiz procederá de acordo com o disposto na lei". Tornou, portanto, expressa a orientação contida na Súmula 337 do STJ: "É cabível a suspensão condicional do processo na desclassificação do crime e na procedência parcial da pretensão punitiva". Desse modo, deverá o juiz, em tais casos, proceder de acordo com a Lei n. 9.099/95, a fim de que se possibilite a proposta da suspensão condicional do processo pelo Ministério Público, nas hipóteses em que esta seja possível (art. 89 da Lei). De acordo com o novo § 2º, se, em consequência da nova definição jurídica, o crime passar a ser de competência de outro juízo, os autos deverão a este ser remetidos, por exemplo, delito cuja competência seja dos Juizados Especiais Criminais, onde será possível a realização da transação penal (art. 72 da Lei).

20.6.5.2. Representação do ofendido

(i) Se o crime foi praticado após a entrada em vigor da Lei n. 9.099/95, o prazo decadencial será o de seis meses, aplicando-se a regra geral do art. 38 do Código de Processo Penal.

(ii) A contravenção penal de vias de fato é de ação penal pública incondicionada, nos termos do art. 17 da LCP, pouco importando que o crime de lesões corporais de natureza leve, dentro do qual estão inseridas as vias de fato, dependa de representação do ofendido.

20.6.5.3. Desclassificação para infração de menor potencial ofensivo

No Júri, se houver desclassificação da infração para outra, de competência do juiz singular, ao presidente do Tribunal do Júri caberá proferir sentença em seguida, aplicando-se, quando o delito resultante da nova tipificação for considerado pela lei como infração penal de menor potencial ofensivo, o disposto nos arts. 69 e seguintes da Lei n. 9.099, de 25 de setembro de 1995 (CPP, art. 492, § 1º). A competência para o julgamento da infração passa, portanto, para o juiz-presidente, que terá de proferir a decisão naquela mesma sessão.

20.6.5.4. *Descumprimento da pena restritiva de direitos na transação penal*

Na hipótese de o autor do fato não cumprir a pena restritiva de direitos acordada em audiência preliminar, nos termos do art. 76 da Lei n. 9.099/95, há posicionamento no sentido de que se deve operar a conversão da pena restritiva em privativa de liberdade, pelo tempo da pena originalmente aplicada, nos termos do art. 181, § 1º, *c*, da Lei de Execução Penal, até porque se trata de sanção penal imposta em sentença definitiva de condenação, chamada condenação imprópria, porque aplicada em jurisdição consensual e não conflitiva (nesse sentido: Ada Pellegrini Grinover et al., Juizados Especiais Criminais – comentários à Lei n. 9.099/95, São Paulo, Revista dos Tribunais, 1997, p. 190). Entretanto, os tribunais superiores possuem entendimento de que a sentença que aplica a pena em virtude da transação penal não é condenatória, nem absolutória, mas meramente homologatória com eficácia de título executivo judicial, sendo que, uma vez descumprida a pena imposta, ocorre o descumprimento do acordo, e, em consequência, os autos devem ser remetidos ao Ministério Público para que requeira a instauração de inquérito policial ou ofereça a denúncia.

20.6.5.5. *Não pagamento da pena de multa na transação penal*

De acordo com os arts. 84 e 85 da Lei n. 9.099/95, aplicada exclusivamente a pena de multa, seu cumprimento far-se-á mediante pagamento na secretaria do Juizado, sem recolhimento, por guia, ao fundo penitenciário. Não efetuado o pagamento da multa, será feita a conversão em pena privativa da liberdade ou restritiva de direitos.

> **Nosso entendimento:** embora não seja o entendimento majoritário, entendemos que tais dispositivos estão revogados pela Lei n. 9.268/96, a qual determinou a redação do art. 51 do CP (novamente alterada pelo Pacote Anticrime) e revogou seus parágrafos, passando a proibir a conversão da pena de multa em detenção na hipótese de o condenado solvente deixar de pagá-la ou frustrar sua execução. Dessa forma, com essa modificação legal, entendemos que, uma vez não efetuado o pagamento da multa na transação penal, deverá a Procuradoria Fiscal operar a execução da multa, nos termos da atual redação do art. 51 do Código Penal.

No mesmo sentido, há decisão do STJ determinando que o inadimplemento de multa imposta decorrente de transação penal, deve ser cobrado por intermédio de execução penal, conforme art. 51 do Código Penal, não se admitindo, por conseguinte, o oferecimento de denúncia.

20.6.5.6. *Da violência doméstica e familiar contra a mulher e da Lei dos Juizados Especiais Criminais*

(i) **Conceito de violência doméstica ou familiar:** mencionada lei passou a tratar especificamente da violência doméstica e familiar contra a mulher (sobre o conceito e formas de violências doméstica e familiar contra a mulher, *vide* arts. 5º e 7º da lei), de modo que o corpo de normas protetivas destinam-se apenas a ela. De acordo com o art. 5º da lei, a violência doméstica ou familiar consiste em "qualquer ação ou omissão baseada no gênero que lhe cause morte, lesão, sofrimento físico, sexual ou psicológico e dano moral ou patrimonial" no âmbito da unidade doméstica, no âmbito da família ou em qualquer relação íntima de afeto, na qual o agressor conviva ou tenha convivido com a ofendida, independentemente de coabitação. Já decidiu a 3ª Seção do STJ que a Lei 11.340/06 teve por objetivo precípuo a proteção da vítima que coabita com o agressor, como também o resguardo daquela que, no passado, conviveu sob o mesmo teto, desde que haja nexo entre a agressão e a relação íntima de afeto que uma vez já existiu entre o casal. "Contudo, necessário se faz salientar que a aplicabilidade da mencionada legislação à relações íntimas de afeto como o namoro deve ser analisada em face do caso concreto. Não se pode ampliar o termo – relação íntima de afeto – para abarcar um relacionamento passageiro, fugaz ou esporádico" (CC 100654/MG, rel. Min. Laurita Vaz, Terceira Seção, *DJe*, 13 maio 2009).

O art. 6º, por sua vez, define o que se entende por violência física, psicológica, sexual, patrimonial e moral, contra a mulher. Compreende, assim, por exemplo, a ofensa à integridade ou saúde corporal da mulher; ameaça, constrangimento, humilhação ou qualquer outro meio que lhe cause prejuízo à saúde psicológica e à autodeterminação; a ação de constranger a mulher a presenciar, manter ou participar de relação sexual não desejada, mediante intimidação, ameaça, coação ou uso de força; a conduta de reter, subtrair, destruir objetos, instrumentos de trabalho, documentos pessoais; e qualquer conduta que configure calúnia, difamação e injúria, dentre outras condutas.

No mais, registre-se que a Lei n. 13.505, de 8 de novembro de 2017, acrescentou à Lei Maria da Penha os dispositivos 10-A, 12-A e 12-B, os quais, em suma, asseguram, como direito da mulher em situação de violência doméstica e familiar, atendimento policial e pericial especializado, ininterrupto e prestado preferencialmente por servidores do sexo feminino, previamente capacitados para tanto. Por fim, a nova lei também trouxe diretrizes e procedimentos específicos para a inquirição da mulher em referida situação, bem como da testemunha de violência doméstica.

(ii) **Autores da violência doméstica e familiar:** podem ser não só o cônjuge ou companheiro, mas também os pais, avós, irmãos, tios, sobrinhos, padrastos, enteados etc., desde que, obviamente, exista vínculo doméstico ou familiar entre o autor da violência e a vítima.

(iii) **Sanção penal:** a lei, dentre outras modificações, aumentou a sanção penal para os crimes praticados com violência doméstica e familiar. Assim, citada lei operou modificações na sanção penal cominada ao crime do art. 129, § 9º. Com efeito, a pena que era de detenção, de 6 (seis) meses a 1 (um) ano, passou para detenção, de 3 (três) meses a 3 (três) anos. Portanto, diminuiu a pena mínima cominada e majorou o limite máximo de pena. Além disso, acrescentou ao art. 129 o § 11, passando a incidir uma nova causa de aumento de pena no caso de violência doméstica. Assim, a pena será aumentada de 1/3 se a vítima for portadora de deficiência física. Operou, finalmente, modificações na alínea *f* do inciso II do art. 61 do CP e no art. 152 da LEP.

(iv) **Lei dos Juizados Especiais Criminais:** o art. 41 da Lei n. 11.340/2006 vedou a incidência da Lei dos Juizados Especiais Criminais no caso de violência doméstica e familiar contra a mulher.

(v) **Lesão corporal dolosa leve e a Lei dos Juizados Especiais Criminais:** a partir da Lei n. 11.340/2006, o crime de lesão corporal dolosa leve qualificado pela violência doméstica, previsto no § 9º do art. 129 do CP, deixou de ser considerado infração de menor potencial ofensivo, em face da majoração do limite máximo da pena, o qual passou a ser de três anos. Em tese, seria, ainda, cabível o instituto da suspensão condicional do processo (art. 89 da lei), em face do limite mínimo da sanção penal (três meses de detenção). Contudo, a Lei n. 11.340/2006 passou a dispor em seu art. 41: "Aos crimes praticados com violência doméstica e familiar contra a mulher, independentemente da pena prevista, não se aplica a Lei n. 9.099, de 26 de setembro de 1995", vedando, assim, por completo, a incidência dos institutos benéficos da Lei n. 9.099/95.

(vi) **O direito de representação nos crimes de lesão corporal de natureza leve em decorrência de violência doméstica:** a lei, ao vedar a incidência da Lei n. 9.099/95, gerou questionamentos no sentido de continuar ou não o crime em estudo a ser de ação penal condicionada à representação da ofendida.

O Plenário do Supremo Tribunal Federal julgou procedente, em 9-2-2012, por maioria, a Ação Direta de Inconstitucionalidade (ADI 4.424) ajuizada pela Procuradoria-Geral da República quanto aos arts. 12, I; 16; e 41 da Lei Maria da Penha. Com isso, os crimes de lesão corporal leve praticados contra a mulher passam a ser tratados como de ação penal pública incondicionada. Por estar em sede de controle concentrado de constitucionalidade, tal decisão tem efeitos *erga omnes* e vincula toda e qualquer decisão judicial que vier a ser exarada.

A Terceira Seção do Superior Tribunal de Justiça (STJ) aprovou em 26-8-2015, a Súmula 542: "a ação penal relativa ao crime de lesão corporal resultante de violência doméstica contra a mulher é pública incondicionada".

(vii) **Penas alternativas:** a lei dificultou a aplicação de penas alternativas. Assim, dispõe o art. 17 da lei: "É vedada a aplicação, nos casos de violência doméstica e familiar contra a mulher, de penas de cesta básica ou outras de prestação pecuniária, bem como a substituição de pena que implique o pagamento isolado de multa".

(viii) **A providência cautelar da Lei n. 9.099/95 e as medidas protetivas de urgência da lei vigente:** de acordo com o disposto no art. 69, parágrafo único, da Lei dos Juizados Especiais Criminais, "ao autor do fato que, após a lavratura do termo, for imediatamente encaminhado ao juizado ou assumir o compromisso de a ele comparecer, não se imporá prisão em flagrante, nem se exigirá fiança. Em caso de violência doméstica, o juiz poderá determinar, como medida de cautela, seu afastamento do lar, domicílio ou local de convivência com a vítima". Esse dispositivo legal, a partir do advento da Lei n. 11.340/2006, não se aplica mais aos crimes de lesão corporal leve qualificados pela violência doméstica (art. 129, § 9º), uma vez que, em face do aumento do limite máximo de pena, deixou de constituir infração de menor potencial ofensivo. Assim, no caso de lesão corporal decorrente de violência doméstica que tenha sido vítima pessoa do sexo masculino, por exemplo, idoso, não haverá mais a providência cautelar acima mencionada, ficando as vítimas desprotegidas pela lei. Já a mulher, vítima de violência doméstica e familiar, pelo contrário, contará com diversos mecanismos de proteção da lei, dentre eles as medidas protetivas de urgência (*vide* arts. 22 e 23 da Lei n. 11.340/2006. Sobre as medidas protetivas de urgência que podem ser deferidas pelo juiz, *vide* arts. 22 e 23). Obviamente que, para a concessão de tais medidas protetivas de urgência, devem estar presentes os pressupostos para a concessão das medidas cautelares (perigo da demora e aparência de bom direito).

Importante destacar que às alterações promovidas pela Lei n. 13.827, de 2019, que incluiu o art. 12-C à Lei n. 11.340, expandiram os legitimados para imposição da medida cautelar de afastamento do lar do agressor, isto é, verificada a existência de risco atual ou iminente à vida ou à integridade física da mulher em situação de violência doméstica e familiar, ou de seus dependentes, o agressor será imediatamente afastado do lar, domicílio ou local de convivência com a ofendida pela autoridade judicial; pelo delegado de polícia, quando o Município não for sede de comarca; ou pelo policial, quando o Município não for sede de comarca e não houver delegado disponível no momento da denúncia (nos últimos dois casos, o magistrado deverá ser comunicado no prazo máximo de 24 horas).

(ix) **Juizados de Violência Doméstica e Familiar contra a Mulher:** prevê ainda a Lei, em seu art. 14, que "Os Juizados de Violência Doméstica e Familiar contra a Mulher, órgãos da Justiça Ordinária com competência cível e criminal, poderão ser criados pela União, no Distrito Federal e nos Territórios, e pelos Estados, para o processo, o julgamento e a execução das causas decorrentes da prática de violência doméstica e familiar contra a mulher. Parágrafo único. Os atos processuais poderão realizar-se em horário noturno, conforme dispuserem as normas de organização judiciária".

(x) **Competência das Varas Criminais enquanto não criados os Juizados:** "Enquanto não estruturados os Juizados de Violência Doméstica e Familiar contra a Mulher, as varas criminais acumularão as competências cível e criminal para conhecer e julgar as causas decorrentes da prática de violência doméstica e familiar contra a mulher, observadas as previsões do Título IV desta Lei, subsidiada pela legislação processual pertinente" (cf. art. 33, *caput*). E, ainda, será garantido o direito de preferência, nas varas criminais, para o processo e julgamento de tais causas (cf. art. 33, parágrafo único).

20.7. Procedimentos especiais previstos no Código de Processo Penal

20.7.1. Procedimento dos crimes falimentares

Com o advento da Lei n. 11.101, de 9 de fevereiro de 2005, que regula a recuperação judicial, a extrajudicial e a falência do empresário e da sociedade empresária, e que entrou em vigor no dia 9 de junho de 2005, substanciosas modificações foram operadas no procedimento dos crimes falimentares, além de outras alterações importantes, como, por exemplo, a alteração do prazo prescricional. Passemos à sua análise.

20.7.1.1. Inquérito judicial

O antigo Decreto-Lei n. 7.661/45 previa o procedimento bifásico nos crimes falimentares, composto pelo inquérito judicial e pela fase processual. Incumbia ao próprio juiz de direito do processo falimentar presidir o inquérito judicial, visando à apuração de infrações falimentares. Com a entrada em vigor da atual legislação, a questão tornou-se indiscutível, pois afastaram-se quaisquer investigações presididas por juiz de direito nos crimes falimentares, aplicando-se, a partir de então, a regra geral, ou seja, instauração de inquérito policial inquisitivo, como é feito em qualquer outro crime, tendo a atual Lei de Falências abolido o inquérito judicial. Assim, a partir das inovações trazidas pela Lei n. 11.101/2005, o juiz, em qualquer fase processual, surgindo indícios da prática de crime falimentar, cientificará o Ministério Público (LF, art. 187, § 2º), o qual deverá, se entender ser o caso, requisitar a instauração de inquérito policial. Convém notar que essa inovação legislativa esvaziou o caráter especial do procedimento falimentar, eliminando seu caráter bifásico, única característica que lhe conferia a qualidade de especial. Em suma, o inquérito que apura os crimes falimentares não é mais presidido pelo juiz, mas pela autoridade policial e passa a ter caráter inquisitivo.

20.7.1.2. Recebimento da denúncia. Motivação

Na antiga sistemática do Decreto-Lei n. 7.661/45, após a conclusão do inquérito judicial e do oferecimento da denúncia ou queixa, o juiz estava obrigado a fundamentar o recebimento desta, sob pena de nulidade. Nesse sentido, inclusive, havia a Súmula 564 do STF. Tal entendimento, contudo, não mais subsiste no atual procedimento da Lei de Falências. Na realidade, incidirá aqui a discussão cabível em todos os crimes quanto à necessidade ou não de fundamentação quando do recebimento da denúncia, pois, como a lei não falou mais nada, aplica-se a regra geral, ou seja, a jurisprudência predominante dispensa o recebimento de qualquer necessidade de motivação.

20.7.1.3. Competência

Na vigência do Decreto-Lei n. 7.661/45, recebida a denúncia ou queixa, os autos eram remetidos ao juízo criminal competente, para prosseguimento da ação, de acordo com o procedimento ordinário, fosse o crime apenado com detenção, fosse com reclusão. Ocorre que em São Paulo, por exemplo, por força da Lei estadual n. 3.947/83, havia sido firmada a competência do juízo universal da falência para o julgamento dos crimes falimentares. Tal situação não mais subsiste na sistemática da Lei n. 11.101/2005, pois ela determinou expressamente a competência do juiz criminal da jurisdição onde tenha sido decretada a falência, concedida a recuperação judicial ou homologado o plano de recuperação extrajudicial, para conhecer da ação penal pelos crimes previstos na Lei (art. 183). A Lei, portanto, retirou expressamente do "juízo universal da falência" a competência para processar e julgar os crimes falimentares.

20.7.1.4. Rito

Como vimos acima, de acordo com o antigo Decreto-Lei n. 7.661/45, a ação seguia o procedimento ordinário, fosse o crime apenado com detenção ou reclusão. Com as inovações trazidas pela Lei n. 11.101/2005, recebida a denúncia ou queixa (no caso de crime de ação penal privada subsidiária) pelo juiz criminal, observar-se-á, consoante o art. 185, o rito previsto nos arts. 531 a 540 do Código de Processo Penal (atualmente, arts. 531 a 538. *Vide* também atual redação dos arts. 395, 396 e 397, aplicáveis ao procedimento sumário). Os crimes falimentares, portanto, sujeitar-se-ão ao procedimento sumário.

20.7.1.5. Natureza jurídica da sentença que decreta a falência, concede a recuperação judicial ou extrajudicial

Antes do advento da Lei 11.101/2005, a ação penal não podia iniciar-se antes de declarada a falência e extinguia-se quando reformada a sentença que a tivesse decretado. Muito se discutia acerca da natureza jurídica da sentença declaratória da falência: (i) seria elementar do tipo falimentar, segundo José Frederico Marques; (ii) condição objetiva de punibilidade, segundo Nelson Hungria; (iii) condição de procedibilidade, embora em alguns casos pudesse constituir elementar do tipo, como, por exemplo, os arts. 186, III, e 189, II, ambos da antiga Lei de Falências. A Lei n. 11.101/2005, para evitar qualquer dúvida, previu que a sentença que decreta a falência, concede a recuperação judicial ou extrajudicial constitui uma condição objetiva de punibilidade das infrações previstas nessa Lei (art. 180). Na condição objetiva de punibilidade, o fato criminoso reputa-se perfeito e consumado com a prática da ação ou omissão, contudo a lei condiciona a sua punibilidade à ocorrência de determinado acontecimento, que, no caso, é a prolação da sentença judicial que declara a falência, concede a recuperação judicial ou extrajudicial. De qualquer modo, antes do advento de tal condição, não pode ser iniciada a persecução penal, nem mesmo extrajudicial, pois, não havendo pretensão punitiva que possa ser satisfeita, ainda não há possibilidade de investigação e processo por absoluta falta de objeto.

20.7.1.6. Cientificação do MP e prazo para a propositura da ação penal

De acordo com o disposto no art. 187, "intimado da sentença que decreta a falência ou concede a recuperação judicial, o Ministério Público, verificando a ocorrência de qualquer crime previsto nesta Lei, promoverá imediatamente a competente ação penal ou, se entender necessário, requisitará a abertura de inquérito policial". De acordo com o § 1º, "O prazo para oferecimento da denúncia regula-se pelo art. 46 do Decreto-Lei n. 3.689, de 3 de outubro de 1941 – Código de Processo Penal, salvo se o Ministério Público, estando o réu solto ou afiançado, decidir aguardar a apresentação da exposição circunstanciada de que trata o art. 186 desta Lei, devendo, em seguida, oferecer a denúncia em 15 (quinze) dias". O § 2º, por sua vez, prevê: "Em qualquer fase processual, surgindo indícios da prática dos crimes previstos nesta Lei, o juiz da falência ou da recuperação judicial ou da recuperação extrajudicial cientificará o Ministério Público". O Ministério Público, recebendo a notificação, deverá acompanhar o caso até a decretação da falência, pois antes disso ainda não existe condição de punibilidade satisfeita, não havendo objeto a ser investigado ou processado. Investiga-se e instaura-se o processo criminal com o intuito de satisfazer a pretensão punitiva, de modo que, se esta ainda não pode ser satisfeita ante a ausência de uma exigência legal, nada justifica o início dos procedimentos apuratórios, os quais, além de açodados, poderiam posteriormente se revelar inúteis.

20.7.1.7. Relatório

Ao administrador judicial compete, na falência, apresentar o relatório sobre as causas e circunstâncias que conduziram à situação de falência, no qual apontará a responsabilidade civil e penal dos envolvidos, observado o disposto no art. 186 da Lei (art. 22, III, *e*). De acordo com o art. 186, "no relatório previsto na alínea *e* do inciso III do *caput* do art. 22 desta Lei, o administrador judicial apresentará ao juiz da falência exposição circunstanciada, considerando as causas da falência, o procedimento do devedor, antes e depois da sentença, e outras informações detalhadas a respeito da conduta do devedor e de outros responsáveis, se houver, por atos que possam constituir crime relacionado com a recuperação judicial ou com a falência, ou outro delito conexo a estes. Parágrafo único. A exposição circunstanciada será instruída com laudo do contador encarregado do exame da escrituração do devedor".

20.7.1.8. *Ação penal*

Com a atual Lei de Falências perdeu sentido o art. 503 do CPP, que previa hipótese de crime de ação penal privada. De acordo com o art. 184 da Lei n. 11.101/2005 os crimes nela previstos são todos de ação penal pública incondicionada. Nada impede, contudo, a propositura de ação penal privada subsidiária na hipótese em que, decorrido o prazo para o oferecimento da denúncia pelo *Parquet*, este queda-se inerte. Estarão legitimados, para tanto, qualquer credor habilitado ou o administrador judicial, observado o prazo decadencial de seis meses (art. 184, parágrafo único).

20.7.1.9. *Efeitos da condenação*

De acordo com o art. 181, *caput*, da Lei n. 11.101/2005, "são efeitos da condenação por crime previsto nesta Lei: I – a inabilitação para o exercício de atividade empresarial; II – o impedimento para o exercício de cargo ou função em conselho de administração, diretoria ou gerência das sociedades sujeitas a esta Lei; III – a impossibilidade de gerir empresa por mandato ou por gestão de negócio". De acordo com o § 1º, "os efeitos de que trata este artigo não são automáticos, devendo ser motivadamente declarados na sentença, e perdurarão até 5 (cinco) anos após a extinção da punibilidade, podendo, contudo, cessar antes pela reabilitação criminal". Finalmente, "Transitada em julgado a sentença penal condenatória, será notificado o Registro Público de Empresas para que tome as medidas necessárias para impedir novo registro em nome dos inabilitados" (§ 2º).

20.7.1.10. *Prescrição*

Antes do advento da Lei n. 11.101/2005, a prescrição da pretensão punitiva se dava sempre em dois anos, qualquer que fosse a quantidade da pena imposta na sentença condenatória. Com a atual legislação, a prescrição dos crimes falimentares passou a ser regrada pelo CP, iniciando-se com a decretação da falência, da concessão da recuperação judicial ou da homologação do plano de recuperação extrajudicial (Lei n. 11.101/2005, art. 182). Dessa forma, acabou o prazo prescricional fixo de dois anos, passando a valer a regra do art. 109 do CP (com a nova redação determinada pela Lei n. 12.234, de 5 de maio de 2010), bem como todos os dispositivos relacionados à prescrição previstos no Estatuto Repressivo (prescrição calculada de acordo com a pena máxima cominada, prescrição intercorrente e retroativa).

20.7.2. Procedimento dos crimes contra a honra

20.7.2.1. *Introdução*

Primeiro, consigne-se que os crimes contra a honra previstos no Código Penal, a partir da entrada em vigor da Lei n. 10.259, de 12 de julho de 2001, e, posteriormente, da

Lei n. 11.313, de 28 de junho de 2006, que alterou a redação do art. 61 da Lei n. 9.099/95, passaram a ser considerados infrações de menor potencial ofensivo e, por essa razão, estão sujeitos às disposições da Lei dos Juizados Especiais Criminais, independentemente do procedimento previsto.

Ressalve-se que apenas os crimes de calúnia majorada (CP, art. 138 c/c o art. 141) e injúria qualificada por preconceito de raça, cor, etnia, religião, origem ou condição de pessoa idosa ou portadora de deficiência (CP, art. 140, § 3º, com as alterações promovidas pela Lei n. 10.741/2003 – Estatuto do Idoso), por ultrapassarem o limite de pena (pena máxima igual ou inferior a dois anos de reclusão ou detenção), não se enquadram no conceito das mencionadas leis.

Nesse contexto, convém mencionar que em três situações a Lei dos Juizados Especiais Criminais exclui as infrações de menor potencial ofensivo do seu procedimento sumaríssimo: (i) "quando não encontrado o acusado para ser citado, o juiz encaminhará as peças existentes ao Juízo comum para adoção do procedimento previsto em lei" (art. 66, parágrafo único). Da mesma forma, quando houver necessidade da citação com hora certa, nas hipóteses em que o réu se oculta, dada a sua incompatibilidade com o rito célere dos Juizados Especiais Criminais (conforme nova redação do art. 362 do CPP, determinada pela Lei n. 11.719/2008). Em tais situações, deverá ser adotado procedimento previsto nos arts. 531 e seguintes do CPP (sumário) (CPP, art. 538, com a redação determinada pela Lei n. 11.719/2008); (ii) "se a complexidade ou circunstâncias do caso não permitirem a formulação da denúncia, o Ministério Público poderá requerer ao Juiz o encaminhamento das peças existentes, na forma do parágrafo único do art. 66 desta Lei" (art. 77, parágrafo único). Nessa hipótese, deverá ser adotado procedimento previsto nos arts. 531 e seguintes do CPP (sumário) (CPP, art. 538, com a redação determinada pela Lei n. 11.719/2008); (iii) em razão de conexão ou continência com infração de competência do juízo comum ou do tribunal do júri (art. 60, com a redação determinada pela Lei n. 11.313/2006).

Pois bem. Quanto ao procedimento propriamente dito, temos que se encontra previsto no Livro II, Título II, Capítulo III do Código de Processo Penal, especificamente nos arts. 519 a 523.

Apesar de o Código de Processo Penal prever o procedimento especial somente para a calúnia e a injúria, aplica-se também à difamação, pois, na época em que o Código foi elaborado, achava-se em vigor o Código Penal de 1890, que tratava a difamação como modalidade de injúria.

Esse procedimento é especial em relação ao sumário e ao ordinário.

Os crimes contra a honra, em regra, são de ação penal privada, porém, serão de ação penal pública quando:

(i) injúria real da qual resultem lesões corporais – ação penal pública incondicionada;

(ii) injúria decorrente de preconceito de raça, cor, etnia, religião, origem ou condição de pessoa idosa ou portadora de deficiência – ação penal pública condicionada à representação do ofendido (CP, art. 145, parágrafo único);

(iii) crime contra a honra do presidente da República ou chefe de governo estrangeiro – ação penal pública condicionada à requisição do ministro da Justiça;

(iv) crime contra a honra de funcionário público no exercício de suas funções – conforme entendimento sumulado pelo STF (Súmula 714), trata-se de legitimidade concorrente do ofendido, mediante queixa, e do Ministério Público, condicionada à representação do ofendido.

Cumpre, finalmente, ressalvar que há crimes contra a honra que seguem procedimento específico, como os previstos no Código Eleitoral e no Código Penal Militar, e que não admitem a incidência do procedimento da Lei dos Juizados Especiais Criminais. Nesse caso, deverão seguir as regras procedimentais específicas da lei eleitoral e do Código de Processo Penal Militar, não havendo que se cogitar da aplicação do rito especial dos crimes contra a honra previsto no Código de Processo Penal.

Convém notar que o Supremo Tribunal Federal, por maioria, julgou procedente pedido formulado em arguição de descumprimento de preceito fundamental (ADPF 130) para o efeito de declarar não recepcionado pela Constituição Federal todo o conjunto de dispositivo da Lei n. 5.250/67, dentre eles os arts. 20, 21 e 22. Com isso, os crimes contra a honra praticados por intermédio da imprensa serão enquadrados no Código Penal e sujeitar-se-ão ao procedimento especial do Código de Processo Penal.

20.7.2.2. Procedimento

(i) **Oferecimento da queixa-crime**: o juiz abrirá vista ao representante do Ministério Público para que adite a queixa, supra irregularidades, saneie omissões etc., no prazo de três dias, sob pena de inocorrer qualquer vicissitude, prosseguindo-se o procedimento.

(ii) **Audiência de tentativa de conciliação:** o juiz manda notificar o querelante e o querelado a fim de que compareçam à audiência designada. Ambos devem comparecer sem os advogados. O juiz ouve separadamente as partes e, conforme o caso, tenta ou não a conciliação.

Acerca dessa audiência, cinco importantes questões se colocam em discussão. Quais sejam:

Qual a natureza jurídica desta audiência? Para alguns, trata-se de condição objetiva de procedibilidade especial, enquanto outros atestam ser uma condição objetiva de procedibilidade imprópria. Porém, prevalece o entendimento no sentido de que tal audiência constitui condição objetiva de prosseguibilidade da ação penal.

Qual a consequência do não comparecimento do querelante a esta audiência? Existem duas posições a respeito.

Na primeira, extingue-se a punibilidade do querelado em face da perempção, estatuída no art. 60, III, do Código de Processo Penal. Na segunda, a perempção constitui, na realidade, um instituto que pressupõe a existência de processo, jamais ocorrendo sem a instauração ou antes deste. Por outro lado, a perempção é também uma sanção aplicada em face da desídia do autor. Logo, a mera recusa deste em tentar a conciliação significa a sua real intenção de participar do litígio. Embora a primeira posição manifeste a opinião majoritária, é certo que a segunda, do ponto de vista técnico-processual, constitui a mais correta.

E no caso da ausência do querelado? Tem-se por frustrada a audiência, facultando-se ao juiz receber queixa ou determinar a condução coercitiva do querelado, nos termos do art. 260 do CPP.

Existe audiência de conciliação nos casos de ação penal pública por crime contra a honra? Não, pois nesse caso o processo não é regido pelo princípio da oportunidade e disponibilidade.

E se não for realizada essa audiência de conciliação? Ter-se-á uma nulidade relativa, cuja declaração carecerá de prova do prejuízo.

(i) Frustrada a tentativa conciliatória, observar-se-á o disposto no Capítulo I, Título I, do Livro II, que trata da instrução criminal.

(ii) O juiz analisará se não é caso de rejeição liminar da queixa-crime (deverá avaliar todos os requisitos do art. 395: condição da ação, possibilidade jurídica do pedido etc.).

(iii) Se não for caso de rejeição liminar, recebê-la-á e ordenará a citação do querelado para responder à acusação, por escrito, no prazo de dez dias. Na realidade, na antiga sistemática do Código de Processo Penal, o querelado era citado para apresentar defesa prévia no prazo de três dias.

(iv) Na resposta, poderá o querelado: (i) arguir preliminares; (ii) alegar tudo o que interesse à sua defesa, por exemplo, matérias que levem à absolvição sumária, as quais se encontram descritas no atual art. 397 do CPP (causas excludentes da ilicitude, atipicidade do fato etc.).

(v) Por ocasião do oferecimento da resposta inicial (antiga defesa prévia), poderá o querelado, ainda, apresentar a exceção da verdade nos autos principais. O querelante será notificado para dentro de dois dias oferecer sua resposta, podendo ser inquiridas as testemunhas arroladas na queixa, ou outras indicadas naquele prazo, em substituição às primeiras, ou para completar o máximo legal.

(vi) Com a resposta do querelado, analisará o juiz a possibilidade de absolvição sumária.

(vii) Não sendo hipótese de absolvição sumária, o juiz designará dia e hora para a audiência de instrução e julgamento, ordenando a intimação do acusado, de seu defensor, do Ministério Público e, se for o caso, do querelante e do assistente. A audiência será, em regra, única, por força do princípio da concentração dos atos processuais.

A retratação do querelado, prevista no art. 143 do Código Penal, tem sua aplicabilidade restrita à ação penal privada, relativa aos crimes de calúnia e de difamação. Tratando-se de ação penal pública condicionada à representação do ofendido, incabível é a retratação.

Por ocasião do oferecimento da defesa inicial (CPP, art. 396-A), o querelado poderá apresentar a exceção da verdade ou da notoriedade (CPP, art. 523). A exceção da verdade nada mais é do que uma oportunidade concedida ao réu de demonstrar a *veracidade das suas afirmações ofensivas*. Já a exceção de notoriedade consiste na oportunidade facultada ao réu de demonstrar que as suas *afirmações são do domínio público*. Devem ser alegadas nos próprios autos principais, juntamente com a defesa inicial.

São hipóteses de cabimento das exceções:

(i) **Crime de calúnia:** pelo fato de consistir tal crime na imputação falsa de fato definido como crime, é perfeitamente possível demonstrar que as afirmações são verdadeiras, hipótese em que o fato será atípico. Porém, *não* será cabível:

– quando for praticada contra o presidente da República ou chefe de governo estrangeiro;

– quando o fato imputado for de ação penal privada, e o autor desse fato não sofreu condenação irrecorrível;

– quando o fato imputado for de ação penal pública, e o autor desse fato houver sido absolvido por decisão irrecorrível.

(ii) **Crime de difamação:** este crime consiste na imputação de fato ofensivo à honra, seja verdadeiro ou falso, pois ninguém é censor da vida alheia. Neste caso, pouco importa a exceção da verdade, pois se o fato for verdadeiro continuará havendo o crime. Logo, não cabe a exceção da verdade. Porém, excepcionalmente, será cabível quando a difamação for contra funcionário público no exercício das suas funções, tendo em vista a supremacia do interesse da administração pública. Com relação à exceção de notoriedade, esta será sempre cabível na difamação, uma vez que se o fato já era notório a vítima não foi difamada.

(iii) **Crime de injúria:** jamais serão cabíveis tais exceções, pois neste crime não se imputa um fato, mas um adjetivo desairoso.

Se o querelante gozar de foro privilegiado, o juiz deverá remeter o processo ao tribunal competente para julgar o querelante. O tribunal aprecia a exceção da verdade, devolvendo logo em seguida os autos à primeira instância, desde que a exceção haja sido repelida.

Por outro lado, se a exceção não for oposta por ocasião da defesa inicial, não se presumirão verdadeiros os fatos imputados, vez que inexiste a responsabilidade penal objetiva. Tourinho Filho, no entanto, entende que nesse caso a matéria fica preclusa à defesa.

20.7.2.3. *Do pedido de explicações. Procedimento*

Previsto no art. 144 do Código Penal, o pedido de explicações consiste no procedimento adotado nos crimes contra a honra, toda vez que se verificar dúvida quanto às expressões ofensivas. Trata-se de uma medida preliminar, embora não obrigatória à propositura da ação penal.

Ingressa-se com o pedido perante o juízo criminal, hipótese em que o mesmo tornar-se-á prevento com relação a eventual oferecimento de queixa-crime.

Recebendo o pedido, o juiz mandará autuá-lo e designará audiência para que o pretenso ofensor esclareça as suas afirmações. Porém, o juiz poderá, ao invés de intimar o ofensor a comparecer à audiência, solicitar explicações por escrito. Se o ofensor gozar de foro privilegiado, o pedido deverá ser formulado junto ao tribunal competente.

Cumpre ressaltar que o prazo decadencial não é interrompido pelo pedido, de tal sorte que o querelante deverá ajuizar a queixa-crime antes da ocorrência do referido prazo fatal.

Por outro lado, destaque-se que ao juiz não caberá julgar as explicações, até porque, por equiparar-se a uma notificação judicial, não comporta qualquer juízo de valor. Cabe ao ofendido analisar se as explicações são ou não satisfatórias, para daí, sim, intentar ou não a queixa-crime. O juiz jamais poderá indeferir liminarmente o pedido de explicações, salvo quando constatar a ocorrência do lapso decadencial.

20.7.3. Procedimento dos crimes funcionais

20.7.3.1. Introdução

O procedimento especial previsto no art. 514 do CPP aplica-se a todos os crimes funcionais afiançáveis, ficando excluídos os inafiançáveis.

Os crimes funcionais são aqueles cometidos pelo funcionário público no exercício das suas funções contra a administração pública. Dentre estes estão:

(i) **crimes funcionais próprios:** só podem ser praticados por funcionários públicos, ou seja, a ausência da condição de funcionário público leva à atipicidade da conduta;

(ii) **crimes funcionais impróprios:** são aqueles que podem ser praticados também por particulares, ocorrendo tão somente uma nova tipificação. A inexistência da condição de funcionário público leva à desclassificação para outra infração.

Tanto os crimes funcionais próprios como os impróprios submetem-se ao procedimento especial, bastando apenas que sejam afiançáveis.

20.7.3.2. Procedimento

(i) **Oferecimento da denúncia ou queixa:** oferecida a denúncia ou queixa, o juiz, antes de recebê-la, determinará não só a sua autuação mas também mandará notificar o agente para apresentar a sua defesa preliminar no prazo de quinze dias.

Essa defesa visa impedir o recebimento da peça acusatória inaugural, no interesse da administração pública. Constitui uma fase obrigatória no procedimento; a sua falta acarreta a nulidade do processo, por ofensa ao princípio da ampla defesa e do contraditório (nulidade absoluta). De acordo com o enunciado da Súmula 330 do STJ: "É desnecessária a resposta preliminar de que trata o artigo 514 do Código de Processo Penal, na ação penal instruída por inquérito policial". O Supremo Tribunal Federal, por sua vez, tem considerado que o fato de a denúncia se ter respaldado em elementos de informação colhidos no inquérito policial, não dispensa a obrigatoriedade da notificação prévia (CPP, art. 514) do acusado (STF, 1ª T., HC 89686/SP, rel. Min. Sepúlveda Pertence, j. 12-6-2007, *DJ*, 17 ago. 2007, p. 58). Nesse mesmo julgado, a Egrégia Corte considerou que o procedimento previsto nos arts. 513 e s. do CPP se reserva aos casos em que a denúncia veicula tão somente crimes funcionais típicos (CP, arts. 312 a 326).

Importante mencionar que o Código prevê expressamente a incidência dos arts. 395 a 398 (menção ao art. 398 é incorreta, pois o mesmo foi revogado) a todos os procedimentos penais de primeiro grau, ainda que por ele não regulados (CPP, art. 394, § 4º). Referidos dispositivos legais referem-se à rejeição da denúncia, à defesa inicial e às hipóteses de absolvição sumária, as quais foram introduzidas pela reforma processual penal. Contudo, há procedimentos específicos, como o dos crimes funcionais, que contemplam a defesa preliminar, cuja função é impedir o próprio recebimento da denúncia ou queixa, ao contrário da defesa prevista no art. 396, a qual é posterior a este ato e visa à absolvição sumária, fato este que suscitará inúmeros questionamentos quanto à incidência do art. 394, § 4º.

(ii) **Recebimento da denúncia ou queixa:** a partir do recebimento da peça acusatória o procedimento se ordinariza.

20.7.4. Procedimento dos crimes contra a propriedade imaterial

20.7.4.1. Introdução

Os crimes contra a propriedade imaterial estão previstos no art. 184 e parágrafos do Código Penal.

A ação penal, nas hipóteses do *caput* do art. 184, será exclusivamente privada (CP, art. 186, I). Nas formas qualificadas previstas nos §§ 1º e 2º, a ação será pública incondicionada (CP, art. 186, II), e, na do § 3º, pública condicionada à representação do ofendido (CP, art. 186, IV). Será também pública incondicionada a ação penal quando o crime, qualquer que seja a sua forma, tiver sido cometido em detrimento de entidades de direito público, autarquia, empresa pública, sociedade de economia mista ou fundação instituída pelo Poder Público (CP, art. 186, III).

Sendo o caso de ação penal privada (CP, art. 184, *caput*, salvo quando cometido contra entidades de direito público, autarquia, empresa pública, sociedade de economia mista ou fundação instituída pelo Poder Público), aplicar-se-á o procedimento ordinário previsto nos arts. 395 a 405 e 524 a 530-I do CPP, com as seguintes observações: (i) no caso de haver o crime deixado vestígio, a queixa ou a denúncia não será recebida se não for instruída com o exame pericial dos objetos que constituam o corpo de delito; (ii) sem a prova de direito à ação, não será recebida a queixa, nem ordenada qualquer diligência preliminarmente requerida pelo ofendido; (iii) a diligência de busca ou de apreensão será realizada por dois peritos nomeados pelo juiz, que verificarão a existência de fundamento para a apreensão; quer esta se realize, quer não, o laudo pericial será apresentado dentro de 3 dias após o encerramento da diligência. O requerente da diligência poderá impugnar o laudo contrário à apreensão, e o juiz ordenará que esta se efetue, se reconhecer a improcedência das razões aduzidas pelos peritos; (iv) encerradas as diligências, os autos serão conclusos ao juiz para homologação do laudo; (v) nos crimes de ação privativa do ofendido, não será admitida queixa com fundamento em apreensão e em perícia, se decorrido o prazo de 30 dias, após a homologação do laudo (art. 529, *caput*, do CPP); se o crime for de ação pública e não tiver sido oferecida queixa no prazo de 30 dias após a homologação do laudo (art. 529, *caput*, do CPP), será dada vista ao Ministério Público dos autos de busca e apreensão requeridas pelo ofendido; (vi) se ocorrer prisão em flagrante e o réu não for posto em liberdade, o prazo mencionado na letra anterior será de 8 dias (art. 530 do CPP).

Ocorrendo qualquer das formas qualificadas (§§ 1º, 2º e 3º) ou quando o delito for cometido em detrimento de uma daquelas pessoas elencadas no inciso III do art. 186 do CP, o procedimento será também o comum, aplicando-se, no entanto, as seguintes regras: (i) a autoridade policial procederá à apreensão dos bens ilicitamente produzidos ou reproduzidos, em sua totalidade, juntamente com os equipamentos, suportes e materiais que possibilitaram a sua existência, desde que estes se destinem precipuamente à prática do ilícito; (ii) na ocasião da apreensão, será lavrado termo, assinado por duas ou mais testemunhas, com a descrição de todos os bens apreendidos e informações sobre suas origens, o qual deverá integrar o inquérito policial ou o processo; (iii) subsequentemente à apreensão, será realizada, por perito oficial, ou, na falta deste, por pessoa tecnicamente habilitada, perícia sobre todos os bens apreendidos e elaborado o laudo que deverá integrar o inquérito policial ou o processo; (iv) os titulares de direito de autor e os que lhe são conexos serão os fiéis depositários de todos os bens apreendidos, devendo colocá-los à disposição do juiz quando do ajuizamento da ação; (v) ressalvada a possibilidade de se preservar o corpo de delito, o juiz poderá determinar, a requerimento da vítima, a destruição da produção ou reprodução apreendida quando não houver impugnação quanto à sua ilicitude ou quando a ação penal não puder ser iniciada por falta de determinação de quem seja o autor do ilícito; (vi) o juiz, ao prolatar a sentença condenatória, poderá determinar a destruição dos bens ilicitamente produzidos ou reproduzidos e o perdimento dos equipamentos apreendidos, desde que precipuamente destinados à produção e reprodução dos bens, em favor da Fazenda Nacional, que deverá destruí-los ou doá-los aos Estados, Municípios e Distrito Federal, a instituições públicas de ensino e pesquisa ou de assistência social, bem como incorporá-los, por economia ou interesse público, ao patrimônio da União, que não poderão retorná-los aos canais de comércio; (vii) as associações de titulares de direitos de autor e os que lhes são conexos poderão, em seu próprio nome, funcionar como assistente da acusação nos crimes previstos no art. 184 do Código Penal, quando praticado em detrimento de qualquer de seus associados.

Por se tratar de infração de menor potencial ofensivo (somente o *caput* do artigo), incidem as disposições da Lei n. 9.099/95.

20.8. Procedimento de competência do Júri popular

20.8.1. Breve histórico

O Júri foi disciplinado em nosso ordenamento jurídico pela primeira vez pela Lei de 18 de junho de 1822, a qual limitou sua competência ao julgamento dos crimes de imprensa.

Com a Constituição Imperial, de 25 de março de 1824, passou a integrar o Poder Judiciário como um de seus órgãos, tendo sua competência ampliada para julgar causas cíveis e criminais. Alguns anos depois, foi disciplinado pelo Código de Processo Criminal, de 29 de novembro de 1832, o qual lhe conferiu ampla competência, só restringida em 1842, com a entrada em vigor da Lei n. 261.

A Constituição de 1891 manteve o Júri como instituição soberana. A Constituição de 1937 silenciou a respeito do instituto, o que permitiu ao Decreto n. 167, de 5 de janeiro de

1938, suprimir esta soberania, permitindo aos tribunais de apelação a reforma de seus julgamentos pelo mérito. A Constituição democrática de 1946 restabeleceu a soberania do Júri, prevendo-o entre os direitos e garantias constitucionais. A Constituição de 24 de janeiro de 1967 também manteve o Júri no capítulo dos direitos e garantias individuais, e a Emenda Constitucional n. 1, de 17 de outubro de 1969, manteve a instituição no mesmo capítulo, mas restrita ao julgamento dos crimes dolosos contra a vida.

Na atual Carta Magna, é reconhecida a instituição do Júri com a organização que lhe der a lei, assegurados como princípios básicos: a plenitude do direito de defesa, o sigilo nas votações, a soberania dos veredictos e a competência mínima para o julgamento dos crimes dolosos contra a vida.

O Júri na atual Constituição encontra-se disciplinado no art. 5º, XXXVIII, inserido no Capítulo Dos Direitos e Garantias Individuais.

Sua finalidade é a de ampliar o direito de defesa dos réus, funcionando como uma garantia individual dos acusados pela prática de crimes dolosos contra a vida e permitir que, em lugar do juiz togado, preso a regras jurídicas, sejam julgados pelos seus pares.

Como direito e garantia individual, não pode ser suprimido nem por emenda constitucional, constituindo verdadeira cláusula pétrea (núcleo constitucional intangível). Tudo por força da limitação material explícita contida no art. 60, § 4º, IV, da Constituição Federal.

Seus princípios básicos são: a plenitude da defesa, o sigilo nas votações, a soberania dos veredictos e a competência mínima para julgamento dos crimes dolosos contra a vida.

A plenitude da defesa implica o exercício da defesa em um grau ainda maior do que a ampla defesa. Defesa plena, sem dúvida, é uma expressão mais intensa e mais abrangente do que defesa ampla. Compreende dois aspectos: primeiro, o pleno exercício da defesa técnica, por parte do profissional habilitado, o qual não precisará restringir-se a uma atuação exclusivamente técnica, podendo também servir-se de argumentação extrajurídica, invocando razões de ordem social, emocional, de política criminal etc. Esta defesa deve ser fiscalizada pelo juiz-presidente, o qual poderá até dissolver o conselho de sentença e declarar o réu indefeso (art. 497, V), quando entender ineficiente a atuação do defensor.

Segundo o exercício da autodefesa, por parte do próprio réu, consistente no direito de apresentação de sua tese pessoal no momento do interrogatório, relatando ao juiz a versão que entender ser a mais conveniente e benéfica para sua defesa.

> **Nosso entendimento:** o juiz-presidente está obrigado a incluir no questionário a tese pessoal do acusado, ainda que haja divergência com a versão apresentada pelo defensor técnico, sob pena de nulidade absoluta, por ofensa ao princípio constitucional da plenitude de defesa.

Com o advento da Lei n. 11.689/2008, na elaboração dos quesitos, "o presidente levará em conta os termos da pronúncia ou das decisões posteriores que julgaram admissível a acusação, do interrogatório e das alegações das partes" (CPP, art. 482, parágrafo único).

O sigilo nas votações é princípio informador específico do Júri, a ele não se aplicando o disposto no art. 93, IX, da CF, que trata do princípio da publicidade das decisões do Poder Judiciário. Assim, conforme já decidiu o STF, não existe inconstitucionalidade alguma nos dispositivos que tratam da sala secreta (CPP, arts. 485, 486 e 487). Quando a decisão se dá por unanimidade de votos, quebra-se esse sigilo, pois todos sabem que os sete jurados votaram naquele sentido. Por esta razão, há quem sustente deva a votação do quesito ser interrompida assim que surgir o quarto voto idêntico (sendo apenas sete os jurados, não haveria como ser modificado o destino daquele quesito).

A soberania dos veredictos implica a impossibilidade de o tribunal técnico modificar a decisão dos jurados pelo mérito. Trata-se de princípio relativo, pois no caso da apelação das decisões do Júri pelo mérito (art. 593, III, *d*) o Tribunal pode anular o julgamento e determinar a realização de um novo, se entender que a decisão dos jurados afrontou manifestamente a prova dos autos. Além disso, na revisão criminal, a mitigação desse princípio é ainda maior, porque o réu condenado definitivamente pode ser até absolvido pelo tribunal revisor, caso a decisão seja arbitrária. Não há anulação nesse caso, mas absolvição, isto é, modificação direta do mérito da decisão dos jurados.

> → **ATENÇÃO:** a soberania do Júri é um princípio relativo porque não pode obstar o princípio informador do processo penal, qual seja, a busca da verdade real.

A competência mínima para julgar os crimes dolosos contra a vida não impede que o legislador infraconstitucional a amplie para outros crimes.

20.8.2. Organização do Júri

O Tribunal do Júri é um órgão colegiado heterogêneo e temporário, constituído por um juiz togado, que o preside, e de vinte e cinco cidadãos escolhidos por sorteio.

Anualmente, cabe ao juiz-presidente do Tribunal do Júri organizar a lista geral dos jurados. Serão alistados pelo presidente do Tribunal do Júri de 800 (oitocentos) a 1.500 (um mil e quinhentos) jurados nas comarcas de mais de 1.000.000 (um milhão) de habitantes, de 300 (trezentos) a 700 (setecentos) nas comarcas de mais de 100.000 (cem mil) habitantes e de 80 (oitenta) a 400 (quatrocentos) nas comarcas de menor população (CPP, art. 425).

A lista geral dos jurados, com indicação das respectivas profissões, será publicada pela imprensa até o dia 10 de outubro de cada ano e divulgada em editais afixados à porta do Tribunal do Júri (CPP, art. 426, *caput*).

A lista poderá ser alterada, de ofício ou mediante reclamação de qualquer do povo ao juiz-presidente, até o dia 10 de novembro, data de sua publicação definitiva (CPP, art. 426, § 1º). Não cabe mais, portanto, o recurso em sentido estrito, o qual era proposto no prazo de 20 dias.

Os nomes e endereços dos alistados, em cartões iguais, após serem verificados na presença do Ministério Público, de advogado indicado pela Seção local da Ordem dos Advogados do Brasil e de defensor indicado pelas Defensorias Públicas competentes, permanecerão guardados em urna fechada a chave, sob a responsabilidade do juiz-presidente (CPP, art. 426, § 3º).

O jurado que tiver integrado o Conselho de Sentença nos 12 (doze) meses que antecederam à publicação da lista geral fica dela excluído (CPP, art. 426, § 4º).

Anualmente, a lista geral de jurados será, obrigatoriamente, completada (CPP, art. 426, § 5º).

A convocação do Júri far-se-á por correio ou qualquer outro meio hábil depois do sorteio dos vinte e cinco jurados que tiverem de servir na sessão (CPP, art. 434, *caput*). O sorteio far-se-á a portas abertas, pelo juiz-presidente, a quem caberá tirar as cédulas (CPP, art. 433, *caput*).

Para ser jurado é preciso tratar-se de brasileiro, nato ou naturalizado, maior de 18 anos, e não 21 anos, como constava da antiga redação legal, notória idoneidade, alfabetizado e no perfeito gozo dos direitos políticos, residente na comarca, e, em regra, que não sofra de deficiências em qualquer dos sentidos ou das faculdades mentais.

O serviço do Júri é obrigatório, de modo que a recusa injustificada em servir-lhe constituirá crime de desobediência. A escusa de consciência consiste na recusa do cidadão em submeter-se a obrigação legal a todos imposta, por motivos de crença religiosa ou de convicção filosófica ou política. Sujeita o autor da recusa ao cumprimento de prestação alternativa que vier a ser prevista em lei, e, no caso da recusa também se estender a esta prestação, haverá a perda dos direitos políticos, de acordo com o disposto nos arts. 5º, VIII, e 15, IV, da Constituição Federal. Considera-se serviço alternativo o exercício de atividades de caráter administrativo, assistencial, filantrópico ou mesmo produtivo, no Poder Judiciário, na Defensoria Pública, no Ministério Público ou em entidade conveniada para esses fins (CPP, art. 438, § 1º). O juiz fixará o serviço alternativo atendendo aos princípios da proporcionalidade e da razoabilidade (CPP, art. 438, § 2º).

Estão isentos do serviço do Júri o presidente da República e seus ministros de Estado, os governadores e seus secretários, os membros do Poder Legislativo, em qualquer das esferas federativas, os prefeitos, os magistrados, os representantes do Ministério Público, os servidores do Poder Judiciário, do Ministério Público e da Defensoria Pública, os funcionários da polícia e da segurança pública, os militares da ativa, os cidadãos maiores de 70 (setenta) anos que requeiram sua dispensa, aqueles que o requerem, demonstrando justo impedimento (CPP, art. 437).

O exercício efetivo da função de jurado traz os seguintes privilégios: presunção de idoneidade e preferência, em igualdade de condições, nas licitações públicas e no provimento, mediante concurso, de cargo ou função pública, bem como nos casos de promoção funcional ou remoção voluntária (CPP, art. 440). Por exercício efetivo entende-se aquele jurado que comparece ao dia da sessão, ainda que não seja sorteado para compor o conselho de sentença, diante do que dispõe o art. 433. Mencione-se que ao jurado não se confere mais o privilégio da prisão especial, por crime comum, até o julgamento definitivo, em face da modificação operada pela Lei n. 12.403/2011 no art. 439 do CPP.

20.8.3. Soberania dos veredictos

Trata-se de princípio relativo, logo não exclui a recorribilidade de suas decisões, limitando-se, contudo, a esfera recursal ao juízo rescindente (*judicium rescindem*), ou seja, à anulação da decisão pelo mérito e a consequente devolução para novo julgamento (art. 593, III, *d*). Do mesmo modo, em obediência ao princípio maior da verdade e em atenção ao princípio da plenitude da defesa, admite-se alteração do *meritum causae*, em virtude de revisão criminal.

20.8.4. Rito escalonado

O rito procedimental para os processos de competência do Júri é escalonado. A primeira fase se inicia com o oferecimento da denúncia e se encerra com a decisão de pronúncia (*judicium accusationis* ou sumário de culpa). A segunda tem início com o recebimento dos autos pelo juiz-presidente do Tribunal do Júri, e termina com o julgamento pelo Tribunal do Júri (*judicium causae*).

20.8.4.1. Judicium accusationis

Atualmente, inserem-se na competência do Júri os seguintes crimes: homicídio doloso (CP, art. 121), infanticídio (art. 123), participação em suicídio (art. 122) e o aborto (arts. 124 a 127), tentados ou consumados. Tais crimes seguirão o procedimento especial previsto nos arts. 406 a 497 do CPP, independentemente da pena prevista.

A fase do *judicium accusationis*, como já visto, inicia-se com o oferecimento da denúncia e encerra-se com a decisão de pronúncia (*judicium accusationis* ou sumário de culpa).

Pela nova sistemática, de acordo com a redação do art. 406, após a citação, o réu terá dez dias para apresentar sua defesa. Se não apresentá-la, deverá o juiz nomear defensor para tanto (CPP, art. 408). Assim, a apresentação da defesa é imprescindível, e sua ausência gera nulidade absoluta.

Nessa peça processual, poderão ser arguidas preliminares e tudo o que interesse à defesa do réu, conforme preceitua o § 3º do art. 406. Deverá ainda, sob pena de preclusão, ser alegada na defesa inicial a nulidade por incompetência relativa do juízo, tendo em vista que a absoluta poderá ser alegada em qualquer tempo e grau de jurisdição. É também o momento adequado para arguir a litispendência, coisa julgada, ilegitimidade de parte, suspeição do juízo, consoante o disposto nos arts. 108 e 109 do CPP.

Trata-se, portanto, de importante instrumento da defesa, no qual poderão ser abordadas questões preliminares, arguição de exceções dilatórias ou peremptórias, matéria de mérito e amplo requerimento de provas, devendo também ser arroladas testemunhas (8). Após a apresentação da defesa, o Ministério Público ou o querelante serão ouvidos sobre as preliminares e documentos, no prazo de cinco dias.

Dispõe o art. 410 que o juiz determinará a inquirição das testemunhas e realização das diligências requeridas pelas partes no prazo máximo de dez dias.

Na audiência de instrução, serão tomadas as declarações do ofendido, se possível inquiridas as testemunhas de acusação e defesa, os esclarecimentos dos peritos, as acareações, o reconhecimento de pessoas e coisas, o interrogatório do acusado e os debates. Há que se observar que a lei concentrou todos os atos instrutórios em uma única audiência, conforme se infere da atual redação do art. 411 do CPP, tal como sucedeu no procedimento ordinário e sumário. Além disso, o interrogatório, antes considerado o primeiro ato da instrução criminal, passou a integrar essa audiência única, sendo realizado após a prática de todos os atos probatórios.

Outra inovação legal consistiu na abolição do sistema presidencialista de inquirição de testemunhas. O Código de Processo Penal passou a adotar o sistema americano denominado *cross-examination*, no qual as perguntas serão feitas diretamente à testemunha, pela parte que a arrolou, e não mais por intermédio do juiz. Caberá ao magistrado somente complementar as perguntas, no que for necessário.

Encerrada a instrução probatória, observar-se-á, se for o caso, o disposto no art. 384 do Código de Processo Penal.

Após o interrogatório, segue-se o debate. As alegações serão orais, concedendo-se a palavra, respectivamente, à acusação e à defesa, pelo prazo de vinte minutos, prorrogáveis por mais dez. Havendo mais de um acusado, o tempo previsto para a acusação e a defesa de cada um deles será individual. Ao assistente do Ministério Público serão concedidos dez minutos, prorrogando-se por igual período o tempo de manifestação da defesa.

Nenhum ato será adiado, salvo quando imprescindível à prova faltante, determinando o juiz a condução coercitiva de quem deva comparecer.

Após encerrados os debates orais, o magistrado deverá proferir sua decisão em audiência, ou em dez dias por escrito, devendo, neste caso, ordenar que os autos lhe sejam conclusos.

A Lei prevê a realização de todos os atos em uma única audiência, conferindo, inclusive, a faculdade de indeferir as provas consideradas irrelevantes, impertinentes ou protelatórias, conforme preceitua o § 2º do art. 411.

Somente se dará a cisão da audiência, de acordo com o § 7º do art. 411, quando esta for imprescindível à prova faltante, por exemplo, no caso de condução coercitiva da testemunha que não comparecer, bem como na hipótese do art. 384 do CPP (*mutatio libelli*).

O prazo para a conclusão da primeira fase do Tribunal do Júri será de noventa dias (CPP, art. 412).

– **Pronúncia:** decisão processual de conteúdo declaratório em que o juiz proclama admissível a imputação, encaminhando-a para julgamento perante o Tribunal do Júri. O juiz-presidente não tem competência constitucional para julgamento dos crimes dolosos contra a vida, logo não pode absolver nem condenar o réu, sob pena de afrontar o princípio da soberania dos veredictos. Na pronúncia, há um mero juízo de prelibação, pelo qual o juiz admite ou rejeita a acusação, sem penetrar no exame do mérito. Restringe-se à verificação da presença do *fumus boni iuris*, admitindo todas as acusações que tenham ao menos probabilidade de procedência.

No caso de o juiz se convencer da existência do crime e de indícios suficientes da autoria, deve proferir sentença de pronúncia, fundamentando os motivos de seu convencimento. Não é necessária prova plena de autoria, bastando meros indícios, isto é, a probabilidade de que o réu tenha sido o autor do crime.

Trata-se de decisão interlocutória mista não terminativa, que encerra a primeira fase do procedimento escalonado. A decisão é meramente processual, e não se admite que o juiz faça um exame aprofundado do mérito, sob pena de se subtrair a competência do Júri. A exagerada incursão do juiz sobre as provas dos autos, capaz de influir no ânimo do conselho de sentença, é incompatível com a natureza meramente prelibatória da pronúncia, gerando a sua nulidade e consequente desentranhamento dos autos.

Não produz coisa julgada, pois encerra mero juízo de admissibilidade, podendo ser contrariada pelos jurados.

Na fase da pronúncia vigora o princípio do *in dubio pro societate*, uma vez que há mero juízo de suspeita, não de certeza. O juiz verifica apenas se a acusação é viável, deixando o exame mais acurado para os jurados. Somente não serão admitidas acusações manifestamente infundadas, pois há juízo de mera prelibação.

É indispensável que o juiz classifique o dispositivo em que o acusado será julgado pelo Júri, quer como homicídio simples, quer qualificado. Não pode, porém, fazer qualquer menção a regras sobre concursos de crimes, a causas de diminuição de pena, tais como o privilégio, a agravantes, nem a atenuantes, a fim de preservar o campo de atuação soberana dos jurados.

No caso de surgir prova nova, durante a instrução criminal, de algum fato não descrito na denúncia, que implique uma alteração na classificação do crime, em virtude do aparecimento de elementar ou circunstância até então desconhecida, deverá ser aplicado o procedimento previsto no art. 384 do CPP (*mutatio libelli*), antes de ser prolatada a decisão de pronúncia, sob pena de afrontar o princípio da ampla defesa (*vide* CPP, art. 411, § 3º).

Assim, se, por exemplo, durante a instrução criminal surgir prova pericial, até então desconhecida, de que a mãe, ao matar o filho, não se encontrava sob influência do estado puerperal, desaparecendo, portanto, a elementar do infanticídio, o juiz não poderá pronunciar a ré diretamente por homicídio sem antes dar-lhe oportunidade de se defender da nova imputação, nos termos do parágrafo único do art. 384. Se o fizesse causaria inaceitável surpresa para a defesa, que foi acusada de um fato, e acabou pronunciada por outro.

Segundo o art. 418 do CPP, "O juiz poderá dar ao fato definição jurídica diversa da constante da acusação, embora o acusado fique sujeito a pena mais grave".

Se o juiz verificar que consta dos autos a existência de elementos probatórios que indiquem a participação de pessoas não incluídas na acusação, deverá, ao pronunciar ou impronunciar o acusado, determinar o retorno dos autos ao Ministério Público, por 15 (quinze) dias, aplicável, no que couber, o art. 80 do CPP, o qual se refere à separação dos processos (CPP, art. 417).

Com a prolação da pronúncia, esta só poderá ser alterada ante a verificação de circunstância superveniente que modifique a classificação do delito, como, por exemplo, a morte da vítima, após a pronúncia por tentativa de homicídio. Nesse sentido, dispõe o art. 421, § 1º, do CPP: "Ainda que preclusa a decisão de pronúncia, havendo circunstância superveniente que altere a classificação do crime, o juiz ordenará a remessa dos autos ao Ministério Público". Em seguida, os autos serão conclusos ao juiz para decisão (CPP, art. 421, § 2º).

Em caso de pronúncia, o art. 408, § 2º, do CPP autorizava o juiz a decretar a prisão provisória, quando o réu fosse reincidente ou tivesse maus antecedentes. Se estivesse preso, continuava; se viesse respondendo solto ao processo, seria expedido o competente mandado de prisão. Essa custódia era consequência automática da sentença de pronúncia e não havia nada a justificar a permanência do acusado em liberdade até a data do seu julgamento. Havia, no entanto, forte posicionamento em sentido contrário, proclamando que a prisão processual obrigatória, sem a demonstração de *periculum in mora*, caracterizaria ofensa ao princípio constitucional do estado de inocência. Assim, a jurisprudência vinha exigindo o preenchimento dos requisitos da prisão preventiva para decretar a prisão, quando da prolação da decisão de pronúncia. Nessa esteira, o art. 413, § 3º, do CPP, passou a dispor que: "O juiz decidirá, motivadamente, no caso de manutenção, revogação ou substituição da prisão ou medida restritiva de liberdade anteriormente decretada e, tratando-se de acusado solto, sobre a necessidade da decretação da prisão ou imposição de quaisquer das medidas previstas no Título IX do Livro I deste Código". A Lei n. 11.719/2008, por sua vez, revogou expressamente o art. 594 do CPP, que dispunha no sentido de que o réu não poderia apelar sem recolher-se à prisão, ou prestar fiança, salvo se for primário e de bons antecedentes, assim reconhecido na sentença condenatória, ou condenado por crime de que se livre solto. A partir da inovação legal, o réu somente será preso se estiverem presentes os requisitos da prisão preventiva (CPP, art. 387, parágrafo único). Da mesma forma, dispôs o art. 492, I, *e*, que o juiz-presidente, no caso de condenação, "mandará o acusado recolher-se ou recomendá-lo-á à prisão em que se encontra, se presentes os requisitos da prisão preventiva".

O juiz não pode pronunciar o réu pelo crime da competência do Júri e, no mesmo contexto processual, absolvê-lo da imputação de crime da competência do juiz singular, pois, assim agindo, estaria subtraindo dos jurados o julgamento de sua competência. Isto porque, no momento em que pronuncia o réu pelo crime doloso contra a vida, está firmando a competência do Júri para o julgamento deste, bem como dos crimes conexos. Do mesmo modo, se são dois réus, um processado por homicídio e outro por lesão corporal, em conexão, não pode o juiz pronunciar um réu (autor do homicídio) e condenar o outro (pela lesão corporal), devendo o Júri julgar os dois crimes.

O art. 420 do CPP, que trata da intimação da decisão de pronúncia, prevê que a mesma será feita: (i) pessoalmente ao acusado, ao defensor nomeado e ao Ministério Público; (ii) na forma do disposto no art. 370, § 1º, ao defensor constituído, ao querelante e ao assistente do Ministério Público; (iii) por edital, no caso de acusado solto que não for encontrado.

Não pode o juiz, na pronúncia, determinar o lançamento do nome do réu no rol dos culpados. Pronunciar não é condenar, logo, ainda não existe culpado; ninguém pode ser considerado culpado antes da sentença condenatória transitada em julgado (CF, art. 5º, LVII).

A pronúncia interrompe o curso da prescrição da pretensão punitiva, e não perde essa força interruptiva nem mesmo em face de desclassificação ulterior por parte dos jurados (Súmula n. 191 do STJ). Por exemplo: o Júri desclassifica uma tentativa de homicídio para um crime de lesão corporal. Na prescrição retroativa, a pronúncia continuará interrompendo seu curso. Da sentença de pronúncia cabe recurso em sentido estrito (CPP, art. 581, IV).

– **Desclassificação:** a desclassificação ocorre quando o juiz se convencer da existência de crime não doloso contra a vida, não podendo pronunciar o réu, devendo desclassificar a infração para não dolosa contra a vida.

Caso venha a desclassificar o delito para não doloso contra a vida, deverá remeter o processo para o juízo monocrático competente, e à disposição deste ficará o preso (CPP, art. 419).

Ao desclassificar o crime, o juiz não poderá dizer para qual delito desclassificou, uma vez que estaria invadindo a esfera de competência do juízo monocrático e proferindo um prejulgamento dos fatos. Deverá, então, limitar-se a dizer que não se trata de crime doloso contra a vida. Se, em razão desta omissão, restar a dúvida sobre qual o juízo monocrático que deve receber o processo, deverão os autos ser remetidos ao juízo competente para o julgamento da infração mais grave, pois quem pode o mais, pode o menos.

Operada a preclusão da decisão de desclassificação, o novo juízo estará obrigado a receber o processo, não podendo suscitar conflito de competência, pois isto implicaria um retrocesso dentro do procedimento. A questão de o crime não ser doloso contra a vida não comporta mais discussão, porque quando o processo foi remetido ao juízo monocrático, já havia "transitado em julgado" a sentença desclassificatória.

O novo juízo não poderá classificar o crime como doloso contra a vida, pois esta questão já se tornou preclusa. Poderá absolver ou condenar por qualquer crime não doloso contra a vida.

Da decisão que desclassificar o delito, cabe recurso em sentido estrito com fundamento no art. 581, II, do CPP, embora alguns doutrinadores preferissem enquadrar a hipótese no inciso IV do dispositivo.

– **Impronúncia:** é uma decisão de rejeição da imputação para o julgamento perante o Tribunal do Júri, porque o juiz não se convenceu da existência do fato ou de indícios suficientes de autoria ou participação. Nesse caso, a acusação não reúne elementos mínimos sequer para ser discutidos. Não se vislumbra nem o *fumus boni iuris*, ou seja, a probabilidade de sucesso da pretensão punitiva.

Para a impronúncia é necessário que não haja prova da materialidade ou indícios suficientes de autoria ou participação.

Trata-se de decisão terminativa de natureza processual (interlocutória mista terminativa), que não analisa o mérito da causa, e que, por essa razão, só faz coisa julgada formal. Surgindo novas provas o processo pode ser reaberto a qualquer tempo, até a extinção da punibilidade (CPP, art. 414, parágrafo único). O juiz não diz que o réu é inocente, mas que, por ora, não há prova suficiente para a questão ser debatida perante o Júri. Equipara-se à rejeição da denúncia ou queixa.

Na hipótese em que o juiz entender que o fato narrado não constitui crime, ou que ficou provada a inexistência do fato, o juiz absolverá o réu (CPP, art. 415, I e III), não autorizando mais tais situações a decisão de impronúncia. Opera-se, no caso, a coisa julgada material, e o processo não pode mais ser reaberto.

Da impronúncia caberá o recurso de apelação (CPP, art. 416) e não mais o recurso em sentido estrito (CPP, art. 581, IV).

Impronunciado o réu, não poderá o juiz manifestar-se sobre os crimes conexos, devendo remetê-los ao juiz competente para julgá-los.

→ **ATENÇÃO:** despronúncia é a decisão do tribunal que julga procedente recurso da defesa contra a sentença de pronúncia.

– **Absolvição sumária:** é a absolvição do réu pelo juiz togado, quando: (i) provada a inexistência do fato; (ii) provado não ser ele autor ou partícipe do fato; (iii) o fato não constituir infração penal; (iv) demonstrada causa de isenção de pena (da culpabilidade) ou de exclusão do crime (da ilicitude) (CPP, art. 415).

A sentença é definitiva e faz coisa julgada material. Trata-se de verdadeira absolvição decretada pelo juízo monocrático.

Trata-se de uma decisão de mérito, que analisa prova e declara a inocência do acusado. Por essa razão, para que não haja ofensa ao princípio da soberania dos veredictos, a absolvição sumária somente poderá ser proferida em caráter excepcional, quando a prova for indiscutível. Havendo dúvida a respeito, por exemplo, da causa excludente ou dirimente, o juiz deve pronunciar o réu.

O parágrafo único do art. 415 faz uma ressalva: a inimputabilidade prevista no *caput* do art. 26 do Código Penal não gerará a absolvição sumária do agente, salvo quando esta for a única tese defensiva. Com efeito, a absolvição sumária do acusado, em razão da sua inimputabilidade, devidamente comprovada em incidente de insanidade mental, é decisão ofensiva ao devido processo legal, posto que cerceia a ampla defesa do réu, erigida, em especial, à dignidade de princípio conformador do Tribunal do Júri (CF, art. 5º, XXXVIII, *a*), porquanto o obsta de levar ao juiz natural da causa, que é o corpo de jurados, a tese, v. g., de excludente de ilicitude, subtraindo-lhe a oportunidade de ver-se absolvido plenamente, livrando-se de qualquer medida restritiva ou privativa de direitos.

Esse, também, o entendimento de Ricardo Luiz da Costa Tjader: "(...) estabelecida constitucionalmente a plenitude de defesa, não é mais possível se admitir que não tenha tal réu o direito a ser julgado de forma mais efetiva, a mesma dos réus imputáveis, buscando conseguir sua absolvição completa (p. ex., por não ser o autor do fato ou por ter agido ao abrigo de alguma excludente legal), que o livraria da aplicação obrigatória da medida de segurança, posto que esta somente é adequada a quem tenha praticado fato previsto como crime"[175].

"Assim, o rumo a ser agora adotado é o de pronunciar o réu, mesmo sendo inimputável, para que ele seja então julgado pelo corpo de jurados que examinará suas teses defensivas de mérito e, somente se não as acatar, é que será levada em consideração sua condição de inimputável, com a absolvição por este motivo e então, e só

---

175. Apud Alberto Silva Franco, *CP e sua interpretação jurisprudencial*, 2. ed., São Paulo: Revista dos Tribunais, p. 289.

neste momento – após ter tido a oportunidade de ser absolvido – lhe seria aplicada medida de segurança"[176].

No mesmo sentido manifestou-se o Supremo Tribunal Federal, no julgamento do Agravo de Instrumento n. 159.303-2/040, da lavra do Min. Celso de Mello, ocasião em que se considerou cerceada a defesa do acusado, que ficou impedido de defender, em plenário, a tese de legítima defesa, e, por conseguinte, de obter a absolvição plena.

Somente na hipótese em que a inimputabilidade for a única tese defensiva será possível absolver o réu sumariamente.

Mencione-se que, no caso de absolvição imprópria, que é aquela em que o juiz absolve o réu mas lhe impõe medida de segurança, a defesa também tem interesse em recorrer da decisão.

Absolvido sumariamente o acusado, não pode o juiz manifestar-se sobre os crimes conexos, devendo apenas remeter o processo ao juiz competente para julgá-los.

Da decisão que absolver o réu sumariamente, cabe apelação, conforme art. 416 do CPP.

20.8.4.2. Judicium causae

20.8.4.2.1. Libelo: extinção pela Lei n. 11.689/2008

Embora tenham sido suprimidos o Libelo e a Contrariedade ao Libelo, o Legislador os substituiu por duas novas peças (inominadas). Doravante, vigora que, após o trânsito em julgado da sentença de pronúncia, ocorrerá o recebimento dos autos pelo presidente do Tribunal do Júri, que determinará a intimação do Ministério Público ou querelante, no caso de queixa, e do defensor, para, no prazo de 5 (cinco) dias, apresentarem rol de testemunhas que irão depor em plenário, até o máximo de 5 (cinco), oportunidade em que poderão juntar documentos e requerer diligência (CPP, art. 422).

20.8.4.2.2. Desaforamento

– **Conceito:** é o deslocamento da competência territorial do Júri, para a comarca mais próxima, sempre que houver interesse da ordem pública, dúvida sobre a imparcialidade do Júri ou sobre a segurança do réu (CPP, art. 427) ou, quando, por comprovado excesso de serviço, após ouvidos o juiz-presidente e a parte contrária, o julgamento não puder ser realizado no prazo de 6 (seis) meses, contado do trânsito em julgado da decisão de pronúncia (CPP, art. 428).

– **Cabimento:** o desaforamento só é possível após o "trânsito em julgado" da decisão de pronúncia do réu.

– **Interesse de ordem pública:** quando a realização do Júri colocar em perigo a paz social, gerando distúrbios incontroláveis na comarca. Ocorre em casos polêmicos que envolvem questões raciais, preferência sexual, paixões políticas etc.

– **Ameaça à segurança do réu:** quando o crime despertou clamor popular e vontade de fazer justiça por meios próprios, gerando para o acusado risco concreto de ser

176. O júri segundo as normas da Constituição Federal de 1988, *Ajuris*, n. 20, p. 246-7.

morto pela população local ou por familiares da vítima. Ocorre em crimes bárbaros, envolvendo, em regra, crianças ou emprego de abuso sexual.

– **Dúvida sobre a imparcialidade:** ocorre quando o réu for pessoa querida ou odiada pela população local, ou quando há fundada suspeita de corrupção no corpo de jurados, de modo a colocar em risco a lisura do julgamento. Não se exige certeza, bastando meros indícios ou fundada suspeita de parcialidade, não devendo pairar qualquer dúvida sobre a justiça da decisão do conselho de sentença.

– **Comprovado excesso de serviço:** se o julgamento não puder ser marcado dentro do prazo de seis meses do trânsito em julgado da sentença de pronúncia, serão ouvidos o juiz-presidente do tribunal do júri e a parte contrária, para determinação ou não do desaforamento. Para a contagem do prazo referido, não se computará o tempo de adiamentos, diligências ou incidentes de interesse da defesa (CPP, art. 428, § 1º). Mencione-se que, não havendo excesso de serviço ou existência de processos aguardando julgamento em quantidade que ultrapasse a possibilidade de apreciação pelo Tribunal do Júri, o acusado poderá requerer a realização imediata do julgamento (CPP, art. 428, § 2º).

– **Procedimento:** (i) quando o motivo for interesse da ordem pública, dúvida sobre a imparcialidade do Júri ou sobre a segurança do réu, o desaforamento poderá ser decretado pelo tribunal de justiça, em decorrência de requerimento de qualquer das partes ou até por representação do próprio juiz. Quando o desaforamento não tiver sido solicitado pelo juiz-presidente, este deverá prestar informações sobre sua necessidade. Não há previsão de oitiva do procurador-geral, tal como ocorria na antiga sistemática; (ii) quando o motivo do desaforamento for a não realização do julgamento por excesso de serviço, o procedimento será o mesmo.

– **Oitiva da defesa:** de acordo com a Súmula 712 do STF, editada antes da reforma processual penal: "É nula a decisão que determina o desaforamento de processo da competência do júri sem audiência da defesa".

– **Reaforamento:** é o retorno ao foro original. Determinado o desaforamento não se procede ao reaforamento, ainda que os motivos tenham cessado, pois operou-se a preclusão quanto à impossibilidade de o julgamento realizar-se na comarca. Somente em um caso seria possível o reaforamento: se no novo foro passaram a existir problemas que no original não existem mais.

– **Foro mais próximo:** o desaforamento deve ser para outra comarca da mesma região, onde não existam aqueles motivos, preferindo-se as mais próximas (CPP, art. 427, *caput*).

– **Efeito suspensivo:** sendo relevantes os motivos alegados, o relator poderá determinar, fundamentadamente, a suspensão do julgamento pelo júri (CPP, art. 427, § 2º).

– **Pendência de recurso:** na pendência de recurso contra a decisão de pronúncia ou quando efetivado o julgamento, não se admitirá o pedido de desaforamento, salvo, nesta última hipótese, quanto a fato ocorrido durante ou após a realização de julgamento anulado (CPP, art. 427, § 4º).

20.8.4.2.3. Instalação da sessão

(i) no dia e hora designados para o julgamento, o juiz-presidente verificará se a urna contém as cédulas com os nomes dos vinte e cinco jurados e mandará que o escrivão lhes proceda à chamada (CPP, art. 462);

(ii) se tiverem comparecido pelo menos quinze jurados, o juiz declarará instalados os trabalhos, anunciando o processo que será submetido a julgamento (CPP, art. 463), e ordenará ao porteiro ou oficial de justiça que apregoe as partes e as testemunhas. Os jurados excluídos por impedimento ou suspeição serão computados para a constituição do número legal (CPP, art. 463 e §§ 1º e 2º);

(iii) após o anúncio do julgamento e do pregão é que devem ser alegadas as nulidades relativas posteriores à pronúncia, sob pena de serem consideradas sanadas;

(iv) não havendo o número referido no art. 463 deste Código, proceder-se-á ao sorteio de tantos suplentes quantos necessários, e designar-se-á nova data para a sessão do júri (CPP, art. 464). Os nomes dos suplentes serão consignados em ata, remetendo-se o expediente de convocação, com observância do disposto nos arts. 434 e 435 do Código (CPP, art. 465);

(v) antes do sorteio dos membros do Conselho de Sentença, o juiz-presidente esclarecerá sobre os impedimentos, a suspeição e as incompatibilidades constantes dos arts. 448 e 449 do Código (CPP, art. 466);

(vi) o juiz-presidente também advertirá os jurados de que, uma vez sorteados, não poderão comunicar-se entre si e com outrem, nem manifestar sua opinião sobre o processo, sob pena de exclusão do Conselho e multa, na forma do § 2º do art. 436 deste Código (CPP, art. 466, § 1º). A incomunicabilidade será certificada nos autos pelo oficial de justiça (CPP, art. 466, § 2º);

(vii) verificando que se encontram na urna as cédulas relativas aos jurados presentes, o juiz-presidente sorteará 7 (sete) dentre eles para a formação do Conselho de Sentença (CPP, art. 467);

(viii) faltas:

– **do representante do Ministério Público:** adiamento para o primeiro dia desimpedido da mesma reunião (CPP, art. 455); se a ausência for injustificada, será comunicado o fato ao Procurador-Geral de Justiça (CPP, art. 455, parágrafo único);

– **do assistente do Ministério Público:** o julgamento será realizado, sendo a falta justificada ou não;

– **do defensor:** adiamento do Júri. Se não houver justificativa legítima ou se este não constituir outro advogado, o fato será comunicado ao Presidente da OAB, com a data designada para a nova sessão (CPP, art. 456). O adiamento por falta do defensor sem justificativa legítima ocorrerá apenas uma vez, sendo que no próximo dia em que o acusado for chamado deverá ser julgado, sendo intimada a Defensoria Pública do dia do novo julgamento (CPP, art. 456, §§ 1º e 2º);

– **do réu:** se preso, adiamento do Júri (CPP, art. 457, § 2º), se solto, o julgamento não será adiado;

– **das testemunhas:** só se adia o julgamento se requerida, por uma das partes, a intimação por mandado. Porém, haverá aplicação de multa prevista no art. 436, § 2º, do CPP, sem prejuízo da ação penal por desobediência. Se for intimada e não comparecer, será determinada condução coercitiva da testemunha, ou o adiamento do julgamento para o primeiro dia possível, ordenando sua condução (CPP, art. 461). O julgamento será realizado mesmo na hipótese de a testemunha não ser encontrada no local indicado, se assim for certificado por oficial de justiça (CPP, art. 461, § 2º).

20.8.4.2.4. Formação do conselho de sentença

(i) instalada a sessão, será feito o sorteio de sete, dentre os vinte e cinco jurados, para a formação do conselho de sentença;

(ii) antes do sorteio, deve o juiz advertir os jurados dos impedimentos do art. 448;

(iii) não podem servir no mesmo conselho marido e mulher, ascendentes e descendentes, sogro e genro ou nora, irmãos, cunhados, durante o cunhadio, tio e sobrinho, padrasto ou madrasta e enteado. No conceito de marido e mulher, devem ser incluídos os companheiros, pois a Constituição Federal equiparou-os para fins de considerar existente a sociedade familiar (CF, art. 226, § 3º). Vale mencionar que, recentemente, o Plenário do STF reconheceu como entidade familiar a união de pessoas do mesmo sexo (ADPF n. 132, cf. *Informativo do STF* n. 625, 2 a 6 de maio de 2011);

(iv) consoante a atual redação do art. 449 e seus incisos, também não poderá servir o jurado que tiver funcionado em julgamento anterior do mesmo processo, independentemente da causa determinante do julgamento posterior; que, no caso de concurso de pessoas, houver integrado o Conselho de Sentença que julgou o outro acusado; e, por fim, tiver manifestado prévia disposição para condenar ou absolver o acusado. A lei acabou abrigando o enunciado contido na Súmula 206 do STF, segundo a qual não pode funcionar no Júri o jurado que atuou em julgamento anterior do mesmo processo, qualquer que tenha sido a causa da nulidade;

(v) recusa peremptória: é o direito de a parte recusar, sem justificativa, até três jurados (primeiro recusa a defesa, depois a acusação) (CPP, art. 468, *caput*). Por exemplo: sorteado o jurado, o juiz-presidente indagará ao defensor se o aceita; em caso positivo, a mesma pergunta será feita ao acusador; se qualquer um deles recusar, o jurado não poderá funcionar. Neste tópico, a Lei n. 11.689/2008 trouxe mais uma inovação, constante no art. 469 do CPP, que prevê que, tratando-se de dois ou mais acusados, a recusa poderá ser feita por apenas um dos defensores, deixando de existir a figura da dupla recusa. O jurado recusado imotivadamente por qualquer das partes será excluído daquela sessão de instrução e julgamento, prosseguindo-se o sorteio para a composição do Conselho de Sentença com os jurados remanescentes (CPP, art. 468, parágrafo único). A separação dos julgamentos somente ocorrerá se, em razão das recusas, não for obtido o número mínimo de 7 (sete) jurados para compor o Conselho de Sentença (CPP, art. 469, § 1º). Determinada a separação dos julgamentos, será julgado em primeiro lugar o acusado a quem foi atribuída a autoria do fato ou, em caso de coautoria, aplicar-se-á o critério de preferência disposto no art. 429 deste Código (CPP, art. 469, § 2º).

Além das recusas peremptórias, a parte poderá recusar sem limite outros jurados, desde que justificadamente, arguindo suspeição ou impedimento;

(vi) composto o conselho de sentença, os jurados escolhidos prestarão compromisso, em pé, diante da seguinte exortação do juiz presidente: "Em nome da lei, concito-vos a examinar esta causa com imparcialidade e a proferir a vossa decisão, de acordo com a vossa consciência e os ditames da justiça"; chamados um a um, pelo nome, deverão responder: "Assim o prometo". A partir do juramento, passa a valer o dever de incomunicabilidade, não podendo os jurados comunicar-se entre si ou com outrem, nem manifestar sua opinião sobre o processo, sob pena de exclusão do Conselho e multa, na forma do § 2º do art. 436 do Código.

20.8.4.2.5. Atos instrutórios

De acordo com o teor do art. 473, "Prestado o compromisso pelos jurados, será iniciada a instrução plenária quando o juiz-presidente, o Ministério Público, o assistente e o defensor do acusado tomarão, sucessiva e diretamente, as declarações do ofendido, se possível, e inquirirão as testemunhas arroladas pela acusação".

As perguntas formuladas pelo Ministério Público, assistente de acusação, querelante e defensor do acusado serão todas feitas diretamente à testemunha, sem intermediação do juiz (o Código adotou o sistema norte-americano de inquirição de testemunhas, denominado *cross-examination*).

Note-se, entretanto, que, no plenário do júri, ao contrário do que ocorre nos demais procedimentos, caberá primeiro ao juiz formular perguntas à testemunha, sendo certo que somente na sequência as partes poderão fazê-lo, também de forma direta. Assim, no momento da inquirição do ofendido e das testemunhas de acusação, após as perguntas do juiz, iniciam-se as perguntas pelo *Parquet*, seguindo pelas demais partes acima descritas. Entretanto, para a inquirição das testemunhas arroladas pela defesa, será o defensor do acusado quem formulará as perguntas antes do Ministério Público e do Assistente de Acusação.

Insta salientar que poderão os jurados inquirir os depoentes, porém, conforme o § 2º do mesmo artigo, todas as perguntas ao ofendido, se for o caso, e às testemunhas, deverão ser feitas por intermédio do juiz, no sistema tradicional presidencialista.

Encontra-se um sistema misto de produção de provas no rito do Tribunal do Júri, mesclando o sistema presidencialista com o norte-americano denominado *cross-examination*.

As partes e os jurados poderão requerer acareações, reconhecimento de pessoas e coisas e esclarecimento dos peritos, bem como a leitura de peças que se refiram, exclusivamente, às provas colhidas por carta precatória e às provas cautelares, antecipadas ou não repetíveis (CPP, art. 473, § 3º).

Superada a fase das oitivas do ofendido, das testemunhas de acusação e das testemunhas de defesa, passarão para o interrogatório do acusado. O Ministério Público, o assistente, o querelante e o defensor, nessa ordem, poderão formular, diretamente, perguntas ao acusado, sem intermediação do juiz (CPP, art. 474, § 1º). Os jurados formularão perguntas através do juiz-presidente (CPP, art. 474, § 2º).

Com o advento da referida lei, o registro dos depoimentos passa a ser feito através de gravação magnética, eletrônica, estenotipia ou técnica similar, dos quais deverá ser feita a transcrição nos autos.

20.8.4.2.6. Debates

Encerrada a instrução, passa-se à fase dos debates:

(i) o promotor fará a acusação, no prazo de uma hora e meia (CPP, art. 477), sendo que esta deverá estar dentro dos limites da pronúncia ou das decisões posteriores que julgaram admissível a acusação, sustentando ainda, se for o caso, a existência de circunstância agravante (CPP, art. 476, *caput*);

(ii) o assistente da acusação poderá dividir o tempo de acusação com o Promotor de Justiça, podendo fazer uso da palavra nos debates depois do promotor; entretanto, sendo o processo promovido pela parte ofendida (ação privada subsidiária), o promotor falará depois do acusador particular, salvo se tiver retomado a titularidade da ação (CPP, art. 476, § 2º);

(iii) finda a acusação, a defesa falará pelo prazo de uma hora e meia (CPP, art. 477, *caput*);

(iv) o promotor pode pedir a absolvição, e a defesa pode optar por tese defensiva onde tenha de pedir a condenação por pena mais branda;

(v) após a defesa, a acusação terá a faculdade da réplica, pelo prazo de uma hora (CPP, art. 477, *caput*), sendo admitida a reinquirição de testemunha já ouvida em plenário (CPP, art. 476, § 4º);

(vi) encerrada a réplica, a defesa terá a faculdade da tréplica, por igual prazo, sendo admitida a reinquirição de testemunha já ouvida em plenário;

(vii) na tréplica não pode haver inovação de tese pela defesa, sob pena de ofensa ao princípio do contraditório;

(viii) havendo mais de um réu, o tempo para a acusação e para a defesa será, em relação a todos, acrescido em uma hora e elevado ao dobro na réplica e tréplica, respeitado o disposto no § 1º do art. 477 do CPP (CPP, art. 477, § 2º);

(ix) a acusação, a defesa ou os jurados poderão pedir, por intermédio do juiz presidente, que o orador indique a folha dos autos onde se encontra a peça por ele lida ou citada, facultando-se, ainda, aos jurados solicitar-lhe, pelo mesmo meio, o esclarecimento de fato por ele alegado (CPP, art. 480, *caput*);

(x) durante os debates as partes não poderão, sob pena de nulidade, fazer referências (CPP, art. 478, I e II): (i) à decisão de pronúncia, às decisões posteriores que julgaram admissível a acusação ou à determinação do uso de algemas como argumento de autoridade que beneficiem ou prejudiquem o acusado; (ii) ao silêncio do acusado ou à ausência de interrogatório por falta de requerimento em seu prejuízo.

20.8.4.2.7. Provas novas

Quando do surgimento de provas novas, vejamos:

(i) durante o julgamento não será permitida a leitura de documento ou a exibição de objeto que não tiver sido juntado aos autos com a antecedência mínima de 3 (três) dias úteis, dando-se ciência à outra parte, compreendida nessa proibição a leitura de jornais ou qualquer outro escrito, bem como a exibição de vídeos, gravações, fotografias, laudos, quadros, croqui ou qualquer outro meio assemelhado, cujo conteúdo versar sobre matéria de fato submetida à apreciação e julgamento dos jurados;

(ii) documento compreende não só os escritos como qualquer outro meio de prova que possa causar surpresa à outra parte, tais como antecedentes da vítima ou das testemunhas, laudo pericial de caso análogo etc. No tocante à exibição de armas ou instrumentos do crime, dispõe o art. 480, § 3º, que os jurados, após a conclusão dos debates, terão acesso aos autos e aos instrumentos do crime se solicitarem ao juiz-presidente;

(iii) na antiga sistemática do Código de Processo Penal havia precedente no sentido de que seria permitida a leitura de livros, obras técnicas, doutrina, jurisprudência, bem como de reportagens, artigos, jornais, desde que sobre fatos genéricos. A exibição de croqui não juntado aos autos anularia o júri, mas gráfico do corpo humano poderia;

(iv) a violação dessa regra constitui nulidade relativa, exigindo-se arguição oportuna, isto é, formulada logo em seguida, e efetiva comprovação de prejuízo.

20.8.4.2.8. Formulação dos quesitos

A formulação dos quesitos segue a seguinte ordem:

(i) encerrados os debates, deve o juiz indagar aos jurados se estão habilitados a julgar ou se precisam de mais esclarecimentos. Esses esclarecimentos só deverão relacionar-se com matéria de fato, e não com questão jurídica (CPP, art. 480, § 2º);

(ii) se tiverem dúvidas, poderão ter acesso aos autos e aos instrumentos do crime se solicitarem ao juiz presidente. Se a verificação de qualquer fato, reconhecida como essencial para o julgamento da causa, não puder ser realizada imediatamente, o juiz presidente dissolverá o Conselho, ordenando a realização das diligências entendidas necessárias (CPP, art. 481, *caput*). Se a diligência consistir na produção de prova pericial, o juiz-presidente, desde logo, nomeará perito e formulará quesitos, facultando às partes também formulá-los e indicar assistentes técnicos, no prazo de 5 (cinco) dias (CPP, art. 481, parágrafo único);

(iii) em seguida, procede-se, em plenário, à leitura do questionário pelo juiz, que é o conjunto dos quesitos destinados a serem respondidos pelos jurados, acerca do fato delituoso e suas circunstâncias, bem como das teses levantadas pela defesa;

(iv) os quesitos: os quesitos serão redigidos em proposições afirmativas, simples e distintas, de modo que cada um deles possa ser respondido com suficiente clareza e necessária precisão. Na sua elaboração, o presidente levará em conta os termos da pronúncia ou das decisões posteriores que julgaram admissível a acusação, do interrogatório e das alegações das partes (CPP, art. 482, parágrafo único);

(v) após a leitura dos quesitos, o juiz deverá explicar a significação legal de cada um aos jurados, e indagar das partes se há algum requerimento ou reclamação a fazer (CPP, art. 484);

(vi) a ordem dos quesitos é a seguinte (CPP, art. 483, *caput*):

– *materialidade* do fato (inciso I) (p. ex.: "O réu efetuou disparos de arma de fogo contra a vítima, produzindo-lhe os ferimentos descritos no laudo de fls. 12?");

– autoria e participação (inciso II) (se foi realmente o réu quem praticou o crime);

– se o acusado deve ser absolvido (inciso III);

– se existe causa de diminuição da pena alegada pela defesa (inciso IV);

– se existe circunstância qualificadora ou causa de aumento de pena reconhecidas na pronúncia ou em decisões posteriores que julgaram admissível a acusação (inciso V).

Importante ressaltar que a resposta negativa de mais de três jurados a qualquer dos quesitos referidos nos incisos I e II encerra a votação e implica a absolvição do acusado (CPP, art. 483, § 1º).

Respondidos afirmativamente por mais de 3 (três) jurados os quesitos relativos aos incisos I e II, será formulado quesito com a seguinte indagação: *O jurado absolve o acusado?* (CPP, art. 483, § 2º).

Se decidirem de forma negativa, isto é, pela condenação, o julgamento prosseguirá, formulando-se quesitos sobre (CPP, art. 483, § 3º):

– causa de diminuição de pena alegada pela defesa (CPP, art. 483, § 3º, I);

– circunstância qualificadora ou causa de aumento de pena, reconhecidas na pronúncia ou em decisões posteriores que julgaram admissível a acusação (CPP, art. 483, § 3º, II).

Se for sustentada a desclassificação do crime, de modo que se torne crime de competência de juiz singular, deverá ser formulado quesito a respeito, para ser respondido após o 2º (segundo) ou 3º (terceiro) quesito, conforme o caso.

> → **ATENÇÃO:** no Júri, se houver desclassificação da infração para outra, de competência do juiz singular, ao presidente do Tribunal do Júri caberá proferir sentença em seguida, aplicando-se, quando o delito resultante da nova tipificação for considerado pela lei como infração penal de menor potencial ofensivo, o disposto nos arts. 69 e seguintes da Lei n. 9.099/95 (CPP, art. 492, § 1º). A competência para o julgamento da infração passa, portanto, para o juiz-presidente, que terá de proferir a decisão naquela mesma sessão. Caso haja crimes conexos não dolosos contra a vida, a desclassificação também desloca para o juiz-presidente a competência para seu julgamento, diante da letra expressa do art. 492, § 2º, do CPP. Quanto aos crimes conexos, embora este entendimento não constasse da antiga redação do art. 492 do CPP, este já era acolhido por José Frederico Marques[177].

Sustentada a tese de ocorrência do crime na sua forma tentada ou havendo divergência sobre a tipificação do delito, sendo este da competência do Tribunal do Júri, o juiz formulará quesito acerca dessas questões, para ser respondido após o segundo quesito (CPP, art. 483, § 5º).

Havendo mais de um crime ou mais de um acusado, os quesitos serão formulados em séries distintas (CPP, art. 483, § 6º).

---

177. *Estudos de direito processual penal*, 1960, p. 179.

20.8.4.2.9. Votação

(i) Lidos e explicados os quesitos, não havendo dúvida a ser esclarecida, o juiz-presidente, os jurados, o Ministério Público, o assistente, o querelante, o defensor do acusado, o escrivão e o oficial de justiça dirigir-se-ão à sala especial a fim de ser procedida a votação;

(ii) Antes de proceder-se à votação de cada quesito, o juiz mandará distribuir cédulas feitas de papel opaco e facilmente dobráveis, contendo 7 (sete) delas a palavra sim, e 7 (sete) a palavra não;

(iii) Para assegurar o sigilo do voto, o oficial de justiça recolherá em urnas separadas as cédulas correspondentes aos votos e as não utilizadas;

(iv) Após a resposta, verificados os votos e as cédulas não utilizadas, o presidente determinará que o escrivão registre no termo a votação de cada quesito, bem como o resultado do julgamento. Do termo também constará a conferência das cédulas não utilizadas;

(v) As decisões do Tribunal do Júri serão tomadas por maioria de votos;

(vi) Se a resposta a qualquer dos quesitos estiver em contradição com outra ou outras já dadas, o presidente, explicando aos jurados em que consiste a contradição, submeterá novamente à votação os quesitos a que se referirem tais respostas. Se, pela resposta dada a um dos quesitos, o presidente verificar que ficam prejudicados os seguintes, assim o declarará, dando por finda a votação;

(vii) Encerrada a votação, será o termo a que se refere o art. 488 do Código assinado pelo presidente, pelos jurados e pelas partes.

20.8.4.2.10. Sentença

(i) Encerrada a votação e assinado o termo referente às respostas dos quesitos, o juiz deverá proferir a sentença;

(ii) No caso de absolvição, o juiz deve colocar o réu imediatamente em liberdade, salvo se estiver preso por outro motivo, revogará as medidas restritivas provisoriamente decretadas ou, se for o caso, imporá medida de segurança cabível (CPP, art. 492, II, I *a*, *b* e *c*);

(iii) No caso de desclassificação, a competência para julgamento do crime desclassificado e dos crimes conexos passa ao juiz-presidente. Operada a desclassificação, se o juiz perceber tratar-se de crime de menor potencial ofensivo, deverá o juiz observar o disposto nos arts. 69 e seguintes da Lei n. 9.099/95 (CPP, art. 492, § 1º);

(iv) Em caso de condenação, o juiz fixará a pena-base; levará em consideração as circunstâncias agravantes e atenuantes; imporá as causas de aumento e diminuição; observará as demais disposições do art. 387 do CPP; mandará o acusado recolher-se ou recomendá-lo-á à prisão em que se encontra, se presentes os requisitos da prisão preventiva, ou, no caso de condenação a uma pena igual ou superior a 15 (quinze) anos de reclusão, determinará a execução provisória das penas, com expedição do mandado de prisão, se for o caso, sem prejuízo do conhecimento de recursos que vierem a ser interpostos. Por fim, estabelecerá os efeitos genéricos e específicos da condenação (CPP, art. 492, I, *a*, *b*, *c*, *d*, *e* e *f*);

→ **ATENÇÃO:** a Lei n. 13.964/2019 em seu art. 3º modificou o art. 492, inciso I, alínea *e* do CPP para acrescer, ao final, a possibilidade de o juiz determinar a execução provisória das penas, se preenchidos os requisitos.

(v) A sentença será lida em plenário pelo presidente antes de encerrada a sessão de instrução e julgamento.

Por fim, importante destacar que a Lei do Pacote Anticrime, n. 13.964/2019, recentemente sancionada, por intermédio do art. 3º, acresceu ao art. 492 do CPP o seguinte conteúdo:

"§ 3º O presidente poderá, excepcionalmente, deixar de autorizar a execução provisória das penas de que trata a alínea *e* do inciso I do *caput* deste artigo, se houver questão substancial cuja resolução pelo tribunal ao qual competir o julgamento possa plausivelmente levar à revisão da condenação.

§ 4º A apelação interposta contra decisão condenatória do Tribunal do Júri a uma pena igual ou superior a 15 (quinze) anos de reclusão não terá efeito suspensivo.

§ 5º Excepcionalmente, poderá o tribunal atribuir efeito suspensivo à apelação de que trata o § 4º deste artigo, quando verificado cumulativamente que o recurso:

I – não tem propósito meramente protelatório; e

II – levanta questão substancial e que pode resultar em absolvição, anulação da sentença, novo julgamento ou redução da pena para patamar inferior a 15 (quinze) anos de reclusão.

§ 6º O pedido de concessão de efeito suspensivo poderá ser feito incidentalmente na apelação ou por meio de petição em separado dirigida diretamente ao relator, instruída com cópias da sentença condenatória, das razões da apelação e de prova da tempestividade, das contrarrazões e das demais peças necessárias à compreensão da controvérsia".

20.8.4.2.11. Ata do julgamento

De cada sessão de julgamento, o escrivão lavrará ata, assinada pelo juiz e pelas partes, relatando todas as ocorrências e incidentes (CPP, art. 495).

20.8.4.2.12. Atribuições do juiz-presidente

(i) Poder de polícia: o juiz pode mandar prender os desobedientes, impedir a entrada ou excluir da sala os arruaceiros, mandar retirar o réu da sala, que, com injúrias ou ameaças, dificultar o julgamento etc.;

(ii) Regular os debates: impedindo ultrapassagem do tempo legal, alterações graves de ânimo etc.;

(iii) Tutelar o direito de defesa, quando este não estiver sendo exercido pelo defensor, devendo destituí-lo e dissolver o conselho de sentença;

(iv) Suspender a sessão, quando necessário (diligências, repouso dos jurados, lanche etc.);

(v) Ordenar, de ofício ou a requerimento das partes, as diligências que se fizerem necessárias;

(vi) Requisitar auxílio de força pública;

(vii) Resolver questões incidentes que não dependam de pronunciamento do júri;

(viii) Decidir de ofício as arguições de extinção de punibilidade, ouvidos o Ministério Público e a defesa;

(ix) Resolver as questões de direito suscitadas no curso do julgamento;

(x) Determinar, de ofício ou a requerimento das partes ou de qualquer jurado, as diligências destinadas a sanar nulidade ou a suprir falta que prejudique o esclarecimento da verdade.

20.8.5. Questões finais específicas sobre Júri

20.8.5.1. *Exame de insanidade mental*

Havendo dúvida a respeito da imputabilidade do réu, é necessário o exame pericial, tratando-se de meio legal de prova, que não pode ser substituído pela inspeção pessoal do próprio juiz. Caso surja dúvida a respeito da sanidade mental do acusado, cabe ao juiz decidir se dissolve o conselho, nos termos do art. 481, *caput*, do CPP. Tratando-se de prova pericial, determina o parágrafo único do art. 481 que o juiz-presidente, desde logo, nomeie perito e formule quesitos, facultando às partes também formulá-los e indicar assistentes técnicos, no prazo de 5 (cinco) dias. (*Vide* também Súmula 206 do STF, editada antes da reforma processual penal.)

20.8.5.2. *Conferência da urna*

Realizadas as diligências referidas nos arts. 454 a 461 do CPP, o juiz-presidente verificará se a urna contém as cédulas dos 25 (vinte e cinco) jurados sorteados, mandando que o escrivão proceda à chamada deles (CPP, art. 462). Havia entendimento no sentido de que tal ato deveria ser realizado em público e, caso não constasse expressamente da ata, ensejaria nulidade do julgamento.

20.8.5.3. *Número mínimo de jurados*

A instalação da sessão sem o número mínimo legal de jurados enseja nulidade do julgamento (CPP, art. 564, III, *i*). O receio do legislador é o de que, com as recusas peremptórias e mais alguma justificada, falte número legal para compor o conselho de sentença (o chamado "estouro de urna").

20.8.5.4. *Momento de arguir as nulidades*

As nulidades relativas posteriores à pronúncia devem ser arguidas logo após o pregão (CPP, art. 463, § 1º), nos termos do art. 571, V, do CPP. Não arguida nesse momento, a nulidade estará sanada, pois não se concebe que, presente ao ato, guarde o recorrente em segredo a falha nele ocorrida, para alegá-la mais tarde como motivo para anular o julgamento.

→ **ATENÇÃO:** as nulidades ocorridas em plenário devem ser arguidas logo depois (CPP, art. 571, VIII), sob pena de preclusão.

20.8.5.5. *Autor principal e partícipe*

O autor principal deve ser julgado antes, salvo se estiver foragido.

20.8.5.6. *Incomunicabilidade entre jurados*

Dispõe o art. 466, § 1º, que os jurados não poderão comunicar-se entre si e com outrem, nem manifestar sua opinião sobre o processo, sob pena de exclusão do Conselho e multa, na forma do § 2º do art. 436 do Código.

20.8.5.7. *Juiz togado que abandona plenário*

Abandono durante os trabalhos infringe dever de fiscalização da incomunicabilidade.

20.8.5.8. *Recusa ou aceitação de jurados*

Deve-se dizer apenas um "sim" ou um "não". Se quiser recusar elegantemente, sem antipatizar-se com os demais jurados, nada impede a parte de dizer: "agradeço, mas dispenso" ou "dispenso e agradeço" (CPP, art. 468).

20.8.5.9. *Compromisso dos jurados*

Sua falta enseja nulidade (art. 472).

20.8.5.10. *Interrogatório. Nulidades*

A nulidade resultante do interrogatório incompleto é sanável por força do art. 572 do CPP, quando não arguida em tempo oportuno, isto é, na própria sessão, logo depois de ocorrida, como preceitua o art. 571, VIII. O interrogatório na presença do corréu causa nulidade, pois impõe o art. 191 do CPP que, havendo mais de um acusado, serão interrogados separadamente.

Se no interrogatório surgir dúvida sobre a higidez mental do acusado, será determinada a realização de incidente de insanidade mental, com a dissolução do conselho de sentença, pois, na dúvida, o exame é obrigatório. A competência é do juiz presidente (CPP, art. 481, *caput*).

20.8.5.11. *Cópias aos jurados*

Admite-se entrega de cópia de peças dos autos aos jurados, desde que sem grifos. Assim, o jurado receberá cópias da pronúncia ou, se for o caso, das decisões posteriores que julgaram admissível a acusação e do relatório do processo (CPP, art. 472, parágrafo único).

20.8.5.12. *Testemunhas*

Nada impede que o juiz acate sugestão da parte e ouça testemunhas não arroladas, na qualidade de informantes, para esclarecimento da verdade. Os jurados podem requerer, também, oitiva de testemunha não arrolada.

20.8.5.13. *Testemunhas. Pergunta direta*

A antiga sistemática do Código de Processo Penal já adotava, no plenário do júri, o sistema norte-americano de inquirição de testemunhas, em que as perguntas seriam formuladas diretamente pelas partes. Assim, ensinavam Adriano Marrey, Magalhães

Noronha, Hermínio Marques Porto e Eduardo Espínola Filho, com inteira razão, que a inquirição de testemunhas, no Plenário do Júri, diante da clara disposição dos antigos arts. 467 e 468 do Código de Processo Penal, podia ser feita diretamente pelas partes, sem intermediação do juiz. Assim, não vigorava no Júri o sistema presidencialista de inquirição, também chamado de sistema do exame judicial, não havendo que se falar em reperguntas (termo mais apropriado para situações em que o juiz, após deferir a pergunta da parte, a refaz para a testemunha).

Entendíamos ser inquestionável esta posição, bastando comparar o disposto no art. 212, que trata das audiências presididas pelo juízo monocrático, com a regra contida nos arts. 467 e 468, para se constatar a diversidade de conteúdo. Em Plenário, a inquirição direta da testemunha mostrava ser a fórmula acertada e necessária para a melhor aferição do valor do depoimento pelos jurados, que não possuiriam a tal respeito a mesma experiência do juiz singular: na inquirição direta, o jurado, que é juiz, observaria melhor a testemunha ao ser inquirida pelas partes.

O art. 473, dispõe claramente que as perguntas formuladas pela acusação, assistente e defesa serão feitas diretamente. A exceção ocorre com relação aos jurados, que deverão fazer suas perguntas através do juiz. No caso das perguntas feitas pelos jurados, a prudência recomenda a adoção do sistema presidencialista, para melhor resguardar a incomunicabilidade daqueles, bem como pressupõe-se a falta de conhecimento técnico para formular as perguntas de forma adequada.

Já se decidiu que o indeferimento pelo juiz não causa nulidade, ante a falta de prejuízo, pois, de uma forma ou de outra, a pergunta acabou sendo feita.

Cumpre ao juiz-presidente respeitar a prerrogativa das partes de inquirir diretamente as testemunhas, mas a sua inobservância implica mera irregularidade, por falta de prejuízo.

20.8.5.14. *Acareação*

Segundo o art. 229, somente se procede quando a divergência entre testemunhas ou entre estas e a vítima versar sobre ponto essencial. O fundamento para acolher o pedido de acareação funda-se no dever do juiz de determinar diligências, sempre que necessárias ao esclarecimento da verdade (CPP, art. 497, XI). O indeferimento de pedido de acareação não dá causa à nulidade do feito, tratando-se de atividade discricionária do magistrado. Mesmo havendo sérias divergências de depoimentos, a acareação não é medida obrigatória na instrução da causa, mas providência sujeita ao prudente arbítrio do juiz. Nesse sentido, o indeferimento do pedido de acareação não configura cerceamento de defesa.

→ **ATENÇÃO:** há a possibilidade de as testemunhas não serem dispensadas após terem sido ouvidas, devendo aguardar em local apropriado as determinações do juiz-presidente. Isto porque as partes poderão requerer, nos debates, a reinquirição de alguma testemunha ou sua acareação.

20.8.5.15. *Dispensa de testemunhas*

Só é possível se o juiz, as partes e os jurados concordarem. Se um único jurado quiser ouvi-la, não poderá ser dispensada.

Se a desistência efetivar-se antes de formado o conselho de sentença, não há necessidade da concordância dos jurados, mas tão somente das partes envolvidas.

20.8.5.16. *Testemunhas residentes fora da comarca*

A parte não deve arrolar, pois elas não têm a obrigação de comparecer. O corréu não pode ser ouvido em plenário como testemunha, a pedido da defesa.

20.8.5.17. *Testemunha que não comparece*

O julgamento não será adiado se a testemunha deixar de comparecer, salvo se uma das partes tiver requerido a sua intimação por mandado, na oportunidade de que trata o art. 422 do Código, declarando não prescindir do depoimento e indicando sua localização (CPP, art. 461, *caput*).

20.8.5.18. *Depoimento pessoal*

"O advogado que, ao defender o réu perante o júri, atesta fatos, como testemunha pessoal do caso, e assim produz prova inédita no feito, determina, com sua atuação anômala, do ponto de vista da oportunidade da prova, grave irregularidade, que acarreta a nulidade do julgamento, em face da irremediável surpresa causada à acusação" (*RT*, 425/301).

20.8.5.19. *Debates*

Aconselha-se argumentação sem injuriar a pessoa do réu, não se dirigindo ao acusado, mas aos jurados. Se o réu nega a autoria, nada impede ao advogado a articulação de outra tese defensiva, que entender mais favorável.

20.8.5.20. *Réplica e tréplica*

Não são obrigatórias. A resposta à pergunta sobre a pretensão de ir à réplica deve consistir em um simples "não", desacompanhado de qualquer comentário; caso contrário, haveria efetivo exercício do direito de réplica, dando ensejo à tréplica. Por exemplo: promotor que diz "não, porque a defesa foi muito mal" (isto dá direito à tréplica).

Inovações de tese na tréplica causam nulidade, por ofensa ao princípio do contraditório. Há quem sustente que pode haver inovação de tese se o defensor avisar o promotor antes de este iniciar sua réplica, de que mudará a tese na tréplica.

> **Nosso entendimento:** correta a primeira posição, ou seja, que inovações de tese em sede de tréplica implicam nulidade, por ofensa ao princípio do contraditório.

20.8.5.21. *Apartes*

Segundo o art. 497, III, cabe ao juiz dirigir os debates, intervindo em caso de abuso, excesso de linguagem ou mediante requerimento de uma das partes. Assim, o aparte é direito do promotor e do advogado. Deve ser, antes, solicitado e deve ser breve, evitando-se o discurso paralelo.

20.8.5.22. *Intervenção dos jurados*

Podem, a qualquer momento, pedir, por intermédio do juiz, ao orador que indique as folhas dos autos em que se encontra a peça por ele lida ou citada (CPP, art. 480).

20.8.5.23. *Reinquirição de testemunha*

A testemunha ouvida em plenário pode ser reinquirida a qualquer momento, a pedido das partes (CPP, art. 476, § 4º).

20.8.5.24. *Dissolução do conselho*

A conversão do julgamento em diligência, se estiver mascarando a vontade de obter a dissolução do conselho de sentença, é inadmissível. Se a acusação for insuficiente, o juiz também poderá dissolver o conselho, em face de nulidade apontada pelo art. 564, III, l, que é a falta de acusação na sessão de julgamento. Sobre hipóteses de dissolução do conselho, *vide* CPP, arts. 481 e 497, V.

20.8.5.25. *Esclarecimento do juiz aos jurados na hora de votar*

Concluídos os debates, o juiz-presidente indagará dos jurados se estão habilitados a julgar ou se precisam de outros esclarecimentos (CPP, art. 480, § 1º). Os esclarecimentos só podem versar sobre questão de fato (CPP, art. 480, § 2º). Se a pergunta do jurado for sobre fato de que uma das partes tenha falado, esta poderá responder rápida e objetivamente.

O juiz não pode falar nada sobre a pena que vai ser aplicada, nem dar esclarecimentos de ordem jurídica ou técnica.

20.8.5.26. *Leitura dos quesitos*

Deve ser feita em público, sob a fiscalização do povo. Não havendo dúvida a ser esclarecida, o juiz-presidente, os jurados, o Ministério Público, o assistente, o querelante, o defensor do acusado, o escrivão e o oficial de justiça dirigir-se-ão à sala especial a fim de ser procedida a votação (CPP, art. 485, *caput*). A reclamação quanto à redação do quesito deve se seguir à sua leitura em público, sob pena de preclusão, exceto se o erro for de tal monta que induza o conselho a erro, caso em que a nulidade será absoluta.

20.8.5.27. *Sala secreta*

Surgiu uma posição no sentido de que a Constituição Federal havia extinguido a sala secreta, uma vez que, em seu art. 93, IX, passou a dispor: “Todos os julgamentos dos órgãos do Poder Judiciário serão públicos, e fundamentadas todas as decisões, sob pena de nulidade, podendo a lei, se o interesse público o exigir, limitar a presença, em determinados atos, às próprias partes e a seus advogados, ou somente a estes”. Assim, se os julgamentos passaram a ser públicos, por determinação constitucional (princípio da publicidade das decisões judiciais), a sala secreta estaria em conflito com a Lei Maior.

Além disso, no caso do disposto no art. 52, IV (escolha dos chefes de missão diplomática de caráter permanente pelos senadores), a Constituição disse expressamente que serão secretos tanto o voto quanto a sessão de votação. Como, no caso do Júri, só fala em sigilo na votação, sem mencionar expressamente a sessão de votação, pelo método de interpretação sistemática, conclui-se que o sigilo não alcança a sessão de votação.

A despeito deste entendimento, o princípio genérico de que todos os julgamentos do Poder Judiciário serão públicos não vulnera as normas processuais sobre a sala secreta (CPP, art. 485), pois a garantia constitucional referente ao sigilo das votações é também um princípio constitucional, mas específico do Júri, prevalecendo sobre a disposição geral. O sigilo, princípio constitucional do Júri, é garantido pela incomunicabilidade e pela sala secreta, assegurando ao jurado total tranquilidade no momento de externar silenciosamente o seu voto.

Portanto, o sigilo nas votações do Júri é princípio que excepciona os julgamentos públicos, da mesma forma que no Júri as decisões não são fundamentadas, o que também se constitui em ressalva àquele princípio constitucional.

A Constituição pode ter dispositivos aparentemente conflitantes, mas que, na verdade, possuem alcance e destinatários diversos, devendo ser interpretados de acordo com os princípios que lhes são próprios.

Além disso, a norma constitucional prevista no art. 93, IX, é de eficácia contida, redutível ou restringível, que pode e foi limitada pela lei.

A Constituição não proíbe e o Código de Processo Penal menciona expressamente que só os jurados, o juiz-presidente, o Ministério Público, o assistente, o querelante, o defensor do acusado, o escrivão e o oficial de justiça permanecerão na sala de votações (CPP, art. 485, *caput*).

Assim, se o julgamento se der em público, haverá violação expressa da lei, e o julgamento será nulo, nos termos do art. 564, IV, do CPP.

A sala secreta é consequência da necessidade de se garantir a votação sem interferência de quem quer que seja.

20.8.5.28. *Contradição nas respostas*

Se a resposta a qualquer dos quesitos estiver em contradição com outra ou outras já dadas, o presidente, explicando aos jurados em que consiste a contradição, submeterá novamente à votação os quesitos a que se referirem tais respostas (CPP, art. 490, *caput*). Se, pela resposta dada a um dos quesitos, o presidente verificar que ficam prejudicados os seguintes, assim o declarará, dando por finda a votação (CPP, art. 490, parágrafo único).

20.8.5.29. *Desclassificação pelo Júri*

Existem duas espécies de desclassificação:

(i) desclassificação própria: é aquela em que os jurados desclassificam o crime para não doloso contra a vida, sem, no entanto, afirmar qual o novo delito;

(ii) desclassificação imprópria: é aquela em que os jurados desclassificam o crime, afirmando qual o delito não doloso contra a vida que foi praticado.

No caso da desclassificação própria, o juiz pode julgar com ampla liberdade, podendo absolver ou condenar por qualquer crime não doloso contra a vida; no caso da desclassificação imprópria, o juiz está vinculado à definição legal dada pelo Júri.

20.8.5.30. Desclassificação e crimes conexos

Se houver desclassificação da infração para outra, de competência do juiz singular, imediatamente estará interrompida a votação, deslocando-se a competência para o juiz-presidente do Tribunal do Júri, a quem caberá proferir sentença em seguida, aplicando-se, quando o delito resultante da nova tipificação for considerado pela lei infração penal de menor potencial ofensivo, o disposto nos arts. 69 e seguintes da Lei n. 9.099, de 26 de setembro de 1995 (CPP, art. 492, § 1º). A competência para o julgamento da infração passa, portanto, para o juiz-presidente, que terá de proferir a decisão naquela mesma sessão. Caso haja crimes conexos não dolosos contra a vida, a desclassificação também desloca para o juiz-presidente a competência para seu julgamento, diante da letra expressa do art. 492, § 2º, do CPP. Se o Júri entende que não tem competência para julgar o crime principal, implicitamente estará abrindo mão de sua competência para os crimes conexos, não havendo que se invocar a regra da *perpetuatio jurisdictionis*, prevista no art. 81, *caput*, pois ela somente faz referência a decisão de juiz ou tribunal togado.

Se, no entanto, o Júri absolver o réu da imputação principal, continuará competente para julgar os crimes conexos, pois, se absolveu, é porque entendeu que tinha competência para o julgamento do crime doloso contra a vida.

20.8.5.31. Algemas no réu durante o julgamento

Vide comentários constantes do Capítulo 16 – "Prisão".

20.9. Procedimento criminal dos crimes de drogas

20.9.1. Lei n. 11.343/2006

O procedimento a ser aplicado será o previsto nos arts. 54 a 59 da Lei n. 11.343/2006, de acordo com o que dispõe o seu art. 48.

A lei faz uma ressalva: se o agente praticar uma das condutas previstas no art. 28 (posse de droga para consumo pessoal) será processado e julgado nos termos da Lei dos Juizados Especiais Criminais, de forma que não se imporá prisão em flagrante (*vide* art. 48, §§ 1º e 2º). Sobre o tema, *vide* comentários ao art. 28 da lei.

Segundo ainda o diploma legal, não se submeterá, no entanto, ao procedimento dos Juizados Especiais Criminais, o agente que praticar uma das condutas do art. 28 em concurso com os crimes previstos nos arts. 33 a 37 da Lei de Drogas (cf. art. 48, § 1º). No caso, incidirá a regra do art. 60 da Lei n. 9.099/95: "O Juizado Especial Criminal, provido por juízes togados ou togados e leigos, tem competência para a conciliação, o julgamento e a execução das infrações penais de menor potencial ofensivo, respeitadas as regras de conexão e continência. Parágrafo único. Na reunião de processos, perante o juízo comum ou o tribunal do júri, decorrentes da aplicação das regras de conexão e continência, observar-se-ão os institutos da transação penal e da composição dos danos civis".

O art. 48, § 1º, merece um reparo. É que o art. 33, § 3º (cessão ocasional e gratuita de drogas), constitui infração de menor potencial ofensivo, de forma que o concurso dessa modalidade típica com o art. 28 (posse de droga para consumo pessoal) não afasta a competência dos Juizados Especiais Criminais, ao contrário do que dá a entender a redação daquele dispositivo, o qual, na realidade, *no que tange ao art. 33*, está se referindo apenas ao *caput* e § 1º.

A lei, em seu art. 48, dispõe: "O procedimento relativo aos processos por crimes definidos neste Título rege-se pelo disposto neste Capítulo, aplicando-se, subsidiariamente, as disposições do Código de Processo Penal e da Lei de Execução Penal". Evidentemente, a lei não está se referindo às infrações de menor potencial ofensivo, quando incidente a Lei n. 9.099/95.

20.9.2. Procedimento esquemático

20.9.2.1. Na polícia

(i) Indiciado preso: na hipótese de prisão em flagrante, a autoridade policial deverá comunicá-la imediatamente ao juiz competente, remetendo-lhe cópia do respectivo auto (CF, art. 5º, LXII), do qual será dada vista ao órgão do Ministério Público, em vinte e quatro horas. Deverá, ainda, concluir o inquérito policial no prazo máximo de trinta dias, sob pena de relaxamento por excesso de prazo.

(ii) Indiciado solto: o inquérito deverá estar concluído e ser remetido a juízo em noventa dias.

(iii) Dilação de prazo: os prazos para a conclusão do inquérito policial, tanto no caso do indiciado preso quanto no do solto, poderão ser duplicados pelo juiz, ouvido o Ministério Público, mediante pedido justificado da autoridade de polícia judiciária.

(iv) Diligências complementares: o envio dos autos a juízo não obsta à realização de diligências complementares que se fizerem necessárias (art. 52, parágrafo único). Assim, até três dias antes da audiência de instrução e julgamento, deverão ser encaminhadas ao juízo competente as diligências complementares necessárias ou úteis à plena elucidação do fato ou à indicação dos bens, direitos e valores de que seja titular o agente, ou que figurem em seu nome.

> → **ATENÇÃO:** em qualquer fase da persecução criminal relativa aos crimes previstos na Lei n. 11.343/2006, são permitidos, mediante autorização judicial e ouvido o Ministério Público: (i) a infiltração de agentes de polícia, em tarefas de investigação, constituída pelos órgãos especializados pertinentes (art. 53, I); (ii) o flagrante prorrogado ou retardado (art. 53, II, e parágrafo único).

20.9.2.2. Em juízo

(i) Competência: o processo e o julgamento dos crimes previstos nos arts. 33 a 37 da Lei n. 11.343/2006, se caracterizado ilícito transnacional, são de competência da Justiça Federal. Os crimes praticados nos Municípios que não sejam sede de vara federal serão processados e julgados na vara federal da circunscrição respectiva (cf. art. 70).

(ii) Denúncia ou arquivamento: recebidos os autos de inquérito policial relatado, o Ministério Público tem o prazo de dez dias para: requerer o arquivamento, requisitar as diligências que entender necessárias, ou oferecer a denúncia, podendo, neste último caso, arrolar até cinco testemunhas e requerer as demais provas que entender pertinentes (art. 55). No caso de oferecimento de denúncia, exige-se a demonstração de, ao menos, indícios de que a substância contenha o princípio ativo, de maneira que deverá acompanhar a peça inaugural um laudo de mera constatação superficial (chamado de laudo de constatação, cf. art. 50, §§ 1º e 2º), apontando a probabilidade de que a substância seja capaz de produzir a dependência física ou psíquica. Tal medida é necessária para que não se corra o risco de manter alguém preso por estar portando ou traficando talco, em vez de cocaína. Não se exige um exame completo, mas rápida aferição indiciária, no seguinte sentido: "Ao que tudo indica, ante um exame superficial e inicial, a substância é mesmo de natureza tóxica".

> → **ATENÇÃO:** de acordo com o disposto no art. 41, o indiciado ou acusado que colaborar voluntariamente com a investigação policial e o processo criminal na identificação dos demais coautores ou copartícipes do crime e na recuperação total ou parcial do produto do crime, no caso de condenação, terá a pena reduzida de um a dois terços.

(iii) **Notificação do denunciado para oferecimento de resposta:** caso tenha sido oferecida a denúncia, o juiz, antes de recebê-la, determinará a notificação do acusado para oferecer sua resposta, por escrito, no prazo de dez dias. Na resposta, o acusado deverá fazer uma defesa completa, arguindo preliminares, levantando exceções e invocando todas as razões de defesa, requerer provas e arrolar até cinco testemunhas. Essa resposta difere da defesa inicial prevista no art. 396 do CPP, que é ofertada posteriormente ao recebimento da denúncia ou queixa e visa a absolvição sumária. A defesa preliminar da Lei de Drogas, pelo contrário, visa impedir o próprio recebimento da peça acusatória, não havendo que se falar em absolvição sumária.

(iv) **Decisão do juiz, recebendo ou rejeitando a denúncia:** apresentada a defesa, o juiz, no prazo de cinco dias, proferirá despacho de recebimento ou rejeição da denúncia, devendo fundamentar sua decisão em ambos os casos, nos termos do art. 93, IX, da CF; porém, se entender imprescindível (e não apenas necessário), poderá o juiz determinar a apresentação do preso, realização de diligências, exames e perícias, no prazo máximo de dez dias (art. 55, § 5º).

(v) **Recebimento da denúncia e outras providências:** recebida a denúncia, o juiz: (i) designará o dia e a hora para a audiência de instrução e julgamento: essa audiência será realizada dentro dos trinta dias seguintes ao recebimento da denúncia, salvo se determinada a realização de avaliação para atestar dependência de drogas, quando se realizará em noventa dias; (ii) ordenará a citação pessoal do acusado: se o acusado, citado pessoalmente, não comparecer, decretar-se-á a revelia, nos termos do art. 367 do CPP; se tiver recebido citação por edital, sua contumácia levará à aplicação do art. 366 do Estatuto Processual, com a suspensão do procedimento e da prescrição, até que ele seja localizado; se tiver sido operada a citação por hora certa, por ter se ocultado, será decretada a revelia nos termos do art. 367 do CPP; (iii) ordenará a intimação do Ministério Público; (iv) ordenará a intimação do assistente, se for o caso; (v) requisitará os laudos periciais; (vi) tratando-se de condutas tipificadas como infração do disposto nos arts. 33, *caput* e § 1º, e 34 a 37 da Lei n. 11.343/2006, o juiz, ao receber a denúncia, poderá decretar o afastamento cautelar do denunciado e de suas atividades, se for funcionário público, comunicando ao órgão respectivo.

(vi) **Audiência de instrução e julgamento:** na audiência serão realizados, nessa ordem: (i) o interrogatório do réu: após proceder ao interrogatório, o juiz indagará das partes se restou algum fato para ser esclarecido, formulando as perguntas correspondentes se o entender pertinente e relevante; (ii) a inquirição das testemunhas arroladas pela acusação; (iii) a inquirição das testemunhas arroladas pela defesa; (iv) debates orais por 20 minutos cada parte, prorrogáveis por mais dez, a critério do juiz (cf. art. 57); (v) a prolação da sentença de imediato.

Neste ponto é necessária uma maior atenção, uma vez que, conforme visto ao longo do capítulo de interrogatório, a jurisprudência do STF já se manifestou no sentido de que a oitiva do réu deve ser o último ato da instrução processual, a despeito do que prevê a legislação especial.

(vii) **Sentença:** se o juiz não se sentir habilitado para julgar, poderá proferir a sentença dentro do prazo de dez dias (art. 58, *caput*) (sobre a aplicação da pena e vedação de benefícios, *vide* arts. 42 a 44 da lei). Quando o juiz absolver o agente, reconhecendo, por força pericial, que este apresentava, à época do fato, as condições referidas no *caput* do art. 45, poderá determinar, na sentença, o seu encaminhamento para tratamento médico adequado (cf. art. 45, parágrafo único). No caso de sentença condenatória, o juiz, com base em avaliação que ateste a necessidade de encaminhamento do agente para tratamento, realizada por profissional de saúde com competência específica na forma da lei, determinará que a tal se proceda, observado o disposto no art. 26 da Lei n. 11.343/2006 (cf. art. 47). Sobre redução de pena, *vide* art. 46 da lei.

(viii) **Incineração das drogas:** as plantações ilícitas serão imediatamente destruídas pelo delegado de polícia, que recolherá quantidade suficiente para exame pericial, de tudo lavrando auto de levantamento das condições encontradas, com a delimitação do local, asseguradas as medidas necessárias para a preservação da prova. Nos termos da Lei n. 12.961/2014, a destruição de drogas apreendidas sem a ocorrência de prisão em flagrante será feita por incineração, no prazo máximo de 30 (trinta) dias, contado da data da apreensão, guardando-se amostra necessária à realização do laudo definitivo.

(ix) **Recurso:** nos crimes previstos nos arts. 33, *caput* e § 1º, e 34 a 37 da Lei n. 11.343/2006, o réu não poderá apelar sem recolher-se à prisão, salvo se for primário e de bons antecedentes, assim reconhecido na sentença condenatória (art. 59). Tal previsão é questionável, tendo a 2ª Turma do STF já se manifestado no sentido de que a necessidade de o réu recolher-se à prisão para apelar (Lei n. 11.343/2006, art. 59) ofende os princípios constitucionais da presunção de inocência, ampla defesa, contraditório e duplo grau de jurisdição.

20.10. Da informatização do processo judicial (Lei n. 11.419, de 19 de dezembro de 2006)

A Lei n. 11.419, de 19 de dezembro de 2006, dispôs sobre a informatização do processo judicial, passando a admitir o uso de meio eletrônico na tramitação de processos judiciais, comunicação de atos e transmissão de peças processuais (cf. art. 1º). Assim, a partir do advento dessa Lei, será possível o envio eletrônico de petições, por intermédio da assinatura eletrônica e a certificação digital, possibilitando a maior agilidade da justiça. Aplica-se o disposto nessa Lei, indistintamente, aos processos civil, penal e trabalhista, bem como aos juizados especiais, em qualquer grau de jurisdição (§ 1º). O § 2º do art. 1º conceitua: "I – meio eletrônico qualquer forma de armazenamento ou tráfego de documentos e arquivos digitais; II – transmissão eletrônica toda forma de comunicação a distância com a utilização de redes de comunicação, preferencialmente a rede mundial de computadores; III – assinatura eletrônica as seguintes formas de identificação inequívoca do signatário: (a) assinatura digital baseada em certificado digital emitido por Autoridade Certificadora credenciada, na forma de lei específica; (b) mediante cadastro de usuário no Poder Judiciário, conforme disciplinado pelos órgãos respectivos". E, de acordo com o art. 2º, "O envio de petições, de recursos e a prática de atos processuais em geral por meio eletrônico serão admitidos mediante uso de assinatura eletrônica, na forma do art. 1º desta Lei, sendo obrigatório o credenciamento prévio no Poder Judiciário, conforme disciplinado pelos órgãos respectivos".

Quanto à contagem dos prazos processuais, de acordo com o art. 3º, "Consideram-se realizados os atos processuais por meio eletrônico no dia e hora do seu envio ao sistema do Poder Judiciário, do que deverá ser fornecido protocolo eletrônico". E, "Quando a petição eletrônica for enviada para atender prazo processual, serão consideradas tempestivas as transmitidas até as 24 (vinte e quatro) horas do seu último dia" (parágrafo único do art. 3º).

A respeito da comunicação eletrônica dos atos processuais, *vide* arts. 4º a 7º da Lei, com a ressalva de que as citações por meio eletrônico não serão admissíveis quando se tratar de Direito Processual Criminal e Infracional (cf. art. 6º).

Os arts. 8º a 13 preveem o processo eletrônico. Assim, de acordo com o art. 8º da Lei, "Os órgãos do Poder Judiciário poderão desenvolver sistemas eletrônicos de processamento de ações judiciais por meio de autos total ou parcialmente digitais, utilizando, preferencialmente, a rede mundial de computadores e acesso por meio de redes internas e externas". Todos os atos processuais do processo eletrônico serão assinados eletronicamente na forma estabelecida nesta Lei (parágrafo único). De acordo com o art. 11, "Os documentos produzidos eletronicamente e juntados aos processos eletrônicos com garantia da origem e de seu signatário, na forma estabelecida nesta Lei, serão considerados originais para todos os efeitos legais. § 1º Os extratos digitais e os documentos digitalizados e juntados aos autos pelos órgãos da Justiça e seus auxiliares, pelo Ministério Público e seus auxiliares, pelas procuradorias, pelas autoridades policiais, pelas repartições públicas em geral e por advogados públicos e privados têm a mesma força probante dos originais, ressalvada a alegação motivada e fundamentada de adulteração antes ou durante o processo de digitalização. § 2º A arguição de falsidade do documento original será processada eletronicamente na forma da lei processual em vigor". E, consoante o disposto no § 6º, "Os documentos digitalizados juntados em processo eletrônico somente estarão disponíveis para acesso por meio da rede externa para suas respectivas partes processuais e para o Ministério Público, respeitado o disposto em lei para as situações de sigilo e de segredo de justiça".

Prevê, ainda, o art. 15 da Lei: "Salvo impossibilidade que comprometa o acesso à justiça, a parte deverá informar, ao distribuir a petição inicial de qualquer ação judicial, o número no cadastro de pessoas físicas ou jurídicas, conforme o caso, perante a Secretaria da Receita Federal. Parágrafo único. Da mesma forma, as peças de acusação criminais deverão ser instruídas pelos membros do Ministério Público ou pelas autoridades policiais com os números de registros dos acusados no Instituto Nacional de Identificação do Ministério da Justiça, se houver".

Finalmente, "Ficam convalidados os atos processuais praticados por meio eletrônico até a data de publicação desta Lei, desde que tenham atingido sua finalidade e não tenha havido prejuízo para as partes" (art. 19).

Jurisprudência

- APELAÇÃO CRIMINAL. CRIME PREVISTO NO ART. 121, § 2º, INCISO IV DO CÓDIGO PENAL. TRIBUNAL DO JÚRI. NOVO JULGAMENTO. IMPOSSIBILIDADE. DECISÃO DO JÚRI QUE SE FUNDA EM VERSÃO CONSTANTE NOS AUTOS. SOBERANIA DO VEREDICTO. IMPOSSIBILIDADE DE ANULAÇÃO. RECURSO CONHECIDO E DESPROVIDO. "1. A decisão do júri somente admite anulação quando não possui nenhum apoio nas provas trazidas aos autos, vez que é lícito aos jurados optar por uma das versões a eles apresentadas para análise. 2. A avaliação das provas trazidas aos autos é competência exclusiva dos jurados, que soberanamente realizam o enquadramento jurídico dos fatos apresentados em plenário. 3. Na espécie, a decisão emanada do Egrégio Conselho de Sentença em nenhum momento se apresenta contrária à prova dos autos, e, portanto, não há que se falar em anulação por este fundamento. 4. Recurso conhecido e desprovido" (TJ-ES – APL: 00087194720118080014, rel. Fernando Zardini Antonio, Segunda Câmara Criminal, Data de Publicação: 17 mar. 2017).
- APELAÇÃO CRIME. JÚRI. HOMICÍDIO QUALIFICADO. VEREDICTO ABSOLUTÓRIO. INCONFORMIDADE MINISTERIAL. NULIDADE POSTERIOR À PRONÚNCIA. CONTRADIÇÃO NAS RESPOSTAS AOS QUESITOS, PELA ABSOLVIÇÃO NO QUESITO GENÉRICO. INOCORRÊNCIA. "Inexiste irregularidade de ordem formal na absolvição pelo quesito genérico, mesmo quando a única tese defensiva apresentada em plenário é a negativa de autoria. Qualquer discussão a respeito da plausibilidade do veredicto que absolve o réu no quesito genérico deve se dar no campo meritório, não havendo de se falar em nulidade. DECISÃO MANIFESTAMENTE CONTRÁRIA À PROVA DOS AUTOS. INOCORRÊNCIA. PRESENÇA DE VERSÃO QUE AUTORIZAVA A ABSOLVIÇÃO DO ACUSADO. PARECER DA PROCURADORIA DE JUSTIÇA ACOLHIDO NO PONTO. APELO DESPROVIDO. UNÂNIME" (TJ-RS – APR: 70081909111/RS, rel. Luiz Mello Guimarães, Segunda Câmara Criminal, Data de Publicação: 27 set. 2019).
- RECURSO EM SENTIDO ESTRITO. JÚRI. PRONÚNCIA. HOMICÍDIO QUALIFICADO TENTADO E DISPARO DE ARMA DE FOGO. IMPRONÚNCIA. DESCABIMENTO.

INDÍCIOS DE AUTORIA E PROVA DA MATERIALIDADE. COMPETÊNCIA DO TRIBUNAL DO JÚRI. PRONÚNCIA MANTIDA. REMESSA DE TODA A MATÉRIA AO PLENÁRIO. "Para a pronúncia não se exige prova incontroversa da existência do delito, ou de sua autoria, bastando que os indícios existentes no processo demonstrem a possibilidade do acusado ter cometido o crime. Eventuais incertezas se resolvem em favor da sociedade. Nos presentes autos, constata-se que, contra o recorrente, pesam mais que meras suspeitas, havendo indícios que se mostram suficientes para sustentar a autoria no juízo provisório da pronúncia, não podendo ser subtraída do Tribunal do Júri sua competência constitucional" (TJ-MG – Rec. em sentido estrito: 10713120088388001/MG, rel. Doorgal Borges de Andrada, Data de Publicação: 14 ago. 2019).

Questões

1. Qual é o conceito da expressão rito processual?
2. O rito do Tribunal do Júri é considerado pela lei processual penal como especial? Justifique.
3. Quais as diferenças entre a defesa preliminar no rito comum e na Lei de Drogas?

21 NULIDADES

Nulidade é um vício processual decorrente da inobservância de exigências legais capaz de invalidar o processo no todo ou em parte. Para José Frederico Marques, "a nulidade é uma sanção que, no processo penal, atinge a instância ou o ato processual que não estejam de acordo com as condições de validade impostas pelo Direito objetivo"[178].

Júlio Fabbrini Mirabete afirma que "há na nulidade duplo significado: um indicando o motivo que torna o ato imperfeito, outro que deriva da imperfeição jurídica do ato ou sua inviabilidade jurídica. A nulidade, portanto, é, sob um aspecto, vício, sob outro, sanção"[179].

Embora o Código de Processo Penal seja confuso e assistemático a respeito do tema "nulidades", é possível tentar estabelecer padrões de comparação entre os vícios processuais, de acordo com a sua relevância, intensidade e repercussão para o processo.

Desse modo, podemos classificar os **vícios processuais** em:

(i) **Irregularidade:** desatende a exigências formais sem qualquer relevância. A formalidade violada está estabelecida em norma infraconstitucional e não visa resguardar o interesse de nenhuma das partes, traduzindo um fim em si mesma. Por essa razão, seu desatendimento é incapaz de gerar prejuízo, não acarreta a anulação do processo em hipótese alguma e não impede o ato de produzir seus efeitos e atingir a sua finalidade. Da norma contida no art. 564, IV, do Código de Processo Penal, depreende-se que o ato irregular não é invalidado porque a formalidade desatendida não era essencial a ele.

Podemos, assim, enumerar as seguintes características da *irregularidade*:

(i) formalidade estabelecida em lei (norma infraconstitucional);

(ii) exigência sem qualquer relevância para o processo;

(iii) não visa garantir interesse de nenhuma das partes;

(iv) a formalidade tem um fim em si mesma;

(v) a violação é incapaz de gerar qualquer prejuízo;

(vi) não invalida o ato e não traz qualquer consequência para o processo.

(ii) **Nulidade relativa:** viola exigência estabelecida pelo ordenamento legal (infraconstitucional), estabelecida no interesse predominante das partes. A formalidade é essencial ao ato, pois visa resguardar interesse de um dos integrantes da relação processual, não tendo um fim em si mesma. Por esta razão, seu desatendimento é capaz de gerar

178. *Elementos*, cit., v. 2, p. 397.

179. *Código de Processo Penal interpretado*, cit., p. 629.

prejuízo, dependendo do caso concreto. O interesse, no entanto, é muito mais da parte do que de ordem pública, e, por isso, a invalidação do ato fica condicionada à demonstração do efetivo prejuízo e à arguição do vício no momento processual oportuno.

São estas, portanto, suas características básicas:

(i) formalidade estabelecida em ordenamento infraconstitucional;

(ii) finalidade de resguardar um direito da parte;

(iii) interesse predominante das partes;

(iv) possibilidade de ocorrência de prejuízo;

(v) necessidade de provar a ocorrência do efetivo prejuízo, já que este pode ou não ocorrer;

(vi) necessidade de arguição *oportuno tempore*, sob pena de preclusão;

(vii) necessidade de pronunciamento judicial para o reconhecimento desta espécie de eiva.

(iii) Nulidade absoluta: nesse caso, a formalidade violada não está estabelecida simplesmente em lei, havendo ofensa direta ao Texto Constitucional, mais precisamente aos princípios constitucionais do devido processo legal (ampla defesa, contraditório, publicidade, motivação das decisões judiciais, juiz natural etc.). "O ato processual inconstitucional, quando não juridicamente inexistente, será sempre absolutamente nulo, devendo a nulidade ser decretada de ofício, independentemente de provocação da parte interessada"[180].

As exigências são estabelecidas muito mais no interesse da ordem pública do que propriamente no das partes, e, por esta razão, o prejuízo é presumido e sempre ocorre.

A nulidade absoluta também prescinde de alegação por parte dos litigantes e jamais preclui, podendo ser reconhecida *ex officio* pelo juiz, em qualquer fase do processo. São nulidades insanáveis, que jamais precluem. A única exceção é a Súmula 160 do STF, que proíbe o Tribunal de reconhecer *ex officio* nulidades, absolutas ou relativas, em prejuízo do réu.

Para ser reconhecida, a nulidade absoluta exige um pronunciamento judicial, sem o qual o ato produzirá seus efeitos.

Suas características:

(i) há ofensa direta a princípio constitucional do processo;

(ii) a regra violada visa garantir interesse de ordem pública, e não mero interesse das partes;

(iii) o prejuízo é presumido e não precisa ser demonstrado;

(iv) não ocorre preclusão; o vício jamais se convalida, sendo desnecessário arguir a nulidade no primeiro momento processual; o juiz poderá reconhecê-la *ex officio* a qualquer momento do processo;

(v) depende de pronunciamento judicial para ser reconhecida.

---

180. Grinover, Scarance e Magalhães, *As nulidades no processo penal*, cit., p. 21.

→ **ATENÇÃO:** as regras diferenciadoras entre nulidade absoluta e relativa devem se adequar ao disposto na Súmula 523 do STF: "No processo penal, a falta da defesa constitui nulidade absoluta, mas a sua deficiência só o anulará se houver prova de prejuízo para o réu". Trata-se de exceção aos critérios acima indicados, pois, no caso de ofensa à ampla defesa, embora se trate de princípio constitucional, sua ofensa acarretará nulidade absoluta somente quando a violação importar em total aniquilamento da defesa do acusado.

(iv) **Inexistência:** ato inexistente é aquele que não reúne elementos sequer para existir como ato jurídico. São os chamados não atos, como, por exemplo, a sentença sem dispositivo ou assinada por quem não é juiz.

Ao contrário da nulidade (relativa ou absoluta), a inexistência não precisa ser declarada pelo juiz, bastando que se ignore o ato e tudo o que foi praticado em sequência, pois o que não existe é o "nada", e o "nada" não pode provocar coisa alguma.

Por exemplo, no caso de sentença que julgar extinta a punibilidade do agente, nos termos do art. 107, I, do Código Penal, com base em certidão de óbito falsa, o Supremo Tribunal Federal, contrariando a posição doutrinária dominante, considera presente o vício da inexistência, e não da nulidade absoluta. Assim, basta desconsiderar a certidão do trânsito em julgado e a sentença, e proferir nova decisão. Caso se entendesse ocorrer nulidade absoluta, nada mais se poderia fazer, por não se admitir, em nosso Direito, a revisão *pro societate* (não seria possível obter um pronunciamento judicial sobre a nulidade).

Igualmente, nos casos em que a lei prevê o cabimento do recurso oficial ou necessário (sentença concessiva de *habeas corpus* ou de reabilitação criminal etc.), se o juiz não remeter os autos à instância superior, será considerada inexistente a certidão do trânsito em julgado, bastando ignorá-la e enviar os autos ao tribunal, enquanto não decorrido o prazo prescricional (Súmula 423 do STF).

É bom lembrar o entendimento de Grinover, Scarance e Magalhães, contrário ao nosso, no sentido de que, mesmo no caso da inexistência, não poderá ser violada a garantia da coisa julgada, em prejuízo do réu. Isto porque "(...) o rigor técnico da ciência processual há de ceder perante princípios maiores do *favor rei* e do *favor libertatis*"[181].

21.1. Quadro comparativo dos vícios processuais

IRREGULARIDADE	NULIDADE RELATIVA	NULIDADE ABSOLUTA	INEXISTÊNCIA
O vício provém da violação a uma regra legal.	O vício provém da violação a uma regra legal.	O vício provém de uma violação direta ao Texto Constitucional.	O vício processual é tão grave, a ponto de afetar um requisito imprescindível para a existência do ato.

181. *As nulidades no processo penal*, cit., p. 46.

IRREGULARIDADE	NULIDADE RELATIVA	NULIDADE ABSOLUTA	INEXISTÊNCIA
A formalidade desatendida tem índole infraconstitucional.	A formalidade desatendida tem índole infraconstitucional.	Decorre sempre de uma ofensa a princípio constitucional do processo penal, como por exemplo: - contraditório; - ampla defesa; - juiz natural; - motivação das decisões judiciais etc. → **Atenção:** no caso da ampla defesa, há uma exceção, uma vez que nem toda violação a este princípio leva à nulidade absoluta, pois, de acordo com a Súmula 523 do STF, a mera deficiência de defesa causa nulidade relativa, somente a sua absoluta falta é capaz de acarretar a nulidade absoluta.	O ato, de tão defeituoso, não chega sequer a existir, trata-se, portanto, de um não ato, de um arremedo de ato, de uma mera aparência de ato.
A desobediência, portanto, não se volta contra a Constituição, mas contra regra meramente legal.	A desobediência, portanto, não se volta contra a Constituição, mas contra regra meramente legal.	O vício independe de a parte sentir-se ou não prejudicada, pois há um interesse maior em jogo, que é o do respeito às normas constitucionais.	Torna-se irrelevante discutir se o ato é válido ou não, já que, antes, é necessário saber se ele existe.
A formalidade não tem qualquer finalidade, nem visa garantir direito das partes, e, por esta razão, é irrelevante para o processo.	A formalidade visa garantir um interesse predominante das partes.	O prejuízo sempre existe, pois a norma violada é de ordem pública.	Não existe o ato; portanto, desnecessário saber se dele decorreu prejuízo. Com ou sem o prejuízo, o ato continuará não existindo, devendo ser desconsiderado tudo o que se seguiu a ele. Exemplos de atos inexistentes: - sentença assinada por quem não é juiz ou por juiz impedido; - denúncia oferecida por estagiário ou promotor *ad hoc* (art. 129, § 2º, da CF); - certidão de trânsito em julgado, no caso de omissão do recurso voluntário, quando previsto (Súmula 423 do STF).

IRREGULARIDADE	NULIDADE RELATIVA	NULIDADE ABSOLUTA	INEXISTÊNCIA
O prejuízo é impossível, já que a formalidade era irrelevante.	O interesse violado é predominante da parte, devendo esta comprovar o efetivo prejuízo.	O interesse violado é de ordem pública, sendo o prejuízo presumido.	Eventualmente, a aparência do ato pode gerar algum prejuízo, até que se perceba que na realidade nada existe.
Considerando a impossibilidade de haver qualquer prejuízo para as partes, a irregularidade não traz nenhuma consequência para o processo, não tendo o condão de invalidá-lo.	Como a formalidade visa garantir o interesse da parte, é possível que do desatendimento decorra algum prejuízo. Assim, enquanto na irregularidade o prejuízo é impossível, na nulidade relativa, este poderá ou não ocorrer.	Desatendido princípio constitucional do devido processo legal, sempre haverá prejuízo.	Não existe ato, mas sua aparente existência pode gerar prejuízo até que se perceba a falsa realidade.
A irregularidade não invalida o ato, sendo irrelevante o seu reconhecimento.	Considerando a possibilidade de o prejuízo ocorrer ou não, a consequência lógica é a de que esta espécie de nulidade somente será reconhecida se a parte comprovar a ocorrência do efetivo prejuízo.	Como se trata de matéria de ordem pública, o prejuízo é presumido, e não depende de prova de sua ocorrência; a ofensa a princípio constitucional sempre traz prejuízo, já que foi violada uma garantia fundamental.	É irrelevante ter ocorrido prejuízo ou não, pois tão logo se constate o vício, será desconsiderado tudo o que a ele se seguiu.
O vício é irrelevante e, portanto, deve ser desconsiderado.	Como o interesse violado pertence à parte, não sendo de ordem pública, o vício deverá por ela ser arguido, na primeira oportunidade, sob pena de preclusão.	O vício jamais preclui, podendo ser conhecido em qualquer fase do processo, de ofício pelo juiz, mesmo que não haja arguição da parte. A exceção é o disposto no enunciado da Súmula 160 do STF, pela qual o tribunal não pode conhecer de ofício contra o réu nulidade não arguida no recurso da acusação, exceto o vício da incompetência absoluta.	A inexistência é um vício que jamais preclui, podendo ser conhecido de ofício a qualquer momento.

IRREGULARIDADE	NULIDADE RELATIVA	NULIDADE ABSOLUTA	INEXISTÊNCIA
Por ser irrelevante, a irregularidade não é declarada.	A nulidade relativa necessita de um provimento judicial que a reconheça. Assim, enquanto o órgão jurisdicional não disser que o ato é nulo, ele valerá. A relevância disto é que, após o trânsito em julgado, nenhuma nulidade poderá ser reconhecida em prejuízo do réu, pois não existe revisão criminal *pro societate*.	A nulidade absoluta precisa de um provimento judicial que a reconheça; logo, a consequência será a mesma apontada no quadro ao lado, referente à nulidade relativa.	A inexistência não necessita ser declarada judicialmente, bastando que se desconsidere a aparência de ato e se pratique outro em seu lugar. Por exemplo, no caso de uma sentença extintiva da punibilidade, embasada em certidão de óbito falsa. Após o trânsito em julgado, duas poderão ser as alternativas, conforme se entenda que o vício da sentença implica inexistência ou nulidade absoluta: (i) para quem entende que o caso implica nulidade absoluta da sentença, nada mais poderá ser feito. A nulidade somente pode ser reconhecida mediante pronunciamento do órgão jurisdicional, e este pronunciamento não mais será possível após o trânsito em julgado, ante a falta de previsão da revisão criminal *pro societate*. Só restará processar os autores do falso; (ii) para quem entende que a hipótese é de inexistência da sentença, não há necessidade de qualquer pronunciamento judicial. Basta desconsiderar aquela aparência de ato, bem como tudo o que a ela se seguiu, proferindo outra decisão no seu lugar.

21.2. Princípios básicos das nulidades

21.2.1. Princípio do prejuízo

"Nenhum ato processual será declarado nulo, se da nulidade não tiver resultado prejuízo para uma das partes" (*pas de nullité sans grief* – art. 563 do CPP). Esse princípio não se aplica à nulidade absoluta, na qual o prejuízo é presumido, sendo desnecessária a sua demonstração. Somente quanto às nulidades relativas aplica-se este princípio, dada a exigência de comprovação do efetivo prejuízo para o vício ser reconhecido. Atualmente, a tendência da jurisprudência é não se apegar a fórmulas sacramentais, deixando, portanto, de decretar a eiva quando o ato acaba atingindo a sua finalidade, sem causar gravame para as partes. Em regra, a ofensa a princípio constitucional do processo implica nulidade absoluta, ressalvado o disposto na Súmula 523 do STF: "No processo penal, a falta de defesa constitui nulidade absoluta, mas a sua deficiência só o anulará se houver prova de prejuízo para o réu".

21.2.2. Princípio da instrumentalidade das formas ou da economia processual

Segundo esse princípio, a forma não pode ser considerada um fim em si mesma, ou um obstáculo insuperável, pois o processo é apenas um meio para se conseguir solucionar conflitos de interesse, e não um complexo de formalidades sacramentais e inflexíveis. Assim, dispõe ele que "não será declarada a nulidade de ato processual que não houver influído na apuração da verdade substancial ou na decisão da causa" (CPP, art. 566). Não tem sentido declarar nulo um ato inócuo, sem qualquer influência no deslinde da causa, apenas por excessivo apego ao formalismo. O art. 572, II, reforça essa ideia, ao dispor que certas irregularidades serão relevadas, "se, praticado por outra forma, o ato tiver atingido o seu fim".

21.2.3. Princípio da causalidade ou da sequencialidade

"A nulidade de um ato, uma vez declarada, causará a dos atos que dele diretamente dependam ou sejam consequência" (art. 573, § 1º). Segundo o Código de Processo Penal, somente os atos dependentes ou que sejam consequência do viciado serão atingidos. Assim, se, por exemplo, é colhido um depoimento de testemunha de defesa, antes de encerrada a colheita da prova oral acusatória, basta que se anule o testemunho prestado antes do momento processual correto, sem que haja necessidade de invalidar os depoimentos já prestados pelas testemunhas de acusação. Contudo, no caso de nulidade da citação, anulados serão todos os atos seguintes, diante do evidente nexo de dependência em relação àquela.

→ **ATENÇÃO:** afirma-se, com razão, que a nulidade dos atos da fase postulatória do processo se propaga sempre para os demais atos, enquanto a nulidade dos atos de instrução, normalmente, não contamina os outros atos de aquisição de provas validamente realizados[182].

---

182. Grinover, Scarance e Magalhães, *As nulidades no processo penal*, cit., p. 27.

21.2.4. Princípio do interesse

Só pode invocar a nulidade quem dela possa extrair algum resultado positivo ou situação favorável dentro do processo. Portanto, ninguém pode alegar nulidade que só interesse à parte contrária (CPP, art. 565, segunda parte). Trata-se de falta de interesse processual, decorrente da total ausência de sucumbência (no processo penal, a aplicação dessa regra é limitada, pois, na ação pública, o Ministério Público terá sempre como objetivo a obtenção de título executivo válido, razão pela qual não se pode negar seu interesse na obediência de todas as formalidades legais, inclusive as que asseguram a participação da defesa). A lei também não reconhece o interesse de quem tenha dado causa à irregularidade, aplicando-se o preceito *nemo auditur propriam turpitudinem allegans*. Assim, dispõe o art. 565, primeira parte, do CPP, que: "Nenhuma das partes poderá arguir nulidade a que haja dado causa, ou para que tenha concorrido".

21.2.5. Princípio da convalidação

As nulidades relativas estarão sanadas, se não forem arguidas no momento oportuno (art. 572, I). O instituto da preclusão decorre da própria essência da atividade processual; processo, etimologicamente, significa "marcha para a frente", e, sendo assim, não teria sentido admitir-se que a vontade das partes pudesse, a qualquer tempo, provocar o retrocesso a etapas já vencidas no curso procedimental.

O art. 571 estabelece o momento em que as nulidades relativas devam ser alegadas, sob pena de convalidação do ato viciado.

Outro caso de convalidação é o do art. 569, segundo o qual, "as omissões da denúncia ou da queixa, ... poderão ser supridas a todo o tempo, antes da sentença final".

Finalmente, o art. 570 dispõe que o comparecimento do interessado, ainda que somente com o fim de arguir a irregularidade, sana a falta ou nulidade da citação. Dessa forma, se a citação nula impedir o acusado de conhecer previamente os termos da imputação, inviabilizando um adequado exercício de autodefesa, por ocasião do interrogatório, seu comparecimento não suprirá o vício, e o ato citatório não será convalidado. No entanto, ressalve-se que, com exceção de determinados procedimentos especiais (por exemplo: Leis n. 8.038/90 e 11.343/2006), o interrogatório deixou de ser o ato inaugural da instrução, por força das modificações operadas pelas Leis n. 11.689/2008 e 11.719/2008, passando a integrar audiência única de instrução e julgamento.

> → **ATENÇÃO:** vale notar que o Plenário do Supremo Tribunal Federal decidiu que a Lei n. 11.719/2008 incide nos feitos de competência originária (AP 528 AgR/DF, rel. Min. Ricardo Lewandowski, 24-3-2011. Cf. *Informativo do STF*, n. 620, Brasília, 21 a 25 de março de 2011).

A Lei n. 11.419/2006, dispôs sobre a informatização do processo judicial, passando a admitir o uso de meio eletrônico na tramitação de processos judiciais, comunicação de atos e transmissão de peças processuais (cf. art. 1º). De acordo com o seu art. 19, "Ficam convalidados os atos processuais praticados por meio eletrônico até a data de publicação desta Lei, desde que tenham atingido sua finalidade e não tenha havido prejuízo para as partes".

21.2.6. Princípio da não preclusão e do pronunciamento *ex officio*

As nulidades não precluem e podem ser reconhecidas independentemente de arguição pela outra parte. Tal princípio somente é aplicável às nulidades absolutas, as quais poderão ser conhecidas de ofício, a qualquer tempo, pelo juiz ou Tribunal, enquanto a decisão não transitar em julgado.

Exceção à regra de que as nulidades absolutas podem ser conhecidas de ofício encontra-se no enunciado da Súmula 160 do STF: "É nula a decisão do tribunal que acolhe, contra o réu, nulidade não arguida no recurso da acusação, ressalvados os casos de recurso de ofício". Como a súmula não faz distinção entre nulidade absoluta e relativa, acaba criando uma hipótese em que a nulidade absoluta não pode ser reconhecida *ex officio*, mas tão somente por meio de expressa arguição da parte contrária. De fato, mesmo tendo ocorrido um vício de tal gravidade, o tribunal somente poderá reconhecer a eiva em prejuízo do réu, se a acusação argui-la expressamente em seu recurso. Nesse sentido, prelecionam Grinover, Scarance e Magalhães: "(...) quando se tratar de vício cujo reconhecimento favoreça à acusação, será indispensável a arguição do vício como preliminar do recurso. Diante desse entendimento, aferida pelo tribunal, no julgamento de recurso, a existência de um vício processual capaz de levar ao reconhecimento de nulidade absoluta, caberá então distinguir: se a invalidação favorecer o réu, como, v. g., na hipótese de estar condenado e não ter sido regularmente citado, mesmo que a defesa não tenha arguido nulidade, caberá ao órgão julgador proclamar a nulidade e ordenar a renovação do feito, a partir da citação, pois isso favorece o réu. Se, ao contrário, tratar-se de nulidade não arguida pela acusação, mas cujo reconhecimento poderá prejudicar a defesa, aí nada restará ao tribunal, senão confirmar a absolvição"[183].

> → **ATENÇÃO:** há um único caso em que o tribunal, excepcionando o disposto na Súmula 160, deverá reconhecer a nulidade absoluta de ofício, haja ou não prejuízo à defesa: quando se tratar de incompetência absoluta. Nesse caso, o vício é tão grave que não há como deixar de reconhecê-lo, mesmo que prejudique o acusado e que a acusação nada tenha falado em seu recurso.

21.3. Nulidades em espécie

O art. 564 do Código de Processo Penal elenca os seguintes casos de nulidade:

"Inciso I – por incompetência, suspeição ou suborno do juiz;"

(i) **Incompetência**

Competência é a medida da jurisdição, estabelecendo os limites do exercício do poder jurisdicional pelo juiz.

Podemos classificar a competência em: competência de jurisdição (jurisdição comum e especializada), competência hierárquica (competência do órgão inferior ou competência

183. *As nulidades no processo penal*, cit., p. 32.

originária do órgão superior), competência de foro ou *ratione loci* (territorial), competência em razão da matéria (estabelece o juízo competente) e competência recursal (em razão de recurso).

A distribuição de competência em razão da jurisdição, da hierarquia e da matéria, bem como a competência recursal são ditadas pelo interesse público. Trata-se de hipóteses de competência absoluta, imodificáveis pela vontade das partes, pois a questão é predominantemente de ordem pública.

Na incompetência absoluta, o juiz fica privado totalmente de seu poder jurisdicional, deixando de ser o juiz natural da causa. Assim, o juízo monocrático não tem capacidade jurisdicional para julgar crimes dolosos contra a vida; o juízo de primeira instância não detém jurisdição para julgar deputado ou senador, nem para julgar recursos de outro órgão do mesmo grau; e o juízo comum está privado de jurisdição para o julgamento de crimes eleitorais. Em todos esses casos, o problema é de falta de capacidade jurisdicional, afrontando o princípio constitucional do juiz natural.

Por essa razão, o vício jamais se convalida (a incompetência absoluta não se prorroga), pode ser reconhecida *ex officio* pelo órgão jurisdicional a qualquer tempo (CPP, art. 109) e independe de comprovação do prejuízo, o que vale dizer: incompetência absoluta é causa geradora de nulidade absoluta do processo.

Na hipótese da incompetência de foro ou territorial, ao contrário, o juiz não está privado de sua jurisdição, tendo poderes para julgar a causa. O problema consiste em ser esta competência subsidiária em relação à do juízo territorialmente competente.

Somente se as partes desejarem, o órgão incompetente poderá apreciar o caso concreto, o que leva à conclusão de que o interesse é em especial delas.

Com efeito, o legislador pensa preponderantemente no interesse de uma das partes em defender-se melhor, de modo que a intercorrência de certos fatores pode modificar as regras ordinárias de competência territorial.

Costuma-se falar, nesses casos, de competência relativa, prorrogável. O vício é, portanto, sanável se não for alegado no primeiro momento, caracterizando-se como nulidade relativa.

Se a defesa desejar arguir a incompetência territorial, que é relativa, deve fazê-lo por ocasião da defesa inicial (CPP, art. 396-A), por meio de exceção, sob pena de preclusão, com a consequente prorrogação da competência.

O Supremo Tribunal Federal tem considerado a incompetência de foro relativa e prorrogável, aplicando-lhe as regras da preclusão. Não arguida na primeira oportunidade, a eiva se convalida e não pode mais ser reconhecida.

Questão interessante é a do juiz poder ou não reconhecer sua incompetência relativa no processo penal.

Para Grinover, Scarance e Magalhães, "(...) no processo penal, em que o foro comum é o da consumação do delito (CPP, art. 70), acima do interesse da defesa, é considerado o interesse público expresso no princípio da verdade real: onde se deram os fatos é mais provável que se consigam provas idôneas. Por isso, mitiga-se, no processo penal, a diferença entre competência absoluta e relativa: mesmo esta pode ser reconhecida de ofício pelo juiz (art. 109)"[184].

Segundo esse entendimento, tanto a incompetência absoluta quanto a relativa poderão ser reconhecidas *ex officio* pelo juiz.

> **Nosso entendimento:** o reconhecimento *ex officio* da incompetência relativa, a que se referem os autores, somente poderá ser feito antes de operada a preclusão, pois, após esse momento, opera-se a convalidação do vício, não havendo mais nenhuma nulidade para ser reconhecida pelo juiz.

A Súmula 33 do Superior Tribunal de Justiça, no entanto, é clara ao sustentar que "a incompetência relativa não pode ser declarada de ofício", de modo que, não importa se antes ou depois de operada a preclusão, o juiz não poderá declarar-se incompetente, a menos que seja oposta, no prazo legal (momento da defesa inicial do art. 396-A), a respectiva exceção. A incompetência *ratione loci* é relativa, e, portanto, não oposta a *declinatoria fori*, no prazo da defesa inicial (antiga defesa prévia), é defeso ao juiz declinar de ofício de sua competência territorial.

Quanto às consequências do reconhecimento da incompetência absoluta e da relativa, são duas as situações:

No caso da *incompetência relativa*, serão anulados somente os atos decisórios, que são aqueles em que há decisão de mérito, aproveitando-se os atos instrutórios (CPP, art. 567). Na *incompetência absoluta*, todos os atos serão anulados, mesmo os não decisórios, como colheita de prova oral, deferimento de perícia etc.

→ **ATENÇÃO:** há julgados que afirmam que o recebimento da denúncia, apesar de possuir carga decisória, pode ser ratificado pelo juiz competente.

→ **ATENÇÃO:** no caso de julgamento da causa por juízo ou tribunal de exceção, o vício é muito mais grave do que a incompetência absoluta (em razão da matéria, da hierarquia etc.). Nessa hipótese de afronta ao princípio constitucional do juiz natural (CF, art. 5º, XXXVII), verifica-se a inexistência do processo e julgamento, pois a autoridade responsável não pode ser considerada juiz. É como se um qualquer do povo proferisse a decisão. Não se trata de discutir se o juízo tem capacidade jurisdicional ou não, pois sequer existe juízo.

(ii) Suspeição e suborno do juiz

Suspeição e impedimento, ao contrário do que sucede no Código de Processo Civil, distinguem-se perfeitamente no Código de Processo Penal.

O impedimento é causa geradora de inexistência, e não apenas nulidade, dos atos praticados, uma vez que priva o juiz da *jurisdictio*. Hélio Tornaghi observa, com muito acerto, que o "impedimento priva o juiz do exercício da jurisdição", ao reverso da suspei-

---

184. *As nulidades no processo penal*, cit., p. 41.

ção, que apenas "enseja a abstenção ou recusa do juiz"[185]. Daí o motivo de ter o Código de Processo Penal feito menção apenas ao juiz suspeito, no seu art. 564, I.

Assim, enquanto a suspeição fulmina o ato de nulidade absoluta, o impedimento acarreta a sua inexistência. No primeiro caso, o juiz detém o poder jurisdicional, embora este poder esteja viciado; no segundo, não existe nenhuma capacidade jurisdicional.

Acolhido o impedimento, desconsideram-se os atos realizados, por serem inexistentes.

Os casos de impedimento vêm arrolados no art. 252 e os de suspeição, no art. 254, ambos do Código de Processo Penal.

O juiz deve proclamar-se suspeito ou impedido, quando for o caso. Se não o fizer, poderá ser arguido o vício por qualquer das partes (CPP, art. 112). Não aceitando a arguição, o juiz mandará autuar em apartado a petição, dará a sua resposta dentro de três dias, podendo instruí-la e oferecer testemunhas, e, em seguida, determinará sejam os autos da exceção remetidos, dentro de vinte e quatro horas, ao juiz ou tribunal a quem competir o julgamento (CPP, art. 100). Julgada procedente a exceção de suspeição, ficarão nulos todos os atos praticados (CPP, art. 101).

Ocorrendo suspeição por motivo íntimo, procede-se na forma do disposto no art. 148, §§ 1º e 3º, do CPC.

Segundo a acertada observação de Florêncio de Abreu, *suborno*, no Código de Processo Penal, é expressão sinônima de peita. E, lembrando lição de Camara Leal, conclui que correspondem ao suborno, ou peita, os crimes de concussão (CP, art. 316), corrupção passiva (art. 317) e corrupção ativa (art. 333)[186].

O suborno, no dizer de Bento de Faria, "é a expressão de desonestidade funcional, por corrupção passiva ou por prevaricação. Além de afastar o juiz sem dignidade, sujeita-o à sanção penal"[187]. É causa geradora de nulidade absoluta do ato.

"Inciso II – por ilegitimidade de parte;"

Pode ser *ad causam* ou *ad processum*.

Na ilegitimidade *ad causam*, lembrando a lição de Buzaid, ocorre a impertinência subjetiva da ação, em razão de o autor não ser o titular da ação ajuizada, ou de o réu não poder integrar a relação jurídica processual, quer por não ser imputável, quer por não ter evidentemente concorrido para a prática do fato típico e ilícito. Por exemplo, denúncia oferecida contra menor de dezoito anos, contra vítima ou testemunha; propositura de ação penal privada pelo Ministério Público ou de ação pública pelo ofendido. Neste caso, torna-se desnecessário perscrutar o mérito, porque há uma preliminar impedindo seu exame.

A ilegitimidade *ad processum* decorre da falta de capacidade postulatória do querelante ou incapacidade para estar em juízo. No primeiro caso, o querelante leigo assina

---

185. *Processo penal*, 1955, v. 2, p. 154.

186. *Comentários ao Código de Processo Penal*, 1945, v. 5, p. 58.

187. *Código de Processo Penal*, cit., p. 163.

sozinho a queixa-crime; no segundo, o ofendido menor de 18 anos ajuíza a ação privada sem estar representado por seu representante legal.

Segundo o art. 568 do CPP: "A nulidade por ilegitimidade do representante da parte poderá ser a todo tempo sanada, mediante ratificação dos atos processuais". Este dispositivo cuida apenas da hipótese de ilegitimidade *ad processum*, que, por ser convalidável mediante ratificação posterior, é considerada causa de nulidade relativa.

Hipótese muito comum de convalidação do vício de ilegitimidade processual sucede geralmente na ação penal privada, em que a procuração dada ao advogado do ofendido não atende aos requisitos do art. 44 do CPP; nesse caso, constatado o defeito, será possível a ratificação dos atos já praticados, pela parte legítima ou por seu representante regularmente constituído, através de petição ou termo nos autos.

No caso de ilegitimidade *ad causam*, ao contrário, o vício jamais se convalida, sendo a nulidade absoluta e insanável. Neste sentido, já decidiu o STF ao declarar, nos crimes de ação penal pública cometidos após a Constituição Federal, nulo *ab initio* o processo instaurado por meio de outro órgão que não o Ministério Público, reconhecendo ter havido afronta a princípio constitucional do processo, inserto no art. 129, inciso I.

Sem a representação do ofendido ou do seu representante legal, o Ministério Público não terá legitimidade *ad processum* para promover a ação penal pública condicionada, embora tivesse legitimidade *ad causam* para integrar o polo ativo da relação processual. O processo é nulo, mas a autorização de vontade posterior ratifica os atos até então praticados.

→ **ATENÇÃO:** representação é a autorização de vontade informal.

Nos crimes de ação penal pública condicionada à representação do ofendido, ou de seu representante legal (CPP, art. 24), não se exige qualquer formalismo, podendo ser considerada representação, qualquer manifestação inequívoca de vontade na promoção da ação penal, inclusive declaração no boletim de ocorrência. Também se admite como representante legal do ofendido qualquer pessoa, de algum modo responsável por ele, tais como irmão, tio, ou pessoa que tenha apenas a guarda.

"Inciso III – por falta das fórmulas ou dos termos seguintes:"

Após os dois incisos anteriores, elencando como causas geradoras de nulidade a incompetência, a suspeição, o suborno e a ilegitimidade de parte, o Código de Processo Penal, no inciso III, enumera alguns casos em que poderá ocorrer este vício processual.

(i) Falta do preenchimento dos requisitos no oferecimento da denúncia ou queixa, ou na representação do ofendido ou requisição do ministro da justiça.

A denúncia e a queixa são peças fundamentais, não só por promoverem o nascimento da relação jurídica processual, como também porque são instrumentos através dos quais é formulada a acusação, imputando-se a alguém o cometimento de infração penal e pedindo-se a sua condenação. Impõe-se, portanto, que descrevam de forma clara e precisa a conduta criminosa, a fim de poder o réu exercer com amplitude a sua defesa, sabendo do que é acusado.

Os requisitos mais importantes estão previstos no art. 41 do CPP: descrição completa do fato criminoso, com todas as suas circunstâncias, qualificação do denunciado ou dados pelos quais se possa identificá-lo, a classificação jurídica do fato narrado e o rol de testemunhas, quando houver.

Além desses, são também requisitos da denúncia: o endereçamento ao juiz competente, a redação em vernáculo, a assinatura pelo órgão do Ministério Público, o pedido de citação, a indicação do rito procedimental e o pedido de condenação.

A queixa somente poderá ser formulada por advogado, sendo imprescindível que da procuração conste expressamente o fato criminoso que deverá ser descrito na queixa, conforme exigência do art. 44 do Código de Processo Penal.

O erro no endereçamento caracteriza mera irregularidade, pois a nulidade só ocorrerá se o juiz incompetente receber a peça acusatória. Nesse caso, o processo será nulo pela incompetência absoluta ou relativa do juízo, e não pelo endereçamento equivocado.

A falta de pedido de citação e de condenação e a não indicação do rito procedimental também caracterizam mera irregularidade.

A falta de assinatura do promotor na denúncia não acarreta sua nulidade, caracterizando mera irregularidade, desde que não haja dúvida quanto à sua autoria. Assim, se, por exemplo, ele assinar a cota onde faz constar que está oferecendo a denúncia, fica claro que esta peça é de sua autoria, inexistindo qualquer vício capaz de invalidar o processo. É certo que, em se tratando de requisito essencial, sua falta poderia acarretar até mesmo a inexistência do ato; no entanto, ficando claro tratar-se de mero erro material, a omissão não pode ter o condão de invalidar todo o processo, por apego excessivo ao rigor formal.

Qualificação equivocada e erro no nome do denunciado caracterizam mera irregularidade, desde que possível a sua identificação. A qualificação do indiciado serve para individualizá-lo do universo de outras pessoas, de maneira que, sendo isto possível, o erro na qualificação não pode ser considerado causa geradora de nulidade.

O erro na capitulação jurídica do fato é irrelevante e caracteriza também mera irregularidade, pois o juiz, no momento de prolatar a sentença, poderá dar a classificação que bem entender, nos termos do art. 383 do CPP (*emendatio libelli*).

Pela mesma razão, a ausência de capitulação configura mera irregularidade, afinal o réu se defende de fatos.

O juiz não pode receber a denúncia com capitulação jurídica diversa, pois este não é o momento processual adequado para fazê-lo. Entendimento contrário equivaleria a subtrair do Ministério Público sua atribuição privativa de promover a ação penal pública, além de implicar uma apreciação prematura do *meritum causae*. O juiz somente deve analisar a classificação jurídica, por ocasião da sentença, nos termos dos arts. 383 e 384 (*mutatio libelli*) do Código de Processo Penal.

A falta de oferecimento do rol de testemunhas não caracteriza nenhum vício processual, uma vez que se trata de faculdade do denunciante, acarretando apenas preclusão para a produção da prova oral. O promotor, pretendendo posteriormente ouvir testemunhas, terá de solicitar ao juiz que as ouça como informantes do juízo, nos termos do art. 209, *caput*, do CPP, ficando o magistrado com a liberdade de deferir ou não o pedido. Ao contrário, se a testemunha for arrolada no momento correto, o juiz estará obrigado a deferir sua oitiva, não podendo recusá-la nem sob o argumento de que a testemunha nada sabe.

É entendimento pacífico do STF e do STJ que o despacho de recebimento da denúncia ou queixa não precisa ser fundamentado, por tratar-se de mero juízo de admissibilidade. O juiz, portanto, não precisa fundamentar o despacho de recebimento da denúncia ou queixa.

Nosso entendimento: a despeito do posicionamento manso e pacífico da jurisprudência em sentido contrário, entendemos que o despacho que recebe a denúncia ou queixa é decisão, por implicar juízo de valoração, e, como tal, deve ser fundamentado por exigência constitucional. A fundamentação deve ser sucinta para não importar em uma antecipação da futura sentença, mas é necessária.

A descrição do fato deve ser precisa e conter todas as circunstâncias, uma vez que, no processo penal, o réu se defende de fatos, pouco importando a classificação jurídica dada na denúncia. A acusação são os fatos, e é com eles que deve haver correlação na sentença.

Não se exige longa descrição dos fatos, admitindo-se a denúncia sucinta, que haja descrito *quantum satis* a existência do crime.

No caso de coautoria e participação, é imprescindível a descrição da conduta de cada coautor e partícipe, de modo a não inviabilizar-lhes o exercício da defesa.

Nos crimes de autoria coletiva, a jurisprudência não vem se mostrando rigorosa quanto à exigência da descrição pormenorizada da conduta de cada agente, admitindo-se uma imputação genérica a todos os envolvidos.

Como bem observou Nadir de Campos Jr., referindo-se à exigência de descrição clara e precisa da conduta de cada agente: "Ultimamente, os posicionamentos do Supremo Tribunal Federal, do Superior Tribunal de Justiça e de Tribunais Estaduais, vêm sendo no sentido do abrandamento daquela exigência, permitindo que nos delitos societários ou coletivos, principalmente quando a acusação não tem elementos advindos do inquérito policial, possa fazer-se uma narração genérica do fato, sem especificar a conduta de cada participante. É de observar que a mitigação da exigência da especificação da conduta criminosa de cada um dos agentes do crime deve-se ao fato de que, até a sentença penal condenatória, a todo momento, pode a peça inicial ser emendada.

A denúncia alternativa, ou seja, aquela que atribui ao denunciado dois ou mais fatos, alternativamente, de modo que, não se comprovando o primeiro, chamado de principal, pede-se a condenação pelo subsidiário, é nula, por violar o requisito essencial da descrição precisa do fato. Exemplo: caso não venha a ficar provado o estelionato, pede-se a condenação pelo falso, e, não se comprovando também esse crime, aguarda-se a condenação pelo furto do fólio do cheque.

Essa forma de oferecer a denúncia não pode ser aceita porque a acusação deve ser certa e precisa, sob pena de inviabilizar o exercício da ampla defesa.

Nesse sentido: Súmula 1 das Mesas de Processo Penal da USP; Grinover, Scarance e Magalhães[188].

Em sentido contrário, Afrânio Silva Jardim[189].

Se a denúncia esquece de se referir ao coautor, nenhuma nulidade ocorrerá, pois o Ministério Público poderá, a qualquer tempo, denunciá-lo, não havendo que se falar em indivisibilidade da ação penal pública.

(ii) **Falta de exame de corpo de delito nos delitos não transeuntes, que são os que deixam vestígios.**

O corpo de delito, na clássica definição de João Mendes, é o conjunto dos elementos sensíveis do fato criminoso, ou seja, os vestígios do crime. Diz-se direto quando reúne elementos materiais do fato imputado, incidindo diretamente sobre os vestígios do crime; indireto, se, por qualquer outro meio que não o exame direto dos vestígios, evidencia a existência do acontecimento delituoso.

A prova pericial constitui no processo criminal um dos meios mais seguros e eficazes de esclarecer a verdade, devendo sua realização ser determinada pela autoridade policial, logo após o conhecimento da prática da infração penal, e pelo juiz, durante a instrução criminal.

"Quando a infração deixar vestígios, será indispensável o exame de corpo de delito, direto ou indireto, não podendo supri-lo a confissão do acusado" (CPP, art. 158).

Trata-se de exceção ao princípio da verdade real, norteador de todo o processo penal. Com efeito, o art. 155 do Código de Processo Penal, consagrando o princípio da livre convicção do juiz (livre apreciação das provas), dispõe expressamente que "o juiz formará sua convicção pela livre apreciação da prova, produzida em contraditório judicial, não podendo fundamentar sua decisão exclusivamente nos elementos informativos colhidos na investigação, ressalvadas as provas cautelares, não repetíveis e antecipadas", o que vale dizer, poderá levar em consideração qualquer meio probatório que o auxilie no esclarecimento da verdade, desde que submetido ao contraditório. Qualquer prova (relatórios médicos, depoimento de criança, de prostituta ou de policial que participou da diligência etc.) tem valor no processo penal, devendo o juiz levá-la em conta de acordo com sua relevância no caso concreto. No caso do exame de corpo de delito, contudo, isto não ocorre. A lei, excepcionando o princípio da verdade real, obriga a realização da prova pericial no caso dos delitos não transeuntes (são aqueles que deixam vestígios). Mesmo que outra prova, documental ou testemunhal, possa provar a ocorrência do crime, a lei continua exigindo o exame pericial, salvo se desapareceram os vestígios. Não admite sequer que a confissão do acusado supra a falta da perícia, limitando a formação do convencimento do juiz pela livre apreciação da prova.

Desse modo, tendo o crime deixado marcas, será obrigatória a realização do exame de corpo de delito, não podendo supri-lo a confissão do acusado, tampouco provas documentais ou testemunhais, ainda que aptas ao esclarecimento da verdade. Somente quan-

188. *As nulidades no processo penal*, cit., p. 79.

189. *Ação penal pública*: princípio da obrigatoriedade, cit., p. 108.

do os vestígios desaparecerem, logo em seguida à prática do crime, é que se admitirá seu suprimento por outras provas, nos termos do art. 167 do CPP: "Não sendo possível o exame de corpo de delito, por haverem desaparecido os vestígios, a prova testemunhal poderá suprir-lhe a falta". Note-se que o suprimento pela prova testemunhal só é possível se houverem desaparecido os vestígios (art. 167).

A jurisprudência não tem pronunciado essa nulidade, ante a falta do exame de corpo de delito, direto ou indireto, optando por absolver o réu, por insuficiência de provas.

> **Nosso entendimento:** mesmo não tendo sido realizado o exame pericial, caso sua elaboração ainda seja possível, deve o juiz determiná-la, nos termos do art. 156, parte final, do Código de Processo Penal, ao invés de simplesmente proferir a decisão absolutória, sob pena de ser nula a sentença, nos termos do art. 564, III, *b*.

Atualmente, o STJ vem atenuando o rigor dessa imposição, admitindo que, mesmo nos delitos não transeuntes, não pode mais prevalecer a regra da obrigatoriedade da realização do exame de corpo de delito, sendo inaceitável desprezar-se a realização de outras provas que, em seu lugar, poderiam levar ao esclarecimento da verdade real. Desse modo, qualquer prova não produzida por meios ilícitos deve ser aceita como válida, estando apta a influir na convicção do julgador.

Conforme disposição contida no art. 159, "o exame de corpo de delito e outras perícias serão realizados por perito oficial, portador de diploma de curso superior. § 1º Na falta de perito oficial, o exame será realizado por 2 (duas) pessoas idôneas, portadoras de diploma de curso superior preferencialmente na área específica, dentre as que tiverem habilitação técnica relacionada com a natureza do exame. § 2º Os peritos não oficiais prestarão o compromisso de bem e fielmente desempenhar o encargo". Antes da reforma processual penal, exigia-se que o exame de corpo de delito e outras perícias fossem feitos por dois peritos oficiais e, na falta destes, por duas pessoas idôneas. Com isso, foi editada a Súmula 361 do STF, segundo a qual: "No processo penal, é nulo o exame realizado por um só perito, considerando-se impedido o que tiver funcionado, anteriormente, na diligência de apreensão". Diante disso, se apenas um perito subscrevesse o laudo desse exame, incidia a citada súmula, quer se tratasse de perito oficial, quer se tratasse de perito não oficial. A nulidade seria relativa. A Súmula 361 do STF apenas terá aplicação na hipótese de exame realizado por peritos não oficiais, pois, em se tratando de *perícia oficial*, bastará o exame de um só perito. Cuida-se de *nulidade relativa*, cuja impugnação há de ser feita em tempo oportuno, bem como demonstrado o efetivo prejuízo. Finalmente, cumpre consignar que, em se tratando de perícia complexa que abranja mais de uma área de conhecimento especializado, poder-se-á designar a atuação de mais de um perito oficial (§ 7º). Nesse caso, como se trata de faculdade conferida ao julgador, a realização do exame por um só perito oficial não enseja a nulidade da prova pericial.

Nem o juiz, nem os jurados ficam vinculados à prova pericial, podendo aceitá-la ou rejeitá-la em parte (CPP, art. 182). No entanto, o juiz só pode discordar do laudo fundamentadamente.

Nos crimes contra a propriedade imaterial, exige o art. 525 do CPP expressamente que o exame seja feito antes da acusação, pois: "No caso de haver o crime deixado vestígio, a queixa ou a denúncia não será recebida se não for instruída com o exame pericial dos objetos que constituam o corpo de delito".

A Lei n. 11.343/2006 (Lei de Drogas), ao contrário, contentou-se para efeito de lavratura do auto de prisão em flagrante e, por consequência, do oferecimento da denúncia, com o laudo de mera constatação, firmado por perito oficial ou, na falta deste, por pessoa idônea. O perito que subscrever o laudo não ficará impedido de participar da elaboração do definitivo (cf. art. 50). Trata-se de exame pericial provisório, subscrito por apenas um perito, oficial ou não, cuja finalidade é apontar a probabilidade de que uma substância tenha ou não o princípio ativo (aptidão para gerar dependência física ou psíquica). Embora parte da doutrina entenda que esse laudo configure condição objetiva de procedibilidade, sem o qual a denúncia não pode ser oferecida[190], prevalece na jurisprudência o entendimento de que a falta desse exame não causa qualquer nulidade para o processo, sendo, no máximo, causa de relaxamento da prisão em flagrante. No tocante ao laudo de exame químico-toxicológico, que é o definitivo, dispõe a lei que o juiz, ao receber a denúncia, dentre outras providências, requisitará os laudos periciais (cf. art. 56).

Ainda no caso de crime previsto na Lei de Drogas, há a possibilidade da realização de exame de dependência toxicológica. A Lei de Drogas prevê em seu art. 56 que: "Recebida a denúncia, o juiz designará dia e hora para a audiência de instrução e julgamento, ordenará a citação pessoal do acusado, a intimação do Ministério Público, do assistente, se for o caso, e requisitará os laudos periciais". E, de acordo com o seu § 2º, "a audiência a que se refere o *caput* deste artigo será realizada dentro dos 30 (trinta) dias seguintes ao recebimento da denúncia, salvo se determinada a realização de avaliação para atestar dependência de drogas, quando se realizará em 90 (noventa) dias". Portanto, de acordo com a atual Lei de Drogas, a determinação, pelo juiz, da realização do exame de dependência toxicológica ocorrerá logo após o recebimento da denúncia, antes, portanto, do interrogatório do acusado na audiência de instrução e julgamento.

No caso do crime previsto no art. 129, § 1º, I, do Código Penal (lesões corporais graves, pela incapacidade para ocupações habituais por mais de trinta dias), é indispensável a realização do exame complementar após o decurso de trinta dias do fato, podendo este ser suprido por prova testemunhal. Não havendo nem uma prova, nem outra, o juiz deve desclassificar o crime para lesões leves, não havendo que se falar em nulidade do processo. A realização do exame antes do decurso dos trinta dias, ou muito depois desse prazo, torna o laudo imprestável, equivalendo à hipótese em que não foi feito.

No crime de furto qualificado pelo rompimento de obstáculo, é imprescindível a realização do exame de corpo de delito para comprovação da qualificadora, sob pena de desclassificação do crime para furto simples.

(iii) Falta de nomeação de defensor ao réu presente, que não o tiver, ou ao ausente, e de curador ao réu menor de 21 anos (CPP, art. 261).

---

190. Tourinho Filho, *Processo penal*, cit., v. 4, p. 128.

Súmula 523 do STF: "No processo penal, a falta da defesa constitui nulidade absoluta, mas a sua deficiência só o anulará se houver prova de prejuízo para o réu".

O juiz deverá analisar em cada caso concreto se o defensor atuou de forma eficiente ou não, somente decretando a nulidade se ficar evidenciado algum prejuízo para o acusado.

Por outro lado, a defesa não pode ser meramente formal, havendo necessidade de que se apresente adequadamente exercida, tendo o Supremo Tribunal Federal, certa feita, anulado processo em que a defesa não apresentou defesa prévia, nada requereu em audiência, nem tampouco reperguntou às testemunhas, apresentou telegráficas alegações finais e deixou de apelar da sentença condenatória. Mencione-se que o defensor não poderá abandonar o processo senão por motivo imperioso, comunicado previamente o juiz, sob pena de multa de 10 (dez) a 100 (cem) salários mínimos, sem prejuízo das demais sanções cabíveis (CPP, art. 265, *caput*).

Com a introdução da defesa inicial, prevista nos arts. 396 e 396-A, não apresentada a resposta no prazo legal, ou se o acusado, citado, não constituir defensor, o juiz nomeará defensor para oferecê-la, concedendo-lhe vista dos autos por 10 (dez) dias. A não nomeação de defensor pelo juiz para oferecimento da defesa gerará nulidade absoluta. Na antiga defesa prévia havia uma discussão que, expirado o prazo para o seu oferecimento, operava-se a preclusão temporal. Com a nova sistemática do Código, não há mais qualquer discussão a respeito do tema, pois a nova defesa inicial passou a ser condição obrigatória da ação, de forma que, passado o prazo de dez dias para o seu oferecimento, o juiz obrigatoriamente nomeará um defensor para realizar o ato.

Aliás, no tocante ao defensor público ou dativo, o Código de Processo Penal é expresso no sentido de que a defesa técnica deverá sempre ser exercida através de manifestação fundamentada (parágrafo único acrescentado ao art. 261 pela Lei n. 10.792/2003). Veda-se, portanto, a defesa meramente formal, sob pena de nulidade.

O réu tem o direito de escolher o seu próprio defensor, cumprindo ao magistrado, em não sendo possível ao defensor constituído assumir ou prosseguir no patrocínio da causa penal, ordenar a intimação do acusado para que, querendo, escolha outro advogado. Antes dessa intimação, será nula de pleno direito a nomeação de defensor dativo.

O defensor leigo pode ser causa geradora de nulidade absoluta, pois, sob o enfoque da Súmula 523, verifica-se a ausência total de defesa.

Devem ser levados em conta o disposto no art. 133 da Constituição Federal, segundo o qual o advogado é indispensável à administração da justiça, bem como a regra do art. 4º do novo Estatuto da Ordem dos Advogados do Brasil (Lei Federal n. 8.906, de 4-7-1994), que dispõe serem nulos os atos privativos de advogado, praticados por pessoa não inscrita regularmente na OAB.

Se o advogado é indispensável, o juiz não pode dispensar sua atuação, substituindo-a pela de um leigo. Haveria afronta direta ao princípio constitucional da ampla defesa, acarretando a sua inexistência.

O art. 261 do CPP, ao estabelecer que "nenhum acusado, ainda que ausente ou foragido, será processado ou julgado sem defensor", está evidentemente referindo-se ao defensor técnico, e não ao leigo, que não poderia sequer receber essa qualificação.

Assim, dispensável se torna a verificação, no caso concreto, acerca da ocorrência ou não do prejuízo, ficando este presumido. A nulidade será absoluta.

Excepcionalmente, porém, nas comarcas onde não houver subseção da OAB, será possível a nomeação de defensor leigo, como única maneira de se garantir a prestação jurisdicional, garantia constitucional indeclinável, nos termos do art. 5º, XXXV. Neste sentido, Damásio E. de Jesus[191].

Podemos, assim, resumir, quanto à atuação de defensor técnico, que o juiz deverá analisar em cada caso concreto se a sua atuação foi deficiente ou não, somente reconhecendo a nulidade, se ficar comprovado prejuízo para a defesa, daí por que falar-se em nulidade relativa. Quanto à nomeação de defensor leigo, em regra, implica inexistência de defesa, caracterizando nulidade absoluta; excepcionalmente, poderá ser considerada defesa deficiente, e, portanto, em nulidade relativa, quando, ante a total ausência de advogados na comarca, não houver outro meio de se assegurar a prestação jurisdicional.

Nosso entendimento: quanto à segunda parte do art. 564, III, *c*, do CPP, que trata da nulidade por falta de nomeação de curador ao réu menor, entendemos que tal dispositivo foi revogado pelo art. 5º do Código Civil, com o qual ficaram revogados todos os dispositivos do CPP que tratavam da nomeação de curador ao réu menor de 21 anos, bem como da nulidade pelo descumprimento dessa exigência.

É que o Código Civil de 2002, em seu art. 5º, I, passou a considerar o maior de 18 anos plenamente capaz de praticar qualquer ato jurídico na esfera civil, incluídos aí os atos processuais, sem necessidade da assistência de curador ou representante legal. Assim, não pode a legislação processual penal tratar como relativamente incapaz pessoa plenamente capacitada de acordo com a legislação civil. O CPP fala em nomeação de curador ao réu menor, mas é de indagar: que menor? Não existe *menor* após a maioridade, e esta agora se atinge aos 18 anos. Seria contraditório considerar o agente capaz de realizar, sem assistência, qualquer ato jurídico e, ao mesmo tempo, tratá-lo como incapaz durante o ato de seu interrogatório. Só se pode falar em nomeação de curador ao réu que, já ao tempo da infração penal, era portador de doença mental ou desenvolvimento incompleto ou retardado, capazes de afetar sua capacidade de entendimento ou vontade. Para o menor de 21 anos não mais, pela simples razão de que ele não é mais menor. A plena capacidade se atinge a partir de zero hora do dia em que o menor completa 18 anos e, portanto, deixa de ser menor. A contar de 11 de janeiro de 2003, data do início da vigência do novo Estatuto Civil, ficam revogados todos os dispositivos do Código de Processo Penal que tratam da nomeação de curador para o maior de 18 e menor de 21 anos. Reforçando esse posicionamento, com a revogação expressa do art. 194 do CPP pela Lei n. 10.792/2003, não há mais que se falar em nulidade por falta de nomeação de curador ao réu menor.

---

191. *Lei dos Juizados Especiais Criminais anotada*, cit., p. 55.

(iv) Falta de intervenção do Ministério Público em todos os termos da ação penal pública ou subsidiária.

No processo penal vigora o princípio da indisponibilidade da ação penal pública, pois o Ministério Público não pode desistir da ação proposta (CPP, art. 42). Assim, se o Ministério Público não pode desistir da ação, não pode igualmente deixar de oficiar em todos os seus termos, pois deixar de praticar um ato de ofício importa em abandono do processo, e, por conseguinte, em desistência tácita, com clara violação à determinação legal. Por essa razão, acarreta nulidade a falta de manifestação do Ministério Público em todos os termos da ação pública.

Caso o representante do Ministério Público se recuse a praticar o ato, deverá o juiz aplicar, por analogia, o art. 28 do CPP, remetendo os autos ao procurador-geral de justiça, para que designe outro promotor para oficiar no processo[192].

> **Nosso entendimento:** é relativa a nulidade decorrente da falta de manifestação ministerial, uma vez que o CPP, em seu art. 572 e incisos, permite expressamente a convalidação desse vício: quando não arguido em tempo oportuno; se o ato tiver atingido o seu fim; ou se houver ratificação posterior expressa ou tácita (o Ministério Público volta a se manifestar e nada diz a respeito da omissão anterior).

A ausência de alegações finais do representante do Ministério Público importa em nulidade do feito, por ofensa ao princípio da indisponibilidade.

Não é possível a nomeação de promotor *ad hoc* (para o ato) a fim de suprir a omissão do Ministério Público, uma vez que as funções institucionais somente podem ser exercidas por integrantes da carreira (CF, art. 129, § 2º, primeira parte).

(v) Falta ou nulidade de citação do réu para se ver processar.

Citação é o chamamento do réu a juízo para responder a ação contra ele proposta.

Intimação é o ato pelo qual se dá conhecimento a alguém dos atos já praticados no processo (intima-se alguém "de alguma coisa" que já foi realizada).

Notificação é ato destinado a transmitir conhecimento de ordem do juiz para que se faça ou deixe de se fazer alguma coisa (notifica-se alguém "para fazer alguma coisa").

---

192. O Pacote Anticrime alterou substancialmente o art. 28 do CPP, cuja nova redação aduz: "Art. 28. Ordenado o arquivamento do inquérito policial ou de quaisquer elementos informativos da mesma natureza, o órgão do Ministério Público comunicará à vítima, ao investigado e à autoridade policial e encaminhará os autos para a instância de revisão ministerial para fins de homologação, na forma da lei. § 1º Se a vítima, ou seu representante legal, não concordar com o arquivamento do inquérito policial, poderá, no prazo de 30 (trinta) dias do recebimento da comunicação, submeter a matéria à revisão da instância competente do órgão ministerial, conforme dispuser a respectiva lei orgânica. § 2º Nas ações penais relativas a crimes praticados em detrimento da União, Estados e Municípios, a revisão do arquivamento do inquérito policial poderá ser provocada pela chefia do órgão a quem couber a sua representação judicial". Contudo, foram ajuizadas diversas Ações Diretas de Inconstitucionalidade, dentre elas a do Conselho Nacional do Ministério Público (ADI 6305), que levaram o Ministro Luiz Fux a determinar a suspensão, por tempo indeterminado, de vários dispositivos da Lei n. 13.964/2019, inclusive do dispositivo que alterava o referido art. 28 do CPP.

O Código de Processo Penal, no entanto, não faz qualquer distinção entre intimação e notificação.

O direito à ampla defesa, no processo penal, realiza-se por meio do direito à autodefesa e do direito de presença (de o réu estar presente e acompanhar todos os atos processuais), logo, a citação e a intimação constituem pressuposto básico fundamental para a plena realização do princípio da ampla defesa.

O acusado será citado, no procedimento ordinário e sumário, para oferecer a defesa inicial prevista nos arts. 396 e 396-A do CPP (no procedimento do júri há previsão de idêntica defesa).

A falta ou a nulidade da citação estará sanada desde que o interessado compareça antes de o ato consumar-se (CPP, art. 570).

Porém, haverá nulidade insanável se a falta de citação prejudicar a defesa do acusado, não sendo possível a convalidação do vício apenas pelo comparecimento do réu ao ato.

Nesse contexto, vale registrar que, em face do disposto no art. 394, § 5º, do CPP, que prevê a aplicação subsidiária do procedimento ordinário ao rito especial, passou-se a questionar se, diante de tal prescrição legal, o interrogatório também deveria ser posterior à instrução probatória. Embora haja pequena divergência em casos pontuais, o STF vem firmando o seu posicionamento acerca do interrogatório como último ato da instrução processual, ainda que se trate de procedimento especial. (STF. 1ª Turma. AP 1.027/DF, rel. Min. Marco Aurélio, red. p/ o ac. Min. Luís Roberto Barroso, julgado em 2/10/2018).

A leitura do mandado citatório, a entrega de contrafé e a declaração do oficial de justiça de que o citando a aceitou ou recusou são requisitos extrínsecos exigidos pelo art. 357 do CPP, de forma que, não atendidos, haverá nulidade do ato citatório, por omissão de formalidade essencial.

Ao réu preso não basta mais a mera requisição, sendo necessária a citação pessoal (cf. determinação do art. 360 do CPP), com entrega de cópia da denúncia, a fim de se evitar surpresa. É que a citação não se confunde com a requisição do réu preso. Através da citação se inicia o processo penal, ao passo que a requisição diz respeito à maneira de ser o réu preso apresentado em juízo. A requisição do preso nada mais é do que a determinação do juiz à direção do presídio para apresentar, em dia e hora designados, o acusado que ali se encontra à sua disposição. Requisita-se a execução de um determinado ato, o cumprimento de certa medida ou até mesmo a prestação de determinados serviços.

É conveniente dar-se ao réu certo tempo, após a citação, para preparar a sua autodefesa, posto que aquela se compõe de um duplo elemento: comunicação (de que existe uma ação movimentando-se contra o acusado) e chamamento (para que este venha a juízo apresentar a sua defesa técnica e pessoal). Tal necessidade é imperiosa sobretudo nas hipóteses em que o acusado é citado no mesmo dia em que é designado seu interrogatório (nos procedimentos em que o mesmo constitui o primeiro ato da instrução), pois a nossa legislação não prescreveu prazo mínimo entre a realização deste e a citação.

A citação por edital só é cabível depois de esgotados os meios para encontrar-se o acusado.

É válida a citação por edital se o réu não foi localizado nos endereços constantes dos autos, anteriormente fornecidos à polícia por ocasião de seu interrogatório extrajudicial. A justiça não tem o ônus de oficiar a órgãos públicos na busca de novos endereços, pois tal providência seria um exagero.

Com a redação do art. 360 do CPP, que acabou com a citação de réu preso, por meio de requisição, e passou a exigir a citação pessoal, por mandado, pondo fim a uma odiosa distinção entre acusados presos e soltos, não tem mais sentido a Súmula 351 do STF, segundo a qual "é nula a citação por edital de réu preso na mesma unidade da Federação em que o juiz exerce a sua jurisdição". Referido entendimento sumular sugeria a possibilidade de que réus presos em estabelecimentos carcerários de unidades da Federação distintas daquela do juízo processante poderiam ser citados por edital, em flagrante discriminação quanto a seu direito de defesa, se comparada com a citação dos acusados soltos. Tal distinção, que sempre foi de constitucionalidade duvidosa, atualmente colide frontalmente com a redação expressa do art. 360 do CPP, que exige a citação pessoal.

Súmula 366 do STF: "Não é nula a citação por edital que indica o dispositivo da lei penal, embora não transcreva a denúncia ou queixa, ou não resuma os fatos em que se baseia". Assim, o STF entende que o edital não precisa transcrever integralmente a acusação, bastando que indique o tipo penal em que o réu se achar incurso.

É nulo o interrogatório designado para data compreendida dentro do prazo do edital e, a falta de sua afixação acarretará nulidade apenas se comprovado o prejuízo de fato.

A publicação do edital na imprensa só é exigível nas comarcas em que haja imprensa oficial ou previsão de verba para publicação em órgão particular.

(vi) Falta de interrogatório do acusado.

O princípio da ampla defesa (CF, art. 5º, LV) é satisfeito, no processo penal, por meio da defesa técnica e da autodefesa. Com relação à autodefesa, cumpre salientar que ela se apresenta sob dois aspectos: o direito de audiência e o direito de presença. O primeiro traduz-se na possibilidade de o acusado influir sobre a formação do convencimento do juiz mediante o interrogatório, apresentando a sua versão a respeito dos fatos. O segundo manifesta-se pela oportunidade de presenciar toda a prova produzida durante a instrução, evitando seja condenado sem conhecer as razões e as provas produzidas pela acusação.

A Constituição de 1988, no inciso LXIII do art. 5º, assegura: "o preso será informado de seus direitos, entre os quais o de permanecer calado, sendo-lhe assegurada a assistência da família e de advogado".

O silêncio do acusado, na ótica da Constituição da República, assume dimensão de verdadeiro direito, cujo exercício há de ser assegurado de maneira ampla, sem qualquer tipo de pressão. Conforme decidiu o STF, "o direito de permanecer em silêncio insere-se no alcance concreto da cláusula constitucional do devido processo legal. E nesse direito ao silêncio inclui-se, até mesmo por implicitude, a prerrogativa processual de o acusado negar, ainda que falsamente, perante a autoridade policial ou judiciária, a prática da infração penal" (1ª T., rel. Min. Celso de Mello, *DJU*, 28 ago. 1992, p. 13453). Por essa razão, é vedado ao juiz, ao informar o acusado sobre o seu direito de permanecer calado e de não responder perguntas que lhe forem formuladas, adverti-lo de que o seu silêncio poderá ser interpretado em prejuízo da própria defesa. Tal advertência jamais poderá ser feita, pois o silêncio é uma maneira de exercitar a ampla defesa, e como poderia, ao mesmo tempo, ser interpretado em prejuízo dessa mesma defesa? O acusado deve ficar livre de qualquer tipo de pressão para escolher o modo pelo qual deseja exercer a sua autodefesa (silêncio, mentira ou verdade). Aliás, esse é o teor do parágrafo único do art. 186: "O silêncio, que não importará em confissão, não poderá ser interpretado em prejuízo da defesa".

O juiz tem o dever de informar ao réu acerca de seu direito ao silêncio (obviamente sem aquela advertência já tratada). A falta de informação ao réu, do seu direito de permanecer calado, acarreta nulidade do ato.

O interrogatório é um ato que não preclui, podendo o juiz proceder ao menos de ofício ou a pedido fundamentado de qualquer das partes (cf. art. 196 do CPP), por ser necessário ao exercício e à realização da ampla defesa no processo penal. Cumpre notar que o interrogatório, nos procedimentos ordinário e sumário, bem como na primeira fase do júri, deixou de constituir o ato inaugural da instrução, devendo ser realizado na audiência única de instrução e julgamento, após a instrução probatória. No entanto, em algumas situações, o interrogatório poderá constituir um ato processual isolado: (i) na hipótese em que o acusado, citado pessoalmente (CPP, art. 367) ou por hora certa (CPP, art. 362), torna-se revel. Nesse caso, poderá o juiz, uma vez comparecendo o acusado, proceder ao seu interrogatório (CPP, art. 185); (ii) na hipótese de o juiz realizar novo interrogatório de ofício ou a pedido fundamentado de qualquer das partes (CPP, art. 196). O art. 384, § 2º, prevê a possibilidade, no caso de *mutatio libelli*, de o juiz proceder a novo interrogatório. Da mesma forma, será possível um novo interrogatório após a audiência única, quando for concedido prazo para a apresentação de memoriais por força da complexidade do caso ou número de acusados (CPP, art. 403, § 3º) ou quando ordenada diligência considerada imprescindível (CPP, art. 404). Assim, em tais situações, é admissível um novo interrogatório; (iii) nos procedimentos especiais, por exemplo, o art. 7º da Lei n. 8.038/90 (processos de competência originária dos tribunais) prevê que, recebida a denúncia ou a queixa, o relator designará dia e hora para o interrogatório.

Nesse contexto, vale registrar observação já feita, qual seja, que, em face do disposto no art. 394, § 5º, do CPP, que prevê a aplicação subsidiária do procedimento ordinário ao rito especial, passou-se a questionar se, diante de tal prescrição legal, o interrogatório também deveria ser posterior à instrução probatória. Embora haja pequena divergência em casos pontuais, o STF vem firmando o seu posicionamento acerca do interrogatório como último ato da instrução processual, ainda que se trate de procedimento especial (STF. 1ª Turma. AP 1.027/DF, rel. Min. Marco Aurélio, red. p/ o ac. Min. Luís Roberto Barroso, j. 2-10-2018).

O acusado preso será requisitado para comparecer ao interrogatório, devendo o poder público providenciar sua apresentação (CPP, art. 399, § 1º).

Finalmente, o Tribunal de Justiça de São Paulo, afastando a tese da prevalência da defesa técnica sobre a autodefesa, vem anulando julgamentos do Tribunal do Júri, quando a tese sustentada pelo réu, em seu interrogatório, não é incluída no questionário. Nesse contexto, o art. 482, parágrafo único, do CPP passou a prever que, na elaboração dos quesitos, o presidente do Tribunal do Júri "levará em conta os termos da pronúncia ou das decisões posteriores que julgaram admissível a acusação, do interrogatório e das alegações das partes".

(vii) **Falta de concessão de prazo para a defesa prévia, para o oferecimento de alegações finais, ou para a realização de qualquer ato da acusação ou da defesa.**

– **Fase da defesa inicial escrita:** Nos procedimentos ordinário e sumário, oferecida a denúncia ou queixa, o juiz: (i) analisará se não é caso de rejeição liminar (deverá avaliar todos os requisitos do art. 395: condição da ação, possibilidade jurídica do pedido etc.); (ii) se não for caso de rejeição liminar, recebê-la-á e ordenará a citação do acusado para responder à acusação, por escrito, no prazo de 10 (dez) dias (*vide* também CPP, art. 406). Não apresentada a resposta no prazo legal, ou se o acusado, citado, não constituir defensor, o juiz nomeará defensor para oferecê-la, concedendo-lhe vista dos autos por 10 (dez) dias. A não nomeação de defensor pelo juiz para oferecimento da defesa gerará nulidade absoluta. Na antiga defesa prévia havia uma discussão se, expirado o prazo para o seu oferecimento, operava-se a preclusão temporal. Com a atual sistemática do Código, não há mais qualquer discussão a respeito do tema, pois a nova defesa inicial passou a ser condição obrigatória da ação, de forma que, passado o prazo de dez dias para o seu oferecimento, o juiz obrigatoriamente nomeará um defensor para realizar o ato.

– **Ausência de alegações finais:** Não havendo requerimento de diligências na audiência, ou sendo indeferido, serão oferecidas alegações finais orais. No entanto, do contrário, haverá cisão da audiência, a fim de serem concretizadas as diligências, com a consequente apresentação de alegações finais, por memorial. Da mesma forma, o juiz poderá, considerada a complexidade do caso ou o número de acusados, conceder às partes o prazo de 5 (cinco) dias sucessivamente para a apresentação de memoriais. Quando da vigência do antigo art. 500 já se questionava se o oferecimento das alegações finais seria obrigatório ou não. No que diz respeito à defesa, havia duas posições: a primeira sustentava que o não oferecimento de alegações finais não ensejava a decretação de qualquer nulidade, pois somente ocorreria o vício se o defensor não fosse intimado para a sua apresentação ou quando não lhe fosse concedido prazo para tanto. Para a segunda corrente, as alegações finais constituiriam peça essencial do processo, cuja falta acarretaria a sua nulidade absoluta, por ofensa à ampla defesa. Entendemos correta esta última posição. Somente no procedimento escalonado do Júri a defesa teria a faculdade de apresentar ou não as suas alegações escritas, na fase do revogado art. 406 do CPP, uma vez que estas antecederiam mera decisão interlocutória, que não poria fim ao processo, podendo, ainda, configurar-se em uma tática da defesa. Nos demais casos, a apresentação seria obrigatória. O Ministério Público também não poderia deixar de oferecer as alegações finais, vez que sua atuação seria pautada segundo o princípio da indisponibilidade da ação penal, pois é obrigado a oficiar em todos os termos da ação penal (CPP, arts. 42 e 564, III, *d*).

Por outro lado, em se tratando de ação penal privada subsidiária, a falta de alegações finais por parte do querelante não induziria perempção, ocorrendo neste caso a retomada do processo pelo órgão do *parquet*. Já em caso de ação penal exclusivamente privada, o não oferecimento de alegações finais acarretaria não só a perempção, mas também ensejaria a extinção da punibilidade.

– Falta de concessão de prazo para a realização de qualquer ato da acusação ou da defesa: Cumpre assinalar que o novo art. 396-A, ao prever a defesa inicial, no procedimento ordinário e sumário, não contemplou a oitiva do MP, tal como ocorria com a antiga defesa prévia. Entretanto, é bom ressalvar que esse novo ato processual poderá, ao contrário da defesa prévia, levar à absolvição sumária do agente. Justamente por essa razão, no procedimento do júri, há a previsão legal da oitiva do MP após o oferecimento da defesa, nos termos do art. 409, o qual prevê que, "apresentada a defesa, o juiz ouvirá o Ministério Público ou o querelante sobre preliminares e documentos, em 5 (cinco) dias". A ausência de previsão legal fatalmente gerará discussões, podendo surgir posicionamento no sentido de que o art. 409 do CPP deve ser aplicado analogicamente ao procedimento ordinário, tendo em vista que a ausência de oitiva do Ministério Público violaria o princípio da paridade de armas. Assim, havendo a juntada de documentos novos ou alegação de fatos novos, impor-se-ia a abertura de vista ao *Parquet*. No entanto, cumpre mencionar que, se o juiz abre vista para a acusação se manifestar sobre documento juntado pela defesa, não poderá sentenciar logo em seguida, pois a prerrogativa de falar por último constitui, para a defesa, manifestação natural da amplitude garantida pela Constituição, razão pela qual o seu desatendimento importa em nulidade absoluta do feito.

(viii) **Falta de sentença.**

Os requisitos da sentença vêm expostos no art. 381 e incisos do Código de Processo Penal.

Inciso I: o nome do acusado. A impossibilidade de identificação do acusado com o seu verdadeiro nome ou outros qualificativos não retardará a ação penal, quando certa a identidade física. Do mesmo modo, engano quanto ao nome não anula a sentença se não houver dúvida sobre a pessoa do acusado.

Inciso II: o relatório. Relatório é a exposição sucinta da acusação e da defesa. A absoluta falta do relatório conduz a nulidade insanável, pois impede se saiba se o juiz tomou conhecimento do processo e das alegações das partes antes de efetuar o julgamento. Porém, se ficar evidenciado, na motivação da sentença, que o juiz analisou todos os argumentos e provas apresentados pelas partes, não há qualquer nulidade.

Inciso III: a motivação. É princípio basilar da Constituição que "todos os julgamentos serão públicos e fundamentadas todas as decisões, sob pena de nulidade" (art. 93, IX). A fundamentação sucinta não se confunde com falta de fundamentação, e, portanto, não invalida a sentença. Porém, haverá nulidade quando a excessiva concisão da sentença retirar a clareza do ato judicial.

Inciso IV: a indicação dos artigos de lei aplicados. A falha decorrente da não indicação dos artigos de lei aplicados deve, de regra, importar em nulidade. A omissão acarreta prejuízo para o réu, que ficará sem saber qual crime ensejou a condenação. Possível, entretanto, admitir a validade da sentença quando o artigo de lei foi mencionado expressamente em outra parte da decisão, sem que subsista qualquer dúvida.

Inciso V: o dispositivo. Para Grinover, Scarance e Magalhães, "a falta do dispositivo é causa de nulidade, pois constitui ele requisito essencial da sentença"[193]. Porém, a hipótese parece mesmo ser de inexistência, pois sentença sem dispositivo é sentença que não decidiu, e que, portanto, não existe enquanto sentença.

Inciso VI: a data e a assinatura do juiz. A falta de assinatura configura inexistência de sentença, pois o que há é um mero trabalho datilográfico sem autoria. A falta de data configura mera irregularidade.

Sentenças emitidas por juízes em férias ou licença, ainda que lançadas com data anterior à saída do juiz, são consideradas absolutamente nulas pela jurisprudência, com base na data aposta na certidão de devolução dessas ao cartório. É que o juiz em férias ou em licença não pode prestar jurisdição.

São também nulas as sentenças que não obedecerem ao critério trifásico de fixação da pena, estampado no art. 68, *caput*, do Código Penal.

Pena aplicada acima do mínimo, sem fundamentação, importa em nulidade absoluta, ou, o que parece ser mais razoável, na sua redução ao mínimo, sem necessidade de se anular a sentença. A omissão quanto ao regime prisional indicado ao réu é outra causa de anulação da sentença, uma vez que é direito do condenado e dever do juiz que se declare expressamente qual o regime de cumprimento de pena (CP, art. 59, III, e LEP, art. 110). Em se tratando de garantia da individualização da pena, omissa a sentença, nessa parte, impõe-se que se supra a omissão.

Mencione-se que, a partir do advento da Lei n. 11.464/2007, a pena dos crimes hediondos e equiparados deverá ser cumprida *inicialmente* em regime fechado, e não *integralmente* (cf. redação do § 1º do art. 2º), isso significa dizer que a progressão de regime passou a ser expressamente admitida. Recentemente, o STF declarou a inconstitucionalidade do regime inicial fechado para os crimes hediondos. A decisão foi *incidenter tantum*, mas fixou a nova tendência da jurisprudência (cf. *Informativo STF*, n. 670). Assim, o condenado pela prática do crime, p. ex., de estupro, latrocínio, extorsão mediante sequestro, terá direito a passagem para a colônia penal agrícola ou a liberdade plena (caso do regime aberto).

São causas de **nulidade** no **procedimento do Júri**:

(i) **Falta, omissão ou irregularidade na sentença de pronúncia, no libelo ou na entrega de cópia do libelo ao réu.**

A Lei n. 11.689/2008 suprimiu a previsão legal do libelo-crime acusatório e sua contrariedade.

Tratando-se de decisão interlocutória, a pronúncia exige fundamentação, com base no princípio da motivação das decisões do Poder Judiciário – art. 93, IX, da CF. Pronúncia com fundamentação extensa, de modo a traduzir ilegítima influência sobre o ânimo dos jurados, gera a nulidade da própria decisão, a qual deve ser desentranhada dos autos. De acordo com a nova redação do art. 413 do CPP, "O juiz, fundamentadamente, pronun-

193. *As nulidades no processo penal*, cit., p. 167.

ciará o acusado, se convencido da materialidade do fato e da existência de indícios suficientes de autoria ou de participação. § 1º A fundamentação da pronúncia limitar-se-á à indicação da materialidade do fato e da existência de indícios suficientes de autoria ou de participação, devendo o juiz declarar o dispositivo legal em que julgar incurso o acusado e especificar as circunstâncias qualificadoras e as causas de aumento de pena".

(ii) **Falta de intimação do réu para julgamento no Júri.**

Na antiga sistemática do Código de Processo Penal, se o crime fosse inafiançável, o Júri só podia ser realizado na sua presença. Daí se concluía que, sem intimação, não havia comparecimento e, consequentemente, não existia julgamento para ser anulado (CPP, art. 414).

Somente se o crime fosse afiançável, e o réu fosse julgado à revelia, sem ter sido intimado, é que ocorria nulidade, neste caso, insanável (CPP, art. 415 e incisos).

De acordo com a atual sistemática do procedimento do Júri, não há mais qualquer distinção entre crime afiançável ou inafiançável como critério a exigir ou não o comparecimento do réu ao julgamento. Preceitua o art. 457, *caput*, que o julgamento não será adiado pelo não comparecimento do acusado solto, do assistente ou do advogado do querelante, que tiver sido regularmente intimado. A Lei, dessa forma, com a intimação, propicia a faculdade ao acusado solto de comparecer ou não ao julgamento, porém este será concretizado ainda que sem a sua presença. Desse modo, nulo será o julgamento realizado sem que o acusado tenha sido intimado para tanto. A intimação, aliás, assume ainda maior dimensão quando se constata que o § 1º do art. 457 permite que os pedidos de adiamento e as justificações de não comparecimento sejam, salvo comprovado motivo de força maior, previamente submetidos à apreciação do juiz presidente do Tribunal do Júri (CPP, art. 457, § 1º). Se o acusado não for intimado do julgamento, não poderá sequer formular tal pedido. Quanto ao acusado preso, o § 2º do art. 457 prevê que, se ele não for conduzido, o julgamento será adiado para o primeiro dia desimpedido da mesma reunião, salvo se houver pedido de dispensa de comparecimento subscrito por ele e seu defensor (CPP, art. 457, § 2º). Nessa hipótese, o Júri só poderá ser realizado na sua presença, de forma que, sem a sua requisição, não há comparecimento, e, consequentemente, não há julgamento para ser anulado.

(iii) **Falta de intimação de testemunhas arroladas no libelo ou na contrariedade.**

Como já dito, a Lei n. 11.689/2008 suprimiu a previsão legal do libelo-crime acusatório e sua contrariedade. Tratava-se de nulidade relativa, que devia ser arguida logo após o pregão, sob pena de preclusão (art. 571, V).

(iv) **Presença de pelo menos quinze jurados para a constituição do Júri.**

O juiz não pode determinar a instalação da sessão sem a presença do quórum mínimo de quinze jurados, sob pena de afronta ao art. 463 do CPP. A nulidade, no caso, é absoluta.

(v) **Falta ou irregularidade no sorteio dos jurados.**

Refere-se a lei tanto ao sorteio dos vinte e cinco jurados, que deverá obedecer às formalidades do art. 447 e seguintes do CPP, quanto ao sorteio dos sete jurados, dentre os vinte e cinco que comparecerem no dia da sessão de julgamento. Os impedimentos dos jurados estão previstos nos arts. 448 e 449 do CPP. Também não pode servir no mesmo conselho de sentença jurado que participou do primeiro julgamento, não importa qual a causa geradora da nulidade (Súmula 206 do STF). Nesse sentido, inclusive, dispõe a atual redação do art. 449, I, do CPP: "Não poderá servir o jurado que: – tiver funcionado em julgamento anterior do mesmo processo, independentemente da causa determinante do julgamento posterior".

(vi) **Quebra na incomunicabilidade dos jurados.**

No procedimento do Tribunal do Júri, antes do sorteio dos membros do Conselho de Sentença, o juiz presidente advertirá os jurados de que, uma vez sorteados, não poderão comunicar-se entre si e com outrem, nem manifestar sua opinião sobre o processo, sob pena de exclusão do Conselho e multa, na forma do § 2º do art. 436 deste Código (CPP, art. 466, § 1º). A incomunicabilidade será certificada nos autos pelo oficial de justiça (CPP, art. 466, § 2º). A incomunicabilidade que a lei quer assegurar diz respeito ao mérito do julgamento e tem como objetivo impedir que o jurado exteriorize sua forma de decidir e venha a influir sobre a decisão dos demais, em prejuízo ou benefício de qualquer das partes. Durante o Júri, bem como nos períodos de descanso, não precisam ficar mudos, podendo conversar sobre qualquer outro assunto não relacionado ao julgamento.

(vii) **Erro na elaboração dos quesitos ou incompatibilidades nas respostas.**

De acordo com o art. 482, "O Conselho de Sentença será questionado sobre matéria de fato e se o acusado deve ser absolvido. Parágrafo único. Os quesitos serão redigidos em proposições afirmativas, simples e distintas, de modo que cada um deles possa ser respondido com suficiente clareza e necessária precisão. Na sua elaboração, o presidente levará em conta os termos da pronúncia ou das decisões posteriores que julgaram admissível a acusação, do interrogatório e das alegações das partes". E, consoante o art. 483, "Os quesitos serão formulados na seguinte ordem, indagando sobre: I – a materialidade do fato; II – a autoria ou participação; III – se o acusado deve ser absolvido; IV – se existe causa de diminuição de pena alegada pela defesa; V – se existe circunstância qualificadora ou causa de aumento de pena reconhecidas na pronúncia ou em decisões posteriores que julgaram admissível a acusação. § 1º A resposta negativa, de mais de 3 (três) jurados, a qualquer dos quesitos referidos nos incisos I e II do *caput* deste artigo encerra a votação e implica a absolvição do acusado. § 2º Respondidos afirmativamente por mais de 3 (três) jurados os quesitos relativos aos incisos I e II do *caput* deste artigo será formulado quesito com a seguinte redação: *O jurado absolve o acusado?*. § 3º Decidindo os jurados pela condenação, o julgamento prossegue, devendo ser formulados quesitos sobre: I – causa de diminuição de pena alegada pela defesa; II – circunstância qualificadora ou causa de aumento de pena, reconhecidas na pronúncia ou em decisões posteriores que julgaram admissível a acusação. § 4º Sustentada a desclassificação da infração para outra de competência do juiz singular, será formulado quesito a respeito, para ser respondido após o 2º (segundo) ou 3º (terceiro) quesito, conforme o caso. § 5º Sustentada a tese de ocorrência do crime na sua forma tentada ou havendo divergência sobre a tipificação do delito, sendo este da competência do Tribunal do Júri, o juiz formulará quesito acerca destas questões, para ser respondido após o segundo quesito. § 6º Havendo mais de um crime ou mais de um acusado, os quesitos serão formulados em séries distintas". Finalmente, consoante o art. 490, "Se a resposta a qualquer dos quesitos estiver em contradição com outra ou outras já dadas, o presidente, explicando aos jurados em que consiste a contradição, submeterá novamente à votação os quesitos a que se referirem tais respostas. Parágrafo único. Se, pela resposta dada a um dos quesitos, o presidente verificar que ficam prejudicados os seguintes, assim o declarará, dando por finda a votação".

A formulação dos quesitos era, na antiga sistemática, fonte de inúmeras nulidades. Assim, se o questionário fosse redigido de forma confusa, capaz de gerar perplexidade nos jurados, se o quesito houvesse se baseado em tese juridicamente inexistente ou se fosse redigido de forma negativa, o Júri seria anulado, estando presumido o prejuízo. Nulo era o julgamento cujo questionário fosse redigido de forma confusa, dando margem a que os jurados tivessem dificuldade em decidir. Configurava nulidade redigir quesito de forma negativa, quando a indagação causasse perplexidade e induzisse em erro os jurados. Não se admitia também quesito sobre tese inexistente, como legítima defesa (e não seu excesso) derivada de imprudência. O Superior Tribunal de Justiça estava admitindo a tese da inexigibilidade de conduta diversa, fora das hipóteses do art. 22 do Código Penal – coação moral irresistível e obediência hierárquica.

Falta de fórmulas e termos após a sentença: inexistente é a certidão do trânsito em julgado, quando a lei estabelecer recurso de ofício para a hipótese e não houver recurso voluntário das partes. "Não transita em julgado a sentença que houver omitido o recurso *ex officio*, a não ser que haja recurso voluntário" (Súmula 423 do STF). No processo penal, as hipóteses de recurso necessário são as seguintes: das decisões que concederem *habeas corpus* (CPP, art. 574, I); das sentenças de absolvição sumária no Júri (CPP, arts. 574, II, e 411); das sentenças que concederem a reabilitação criminal (CPP, art. 746), do despacho que determinar o arquivamento e das sentenças absolutórias no caso dos crimes contra a economia popular (art. 7º da Lei n. 1.521/51). De acordo com a antiga redação do art. 411 do CPP, no procedimento do Júri, "O juiz absolverá desde logo o réu, quando se convencer da existência de circunstância que exclua o crime ou isente de pena o réu (arts. 17, 18, 19, 22 e 24, § 1º, do Código Penal), recorrendo, de ofício, da sua decisão. Este recurso terá efeito suspensivo e será sempre para o Tribunal de Apelação". Na mesma esteira, dispõe o art. 574, II, do CPP. Sucede que, com o advento da Lei n. 11.689/2008, o art. 415, que passou a tratar da absolvição sumária, não fez qualquer menção ao recurso de ofício, prevendo apenas o art. 416 que caberia o recurso de apelação contra essa decisão. O art. 574, II, por outro lado, manteve a sua redação preservada no tocante à previsão do recurso de ofício, o que tem levado alguns doutrinadores a sustentar a sua subsistência em face da reforma processual. Ocorre, no entanto, que o art. 574, II, se refere apenas a duas hipóteses de absolvição sumária (circunstância que exclua o crime ou isente o réu de pena), não abrangendo as novas hipóteses autorizadoras, previstas no art. 415 do CPP.

Nosso entendimento: não foi a intenção do legislador a manutenção do recurso de ofício na hipótese de absolvição sumária, tendo ocorrido a revogação tácita do art. 574, II, do CPP.

"Inciso IV – por omissão de formalidade que constitua elemento essencial do ato."

Essencial é a formalidade sem a qual o ato não atingiria a sua finalidade.

Há nulidade se o ato foi praticado sem preencher os requisitos essenciais para a sua validade. Por exemplo, a denúncia que não descreve o fato com todas as suas circunstâncias: o ato foi praticado, mas sem uma de suas formalidades essenciais. Este dispositivo é uma decorrência do princípio da instrumentalidade das formas no processo penal. Não se anula ato por violação da formalidade inócua, irrelevante.

"Inciso V – em decorrência de decisão carente de fundamentação."

Trata-se de inciso inserido pela Lei n. 13.964/2019, que, em seu art. 3º, acresceu essa hipótese ao rol de nulidades.

21.4. Momento oportuno para a arguição das nulidades relativas

Como se sabe, ao contrário das nulidades absolutas, as relativas consideram-se sanadas, se não alegadas no momento processual oportuno (princípio da convalidação).

Nos termos do art. 571 e incisos, devem ser alegadas:

(i) as da instrução criminal, na fase das alegações finais orais ou da apresentação de memoriais, conforme ocorra ou não a cisão da audiência de instrução e julgamento (CPP, art. 403, *caput* e § 3º);

(ii) no processo sumário, no prazo da defesa inicial (CPP, art. 396), as ocorridas após o oferecimento dessa defesa e antes da realização da audiência de instrução e julgamento devem ser arguidas logo após a sua abertura, depois de feito o pregão das partes;

(iii) as posteriores à pronúncia, logo após a instalação da sessão, depois de feito o anúncio do julgamento e o pregão das partes;

(iv) as que ocorrerem durante o julgamento em plenário, logo em seguida à sua ocorrência;

(v) após surgidas na sentença definitiva, devem ser alegadas, em preliminar, nas razões de recurso.

Convém mencionar que no prazo de resposta à acusação (defesa inicial do art. 396 do CPP), poderá ser arguida, além das matérias que levem à absolvição sumária do acusado, a nulidade por incompetência relativa do juízo, pois a absoluta poderá sê-lo em qualquer tempo e grau de jurisdição.

Consideram-se sanadas:

(i) se o ato, embora praticado de outra forma, tiver atingido o seu fim;

(ii) se a parte, ainda que tacitamente, tiver aceitado seus efeitos;

(iii) se não forem alegadas em tempo oportuno.

São relativas, de acordo com o art. 572 do CPP:

(i) a falta de intervenção do Ministério Público em todos os termos da ação penal;

(ii) a falta de prazos concedidos à acusação e à defesa;

(iii) a falta de intimação do réu para julgamento perante o Júri;

(iv) a falta de intimação das testemunhas para a sessão de julgamento;

(v) a falta de formalidade que constitua elemento essencial do ato.

As nulidades absolutas são insanáveis e não precisam ser alegadas. Por exclusão, são as previstas no art. 564, I, II e III, letras *a*, *b*, *c*, *e* (primeira parte), *f*, *i*, *j*, *k*, *l*, *m*, *n*, *o* e *p*.

> → **ATENÇÃO:** a jurisprudência mudou o quadro de nulidades, considerando absolutas algumas arroladas pela lei como relativas, e vice-versa. É muito arriscado, de antemão, estabelecer uma relação definitiva de nulidades absolutas e relativas, servindo esta, portanto, apenas de orientação.

Da decisão que anular o processo da instrução criminal, no todo ou em parte, cabe recurso em sentido estrito (CPP, art. 581, XIII).

Questões

1. A nulidade processual tem o condão de absolver o agente?
2. Qual a diferença entre nulidade absoluta e nulidade relativa?
3. Quais são os momentos oportunos para alegar nulidade?

22 RECURSOS

22.1. Conceito. Origem

Recurso é a providência legal imposta ao juiz ou concedida à parte interessada, consistente em um meio de se obter nova apreciação da decisão ou situação processual, com o fim de corrigi-la, modificá-la ou confirmá-la. Trata-se do meio pelo qual se obtém o reexame de uma decisão.

Para Câmara Leal, "é o meio processual que a lei faculta à parte ou impõe ao julgador para provocar a reforma, ou confirmação de uma decisão judicial"[194].

Na lição de Eduardo Espínola Filho, é um remédio, cujo uso a lei expressamente ordena ao juiz ou autoriza à parte, que se considera prejudicada por uma decisão daquele ou por uma situação processual, visando à nova apreciação do caso focalizado, endereçado ao próprio julgador ou ao tribunal, a fim de corrigir, modificar ou confirmar o estado de coisas existente[195].

Segundo Tourinho Filho, "a palavra recurso vem do vocábulo latino *recursus*, que significa corrida para trás, caminho para voltar, volta"[196].

Ilustra Affonso Braga que a palavra recurso é composta da partícula iterativa de origem desconhecida – *re* –, que significa volta, renovação, e do substantivo latino – *cursus* –, proveniente do verbo – *currere* –, e, assim formada, a palavra designa novo curso, repetição do movimento[197].

Este é o significado da palavra: recurso é um retorno ao estágio inicial do processo, anterior à prolação da decisão, propiciando à parte uma nova oportunidade no julgamento de sua pretensão.

Em consonância com esta origem etimológica, podemos afirmar que: assim como o processo indica movimento para a frente, o recurso denota movimento para trás. O juiz, para decidir, acompanha *pari passu* o andamento da causa desde o seu início até sua conclusão, examinando, do começo para o fim, todos os atos e termos do processo. Quando a parte vencida não se conforma com a decisão, pede à instância superior um novo exame da causa, e esse pedido constitui o recurso, assim denominado porque o julgador a que se recorre como que deve retroceder no exame do processo, voltando para trás a fim de fazer um novo estudo do processo e proferir uma nova decisão.

---

194. *Comentários ao Código de Processo Penal brasileiro*, 1943, v. 4, p. 32.

195. *Código de Processo Penal anotado*, cit., v. 6, p. 10.

196. *Processo penal*, cit., v. 4, p. 247.

197. *Instituições do processo civil do Brasil*, 1941, v. 3, p. 7.

22.2. Fundamentos

Os recursos estão fundamentados na necessidade psicológica do vencido, na falibilidade humana e no combate ao arbítrio.

João Monteiro anota que "todo recurso para juiz superior (*provocatio* dos romanos) corresponde e satisfaz a uma tendência irresistível da natureza humana; é a expressão legal do instinto que leva todo homem a não se sujeitar, sem reação, ao conceito ou sentença do primeiro censor ou juiz"[198].

Observa também Tourinho Filho que, "sabendo os Juízes que suas decisões poderão ser reexaminadas, procurarão eles ser mais diligentes, mais estudiosos, procurando fugir do erro e da má-fé. Somente tal circunstância seria suficiente para se justificar o recurso. Não houvesse a possibilidade do reexame, os Juízes, muitas e muitas vezes, se descuidariam, decidiriam sem maior meticulosidade, pois estariam seguros de que seu erro, sua displicência, sua má-fé não seriam objeto de censura pelos órgãos superiores"[199].

– **Base constitucional:** a existência dos recursos tem sua base jurídica no próprio Texto Constitucional, quando este organiza o Poder Judiciário em graus diferentes de jurisdição (Título IV – "Da Organização dos Poderes" –, Capítulo III – "Do Poder Judiciário" –, arts. 92, 93, III, e 125, § 3º), bem como quando estabelece atribuição primordialmente recursal para os tribunais (arts. 102, II e III, 105, II e III, e 108, II). Portanto, se os tribunais se destinam a julgar recursos, e se existem instâncias superiores revisoras de decisões, a Constituição pressupõe claramente a existência dos recursos.

– **Juízo *a quo*:** é o órgão prolator da decisão recorrida; juízo *ad quem*: é o órgão a quem se pede o reexame e reforma da decisão.

22.3. Pressupostos processuais

22.3.1. Pressupostos objetivos

São eles: cabimento, adequação, tempestividade, regularidade e inexistência de fato impeditivo ou de fato extintivo.

(i) **Cabimento:** o recurso deve estar previsto em lei. Logo, de nada adianta interpor um recurso que inexiste no direito processual penal, como, por exemplo, o agravo de instrumento.

(ii) **Adequação:** o recurso deve ser adequado à decisão que se quer impugnar, pois, para cada decisão, a lei prevê um recurso adequado. Apesar disso, por força do princípio da fungibilidade dos recursos, também chamada de teoria do recurso indiferente, a interposição equivocada de um recurso pelo outro não impede o seu conhecimento, desde que oferecido dentro do prazo correto e contanto que não haja má-fé do recorrente. Nesse sentido, o art. 579 do CPP, ao dispor que, "salvo a hipótese de má-fé, a parte não

---

198. *Programa de curso de processo civil*, 2. ed., 1905, v. 3, p. 55-6.

199. *Processo penal*, cit., v. 4, p. 247.

será prejudicada pela interposição de um recurso por outro". Além da inexistência da má-fé, a jurisprudência tem exigido que o recorrente não incorra em erro grosseiro e obedeça ao prazo do recurso correto.

Aplica-se também o princípio da unirrecorribilidade das decisões, expressamente previsto no art. 809 do Código de Processo Penal anterior, segundo o qual, para cada decisão, só existe um único recurso adequado. Assim, se, por exemplo, o juiz denega o *sursis* na sentença condenatória, o único recurso cabível será o de apelação, embora a lei disponha ser também cabível o recurso em sentido estrito (CPP, art. 581, XI), porque o único recurso que cabe das sentenças condenatórias é a apelação, seja de parte, seja de toda a decisão.

A fim de evitar confusões, convém aclarar: quando for previsto expressamente o recurso em sentido estrito para determinada decisão, este é o recurso a ser interposto, e não a apelação, que é residual. Assim, se a decisão estiver prevista em um dos incisos do art. 581 do CPP, o recurso oponível será o em sentido estrito, diante do critério da especialidade (o recurso previsto para o caso específico prevalece sobre o recurso genérico). A apelação fica para todas as sentenças definitivas ou com força de definitivas, desde que não contempladas no rol do art. 581. Por exemplo: a sentença que julga extinta a punibilidade do agente é terminativa de mérito, e, portanto, definitiva. Embora o art. 593, I, disponha caber apelação das decisões terminativas de mérito, nesse caso, o recurso será o em sentido estrito, diante de previsão expressa no art. 581, VIII. O que dissemos há pouco, em relação à sentença condenatória com denegação de *sursis*, é diferente. Nesse caso, o art. 581 não prevê a sentença condenatória como hipótese de cabimento do recurso em sentido estrito, e, portanto, não estamos diante de conflito entre esse recurso e a apelação. Nos termos do art. 593, I, somente caberá apelação, pois se trata de decisão terminativa de mérito. Ocorre que, embora caiba apelação da parte principal da sentença, a lei prevê recurso em sentido estrito para a parte acessória da sentença, relativa à denegação do *sursis*. Nesse caso, sim, em face do princípio da unirrecorribilidade das decisões, o recurso da parte principal absorve o da parte secundária.

Esse princípio é mitigado por algumas exceções legais, em que é possível o cabimento simultâneo de dois recursos da mesma decisão. Por exemplo: interposição simultânea de recurso extraordinário ao Supremo Tribunal Federal e de recurso especial ao Superior Tribunal de Justiça.

Finalmente, há o princípio da variabilidade dos recursos, que permite desistir de um para interpor outro, desde que no prazo. Vale lembrar que o Ministério Público não pode desistir dos recursos por ele interpostos (CPP, arts. 42 e 576).

(iii) **Tempestividade:** a interposição do recurso deve ser feita dentro do prazo previsto em lei. No processo penal, em regra, o prazo é de cinco dias, embora existam variações. Nesse sentido: o recurso em sentido estrito deve ser interposto no prazo de cinco dias (CPP, art. 586); antes do advento da Lei n. 11.689/2008, o recurso em sentido estrito previsto no inciso XIV do art. 581 (para incluir ou excluir jurado da lista geral) devia ser interposto dentro do prazo de vinte dias (CPP, art. 586, parágrafo único), agora, cabe reclamação de qualquer do povo (CPP, art. 426, § 1º); os embargos infringentes ou de nulidade, no prazo de dez dias (CPP, art. 609, parágrafo único); os embargos declaratórios, dentro de dois dias (CPP, art. 619); a carta testemunhável, em quarenta e oito horas (CPP, art. 640); o recurso extraordinário ou especial, dentro de quinze dias; o recurso ordinário constitucional, em cinco dias (art. 310 do Regimento Interno do STF); o agravo regimental no Tribunal de Justiça de São Paulo, dentro de cinco dias, consoante o respectivo regimento interno; o recurso *ex officio* (que será estudado mais adiante) não tem prazo, pois enquanto não interposto a decisão não transita em julgado (Súmula 423 do STF), e, finalmente, a apelação deve ser interposta dentro do prazo de cinco dias (CPP, art. 593), ou, nos crimes de competência do Juizado Especial Criminal, no prazo de 10 dias, já acompanhada das respectivas razões (art. 82, § 1º, da Lei n. 9.099/95). Há ainda a apelação subsidiária à acusação, com prazo de interposição de 15 dias (art. 598, parágrafo único, do CPP).

De acordo com o que dispõe o art. 798 do Código de Processo Penal, os prazos recursais são fatais, contínuos e peremptórios, não se interrompendo por férias, domingo ou feriado, salvo se houver impedimento do juiz, força maior ou obstáculo judicial oposto pela parte contrária (CPP, art. 798, § 4º).

Os prazos só começam a correr a partir do primeiro dia útil após a intimação, e, de acordo com os precisos termos da Súmula 310 do STF: "Quando a intimação tiver lugar na sexta-feira, ou a publicação com efeito de intimação for feita nesse dia, o prazo judicial terá início na segunda-feira imediata, salvo se não houver expediente, caso em que começará no primeiro dia útil que se seguir". Assim, intimada a parte na sexta-feira, o seu prazo só começa a correr a partir da segunda. Encerrado o prazo em domingo ou dia de feriado, considera-se prorrogado até o primeiro dia útil imediato (CPP, art. 798, § 3º). Por exemplo, intimada a parte na segunda-feira, seu prazo só se inicia na terça, e, caso se encerre no sábado (é o que ocorrerá se o prazo for de 5 dias), prorroga-se até a outra segunda.

Os defensores públicos, em ambas as instâncias, devem ser intimados pessoalmente e gozam de prazo em dobro para interpor recurso (Lei n. 7.871, de 8-11-1989, e Lei Complementar n. 80/94) .

Havendo dúvida quanto à tempestividade do recurso, a dúvida se resolve em favor do recorrente, em atenção ao princípio da pluralidade dos graus de jurisdição.

Os prazos contam-se da intimação (excluindo-se o dia do começo), e não da juntada do mandado aos autos.

No caso de carta precatória, o prazo é contado a partir da juntada da carta aos autos do processo. O Superior Tribunal de Justiça também adotou esse entendimento, sustentando que é correta a orientação pretoriana prevalente no sentido de se iniciar o prazo recursal na data da juntada da precatória, no juízo deprecante, apontando, inclusive, precedentes do Supremo Tribunal Federal e do próprio Superior Tribunal de Justiça. Contudo, contrariamente, a 1ª Turma do Supremo Tribunal Federal entendeu que, havendo expressa disposição do Código de Processo Penal (art. 798, § 5º, *a*), quanto ao termo inicial dos prazos penais em geral, torna-se incabível o emprego da analogia ao art. 231, VI, do CPC, segundo o qual o prazo começa a correr, quando realizado o ato mediante carta precatória, da data da sua juntada aos autos, devidamente cumprida. Essa orientação é a que prevalece atualmente no Supremo Tribunal Federal, tendo este inclusive editado a Súmula 710 (em 14-10-2003): "No processo penal, contam-se os prazos da data da intimação, e não da juntada aos autos do mandado ou da carta precatória ou de ordem".

Existe intimação por via postal (CPP, art. 370, § 2º). Não fica prejudicada a apelação entregue em cartório dentro do prazo legal, embora despachada tardiamente (Súmula 428 do STF).

(iv) **Regularidade:** o recurso deve preencher as formalidades legais para ser recebido. No que diz respeito à forma, a regra geral está inserta no art. 578 do CPP, podendo o recurso ser interposto por petição ou por termo nos autos (a parte manifesta verbalmente a vontade de recorrer, e essa vontade é reduzida a escrito nos autos). Em alguns casos, só se admite a interposição por petição, como no caso dos embargos infringentes, embargos declaratórios, carta testemunhável, recurso extraordinário, recurso especial, correição parcial e, também, no *habeas corpus* e na revisão criminal, embora não sejam propriamente recursos.

A apelação e recurso em sentido estrito podem ser interpostos por petição ou termo nos autos. O STJ tem admitido apelação até mesmo por cota nos autos, acompanhada de assinatura do recorrente.

Outra formalidade essencial ao recurso é a motivação, isto é, a apresentação das razões, sem as quais se opera nulidade. No caso do Ministério Público, a nulidade decorre da aplicação do princípio da indisponibilidade da ação penal pública, segundo o qual, depois de iniciada a ação, o órgão ministerial dela não poderá desistir (CPP, art. 42). Decorre também desse princípio a regra inserta no art. 576 do CPP, proibindo o Ministério Público de desistir dos recursos já interpostos. Ora, se não pode desistir dos recursos interpostos, igualmente não pode deixar de apresentar as respectivas razões, já que isso implicaria desistência tácita, com clara violação ao princípio da indisponibilidade. Do mesmo modo, não pode restringir o âmbito de seu recurso nas razões, porque isso também equivaleria a uma desistência tácita. Além disso, o representante ministerial é obrigado a oficiar em todos os termos da ação penal sob pena de nulidade, não podendo recusar-se à prática de ato de ofício (no caso, a apresentação das razões), sob pena de nulidade (CPP, art. 564, III, *d*). Quanto à defesa, o não oferecimento de razões importaria em inequívoco prejuízo à ampla defesa (CF, art. 5º, LV), reputando-se também obrigatória a sua apresentação. Não é por outro motivo que a apresentação tardia das razões importa em mera irregularidade, sem qualquer consequência processual. Mesmo no caso da apelação, em que o art. 601 é explícito ao dizer que o recurso pode subir "com ou sem as razões", prevalece esse mesmo entendimento, ocorrendo verdadeira interpretação *contra legem*, para melhor atender aos reclamos da ampla defesa (no que toca ao defensor) e do princípio da indisponibilidade da ação penal pública (no que diz respeito ao Ministério Público).

(v) **Fatos impeditivos:** são aqueles que impedem a interposição do recurso ou seu recebimento, e, portanto, surgem antes de o recurso ser interposto, como, por exemplo, a renúncia. A renúncia ao direito de recorrer é sempre anterior ao recurso, pois só se renuncia a fazer o que ainda não foi feito.

Segundo ensinamento de Manzini, "a renúncia é sempre absolutamente irrevogável, e produz seus efeitos preclusivos desde o momento em que é recebida, e não do em que dela toma conhecimento o juiz"[200]. Trata-se, portanto, de preclusão lógica (resultante da prática de ato incompatível com a vontade de recorrer) do direito de oferecer o recurso, acarretando a sua extinção.

Questão interessante refere-se à divergência entre a vontade do réu e a do defensor em recorrer.

Para Bento de Faria, deve prevalecer a vontade do réu sobre a de seu defensor, pois "(...) quem pode exercitar determinada faculdade jurídica, pode, em regra, renunciar ao seu exercício. Assim, quem tem o direito de recorrer pode também renunciar ao recurso, quando interposto"[201]. Observa, ainda, que: "a própria parte, sendo capaz, pode renunciar ao prazo do recurso, ou desistir dele, mas o seu defensor não poderá fazê-lo, sem poderes especiais; pode ela exercitar o seu direito de renúncia, desistindo do recurso porventura interposto pelo defensor, mas este não poderá, por si, proceder por igual forma, em se tratando de recurso manifestado pela própria parte"[202].

Eduardo Espínola Filho, na mesma linha de pensamento, acrescenta que "se plenamente capaz o recorrente, pode renunciar ao recurso, ou dele desistir, ainda quando interposto pelo seu defensor, ou procurador, porém a estes últimos não é dado validamente efetivar tal renúncia ou desistência, salvo com aquiescência da parte, ou estando munidos de procuração com poderes expressos"[203]. Como se observa, sendo a parte capaz, prevalece a sua vontade sobre a de seu defensor, cabendo a ela o direito de renunciar ou não ao recurso.

É esta também a posição doutrinária adotada na Súmula 143 das Mesas de Processo Penal da Faculdade de Direito da Universidade de São Paulo, segundo a qual, se o réu pode o mais, que é desconstituir seu defensor, pode o menos, que é desautorizar o recurso por ele interposto.

Na doutrina, portanto, prevalece o entendimento de que a vontade do acusado, apesar de não técnica, deve prevalecer sobre a do defensor.

Embora pese este entendimento, a jurisprudência vem adotando a posição contrária, sustentando prevalecer a vontade técnica do defensor. No mesmo sentido, pronunciou-se o STJ ao defender que a carência de conhecimento técnico do acusado o impede de formar juízo de valor adequado em prol da garantia de seus direitos.

Portanto, a jurisprudência mais recente é firme em sentido contrário ao das posições doutrinárias apontadas, conferindo maior valor à vontade manifestada pelo defensor do que à do acusado uma vez que o profissional habilitado sabe o que mais convém ao réu, quase sempre leigo em ciências jurídicas. Inclusive, esse entendimento passou a ser objeto da Súmula 705 do STF, tendo o seguinte teor: "A renúncia do réu ao direito de apela-

---

200. *Trattato di diritto processuale penale italiano secondo il nuovo Codice*, cit., v. 4, p. 516.

201. *Código de Processo Penal*, 1942, v. 2, p. 175.

202. *Código de Processo Penal*, cit., 1960, v. 2, p. 307.

203. *Código de Processo Penal anotado*, cit., v. 6, p. 26.

ção, manifestada sem a assistência do defensor, não impede o conhecimento da apelação por este interposta".

> **Nosso entendimento:** diante do acolhimento do princípio que veda a *reformatio in pejus* por nosso Código de Processo Penal (art. 617), se o réu estiver solto, deverá prevalecer sempre a vontade de quem quer recorrer, seja o defensor, seja o próprio acusado.

No que toca à obrigatoriedade de o réu recolher-se à prisão para poder recorrer, dispunha o art. 594 do CPP, que "o réu não poderá apelar sem recolher-se à prisão, ou prestar fiança, salvo se for primário e de bons antecedentes, assim reconhecido na sentença condenatória, ou condenado por crime de que se livre solto". O recolhimento do réu à prisão era, portanto, condição para a apelação, salvo quando fosse condenado por infração da qual se livrasse solto, prestasse fiança ou fosse primário e portador de bons antecedentes. Fora desses casos, sua fuga caracterizaria fato impeditivo do recurso. A doutrina considerava que, com a atual ordem constitucional, o art. 594 devia ser reinterpretado, não se admitindo mais a prisão processual antes do trânsito em julgado da condenação sem que estivessem presentes os requisitos da prisão cautelar (CPP, art. 312). Assim, sem a demonstração do *periculum in mora*, a prisão provisória, decretada apenas porque o agente é reincidente ou portador de maus antecedentes, consistiria em mera antecipação da execução da pena, e, por conseguinte, violaria o princípio constitucional do estado de inocência (CF, art. 5º, LVII). Nesse sentido, Luiz Flávio Gomes[204]. Com o advento da Lei n. 11.719/2008, o art. 594 do CPP foi expressamente revogado. Além disso, consoante as novas alterações legislativas, o réu somente será preso se estiverem presentes os requisitos da prisão preventiva (CPP, art. 387, parágrafo único). Aliás, vale lembrar que agora só existem três tipos de prisão no curso da investigação ou do processo: prisão temporária, prisão preventiva ou em virtude de flagrante delito (cf. art. 283, *caput*, com a redação determinada pela Lei n. 12.403/2011). Na realidade, mencionado Diploma Legal veio ao encontro do preceito contido no art. 7º, item 5, do Pacto de São José da Costa Rica e apenas deixou expresso o entendimento que já tinha sido firmado na jurisprudência e que acabou culminando na edição da Súmula 347 do STJ, segundo a qual: "O conhecimento de recurso de apelação do réu independe de sua prisão". Nessa mesma linha, é o teor do art. 492, inciso I, *e*, que trata da sentença condenatória no procedimento do Júri e que dispõe que o juiz-presidente, no caso de condenação, "mandará o acusado recolher-se ou recomendá-lo-á à prisão em que se encontra, se presentes os requisitos da prisão preventiva". *Vide* também o art. 413, § 3º, que dispõe acerca da prisão decorrente de pronúncia.

A partir desse novo panorama legal, o art. 595 do CPP acabou por ser revogado expressamente pela Lei n. 12.403/2011, pois, se o réu não precisa recolher-se à prisão para recorrer, caso fuja, a apelação não se poderá tornar deserta.

---

204. *Direito de apelar em liberdade*, cit., p. 53.

Convém, por fim, lembrar a Súmula 393 do STF, segundo a qual "para requerer revisão criminal, o condenado não é obrigado a recolher-se à prisão".

(vi) **Fatos extintivos:** são os fatos supervenientes à interposição do recurso, que impedem seu conhecimento. São fatos extintivos: a desistência e a deserção.

A desistência decorre da expressa manifestação de vontade do recorrente, no sentido de não prosseguir com o recurso interposto.

Segundo Espínola Filho, é a expressa manifestação de desinteresse pelo seguimento do recurso[205]. A desistência é sempre posterior à interposição do recurso, pois só se desiste do que se começou a fazer. O Ministério Público não pode desistir dos recursos interpostos (CPP, art. 576). O defensor só pode fazê-lo se tiver poderes especiais.

A jurisprudência tem entendido que, tanto no caso da desistência quanto no da renúncia, deve prevalecer a vontade do defensor técnico sobre a do acusado leigo, em atenção ao princípio da ampla defesa. "Em havendo conflito de vontades entre o acusado e o defensor, quanto à interposição do recurso, a apelação deve ser conhecida em favor da defesa técnica (Súmula 705 do STF)" (TJ-SC – APR: 00066050920178240038/Joinville 0006605-09.2017.8.24.0038, rel. Júlio César M. Ferreira de Melo, Data de Julgamento: 17 maio 2018, Primeira Câmara Criminal).

"Deserção é o ato de abandonar o recurso; equivale à desistência tácita ou presumida. A deserção da apelação é, assim, a desistência que a lei presume ter da mesma feito o apelante"[206].

Pode decorrer da falta de preparo (pagamento das custas processuais) nos casos em que a lei exige (CPP, art. 806, § 2º). Quanto à deserção por falta de pagamento das custas processuais, em São Paulo, ela será cabível em face do disposto no art. 4º, § 9º, *b*, da Lei Estadual n. 11.608, de 29 de dezembro de 2003, que instituiu o recolhimento de taxa judiciária nas ações penais. Assim, mencionado dispositivo legal estabelece que "nas ações penais, salvo aquelas de competência do Juizado Especial Criminal – JECRIM, em primeiro grau de jurisdição, o recolhimento da taxa judiciária será feito da seguinte forma: a) nas ações penais, em geral, o valor equivalente a 100 (cem) UFESPs será pago, a final, pelo réu, se condenado; b) nas ações penais privadas, será recolhido o valor equivalente a 50 (cinquenta) UFESPs no momento da distribuição, ou, na falta desta, antes do despacho inicial, bem como o valor equivalente a 50 (cinquenta) UFESPs no momento da interposição do recurso cabível, nos termos do disposto no § 2º do artigo 806 do Código de Processo Penal". No tocante à deserção decorrente da fuga do réu, o art. 594 do CPP foi expressamente revogado, acarretando a consequente revogação também do art. 595 do CPP pela Lei n. 12.403/2011, de modo que, se o réu não precisa recolher-se à prisão para recorrer, caso fuja, a apelação não se poderá tornar deserta.

---

205. *Código de Processo Penal anotado*, cit., p. 26.

206. Borges da Rosa, *Processo penal brasileiro*, 1942, v. 4, p. 20.

22.3.2. Pressupostos subjetivos

São eles: interesse jurídico e legitimidade para recorrer.

(i) **Interesse jurídico:** dispõe o art. 577, parágrafo único, que "Não se admitirá, entretanto, recurso da parte que não tiver interesse na reforma ou modificação da decisão".

O interesse exigido não é o interesse moral, mas o interesse processual.

Tal interesse decorre sempre da necessidade do recurso para a parte obter uma situação processual mais vantajosa. Para tanto, é preciso que tenha havido sucumbência, ou seja, o desacolhimento total ou parcial de sua pretensão no processo. Deste modo, só há interesse em recorrer quando a parte pretende algo no processo que lhe tenha sido negado pelo juiz, gerando-lhe prejuízo. Não se concebe a utilização do recurso apenas para obter afirmação de conteúdo meramente doutrinário[207].

Nessa mesma linha de pensamento, conclui Bento de Faria que "não se verifica, portanto, esse interesse quando: o recorrente alega razões respeitantes à outra parte, ou a decisão não é suscetível de ocasionar-lhe prejuízo, ou, ainda, quando a decisão, embora injusta, lhe seja vantajosa"[208].

Dessa forma só tem interesse recursal quem teve desacolhida, no processo, alguma pretensão, desejando, com o recurso, obter um provimento jurisdicional mais favorável.

Questão altamente controvertida é a do interesse do Ministério Público em recorrer da sentença condenatória, em favor do réu.

José Frederico Marques entende que o Ministério Público não tem interesse nesse recurso, por absoluta falta de sucumbência, pois defende, no processo penal, interesse oposto ao do acusado[209]. Nesse mesmo sentido é o teor do acórdão da 6ª Câmara do extinto Tribunal de Alçada Criminal de São Paulo, da lavra do Juiz Almeida Braga, ao julgar a Apelação n. 698.897/1, proveniente da Comarca de Pirassununga, no qual se sustentou que o Ministério Público não tem interesse em recorrer da sentença condenatória, em benefício do acusado, mesmo quando, em sua última manifestação, tenha pugnado pela absolvição: "Representando o Estado-Administração, o Ministério Público, na hipótese de ter sido prolatada uma sentença, somente pode insurgir-se contra ela quando houver sucumbência por parte do Estado-Administração. Este sucumbe quando o Estado-Juiz não acolhe a denúncia ou a acolhe em parte. Nesta hipótese, mesmo que o representante do Estado-Administração tenha pedido a absolvição e o Estado-Juiz a tenha negado, não se pode falar em sucumbência do primeiro". Em sentido contrário, o Supremo Tribunal Federal já decidiu reiteradas vezes que o MP pode recorrer da sentença condenatória em favor do réu, na qualidade de *custos legis*.

---

207. Manzini, apud Bento de Faria, *Código de Processo Penal*, cit., p. 305.

208. *Código de Processo Penal*, cit., p. 305.

209. *Elementos de direito processual penal*, cit., v. 4, p. 207.

Nosso entendimento: correta esta última posição, pois o Ministério Público é parte imparcial, e, mesmo quando ocupa o polo ativo da relação jurídica processual, não deixa de ser fiscal da lei. No entanto, se o representante ministerial pede a condenação e o juiz, acolhendo integralmente esse pedido, condena o réu, faltaria sucumbência, e, por conseguinte, interesse para o recurso em favor do condenado. Não pode, portanto, a nosso ver, recorrer o Ministério Público, se o seu pedido formulado nas alegações finais, seja pela condenação, seja pela absolvição, tiver sido integralmente acolhido pelo juiz na sentença. O problema aqui é puramente de falta de sucumbência e, por conseguinte, de interesse recursal.

Em sentido contrário ao nosso entendimento, e colocando a liberdade de convicção do promotor de justiça acima da regra do interesse recursal e do princípio da unidade do Ministério Público: STF, 2ª T., HC 69.957-0, rel. Min. Néri da Silveira, j. 9-3-1993, m. v., *DJU*, 25 mar. 1994, p. 5996; STJ, 6ª T., REsp 92.666-RJ, rel. Min. Vicente Leal, j. 20-5-1997, v. u., *DJU*, 4 ago. 1997.

Outra questão interessante refere-se ao interesse do réu em recorrer da sentença absolutória, a fim de mudar o fundamento da absolvição.

Por exemplo: absolvido por insuficiência de provas (CPP, art. 386, VII), pretende alterar esse fundamento para "estar provada a inexistência do fato" (CPP, art. 386, I), pois é melhor ficar cabalmente provada sua inocência do que não haver prova suficiente de sua culpa.

Há duas posições a respeito: para uns, não existe sucumbência da motivação, mas somente do dispositivo da sentença, razão pela qual faltaria interesse recursal; para outros, sempre que houver possibilidade de melhorar a situação do réu existe interesse recursal. Prevalece a segunda posição, uma vez que o fundamento pelo qual o acusado foi absolvido integra a parte dispositiva da sentença, além do que gera reflexos importantes no campo extrapenal e moral, influenciando na vida do agente.

A sucumbência pode ser classificada em: única, quando atinge apenas uma das partes, múltipla, quando várias são as partes atingidas. Se os interesses são idênticos, a sucumbência é paralela; se opostos, recíproca. Direta, quando atinge os integrantes da relação jurídica processual; reflexa, quando repercute fora do processo.

O prejuízo deve constar apenas do dispositivo, não importando os fundamentos da decisão.

(ii) **Legitimidade:** o recurso deve coincidir com a posição processual da parte.

Podem interpor recursos o Ministério Público, o querelante, o réu ou seu defensor (CPP, art. 577).

A defensoria pública tem legitimidade para recorrer em favor do réu revel, mesmo que este, em face de sua ausência, não tenha ratificado o recurso. O Ministério Público é parte ilegítima para apelar da sentença absolutória na ação penal exclusivamente privada, pois o querelante pode dispor como quiser da ação, perdoando o ofensor ou simplesmente conformando-se com o decreto absolutório.

Apelação interposta por réu leigo deve ser conhecida, porque ele é parte legítima para recorrer.

Em atendimento ao princípio da ampla defesa, tem-se admitido, inclusive, a interposição por advogado sem procuração, com mandato verbal, ou por defensor dativo, sem a anuência do réu preso.

22.4. Interposição

Dispõe o art. 578, *caput*, que "O recurso será interposto por petição ou por termo nos autos, assinado pelo recorrente ou por seu representante".

A interposição por termo nos autos do recurso ocorre quando a parte manifesta verbalmente a vontade de recorrer e esta é registrada nos autos pelo escrivão. Constando da ata de julgamento e assinada pelo apelante, é eficaz a apelação interposta verbalmente no Plenário do Júri, pois, no caso, a ata merece ser havida como termo.

Se o réu não souber, ou não puder assinar o nome, o termo será assinado por alguém, a seu rogo, na presença de duas testemunhas.

O recurso por termo não tem nenhum rigor formal, bastando apenas que fique inequívoco o inconformismo da parte. A interposição mediante simples manifestação nos autos é admitida pelo STJ (*RSTJ*, 34/325).

Poderão ser interpostos por termo a apelação e o recurso em sentido estrito. Somente por petição deverão ser interpostos o recurso extraordinário, o recurso especial, os embargos infringentes e declaratórios, a correição parcial e a carta testemunhável.

A explanação dos motivos não é necessária no momento da interposição, apenas quando do oferecimento das razões, salvo nos casos da Lei n. 9.099/95 (Lei dos Juizados Especiais), em que a apelação deverá vir acompanhada das respectivas razões (art. 82, § 1º).

Sobre a interposição de recurso por meio eletrônico, *vide* comentários à Lei n. 11.419, de 19 de dezembro de 2006, que trata da informatização do processo judicial (Capítulo 20).

O recurso *ex officio*, de ofício, obrigatório, necessário ou anômalo é aquele que obrigatoriamente deve ser interposto pelo próprio juiz em determinadas decisões. Nesse caso, costuma-se dizer que a decisão está forçosamente sujeita ao duplo grau de jurisdição. No final de sua decisão, quando exigido o recurso de ofício, dirá o juiz: "desta decisão, recorro *ex officio*".

No processo penal, as hipóteses de recurso necessário são as seguintes: as decisões que concederem *habeas corpus* (CPP, art. 574, I); as sentenças de absolvição sumária no Júri (CPP, arts. 574, II, e antigo 411); as sentenças que concederem a reabilitação criminal (CPP, art. 746); o despacho que determinar o arquivamento e as sentenças absolutórias no caso dos crimes contra a economia popular (art. 7º da Lei n. 1.521/51). Sucede que, com o advento da Lei n. 11.689/2008, o art. 415, que passou a tratar da absolvição sumária, não fez qualquer menção ao recurso de ofício, prevendo apenas o art. 416 que caberia o recurso de apelação contra essa decisão. O art. 574, II, por outro lado, manteve a sua redação preservada no tocante à previsão do recurso de ofício, o que tem levado alguns doutrinadores a sustentar a sua subsistência em face da reforma processual. Ocorre, no entanto, que o art. 574, II, refere-se apenas a duas hipóteses de absolvição sumária (circunstância que exclua o crime ou isente o réu de pena), não abrangendo as novas hipóteses autorizadoras, previstas no art. 415 do CPP.

Nosso entendimento: não foi a intenção do legislador a manutenção do recurso de ofício na hipótese de absolvição sumária, tendo ocorrido a revogação tácita do art. 574, II, do CPP.

O recurso necessário não pode ser considerado recurso, pois o juiz, que tem o dever de recorrer de ofício, não haveria de ficar inconformado com a sua própria decisão, mas, ao contrário, desejar o seu improvimento pelo tribunal. O recurso sempre resulta de um inconformismo, caso contrário não seria considerado recurso. Não há necessidade de fundamentação.

Oportuno ressaltar que algumas decisões, mormente em tribunais do Rio Grande do Sul e de Minas Gerais, vêm entendendo que o art. 129, I, da Constituição Federal revogou o recurso *ex officio*, pois, se a ação penal pública é privativa do Ministério Público, não cabe ao juiz praticar qualquer ato de parte, como, por exemplo, recorrer de decisão absolutória, sob pena de perder a imparcialidade e de quebrar o princípio da inércia jurisdicional. Somente o Ministério Público, integrante do polo ativo da relação processual, e encarregado constitucionalmente de promover a acusação em juízo, poderia interpor recurso de decisões de absolvição ou favoráveis ao acusado. O extinto Tribunal de Alçada Criminal de São Paulo, em algumas decisões, adotou esse entendimento.

Para Tourinho Filho, no entanto, não houve revogação alguma, pois o dispositivo constitucional trata de ação, e o recurso oficial não é ação[210]. Grinover, Scarance e Magalhães também sustentam que o recurso subsiste sem qualquer vício de inconstitucionalidade[211].

Nosso entendimento: não houve revogação (mais apropriadamente "não recepção" do dispositivo legal pela nova ordem constitucional). Não se trata de hipótese em que o juiz, inconformado com a própria decisão, dela interpõe recurso. Ao contrário, é um simples caso em que a lei exige o reexame da decisão pelo tribunal, devendo o juiz, mesmo tendo convicção do acerto de sua sentença, remetê-la para ser revista (entendendo que o recurso *ex officio* não foi revogado).

O juízo de prelibação dos recursos trata-se do juízo de admissibilidade dos recursos, antes de seu conhecimento pelo mérito. Dá-se por meio da verificação do preenchimento dos pressupostos recursais objetivos e subjetivos, sem o que não se julgará o pedido do recorrente.

---

210. *Processo penal*, cit., v. 4, p. 264.

211. *As nulidades no processo penal*, cit., p. 186.

Conforme adiante se verá, em alguns recursos, tal juízo é feito tanto pelo órgão jurisdicional *a quo*, no momento de receber ou não o recurso interposto, quanto pelo *ad quem*, antes de julgar o recurso. Em outros, o órgão recorrido é obrigado a receber o recurso e remetê-lo à instância superior, sem qualquer juízo prelibativo, ficando este exame prévio restrito ao tribunal *ad quem*.

Cuida-se, portanto, de juízo de admissibilidade no qual serão analisados os pressupostos objetivos e subjetivos do recurso, levando este a ser conhecido ou a ser extinto sem julgamento de seu mérito.

Não deve o juiz repelir o recurso em caso de dúvida, pois, como ensina Câmara Leal, "não sendo evidente a falta de interesse, o juiz *a quo* não deverá dificultar ou embaraçar o seguimento do recurso, para que a instância *ad quem* examine o assunto e rejeite o recurso se entender que ao recorrente falecia legítimo interesse em sua interposição"[212].

É esta também a lição de Borges da Rosa: "Surgindo dúvida se, no caso, cabe recurso, a mesma deve ser dirimida em favor do recorrente, isto é, pela admissão do recurso, de acordo com a regra *semper in dubiis benigniora vel favorabilia praeferenda sunt*"[213]. Esta também a posição do STF.

O tribunal *ad quem* sempre exerce juízo de admissibilidade, antes de analisar o pedido constante do recurso, podendo não conhecê-lo, e, assim, deixar de julgá-lo pelo mérito.

A delibação do recurso, isto é, o julgamento de seu mérito, só será possível após efetuado o juízo prelibativo. Diante da regra *tempus regit actum*, os recursos regem-se, quanto à sua admissibilidade, pela lei em vigor ao tempo em que a decisão foi proferida (CPP, art. 2º).

No recurso de apelação, a prelibação compete tanto ao juiz apelado quanto ao tribunal competente para julgar o apelo. No recurso em sentido estrito, no agravo em execução e na carta testemunhável não existe juízo de prelibação em primeira instância, pois o juiz ou o escrivão estarão obrigados a receber e processar o recurso, ainda que não preenchido algum pressuposto recursal.

22.5. Efeitos

(i) **Devolutivo:** é comum a todos os recursos. Consiste em transferir à instância superior o conhecimento de determinada questão. Trata-se da devolução ao órgão jurisdicional para o reexame da matéria objeto da decisão. Há recursos em que o reexame da matéria é devolvido ao próprio órgão recorrido, como é o caso dos embargos declaratórios. Estes recursos são chamados de iterativos. Outros, só devolvem a questão para o órgão jurisdicional *ad quem*, como é o caso da apelação. São os chamados recursos reiterativos. E, por fim, há os recursos mistos, nos quais a questão é reexaminada pelo próprio órgão recorrido e, também, pelo órgão de instância superior, como é o caso do recurso em sentido estrito e do agravo em execução.

---

212. *Comentários ao Código de Processo Penal brasileiro*, cit., v. 4, p. 36-7.

213. *Processo penal brasileiro*, cit., v. 3, p. 483.

(ii) **Suspensivo:** o recurso funciona como condição suspensiva da eficácia da decisão, que não pode ser executada até que ocorra o julgamento final. No silêncio da lei, o recurso não tem efeito suspensivo. A apelação da sentença absolutória não tem efeito suspensivo. Estando presentes os requisitos da preventiva, em caso de sentença condenatória, o juiz ordenará o recolhimento do acusado à prisão, ou, já se encontrando preso, recomendá-lo-á à prisão em que se encontra. Nessa mesma linha, é o teor do art. 492, I, *e*, que trata da sentença condenatória no procedimento do Júri e que dispõe que o juiz-presidente, no caso de condenação, "mandará o acusado recolher-se ou recomendá-lo-á à prisão em que se encontra, se presentes os requisitos da prisão preventiva".

O recurso em sentido estrito da sentença de pronúncia suspendia a realização do Júri, mas não impedia a prisão provisória, se o pronunciado fosse reincidente ou tivesse maus antecedentes, consoante o teor da antiga redação do art. 408, § 2º, do CPP. O art. 413, § 3º, do CPP, no entanto, passou a dispor que: "O juiz decidirá, motivadamente, no caso de manutenção, revogação ou substituição da prisão ou medida restritiva de liberdade anteriormente decretada e, tratando-se de acusado solto, sobre a necessidade da decretação da prisão ou imposição de quaisquer das medidas previstas no Título IX do Livro I deste Código". A respeito do recurso extraordinário e do especial *vide* comentários no tópico 22.17.4.1.

(iii) **Extensivo:** está previsto no art. 580 do Código de Processo Penal. No caso de concurso de agentes, a decisão do recurso interposto por um dos réus, se fundado em motivos que não sejam de caráter exclusivamente pessoal, aproveitará aos demais. Exige que as situações processuais sejam idênticas.

Em caso de recurso, a decisão do tribunal só pode estender-se ao corréu que não apelou nos seguintes casos: ausência de materialidade ou atipicidade do fato, ou, ainda, causa de extinção da punibilidade que não possua cunho pessoal. Por exemplo: sentença absolutória concedida para réu que praticou determinada conduta descriminalizada por ocasião de norma revogadora de tipo incriminador. A absolvição em recurso interposto por somente um deles, fundada em causa extintiva da punibilidade, aproveitará ao outro, ainda que desmembrado o processo, posto se tratar de motivo de caráter geral e não pessoal.

Este efeito pode ser aplicado à apelação, revisão criminal, *habeas corpus*, recurso em sentido estrito e aos recursos em geral.

(iv) **Regressivo, iterativo ou diferido:** é o efeito que possibilita o juízo de retratação por parte do órgão recorrido, possibilitando, assim, ao prolator da decisão, a possibilidade de alterá-la ou revogá-la parcial ou inteiramente (p. ex.: recurso em sentido estrito).

22.6. Extinção

Os recursos podem ser extintos antes de seu julgamento.

São fatos extintivos do recurso: a *deserção*, que ocorre pela falta de preparo ou pagamento das despesas legais, e a *desistência*.

22.7. Apelação

22.7.1. Origem etimológica

Origina-se do latim *appellatio*, que significa dirigir a palavra a alguém. Tratava-se de um recurso hierárquico com o objetivo de ensejar novo julgamento substitutivo do anterior, com novas provas. Tourinho Filho nos dá conta de sua origem: "A apelação é recurso de largo uso e, salvo engano, deita raízes no direito romano. A princípio, havia a *provocatio ad populum*, segundo a qual o condenado pedia ao povo a anulação da sentença. Mas há quem lhe negue o caráter de apelação. Entretanto, sob o Império Romano, surgiu a *appellatio*, remédio que permitia ao litigante sucumbente dirigir-se ao Juiz superior visando à reforma da decisão proferida pelo inferior"[214].

22.7.2. Conceito

Recurso interposto da sentença definitiva ou com força de definitiva, para a segunda instância, com o fim de que se proceda ao reexame da matéria, com a consequente modificação parcial ou total da decisão. Para Bento de Faria, "a apelação é o recurso manifestado pela parte que se julga prejudicada pela decisão judicial e interposto para o Tribunal superior para que a revogue no todo ou em parte"[215].

22.7.3. Características

É um recurso amplo, porque, em regra, devolve o conhecimento pleno da matéria impugnada. "A força extensiva desse recurso devolve ao Tribunal o conhecimento integral da ação, ou da parte da qual se recorra quando assim for interposta"[216]. É importante frisar que o apelante não pode formular na apelação novo pedido, até então inexistente, e que, por este motivo, não foi objeto de julgamento na instância inferior. Caso isto fosse possível, não haveria recurso, mas nova ação proposta originariamente em segunda instância, com clara afronta ao princípio do duplo grau de jurisdição. "Une demande est nouvelle lorsqu'elle n'est pas jugée en première instance."[217] Se o juízo da apelação constitui novo exame do processo debatido perante os primeiros juízes, é consequência lógica deste conceito que a sua amplitude deve ficar circunscrita ao que se debateu em primeira instância.

É um recurso residual, que só pode ser interposto se não houver previsão expressa de cabimento de recurso em sentido estrito para a hipótese.

É, por fim, um recurso que goza de primazia em relação ao recurso em sentido estrito, de modo que, se a lei previr expressamente o cabimento deste último recurso com relação a uma parte da decisão e a apelação do restante, prevalecerá a apelação, que

214. *Processo penal*, cit., v. 4, p. 296.

215. *Código de Processo Penal*, cit., v. 3, p. 319.

216. Bento de Faria, *Código de Processo Penal*, cit., p. 319.

217. Glasson, *Précis de procédure civile*, II, p. 41.

funcionará como único recurso oponível. Por exemplo: da sentença condenatória sempre cabe apelação, de acordo com o disposto no art. 593, I, do CPP, não havendo possibilidade do recurso em sentido estrito, ante a falta de previsão expressa nesse sentido. No entanto, no caso de decisão denegatória do *sursis*, é previsto o recurso em sentido estrito. Portanto, se, na sentença condenatória, houvesse a denegação do benefício, ficaria a dúvida: cabe apelação contra o mérito da decisão, e recurso em sentido estrito da parte denegatória da suspensão condicional da pena? Haveria dois recursos para a mesma decisão? Resposta: não, pois a apelação, neste caso, goza de primazia. Caberá somente apelação contra qualquer parte da decisão condenatória. O recurso em sentido estrito fica reservado para as hipóteses de denegação do *sursis*, que ocorrerem fora da sentença condenatória (desde que não seja processo de execução penal, quando, então, caberá agravo em execução).

22.7.4. Apelação plena e limitada

Partindo da ideia de que o tribunal não pode proceder de ofício, em face da inércia da jurisdição (*ne procedat judex ex officio*), conclui-se facilmente que sem o recurso não há como se reexaminar uma decisão judicial da instância inferior. É justamente o recurso que cria a competência recursal. Deste modo, sem recurso o tribunal não poderá modificar a decisão, determinar providências, nem fazer coisa alguma, ainda que quisesse. A jurisdição de segundo grau fica impedida de manifestar-se. Partindo desta premissa, é forçoso concluir que, se ao recurso cabe o mais, que é criar a competência do tribunal para rever a matéria, permitindo a emissão de um provimento jurisdicional, certamente cabe o menos, ou seja, fixar os limites da competência da instância mais elevada. A parte que invoca o reexame pelo juízo *ad quem*, ao mesmo tempo, fixa-lhe a extensão, delimitando a sua área. Do mesmo modo que o juízo *a quo* não pode julgar *ultra* nem *extra petitum*, não o pode também o juízo *ad quem*. Trata-se da aplicação do princípio do *tantum devolutum quantum appellatum*, inserido no art. 599 do Código de Processo Penal.

Portanto, o tribunal só julga a matéria que lhe foi devolvida pelo recurso da parte, não podendo ir além de acolher o pedido ou rejeitá-lo, no todo ou em parte. Não pode julgar mais, nem fora do que foi pedido, mesmo que assim o queira, porque lhe falta competência recursal para tanto: *tantum devolutum quantum appellatum*.

Tourinho Filho entende que o princípio do *tantum devolutum quantum appellatum* não tem, no processo penal, a mesma dimensão que lhe traça o processo civil, afirmando que o juiz tem liberdade para apreciar a sentença, mesmo na parte não guerreada, desde que seja para favorecer o réu. Dessa forma, o único freio para o juiz é o princípio do *favor rei* (*Processo penal*, cit., p. 303).

O recurso pode ter por objetivo o reexame completo da causa, quando, por exemplo, a parte, não se conformando, *in totum*, com a sentença final, pleiteia a sua reforma integral. Neste caso, teremos a chamada apelação plena ou ampla, que é, justamente, a interposta em termos amplos. Pode ocorrer, contudo, que a apelação se volte contra parte da decisão, limitando o campo de atuação do tribunal, caso em que será chamada de limitada ou restrita. O recurso parcial só é possível quando o recorrente determinar, com absoluta clareza e precisão, e de forma explícita, a sua pretensão recursal, ou seja, a parte da decisão com a qual não se conforma. Na dúvida, o recurso deve ser recebido em sua integralidade. Portanto, em regra, no silêncio do recorrente, a apelação será recebida em termos amplos.

Questão controvertida refere-se ao momento processual em que o apelante deve limitar os termos de sua apelação. No caso do Ministério Público, tem-se entendido que é na petição de interposição que se estabelecem os limites do apelo, uma vez que o promotor, apelando em termos amplos, não poderia jamais restringir o âmbito de seu recurso nas razões[218]. Assim, "se o Ministério Público não especifica de que parte do julgado recorre, entende-se que o faz de toda a decisão. Logo, se apela em termos amplos, ainda que suas razões possam ser interpretadas como parciais, obrigam ao conhecimento total" (STF, *RTJ*, 51/414, 93/971, 102/584, 104/543 e 110/592). Trata-se da posição francamente dominante na doutrina: Frederico Marques[219]; Bento de Faria[220]; e Eduardo Espínola Filho[221].

Nosso entendimento: o limite do recurso é estabelecido na petição de interposição, não podendo o Ministério Público limitar seu âmbito nas razões, porque isso implicaria desistência tácita parcial do recurso interposto, e clara violação ao princípio da indisponibilidade e ao disposto no art. 576 do Código de Processo Penal ("O Ministério Público não poderá desistir de recurso que haja interposto").

No caso da defesa, os limites do recurso também são fixados na interposição. A apelação existe no momento em que é interposta, e não quando são oferecidas as razões. A interposição é, portanto, aquele momento em que a parte manifesta seu inconformismo, e no qual se fica sabendo que ela não se conforma e em quais limites não o faz com a decisão recorrida. No exato instante em que a parte apela, deve expressar contra o que recorre, e em que limites o faz. As razões são simples acessórios e servem apenas para embasar o inconformismo nos parâmetros já estabelecidos, devendo, portanto, simplesmente seguir a sorte do principal.

Embora pese esse entendimento, há uma corrente em sentido oposto, sustentando que é nas razões que o apelante melhor refletiu contra o que deseja apelar, sendo estas o lugar correto de eventuais delimitações.

22.7.5. Legitimidade e interesse

O Ministério Público não tem legitimidade para apelar da sentença absolutória proferida em ação penal de iniciativa privada, uma vez que lhe falta a titularidade do *jus accusationis*.

---

218. Frederico Marques, *Elementos*, cit., v. IV, p. 207.

219. *Elementos de direito processual penal*, 1. ed., Forense, 1965, v. 4, p. 207.

220. *Código de Processo Penal*, Record Ed., 1960, v. 2, p. 305.

221. *Código de Processo Penal brasileiro anotado*, Borsoi, 1955, v. 6, p. 25.

Entretanto, o Ministério Público tem legitimidade para apelar em favor do réu, seja a ação pública ou privada, na qualidade de fiscal da exata aplicação da lei, pois "não é instituição à qual se destina o monopólio da acusação; incumbe-lhe também defender, quando é o caso, sempre em defesa da eficácia da lei"[222]. Somente não poderá interpor recurso em benefício do acusado quando tiver pedido a condenação nas alegações finais e o juiz tiver proferido a decisão nos exatos termos dessa postulação. Nesse caso, faltaria sucumbência a supedanear o inconformismo. Ademais, implicaria ofensa aos princípios da unidade e indivisibilidade e ao senso comum o Ministério Público pedir a condenação e, logo depois, inconformar-se com ela.

Já o assistente da acusação só tem legitimidade recursal supletiva, de modo que, se a apelação do Ministério Público for ampla, ou seja, contra toda a decisão, a daquele não será conhecida (CPP, art. 598, *caput*).

O assistente da acusação não tem interesse em recorrer visando aumento de pena, uma vez que a sua finalidade no processo penal se limita à obtenção do provimento condenatório para formação do título executivo judicial[223]. O Supremo Tribunal Federal já entendeu que o assistente pode apelar visando aumento de pena, pois a sua função é a de auxiliar da justiça. Do mesmo modo, há jurisprudência do STJ considerável no sentido de que "[...] a legitimidade recursal do assistente de acusação é supletiva, cingindo-se aos casos de inércia do Ministério Público ou, ainda, quando o recurso deste órgão não abranger a totalidade das questões discutidas" (TJ-RS – APR: 70081172298/RS, rel. Dálvio Leite Dias Teixeira, Data de Julgamento: 18 dez. 2019, Oitava Câmara Criminal, Data de Publicação: 20 jan. 2020).

Nosso entendimento: correta a primeira posição: o único interesse jurídico que justifica a presença do assistente é a formação de título executivo para a futura reparação do dano cível, resultante do crime. Assim, não tem interesse no aumento de pena ou que o réu responda preso ao processo. Do mesmo modo, não tem interesse em recorrer da sentença de pronúncia, a fim de que o réu seja pronunciado por crime mais grave, ou para inclusão de qualificadoras.

Na jurisprudência, no entanto, há alguns posicionamentos admitindo a interposição de recurso contra a sentença de pronúncia, com o fim de agravar a situação do réu.

A defensoria pública tem legitimidade para apelar em favor do réu revel, independentemente de sua ratificação.

O Supremo Tribunal Federal, em sessão plenária, passou a entender que o defensor dativo não está obrigado a apelar. Diante disso, se não apela, a sentença transita em julgado.

O réu tem legitimidade para apelar por termo.

222. STJ, 5ª T., rel. Min. Edson Vidigal, *DJU*, 21 fev. 1994, p. 2180; 6ª T., rel. Min. Luiz Vicente Cernicchiaro, *DJU*, 5 maio 1992, p. 5899, apud Garcindo Filho, *Jurisprudência*, cit., p. 182.

223. Tourinho Filho, *Processo penal*, cit., v. 4, p. 316.

22.7.6. Apelação subsidiária do apelo oficial

Na ação penal pública, se o Ministério Público não interpõe a apelação no quinquídio legal, o ofendido ou seu cônjuge, ascendente, descendente ou irmão poderão apelar, ainda que não se tenham habilitado como assistentes, desde que o façam dentro do prazo de quinze dias, a contar do dia em que terminar o do Ministério Público (parágrafo único do art. 598 do CPP).

22.7.7. Prazo da apelação do assistente da acusação

Se o assistente não estava habilitado nos autos, o prazo para recorrer é de quinze dias, a contar do vencimento do prazo para o Ministério Público apelar. Nesse sentido, a Súmula 448 do Supremo Tribunal Federal, segundo a qual "o prazo para o assistente recorrer, supletivamente, começa a correr imediatamente após o transcurso do prazo do Ministério Público". Se o assistente da acusação já estiver habilitado nos autos, então deverá ser intimado da sentença, nos termos do art. 391 do CPP. Neste caso, não se aplica o disposto na Súmula 448, correndo o prazo a partir da intimação.

O prazo será de cinco dias, pois não há justificativa para que o assistente tenha um prazo maior do que as outras partes.

> → **ATENÇÃO:** se o assistente habilitado for intimado antes do Ministério Público, neste caso, o prazo continuará sendo de 5 dias, mas a contar do trânsito em julgado para o Ministério Público, e não a partir da intimação.

Tourinho Filho também sustenta que: "Se o ofendido ou qualquer das pessoas referidas no art. 268 do CPP já havia se habilitado no processo como assistente, o prazo para apelar é de cinco dias, mesmo porque nenhuma razão justificaria pudesse o seu apelo ser interposto em prazo mais dilatado do que aquele fixado para as demais partes. Se não estava habilitado, então o prazo é aquele referido no parágrafo único do art. 598 do CPP: 15 dias"[224].

Resumindo:

(i) **assistente não habilitado** – prazo de 15 dias, a contar do término do prazo para o Ministério Público recorrer;

(ii) **assistente habilitado** – prazo de 5 dias, a contar de sua efetiva intimação, desde que tenha sido intimado após o Ministério Público;

(iii) **assistente habilitado** – prazo de 5 dias, a contar do trânsito em julgado para o Ministério Público, se o assistente foi intimado antes.

> → **ATENÇÃO:** há decisão do Superior Tribunal de Justiça no sentido de que, em qualquer caso, o prazo para o assistente da acusação apelar será de 15 dias, a contar do término do prazo para o Ministério Público, uma vez que o parágrafo único do art. 598 não faz qualquer distinção. O STF, contudo, continua mantendo seu entendimento de separar as hipóteses de assistente habilitado (prazo de cinco dias) e não habilitado (prazo de quinze dias).

---

224. *Processo penal*, cit., v. 4, p. 318.

22.7.8. Renúncia e desistência

O defensor dativo não pode desistir do recurso interposto, pois, para isso, necessitaria de poderes especiais. Contudo, não está obrigado a apelar, em face do princípio da voluntariedade dos recursos. O defensor público também não está obrigado a recorrer, devido ao princípio da voluntariedade dos recursos.

Se o réu desistir do recurso, não se deve conhecer daquele interposto pelo defensor, pois, se o réu pode desconstituir seu defensor no processo, que é o mais, pode também desautorizar o recurso formulado em seu nome, que é o menos.

Em sentido contrário, entende-se que o réu, sendo leigo, não tem condições de avaliar da necessidade do apelo, devendo sempre prevalecer a vontade do profissional habilitado. Aliás, o STF editou a Súmula 705, no sentido de que "A renúncia do réu ao direito de apelação, manifestada sem a assistência do defensor, não impede o conhecimento da apelação por este interposta". Esclarecemos que trata-se da posição predominante.

Nosso entendimento: por força da aplicação do princípio da ampla defesa, estando o réu solto, e não se tratando de recurso da pronúncia, deve prevalecer sempre a vontade de quem quer recorrer, seja réu, seja defensor.

22.7.9. Cabimento da apelação nas sentenças do juiz singular

Cabe apelação das sentenças definitivas de condenação ou absolvição. São as decisões que põem fim à relação jurídica processual, julgando o seu mérito, quer absolvendo, quer condenando o acusado. As sentenças condenatórias são as que julgam procedente no todo, ou em parte, a pretensão punitiva, infligindo ao responsável uma pena. As sentenças absolutórias são as que não acolhem a pretensão de punir deduzida em juízo.

De toda sentença condenatória cabe apelação, e de toda absolutória também, inclusive as decisões que absolvem sumariamente o acusado (CPP, art. 416). A Lei n. 11.719/2008 passou a prever a possibilidade de, no procedimento sumário e ordinário, ser oferecida defesa inicial (CPP, art. 396 e 396-A) visando à absolvição sumária do agente (CPP, art. 397), na qual, dentre as matérias suscitadas, poderá ser alegada a extinção da punibilidade. Nessa situação específica (CPP, art. 397, IV), caberá o recurso em sentido estrito (CPP, art. 581, VIII), ao contrário das demais hipóteses (CPP, art. 397, I a III), das quais caberá o recurso de apelação.

Igualmente, das sentenças definitivas que, julgando o mérito, põem fim à relação jurídica processual ou ao procedimento, sem, contudo, absolver ou condenar o acusado. São as chamadas decisões definitivas em sentido estrito ou terminativas de mérito. Por exemplo: sentença que resolve incidente de restituição de coisas apreendidas, determinando ou não sua devolução ao terceiro de boa-fé; decisão que homologa, ou não, laudo pericial de pedido de busca e apreensão em crimes contra a propriedade imaterial; que indefere pedido de justificação; que autoriza levantamento de sequestro; que concede a reabilitação etc. A sentença que declara extinta a punibilidade é também uma decisão definitiva em sentido estrito, que encerra o processo com julgamento do mérito, sem absolver ou condenar. Contudo, por expressa disposição legal, dela cabe recurso em sentido estrito, e não apelação (CPP, art. 581, VIII).

Das decisões com força de definitivas ou interlocutórias mistas: são aquelas que põem fim a uma fase do procedimento (não terminativas) ou ao processo (terminativas), sem julgar o mérito. A pronúncia é uma decisão interlocutória mista não terminativa, mas dela cabe recurso em sentido estrito (CPP, art. 581, IV). A impronúncia e a rejeição da denúncia ou queixa são decisões interlocutórias mistas terminativas. A decisão de impronúncia comporta o recurso de apelação (CPP, art. 416) e não mais o recurso em sentido estrito (CPP, art. 581, IV); já da rejeição da denúncia ou queixa cabe recurso em sentido estrito, por expressa disposição legal (CPP, art. 581, I). A rejeição da denúncia, no caso da Lei n. 9.099/95, é uma decisão com força de definitiva (interlocutória mista terminativa), da qual cabe apelação (art. 82, *caput*).

Cabe recurso de todas as decisões definitivas e com força de definitivas, desde que a lei não preveja expressamente o recurso em sentido estrito, pois a apelação é um recurso de natureza residual.

Das seguintes decisões proferidas pelo juizado especial criminal: rejeição da denúncia ou queixa, sentenças definitivas de absolvição ou de condenação, sentença homologatória e não homologatória da transação penal, e sentença homologatória da suspensão condicional do processo.

> → **ATENÇÃO:** as decisões interlocutórias simples são irrecorríveis (recebimento da denúncia ou queixa), salvo previsão expressa de recurso em sentido estrito (decisão que concede liberdade provisória – CPP, art. 581, V, parte final).

22.7.10. Apelação das decisões do Júri

No tocante à natureza, a apelação das decisões do Júri tem caráter restrito, pois não devolve à superior instância o conhecimento pleno da questão, por força da garantia constitucional da soberania dos veredictos, prevista no art. 5º, XXXVIII, *c*. Interposta a apelação por um dos motivos legais, o tribunal fica circunscrito a eles, não podendo ampliar seu campo de análise. O STF editou a Súmula 713, no sentido de que "O efeito devolutivo da apelação contra decisões do Júri é adstrito aos fundamentos da sua interposição".

O art. 593, III, do Código de Processo Penal prevê a apelação das decisões do Júri em quatro hipóteses:

(i) **Nulidade posterior à pronúncia:** tratando-se de nulidade anterior à pronúncia, a questão já foi analisada na própria decisão ou em recurso contra ela interposto, operando-se, por conseguinte, a preclusão. Quanto à nulidade posterior, se relativa, deve ser arguida, logo após o início do julgamento, em seguida ao pregão das partes, sob pena de considerar-se sanada (CPP, art. 571, V). Se a nulidade relativa tiver ocorrido durante o julgamento, o protesto deve ser feito logo após a sua ocorrência, sob pena de ser convalidada (CPP, art. 571, VIII).

A falta de oportuno protesto impede o apelante de levantar a nulidade relativa como questão preliminar do recurso. Além disso, imprescindível será a demonstração do efetivo prejuízo. No caso de nulidade absoluta, não há necessidade de arguição, nem de comprovação do prejuízo, pois esta é insanável e o ato assim viciado jamais se convalida. Dessa forma, mesmo que não formulado protesto, a questão poderá ser discutida na apelação. Provido o apelo, o julgamento é anulado, e o processo volta à fase em que se verificou a eiva, por força do princípio da sequencialidade (CPP, art. 573, § 1º).

(ii) **Sentença do juiz-presidente contrária à letra expressa da lei ou à decisão dos jurados:** o juiz está obrigado a cumprir as decisões do Júri, já que a horizontalidade é uma das características do órgão, não havendo supremacia do juiz togado sobre os jurados, mas simples atribuições diversas de funções. Os jurados decidem o fato e o juiz-presidente aplica a pena, de acordo com esta decisão, não podendo dela desgarrar-se. Outra hipótese de apelação, de que trata esta alínea, é a do juiz incidir em erro na sentença. Trata-se, aqui, de *error in procedendo*, e não relativo ao mérito, presente na alínea *d*. Cuidando-se de erro material ou uma das hipóteses previstas no art. 382, a sentença poderá ser simplesmente retificada, não havendo necessidade de anular-se o Júri.

(iii) **Quando houver erro ou injustiça no tocante à aplicação da pena ou da medida de segurança:** provido o apelo, a pena ou medida de segurança será ajustada à espécie. Compreende as seguintes hipóteses: (i) aplicação da pena privativa da liberdade com violação ao critério trifásico para sua fixação (CP, art. 68, *caput*); (ii) aplicação da pena acima ou abaixo do considerado justo ou ideal. No primeiro caso, a sentença poderá ser anulada por vício formal, já que implica *error in procedendo*. No segundo caso, há *error in judicando*, de maneira que basta ao tribunal corrigir a pena aplicada, sem precisar anular o julgamento.

Parte da jurisprudência tem admitido a apelação com base nessa alínea, com o fim de se obter a exclusão de agravantes e qualificadoras, ainda que reconhecidas pelos jurados, sem necessidade de anulação do Júri. Por exemplo: os jurados votam a prática de um crime de homicídio qualificado e o tribunal de justiça, em sede de apelação, dá provimento ao recurso para excluir essa circunstância, mantendo, no mais, a condenação pelo homicídio simples.

Há duas posições a respeito: o tribunal de justiça, apreciando o mérito, pode excluir as qualificadoras, sem precisar anular o Júri; o tribunal de justiça não pode excluir as qualificadoras, pois isso implicaria uma reforma direta do mérito da decisão dos jurados, com violação ao princípio constitucional da soberania dos veredictos. Além disso, a presença ou não de qualificadoras é questão atinente ao *meritum causae*, e não à pena, tanto que resulta da votação pelo conselho de sentença. Assim, o tribunal poderia, no máximo, anular o julgamento por decisão contrária à prova dos autos, com fundamento no art. 593, III, *d*, que, em casos como este, permite apenas a anulação do julgamento para a realização de outro.

Nosso entendimento: correta a segunda posição. Atenta contra o princípio da soberania dos veredictos o simples cancelamento da qualificadora, uma vez que essa não é mera circunstância da pena, mas do crime, e, portanto, integra o fato, submetendo-se à exclusiva competência do conselho de sentença.

Assim, ao tribunal de justiça compete, sob pena de ofensa a princípio constitucional do processo, apenas anular o Júri quando entender que o acolhimento da circunstância contrariou manifestamente a prova dos autos.

(iv) **Quando a decisão dos jurados for manifestamente contrária à prova dos autos:** contrária à prova dos autos é a decisão que não encontra amparo em nenhum elemento de convicção colhido sob o crivo do contraditório. Não é o caso de condenação que se apoia em versão mais fraca. Só cabe apelação com base nesse fundamento uma única vez. Não importa qual das partes tenha apelado, é uma vez para qualquer das duas.

→ **ATENÇÃO:** no caso de condenação por crimes conexos, o tribunal, em grau de recurso, pode anular o julgamento com relação a um, mantendo a decisão no que toca aos outros delitos.

22.7.11. Prazo

Em regra, é de cinco dias, a contar da intimação. No caso de intimação por edital, o prazo começa a correr a partir do escoamento do prazo do edital, que será de sessenta dias, se imposta pena inferior a um ano, e de noventa dias se igual ou superior a um ano (CPP, art. 392, § 1º). No caso de intimação por carta precatória, o prazo flui a partir da juntada da carta aos autos; contudo, o STF editou a Súmula 710, na qual pacificou o entendimento no sentido de que, "No processo penal, contam-se os prazos da data da intimação, e não da juntada aos autos do mandado ou carta precatória ou de ordem". O Supremo Tribunal Federal, revisando a jurisprudência predominante, passou a decidir que a entrega de processo em setor administrativo do Ministério Público, formalizada a carga pelo servidor, configura intimação direta, pessoal, cabendo tomar a data em que ocorrida como a da ciência da decisão judicial. Em contrapartida, o Estatuto do Ministério Público da União (Lei Complementar n. 75/93, art. 18, II, *h*) dispõe de forma clara e inequívoca que a intimação do órgão do Ministério Público deve ser pessoal e tem início na data da aposição do ciente pelo representante do *Parquet*.

No caso do réu, devem ser intimados ele e seu defensor, iniciando-se o prazo após a última intimação.

Para as sentenças proferidas em julgamento, no Júri popular, o prazo começa a fluir a partir da publicação da sentença na própria sessão de julgamento (art. 798, § 5º, *b*).

Havendo dúvida quanto à tempestividade, o recurso deve ser conhecido[225].

Referente ao prazo para o assistente do Ministério Público apelar, há até bem pouco tempo se entendia que, caso o assistente estivesse habilitado nos autos, o prazo era de cinco dias, a partir de sua intimação, porém, quando não habilitado, o prazo passaria a ser de quinze dias, a partir do escoamento do prazo para o recurso ministerial (interpretação que vinha sendo dada à Súmula 448 do STF). O STJ, contudo, adotou entendimento diverso, em decisão isolada, entendendo que, em qualquer caso, o prazo para a apelação do assistente será de quinze dias.

---

225. Câmara Leal, *Comentários ao Código de Processo Penal brasileiro*, cit., v. 4, p. 36.

Não obstante a jurisprudência, a partir do HC 59.668-STF, que distingue entre habilitado ou não, na concessão de prazos diferenciados de quinze dias, ou de cinco dias, para a apelação, deve-se modificar esse entendimento, concedendo-se ao assistente, em qualquer hipótese, o prazo único do art. 598, já que a lei não distingue e, por outro lado, pode haver dificuldades de constatação imediata da omissão do Ministério Público, ensejadora do recurso substitutivo.

"A despeito dessa decisão, o STF manteve seu posicionamento de cinco dias, a contar da intimação, para o assistente habilitado, e quinze dias, após o vencimento do prazo para o Ministério Público apelar, para o não habilitado" (STF, 2ª T., rel. Min. Néri da Silveira, *DJU*, 27 nov. 1992, p. 22301).

22.7.12. Processamento

(i) A apelação é interposta por termo ou petição.

(ii) Interposta a apelação, as razões devem ser oferecidas dentro do prazo de oito dias, se for crime, e três dias, em caso de contravenção penal, salvo nos crimes de competência do juizado especial criminal, quando as razões deverão ser apresentadas no ato da interposição, no prazo de 10 dias.

(iii) É obrigatória a intimação do apelante para que passe a correr o prazo para o oferecimento das razões de apelação.

(iv) Se houver assistente, este arrazoará no prazo de três dias após o Ministério Público.

(v) Se a ação penal for movida pelo ofendido, o Ministério Público oferecerá suas razões, em seguida, pelo prazo de três dias.

(vi) O advogado do apelante pode retirar os autos fora do cartório para arrazoar o apelo, porém, se houver mais de um réu, o prazo será comum e correrá em cartório. O Ministério Público tem sempre vista dos autos fora de cartório.

(vii) Se o apelante desejar, poderá oferecer as suas razões em segunda instância, perante o juízo *ad quem* (CPP, art. 600, § 4º).

O assistente da acusação não tem essa faculdade.

No recurso em sentido estrito não existe essa possibilidade.

(viii) Com as razões ou contrarrazões, podem ser juntados documentos novos.

(ix) O Ministério Público não pode desistir do recurso (CPP, art. 576), nem restringir seu âmbito nas razões.

(x) A defesa também não pode mudar a fundamentação do apelo nas razões de recurso.

(xi) Inexiste juízo de retratação na apelação.

(xii) Se houver mais de um réu, e não houverem sido todos julgados, ou não tiverem todos apelado, caberá ao apelante promover extração do traslado dos autos, para remessa a superior instância (CPP, art. 601, § 1º).

(xiii) Em que pese a disposição clara do art. 601, *caput*, os autos não podem subir sem as razões do Ministério Público; no caso de defensor constituído, o réu deve ser intimado da desídia de seu patrono, a fim de que seja constituído novo defensor ou nomeado dativo para a apresentação das razões. O defensor dativo também está obrigado a arrazoar o recurso. Note bem: a lei diz que a apelação sobe com ou sem as razões, mas a intervenção do Ministério Público é obrigatória em todos os termos da ação, sob pena de nulidade (CPP, art. 564, III, *d*), e a ampla defesa é garantia constitucional do acusado. Em sentido contrário, entendendo que a falta de razões não acarreta nulidade: STF, HC 69.882-4.

(xiv) A apresentação tardia das razões de apelação não impede o conhecimento do recurso.

(xv) O defensor está obrigado a oferecer contrarrazões, sob pena de nulidade.

(xvi) No tribunal *ad quem*, os autos serão remetidos ao Ministério Público de segunda instância, que poderá opinar livremente, já que não é parte.

(xvii) Da data do julgamento deve ser intimada a parte pela imprensa oficial, com um interregno de, no mínimo, 48 horas.

22.7.13. Liberdade provisória

A apelação da sentença absolutória não tem efeito suspensivo, de modo que o réu, se estiver preso, deverá ser colocado imediatamente em liberdade (CPP, art. 596, *caput*).

No tocante à apelação da sentença condenatória e à revogação dos arts. 594 e 595, *vide* tópicos anteriores.

22.7.14. Apelação sumária

Ocorre nas contravenções e crimes punidos com detenção, e é assim chamada porque o prazo para o procurador de justiça manifestar-se é de cinco, e não de dez dias.

22.7.15. Apelação ordinária

Ocorre no caso de apelação por crimes punidos com reclusão, tendo o procurador de justiça dez dias para se manifestar.

22.7.16. Deserção

A forma normal de extinção de um recurso é o seu julgamento.

A deserção é forma anômala de extinção do recurso, que ocorre devido à falta de pagamento das despesas recursais. Não ocorre mais no caso de fuga do réu após ter apelado.

22.7.17. Efeitos

São efeitos da apelação:

(i) **devolutivo (*tantum devolutum quantum appellatum*):** devolve o conhecimento da matéria à instância superior;

(ii) **suspensivo:** trata-se do efeito da dilação procedimental, que retarda a execução da sentença condenatória; aplicava-se nos casos de primariedade e bons antecedentes.

O art. 594 do CPP foi revogado expressamente e o réu somente será preso se estiverem presentes os requisitos da prisão preventiva (CPP, art. 387, § 1º);

(iii) **extensivo (CPP, art. 580):** o corréu que não apelou beneficia-se do recurso na parte que lhe for comum.

22.7.18. *Reformatio in pejus*

É a possibilidade de o tribunal prejudicar a situação processual do réu, em virtude de recurso da defesa. Por exemplo: o réu apela visando a absolvição e o tribunal não só mantém a condenação como ainda aumenta a pena, sem que haja recurso da acusação neste sentido.

O art. 617 do CPP proíbe a *reformatio in pejus*, ao dispor que o Tribunal não pode agravar a pena quando só o réu tiver apelado.

Diz a Súmula 160 do STF: "É nula a decisão do Tribunal que acolhe, contra o réu, nulidade não arguida no recurso da acusação, ressalvados os casos de recurso de ofício". Assim, a menos que a acusação recorra pedindo o reconhecimento da nulidade, o tribunal não poderá decretá-la *ex officio* em prejuízo do réu, nem mesmo se a nulidade for absoluta.

22.7.19. *Reformatio in pejus* indireta

Anulada sentença condenatória em recurso exclusivo da defesa, não pode ser prolatada nova decisão mais gravosa do que a anulada. Por exemplo: réu condenado a um ano de reclusão apela e obtém a nulidade da sentença; a nova decisão poderá impor-lhe, no máximo, a pena de um ano, pois do contrário o réu estaria sendo prejudicado indiretamente pelo seu recurso. Esse é o entendimento pacífico do STF. Trata-se de hipótese excepcional, em que o ato nulo produz efeitos (no caso, o efeito de limitar a pena na nova decisão). A regra, porém, não tem aplicação para limitar a soberania do Tribunal do Júri, uma vez que a lei que proíbe a *reformatio in pejus* (CPP, art. 617) não pode prevalecer sobre o princípio constitucional da soberania dos veredictos. Assim, anulado o Júri, em novo julgamento, os jurados poderão proferir qualquer decisão, ainda que mais gravosa ao acusado. Por exemplo: no primeiro julgamento o réu foi condenado por homicídio simples, ficando afastadas as qualificadoras; anulado o Júri, em virtude de recurso da defesa, poderá agora haver condenação até mesmo por homicídio qualificado, em face do princípio maior da soberania (os jurados estão livres para votar). No entanto, caso a votação do primeiro julgamento seja repetida (no exemplo, caso os jurados condenem de novo o réu por homicídio simples), o juiz-presidente não pode impor pena maior do que a do primeiro Júri, pois a ele se aplica a vedação legal.

> → **ATENÇÃO:** no caso de a sentença condenatória ter sido anulada em virtude de recurso da defesa, mas, pelo vício da incompetência absoluta, a jurisprudência não tem aceitado a regra da proibição da *reformatio in pejus* indireta, uma vez que o vício é de tal gravidade que não se poderia, em hipótese alguma, admitir que uma sentença proferida por juiz absolutamente incompetente tivesse o condão de limitar a pena na nova decisão. Neste caso, pouco importa tenha a nulidade sido reconhecida em recurso exclusivo da defesa.

22.7.20. *Reformatio in mellius*

Consiste na possibilidade do tribunal, em recurso exclusivo da acusação, melhorar a situação processual do acusado. Por exemplo: o promotor apela para aumentar a pena e o tribunal absolve o réu.

> **Nosso entendimento:** não é possível, em recurso exclusivo da acusação, reformar a decisão em favor do réu, em face do princípio do *tantum devolutum quantum appellatum*. O tribunal estaria julgando *extra petita*, sem que tivesse competência recursal para tanto.

No entanto, o entendimento contrário prevalece na jurisprudência. Assim, hoje é pacífico que, como a lei só proibiu a *reformatio in pejus*, não há qualquer óbice em que o Tribunal julgue *extra petita*, desde que em favor do réu. O STJ adotou este entendimento (RE 2.804-SP, *DJU*, 6 ago. 1990).

22.8. Recurso em sentido estrito

22.8.1. Conceito

Recurso mediante o qual se procede ao reexame de uma decisão nas matérias especificadas em lei, possibilitando ao próprio juiz recorrido uma nova apreciação da questão, antes da remessa dos autos à segunda instância. Na verdade, todos os recursos do Código de Processo Penal possuem sentido estrito, já que essa expressão significa meio de se obter o reexame de uma decisão. Assim, recurso em sentido estrito nada mais é do que um recurso inominado.

22.8.2. Cabimento

O recurso em sentido estrito cabe nas hipóteses previstas no art. 581 do Código de Processo Penal.

O elenco legal das hipóteses de cabimento não admite ampliação. Do contrário seria inútil, e a apelação não seria considerada um recurso residual. Há quem entenda, porém, que, em casos excepcionais, esse rol admite interpretação extensiva, quando ficar clara a intenção da lei em abranger a hipótese. O que não se admite é a ampliação para casos evidentemente excluídos. Assim, tendo a lei previsto o cabimento do recurso no caso de rejeição da denúncia ou queixa, aceita-se sua interposição da rejeição do aditamento à denúncia ou queixa. Contudo, do despacho que receber a exordial não cabe qualquer recurso, pois é clara a intenção do legislador em excluir essa hipótese. Exatamente essa a lição de Borges Rosa: "A enumeração feita é taxativa, quanto ao espírito do texto legal, mas não quanto às suas expressões literais. De sorte que, embora o novo caso não se identifique, pelas suas expressões literais, com os enumerados no texto legal, deve ser contemplado na enumeração taxativa, quando se identifique pelo seu espírito, tanto vale dizer pelos seus fins e efeitos, com qualquer um dos casos contemplados"[226].

---

226. *Processo penal brasileiro*, cit., p. 507.

Importante destacar que a taxatividade das hipóteses de interposição do recurso em comento vem sendo mitigada pelos Tribunais Superiores, isto é, caso ocorra decisão que, embora não se enquadre perfeitamente nas hipóteses atacáveis por RESE, caso haja similitude de consequências práticas, tal recurso pode ser manejado pela parte.

São hipóteses legais de cabimento de recurso em sentido estrito:

(i) **Da sentença que rejeitar a denúncia ou queixa:** salvo algumas exceções adiante apontadas, do recebimento não cabe qualquer recurso, apenas impetração de *habeas corpus*, ante a absoluta falta de previsão legal. Para nós, o recebimento da denúncia ou queixa implica escolha judicial entre a aceitação e a recusa da acusação, tendo, por essa razão, conteúdo decisório, a merecer adequada fundamentação. É certo que o juiz deverá limitar-se a analisar a existência ou não de indícios suficientes do fato e sua autoria, sem incursionar pelo mérito, informado pelo princípio *in dubio pro societate*, mas não nos parece consentâneo com a nova ordem constitucional (art. 93, IX) dispensar toda e qualquer motivação. A jurisprudência, no entanto, tem entendido que a decisão que recebe a denúncia ou queixa não tem carga decisória e, portanto, não precisa ser fundamentada, até porque isso implicaria uma antecipação indevida do exame do mérito. Os principais fundamentos para a dispensa de motivação são: ausência de carga decisória e evitar-se indevida incursão antecipada no mérito.

No caso das infrações penais de competência do juizado especial criminal, não cabe recurso em sentido estrito da decisão que rejeitar a denúncia ou queixa, mas apelação (Lei n. 9.099/95, art. 82, *caput*).

Questão interessante é a da necessidade ou não da intimação do denunciado para apresentar contrarrazões de recurso, no caso da rejeição.

Para Tourinho Filho[227], o denunciado deve ser intimado para ofertar as contrarrazões de recurso, uma vez que, com a denúncia, passa da condição de indiciado para a de acusado, e, como tal, tem direito às garantias do contraditório (aplicável aos acusados em geral – CF, art. 5º, LV).

O STF firmou entendimento, através da Súmula 707, no sentido de que: "Constitui nulidade a falta de intimação do denunciado para oferecer contrarrazões ao recurso interposto da rejeição da denúncia, não a suprindo a nomeação de defensor dativo". Sobreleva, portanto, o princípio do contraditório e da ampla defesa.

Outra questão digna de nota é a de o juiz poder ou não alterar a classificação do crime no momento do recebimento da denúncia ou queixa.

Nosso entendimento: o juiz não pode receber a denúncia ou queixa com capitulação diversa, pois o momento para analisar a correta classificação do fato é o da sentença, aplicando-se o disposto no art. 383 do CPP (*emendatio libelli*). Na fase do recebimento ocorre mera prelibação, devendo o juiz receber a denúncia como se encontra ou rejeitá-la integralmente, não podendo tecer exame aprofundado a respeito da correta classificação jurídica do fato. Nesse sentido: STJ, 6ª T., RHC 4.881-RJ, *DJU*, 18 dez. 1995, p. 44625.

---

227. *Processo penal*, cit., v. 4, p. 281.

Há uma segunda corrente, no entanto, entendendo que, no caso do homicídio qualificado, a qualificadora já poderia ser afastada no momento do recebimento da denúncia, desclassificando-se o crime para homicídio simples. O argumento é o de que, se o juiz deixasse para analisar a correta classificação por ocasião da pronúncia, o réu ficaria sujeito a uma série de consequências processuais mais gravosas, em face de o homicídio qualificado ser considerado crime hediondo.

Nosso entendimento: é equivocado esse posicionamento, pois, além de implicar uma inversão do momento processual adequado para a análise do fato, e de não haver previsão legal nesse sentido, acarretaria ofensa ao princípio constitucional de que a ação penal pública é privativa do Ministério Público (art. 129, I) e ao princípio da inércia jurisdicional, pois o juiz já estaria dizendo, desde o início, de que forma deve o réu ser acusado, subtraindo função do órgão acusatório e quebrando o princípio da imparcialidade.

(ii) **Da decisão que concluir pela incompetência do juízo:** é o caso do reconhecimento *ex officio* da incompetência pelo próprio juiz, que determina a remessa dos autos ao juízo competente, nos termos do art. 109 do Código de Processo Penal. Se o juiz se dá por incompetente, acolhendo exceção, aplica-se o inciso subsequente. Para parte da doutrina, da sentença que desclassifica o crime de competência do Júri, para crime não doloso contra a vida, cabe recurso em sentido estrito com base nesse fundamento, pois o juiz está, na verdade, concluindo pela incompetência do Júri. Da decisão do juiz dando-se por competente não cabe qualquer recurso, podendo a parte prejudicada intentar apenas *habeas corpus*.

(iii) **Da decisão que julgar procedentes as exceções, salvo a de suspeição:** o art. 95 do Código de Processo Penal enumera as cinco exceções oponíveis, a saber: suspeição, incompetência do juízo, litispendência, ilegitimidade de parte e coisa julgada. Nos termos do art. 110 do CPP, deve ser observado o mesmo procedimento da exceção de incompetência para as demais exceções, salvo a de suspeição. Desse modo, aplicando-se o disposto no art. 108, as exceções devem ser opostas no prazo da defesa inicial (CPP, arts. 396 e 396-A), verbalmente ou por escrito. Em seguida, será ouvido o Ministério Público, e, então, o juiz decidirá (art. 108, § 1º). As exceções são autuadas em apartado e não suspenderão, de regra, o andamento da ação penal (art. 111). Se o juiz rejeitar qualquer das exceções, não caberá recurso.

A alegação de litispendência pode ser feita quando o mesmo autor, invocando o mesmo fato, formula o mesmo pedido contra o mesmo réu. Quando uma ação é proposta, já existe uma lide pendente (litispendência), razão pela qual qualquer outra idêntica não poderá ser oferecida, sob pena de ser extinta sem julgamento de mérito, por meio da exceção de litispendência.

A exceção de coisa julgada pode ser oposta quando o mesmo pedido, já julgado por decisão definitiva, for formulado contra o mesmo réu, pelo mesmo autor, invocando o mesmo fato.

A exceção de ilegitimidade ativa de parte pode ser oposta quando houver ilegitimidade *ad causam* (p. ex.: Ministério Público propondo uma ação penal exclusivamente privada ou querelante oferecendo denúncia dentro do prazo), caso em que a nulidade será absoluta. Outra hipótese é a da ilegitimidade ativa *ad processum* (querelante menor de 18 anos desacompanhado de representante legal, ou com representante legal não habilitado, propõe ação privada), caso em que a nulidade será relativa e o vício poderá ser convalidado por ratificação posterior dos atos praticados.

Finalmente, a exceção de suspeição, por afetar a imparcialidade do juiz, precederá a qualquer outra (CPP, art. 96), e poderá ser arguida em qualquer das hipóteses previstas no art. 254 do CPP. Somente nesse caso, se o juiz vier a acolher a exceção não caberá qualquer recurso, pois, se o próprio julgador não se considera imparcial para aquele caso, não cabe ao tribunal obrigá-lo a julgar. Deve o juiz dar-se espontaneamente por suspeito, porém, não aceitando a suspeição, mandará autuar em apartado a petição, dará a sua resposta em três dias, podendo oferecer testemunhas e, em seguida, remeterá os autos ao tribunal (CPP, art. 100).

Acolhida a exceção de incompetência relativa, ficam anulados apenas os atos decisórios (CPP, art. 567), aproveitando-se os instrutórios e os de mero encaminhamento do processo.

O acolhimento da incompetência absoluta anula todos os atos, decisórios ou não, do mesmo modo que a ilegitimidade de parte, a suspeição e o suborno do juiz (CPP, art. 564, I e II).

Concluindo: rejeitadas as exceções de ilegitimidade de parte, incompetência do juízo, litispendência ou coisa julgada, a decisão é irrecorrível. Acolhida ou rejeitada a exceção de suspeição, não cabe qualquer recurso, pois não se pode forçar o juiz que se considera suspeito a julgar a causa.

(iv) Da decisão que pronunciar ou impronunciar o réu: no primeiro caso, temos uma decisão interlocutória mista não terminativa, que encerra uma fase do procedimento, sem julgar o mérito, isto é, sem declarar o réu culpado. No segundo, a sentença é interlocutória mista terminativa, extinguindo o processo, e não uma fase do procedimento, sem julgamento de mérito. A decisão de impronúncia, no entanto, passou a comportar o recurso de apelação (CPP, art. 416) e não mais o recurso em sentido estrito (CPP, art. 581, IV).

Para parte da doutrina, da decisão que desclassifica o crime de competência do Júri para crime de competência do juízo monocrático, cabe recurso em sentido estrito com base nesse fundamento, uma vez que, para dizer que o crime não pertence ao Júri, antes é necessário reconhecer que não ficou provada a prática de crime doloso contra a vida. Desse modo, é hipótese de cabimento de recurso em sentido estrito, com fundamento no inciso IV do art. 581. Contudo, prevalece na doutrina e na jurisprudência o entendimento contrário, sustentando que a decisão apenas concluiu pela incompetência do juízo, enquadrando-se no inciso II (*vide* letra "b"), e não no IV.

O recurso da pronúncia só suspende a realização do julgamento, devendo o réu permanecer preso, se assim determinado. O réu é parte ilegítima para recorrer da sentença de impronúncia.

Contudo, existe precedente do STF que indica a possibilidade, em casos excepcionais, de realização de julgamento pelo Tribunal do Júri ainda que não julgado o recurso interposto contra a decisão de pronúncia (HC 134.900, j. 11-10-2016).

O recurso em sentido estrito da sentença de pronúncia suspendia a realização do Júri, mas não impedia a prisão provisória, se o pronunciado fosse reincidente ou tivesse maus antecedentes, consoante o teor da antiga redação do art. 408, § 2º, do CPP. O art. 413, § 3º, do CPP, no entanto, passou a dispor que: "O juiz decidirá, motivadamente, no caso de manutenção, revogação ou substituição da prisão ou medida restritiva de liberdade anteriormente decretada e, tratando-se de acusado solto, sobre a necessidade da decretação da prisão ou imposição de quaisquer das medidas previstas no Título IX do Livro I deste Código".

O assistente não pode recorrer da pronúncia para a inclusão de qualificadoras, pois o seu interesse se resume à formação do título executivo para futura reparação do dano.

Na jurisprudência, no entanto, há alguns posicionamentos admitindo a interposição de recurso contra a sentença de pronúncia, com o fim de agravar a situação do réu.

(v) **Da decisão que conceder, negar, arbitrar, cassar ou julgar inidônea a fiança, indeferir requerimento de prisão preventiva ou revogá-la, conceder liberdade provisória ou relaxar a prisão em flagrante:** a cassação da fiança pode se dar em qualquer fase do processo, desde que se verifique não ser cabível à espécie ou desde que haja alteração na classificação do delito, que o torne inafiançável (CPP, arts. 338 e 339). Portanto, é a fiança que não podia ter sido concedida para aquela infração penal, e que, por essa razão, foi cassada.

Fiança julgada inidônea é aquela que foi prestada, por engano, em quantia insuficiente, ou cujo valor se depreciou com o tempo, havendo necessidade de ser reforçada, sob pena de ficar sem efeito (CPP, art. 340, parágrafo único).

Nos casos de infração cuja pena privativa de liberdade máxima não seja superior a quatro anos, a *concessão* fica a cargo da autoridade policial (CPP, art. 322, *caput*); nos demais casos, ficará a cargo do juiz (CPP, art. 322, parágrafo único). Entretanto, nos crimes cuja pena máxima não exceder a dois anos (Lei n. 10.259, de 12-7-2001, e art. 61 da Lei n. 9.099/95), bem como das contravenções penais, se o autor do fato assumir o compromisso de comparecer à sede do juizado, não se imporá prisão em flagrante, nem se exigirá fiança (Lei n. 9.099, art. 69, parágrafo único). De acordo com o art. 335, "Recusando ou retardando a autoridade policial a concessão da fiança, o preso, ou alguém por ele, poderá prestá-la, mediante simples petição, perante o juiz competente, que decidirá em 48 (quarenta e oito) horas".

O *arbitramento* do valor da fiança atenderá ao disposto no art. 325 do CPP.

Caberá recurso em sentido estrito da decisão que confirma o arbitramento da fiança feito pela autoridade policial.

Os arts. 323 e 324, com as alterações formuladas pela Lei n. 12.403/2011, contemplam as hipóteses em que a fiança deverá ser negada.

Não cabe recurso da decisão que decretar a prisão preventiva ou indeferir pedido de liberdade provisória ou relaxamento da prisão.

(vi) **Da decisão que absolver o réu sumariamente:** caberá apelação contra a sentença de absolvição sumária (CPP, art. 416).

O art. 415 do CPP apresenta quatro hipóteses de absolvição sumária: (i) provada a inexistência do fato; (ii) provado não ser ele autor ou partícipe do fato; (iii) o fato não constituir infração penal; (iv) demonstrada causa de isenção de pena ou de exclusão do crime.

De acordo com o parágrafo único, "não se aplica o disposto no inciso IV do *caput* deste artigo ao caso de inimputabilidade prevista no *caput* do art. 26 do Decreto-Lei n. 2.848, de 7 de dezembro de 1940 – Código Penal, salvo quando esta for a única tese defensiva". Dessa forma, na hipótese em que a inimputabilidade se encontra comprovada por exame de insanidade mental, o CPP não autoriza a absolvição imprópria do agente, pois esta implicará a imposição de medida de segurança, o que poderá ser prejudicial ao réu, já que poderá comprovar por outras teses defensivas a sua inocência, sem a imposição de qualquer medida restritiva. A Lei admite a absolvição sumária pela tese da inimputabilidade quando esta for a única tese defensiva.

Na hipótese de absolvição imprópria, o acusado também terá interesse em recorrer.

No caso de não haver prova da autoria, ainda que o acusado seja inimputável, deverá ser impronunciado, pois a medida de segurança só poderá ser imposta se ficar provada a prática de um fato típico e ilícito.

Se ficar evidenciada a existência de causa de exclusão da ilicitude, o juiz deverá absolver o réu sumariamente, sem imposição de medida de segurança (absolvição própria).

Admite-se recurso da acusação visando à absolvição sumária do réu pronunciado, desde que se pretenda a imposição de medida de segurança, em face da inimputabilidade do acusado.

Importante, finalmente, mencionar que a Lei n. 11.719/2008 passou a prever a possibilidade de, no procedimento sumário e ordinário, ser oferecida defesa inicial (CPP, arts. 396 e 396-A) visando à absolvição sumária do agente (CPP, art. 397), na qual se poderá alegar: (i) a existência manifesta de causa excludente da ilicitude do fato; (ii) a existência manifesta de causa excludente da culpabilidade do agente, salvo inimputabilidade; (iii) que o fato narrado evidentemente não constitui crime; ou (iv) a extinção da punibilidade do agente. Quando se tratar de decisão que julga extinta a punibilidade do agente, ao contrário das demais hipóteses previstas no art. 397 do CPP, caberá o recurso em sentido estrito (CPP, art. 581, VIII).

(vii) **Da decisão que julgar quebrada a fiança ou perdido o seu valor:** Consoante a atual redação determinada ao art. 341 do CPP, julgar-se-á quebrada a fiança quando o acusado: (i) regularmente intimado para ato do processo, deixar de comparecer, sem motivo justo; (ii) deliberadamente praticar ato de obstrução ao andamento do processo; (iii) descumprir medida cautelar imposta cumulativamente com a fiança; (iv) resistir injustificadamente a ordem judicial; (v) praticar nova infração penal dolosa. *Vide* outras hipóteses legais no art. 328 do CPP. O perdimento do valor total da fiança ocorrerá se, condenado, o acusado não se apresentar para dar o início do cumprimento da pena definitivamente imposta (CPP, art. 344). *Vide* também art. 345 do CPP.

A quebra injustificada da fiança traz como consequências: a perda de metade de seu valor, cabendo ao juiz decidir sobre a imposição de outras medidas cautelares, ou, se for o caso, a decretação da prisão preventiva (CPP, art. 343).

A decisão que decretar a quebra ou perda da fiança é de competência exclusiva do juiz. O recurso em sentido estrito, no caso do perdimento da fiança, terá efeito suspensivo; no de quebramento, suspenderá unicamente a perda de metade de seu valor, não impedindo os demais efeitos.

(viii) **Da decisão que julgar extinta a punibilidade do acusado:** trata-se de sentença terminativa de mérito, isto é, que encerra o processo com julgamento de mérito, sem absolver ou condenar o réu. As causas extintivas da punibilidade são aquelas que levam o Estado à perda do poder-dever de punir, estando relacionadas no art. 107 do CP em rol meramente exemplificativo. O recurso não tem efeito suspensivo, devendo o réu ser colocado imediatamente em liberdade.

(ix) **Da decisão que indeferir pedido de extinção de punibilidade:** cuida-se, aqui, de hipótese exatamente oposta à do inciso anterior. Negada a extinção da punibilidade, o processo seguirá seu curso normal. Trata-se, portanto, de decisão interlocutória simples. A princípio, deveria ser irrecorrível, mas, diante da previsão expressa da lei, caberá recurso *stricto sensu*.

(x) **Da decisão que conceder ou negar a ordem de *habeas corpus*:** o dispositivo refere-se à decisão do juiz de primeira instância, da qual, na hipótese de concessão, cabe também recurso *ex officio* (art. 574, I). No caso de decisão denegatória proferida em única ou última instância, pelos Tribunais Regionais Federais e pelos tribunais dos Estados, caberá recurso ordinário para o STJ (CF, art. 105, II, *a*). Se a decisão denegatória for proferida em única instância (somente em única instância) pelos tribunais superiores, caberá recurso ordinário ao STF (CF, art. 102, II, *a*). A jurisprudência vem se orientando no sentido de que, no caso de decisão denegatória de *habeas corpus*, o recurso em sentido estrito não pode ser substituído por pedido originário no tribunal. Também de acordo com a jurisprudência dominante, o Ministério Público pode interpor recurso em sentido estrito da decisão concessiva de *habeas corpus*.

(xi) **Da decisão que conceder, negar ou revogar a suspensão condicional da pena:** no caso de a decisão encontrar-se embutida em sentença condenatória, cabe apelação. Após o trânsito em julgado da condenação, cabe agravo em execução (art. 197 da LEP). Assim, esse dispositivo não tem nenhuma aplicação. Mencione-se, no entanto, que a 5ª Turma do STJ já se pronunciou no sentido de que "deve-se interpretar o art. 581, XI, do CPP analogicamente aos casos de suspensão condicional do processo, autorizada, aliás, pela subsidiariedade que o art. 92 da Lei n. 9.099/99 lhe confere. REsp 601.924/PR, rel. Min. José Arnaldo da Fonseca, j. 28-9-2005" (cf. *Informativo* n. 262, de 26 a 30 de setembro de 2005). Sobre o tema, *vide* mais comentários ao procedimento da Lei dos Juizados Especiais Criminais.

(xii) **Da decisão que conceder, negar ou revogar o livramento condicional:** cabe agravo em execução, estando o dispositivo em questão revogado (art. 197 da LEP).

(xiii) **Da decisão que anular a instrução criminal no todo ou em parte:** dependendo do caso concreto, também poderá ser impetrado *habeas corpus* com essa finalidade (CPP, art. 648, VI).

(xiv) **Da decisão que incluir ou excluir jurado na lista geral:** anualmente será organizada uma lista geral de jurados pelo juiz-presidente, da qual serão sorteados vinte e cinco jurados para comparecerem à sessão periódica (CPP, art. 447). Essa lista será publicada pela imprensa, onde houver, e divulgada em editais afixados à porta do Tribunal do Júri (CPP, art. 426, *caput*). A lista poderá ser alterada, de ofício ou mediante reclamação de qualquer do povo ao juiz-presidente até o dia 10 de novembro, data de sua publicação definitiva (CPP, art. 426, § 1º).

(xv) **Da decisão que denegar a apelação ou julgá-la deserta:** no caso da apelação, o juízo de prelibação (também chamado de juízo de admissibilidade) deve ser feito tanto na primeira quanto na instância superior. Assim, o juiz *a quo* pode deixar de receber o apelo (o que equivale a denegá-lo), se entender não preenchido algum pressuposto recursal objetivo ou subjetivo. Nessa hipótese, cabe recurso em sentido estrito contra o despacho denegatório da apelação. Note-se que o recurso não se volta contra a sentença apelada, mas exclusivamente contra o despacho que negou seguimento à apelação.

O recurso em sentido estrito, porém, jamais poderá ser denegado, pois, neste caso, não há juízo de admissibilidade em primeiro grau. Se o juiz denegar também o recurso em sentido estrito, estará agindo sem respaldo legal, e, desta decisão, caberá carta testemunhável dirigida ao escrivão (CPP, art. 640).

(xvi) **Da decisão que ordenar a suspensão do processo, em virtude de questão prejudicial:** considera Manzini que prejudicial é toda questão jurídica, cuja resolução constitui um pressuposto para a decisão da controvérsia submetida, de modo principal, ao juízo[228]. Trata-se de questão cuja solução importa num prejulgamento da lide. Questão prejudicial, portanto, é todo fato cujo conhecimento implica um antecedente lógico necessário para a solução do litígio. Por exemplo: para o juiz condenar o réu pelo crime de bigamia, é antecedente lógico necessário saber se o primeiro casamento é válido ou foi anulado, pois esta questão implica um prejulgamento da causa penal. É chamada de prejudicial por ser a questão que "prejulga" ou "prejudica". Assim, só poderia mesmo ser chamada de prejudicial. Não confundir com preliminar, que é a questão cujo acolhimento importa em não analisar o mérito. O acolhimento da prejudicial, ao contrário, consiste em antecipar parte do exame do mérito. As questões prejudiciais podem ser classificadas em devolutivas e não devolutivas.

As prejudiciais não devolutivas são os pontos antecedentes que podem ser solucionados pelo próprio juízo penal, sem qualquer necessidade de remessa a outra jurisdição. Por exemplo, para condenar um réu por receptação, o juiz criminal pode, no próprio processo, concluir que a origem do bem era ou não ilícita, sem qualquer necessidade de remeter a solução a outro juízo.

---

228. *Trattato di diritto processuale penale italiano secondo il nuovo Codice*, cit., v. 1, p. 246.

As prejudiciais devolutivas são aquelas que, em princípio, devem ser resolvidas em processos alheios à justiça penal. Podem ser classificadas em: prejudiciais devolutivas absolutas, que são aquelas que sempre devem ser solucionadas fora do juízo criminal; e devolutivas relativas, que são aquelas que podem ou não ser solucionadas no juízo extrapenal.

O art. 92 do Código de Processo Penal prevê uma prejudicial devolutiva absoluta, ao dispor que o juiz está obrigado a suspender a ação penal, sempre que houver séria e fundada dúvida sobre o estado civil das pessoas, e disto depender a existência da infração. Por exemplo, réu processado por bigamia, que tenta anular seu matrimônio no juízo cível. O processo deverá ficar suspenso, até que se resolva a validade do casamento na esfera cível.

O art. 93 trata de devolutiva relativa, dispondo ter o juiz a faculdade de suspender o processo para aguardar a solução no cível de qualquer outra questão, desde que não relativa ao estado civil, da qual dependa a existência da infração penal. Para tanto, é necessário já existir ação civil em andamento e a matéria não versar sobre direito cuja prova a lei civil limite, do contrário, o processo não poderá ser suspenso.

Suspenso o processo criminal, para aguardar a solução da prejudicial, fica também suspensa a prescrição da pretensão punitiva, nos termos do art. 116, I, do Código Penal.

> → **ATENÇÃO:** no caso de suspensão para expedição de rogatória e de réu citado por edital sem defensor constituído é possível sustentar o cabimento do recurso em sentido estrito por analogia ao inciso XVI do art. 581 do CPP, uma vez que também se trata de decisão que suspende o processo.

Nesse sentido, Damásio Evangelista de Jesus em palestra proferida na Escola Paulista do Ministério Público.

Só cabe recurso em sentido estrito da decisão que suspender o processo, sendo irrecorrível a que denegar a suspensão.

(xvii) Da decisão que ordenar a unificação de penas: cabe agravo em execução nos termos do art. 197 da Lei de Execução Penal.

(xviii) Da que decidir o incidente de falsidade: o incidente de falsidade é uma arguição por escrito, e autuada em apartado, da falsidade de documento constante dos autos, de acordo com o que dispõe o art. 145 e incisos do Código de Processo Penal. O requerimento de instauração do incidente deve ser dirigido ao juiz, o qual se limitará a determinar a sua autuação em apartado. Em seguida, a parte contrária se manifesta em quarenta e oito horas, contestando ou não a falsidade do documento. Após a resposta, procede-se à apuração da falsidade, geralmente com a produção de prova pericial (laudo de exame grafotécnico). Colhidos os elementos de prova, caberá ao juiz decidir.

Qualquer que seja a decisão, caberá recurso em sentido estrito. A decisão sobre a falsidade não faz coisa julgada, só tendo relevância no processo em que houve a arguição. O documento será retirado ou mantido nos autos, conforme a decisão.

O despacho que denega liminarmente a instauração do incidente é irrecorrível, e não se confunde com a decisão que julga o incidente, da qual cabe o recurso em tela.

Portanto, só cabe o recurso da decisão que, enfrentando o mérito, denegar ou deferir a retirada do documento. A instauração do incidente só suspende o processo se a verificação da falsidade for imprescindível para a existência do crime, equiparando-se, assim, a verdadeira questão prejudicial não devolutiva.

(xix) **Da decisão que impuser medida de segurança depois de transitar em julgado a sentença, ou que a mantiver, substituir ou revogar:** este dispositivo está revogado pela Lei de Execução Penal. O recurso cabível é o agravo em execução (arts. 171 a 179 e 197 da LEP).

(xx) **Da decisão que converter a multa em detenção ou prisão simples:** este dispositivo está revogado em face da redação do art. 51 do Código Penal, segundo a qual não é mais possível a conversão da multa em pena privativa de liberdade, no caso de não pagamento ou de o agente frustrar a sua execução. Pela nova sistemática, a multa não paga será considerada dívida de valor, a ela aplicando-se as normas relativas à dívida ativa da Fazenda Pública, inclusive no concernente às causas interruptivas e suspensivas do prazo prescricional. Surge, no entanto, em razão da atual redação, dúvida a respeito do órgão legitimado a executar a multa não paga. Para o Ministério Público, a sua execução continua a ser feita por ele próprio, junto ao juízo das execuções. Para Damásio, a multa não paga, convertida em dívida de valor e inscrita como dívida ativa, passa, agora, a ser executada pela Procuradoria Fiscal, junto aos juízos das varas da Fazenda Pública, nos moldes da legislação tributária.

A Lei n. 13.964/2019, em seu art. 3º, tratou de acrescer o inciso XXV ao art. 581 do CPP, determinando que caberá recurso, no sentido estrito, da decisão, despacho ou sentença que recusar homologação à proposta de acordo de não persecução penal, previsto no art. 28-A.

22.8.3. Competência para o julgamento

O recurso deve ser endereçado ao tribunal competente para apreciá-lo, mas a interposição far-se-á perante o juiz recorrido, para que este possa rever a decisão, em sede de juízo de retratação.

22.8.4. Prazos

O prazo de interposição será de cinco dias, a partir da intimação da sentença.

22.8.5. Processamento

Conforme o art. 583, II, do CPP, o recurso em sentido estrito subirá nos próprios autos nos casos arrolados pelo art. 581, I (rejeição de denúncia ou queixa), III (decisão que julgar procedentes as exceções, salvo a de suspeição), IV (que pronunciar), VIII (que julgar extinta a punibilidade) e X (que conceder ou denegar ordem de *habeas corpus*).

Quando não subir nos próprios autos, haverá necessidade de confecção do instrumento, mediante traslado das peças principais do processo. No caso da pronúncia de um dos corréus, o recurso subirá por instrumento se os demais se conformaram com a decisão ou ainda não tiverem sido intimados.

A lei determina que, interposto o recurso, dentro do prazo de dois dias, o recorrente deverá oferecer as suas razões. A jurisprudência, porém, entende indispensável a intimação, sem a qual não começa a correr o prazo.

A falta do oferecimento de razões não impede a subida do recurso. A questão, no entanto, é controvertida, pois o Ministério Público é obrigado a atuar em todos os termos da ação penal pública, sob pena de nulidade (CPP, art. 564, III, *d*), em face do princípio da indisponibilidade. A falta de apresentação de razões importaria em desistência tácita do recurso, com clara violação ao disposto no art. 576 do CPP. Além disso, as razões constituem pressuposto formal para a regularidade do recurso. No caso da defesa, a falta de razões poderia acarretar ofensa ao princípio da ampla defesa (CF, art. 5º, LV).

No caso de rejeição da denúncia ou queixa, embora inexista processo, o indiciado tem direito a ser intimado para produzir as suas contrarrazões, em obediência ao princípio do contraditório. O Supremo Tribunal Federal, inclusive, editou a Súmula 707, na qual sustenta a ocorrência de nulidade ante a falta de intimação do indiciado para oferecer contrarrazões ao recurso interposto da rejeição da denúncia, não a suprindo a nomeação de defensor dativo.

Não existe no recurso em sentido estrito a faculdade de arrazoar em segunda instância.

O recorrido tem dois dias para oferecer as suas contrarrazões, a contar de sua intimação. A jurisprudência tem entendido que o que impede a subida do recurso é a falta de intimação do recorrido, e não a falta das contrarrazões.

No tocante ao efeito regressivo do recurso: recebendo os autos, o juiz, dentro de dois dias, reformará ou sustentará a sua decisão, mandando instruir o recurso com as cópias que lhe parecerem necessárias. A falta de manifestação do juiz importa em nulidade, devendo o tribunal devolver os autos para essa providência. Todavia, importante frisar a existência de precentes em sentido diverso, tendo o STJ se manifestado que a ausência de juízo de retratação configura simples irregularidade, não havendo o que se falar em nulidade quando a decisão recorrida for suficientemente motivada (HC 177.854/SP, j. 14-2- 2012).

O juízo de retratação será sempre fundamentado. A fundamentação deficiente do juiz também obriga o tribunal a converter o julgamento em diligência para esse fim.

Se o juiz mantiver o despacho, remeterá os autos à instância superior; se reformá-la, o recorrido, por simples petição, e dentro do prazo de cinco dias, poderá requerer a subida dos autos. O recorrido deverá ser intimado, no caso de retratação do juiz.

22.8.6. Efeitos

Devolutivo, regressivo e, em alguns casos, o suspensivo.

O efeito suspensivo ocorre nos seguintes casos (art. 584):

(i) perdimento de fiança;

(ii) decisão que denegue a apelação ou a julgue deserta. Note que o recurso suspende os efeitos do despacho denegatório da apelação, e não os efeitos da sentença apelada. Por exemplo: se o despacho denega a apelação, interposta da sentença condenatória pelo réu, que pode apelar em liberdade, diante da ausência dos requisitos para a prisão preventiva, e manda expedir mandado de prisão, o recurso em sentido estrito suspenderá esta ordem de prisão determinada pelo despacho;

(iii) despacho que julgar quebrada a fiança, no tocante à perda de metade do seu valor;

(iv) da pronúncia, mas somente quanto à realização do julgamento;

(v) o recurso da decisão que julgar extinta a punibilidade não impede que o réu seja posto imediatamente em liberdade;

(vi) no caso de desclassificação do crime doloso contra a vida para outro de competência do juízo singular, por ocasião do art. 419 do Código de Processo Penal, o recurso em sentido estrito terá efeito suspensivo, pois o processo somente poderá ser remetido após ter se tornado preclusa a discussão sobre a competência.

> → **ATENÇÃO:** "O mandado de segurança não se presta para atribuir efeito suspensivo a recurso em sentido estrito interposto pelo Ministério Público contra decisão que concede liberdade". (STJ, 5ª T., HC 154.422/SP, rel. Min. Gilson Dipp, *DJe*, 28 fev. 2011).

Jurisprudência

- RECURSO ESPECIAL. PROCESSO PENAL. CABIMENTO. RECURSO EM SENTIDO ESTRITO. CRIME TRIBUTÁRIO. SUSPENSÃO DA AÇÃO NA PENDÊNCIA DE DISCUSSÃO JUDICIAL DO CRÉDITO TRIBUTÁRIO. INDEPENDÊNCIA DAS ESFERAS. RECURSO ESPECIAL A QUE SE NEGA PROVIMENTO. 1. É cabível a interposição de recurso em sentido estrito para impugnar decisão que, em razão de questão prejudicial, determinou a suspensão do inquérito policial. 2. Esta Corte de Justiça tem jurisprudência uniforme no sentido de que a pendência de discussão acerca da exigibilidade do crédito tributário perante o Poder Judiciário não obriga a suspensão da ação penal, dada a independência entre as esferas. 3. Recurso especial a que se nega provimento (STJ – REsp: 1550458/SP 2015/0210376-2, rel. Min. Maria Thereza de Assis Moura, Data de Julgamento: 5 abr. 2016, Sexta Turma, *DJe*, 15 abr. 2016).
- RECURSO EM SENTIDO ESTRITO. REJEIÇÃO DO ADITAMENTO DA DENÚNCIA. CABIMENTO DO RECURSO. INTERPRETAÇÃO EXTENSIVA. POSSIBILIDADE. PRAZO PARA ADITAMENTO. INTEMPESTIVIDADE. PRECLUSÃO INEXISTENTE. PEDIDO DE REVOGAÇÃO DA PRISÃO PREVENTIVA. COMPETÊNCIA DE PRIMEIRO GRAU. SUPRESSÃO DE INSTÂNCIA. É cabível o recurso *stricto sensu* da decisão que indefere o aditamento da denúncia, por interpretação extensiva ao art. 581, I, do CPP. O prazo de cinco dias para aditamento da denúncia, previsto no art. 384 do CPP, não é peremptório, inexistindo a possibilidade de preclusão temporal. Nos termos do art. 316 do CPP, a prisão preventiva pode ser revogada pelo Juiz que detenha competência para decretá-la ou, em caso de indeferimento monocrático, a decisão pode ser revista em sede de *habeas corpus* pelo Tribunal de Justiça (Recurso em sentido estrito, Processo n. 0000258-02.2016.822.0021, Tribunal de Justiça do Estado de Rondônia, 2ª Câmara Criminal, Relator (a) do Acórdão: Des. Valdeci Castellar Citon, Data de Julgamento: 10 ago. 2016).

(TJ-RO – RSE: 00002580220168220021/RO 0000258-02.2016.822.0021, rel. Des. Valdeci Castellar Citon, 2ª Câmara Criminal, Data de Publicação: Processo publicado no *Diário Oficial* em 24 agosto 2016).

22.9. Protesto por novo Júri

22.9.1. Conceito

Consistia no pedido de realização de novo Júri, sempre que, em razão de um único crime, tivesse sido imposta pena de reclusão igual ou superior a vinte anos.

O protesto por novo Júri foi abolido pela Lei n. 11.689/2008, no entanto, ainda há discussão jurisprudencial e doutrinária sobre os efeitos da revogação do instituto recursal, em especial se a revogação atinge fatos delituosos antes da Lei n. 11.689.

Jurisprudência

- PROTESTO POR NOVO JÚRI. CONTINUIDADE DELITIVA. POSSIBILIDADE: "1. Tendo a Corte de origem fixado a pena do Paciente em 22 (vinte e dois) anos e 8 (oito) meses de reclusão, em face do reconhecimento da continuidade delitiva – superior a 20 anos de reclusão, portanto –, há que se reconhecer o seu direito ao protesto por novo júri. Precedentes. 2. O fato de a lei nova ter suprimido o recurso de protesto por novo júri não afasta o direito à recorribilidade subsistente pela lei anterior, em vigor à época da decisão impugnada. 3. Ordem concedida para, cassando o acórdão proferido nos embargos de declaração na revisão criminal n. 71/2005, determinar seja o Paciente submetido a novo julgamento pelo Tribunal do Júri" (STJ, 5ª T., HC 102.858/RJ, rel. Min. Laurita Vaz, *DJe*, 1º fev. 2011).
- AGRAVO REGIMENTAL NO RECURSO EXTRAORDINÁRIO CRIMINAL COM AGRAVO. PROTESTO POR NOVO JÚRI. NÃO CABIMENTO. SENTENÇA CONDENATÓRIA PROFERIDA APÓS A VIGÊNCIA DA LEI 11.689/2008, QUE REVOGOU OS ARTS. 607 E 608 DO CPP. AGRAVO REGIMENTAL A QUE SE NEGA PROVIMENTO. I. No caso, não é cabível o protesto por novo júri, uma vez que a sentença condenatória foi proferida em 5/5/2011, após entrada em vigor da Lei 11.689/2008. II. O aresto impugnado encontra-se consentâneo com a jurisprudência desta Corte, no sentido de que a revogação dos arts. 607 e 608 do Código de Processo Penal, CPP, pela Lei 11.689/2008 tem natureza processual e, como tal, possui aplicabilidade imediata quanto aos processos em curso. Precedentes. III. Agravo regimental a que se nega provimento (STF – AgR ARE: 1.171.107/BA – BAHIA 0066121-66.1998.8.05.0001, rel. Min. Ricardo Lewandowski, Segunda Turma, *DJe*, 23 maio 2019).

22.10. Carta testemunhável

22.10.1. Conceito

Recurso que tem por fim provocar o reexame da decisão que denegar ou impedir o seguimento de recurso em sentido estrito e do agravo em execução. Na lição de Costa

Manso é o "instrumento pelo qual a parte, a quem se denegue a interposição ou o seguimento de algum recurso, leva a questão ao conhecimento do juízo *ad quem*, para que este mande admitir ou subir o mesmo recurso, ou dele conheça imediatamente, julgando-o *de meritis*"[229]. É, enfim, um recurso que tem por finalidade exclusiva promover a subida de outro recurso à segunda instância.

22.10.2. Origem histórica

A carta testemunhável surgiu como uma reação ao arbítrio dos juízes, que, temendo o recurso, proibiam os escrivães de recebê-los ou ocultavam-se até que se escoasse o prazo para a interposição. Nesse caso, o litigante interessado em recorrer comparecia perante o escrivão e manifestava de modo explícito e claro, em presença de testemunhas idôneas, que desejava levar ao conhecimento da instância superior seu inconformismo. Com isso, ou o escrivão atestava com a sua fé pública a interposição do recurso ou o recorrente comparecia ao tribunal com as mesmas testemunhas e o apelo era conhecido. Tratava-se, portanto, de uma interposição verbal, atestada por testemunhas[230].

22.10.3. Natureza jurídica

Há duas posições:

(i) Para uns, a carta testemunhável não é um recurso, mas simples instrumento destinado a promover o conhecimento do recurso. Euzébio de Queiroz Mattoso Câmara, por meio do Aviso n. 215, de 1º de setembro de 1849, referendou ser "certo que elas não constituem um recurso especial e distinto dos outros, mas apenas uma providência e meio de os fazer efetivos".

(ii) Para outros, a carta testemunhável é um meio pelo qual se provoca o reexame de uma decisão, qual seja a denegatória de outro recurso. Como tal, reveste-se inequivocamente de natureza recursal. Para esta posição, trata-se de um recurso cuja finalidade é permitir a apreciação de outro recurso pelo tribunal.

Nosso entendimento: correta a segunda posição, já que a carta testemunhável reveste-se de natureza recursal, pois visa ao reexame de outra decisão, no caso a denegatória do recurso.

– **Denegação da apelação:** por expressa disposição legal, cabe recurso em sentido estrito (CPP, art. 581, XV) e não carta testemunhável.

Denegação de recurso extraordinário e recurso especial: cabe recurso de agravo.

Denegação de embargos infringentes e embargos de nulidade: cabe agravo regimental, nos termos do regimento interno do Tribunal respectivo.

---

229. *O processo na segunda instância e suas aplicações à primeira*, 1932, p. 183.

230. Espínola Filho, *Código de Processo Penal anotado*, cit., p. 538.

22.10.4. Procedimento

A carta testemunhável deve ser requerida dentro de quarenta e oito horas, após a ciência do despacho que denegar o recurso ou da decisão que obstar o seu seguimento.

O requerimento deve ser endereçado ao escrivão, indicando o requerente as peças do processo que deverão ser trasladadas. O escrivão dará recibo à parte recorrente da entrega do recurso. Este, dentro do prazo máximo de cinco dias, fará a entrega da carta devidamente formada com as peças indicadas; o escrivão que se negar a dar o recibo ou deixar de entregar, sob qualquer pretexto, será suspenso por trinta dias.

Formado o instrumento, no caso do recurso em sentido estrito, o recorrente será intimado para oferecer as suas razões dentro do prazo de dois dias, e, em seguida, será intimado o recorrido para oferecer suas contrarrazões, dentro do mesmo prazo, possibilitando-se, após, o juízo de retratação por parte do juiz que denegou o recurso.

Na instância superior, o recurso seguirá o rito do recurso denegado. O tribunal mandará processar o recurso, ou, se a carta estiver suficientemente instruída, julgará diretamente o recurso.

A carta testemunhável não tem efeito suspensivo.

A falta de razões na carta não impede seu conhecimento.

Testemunhante é o recorrente; testemunhado, o juiz que denega o recurso.

Jurisprudência

- PENAL E PROCESSO PENAL. CARTA TESTEMUNHÁVEL. RECURSO EM SENTIDO ESTRITO NÃO RECEBIDO. INTEMPESTIVIDADE. DECISÃO MANTIDA. 1. Consoante o disposto nos artigos 586 e 798, ambos do Código de Processo Penal, o prazo para a interposição do recurso em sentido estrito findou em 06 de março de 2015. Desta forma, interposto em 27 de junho de 2017, aproximadamente dois anos após a publicação do "decisum", o recurso é manifestamente extemporâneo, não havendo comprovação de que o advogado do recorrente ficara internado durante todo esse período. 2. Recurso desprovido (TRF-3 – CT: 00053372820174036119/SP, rel. Des. Federal Paulo Fontes, Quinta Turma, e-*DJF*3 Judicial 1 DATA 3 maio 2018).

22.11. Correição parcial

22.11.1. Conceito

Correição parcial é uma providência administrativo-judiciária contra despachos do juiz que importem em inversão tumultuária do processo, sempre que não houver recurso específico previsto em lei.

22.11.2. Natureza jurídica

A questão é controvertida, comportando duas posições.

(i) Trata-se de recurso, uma vez que visa a reforma de uma decisão judicial. É a posição da Súmula 160 das Mesas de Processo Penal da Universidade de São Paulo.

(ii) Trata-se de simples medida ou recurso administrativo disciplinar destinado a coibir erros e abusos do julgador, tendo como finalidade precípua a imposição de medidas disciplinares (correicionais), e, acessoriamente, produz efeitos também no processo.

> **Nosso entendimento:** correta a primeira posição, revestindo-se a correição parcial de inequívoca natureza de recurso, pois sua finalidade principal é promover a anulação da decisão geradora de tumulto processual, permitindo seu reexame por parte do tribunal.

22.11.3. Previsão legal

No Estado de São Paulo, a correição parcial foi criada pelo Decreto-Lei Estadual n. 14.234, de 16 de outubro de 1944. Posteriormente, a Lei Estadual n. 8.040, de 13 de dezembro de 1963, estabeleceu ser de cinco dias o prazo para sua interposição e que o seu processamento seria o mesmo do agravo de instrumento. Mais tarde, o Decreto-Lei Complementar n. 3, de 27 de agosto de 1969 – Código Judiciário do Estado de São Paulo, no seu art. 94, dispôs: "Observar-se-á, no processo de correição parcial, o rito do agravo de instrumento, ouvido sempre o Ministério Público". Na esfera federal, encontra previsão na Lei n. 5.010, de 30 de maio de 1966.

22.11.4. Legitimidade ativa

Têm legitimidade para interpor correição parcial o réu, o Ministério Público, o querelante e o assistente da acusação.

22.11.5. Objeto do recurso

Corrigir o erro cometido pelo juiz em ato processual, que provoque inversão tumultuária no processo (*error in procedendo*). Não é adequada a correição quando se pretende impugnar *error in judicando*, ou seja, quando seu objeto versar sobre decisão que envolve matéria de mérito.

A correição parcial só é admissível quando não existir recurso específico para impugnar a decisão.

22.11.6. Processamento

Como diz Tourinho Filho, "queremos crer que o rito da correição é o do agravo de instrumento"[231]. A questão, contudo, não é pacífica. Há quem sustente que o procedimento deve ser o do recurso em sentido estrito, único que, no processo penal, serve para impugnar decisão interlocutória simples.

Prevalece o entendimento de que o procedimento é o do agravo de instrumento do processo civil, razão pela qual o prazo da correição não pode ser mais o de cinco dias,

231. *Processo penal*, cit., p. 399.

mas de quinze, de acordo com as novas regras traçadas pela Lei n. 13.105/2015, que promulgou o Código de Processo Civil em vigor.

Nessa toada, surge a polêmica doutrinária e jurisprudencial acerca da aplicação subsidiária do CPC em matéria processual penal: os prazos devem ser contatos em dias úteis ou na forma da legislação processual penal?

Longe de uma solução pacífica, os tribunais superiores apontam inclinação pela contagem dos prazos previstos na legislação processual civil, quando aplicados ao processo penal, na forma do CPP (desconsiderando o dia do começo e computando o dia final, não podendo a contagem ser iniciada ou encerrada em dia não útil).

Deste modo:

(i) o prazo de interposição será de quinze dias, a contar da ciência do despacho impugnado;

(ii) a petição será dirigida diretamente ao tribunal competente, contendo a exposição do fato e do direito e as razões do pedido de reforma da decisão;

(iii) obrigatoriamente deverão integrar o instrumento cópia da decisão recorrida, da certidão da respectiva intimação e outras peças que o corrigente entender úteis;

(iv) recebida e distribuída a correição, o relator poderá requisitar informações do juiz, que as prestará no prazo de dez dias, podendo ser atribuído efeito suspensivo ao recurso;

(v) o corrigido será intimado para apresentar as suas contrarrazões em dez dias;

(vi) em seguida, manifesta-se o Ministério Público, salvo quando este for o próprio corrigente, e os autos irão para julgamento, a menos que o juiz comunique que reformou a decisão;

(vii) a correição parcial, em regra, não terá efeito suspensivo.

Corrigente é o recorrente; corrigido é o recorrido.

22.12. Embargos infringentes

22.12.1. Conceito

Recurso oponível contra decisão não unânime de segunda instância, desde que desfavorável ao réu. É importante destacar que tal recurso subsiste apenas na seara processual penal, haja vista ter sido extinto pelo Código de Processo Civil em vigor, que criou a figura da técnica de julgamento ampliado.

22.12.2. Prazo

O prazo para a oposição dos embargos infringentes é de dez dias, a contar da publicação do acórdão, sendo desnecessária a intimação pessoal.

22.12.3. Cabimento

Só podem ser opostos no caso de recurso em sentido estrito e apelação. Todavia, tendo em vista que o texto legal aponta o cabimento dos referidos embargos quando não for unânime a decisão de segunda instância desfavorável ao réu, o STF entende ser possível a sua oposição em casos de decisões proferidas por suas câmaras em ações penais de competência originária (AP 863 EI-AgR/SP, j. 18 e 19-4-2018). Não cabem na revisão criminal, nem no julgamento do pedido de desaforamento, uma vez que estes não são recursos. Não cabem também em sede de *habeas corpus*, bem como em acórdão constituído por maioria no julgamento de recurso ordinário em *habeas corpus*. Admite-se o cabimento no caso de carta testemunhável contra denegação de recurso em sentido estrito. Também se admite no recurso de agravo em execução.

O recolhimento do réu à prisão é desnecessário para interpor os embargos.

É comum a interposição de embargos infringentes por defensor dativo, ratificando simplesmente os argumentos constantes do voto vencido, sem apresentar quaisquer razões.

Contudo, o defensor dativo não está obrigado a opor os embargos. Aliás, a jurisprudência mais recente entende que em nenhum caso está obrigado a recorrer, devendo ter a mesma liberdade do defensor constituído (TJ-SP 00166848620118260269/SP 0016684-86.2011.8.26.0269, rel. Lauro Mens de Mello, 6ª Câmara de Direito Criminal, Data de Publicação: 26 fev. 2018).

Quanto à capacidade postulatória, não podem ser interpostos pelo próprio acusado, sem a assistência de advogado.

Os embargos de nulidade são os embargos infringentes, quando a questão é estritamente processual, decidindo-se se o processo será ou não anulado. Vigoram os mesmos pressupostos e procedimento.

22.12.4. Procedimento

(i) Interpostos os embargos, colhe-se a manifestação do querelante ou do assistente da acusação, se houver, pelo prazo de dez dias;

(ii) Em seguida, colhe-se o parecer da Procuradoria-Geral de Justiça, por igual prazo;

(iii) No Tribunal de Justiça paulista, se a decisão provier de uma das câmaras, o órgão competente para julgar os embargos, por força do Assento n. 307/92 do Órgão Especial do Tribunal de Justiça, é a própria câmara que proferiu o julgamento (art. 21, I, do RITJ). É bom lembrar que a câmara é composta por cinco desembargadores, mas só participam três do julgamento que foi embargado;

(iv) Em regra, o relator e o revisor terão respectivamente o prazo de dez dias para analisar os embargos infringentes ou de nulidade;

(v) De acordo com o § 1º do art. 615 do Código de Processo Penal, contido no Capítulo V do Título II do Livro III, no caso de empate na votação, concede-se a decisão mais favorável ao réu.

Embargos infringentes no Supremo Tribunal Federal cabem da decisão não unânime do Plenário ou da Turma que: julgar procedente a ação penal; improcedente a revisão criminal; for desfavorável ao réu, em recurso criminal ordinário (RISTF, art. 333, I, II e V).

Devem ser opostos dentro do prazo de quinze dias perante a secretaria do Supremo (art. 334) e são julgados pelo Plenário.

Os embargos infringentes no Superior Tribunal de Justiça não existem. Como bem observa Tourinho Filho, "no STJ, vamos encontrar, em matéria criminal, apenas duas modalidades de embargos: os de declaração e os de divergência"[232].

> → **ATENÇÃO:** embargos infringentes na justiça militar: cabem embargos infringentes e de nulidade se a decisão final do Superior Tribunal Militar não for unânime, pouco importando se desfavorável ou não ao réu (CPPM, art. 538). Nesse caso particular da justiça militar, o Ministério Público tem legitimidade ativa para opor os embargos.

Os embargos de divergência no STF cabem da decisão de Turma que, em recurso extraordinário, divergir de julgado de outra Turma ou do Plenário, na interpretação de direito federal (RISTF, art. 330). Devem ser opostos dentro de quinze dias perante a secretaria, para julgamento pelo Plenário.

Os embargos de divergência são oponíveis dentro do prazo de quinze dias e julgados pela seção competente, quando as Turmas divergirem entre si ou forem de decisão da mesma seção, ao julgarem recurso especial. Se a divergência for entre Turmas de seções diversas, ou entre Turma e outra seção ou com a Corte Especial, a esta competirá o julgamento.

22.13. Embargos declaratórios

22.13.1. Conceito

Recurso interposto para o mesmo órgão prolator da decisão, dentro do prazo de dois dias, no caso de ambiguidade, obscuridade, contradição ou omissão da sentença.

22.13.2. Natureza jurídica

Para Tourinho Filho, os embargos declaratórios "têm, inegavelmente, natureza recursal, porquanto a sua finalidade outra não é senão a de reparar o gravame produzido às partes em decorrência de ambiguidade, obscuridade, contradição ou omissão"[233].

> **Nosso entendimento:** os embargos de declaração não constituem recurso, uma vez que não visam o reexame do mérito da decisão, mas mera correção de erro material. Trata-se, assim, a nosso ver, de simples meio de integração da sentença ou acórdão, sem caráter infringente.

Não podemos confundir o embargo declaratório com o infringente. Ambos possuem características distintas entre si. O primeiro não altera, corrige, reduz ou amplia o julga-

---

232. *Processo penal*, cit., v. 4, p. 373.

233. *Processo penal*, cit., p. 375.

do, apenas esclarece, explicita e delimita seu alcance e/ou fundamentos, bem como aclara qualquer dúvida, ambiguidade ou obscuridade. Daí decorre a desnecessidade de manifestação da parte contrária.

Não se pode negar, contudo, que começa a se formar tendência jurisprudencial no sentido de conceder aos embargos de declaração uma função retificadora, permitindo-se em certos casos, sob pena de ofensa à coerência, alteração do conteúdo da decisão. É a hipótese da omissão do julgado sobre uma preliminar de nulidade, cujo acolhimento vem a prejudicar o exame do mérito. Em tais casos, admite-se a alteração do julgado, atribuindo-se maior amplitude aos efeitos dos embargos. Porém, se, por exemplo, o juiz se esquece de colocar uma causa de aumento, não se admitem os embargos de declaração, sendo o caso de apelação.

22.13.3. Prazo

Os embargos devem ser interpostos no prazo de dois dias perante o próprio juiz prolator da sentença (art. 382), ou, no caso dos tribunais (art. 619), endereçados ao próprio relator do acórdão embargado. No caso das infrações penais de competência dos juizados especiais criminais, o prazo de interposição dos embargos declaratórios será de cinco dias (Lei n. 9.099/95, art. 83, § 1º).

22.13.4. Pressupostos

A interposição dos embargos declaratórios pressupõe que a sentença ou acórdão tenha ambiguidade, obscuridade, omissão ou contradição. No caso da Lei n. 9.099/95, os pressupostos são: obscuridade, omissão, contradição e dúvida (em vez de ambiguidade).

É preciso que o embargante indique, no requerimento, o ponto a ser declarado ou corrigido.

Não há manifestação da parte contrária. Trata-se de recurso *inaudita altera pars*. Esse fato reforça nossa tese de que os embargos não constituem recurso; do contrário, haveria contraditório.

Há, no entanto, uma corrente sustentando deva ser ouvida a parte contrária , nesse sentido, ressalta, Aury Lopes Jr.: "quando houver possibilidade de radical modificação na decisão (efeitos modificativos ou infringentes), que possa, inclusive, inverter o gravame (como no exemplo anterior), é aconselhável que o juiz determine a intimação da parte contrária (que poderá ser afetada pela nova decisão proferida) para que apresente contrarrazões. Trata-se de uma medida salutar, com vistas a dar eficácia ao contraditório e que em nada prejudica a celeridade do recurso e do processo. Neste sentido, determina o art. 1.023, § 2º, do CPC que "o juiz intimará o embargado para, querendo, manifestar-se no prazo de 5 dias, sobre os embargos opostos, caso seu eventual acolhimento implique a modificação da decisão embargada"[234].

---

234. Aury Lopes Jr., *Direito Processual Penal*. 18. ed. São Paulo: Saraiva, 2021, p. 1155-1156.

22.13.5. Legitimidade

Podem ser interpostos tanto pela acusação quanto pela defesa. Para Tourinho Filho, nada obsta possa também opô-los o assistente da acusação[235].

22.13.6. Embarguinhos

São os embargos de declaração interpostos da decisão de primeira instância. O prazo é também de dois dias e quem os julga é o próprio juiz prolator da sentença.

22.13.7. Efeito suspensivo

A partir da entrada em vigor do Código de Processo Civil de 2015, os embargos de declaração aparecem remodelados e mais adequados ao novo sistema processual, nos arts. 994, IV, e 1.022 a 1.026 do CPC.

O art. 1.026 do CPC deixa explícito que os embargos de declaração não possuem efeito suspensivo e interrompem o prazo para interposição de outro recurso (essa também será a regra no âmbito dos procedimentos previstos pela Lei Federal n. 9.099/95, diante das modificações trazidas pelos arts. 1.064 a 1.066 do CPC).

Além dos efeitos dos embargos, restou bem delimitada a relação de consequências dos embargos declaratórios. A multa poderá ser de até 2% sobre o valor atualizado da causa em favor do embargado (§ 2º). Na reiteração de embargos manifestamente protelatórios, a multa poderá ser elevada em até 10% do valor atualizado da causa, ficando, ainda, a interposição de qualquer recurso condicionada ao depósito prévio desse valor, à exceção da Fazenda Pública e do beneficiário da gratuidade da justiça, que recolherão ao final (§ 3º). Considerados protelatórios os dois anteriores, novos embargos de declaração opostos serão inadmitidos (§ 4º).

Jurisprudência

- PENAL. PROCESSO PENAL. EMBARGOS DE DECLARAÇÃO. EFEITOS INFRINGENTES. OMISSÃO. CONTRADIÇÃO. OBSCURIDADE. INEVIDÊNCIA. REJEIÇÃO. IMPOSIÇÃO. "I – Se, no acórdão embargado, consignada suficiente fundamentação de forma clara, objetiva e inteligível, não há falar-se em obscuridade, contradição, tampouco em omissão. Embargos rejeitados. Unanimidade" (TJ-MA – ED: 00000935120168100000/MA 0058872019, rel. Antonio Fernando Bayma Araujo, Data de Julgamento: 7 maio 2019, Primeira Câmara Criminal).
- PENAL. PROCESSO PENAL. EMBARGOS DE DECLARAÇÃO. EFEITOS INFRINGENTES. PRINCÍPIO DA FUNGIBILIDADE. CONVERSÃO PARA APELAÇÃO CRIMINAL. RECURSO PARCIALMENTE PROVIDO. "1. Os Embargos Declaratórios, mesmo intempestivos, já demonstram o inconformismo com a sentença condenatória. Assim, é possível a aplicação do princípio da fungibilidade recursal, para que o mesmo seja convertido em

235. *Processo penal*, cit., p. 380.

Apelação Criminal. 2. Dado parcial provimento ao recurso de apelação" (TJ-DF 20150110221866/DF 0006337-11.2015.8.07.0001, rel. João Timóteo de Oliveira, Data de Julgamento: 8 nov. 2018, 2ª Turma Criminal, *DJE*, 16 nov. 2018. Pág. 95/116).

22.14. Revisão criminal

22.14.1. Conceito

Ação penal rescisória promovida originariamente perante o tribunal competente, para que, nos casos expressamente previstos em lei, seja efetuado o reexame de um processo já encerrado por decisão transitada em julgado. Na lição de Espínola Filho, "é um remédio do qual pode lançar mão o réu condenado, quer em nome próprio, pessoalmente ou por meio de procurador, quer representado, após a morte, pelo seu cônjuge, ascendente, descendente ou irmão (art. 623)"[236]. Para Borges da Rosa, é "o recurso por meio do qual se pede novo exame do caso julgado ou processo findo, no intuito de se conseguir a sua reforma total ou parcial"[237].

22.14.2. Origem histórica

Relembra Tourinho Filho que "ao tempo em que os europeus estavam sob o domínio germânico-barbárico, e vigoravam as ordálias ou juízos de Deus, houve tentativas no sentido de ser introduzido o instituto da revisão criminal. Ao que parece, foi o *Code d'Instruction Criminelle* que transfigurou o instituto da revisão, passando ele de simples providência administrativa, ao sabor da vontade do monarca, a um verdadeiro direito do injustiçado"[238].

Inicialmente nosso direito previa o chamado "recurso de revista", admitido pela Lei de 18 de setembro de 1828, para casos de manifesta nulidade ou injustiça notória nas sentenças de última instância. O Código de Processo Criminal de 1832 também só se referia ao tal recurso de revista. Somente com o Decreto n. 848, de 11 de outubro de 1890, é que a revisão criminal foi incorporada ao ordenamento jurídico pátrio. Nunca, desde a sua adoção, se permitiu, entre nós, pudesse ser reexaminada uma sentença absolutória com trânsito em julgado. A revisão criminal foi introduzida na Constituição Republicana de 1891, que, em seu art. 81, dispunha que "os processos findos, em matéria-crime, poderão ser revistos, a qualquer tempo, em benefício dos condenados". A Constituição de 1934, em seu art. 76, manteve o mesmo princípio. A Carta de 1937 silenciou a respeito; a de 1946 repetiu o dispositivo da Constituição Republicana. Mais tarde, a Emenda Constitucional n. 1, de 1969, estabeleceu simplesmente caber ao Supremo Tribunal Federal a revisão criminal de seus julgados. A atual Carta Magna, em seus arts. 102, I, *j*, 105, I, *e*, e 108, I, *b*, atribuiu, respectivamente, ao STF, STJ e TRF a revisão criminal de seus julgados.

---

236. *Código de Processo Penal anotado*, cit., p. 354.

237. *Processo penal brasileiro*, cit., v. 4, p. 62.

238. *Processo penal*, cit., p. 484-5.

22.14.3. Natureza jurídica

Embora eventualmente possa assumir função de recurso, inequivocamente é uma ação rescisória. A este respeito, Aristides Milton: "A revisão de que estou agora me ocupando não é, contudo, simplesmente um recurso; é antes uma ação *sui generis*; tanto assim que ela só tem lugar com referência a processos findos, isto é, processos que não pendem mais de recurso algum, que já foram decididos em última instância, e cujas sentenças passaram em julgado"[239]. Pontes de Miranda, citado por Tourinho Filho, anota que "a ação rescisória e a revisão não são recursos; são ações contra sentenças, porquanto remédios com que se instaura outra relação jurídica processual"[240].

22.14.4. Legitimidade

A revisão poderá ser pedida pelo próprio réu ou mediante representação por procurador legalmente habilitado, ou seja, advogado inscrito na OAB, não havendo necessidade de que tenha poderes especiais (TJ-GO – Revisão Criminal: 07117438820198090000, rel. Avelirdes Almeida Pinheiro de Lemos, Seção Criminal, Data de Publicação: *DJ*, 10 jul. 2020).

O art. 133 da Constituição Federal, que assegura ser o advogado indispensável à administração da justiça, não revogou o art. 623 do Código de Processo Penal, que confere ao sentenciado capacidade para postular em nome próprio a revisão criminal. É também a posição do STF.

A indispensabilidade da intervenção do advogado não é absoluta, condicionando-se aos limites impostos pela lei, conforme disposição expressa da própria Constituição. Tal princípio sempre existiu na legislação ordinária, e sua recente constitucionalização (CF, art. 133) não teve o condão de alterar seu conceito, nem de ampliar seu alcance. Portanto, a legislação inferior pode, validamente, excepcionar a regra, como o fez na hipótese do art. 623 do CPP. Desse modo, o sentenciado pode promover direta e pessoalmente a revisão criminal, sem assistência de advogado. Entretanto, somente o próprio condenado pode fazê-lo. Profissional do direito sem regular inscrição na OAB ou suspenso de suas atividades não pode.

No caso de morte do réu, a revisão poderá ser movida pelo seu cônjuge, descendente, ascendente ou irmão (art. 623). No conceito de cônjuge, devem ser incluídos os companheiros, pois a Constituição Federal equiparou-os para fins de considerar existente a sociedade familiar (CF, art. 226, § 3º). Vale mencionar que o Plenário do STF reconheceu como entidade familiar a união de pessoas do mesmo sexo (ADPF 132, cf. *Informativo do STF* n. 625, 2 a 6 de maio de 2011).

O Ministério Público não é parte legítima para requerer revisão criminal. Poderá impetrar *habeas corpus*. Revisão, não[241]. O Ministério Público tem legitimidade para a

---

239. *A Constituição do Brasil; notícia histórica, texto e comentário*, 1898, p. 481.

240. *Processo penal*, cit., p. 489.

241. Tourinho Filho, *Processo penal*, cit., p. 493.

propositura da ação penal pública, com o objetivo de obter a satisfação *jus puniendi*, ou seja, visa justamente o contrário da revisão. Daí não se admitir tenha legitimidade ou interesse para promover a ação rescisória em favor do condenado.

No caso de falecimento do réu após a revisão, o presidente do tribunal competente deverá nomear curador para dar prosseguimento à ação. Trata-se de hipótese de substituição processual que dispensa a iniciativa.

22.14.5. Prazo

Após o trânsito em julgado, a qualquer tempo.

Pouco importa esteja o réu cumprindo pena, já a tenha cumprido ou tenha ocorrido causa extintiva da punibilidade: em qualquer caso caberá a revisão, pois a sua finalidade não é apenas a de evitar o cumprimento da pena imposta ilegalmente, mas, precipuamente, corrigir uma injustiça, restaurando-se, assim, com a rescisão do julgado, o *status dignitatis* do condenado. Mesmo que este haja falecido, antes, durante ou após o cumprimento da pena, poderá ser promovida a ação revisional, sendo que neste caso a parte legítima será seu cônjuge, ascendente, descendente ou irmão.

22.14.6. Cabimento

(i) **Quando a sentença condenatória for contrária a texto expresso da lei:** a sentença condenatória é contrária à lei quando não procede como ela manda ou quando nela não encontra respaldo para sua existência. Por exemplo: réu condenado por fato que não constitui crime ou condenação a pena superior ao limite máximo previsto em lei. Importante lembrar que a revisão criminal é meio inadequado para a aplicação da lei posterior que deixar de considerar o fato como crime (*abolitio criminis*), uma vez que a competência é do juiz da execução de primeira instância, evitando-se seja suprimido um grau de jurisdição (Súmula 611 do STF; LEP, art. 66, I).

(ii) **Quando a sentença condenatória for contrária à evidência dos autos:** contrária à evidência dos autos é a condenação que não tem apoio em provas idôneas, mas em meros indícios, sem qualquer consistência lógica e real.

(iii) **Quando a sentença condenatória se fundar em provas comprovadamente falsas:** como bem observa Tourinho Filho, "Não basta a existência de um depoimento mendaz, de um exame ou documento falso. É preciso, isto sim, que o Juiz, ao proferir a decisão condenatória, tenha-se arrimado no depoimento, nos exames ou documentos comprovadamente falsos. A falsidade não vai ser apurada, investigada no juízo revidendo. Cabe ao requerente encaminhar-lhe a prova da falsidade a fim de que o juízo revidendo simplesmente se limite a constatar a falsidade"[242]. Portanto, a prova da falsidade deve ser colhida em processo de justificação, sentença declaratória, processo criminal por falso testemunho ou falsa perícia etc. Nunca, porém, será admitida discussão e controvérsia sobre a validade da prova no próprio processo da revisão.

---

242. *Processo penal*, cit., p. 499.

(iv) **Quando surgirem novas provas da inocência do condenado:** prova nova é aquela produzida sob o crivo do contraditório, não se admitindo, por exemplo, depoimentos extrajudiciais. É também aquela que já existia à época da sentença, mas cuja existência não foi cogitada.

(v) **Quando surgirem novas provas de circunstância que autorize a diminuição da pena.**

> → **ATENÇÃO:** no caso de revisão criminal contra condenação manifestamente contrária à prova dos autos, proferida pelo júri popular, o tribunal deve julgar diretamente o mérito, absolvendo o peticionário, se for o caso.

De nada adiantaria simplesmente anular o júri e remeter o acusado a novo julgamento porque, mantida a condenação pelos novos jurados, o problema persistiria sem que a revisão pudesse solucioná-lo. Portanto, dado que o princípio da soberania dos veredictos não é absoluto e a prevalência dos princípios da plenitude de defesa, do devido processo legal (incompatível com condenações absurdas) e da verdade real, deverão ser proferidos os juízos rescindente e rescisório.

22.14.7. Admissibilidade

Cabe revisão criminal das sentenças absolutórias impróprias onde há imposição de medida de segurança. Porém, não cabe da sentença de pronúncia.

Mesmo após a extinção da pena, pode ser requerida revisão criminal por qualquer causa, a não ser que esta seja anterior ao trânsito em julgado da condenação.

Não se admite reiteração do pedido, salvo se fundado em novas provas.

22.14.8. Competência

Ao Supremo Tribunal Federal compete rever, em benefício dos condenados, as decisões criminais em processos findos, quando a condenação tiver sido por ele proferida ou mantida (CF, art. 102, I, *j*). Ao Superior Tribunal de Justiça, quando dele tiver emanado a decisão condenatória (CF, art. 105, I, *e*). Se a decisão condenatória for proferida pelo TRF em única ou última instância, caber-lhe-á julgar a revisão (CF, art. 108, I, *b*). Nos demais casos, ressalvados os casos de jurisdição especializada, competirá ao tribunal de justiça estadual.

22.14.9. Processamento

(i) O requerimento deve ser dirigido ao presidente do tribunal competente;

(ii) O presidente poderá rejeitar liminarmente a revisão criminal, caso se trate de mera reiteração, sem novas provas, se a petição não estiver instruída de modo suficiente, ou se o pedido não se enquadrar em nenhuma das hipóteses do art. 621 do CPP;

(iii) A petição deve ser instruída, no mínimo, com a certidão de haver passado em julgado a sentença condenatória e com o traslado das peças necessárias à comprovação dos fatos arguidos;

(iv) Em seguida, caso o presidente não tenha indeferido liminarmente o pedido, este será distribuído a um relator, devendo ser um julgador que não tenha se pronunciado anteriormente a respeito do processo;

(v) O relator também poderá rejeitar liminarmente;

(vi) Se não o fizer, poderá determinar o apensamento dos autos do processo original, à revisão, para maior segurança no julgamento;

(vii) Logo após a distribuição, os autos irão com vista ao procurador-geral de justiça, na área estadual, e procurador-geral da República, na federal, para parecer em dez dias (em alguns tribunais, o presidente remete os autos ao Ministério Público, antes mesmo da distribuição, que só é realizada após o parecer ministerial);

(viii) Em seguida à manifestação do Ministério Público, os autos voltam ao relator, que terá o prazo de dez dias para oferecer o relatório;

(ix) Os autos, então, vão para o revisor, que, após examiná-los, também no prazo de dez dias, pedirá a designação de data para o julgamento;

(x) O julgamento da revisão ficará a cargo do Plenário, grupo de câmaras ou grupo de Turmas, de acordo com o que dispuser o regimento interno do respectivo tribunal.

A decisão pode absolver o réu, reduzir a pena ou anular o processo.

> → **ATENÇÃO:** efeitos da absolvição – restabelece todos os direitos perdidos em virtude da condenação. Quando se tratar de absolvição imprópria, deve o tribunal impor medida de segurança.

– ***Reformatio in pejus* indireta:** anulado o processo em virtude de revisão criminal, não pode o réu ter sua pena agravada pela nova sentença.

A soberania do Júri não limita a revisão criminal, em face do princípio da ampla defesa (CF, art. 5º, LV). O princípio da soberania não é absoluto, e o tribunal técnico pode até mesmo absolver um réu condenado injustamente pelos jurados, por força do princípio da plenitude de defesa no júri (CF, art. 5º, XXXVIII, *a*). Sintetiza magistralmente Frederico Marques, citado por Tourinho Filho: "A soberania dos veredictos não pode ser atingida, enquanto preceito para garantir a liberdade do réu. Mas, se ela é desrespeitada em nome dessa mesma liberdade, atentado algum se comete contra o texto constitucional"[243]. É que o princípio constitucional da soberania dos veredictos não pode servir de pretexto para perpetuar injustas privações da liberdade humana.

Os embargos infringentes e de nulidade não cabem na revisão criminal, uma vez que esta não é recurso, mas ação.

Em caso de empate na votação, prevalece a decisão mais favorável ao réu.

De sentença penal estrangeira não cabe revisão criminal, pois, quando de sua homologação pelo Superior Tribunal de Justiça, este não ingressa no mérito, limitando-se a verificar os aspectos puramente formais (prelibação).

---

243. *Processo penal*, cit., p. 494.

Quanto à indenização por erro judiciário, em face do princípio constante no art. 5º, LXXV, da Constituição Federal, que tornou incondicional o dever do Estado de indenizar o erro judiciário, não mais subsistem as limitações do art. 630 do Código de Processo Penal, que impediam a reparação do dano no caso de acusação privada ou quando a condenação decorria de culpa do acusado.

Mirabete entende que prevalece a restrição da alínea *a*, § 2º, do art. 630 do CPP (cit., p. 739).

Finalmente, quanto à possibilidade de a revisão criminal suspender a execução da sentença penal condenatória, o Superior Tribunal de Justiça já se pronunciou no sentido de que não há de se cogitar a suspensão de sentença condenatória que já transitou em julgado no bojo do ajuizamento de revisão criminal.

22.15. *Habeas corpus*

22.15.1. Origem histórica do *habeas corpus* no mundo

O *habeas corpus* tem sua origem remota no direito romano, onde todo cidadão podia reclamar a exibição do homem livre detido ilegalmente por meio de uma ação privilegiada, conhecida por *interdictum de libero homine exhibendo*.

Parte da doutrina, porém, aponta sua origem no Capítulo XXIX da Magna Carta, outorgada pelo Rei João Sem Terra em 15 (ou 19) de junho de 1215. O art. 48 daquele diploma rezava que: "Ninguém poderá ser detido, preso ou despojado de seus bens, costumes e liberdade, senão em virtude de julgamento por seus pares, de acordo com as leis do país".

Sob Carlos I, que pretendia governar sem leis e sem nobreza, a campanha dos ingleses pela liberdade recomeçou. Detestado por seu autoritarismo e arbitrariedade, chegou a impor certo imposto geral e sistemático, denominado *ship money*, o que desencadeou uma série de protestos da nobreza, repelidos com violência e prisões ilegais.

Essa situação perdurou até que o movimento de oposição determinou mais tarde a chamada *Petition of Rights* (Petição de Direitos), uma declaração formal redigida por Thomas Wentworth, onde foram reafirmadas as liberdades públicas fundamentais e o respeito às leis de *habeas corpus*.

O rei viu-se forçado, afinal, a dar seu consentimento expresso à Petição, em 7 de junho de 1628, o que foi uma grande conquista em defesa dos direitos individuais.

Contudo, mesmo depois da Petição de Direitos, as ordens de *habeas corpus* eram denegadas a todo momento, ou, o que era ainda pior, simplesmente desobedecidas. As reivindicações libertárias continuaram, e, em 1679, já sob o reinado de Carlos II, surge o *Habeas Corpus Act*, consagrando-se o *writ of habeas corpus*, como remédio eficaz para a soltura de pessoa ilegalmente presa ou detida.

Por meio do *writ of habeas corpus*, a pessoa que estivesse sofrendo uma restrição à sua liberdade podia pedir ao juiz a expedição de uma ordem, a fim de que o responsável pela ilegal detenção a apresentasse para se constatar a legitimidade do encarceramento.

O *writ*, entretanto, limitava-se a atender pessoas acusadas de crime, não tendo aplicação para os demais casos de prisão ilegal.

As leis inglesas, desde a Magna Carta até o *Habeas corpus Act*, serviram de base à Constituição dos Estados Unidos da América, em 1778, a qual, no seu art. I, seção 9, referiu-se ao *habeas corpus*, dizendo que essa garantia só poderia ser suspensa para assegurar a segurança pública, no caso de rebelião interna ou invasão.

Em 1789 foi incluído na Declaração dos Direitos do Homem e do Cidadão.

Em 1816 surgiu outro *Habeas corpus Act*, ampliando o anterior e alcançando qualquer ofensa à liberdade dos indivíduos, ainda que não acusados de qualquer crime.

Atualmente, o instituto está difundido em quase todas as legislações do mundo.

22.15.2. Origem do *habeas corpus* no Brasil

O *habeas corpus* entrou, pela primeira vez, na nossa legislação, de forma expressa, com a promulgação do Código de Processo Criminal, em 1832, cujo art. 340 dispunha: "Todo cidadão que entender que ele ou outrem sofre uma prisão ou constrangimento ilegal em sua liberdade tem direito de pedir uma ordem de *habeas corpus* em seu favor".

Para Pontes de Miranda, o *habeas corpus* já constava implicitamente no direito pátrio, desde a Constituição Imperial de 1824, que, em seu art. 179, § 8º, preceituava que: "Ninguém será preso, sem culpa formada, exceto nos casos declarados em lei; e nestes, dentro do prazo de 24 horas, contadas da entrada na prisão, sendo em cidades, vilas ou outras povoações próximas aos lugares da residência do juiz, e, nos lugares remotos, *dentro de um prazo razoável*, que a lei marcará, atenta à extensão do território, o juiz por uma nota por ele assinada, fará constar ao réu o motivo da prisão, os nomes de seu acusador e os das testemunhas, havendo-as"[244].

A primeira forma conhecida em nosso ordenamento jurídico foi a do *habeas corpus* liberatório, isto é, aquele que visa fazer cessar um constrangimento à liberdade ambulatória. Com as profundas alterações introduzidas no Código de Processo Criminal de 1832, estendeu-se o remédio heroico àquelas hipóteses em que o cidadão simplesmente se encontrava ameaçado na sua liberdade de ir e vir, consagrando-se a figura do *habeas corpus* preventivo.

Em 1871, a Lei n. 2.033 estatuiu, em seu art. 18, § 8º, o seguinte: "Não é vedado ao estrangeiro requerer para si ordem de *habeas corpus*, nos casos em que esta tem lugar". É bom notar que o estrangeiro só tinha direito de pleitear ordem de *habeas corpus* para si, enquanto o brasileiro podia requerer para si ou para outrem.

Com a Constituição Republicana, em 1891, o *habeas corpus* é citado expressamente pela primeira vez em texto constitucional, no art. 72, § 22, assim redigido: "Dar-se-á o *habeas corpus* sempre que o indivíduo sofrer ou se achar em iminente perigo de sofrer violência, ou coação, por ilegalidade ou abuso de poder".

244. *História e prática do* habeas corpus, Saraiva, 1979.

Interpretando diversamente o dispositivo, Pedro Lessa e Ruy Barbosa deram causa a uma famosa polêmica. Pedro Lessa sustentava que o instituto se limitava à defesa da liberdade de locomoção, não podendo ser empregado para a defesa de outros direitos líquidos e certos; Ruy Barbosa entendia que, no silêncio do texto constitucional, não se admitia interpretação restritiva do remédio heroico, podendo o mesmo ser utilizado para a defesa de qualquer direito. A posição de Ruy Barbosa sagrou-se vitoriosa no Supremo Tribunal Federal, que interpretou amplamente o *habeas corpus*.

A reforma constitucional de 1926 esvaziou a discussão, restabelecendo a finalidade clássica do *writ*, qual seja, a tutela exclusiva da liberdade ambulatória. O art. 72, § 22, ficou com a seguinte redação: "Dar-se-á *habeas corpus* sempre que alguém sofrer violência por meio de prisão ou constrangimento ilegal na sua liberdade de locomoção".

Com a Constituição de 1934 foi novamente suprimida a expressão locomoção, pois o art. 113, XXIII, dizia "... violência ou coação em sua liberdade, por ilegalidade ou abuso de poder". Entretanto, antes que se iniciasse nova discussão, o mesmo art. 113, no inciso XXXIII, criou o instituto do mandado de segurança, com finalidade residual.

A Constituição de 1946, em seu art. 141, XXIII, manteve o *habeas corpus* restrito à tutela da liberdade de ir e vir. A Carta Constitucional de 1967 tratou do instituto no art. 150, § 20, e a Emenda Constitucional de 1969 disciplinou-o no art. 153, § 20, sempre restrito à defesa da liberdade de locomoção.

Atualmente, na Constituição Federal de 5 de outubro de 1988, o *habeas corpus* está previsto no art. 5º, LXVIII, com interpretação restritiva.

22.15.3. Conceito

Remédio judicial que tem por finalidade evitar ou fazer cessar a violência ou a coação à liberdade de locomoção decorrente de ilegalidade ou abuso de poder.

22.15.4. Natureza jurídica

Trata-se de ação autônoma de impugnação constitucional. De forma mais específica, trata-se de ação penal popular com assento constitucional, voltada à tutela da liberdade ambulatória, sempre que ocorrer qualquer dos casos elencados no art. 648 do Código de Processo Penal. Nas hipóteses previstas nos incisos II, III, IV e V, assume a função de verdadeira ação penal cautelar. Nos incisos VI e VII, funciona como ação rescisória (constitutiva negativa), se a sentença já tiver transitado em julgado, ou como ação declaratória, se o processo estiver em andamento. No inciso I, poderemos ter ação cautelar, declaratória ou constitutiva, dependendo do caso.

A expressão *habeas corpus* quer dizer: "que tomes o corpo e o apresentes". A ordem concedida pelo Tribunal era do seguinte teor: "Tomai o corpo desse detido e vinde submeter ao tribunal o homem e o caso".

22.15.5. Espécies

(i) **Liberatório ou repressivo:** destina-se a afastar constrangimento ilegal já efetivado à liberdade de locomoção;

(ii) **Preventivo:** destina-se a afastar uma ameaça à liberdade de locomoção. Nesta hipótese, expede-se salvo-conduto.

22.15.6. Legitimidade ativa

Pode ser impetrado por qualquer pessoa, independentemente de habilitação legal ou representação de advogado (dispensada a formalidade da procuração).

O analfabeto pode impetrar, desde que alguém assine a seu rogo (art. 654, § 1º, *c*). O promotor de justiça também pode, nos termos do art. 32, I, da Lei Orgânica Nacional do Ministério Público (Lei n. 8.625, de 12-2-1993). O *habeas corpus* pode ser impetrado por pessoa jurídica, em favor de pessoa física[245]. O juiz de direito não pode impetrar, em face da inércia da jurisdição. O delegado de polícia pode: não como autoridade, mas como cidadão.

22.15.7. Legitimidade passiva

Prevalece o entendimento de que pode ser impetrado *habeas corpus* contra ato de particular, pois a Constituição fala não só em coação por abuso de poder, mas também por ilegalidade[246]. Por exemplo: filho que interna pais em clínicas psiquiátricas, para deles se ver livre. Cabe também contra o juiz de direito, o promotor de justiça e o delegado de polícia. Quanto à pessoa jurídica, há duas posições: a que admite e a que não.

22.15.8. Admissibilidade

É inadmissível a impetração de *habeas corpus* durante o estado de sítio (CF, arts. 138, *caput*, e 139, I e II). A vedação se dirige apenas contra o mérito da decisão do executor da medida, podendo ser impetrado o remédio se a coação tiver emanado de autoridade incompetente, ou em desacordo com as formalidades legais.

No caso de transgressão disciplinar, só não cabe a impetração se a punição for militar (CF, art. 142, § 2º). Também não cabe *habeas corpus* contra imposição da pena de exclusão de militar ou de perda da patente ou de função pública (Súmula 694 do STF).

É inadmissível *habeas corpus* se não há atentado contra a liberdade de locomoção. Assim, não cabe para eximir o paciente do pagamento de custas processuais (Súmula 395 do STF). Da mesma forma, não cabe *habeas corpus* quando já extinta a pena privativa de liberdade (Súmula 695 do STF).

Não cabe *habeas corpus* contra dosimetria da pena de multa, uma vez que, diante da Lei n. 9.268/96, não existe mais possibilidade de esta pena ser convertida em privativa de liberdade, não havendo como ocorrer constrição à liberdade de locomoção. Esse entendimento é objeto da Súmula 693 do STF, cujo teor é o seguinte: "Não cabe *habeas corpus* contra decisão condenatória a pena de multa, ou relativo a processo em curso por infração penal a que a pena pecuniária seja a única cominada".

---

245. Espínola Filho, *Código de Processo Penal anotado*, cit., v. 7, p. 233.

246. Magalhães Noronha, *Curso de direito processual penal*, cit., p. 541.

Finalmente, "não se conhece de *habeas corpus* contra omissão de relator de extradição, se fundado em fato ou direito estrangeiro cuja prova não constava dos autos, nem foi ele provocado a respeito" (Súmula 692 do STF).

Não se admite a impetração visando a exame aprofundado e valoração de provas.

As hipóteses de cabimento encontram-se enumeradas no art. 648 do Código de Processo Penal. São elas:

(i) **Quando não houver justa causa:** justa causa é a existência de fundamento jurídico e suporte fático autorizadores do constrangimento à liberdade ambulatória. A hipótese trata da falta de justa causa para a prisão, para o inquérito e para o processo. Só há justa causa para a prisão no caso de flagrante delito ou de ordem escrita e fundamentada da autoridade judiciária competente, salvo nos casos de transgressão ou crime militar (CF, art. 5º, LXI). A prisão administrativa, prevista no art. 650, § 2º, do CPP, não é cabível diante da atual Constituição. Falta justa causa para o inquérito policial quando este investiga fato atípico ou quando já estiver extinta a punibilidade do indiciado. Já se decidiu também que o mero indiciamento em inquérito não caracteriza constrangimento ilegal reparável via *habeas corpus*. A investigação policial somente pode ser interrompida por *habeas corpus* se de um simples exame dos autos já se verifica, fora de qualquer dúvida, não haver infração penal, em tese, ou que os investigados são absolutamente estranhos aos fatos.

(ii) **Quando alguém estiver preso por mais tempo do que a lei determina:** a hipótese cuida do excesso de prazo na prisão provisória. Em regra, o processo de réu preso, na antiga sistemática do Código de Processo Penal, devia estar encerrado dentro do prazo de oitenta e um dias. Eram dez para a conclusão do inquérito (art. 10), cinco para a denúncia (art. 46), três para a defesa prévia (art. 395), vinte para a inquirição de testemunhas (art. 401), dois para diligências do art. 499, dez para o despacho do requerimento feito por ocasião do art. 499, seis para alegações finais (art. 500), cinco para diligências *ex officio* (art. 502) e vinte para a sentença. No Supremo Tribunal Federal, o entendimento dominante era no sentido de que os prazos se contavam separadamente, não sendo possível considerar que o constrangimento ilegal surgisse apenas quando se tivesse excedido o total dos prazos, de modo que o excesso de uns pudesse ser compensado com a economia de outros. O excesso de prazo acarretava o relaxamento da prisão. A jurisprudência havia entendido que esse prazo de oitenta e um dias só era contado até o encerramento da instrução criminal, não ocorrendo excesso de prazo se o processo já se encontrasse na fase dos arts. 499 e 500 do CPP. Tratando-se de crime da competência do Júri, pronunciado o réu, ficava superada a alegação de constrangimento ilegal da prisão por excesso de prazo na instrução (Súmula 21 do STJ). Do mesmo modo, encerrada a instrução criminal, ficava superada a alegação de constrangimento ilegal da prisão por excesso de prazo (Súmula 52 do STJ). Finalmente, não constituía constrangimento ilegal o excesso de prazo na instrução provocado pela defesa (Súmula 64 do STJ). A reforma processual penal, ao concentrar os atos da instrução numa única audiência (procedimento ordinário, sumário e 1ª fase do júri), visou, em especial, concretizar o princípio constitucional da celeridade processual, impedindo, por consequência, que os réus fiquem sujeitos ao constrangimento ilegal da prisão por excesso de prazo. Cumpre mencionar que a audiência de instrução e julgamento, no procedimento ordinário, deverá ser realizada no prazo máximo de 60 (sessenta) dias (CPP, art. 400), após o oferecimento da defesa inicial (arts. 396 e 396-A). Finalmente, em determinadas situações, poderá haver cisão dessa audiência (necessidade de diligências ou complexidade da causa, por exemplo), hipóteses em que haverá concessão de prazo para apresentação de alegações finais, por memorial (cinco dias) e prolação de sentença (dez dias). No tocante ao prazo no procedimento do júri, *vide* art. 412 do CPP.

(iii) Quando quem ordenar a coação não tiver competência para fazê-lo: só pode determinar a prisão a autoridade judiciária dotada de competência material e territorial, salvo caso de prisão em flagrante. A incompetência absoluta do juízo também pode ser reconhecida em sede de *habeas corpus*.

(iv) Quando houver cessado o motivo que autorizou a coação: por exemplo, sentenciado que já cumpriu sua pena, mas continua preso.

(v) Quando não se admitir a fiança, nos casos em que a lei a prevê: as hipóteses em que a lei prevê a fiança encontram-se no art. 322 do CPP. A Constituição Federal, em seu art. 5º, LXVI, estabelece que ninguém pode ser preso quando a lei admitir a prestação de fiança.

(vi) Quando o processo for manifestamente nulo: a nulidade pode decorrer de qualquer causa, como falta de condição de procedibilidade (representação nos crimes de ação penal pública condicionada), ilegitimidade *ad causam* (ofendido propõe a ação penal pública ou vice-versa) ou processual (menor de 18 anos propõe ação penal privada), incompetência do juízo, ausência de citação ou de concessão de prazo para a defesa inicial, alegações finais (nas hipóteses do CPP, arts. 403, § 3º, e 404, parágrafo único, há previsão legal da apresentação de alegações finais, por memorial) etc.

(vii) Quando já estiver extinta a punibilidade do agente: as causas extintivas da punibilidade estão enumeradas exemplificativamente no art. 107 do Código Penal. Se anterior à ação penal, a denúncia ou queixa não pode ser recebida. Com o advento da Lei n. 11.719/2008, nos procedimentos sumário e ordinário, o acusado, na defesa inicial prevista nos arts. 396 e 396-A, poderá suscitar matérias que visem à absolvição sumária do agente, dentre elas, a existência de causa extintiva da punibilidade (CPP, art. 397, IV).

22.15.9. Competência

(i) Do juiz de direito de primeira instância: para trancar inquérito policial (Súmula 103 das Mesas de Processo Penal da USP). Porém, se o inquérito tiver sido requisitado por autoridade judiciária, a competência será do tribunal de segundo grau competente, de acordo com a sua competência recursal. O juiz não pode conceder a ordem sobre ato de autoridade judiciária do mesmo grau.

(ii) Do Tribunal de Justiça: quando a autoridade coatora for representante do Ministério Público Estadual (CE, art. 74, IV), conforme entendimento pacífico do STF. Por exemplo: se o promotor de justiça requisita a instauração de inquérito policial, sem lastro para tanto, o *habeas corpus* deve ser impetrado perante o Tribunal de Justiça. No caso, estando a autoridade policial obrigada a atender a requisição, o promotor de justiça é o verdadeiro responsável pela coação. O Superior Tribunal de Justiça também compartilha da mesma posição.

(iii) **Do Tribunal Regional Federal:** se a autoridade coatora for juiz federal (CF, art. 108, I, *d*).

(iv) **Do Superior Tribunal de Justiça:** quando o coator ou paciente for governador de Estado ou do Distrito Federal, membros dos tribunais de contas do Estado e do Distrito Federal, desembargadores dos tribunais de justiça do Estado e do Distrito Federal, membros dos tribunais regionais federais, dos tribunais regionais eleitorais e do trabalho, membros dos conselhos ou tribunais de contas dos municípios, e membros do Ministério Público da União, que oficiem perante tribunais, quando o coator for tribunal sujeito à sua jurisdição, ou ministro de Estado e comandante das Forças Armadas, ressalvada a competência da Justiça Eleitoral (CF, art. 105, I, *a* e *c*).

(v) **Do Supremo Tribunal Federal:** quando o coator for Tribunal Superior ou o coator ou paciente for autoridade ou funcionário cujos atos estejam sujeitos diretamente à jurisdição do Supremo Tribunal Federal, ou se trate de crime sujeito à mesma jurisdição em uma única instância (CF, art. 102, I, *i*). Consta do *Informativo* n. 437 do STF que a Corte Suprema, por maioria, declinou de sua competência para os tribunais de justiça estaduais, a fim de que julguem *habeas corpus* impetrado contra ato da Turma Recursal do Juizado Criminal. Com isso, a Súmula 690 do STF, que previa a competência do Supremo Tribunal Federal, perdeu o seu objeto (STF, HC-AgR 90.905). Mencione-se que, conforme já decidiu o próprio STF, os processos que estiverem perante ele tramitando deverão ser imediatamente remetidos para o Tribunal de Justiça dos respectivos Estados para reinício do julgamento, ficando sem efeitos os votos proferidos, pois "mesmo tratando-se de alteração de competência por efeito de mutação constitucional (nova interpretação à Constituição Federal), e não propriamente de alteração no texto da Lei Fundamental, o fato é que se tem, na espécie, hipótese de competência absoluta (em razão do grau de jurisdição), que não se prorroga" (STF, HC-QO 86.009/DF).

Por fim, convém mencionar que o Supremo Tribunal Federal editou a Súmula 691, cujo teor é o seguinte: "Não compete ao Supremo Tribunal Federal conhecer de *habeas corpus* impetrado contra decisão do Relator que, em *habeas corpus* requerido a tribunal superior, indefere a liminar".

22.15.10. Impetração

A impetração do *habeas corpus* pode ser feita por qualquer pessoa, denominada impetrante.

Fazem parte do conteúdo: o órgão jurisdicional a quem é endereçada a ação; o nome da pessoa que sofre ou está ameaçada de sofrer a coação (o paciente); o nome de quem exerce a coação ou ameaça; a descrição dos fatos que configuram o constrangimento; a assinatura do impetrante, ou de alguém a seu rogo.

Sobre a impetração por meio eletrônico, *vide* comentários à Lei n. 11.419, de 19 de dezembro de 2006, que trata da informatização do processo judicial (Capítulo 20).

A liminar é admissível, se os documentos que instruírem a petição evidenciarem a ilegalidade da coação (CPP, art. 660, § 2º).

→ **ATENÇÃO:** reiteração de pedido de *habeas corpus*: só é possível o conhecimento de novo pedido quando haja novos fundamentos de fato ou de direito, que já não tenham sido analisados no pedido anterior.

22.15.11. Processamento

(i) Recebida a petição, se o réu estiver preso, o juiz poderá determinar que seja imediatamente apresentado, em dia e hora que designar;

(ii) O paciente preso só não será apresentado no caso de grave enfermidade ou de não estar sob a guarda do pretenso coator (CPP, art. 657, *caput*);

(iii) O juiz poderá ir ao local em que o paciente estiver, se este não puder ser apresentado por motivo de doença;

(iv) Em seguida, o juiz poderá determinar a realização de alguma outra diligência que entender necessária e interrogará o paciente, decidindo dentro do prazo de vinte e quatro horas;

(v) Na prática, recebida a petição, o juiz requisita informações da autoridade coatora, dentro do prazo que fixar, e, em seguida, decide. Contudo, convém lembrar que a lei só fala em informações, quando a impetração se der perante tribunal (CPP, art. 662);

(vi) O Ministério Público não se manifesta no procedimento de *habeas corpus*, quando impetrado perante juiz de direito, somente quando a impetração for perante tribunal.

22.15.12. Julgamento e efeitos

(i) A concessão de *habeas corpus* liberatório implica seja o paciente posto em liberdade, salvo se por outro motivo deva ser mantido na prisão (art. 660, § 1º);

(ii) Se a ordem de *habeas corpus* for concedida para evitar ameaça de violência ou coação ilegal, será expedido ordem de salvo-conduto em favor do paciente;

(iii) Se a ordem for concedida para anular o processo, este será renovado a partir do momento em que se verificou a eiva (CPP, art. 652);

(iv) Quando a ordem for concedida para trancar inquérito policial ou ação penal, esta impedirá seu curso normal;

(v) A decisão favorável do *habeas corpus* pode ser estendida a outros interessados que se encontrem na situação idêntica à do paciente beneficiado (art. 580 do CPP, aplicável por analogia).

22.15.13. Recursos

(i) Cabe recurso em sentido estrito da decisão do juiz que conceder ou negar a ordem de *habeas corpus* (CPP, art. 581, X);

(ii) Cabe recurso oficial da concessão (CPP, art. 574, I);

(iii) Cabe recurso ordinário constitucional ao Supremo Tribunal Federal da decisão dos Tribunais Superiores que julgar em única instância o *habeas corpus*, desde que denegatória (CF, art. 102, II, *a*);

(iv) Cabe recurso ordinário constitucional ao Superior Tribunal de Justiça da decisão denegatória de *habeas corpus*, proferida em única ou última instância pelos Tribunais Regionais Federais, ou pelos tribunais dos Estados e do Distrito Federal (CF, art. 105, II, *a*).

22.16. Mandado de segurança em matéria criminal

22.16.1. Conceito

Ação de natureza constitucional, de rito sumaríssimo, e fundamento constitucional, destinada a proteger direito líquido e certo, não amparado por *habeas corpus* ou *habeas data*, quando o responsável pela ilegalidade ou abuso de poder for autoridade pública ou agente de pessoa jurídica no exercício de atribuições do Poder Público (CF, art. 5º, LXIX).

A Lei do Mandado de Segurança (Lei n. 12.016/2009) disciplinou também o mandado de segurança coletivo.

Em seu art. 1º dispôs que: "Conceder-se-á mandado de segurança para proteger direito líquido e certo, não amparado por *habeas corpus* ou *habeas data*, sempre que, ilegalmente ou com abuso de poder, qualquer pessoa física ou jurídica sofrer violação ou houver justo receio de sofrê-la por parte de autoridade, seja de que categoria for e sejam quais forem as funções que exerça".

O mandado de segurança coletivo, por sua vez, tem previsão nos arts. 21 e 22 do referido diploma legal.

22.16.2. Admissibilidade

O mandado de segurança só pode ser concedido diante de direito líquido e certo, isto é, direito apto a ser comprovado de plano, mediante prova documental. Ensina Hely Lopes Meirelles que "direito líquido e certo é o que se apresenta manifesto na sua existência, delimitado na sua extensão e apto a ser exercitado no momento da impetração. Se a sua existência for duvidosa; se sua extensão ainda não estiver delimitada; se seu exercício depender de situações e fatos ainda indeterminados, não rende ensejo à segurança, embora possa ser defendido por outros meios judiciais. Em última análise, direito líquido e certo é direito comprovado de plano. Por se exigir situações e fatos comprovados de plano é que não há instrução probatória no mandado de segurança"[247]. Convém notar que, de acordo com o teor da Súmula 625 do STF, editada antes do advento da Lei n. 12.016/2009: "Controvérsia sobre matéria de direito não impede concessão de mandado de segurança".

---

247. *Mandado de segurança*, 15. ed., Malheiros, p. 26.

Ilegalidade e abuso de poder:

(i) **ilegalidade:** é a desconformidade de atuação ou omissão do agente público ou delegado, em relação à lei;

(ii) **abuso de poder:** ocorre quando a autoridade, tendo competência para praticar o ato, realiza-o com finalidade diversa daquela prevista em lei (desvio de poder) ou quando a autoridade, embora competente e observando as formalidades legais, ultrapassa os limites que lhe eram permitidos por lei (excesso de poder).

A competência será determinada em razão da matéria versada na impetração, logo, o mandado de segurança em matéria penal será julgado por juiz com competência criminal. Lembrando sempre que, se a violação se referir à liberdade de ir e vir, cabível será o *habeas corpus*.

22.16.3. Legitimidade ativa

O impetrante, para ter legitimidade ativa, há de ser o titular do direito individual ou coletivo (art. 21 da Lei n. 12.016/2009), líquido e certo para o qual pede proteção pelo mandado de segurança. Tanto pode ser pessoa física como jurídica, e até mesmo entidade sem personalidade jurídica, desde que tenha capacidade postulatória, por exemplo, o espólio, a massa falida, a herança jacente ou vacante etc. O importante é que seja o próprio titular do direito líquido e certo violado. No entanto, de acordo com o art. 1º, § 3º, quando o direito ameaçado ou violado couber a várias pessoas, qualquer delas poderá requerer o mandado de segurança. E, consoante o art. 3º: "o titular de direito líquido e certo decorrente de direito, em condições idênticas, de terceiro poderá impetrar mandado de segurança a favor do direito originário, se o seu titular não o fizer, no prazo de 30 (trinta) dias, quando notificado judicialmente".

Quanto à capacidade postulatória, o mandado de segurança subordina-se às regras do processo civil, e só pode ser impetrado por meio de profissional habilitado (advogado inscrito na OAB) (*vide* art. 6º, § 5º, da Lei n. 12.016/2009).

O Ministério Público tem legitimidade para a impetração, nos termos do art. 32, I, da Lei Orgânica Nacional do Ministério Público (Lei n. 8.625/93), sendo necessário destacar, contudo, que tal remédio não se presta a atribuir efeito suspensivo a recurso criminal interposto, de acordo com o teor da Súmula 604 do STJ.

22.16.4. Legitimidade passiva

As autoridades públicas são pessoas físicas que desempenham funções de natureza pública, na qualidade de agentes políticos ou administrativos. Coatora será sempre a autoridade superior que pratica ou ordena, concreta e especificamente, a execução ou inexecução do ato impugnado. Nesse sentido, dispõe o art. 6º, § 3º: "Considera-se autoridade coatora aquela que tenha praticado o ato impugnado ou da qual emane a ordem para a sua prática". Não o é, portanto, nem a autoridade que expediu normas ou recomendações gerais, nem o simples executor material da ordem. Só pode ser impetrado contra aquele que tiver poderes para desfazer o abuso.

De acordo com o disposto no art. 1º, § 1º, da Lei n. 12.016/2009, equiparam-se às autoridades: (i) os representantes ou órgãos de partidos políticos; (ii) os administradores de entidades autárquicas; (iii) os dirigentes de pessoas jurídicas ou pessoas naturais no exercício de atribuições do Poder Público, somente no que disser respeito a essas atribuições.

Os agentes de pessoas jurídicas com atribuições de Poder Público são todos os agentes de pessoas jurídicas privadas que executem, a qualquer título, atividades, serviços e obras públicas. Por exemplo: diretor de escola particular que nega abusivamente uma matrícula ou instituição bancária que se recusa ilegalmente a abrir uma conta corrente. São entidades privadas, mas, no caso, praticaram atividade pública por delegação, equiparando-se a autoridades.

Ato complexo é aquele que se forma pela vontade de uma autoridade, mas dependendo de referendo de autoridade superior. Neste caso, o mandado deve ser impetrado contra a autoridade inferior, pois foi esta quem realizou o ato. A autoridade superior apenas o chancelou.

Ato colegiado é aquele formado por várias vontades individuais que se integram. O *writ* deve ser impetrado contra o presidente do órgão.

O mandado nunca é impetrado contra a pessoa jurídica de direito público ou com funções delegadas, mas contra a pessoa física que, no momento da impetração, estiver desempenhando a função da autoridade coatora. Entretanto, consoante o art. 6º: "A petição inicial, que deverá preencher os requisitos estabelecidos pela lei processual, será apresentada em 2 (duas) vias com os documentos que instruírem a primeira reproduzidos na segunda e indicará, além da autoridade coatora, a pessoa jurídica que esta integra, à qual se acha vinculada ou da qual exerce atribuições".

De acordo com o art. 5º: "Não se concederá mandado de segurança quando se tratar: I – de ato do qual caiba recurso administrativo com efeito suspensivo, independentemente de caução; II – de decisão judicial da qual caiba recurso com efeito suspensivo; III – de decisão judicial transitada em julgado". Vale, aqui, trazer à baila as súmulas editadas anteriormente à Lei n. 12.016/2009:

(i) **Súmula 266 do STF:** "Não cabe mandado de segurança contra lei em tese".

(ii) **Súmula 267 do STF:** "Não cabe mandado de segurança contra ato judicial passível de recurso ou correição".

(iii) **Súmula 268 do STF:** "Não cabe mandado de segurança contra decisão judicial com trânsito em julgado".

22.16.5. Competência

A competência para julgar mandado de segurança define-se pela categoria da autoridade coatora e pela sua sede funcional. Assim, por exemplo, para os mandados de segurança contra atos das autoridades estaduais e municipais, o juízo competente será sempre o da respectiva comarca, circunscrição ou distrito, de acordo com a organização judiciária de cada Estado. No caso de atos de prefeitos municipais, a competência é do tribunal de justiça, por força do que dispõe o art. 29, VIII[248]. Não interessa a natureza do ato impugnado, mas a categoria funcional da autoridade. No caso de decisão judicial, competente será o tribunal incumbido de julgar a questão em grau de recurso. No tocante às competências originárias do STF e do STJ, para julgamento de mandado de segurança, estão previstas nos arts. 102 (I, *d*) e 105 (I, *b*) da CF. Convém notar que o Supremo Tribunal Federal editou a Súmula 624 no sentido de que "não compete ao Supremo Tribunal Federal conhecer originariamente de mandado de segurança contra atos de outros tribunais". Finalmente, consoante decisão do STJ, será de competência do órgão colegiado ou do próprio juiz do Juizado Especial a competência para processar e analisar recursos, entre eles, o mandado de segurança. Nesse sentido é o teor da Súmula 376 do STJ: "Compete a turma recursal processar e julgar o mandado de segurança contra ato de juizado especial".

22.16.6. Procedimento

O prazo para a impetração é de cento e vinte dias, a partir da ciência oficial do ato impugnado (art. 23 da Lei n. 12.016/2009). De acordo com o teor da Súmula 632 do STF, "é constitucional lei que fixa o prazo de decadência para a impetração de mandado de segurança". Uma vez superado esse lapso temporal, opera-se a decadência do direito de impetrar o *writ*. Poderá, então, o interessado socorrer-se dos outros meios ordinários de tutela jurisdicional.

Nos termos do art. 10, *caput*, da Lei n. 12.016/2009, será a inicial, desde logo, indeferida, por decisão motivada: (i) quando não for o caso de mandado de segurança; (ii) quando lhe faltar algum dos requisitos legais; (iii) quando decorrido o prazo legal para a impetração.

Em caso de urgência, é permitido, observados os requisitos legais, impetrar mandado de segurança por telegrama, radiograma, *fax* ou outro meio eletrônico de autenticidade comprovada (art. 4º da Lei). De igual modo, poderá o magistrado, em caso de urgência, notificar a autoridade por telegrama, radiograma ou outro meio que assegure a autenticidade do documento e a imediata ciência pela autoridade (§ 1º). O texto original da petição deverá ser apresentado nos cinco dias úteis seguintes (§ 2º). Em se tratando de documento eletrônico, serão observadas as regras da Infraestrutura de Chaves Públicas Brasileira – ICP-Brasil (§ 3º).

O mandado de segurança admite desistência a qualquer tempo, independentemente do consentimento do impetrado.

Estabelece o art. 7º, *caput*, da Lei n. 12.016/2009 que, ao despachar a exordial, o juiz ordenará:

(i) a notificação do coator acerca do conteúdo da inicial, a fim de que, em dez dias, preste informações (inciso I);

(ii) a cientificação do feito ao órgão de representação judicial da pessoa jurídica interessada, para que, querendo, ingresse nos autos (inciso II);

248. Hely Lopes Meirelles, *Mandado de segurança*, cit., p. 51.

(iii) a suspensão do ato que ensejou o pedido, se presentes os requisitos do *fumus boni juris* e *periculum in mora* (quando houver fundamento relevante e do ato impugnado puder resultar a ineficácia da medida, caso seja finalmente deferida), sendo facultado exigir do impetrante caução, fiança ou depósito, com o objetivo de assegurar o ressarcimento à pessoa jurídica (inciso III).

→ **ATENÇÃO:** parte da doutrina defende que, no tocante à faculdade de exigir do impetrante caução, fiança ou depósito, para que possa ter ensejo a concessão de liminar, o novel diploma acaba por infringir o princípio da igualdade e a própria natureza constitucional do *writ*, bem como do Estado Democrático de Direito.

Consoante preceito encartado no art. 7º, § 2º, da Lei n. 12.016/2009, não será concedida medida liminar que tenha por objeto:

(i) a compensação de créditos tributários;

(ii) a entrega de mercadorias e bens provenientes do exterior: antes do advento da Lei sustentávamos que, "caso a caso, no entanto, há de se verificar a existência de leis que vedam a concessão de liminares e ainda a constitucionalidade de tais vedações. A Lei n. 2.770/56 veda a concessão de liminar em qualquer ação que vise a obter a liberação de mercadoria, bens ou coisas de procedência estrangeira. Entende-se, porém, que a vedação somente atinge produtos de contrabando (art. 334 do CP), razão pela qual têm sido concedidas liminares para liberar bens regularmente importados ou bagagens ilegalmente retidas"[249];

(iii) a reclassificação ou equiparação de servidores públicos;

(iv) a concessão de aumento ou a extensão de vantagens ou pagamento de qualquer natureza.

→ **ATENÇÃO:** tais vedações estendem-se às hipóteses de tutela antecipada.

Os efeitos da liminar, salvo se revogada ou cassada, persistirão até a prolatação da sentença (art. 7º, § 3º, da Lei n. 12.016/2009).

Deferida a medida liminar, o processo terá prioridade para julgamento.

Concedida medida liminar e restando verificado que o impetrante está por criar obstáculo ao regular andamento do feito ou deixou de promover, por mais de três dias úteis, os atos de diligência que lhe cumpriam, será decretada, *ex officio* ou a requerimento do Ministério Público, a perempção ou caducidade da respectiva liminar (art. 8º da Lei n. 12.016/2009). Busca-se, assim, conferir maior agilidade ao processo.

No prazo de quarenta e oito horas da notificação da medida liminar, pelas autoridades administrativas, deverão elas, *in casu*, remeter ao Ministério ou órgão a que se acham subordinadas e ao Advogado-Geral da União ou a quem tiver a representação judicial da União, do Estado, do Município ou da entidade apontada como coatora, cópia autenticada do mandado notificatório, assim como indicações e elementos outros necessários às

249. Ricardo Cunha Chimenti, Fernando Capez, Márcio F. Elias Rosa, Marisa F. Santos, *Curso de direito constitucional*, 2. ed., São Paulo, Saraiva, 2005, p. 95.

providências a serem tomadas para a eventual suspensão da medida e defesa do ato apontado como ilegal ou abusivo de poder (art. 9º da Lei n. 12.016/2009). O dispositivo em epígrafe tem por desígnio propiciar a adequada defesa da Administração Pública.

A suspensão da liminar em *writ*, salvo determinação em contrário da decisão que a deferir, vigorará até o trânsito em julgado da decisão definitiva de concessão da segurança ou, havendo recurso, até a sua manutenção pelo STF, desde que o objeto da liminar deferida coincida, total ou parcialmente, com o da impetração (Súmula 626 do STF).

Verificando-se tratar de hipóteses de extinção do processo sem resolução de mérito, será a respectiva ordem denegada (art. 6º, § 5º, da Lei n. 12.016/2009).

Admite-se, em nosso ordenamento, a renovação do pedido de mandado de segurança, desde que isso se faça dentro do prazo decadencial e a decisão denegatória não lhe tenha apreciado o mérito (art. 6º, § 6º, da Lei n. 12.016/2009).

Decorrido o lapso para apresentação de informações pela autoridade coatora, deverá o juiz ouvir o representante do *Parquet*, que opinará, no prazo improrrogável de dez dias, acerca da questão (art. 12, *caput*, da Lei n. 12.016/2009).

Com ou sem parecer do Ministério Público, conclusos os autos ao juiz, a decisão deverá, necessariamente, ser prolatada em trinta dias (art. 12, parágrafo único, da Lei n. 12.016/2009).

Da sentença que denegar ou conceder o *writ* será cabível o recurso de apelação (art. 14, *caput*, da Lei n. 12.016/2009). Uma vez concedida a segurança, a sentença estará, obrigatoriamente, sujeita ao duplo grau de jurisdição.

A sentença que conceder o mandado de segurança, em regra, poderá ser executada provisoriamente (art. 14, § 3º, da Lei n. 12.016/2009). Tal não ocorrerá nos casos em que for vedada a concessão da medida liminar.

Mencione-se que a decisão no mandado de segurança é desde logo exequível, sendo desnecessário processo específico de execução.

Não se concebe, no processo de mandado de segurança, a interposição de embargos infringentes (art. 25 da Lei n. 12.016/2009). Note-se que o STF já havia pacificado que "não cabem embargos infringentes de acórdão que, em mandado de segurança, decidiu, por maioria de votos, a apelação" (Súmula 597). Também o STJ editou verbete nesse mesmo sentido (Súmula 169).

Não é cabível condenação ao pagamento de honorários advocatícios, consoante a redação do art. 25 da Lei n. 12.016/2009. Tal entendimento amolda-se ao conteúdo da Súmula 512 do STF ("Não cabe condenação em honorários de advogado na ação de mandado de segurança").

De acordo com o art. 20, *caput*, da Lei n. 12.016/2009, os processos de mandado de segurança, bem como os respectivos recursos, terão prioridade sobre todos os atos judiciais, salvo o *habeas corpus*. Na instância superior, deverão ser levados a julgamento na primeira sessão que se suceder à data em que forem conclusos ao relator.

Consoante a redação dada ao art. 26 da Lei n. 12.016/2009, o não cumprimento das decisões proferidas em *writ* constitui crime de desobediência, nos termos do art.

330 do CP, sem prejuízo das sanções administrativas e da aplicação da Lei n. 1.079/50, quando cabíveis.

Vale, ainda, mencionar que, "no mandado de segurança impetrado pelo Ministério Público contra decisão proferida em processo penal, é obrigatória a citação do réu como litisconsorte passivo" (Súmula 701 do STF).

Finalmente, convém frisar que somente cabe mandado de segurança quando não cabível *habeas corpus* ou *habeas data*.

A respeito do mandado de segurança, *vide* também Súmulas 622, 623 e 626 do STF, bem como Súmula 105 do STJ, todas editadas anteriormente ao advento da Lei n. 12.016/2009.

Casos mais frequentes de mandado de segurança na esfera penal:

(i) direito de vista do inquérito policial ao advogado;

(ii) direito de o advogado acompanhar o cliente na fase do inquérito;

(iii) direito de o advogado entrevistar-se com seu cliente;

(iv) direito de obter certidões;

(v) direito a juntar documentos em qualquer fase do processo penal, de acordo com o art. 231 do CPP;

(vi) direito de obter efeito suspensivo em recurso;

(vii) direito do terceiro de boa-fé à restituição de coisas apreendidas;

(viii) contra despacho que não admite o assistente da acusação;

(ix) contra apreensão de objetos sem qualquer relação com o crime;

(x) para assegurar o processamento da correição parcial, quando denegada pelo juiz corrigido;

(xi) para separar preso provisório de preso definitivo (art. 300 do CPP).

22.17. Recurso extraordinário

22.17.1. Conceito, natureza jurídica e finalidade

Conceitua-se o recurso extraordinário como o recurso destinado a devolver, ao Supremo Tribunal Federal, a competência para conhecer e julgar questão federal de natureza constitucional, suscitada e decidida em qualquer tribunal do país. Em outras palavras, é aquele interposto perante o Supremo Tribunal Federal das decisões judiciais em que não mais caiba recurso ordinário.

Sua finalidade primordial, antes de constituir um instrumento voltado à correção de equívocos ocorridos no julgamento das causas judiciais pelos órgãos da instância inferior, é conferir aplicação uniforme ao direito constitucional, a fim de garantir a autoridade e a unidade da Constituição Federal em todo o território brasileiro, haja vista ser ela o fundamento e a condição de validade de todo o ordenamento nacional. Essa a conclusão a que se chega ao se analisar as hipóteses legais em que se admite o recurso extraordinário (CF, art. 102, III, *a*, *b*, *c* e *d*).

Daí o enunciado corrente da doutrina de que o recurso extraordinário não devolve ao Supremo Tribunal Federal o conhecimento de questões de fato, mas tão só de direito, lição que está consubstanciada na Súmula 279 do STF: "Para simples reexame de prova não cabe recurso extraordinário".

Possuindo assento na Constituição da República, especificamente no art. 102, III e alíneas, e considerando a sua precípua teleologia de meio de tutela da autoridade dos postulados da Lei Maior, o recurso extraordinário, quanto à sua natureza jurídica, pode ser qualificado como um instituto político de Direito Processual Constitucional, comum a todo e qualquer processo, seja ele civil, penal, trabalhista, militar ou eleitoral[250].

Inspirado no *Judiciary Act*, de 24 de setembro de 1789, dos Estados Unidos da América, o recurso extraordinário, qualificado apenas de "recurso", foi trazido à nossa legislação pelo Decreto n. 848, de 11 de outubro de 1890, o qual, criando o Supremo Tribunal Federal, conferiu-lhe, no art. 9º, II, parágrafo único, competência para conhecer e julgar este recurso, então inominado.

Recepcionado pelo art. 59, § 1º, da Constituição Republicana de 1891, o recurso foi mantido por todas as Cartas subsequentes, recebendo, em nível constitucional, da Constituição de 1934 a designação de Extraordinário, titulação já obtida do Regimento Interno do Supremo Tribunal Federal, de 26 de fevereiro de 1891.

Até o advento da Constituição Federal de 1988, o recurso extraordinário possuía um espectro de abrangência bem maior, pois versava, além de matéria constitucional, também sobre questões federais de natureza infraconstitucional, tarefa que hoje é atribuída ao Superior Tribunal de Justiça. Tutelava, desta forma, também, a uniformidade da aplicação da legislação federal.

Todavia, a Constituição vigente, ao criar o Superior Tribunal de Justiça (STJ), outorgou-lhe, no art. 105, III e alíneas, competência para conhecer e decidir de questão federal de natureza infraconstitucional, suscitada e decidida pelos Tribunais Regionais Federais, pelos Tribunais dos Estados, do Distrito Federal e dos Territórios, substituindo, neste mister, o Supremo Tribunal Federal, o qual, a partir de então, passou a conhecer e a decidir tão só questões relativas à Lei Maior, sendo elevado, portanto, à categoria de Corte Constitucional.

22.17.2. Condições de admissibilidade

A par das condições de admissibilidade gerais a todo e qualquer recurso, para que o recurso extraordinário seja conhecido, afigura-se indispensável o concurso de outras circunstâncias, legais e jurisprudenciais, ditas, por isso, específicas. São os chamados pressupostos específicos do recurso extraordinário, abaixo analisados:

(i) **Causa decidida em única ou última instância:** pressuposto expresso no texto do art. 102, III, da Constituição Federal. Significa, em última análise, que o recurso deve visar à impugnação de uma decisão final sobre uma questão levada ao conhecimento do

250. Moacyr Amaral Santos, *Primeiras linhas de direito processual civil*, 14. ed., Saraiva, v. 3, 1994, p. 170.

Poder Judiciário. Entende-se por decisão final, para os fins aqui propostos, aquela proferida após esgotadas, por quem a impugna, todas as vias recursais ordinárias. Desta forma, não se conhece de recurso extraordinário contra acórdão em recurso de apelação do qual ainda caibam embargos de declaração, ou embargos infringentes.

Saliente-se que não basta, para se ter preenchido esse requisito de admissibilidade do recurso extraordinário, a ocorrência da preclusão das vias impugnativas ordinárias pelo decurso do prazo recursal. É indispensável que a parte que recorre tenha, antes disso, se aproveitado de todos os recursos postos, por lei, à sua disposição.

Este o teor da Súmula 281, STF: "É inadmissível o recurso extraordinário quando couber, na justiça de origem, recurso ordinário da decisão impugnada".

Assim, podendo, v. g., o réu fazer uso dos embargos infringentes contra acórdão em apelação que lhe tenha sido desfavorável e optando por deixar de os opor, não poderá, por conseguinte, impugnar esta decisão colegiada mediante recurso extraordinário, por faltar, na espécie, a causa decidida em última instância.

(ii) **Prequestionamento:** pressuposto específico jurisprudencial, que, em verdade, deflui do acima analisado. A ele respeitam as Súmulas 282 e 356, ambas do STF.

Pelo prequestionamento, como requisito de admissibilidade do recurso extraordinário, entende-se que não pode ser objeto questão que não haja sido expressamente conhecida e decidida pela instância inferior. Em outras palavras, que não tenha sido apreciada pela decisão impugnada de extraordinário. A exigência tem por finalidade preservar a higidez do princípio constitucional implícito do duplo grau de jurisdição e dos princípios do contraditório e da ampla defesa, expressos no art. 5º, LV, da Constituição da República.

Se, v. g., o apelante, ao oferecer suas razões, solicitou do Tribunal o pronunciamento sobre determinada questão federal constitucional e o acórdão a omitiu, é necessário, para que se possa interpor recurso extraordinário, que o sucumbente oponha embargos de declaração, a fim de alcançar o prequestionamento. Esse o conteúdo da Súmula 356 do STF.

Por fim, é óbvio que a presença desse pressuposto não poderá ser exigida na totalidade dos casos, em razão da própria natureza das coisas. Imagine, por exemplo, que o recorrente, ao interpor recurso extraordinário, deduza a pretensão de ver reconhecida, pelo Supremo Tribunal Federal, a nulidade do acórdão do Tribunal *a quo*, por entender tenha este faltado com o indeclinável dever de motivação (CF, art. 93, IX). É claro que neste caso a decisão impugnada, qual seja, aquela à qual se imputa o vício da carência de motivação, não terá versado sobre a questão, que é indubitavelmente de ordem constitucional.

(iii) **Questão federal de natureza constitucional:** para que o recurso extraordinário possa ser conhecido pelo Supremo Tribunal Federal, é preciso que a causa decidida em única ou última instância suscite questão federal de natureza constitucional. A própria Constituição Federal, no art. 102, III, cuida de arrolar as questões que ensejam o julgamento do recurso em tela. São as chamadas hipóteses de cabimento do recurso extraordinário:

– **"Alínea *a*: contrariar dispositivo desta Constituição":** a decisão de instância inferior contraria dispositivo constitucional sempre que se mostra incompatível quer com sua letra, quer com seu espírito, direta ou indiretamente; em outras palavras, sempre que afronta regra ou princípio, implícito ou explícito, de natureza constitucional.

Para ser admissível o recurso extraordinário pelo permissivo da alínea em análise basta que o recorrente, lastreado em fundamentação adequada a demonstrar a plausibilidade da sua alegação, questione a compatibilidade entre a decisão recorrida e a Constituição. A efetiva e real ofensa à Lei Maior constitui o próprio mérito do recurso extraordinário, matéria, pois, a ser analisada no julgamento da impugnação, pelo órgão colegiado competente; insuscetível, portanto, de ser perscrutada no exame de admissibilidade, que é monocrático.

– **"Alínea *b*: declarar a inconstitucionalidade de tratado ou lei federal":** é preciso, portanto, que a decisão recorrida de extraordinário expressamente os afirme incompatíveis com a Constituição. Em outras palavras, que solenemente lhes pronuncie a inconstitucionalidade.

Fácil perceber, nessa sede, que o simples fato da decisão de instância inferior declarar a inconstitucionalidade do tratado ou da lei federal é bastante para configurar a questão federal constitucional, a ensejar o conhecimento do recurso extraordinário pelo permissivo da alínea *b*, inciso III, art. 102, da Lei Maior.

– **"Alínea *c*: julgar válida lei ou ato do governo local contestado em face desta Constituição":** a expressão "ato do governo local" pode gerar dúvidas. Por "local" deve-se entender estadual ou municipal. Por "ato do governo local" entenda-se o ato de administração, no seu sentido amplo, praticado pelos Poderes Executivo, Legislativo, desde que não seja lei, e Judiciário, desde que não constitua ato jurisdicional[251].

Para que o recurso seja conhecido com base nesse fundamento, é mister que a decisão recorrida tenha julgado válida lei ou ato do governo local impugnados em razão de suposta inconstitucionalidade. Visa esse permissivo legal a tutelar a autoridade da Constituição Federal sobre os ordenamentos estaduais e municipais, bem como a assegurar a observância do princípio geral de direito da hierarquia das normas jurídicas.

Em boa síntese, assevera Fabbrini Mirabete: "Para que seja admitido o recurso com fundamento nessa disposição tem-se entendido que são necessárias as seguintes condições: (a) haja impugnação da validade da lei ou do ato do governo local; (b) tenha o recurso por fundamento a impugnação; (c) que a decisão seja favorável à lei ou ato impugnado"[252].

Claro está que se a decisão recorrida houver declarado a inconstitucionalidade da lei ou do ato local incabível será o recurso extraordinário, posto que inexistente a indispensável questão federal.

(iv) **julgar válida lei local contestada em face de lei federal:** compete à Corte Constitucional julgar, mediante recurso extraordinário, as causas decididas em única ou

251. Moacyr Amaral Santos, *Primeiras linhas de direito processual civil*, cit., v. 3, p. 166.

252. *Processo penal*, cit., p. 678.

última instância, quando a decisão recorrida, *"julgar válida lei local contestada em face de lei federal"*. Tal previsão legal implicou, automaticamente, a retirada da referida competência do Superior Tribunal de Justiça, a quem competia julgar a validade de lei local contestada em face da lei federal. Conforme assinala André Ramos Tavares, "(...) a reforma, neste ponto, andou bem, pois a hipótese que doravante fica expressamente contemplada como ensejadora do recurso extraordinário envolverá problema de divisão de competências, logo, questão constitucional. Explica-se: quando a decisão judicial delibera sobre a prevalência de lei local, quando divergente de lei federal, implicitamente estará deliberando sobre de qual entidade federativa é a competência legislativa sobre a referida matéria objeto de disciplina diversa entre as leis"[253].

(v) **Súmula 283 do STF:** "É inadmissível o recurso extraordinário, quando a decisão recorrida assenta em mais de um fundamento suficiente e o recurso não abrange todos eles".

Conforme asseverado por Moacyr Amaral Santos[254], trata-se de pressuposto jurisprudencial de admissibilidade do recurso extraordinário.

A exigência tem uma razão de ser exclusivamente lógica. Se a decisão recorrida assenta-se em mais de um fundamento, cada qual por si só suficiente para mantê-la, não pode o sucumbente impugnar de extraordinário apenas um deles, pois faltar-lhe-ia, *in casu*, o interesse em recorrer na modalidade utilidade, posto que, mesmo que provido o recurso, a decisão manter-se-ia pelos outros fundamentos, que são autônomos. Daí a enunciação da referida Súmula, apregoando a necessidade de o recurso extraordinário a todos abranger.

(vi) **Súmula 284 do STF:** "É inadmissível o recurso extraordinário, quando a deficiência na sua fundamentação não permitir a exata compreensão da controvérsia". Trata-se de outro pressuposto jurisprudencial de admissibilidade. Conforme a Súmula, que é autoexplicativa, ao recorrer, o sucumbente deve fundamentar o seu pedido de reformulação da decisão impugnada de modo a demonstrar, em primeiro lugar, a presença dos requisitos gerais e especiais de admissibilidade do recurso, e a possibilitar, em segundo, a exata compreensão da questão que se leva ao conhecimento da Corte Superior.

(vii) **Súmula 279 do STF:** "Para simples reexame de prova não cabe recurso extraordinário". Destinado a garantir a autoridade e a unidade da Constituição Federal, o recurso extraordinário, como já se asseverou, não devolve ao Supremo Tribunal Federal a competência para decidir de questões de fato, as quais transitam em julgado na instância inferior.

Para Magalhães Noronha, ao contrário da norma constitucional anterior, que se referia às decisões de "outros tribunais", a atual Carta Magna não faz tal restrição, possibilitando o recurso extraordinário da decisão do juiz de 1º grau, desde que não esteja prevista para ela recurso ordinário (decisão de única instância).

---

253. *Reforma do Judiciário, analisada e comentada*, Coords. André Ramos Tavares, Pedro Lenza e Pietro de Jesús Lora Alarcón, São Paulo, Método, 2005, p. 210.

254. *Primeiras linhas de direito processual civil*, cit., p. 167-9.

22.17.2.1. *Repercussão geral das questões constitucionais – EC n. 45/2004*

De acordo com o art. 102, § 3º, da Constituição da República, "no recurso extraordinário o recorrente deverá demonstrar a repercussão geral das questões constitucionais discutidas no caso, nos termos da lei, a fim de que o Tribunal examine a admissão do recurso, somente podendo recusá-lo pela manifestação de dois terços de seus membros" (mencionado § 3º foi acrescido ao art. 102 da CF, por força da EC n. 45/2004).

Buscando tornar excepcional a atuação do Supremo Tribunal Federal, de modo a tirar-lhe o caráter de mera instância revisora de recursos, e erigindo-a à sua verdadeira natureza de Corte Constitucional de Justiça, a EC n. 45/2004 restringiu o acesso amplo e irrestrito a esse Tribunal. Para tanto, passou a prever que, quando da interposição do recurso, o recorrente deverá demonstrar a "repercussão geral das questões constitucionais discutidas no caso". Trata-se de nova condição de admissibilidade do recurso, o qual, assim, poderá ser recusado pelo voto de até dois terços dos ministros do STF, em votação pelo Pleno. Segundo a CF, a definição desse requisito depende de regulamentação legal, o que não significa, porém, ampla liberdade para o legislador fazer o que bem entender. Como "repercussão geral das questões constitucionais discutidas no caso", devem-se entender somente aquelas que transcendam os interesses meramente particulares e individuais em discussão na causa, e afetem um grande número de pessoas, surtindo efeitos sobre o panorama político, jurídico e social da coletividade. No entendimento de André Ramos Tavares, "parece que foi intenção da Reforma não deixar com o próprio STF a definição e esclarecimento do que se deva entender por 'repercussão geral', retirando-lhe essa competência para abrigá-la na *liberdade de conformação do legislador.* Caso contrário, a expressão 'nos termos da lei' seria despicienda. Segue-se, contudo, que não obstante a remissão à atuação legislativa, esta não ficará imune ao controle do próprio Supremo Tribunal Federal, porque há um sentido mínimo e um limite máximo que se podem atribuir validamente à expressão constitucional 'repercussão geral'"[255]. O STF, portanto, a despeito dos contornos gerais do requisito de admissibilidade serem fornecidos por lei, tem ampla liberdade para analisar o caso.

O Supremo Tribunal Federal, em decisão irrecorrível, não conhecerá do recurso extraordinário, quando a questão constitucional nele versada não oferecer repercussão geral. Para identificarmos situação se repercussão geral, será considerada a existência, ou não, de questões relevantes do ponto de vista econômico, político, social ou jurídico, que ultrapassem os interesses subjetivos da causa, ou seja, interesse das partes. Cabe ao recorrente demonstrar, em preliminar do recurso, para apreciação exclusiva do Supremo Tribunal Federal, a existência da repercussão geral. Há situações claras de repercussão geral, como a hipótese em que o recurso impugnar decisão contrária a súmula ou jurisprudência dominante do Tribunal. Ao ser negada a existência da repercussão geral, a decisão valerá para todos os recursos sobre matéria idêntica, que serão indeferidos liminarmente, salvo revisão da tese, tudo nos termos do Regimento Interno do Supremo Tribunal Federal.

Importante consignar que decidiu o STF no sentido de que o requisito constitucional da repercussão geral (CF, art. 102, § 3º), com a regulamentação da Lei n. 11.418/2006 e as

---

255. *Reforma do Judiciário*, cit., p. 215-217.

normas regimentais necessárias à sua execução, aplica-se aos recursos extraordinários em geral, e, em consequência, às causas criminais, não havendo que se falar em "uma imanente repercussão geral de todo recurso extraordinário em matéria criminal, porque em jogo, de regra, a liberdade de locomoção: o RE busca preservar a autoridade e a uniformidade da inteligência da Constituição, o que se reforça com a necessidade de repercussão geral das questões constitucionais nele versadas, assim entendidas aquelas que 'ultrapassem os interesses subjetivos da causa' (CPC, art. 543-A, § 1º, incluído pela Lei n. 11.418/2006 — correspondente ao atual art. 1.030, I, *a*, do NCPC). Para obviar a ameaça ou lesão à liberdade de locomoção — por remotas que sejam —, há sempre a garantia constitucional do *habeas corpus* (CF, art. 5º, LXVIII)" (STF, Tribunal Pleno AI-QO 664567/RS, Questão de Ordem no Agravo de Instrumento, rel. Min. Sepúlveda Pertence, j. 18-6-2007, *DJ*, 6 set. 2007, p. 37).

Desse modo, já se pronunciou essa mesma Corte no sentido de que há repercussão geral: (i) em torno da discussão sobre o requisito temporal para progressão de regime quanto aos crimes hediondos praticados antes da Lei n. 11.464/2007, pois extrapola os interesses subjetivos presentes na causa, mostrando-se relevante para um grande número de apenados no País; (ii) em relação à questão da consideração ou não da sentença penal condenatória, com o trânsito em julgado operado há mais de cinco anos, como maus antecedentes, pois implica alteração no critério de fixação da pena-base à luz do princípio da presunção de não culpabilidade; (iii) no que se refere à controvérsia relativa à aplicação retroativa do § 4º do art. 33 da Lei n. 11.343/2006 sobre a pena cominada com base na Lei n. 6.368/76, visto que se debate sobre a viabilidade de o Poder Judiciário fazer cotejo entre leis em conflito no tempo, quando a legislação mais nova é, em determinados dispositivos, ao mesmo tempo, gravosa e benéfica. Trata-se de tema que ultrapassa o interesse subjetivo das partes e que afetará um elevado número de demandas (STF, Tribunal Pleno, RE 596.152-RG/SP, rel. Min. Ricardo Lewandowski).

22.17.3. Legitimidade

Possuindo capacidade postulatória, e desde que presentes os requisitos de admissibilidade expostos no item anterior, pode a parte sucumbente, isto é, aquele que teve sua pretensão desacolhida ou acolhida parcialmente pelo juízo cuja decisão se impugna, interpor recurso extraordinário. Parte sucumbente pode ser o Ministério Público, o querelante, a defesa e o assistente da acusação.

Quanto a este último, devem-se observar as restrições impostas pela natureza jurídica da sua função e pelas Súmulas 210 e 208, ambas do Supremo Tribunal Federal, segundo as quais o assistente só poderá recorrer de extraordinário nos casos dos arts. 584, § 1º (impronúncia e extinção da punibilidade), e 598 (apelação supletiva), ambos do Código de Processo Penal, e desde que não se trate de decisão concessiva de *habeas corpus*. Coerente com este entendimento é a orientação de que ao assistente também é vedado utilizar-se da via do mandado de segurança para impugnar essa mesma decisão[256]. Convém ressalvar que, contra a decisão de impronúncia, cabe apelação.

---

256. Mirabete, *Processo penal*, cit., p. 677.

Quanto ao Ministério Público Estadual, a interposição do recurso extraordinário é afeta à atribuição do procurador-geral de Justiça, o qual pode, todavia, delegá-la a outro membro da instituição, que atuará como sua *longa manus*.

22.17.4. Interposição e processamento

Em 28 de maio de 1990, veio ao ordenamento jurídico a Lei n. 8.038, dispondo sobre normas procedimentais para os processos que especifica, perante o Superior Tribunal de Justiça e o Supremo Tribunal Federal, que cuida dos recursos extraordinário e especial nos arts. 26 a 29. Tal lei passou a disciplinar, nos âmbitos penal e civil, o procedimento dos recursos assinalados. Com isto, o seu processamento em matéria penal tornou-se comum ao direito processual extrapenal.

Contudo, o processamento do especial e do extraordinário em matéria não penal assumiu algumas peculiaridades. Importa dizer, todavia, que, no concernente aos recursos extraordinário e especial em questão penal, a disciplina era tratada na Lei n. 8.038/90, arts. 26 a 29. Porém, com a entrada em vigor do novo Código de Processo Civil (Lei n. 13.105/2015), esses artigos foram integralmente revogados.

Nos termos dos arts. 1.029 a 1.042 do novo CPC, o recurso extraordinário e o recurso especial, nos casos previstos na Constituição Federal, serão interpostos perante o presidente ou o vice-presidente do tribunal recorrido, em petições distintas que conterão: I – a exposição do fato e do direito; II – a demonstração do cabimento do recurso interposto; III – as razões do pedido de reforma ou de invalidação da decisão recorrida.

Quando o recurso fundar-se em dissídio jurisprudencial, o recorrente fará a prova da divergência com a certidão, cópia ou citação do repositório de jurisprudência, oficial ou credenciado, inclusive em mídia eletrônica, em que houver sido publicado o acórdão divergente, ou ainda com a reprodução de julgado disponível na rede mundial de computadores, com indicação da respectiva fonte, devendo-se, em qualquer caso, mencionar as circunstâncias que identifiquem ou assemelhem os casos confrontados.

O Supremo Tribunal Federal ou o Superior Tribunal de Justiça poderá desconsiderar vício formal de recurso tempestivo ou determinar sua correção, desde que não o repute grave. Tudo no interesse do jurisdicionado.

O pedido de concessão de efeito suspensivo a recurso extraordinário ou a recurso especial, algo bastante frequente entre os advogados e representantes do Ministério Público, poderá ser formulado por requerimento dirigido:

(i) ao tribunal superior respectivo, no período compreendido entre a publicação da decisão de admissão do recurso e sua distribuição, ficando o relator designado para seu exame prevento para julgá-lo;

(ii) ao relator, se já distribuído o recurso;

(iii) ao presidente ou ao vice-presidente do tribunal recorrido, no período compreendido entre a interposição do recurso e a publicação da decisão de admissão do recurso, assim como no caso de o recurso ter sido sobrestado.

Recebida a petição do recurso pela secretaria do tribunal, o recorrido será intimado para apresentar contrarrazões no prazo de 15 dias, findo o qual os autos serão conclusos ao presidente ou ao vice-presidente do tribunal recorrido, que deverá:

(i) negar seguimento: (i) a recurso extraordinário que discuta questão constitucional na qual o Supremo Tribunal Federal não tenha reconhecido a existência de repercussão geral ou a recurso extraordinário interposto contra acórdão que esteja em conformidade com entendimento do Supremo Tribunal Federal exarado no regime de repercussão geral; (ii) a recurso extraordinário ou a recurso especial interposto contra acórdão que esteja em conformidade com entendimento do Supremo Tribunal Federal ou do Superior Tribunal de Justiça, respectivamente, exarado no regime de julgamento de recursos repetitivos;

(ii) encaminhar o processo ao órgão julgador para realização do juízo de retratação, se o acórdão recorrido divergir do entendimento do Supremo Tribunal Federal ou do Superior Tribunal de Justiça exarado, conforme o caso, nos regimes de repercussão geral ou de recursos repetitivos;

(iii) sobrestar o recurso que versar sobre controvérsia de caráter repetitivo ainda não decidida pelo Supremo Tribunal Federal ou pelo Superior Tribunal de Justiça, conforme se trate de matéria constitucional ou infraconstitucional;

(iv) selecionar o recurso como representativo de controvérsia constitucional ou infraconstitucional.

(v) realizar o juízo de admissibilidade e, se positivo, remeter o feito ao Supremo Tribunal Federal ou ao Superior Tribunal de Justiça, desde que: (i) o recurso ainda não tenha sido submetido ao regime de repercussão geral ou de julgamento de recursos repetitivos; (ii) o recurso tenha sido selecionado como representativo da controvérsia; ou (iii) o tribunal recorrido tenha refutado o juízo de retratação.

Quanto aos recursos contra a decisão que não admitir o recurso extraordinário ou recurso especial: da decisão de inadmissibilidade proferida com fundamento no inciso V caberá agravo ao tribunal superior, nos termos do art. 1.042; da decisão proferida com fundamento nos incisos I e III caberá agravo interno, nos termos do art. 1.021.

Na hipótese de interposição conjunta de recurso extraordinário e recurso especial, os autos serão remetidos ao Superior Tribunal de Justiça.

→ **ATENÇÃO:** a Lei n. 13.964/2019, em seu art. 3º, alterou o art. 638 do CPP, nos seguintes termos: "O recurso extraordinário e o recurso especial serão processados e julgados no Supremo Tribunal Federal e no Superior Tribunal de Justiça na forma estabelecida por leis especiais, pela lei processual civil e pelos respectivos regimentos internos".

22.17.4.1. *Efeito suspensivo*

Reza o art. 27, § 2º, da Lei n. 8.038/90, que os recursos extraordinário e especial serão recebidos no efeito devolutivo. Diante disso, afirma-se que tais recursos carecem de efeito suspensivo. Significa, desta feita, que a interposição quer do recurso especial, quer do recurso extraordinário, não impede a execução imediata do conteúdo da decisão jurisdicional; possível, portanto, a execução provisória do julgado.

Se o entendimento pode ter tranquila aplicação ao processo civil, cremos que no âmbito do processo penal a orientação deve, necessariamente, ser outra, em virtude das peculiaridades da relação jurídica material que constitui o seu objeto.

Ao prescrever que "ninguém será considerado culpado até o trânsito em julgado de sentença penal condenatória" e que "ninguém será privado da liberdade... sem o devido processo legal", a Constituição Federal, art. 5º, LVII e LIV, respectivamente, confere ao Poder Judiciário, mediante atividade jurisdicional, exercida nos parâmetros do devido processo legal, a exclusividade da tarefa de infirmar, em decisão passada em julgado, a inocência do acusado, até o momento tida como dogma. Demonstra, portanto, clara opção por um processo penal centrado no respeito à liberdade individual e à dignidade do ser humano, em contraposição ao sistema até então vigente, declaradamente inspirado no Código de Processo Penal italiano da década de 30, de orientação fascista.

A redação conferida pelo legislador constituinte ao dispositivo do art. 5º, LVII ("ninguém será considerado culpado...") privilegia o denominado princípio da presunção de inocência sob o enfoque da regra de tratamento que os agentes incumbidos da persecução penal devem adotar perante o acusado. Proíbe-se, nessa perspectiva, toda e qualquer forma de tratamento do sujeito passivo da persecução que possa importar, ainda que implicitamente, a sua equiparação com o culpado.

E não há dúvida de que a execução do conteúdo da condenação antes do seu trânsito em julgado apresenta-se como uma das maneiras de se realizar esse paralelo.

Dessa forma, mesmo que, na espécie, verifique-se a necessidade de submeter o acusado à prisão cautelar (provisória, instrumental e necessária aos fins do processo penal), ou de confirmar a já decretada (atos que devem, sob pena de nulidade, ser satisfatoriamente fundamentados), ao recurso deve ser conferido efeito suspensivo, pois os fundamentos do encarceramento em um e em outro caso não se confundem.

Esta prisão, qual seja, a fundada na inexistência de efeito suspensivo de recurso possui natureza de pena privativa de liberdade, de sanção imposta a quem reconhecidamente praticou infração penal; em outras palavras, só pode ser, ou melhor, só poderia ser imposta a pessoa que já perdeu a condição de inocente, mediante decisão condenatória de natureza penal transitada em julgado. A prisão cautelar, por outro lado, funda-se na necessidade de se assegurar, mediante a privação do direito individual de liberdade, a eficácia da tutela jurisdicional a ser outorgada ao final do processo, sem que se questione a culpabilidade do investigado ou do acusado. Esta, por ser compatível com o mencionado art. 5º, LVII e LIV, da Constituição Federal, é que pode ser imposta antes do trânsito em julgado, não a decorrente da regra do art. 27, § 2º, da Lei n. 8.038, que, por expressa disposição legal, constitui execução provisória da condenação. Compartilhando a mesma opinião, Tourinho Filho[257].

Não é por outro motivo que a Lei das Execuções Penais (Lei n. 7.210/84) veda a execução provisória da pena.

---

257. *Processo penal*, cit., p. 417.

Posto isso, temos para nós, como posição mais acertada, que aos recursos especial e extraordinário em matéria criminal deve ser outorgado efeito suspensivo, em todo e qualquer caso, ainda que se vislumbre a necessidade de prisão cautelar, mesmo que de outra forma disponha a Lei n. 8.038, pois assim determina o sistema constitucional, o qual, por imposição do princípio da hierarquia das normas jurídicas, condiciona a validade e a aplicação de todo o ordenamento jurídico brasileiro.

Sob esta ótica afigura-se, portanto, inconstitucional a regra do art. 27, § 2º, da Lei n. 8.038/90, posto que elaborada em desconformidade com os parâmetros constitucionais, pelo que, em razão do vício da nulidade que a macula, não pode ter aplicação.

Confirmando o entendimento acima aludido e objetivando pôr termo a antiga discussão que gira em torno do tema, o Plenário do Supremo Tribunal Federal, no HC 84.078, por 7 votos a 4, em sessão realizada em 5 de fevereiro de 2009, reconheceu a réu condenado por tentativa de homicídio duplamente qualificado o direito de recorrer, aos tribunais superiores, em liberdade, com base no art. 5º, LVII, da Constituição da República, que prescreve que "ninguém será considerado culpado até o trânsito em julgado de sentença penal condenatória".

(i) os arts. 105, 147 e 164 da Lei de Execução Penal seriam adequados ao preceito encartado no art. 5º, LVII, da CF, sobrepondo-se, temporal e materialmente, ao disposto no art. 637 do CPP, que preceitua que o recurso extraordinário não tem efeito suspensivo e, uma vez arrazoados pelo recorrido os autos do traslado, os originais baixarão à primeira instância para a execução da sentença;

(ii) a execução provisória da pena privativa de liberdade violaria, além do princípio da presunção de inocência, o da isonomia, dado que as penas restritivas de direitos não comportariam execução antes do trânsito em julgado da sentença condenatória. Mas essa questão não foi relevante o suficiente para impedir a mudança de entendimento do STF, no sentido de permitir a execução provisória da pena após a condenação em segunda instância;

(iii) o modelo de execução penal consagrado na reforma penal de 1984 conferiria concreção ao denominado princípio da presunção de inocência, constituindo garantia contra a possibilidade de a lei ou decisão judicial impor ao réu, antes do trânsito em julgado de sentença condenatória, sanção ou consequência jurídica gravosa. No entanto, esse quadro teria sido alterado com o advento da Lei n. 8.038/90, que estabeleceu normas procedimentais relativas aos processos que tramitam perante o STJ e o STF, ao dispor que os recursos extraordinário e especial seriam recebidos no efeito devolutivo. A supressão do efeito suspensivo desses recursos seria reflexo de uma política criminal vigorosamente repressiva, instalada na instituição da prisão temporária pela Lei n. 7.960/89 e, posteriormente, na edição da Lei n. 8.072/90 (cf. *Informativo STF*, n. 534).

Contudo, após alguns anos adotando o referido entendimento, o STF passou a adotar posicionamento diverso, passando a entender cabível a execução provisória da pena sob os argumentos de que os recursos extraordinários não reavaliam provas, limitando-se a questões exclusivamente de direito; salientou-se a baixa porcentagem de recursos nos tribunais superiores com provimentos capazes de absolver o acusado ou anular eventual prisão; argumentou-se que a inexistência de efeito suspensivo dos referidos recursos acarretaria na possibilidade de execução provisória do título judicial condenatório, bem como aduziu que a Convenção Interamericana de Direitos Humanos (Pacto de São José da Costa Rica) determina que a prisão é possível após a formação da culpa do acusado, o que se daria com o julgamento colegiado na hipótese de legislação nacional não prever situação mais favorável ao indivíduo (obviamente o STF desrespeitou o princípio da interpretação *pro homine*, expressamente prevista na Convenção).

Todavia, o atual entendimento do STF, o princípio da não culpabilidade é garantia vinculada, pela CF, à preclusão, de modo que a constitucionalidade do art. 283 do CPP não comporta questionamentos (não prevendo a espécie de prisão por execução provisória da pena). Ademais, entendeu-se que o art. 283 atende a preceito constitucional de não autorizar a execução da pena antes do trânsito em julgado em homenagem ao princípio da presunção de inocência e da não culpabilidade, motivo pelo qual seria inconstitucional eventual disposição que autorizasse a execução provisória da pena (ADC 43/DF, ADC 44/DF, ADC 45/DF, rel. Min. Marco Aurélio, j. 7-11-2019).

22.17.5. Súmula vinculante

22.17.5.1. *Jurisprudência e súmula. Distinção*

Os efeitos do julgamento de uma lide circunscrevem-se exclusivamente ao caso concreto, não podendo irradiar-se para outras hipóteses, ainda que assemelhadas. Embora não vincule decisões em casos futuros semelhantes, a decisão anterior normalmente influencia as novas sentenças, ainda que proferidas por juízes diferentes, principalmente quando se vai reiterando de modo pacífico e uniforme. Aplica-se o brocardo *ubi idem ratio, ibi idem jus* (onde houver a mesma razão, aplica-se o mesmo direito). A reiteração uniforme e constante de uma decisão sempre no mesmo sentido caracteriza o que se convencionou chamar jurisprudência. Em determinadas ocasiões, quando chega a surgir um consenso quase absoluto sobre o modo de decidir uma questão, o tribunal correspondente pode sintetizar tal entendimento por meio de um enunciado objetivo, sintético e conciso, denominado "súmula", palavra originária do latim *summula*, que significa sumário, restrito. A súmula nada mais é do que um resumo de todos os casos parecidos decididos daquela mesma maneira, colocado por meio de uma proposição clara e direta. A súmula, do mesmo modo que a jurisprudência ainda não sintetizada como tal, não possui caráter cogente, servindo apenas de orientação para as futuras decisões. Os juízes estão livres para decidir de acordo com sua convicção pessoal, mesmo que, para tanto, tenham de caminhar em sentido contrário a toda corrente dominante.

22.17.5.2. *Súmula vinculante. Previsão legal*

A EC n. 45/2004 prevê, em seu art. 103-A, *caput*, a possibilidade de uma súmula ter eficácia vinculante sobre decisões futuras, dispondo que: "o Supremo Tribunal Federal poderá, de ofício ou por provocação, mediante decisão de dois terços dos seus membros, após reiteradas decisões sobre matéria constitucional, aprovar súmula que, a partir de sua publicação na imprensa oficial, terá efeito vinculante em relação aos demais órgãos do Poder Judiciário e à administração pública direta e indireta, nas esferas federal, estadual e municipal, bem como proceder à sua revisão ou cancelamento, na forma estabelecida em lei". Com isso, uma súmula outrora meramente consultiva pode passar a ter verdadeiro efeito vinculante, e não mais facultativo, não podendo ser contrariada. Busca-se assegurar o princípio da igualdade, evitando que uma mesma norma seja interpretada de formas distintas para situações fáticas idênticas, criando distorções inaceitáveis, bem como desafogar o STF do atoleiro de processos em que se encontra, gerado pela repetição exaustiva de casos cujo desfecho decisório já se conhece. Contra o tema, argumenta-se com a violação ao princípio da livre convicção e independência do juiz. De qualquer modo, como forma de não engessar a atividade do julgador, este poderá, constatando a ausência de similitude entre a matéria apreciada e aquela objeto de súmula, concluir pela presença de algum elemento diferenciador, o que o desobrigará de aplicar a súmula vinculante, desde que fundamentadamente.

22.17.5.3. *Competência para aprovar a súmula vinculante*

Somente o Supremo Tribunal Federal poderá fazê-lo, de ofício ou por provocação.

22.17.5.4. *Requisitos para aprovar, rever ou cancelar súmula vinculante*

A EC n. 45/2004 passou a prever dois requisitos para aprovação, revisão ou cancelamento da súmula: (i) *quorum* mínimo de dois terços dos membros do tribunal; (ii) somente matéria constitucional, após reiteradas decisões, poderá ser objeto da súmula vinculante, ficando afastadas questões de outra natureza. Ainda, de acordo com o § 1º do art. 103-A, da CF, "a súmula terá por objetivo a validade, interpretação e a eficácia de normas determinadas, acerca das quais haja controvérsia atual entre órgãos judiciários ou entre esses e a administração pública que acarrete grave insegurança jurídica e relevante multiplicação de processos sobre questão idêntica". Mais uma exigência, portanto.

22.17.5.5. *Publicação*

Somente a partir de sua publicação na imprensa oficial terá a súmula efeito vinculante em relação aos demais órgãos do Poder Judiciário e à administração pública direta e indireta, nas esferas federal, estadual e municipal.

22.17.5.6. *Restrição dos efeitos da súmula vinculante*

De acordo com o art. 4º da Lei n. 11.417, de 19 de dezembro de 2006, "A Súmula com efeito vinculante tem eficácia imediata, mas o Supremo Tribunal Federal, por decisão de 2/3 (dois terços) dos seus membros, poderá restringir os efeitos vinculantes ou decidir que só tenha eficácia a partir de outro momento, tendo em vista razões de segurança jurídica ou de excepcional interesse público".

22.17.5.7. *Legitimados para provocar a aprovação, revisão e cancelamento da súmula vinculante*

De acordo com o § 2º: "Sem prejuízo do que vier a ser estabelecido em lei, a aprovação, revisão ou cancelamento de súmula poderá ser provocada por aqueles que podem propor a ação direta de inconstitucionalidade". Assim, poderão fazê-lo (cf. CF, art. 103): o Presidente da República; a Mesa do Senado Federal; a Mesa da Câmara dos Deputados;

a Mesa da Assembleia Legislativa ou da Câmara Legislativa do Distrito Federal (de acordo com a EC n. 45/2004); o Governador de Estado ou do Distrito Federal (de acordo com a EC n. 45/2004); o Procurador-Geral da República; o Conselho Federal da Ordem dos Advogados do Brasil; partido político com representação no Congresso Nacional; confederação sindical ou entidade de classe de âmbito nacional. A Lei n. 11.417, de 19 de dezembro de 2006, ampliou o rol de legitimados (cf. art. 3º), estando também autorizados para tanto: o Defensor Público-Geral da União (inc. VI), os Tribunais Superiores, os Tribunais de Justiça de Estados ou do Distrito Federal e Territórios, os Tribunais Regionais Federais, os Tribunais Regionais do Trabalho, os Tribunais Regionais Eleitorais e os Tribunais Militares (inc. XI).

22.17.5.8. *Procedimento*

Será o previsto em lei, de acordo com o disposto no *caput* do art. 103-A. No caso, o procedimento veio a ser regulamentado pela Lei n. 11.417/2006. De acordo com o art. 10 da referida Lei, será obedecido subsidiariamente o disposto no Regimento Interno do Supremo Tribunal Federal.

22.17.5.9. *Reclamação*

§ 3º: "Do ato administrativo ou decisão judicial que contrariar a súmula aplicável ou que indevidamente a aplicar, caberá reclamação ao Supremo Tribunal Federal que, julgando-a procedente, anulará o ato administrativo ou cassará a decisão judicial reclamada, e determinará que outra seja proferida com ou sem a aplicação da súmula, conforme o caso". Dado o efeito vinculativo da súmula editada pelo Supremo Tribunal Federal, a autoridade judicial ou administrativa não poderá escusar-se de aplicá-la ao caso concreto. Caso o faça, caberá reclamação, por um dos legitimados, dirigida ao STF, para a tomada de providências legais. Convém notar, no entanto, que a súmula vinculante não pode retirar do magistrado o seu poder de livre convicção e independência, de forma que, constatando não ter o fato semelhança com o objeto da súmula, poderá afastá-la motivadamente.

22.17.5.10. *Súmulas anteriores à EC n. 45/2004*

De acordo com o art. 8º da EC n. 45/2004, "as atuais súmulas do STF somente produzirão efeito vinculante após sua confirmação por dois terços de seus integrantes e publicação na imprensa oficial". Enquanto não houver essa confirmação pelo STF, as súmulas não terão caráter vinculante para os órgãos administrativos e judiciários, e, portanto, não constituirão preceito obrigatório, continuando a servir apenas como mais um instrumento de convencimento do juiz. Convém notar que há dúvida se as súmulas editadas anteriormente à EC n. 45/2004, para obter o efeito vinculante, deverão preencher todos os requisitos constantes do art. 103-A, ou se basta apenas a sua confirmação pelo *quorum* de dois terços dos integrantes do STF.

Nosso entendimento: todos os requisitos da EC n. 45/2004 deverão estar preenchidos, pois não se pode criar duas categorias de súmula vinculante, uma com e outra sem conteúdo de índole constitucional.

22.17.5.11. Súmulas vinculantes editadas em matéria criminal

Consultar as Súmulas vinculantes na plataforma BAAs.

22.18. Recurso especial

22.18.1. Conceito, finalidade e natureza jurídica

Conceitua-se o recurso especial como o recurso destinado a devolver ao Superior Tribunal de Justiça a competência para conhecer e julgar questão federal de natureza infraconstitucional, suscitada e decidida perante os Tribunais Regionais Federais ou pelos Tribunais dos Estados e do Distrito Federal.

Até a promulgação da vigente Constituição Federal, em 5 de outubro de 1988, cabia ao Supremo Tribunal Federal, por meio do recurso extraordinário, a nobre tarefa de assegurar à legislação federal infraconstitucional a autoridade e a unidade de aplicação em todo o território nacional, quando em confronto com a legislação local, estadual ou municipal, instrumento processual que servia, a par disso, à tutela da aplicação uniforme também do direito constitucional.

Dado o crescente volume das demandas judiciárias a sobrecarregar os ministros do Supremo Tribunal Federal, tornando quase inviável o desempenho satisfatório do ofício jurisdicional, houve por bem o legislador constituinte, atendendo constante apelo dos profissionais do foro e da doutrina, criar o Superior Tribunal de Justiça, ao qual se concedeu ampla competência, para processar e julgar originariamente (CF, art. 105, I), para julgar recurso ordinário (CF, art. 105, II) e para "julgar, em recurso especial, as causas decididas, em única ou última instância, pelos Tribunais Regionais Federais ou pelos tribunais dos Estados, do Distrito Federal e Territórios, quando a decisão recorrida: (a) contrariar tratado ou lei federal, ou negar-lhes vigência; (b) julgar válido ato de governo local contestado em face de lei federal (cf. redação da alínea *b* do inciso III do art. 105, determinada pela EC n. 45/2004); (c) der a lei federal interpretação divergente da que lhe haja atribuído outro tribunal" (CF, art. 105, III, *a*, *b* e *c*).

Assim, em virtude do previsto pela nascente ordem constitucional, a tutela da autoridade e da unidade da aplicação do direito federal infraconstitucional em todo o território nacional, que até então era atribuída ao Supremo Tribunal Federal, mediante o instrumento processual do recurso extraordinário, passou à competência do recém-criado Superior Tribunal de Justiça, por meio do recurso especial, deixando àquela Corte a fiscalização da unidade e autoridade da Constituição Federal.

Visto que o recurso especial apresenta-se, em verdade, como substitutivo do antigo recurso extraordinário versando matéria federal infraconstitucional, aplica-se, à disciplina daquele, tudo o que se disse quanto à finalidade deste.

Daí o enunciado corrente na doutrina de que o recurso especial, a exemplo do recurso extraordinário, não devolve ao Superior Tribunal de Justiça o conhecimento de questões de fato, mas tão só de direito. Perfeita adequação possui, nessa sede, o enunciado da Súmula 279 do STF: "Para simples reexame de prova não cabe recurso extraordinário".

Possuindo assento na Constituição da República, especificamente no art. 105, III e alíneas, e considerando a sua precípua teleologia de meio de tutela da autoridade dos postulados da legislação federal infraconstitucional diante das normas locais, estaduais e municipais, existentes em função da natureza federativa do Estado brasileiro, o recurso especial, quanto à sua natureza jurídica, pode, à semelhança do extraordinário, ser qualificado como um instituto político de direito processual constitucional, comum a todo e qualquer processo, seja ele civil, penal, trabalhista, militar ou eleitoral[258].

22.18.2. Condições de admissibilidade

Para ser conhecido o recurso especial pelo Superior Tribunal de Justiça devem concorrer, ao lado das condições gerais de admissibilidade dos recursos, outras, legais e jurisprudenciais, exigidas em específico para o recurso em tela, chamadas, por isso, de pressupostos específicos do recurso especial. São elas:

(i) **Causa decidida em única ou última instância:** dada a semelhança guardada pelo recurso especial com o recurso extraordinário, pelas razões já expostas, e a fim de evitar desnecessárias repetições, anote-se, quanto a esse pressuposto, o que foi dito sobre o recurso extraordinário.

Há, todavia, uma importante diferença: enquanto a Carta Constitucional, ao disciplinar o recurso extraordinário, não restringe, quanto à origem das decisões recorridas, o seu cabimento, o mesmo Texto, no art. 105, III, considera passíveis de impugnação mediante recurso especial somente aquelas emanadas dos Tribunais Regionais Federais, dos tribunais dos Estados e do Distrito Federal.

(ii) **Prequestionamento:** o STJ não tem admitido recurso especial contra acórdão tomado por maioria de votos, contra o qual não se ofereceram embargos infringentes:

(iii) **Questão federal de natureza infraconstitucional:** para que o recurso especial seja conhecido, afigura-se indispensável que a causa decidida em única ou última instância suscite questão federal de natureza infraconstitucional. A própria Constituição Federal, no art. 105, III, cuida de arrolar as questões que ensejam o julgamento do recurso em tela. São as hipóteses de cabimento do recurso especial:

– **"Alínea *a* contrariar tratado ou lei federal, ou negar-lhes vigência;":** são duas as hipóteses de cabimento previstas nesta alínea. A primeira, quando a decisão impugnada, prolatada por um daqueles tribunais acima mencionados (item "i"), contrariar tratado ou lei federal; a segunda, quando negar vigência ao tratado ou à lei federal.

Anote-se, aqui, o asseverado por Moacyr Amaral Santos: "Negar vigência, em sentido gramatical, corresponde a negar que vige, e, pois, negar que o tratado ou a lei federal esteja em vigor. Mas àquela expressão deu inteligência muito mais ampla, no Supremo Tribunal Federal, o Ministro Prado Kelly, num dos seus luminares acórdãos, quase invariavelmente reiterada pelos seus pares: negar vigência significa negar aplicação. Cabe recurso extraordinário quando a decisão do tribunal não aplica a uma espécie judicial a

258. Moacyr Amaral Santos, *Primeiras linhas de direito processual civil*, cit., v. 3, p. 184.

lei federal aplicável, proclamava o eminente Ministro, qualquer que seja o modo como se verifique a não aplicação. Negar vigência, negar vigor, negar aplicação à lei da União na espécie judicial, tudo significa o mesmo atentado que é missão desta Corte coartar, pela sua preeminência. Diga-se o mesmo quanto a negar vigência de tratado federal"[259].

Cumpre aqui fazer uma ressalva no tocante à introdução do § 3º ao art. 5º da CF pela EC n. 45/2004, o qual dispõe que "Os tratados e convenções internacionais sobre direitos humanos que forem aprovados, em cada Casa do Congresso Nacional, em dois turnos, por três quintos dos votos dos respectivos membros, serão equivalentes às emendas constitucionais", pois, conforme assinala André Ramos Tavares, "(...) em tais circunstâncias, qualquer violação desses tratados, por ato jurídico ou decisão judicial interna, incidirá em inconstitucionalidade, ensejadora do recurso extraordinário, e não mais em recurso especial, embora a Reforma não tenha especificado essa situação e haja mantido a redação do art. 105, III, *c*, que prevê o cabimento de recurso especial quando a decisão contrariar tratado ou negar-lhe vigência. Há de excluir, doravante, dessa hipótese de recurso especial (realizando uma interpretação sistêmica) o caso de o tratado em questão (i) versar sobre direitos humanos e (ii) ter sido aprovado no novo formato do art. 5º, § 3º, da Constituição do Brasil"[260].

– **"Alínea *b* julgar válido ato de governo local contestado em face de lei federal;"** (cf. redação da alínea *b* do inciso III do art. 105, determinada pela EC n. 45/2004): aqui também possui perfeita aplicação o que se disse anteriormente levando-se em conta, apenas, que o cabimento do recurso especial exige que a decisão recorrida considere válido ato de governo local que haja sido impugnado de ilegalidade, não de inconstitucionalidade, quando, então, o recurso adequado será o extraordinário. A antiga redação da alínea *b* do inciso III do art. 105 da CF previa que ao Superior Tribunal de Justiça competia *"julgar válida lei ou ato de governo local contestado em face de lei federal"*. Com as modificações operadas pela EC n. 45/2004, manteve-se apenas a referência a "ato de governo local".

– **"Alínea *c* der a lei federal interpretação divergente da que lhe haja atribuído outro tribunal."**: sob esse fundamento, o recurso especial possui clara função de instrumento constitucional de uniformização da interpretação e da aplicação da lei federal.

A respeito do efeito suspensivo, da interposição e processamento, cf. comentários feitos no item 22.17.4.

22.19. Recurso ordinário constitucional

22.19.1. No Supremo Tribunal Federal

Este recurso é cabível:

(i) das decisões dos Tribunais Superiores que julgarem em única instância o mandado de segurança, o *habeas data*, o *habeas corpus* e o mandado de injunção, desde que denegatórias (art. 102, II, *a*);

---

259. *Primeiras linhas de direito processual civil*, cit., p. 182.

260. *Reforma do Judiciário*, cit., p. 212.

(ii) das decisões referentes a crimes políticos, previstos na Lei de Segurança Nacional (art. 102, II, *b*). No caso, o recurso é chamado de recurso criminal ordinário constitucional. Lembrando ainda que a competência para julgamento destes crimes é da justiça federal (CF, art. 109, IV).

22.19.2. No Superior Tribunal de Justiça

Este recurso é cabível:

(i) das decisões denegatórias de *habeas corpus*, proferidas em única ou última instância, pelos Tribunais Regionais Federais, ou pelos tribunais dos Estados e do Distrito Federal (art. 105, II, *a*);

(ii) das decisões denegatórias de mandado de segurança, proferidas em única instância pelos Tribunais Regionais Federais ou pelos tribunais dos Estados e do Distrito Federal (art. 105, II, *b*);

(iii) das decisões proferidas em causas em que forem partes Estado estrangeiro ou organismo internacional de um lado, e, do outro, município ou pessoa residente ou domiciliada no país (art. 105, II, *c*).

22.19.3. Procedimento

É interposto por meio de petição dirigida ao presidente do tribunal recorrido, dentro do prazo de cinco dias, no caso de denegação do *habeas corpus* (art. 30 da Lei n. 8.038/90), ou quinze, no caso do mandado de segurança (art. 33), com as razões do pedido de reforma.

Em seguida, os autos vão com vista ao Ministério Público, para parecer em dois dias, no caso do *habeas corpus* (art. 31), ou cinco dias, no caso do mandado de segurança (art. 35). Os autos são distribuídos ao relator, que marcará data para o julgamento.

Questões

1. Qual é o conceito de recurso?
2. No que consiste o chamado juízo de admissibilidade?
3. Existe o princípio da fungibilidade no processo penal? Dê exemplo.

SÚMULAS

Conteúdo digital *on-line*:

1. Súmulas do Superior Tribunal de Justiça;
2. Súmulas do Supremo Tribunal Federal;
3. Súmulas Vinculantes.

BIBLIOGRAFIA

ALMEIDA NETO, Amaro Alves de. *Ação reparatória "ex delicto"*, publicado pela Associação Paulista do Ministério Público.

ALTAVILLA, Enrico. *Manuale di procedura penale*, 1935.

ARANHA, Adalberto José Q. T. de Camargo. *Da prova no processo penal*. 7. ed. São Paulo: Saraiva, 2006.

ARISTIDES, Milton. *A Constituição do Brasil; notícia histórica, texto e comentário*, 1898.

AVOLIO, Luiz Francisco Torquato. *Provas ilícitas*. São Paulo: Revista dos Tribunais, 1995.

BASTOS, Celso; GANDRA, Ives. *Comentários à Constituição do Brasil*. São Paulo: Saraiva.

BITTENCOURT, Cezar Roberto. *Juizados Especiais Criminais e alternativas à pena de prisão*.

BONFIM, Edilson Mougenot. *Processo penal 2*: Dos procedimentos aos recursos. São Paulo: Saraiva, 2005. (Coleção Curso & Concurso).

BRAGA, Affonso. *Instituições do processo civil do Brasil*, 1941, v. 3.

BRANCO, Luiz Carlos. *Equidade, proporcionalidade e razoabilidade*. São Paulo: RCS Ed.

BULOS, Uadi Lammêgo. *Constituição Federal anotada*. 2. ed. São Paulo: Saraiva, 2001.

CAMPOS, Francisco. *Exposição de motivos do Código de Processo Penal*, item VII.

CAMPOS JUNIOR, Nadir de. *Temas de processo penal*. Publicação MPM.

CAPEZ, Rodrigo. *A individualização da medida cautelar pessoal no processo penal brasileiro*. Dissertação (Mestrado) – Universidade de São Paulo, São Paulo. 2015.

______. *No processo penal não existe o poder geral de cautela*, 2017. Disponível em: <https://www.conjur.com.br/2017-mar-06/rodrigo-capez-processo-penal-nao-existe-poder-geral-cautela>. Acesso em: 5-9-2018.

CARNELLUTTI, Francesco. *Tratado de direito processual penal*. São Paulo: Saraiva, 1980.

CHIMENTI, Ricardo Cunha; CAPEZ, Fernando; ROSA, Márcio Elias; SANTOS, Marisa. *Curso de direito constitucional*. 2. ed. São Paulo: Saraiva, 2005.

CINTRA, Antonio Carlos Araujo; GRINOVER, Ada Pellegrini; DINAMARCO, Cândido Rangel. *Teoria Geral do processo*. 9. ed. Malheiros.

DINAMARCO, Cândido Rangel. *A instrumentalidade do processo*, 1987.

ESPÍNOLA FILHO, Eduardo. *Código de Processo Penal anotado*. 5. ed. Rio de Janeiro: Ed. Rio, 1980. v. 2.

______. *Código de Processo Penal anotado*. Rio de Janeiro: Ed. Rio, 1980. v. 6.

______. *Código de Processo Penal anotado.* Rio de Janeiro: Ed. Rio, 1980. v. 7.

FARIA, Bento. *Código de Processo Penal.* Rio de Janeiro: Record, 1960, v. 2.

FEITOZA, *Direito processual penal: teoria, crítica e práxis.* 7. ed. Rio de Janeiro: Impetus, 2012.

FERNANDES, Antonio Scarance. *Prejudicialidade.* São Paulo: Revista dos Tribunais, 1988.

______. *Processo penal constitucional.* 2. ed. São Paulo: Revista dos Tribunais, 2000.

______. ______. 5. ed. São Paulo: Revista dos Tribunais, 2007.

FRANCO, Alberto Silva et al. *CP e sua interpretação jurisprudencial.* 2. ed. São Paulo: Revista dos Tribunais.

GARCINDO FILHO, Alfredo de. *Jurisprudência*, 1996.

GLASSON, Ernest Desire. *Précis de procédure civile*, II.

GOMES CANOTILHO. *Direito constitucional.* 6. ed. Coimbra: Livr. Almedina, 1993.

GOMES, Luiz Flávio. *Crime organizado.* 1. ed. São Paulo: Revista dos Tribunais.

______. *Direito de apelar em liberdade.*

______. *Imunidades parlamentares.* Disponível em: <www.estudoscriminais.com.br>. Acesso em: 2011.

______. *Lei n. 11.313*: novas alterações nos juizados criminais. Disponível em: <www.editoraconsulex.com.br>. Acesso em: 2006.

______. *Suspensão condicional do processo penal.* São Paulo: Revista dos Tribunais, 1995.

______; CERVINI, Raul. *Interceptação telefônica.* São Paulo: Revista dos Tribunais, 1997.

GOMES, Orlando. *Direitos reais.* Rio de Janeiro: Forense, n. 298.

GOMES FILHO, Antonio Magalhães. *Direito à prova no processo penal.* São Paulo: Revista dos Tribunais, 1997.

______. *Presunção de inocência e prisão cautelar.* São Paulo: Saraiva, 1991.

GRECO FILHO, Vicente. *Interceptação telefônica.* São Paulo: Saraiva, 1996.

______. *Tóxicos.* 5. ed. São Paulo: Saraiva, 1987.

______. ______. 11. ed. São Paulo: Saraiva, 1996.

GRINOVER, Ada Pellegrini. O conteúdo da garantia do contraditório in *Novas tendências do direito processual.* 2. ed. Rio de Janeiro: Forense Universitária, 1990.

______. et al. *Juizados Especiais Criminais.* São Paulo: Revista dos Tribunais, 1999.

______.______.______. 5. ed. São Paulo: Revista dos Tribunais, 2005.

______; FERNANDES, Antonio Scarance; FILHO, Antonio Magalhães Gomes. *As nulidades no processo penal.* 2. ed. São Paulo: Malheiros, 1992.

______;______;______.______. 3. ed. São Paulo: Malheiros, 1993.

GROSNER, Ian. *Ministério Público e investigação criminal*, pesquisa de pós-graduação, Brasília, julho de 1999.

JARDIM, Afrânio Silva. *Ação penal pública* – princípio da obrigatoriedade. Rio de Janeiro: Forense.

JESUS, Damásio de. *Direito penal*. 13. ed. São Paulo: Saraiva, 1988. v. 1.

_______. Interceptação de comunicações telefônicas: notas à Lei n. 9.296/96, *RT*, *735:458*.

_______. Juizados Especiais Criminais, ampliação do rol dos crimes de menor potencial ofensivo e Estatuto do Idoso. Artigo publicado no *Phoenix*, órgão informativo do Complexo Jurídico Damásio de Jesus, n. 35, nov. 2003.

_______. *Lei dos Juizados Especiais Criminais anotada*.

_______. *Princípios do processo civil na Constituição Federal*. 2. ed. São Paulo: Revista dos Tribunais.

LEAL, Câmara. *Comentários ao Código de Processo Penal brasileiro*, 1943, v. 4 e 5.

LIMA, Renato Brasileiro de. *Manual de processo penal*. Rio de Janeiro: Impetus, 2011. v. 1.

_______. *Manual de processo penal*. Salvador: JusPodivm, 2016. volume único.

LOPES JR., Aury. *Direito processual penal*. 14. ed. São Paulo: Saraiva, 2017.

_______. *Direito processual penal*. 18. ed. São Paulo: Saraiva, 2021.

LUCCHINI, Luigi. *Elementi di procedura penale*, 3. ed., 1908.

MAGALHÃES NORONHA, Edgard. *Curso de direito processual penal*. 19. ed. São Paulo: Saraiva, 1981.

MANSO, Costa. *O processo na segunda instância e suas aplicações à primeira*, 1932.

MANZINI, Vicenzo. *Trattato di diritto processuale penale italiano secondo il nuovo Codice*, 1931, v. 1.

_______. *Trattato di diritto processuale penale italiano secondo il nuovo Codice*, 1931, v. 2.

_______. *Trattato di diritto processuale penale italiano secondo il nuovo Codice*, v. 4.

MARQUES, José Frederico. *Elementos de direito processual penal*. 1. ed. Rio de Janeiro: Forense, 1965, v. 4.

_______. *Elementos de direito processual penal*. 2. ed. Rio de Janeiro: Forense, v. 1.

_______. *Elementos de direito processual penal*. 2. ed. Rio de Janeiro: Forense, v. 2.

_______. *Elementos de direito processual penal*. Rio de Janeiro: Forense, v. 4.

_______. *Estudos de direito processual penal*, 1960.

MARREY, Adriano. *Júri*. 3. ed. São Paulo: Revista dos Tribunais.

MAZZUOLI, Valério de Oliveira. *O direito internacional e o direito brasileiro*: homenagem a José Francisco Rezek. Rio Grande do Sul, Unijuí, 2004.

MÉDICI, Sérgio de Oliveira. *Caderno de doutrina e jurisprudência*. Associação Paulista do Ministério Público, n. 29.

MEIRELLES, Hely Lopes. *Mandado de segurança*. 15. ed. São Paulo: Malheiros, 1994.

MIRABETE, Julio Fabbrini. *Código de Processo Penal interpretado*. 2. ed. São Paulo: Atlas, 1994.

_______. _______. 5. ed. São Paulo: Atlas, 1997.

_______. *Processo penal*. São Paulo: Atlas, 1991.

MONTEIRO, João. *Programa de curso de processo civil*. 2. ed., 1905, v. 3.

MORAES, Maurício Zanoide de. *Presunção de inocência no processo penal brasileiro*: análise de sua estrutura normativa para elaboração legislativa e para a decisão judicial. Rio de Janeiro: Lumen Juris, 2010.

______. *Sigilo no processo penal* – eficiência e garantismo. São Paulo: Revista dos Tribunais, 2008.

NEGRÃO, Perseu Gentil. *Recurso especial*. São Paulo: Saraiva, 1997.

NERY JUNIOR, Nelson. A divergência entre o STF e o STJ. *Boletim do IBCCrim*, São Paulo, 44:6 e 7, ago. 1996.

______. *Princípios do processo civil na Constituição Federal*. 2. ed. São Paulo: Revista dos Tribunais.

OLIVEIRA, Eugenio Pacelli. *Curso de processo penal*. 13. ed. Rio de janeiro: Lumen Juris, 2010.

PAZZAGLINI FILHO, Marino et al. *Juizado Especial Criminal*. São Paulo: Atlas, 1995.

PIOVESAN, Flávia. *Direitos humanos e o direito constitucional internacional*, 6. ed. São Paulo, Max Limonad, 2004.

PITOMBO, Sérgio Marcos Moraes. *Inquérito policial*: novas tendências. Cejup, 1987.

PONTES DE MIRANDA, Francisco Cavalcanti. *História e prática do* habeas corpus. São Paulo: Saraiva, 1979.

ROSA, Inocêncio Borges da. *Processo penal brasileiro*. Porto Alegre: Barcelos, 1942. v. 3.

______. ______. Porto Alegre: Barcelos, 1942. v. 4.

SANTOS, Moacyr Amaral. *Primeiras linhas de direito processual civil*. 14. ed. São Paulo: Saraiva, 1994, v. 3.

SMANIO, Gianpaolo Poggio. *Criminologia e juizado especial criminal*. São Paulo: Atlas, 1997.

SOUZA, Orlando de. *Manual das audiências*. São Paulo: Saraiva, 1986.

TAVARES, André Ramos; LENZA, Pedro; ALÁRCON, Pietro de Jesús Lora. *Reforma do Judiciário analisada e comentada*. São Paulo: Método, 2005.

TORNAGUI, Hélio. *Curso de processo penal*. 6. ed. São Paulo: Saraiva, 1989. v. 2.

______. ______. 7. ed. São Paulo: Saraiva, 1990. v. 2.

TOURINHO FILHO, Fernando da Costa. *Processo penal*. São Paulo: Saraiva, 1997, v. 1, 2 e 4.

ZILLI, Marcos. *Revista Brasileira de Ciências Criminais* n. 79. *Folha de S. Paulo*, 18 nov. 1992.